地球の歩き方 KJ0063 ● 2023〜2024 年版 德國

Deutschland

地球の歩き方編集室　MOOK墨刻出版

DEUTSCHLAND CONTENTS

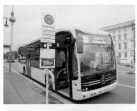
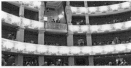
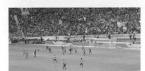
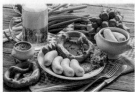
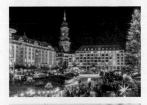
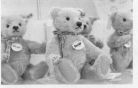

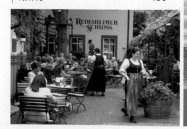
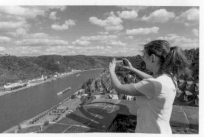

出發前必讀！旅行糾紛與安全情報…11、542、543
感染新冠肺炎害緊急時的醫療會話…547

3

505

德國旅行的準備與技術

出發前必讀！
旅行糾紛與安全情報…11、542、543
感染新冠肺炎和
緊急時的醫療會話…547

旅行關鍵字

事先前記下這些字彙，
讓德國之旅更加順暢！

車站
Bahnhof

　Bahnhof代表車站，大都市的主要車站稱為Hauptbahnhof，縮寫為Hbf。

U-Bahn & S-Bahn

　U-Bahn為地下鐵（部分路線為地上），S-Bahn則為都市近郊電車，為大都市的公共交通中心。

市集廣場
Marktplatz

　市集廣場為位於市中心的廣場Platz，Markt為市集之意，廣場經常作為早市及聖誕市集舉辦地。

市政廳
Rathaus

　Rathaus為市政廳，多數城市市政廳具有悠久歷史，部分城市市政廳內並附設名為Ratskeller的餐廳。

教堂 Kirche

　Kirche為基督教教堂，Pfarrkirche為教區教堂，Dom則為大教堂。

街道與地址

　德語的街道與英文的Street相同，稱為「Straße（縮寫為Str.）」，巷子則稱為「Gasse（G.）」。地址的標示方式：前面為道路名或廣場名，後面接門牌號碼Hausnummer。門牌號碼多半為一邊單號、一邊雙號，但也有部分城市例外，如柏林等地，所以要特別注意。

<table>
<tr><td rowspan="1">

如
何
使
用
地
球
步
方

</td><td>

本書使用的記號及略稱

</td><td>

書中及地圖上出現的 **ⓘ** 為遊客中心，其他標示請參考以下介紹。

</td></tr>
</table>

介紹城市位置。

ACCESS 前往目的地交通

住 地址
D-之後5碼數字為郵遞區號

☎ 電話號碼

FAX 傳真號碼

URL 官方網址
（省略http://）

交 交通

U 地下鐵

Ⓢ 都市圈的近郊電車

開 開館時間

營 營業時間

休 休館日、公休日
部分節節日及年底年初等公休省略

費 門票價格
學生折扣須出示國際學生證（→P.506）、證明年齡則出示護照

★★★ 編輯室票選景點重要
推薦度，可作為短時間旅遊安排景點參考，3顆星為最重要景點。

寶石之路的中心都市
伊達爾·奧伯施泰因
Idar-Oberstein

佩戴者防護頭盔遊覽寶石礦山

寬可讓鎮嵌在岩山上的岩盤教堂

MAP ◆ P.50-B2
人　口 2萬8300人
區域號碼 06781

ACCESS
火車：位於美因茲～薩爾布魯根Saarbrücken路線上，也可從法蘭克福搭乘直達車前往。從法蘭克福搭乘RE快車約1小時55分，從美因茲則約1小時10分。

ⓘ 伊達爾·奧伯施泰因的遊客中心
住Hauptstr. 419 D-55743 Idar-Oberstein
☎(06781)64871
FAX(06781)64878
URLwww.edelsteinland.de
開3/15～11/15
　週一～五　9：00～12：00
　　　　　13：00～18：00
　週六　　　10：00～15：00
　11/16～3/14
　週一～五　10：00～12：00
　　　　　13：00～16：00

◆ 舊寶石礦山
礦山位於車站西北方約4km處，可搭乘303號巴士在StrutwiesT車，徒步至參觀專用坑道入口處約30分鐘。巴士每小時僅1班，從車站建議可搭乘計程車較為方便。
☎06781-47400
住weihersschleife-steinkaulen bergwerk.de
開參觀寶石採掘須透過電話或上進網站事先預約（週六、日）需提前至少2天）
開3/15～11/15 10:00～17:00（最後梯次16:00出發）
費參觀寶石採掘費10，須事先申請，試採時間為10:00～12:00、12:30～14:30、15:00～17:00之間，需各可試採2小時。
休11/16～3/14

推薦的住宿
Ⓡ City Hotel Idar-Oberstein
住Otto-Decker-Str. 15 D-55743
URLwww.cityhotel-idar-oberstein.de

此地過去曾出產豐富的瑪瑙及紫水晶等寶石礦產，之後雖停止商業開採，但當時所發展出的高度研磨技術，至今在世界上仍占有一席之地。市中心的「鑽石寶石交易所Diamant- und Edelsteinbörse」內，聚集了全球的寶石買家，並設有寶石學院，可說是世界寶石產業的領導者。

出車站往過馬路後穿過購物中心間的街道，從百貨公司前廣場往東側（右側）延伸出去為步道豪浦特街Hauptstr.，這裡是伊達爾·奧伯施泰因的主要大街，沿著平緩的下坡路徒步約10分鐘便是市集廣場Marktplatz。

主要景點包含德國寶石博物館Deutsches Edelsteinmuseum，裡面收藏了所有地球上出產的各類寶石，此外還矗立在峭壁旁的岩盤教堂Felsenkirche，不容錯過。

📷 主要景點 〰〰〰〰〰〰〰〰〰〰〰

舊寶石礦山 ★★★
Edelsteinminen Steinkaulenberg

礦山位於自然保護區域，是歐洲唯一一座開放參觀的寶石礦山，自從1870年左右因傳統礦業衰退而停止商業開採後，這裡就變成礦產學者及寶石迷的朝聖地。進入內部參觀專用坑道Besucherstollen須參加導覽行程，全程約30分鐘（只有德語導覽，備有英語導覽手冊），此外還有試採區域（須事先申請），可體驗挖掘寶石的樂趣，挖掘用的槌子等器具須自備。

前進坑道的導覽行程

86 **MEMO** 該小鎮為知名德國鍋具品牌Fissler的發源地，出品不鏽鋼鍋等廚房用具。總公司工廠附設Outlet，地址、營業資訊請見→ URLwww.fissler.com/de/unternehmen/besuchen-sie-uns

餐廳

Ⓡ Adolf Wagner
提供風味料理及蘋果酒的餐廳
創立於1931年並由家族經營的老牌餐廳，可品嘗到名產蘋果酒Apfelwein與大眾德國料理，圖中的法蘭克料理Handkäse為€10.50，燒烤豬腳搭配德國酸菜mit Sauerkraut為€14.50。
德國料理 MAP ◆ P.61-B3 外
住Schweizer Str. 71
☎(069) 612565
營11：00～24：00（料理～20：30）

Ⓡ Manufactum
來自世界各地的名品雜貨
這家店專門販賣來自世界各地的高機能用品具文具、清潔用具等，可購買許多高品質商品。
廚房用品・雜貨 MAP ◆ P.60-A2
住Bockenheimer Anlage 49-50
☎(069) 976973399
營11：00～19：00

購物

Ⓗ Inter City Hotel Frankfurt Hauptbahnhof Süd
鄰近中央車站的大型商務飯店
靠近中央車站1號線，於2018年開幕。在同等級的飯店中擁有格外高級的氛圍。辦理入住手續時，會提供房客住宿期間市區公共交通工具無限次乘坐的悠遊卡，也提供免費無線網路。
中級飯店 MAP ◆ P.60-B1
住Mannheimer Str. 21 D-60329
☎(069) 6599920
URLwww.intercityhotel.com
費Ⓢ€119～ ⓉⓉ€129～
早餐另付€17
ⒶⒹⓂⓋ
中央車站徒步約1分

住宿

Ⓢ 單人房
Ⓣ 雙人1大床或2小床

※飯店房價除特別標示外，均包含廁所、淋浴或浴缸、早餐、稅金、服務費等在內的單間房價格。

地 圖

──Ⓤ── U-Bahn（地下鐵）
──Ⓢ── S-Bahn（近郊電車）
Ⓗ 飯店
Ⓗ 青年旅館，以年輕遊客為主要客群的住宿設施
Ⓢ 商店
Ⓡ 餐廳（含啤酒屋）
Ⓒ 咖啡館
❶ 遊客中心
（柏林的地圖有部分不同）

增加旅行深度的豐富專欄

增添旅行深度和豐富度的專欄分門別類介紹，事先了解更能體會旅行的樂趣。

實用資訊

歷史

名產與特產

𝓕ESTIVAL
慶典與節慶

[MEMO] 旅行加分的實用資訊

住 地址
交 交通
☎ 電話號碼
[FAX] 傳真號碼
[URL] 官方網址
[Email] 電子信箱
營 營業時間
休 公休日
card 信用卡
　Ⓐ 美國運通卡
　Ⓓ 大來卡
　Ⓙ JCB
　Ⓜ MasterCard
　Ⓥ Visa

■本書特色

本書是以前往的德國旅行者為對象，介紹各個城市的交通、住宿、餐廳、購物等資訊，讓自由行旅客可以充分享受當地的旅行樂趣，當然對團體客來說也派得上用場。

■使用刊載情報注意事項

編輯部盡可能提供最新且正確的情報，然而當地的規定及手續時常會有變動，有時候也會發生個人對記載內容見解不同的情況。若是因為以上理由或是敝社無重大過失時，讀者因為參考本書而產生的損失及不便，皆不在敝社負責範圍內，敬請見諒。此外，參考本書時，請讀者自行判斷本書提供的情報與建議，是否適用於您本身的情況或計畫。

■當地採訪和調查時間

本書是以2022年6月在地採訪、2022年9月後續追查等資料編輯而成，不過這些情報有時會隨著時間而有變動。特別是飯店、餐廳等相關費用，多數等到正式踏上旅途時都會有所不同，因此請將本書資訊作為估價參考，到了當地之後，前往遊客中心等地獲取最新資訊再出發旅行。

格林童話是每個人的童年回憶，來到童話大道探訪格林兄弟的故鄉
©MOOK

（※）主要景點、餐廳和商店的營業時間為調查當時（2022年6～8月）的情況，因為新冠疫情的影響可能有所變動，建議在出發前事先確認最新資訊。

基本情報

▶旅行會話→ P.544

國旗
由上而下依序為黑、紅、金三色旗。

正式國名
德意志聯邦共和國

國歌
德意志之歌

面積
約35萬7000km²（約為台灣的10倍）

人口
約8324萬人

首都
柏林Berlin，人口約366萬人

元首
總統法蘭克-華特·史坦麥爾Frank-Walter Steinmeier

政治體制
聯邦共和制，由16個聯邦所組合而成，各邦有各自的政府，並各有學校、警察、土地開發計畫權限，為EU加盟國之一。

民族組成
以德意志人占大多數，另有索布人Serby和弗里西人Frisians等少數民族，其中外國人占人口總數的10%以下。

宗教
基督教約60%（新教和天主教約各占半數），還有伊斯蘭教、猶太教。

語言
德語

貨幣與匯率

€

▶聰明兌換術
→P.510

▶如何準備貨幣
→P.510

▶旅遊預算
→P.511

德國貨幣單位為歐元（符號為€及EURO、EUR等），較小貨幣單位為分（CENT），德語發音為「Oiro（Euro）」「Tsuento（Cent）」。€1=100¢=約台幣34.68元（2023年8月1日匯率），紙鈔的種類為€5、€10、€20、€50、€100、€200、€500，硬幣的種類則為1¢、2¢、5¢、10¢、20¢、50¢、€1、€2。

2013年5月開始從小面額紙鈔依序導入新設計。

€1　　€2

€5

€10　　€20

€50

€100

€200

¢1　　¢2　　¢5　　¢10　　¢20　　¢50

車站匯兌所

如何撥打電話

☎

▶電話·通訊
→P.538

▶網路
→P.538

從台灣撥往德國

國際電話識別碼		德國國碼		區域號碼（去除開頭的0）		對方的電話號碼
002	+	**49**	+	**XX**	+	**123-4567**

出入境

簽證
　觀光目的旅遊,於180天內最多停留90天內不需要簽證。(→MEMO)

護照
　從包含德國的申根國家回國時,護照有效期間須在3個月以上。

▶德國出入境
　→P.506、515

　從台灣直飛法蘭克福,飛行時間約13～14小時,目前中華航空公司和長榮航空公司提供直航航班。

從台灣出發的飛行時間

▶前往德國
　→P.513

　德國冬天十分嚴寒,即使位於德國南方的慕尼黑,緯度也相當高,準備服裝時須攜帶抗寒的衣物。夏季時,雖可能遇到特別炎熱的年度,但有時下雨後溫度會驟降,一定要準備毛衣等防寒衣物。

氣候

▶旅遊季節
　→P.508

參加耶誕市集務必做好禦寒措施

柏林的氣溫與降雨量

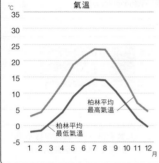

氣溫 ｜ 降雨量

柏林平均最高氣溫
柏林平均最低氣溫

　德國與台灣時差為7小時,只要將台灣時間減去7小時即為德國時間,也就是說台灣時間的AM6:00,為德國的前一天PM11:00,實施夏令時間則為6小時時差。
　夏令時間期間為3月的最後一個週日AM2:00(＝AM3:00)～10月的最後一個週日AM3:00(＝AM2:00)。

時差與夏令時間

　以下為一般的營業時間,各店家營業時間約有30分～1小時前後的差異。

銀行
　各銀行有所不同,一般而言週一～五的平日9:00～12:00與14:30～16:00,週四為～17:30,週六‧日及節日休息。

百貨公司和商店
　週一～五的平日9:00～20:00,週六9:00～16:00(大城市和耶誕季節～18:00)。

餐廳
　午餐11:30～14:00、晚餐17:30～23:00左右。

營業時間

從德國撥往台灣

國際電話識別碼		台灣國碼		區域號碼(去除開頭的0)		對方的電話號碼
00	＋	**886**	＋	**XX**	＋	**1234-5678**

▶**德國國內通話**
撥打市內電話不需要加上區域號碼,若打往其他城市則需要加上區域號碼。

▶**如何撥打公共電話**
①拿起話筒
②投入硬幣(€0.10、€0.20、€0.50、€1、€2),按照左邊的順序撥打電話,完成通話後若有餘額則不會退回。大型車站和機場內有可使用信用卡付款的機型。

 2023年起,無簽證的台灣旅客進入EU申根加盟國須申請ETIAS電子簽證,最新資訊請參閱ETIAS通行相關連結。🖥 etias-web.com/news/

節日
（主要節日）

德國有許多與基督教相關的節日，部分節日每年會有變動（※記號）須注意，此外也有專屬某些邦的節日（★記號）。

▶ 主要節慶時間
→ P.40

日期	記號	節日
1/1		元旦　Neujahr
1/6	★	三王來朝　Heilige Drei Könige
3/29（'24）	※	耶穌受難日　Karfreitag
3/31（'24）	※	復活節　Ostern
4/1（'24）	※	復活節週一　Ostermontag
5/1		勞動節　Maifeiertag
5/9（'24）	※	基督升天日　Christi Himmelfahrt
5/19（'24）	※	聖靈降臨節　Pfingsten
5/20（'24）	※	聖靈降臨節週一　Pfingstmontag
5/30（'24）	※★	基督聖體節　Fronleichnam
8/15	★	聖母瑪利亞升天日　Mariä Himmelfahrt
10/3		德國統一紀念日　Tag der Deutschen Einheit
10/31	★	宗教改革紀念日　Reformationstag
10/31	★	萬聖節　Allerheiligen
11/20（'24）	※★	懺悔祈禱日　Buß- und Bettag
12/25、12/26		耶誕節　Weihnachtstag

●節日期間
　12/24與12/31期間，多數商店和博物館、美術館等白天營業時間會縮短或公休，而科隆和杜塞道夫等舉辦狂歡節的城市，節慶期間幾乎所有美術館、博物館皆暫停營業，有些地方則僅部分日子休息。

電壓與插頭

德國電壓為230V，頻率為50Hz，插頭以C型為主，也有部分SE型插頭。大部分台灣國內電器無法直接使用，必須使用變壓器。

C型　　　　插孔

錄放影機

德國電視錄放影機規格（PAL）和台灣（NTSC）不同，一般台灣的錄放影機無法撥放，DVD區域碼Region Code為2，也與台灣不同（台灣為3），和錄影機一樣，因為規格不同，所以一般家庭用DVD機無法播放。

小費

餐廳及飯店等帳單內通常包含服務費，所以不一定要另外給小費（德語為Trinkgeld），不過一般還是會給小費表示對提供服務人員的感謝。小費的金額視服務程度及滿意度有所不同，可參考以下各種情況。

計程車
　小費為車資的10%左右，若大行李件數較多則多給一些。

餐廳
　小費金額依餐廳等級有所不同，一般約5～10%左右金額，買單時可加上小費以整數付帳，或是將零錢留在桌上當成小費。

飯店
　門房或客房服務人員約給€1～5（依照飯店等級有所不同）左右。

廁所
　若有服務人員坐在廁所門口並放有盤子時，可給€0.20～0.50左右。

飲用水

德國的自來水一般可直接飲用，不過因為水質不同，有些人可能喝了會水土不服，較為敏感的人建議可喝礦泉水較為安心。
　餐廳和超市賣的礦泉水有分為加入碳酸（mit Kohlensäure），與沒有碳酸（ohne Kohlensäure）2種，500mℓ超市價格約€1，若在車站商店購買則約€2左右。

德國的郵政為民營化，稱之為Deutsche Post AG，除郵政業務外多半還有文具販賣等業務，有時也在車站或購物中心一角設有服務櫃台，一般營業時間為平日8:00～18:00，週六～12:00，週日、節日公休，不過有些小型郵局會有午休時間，大城市中央車站郵局有可能營業至深夜等，營業時間依情況有所不同。

郵資

寄往台灣的航空郵件若為明信片為€0.95，一般信件50g以下為€1.70，2kg以下小包Päckchen為€16，5kg以下包裹Paket則為€46.99。

左／郵筒
上／另有販售小
包用箱子

郵政

▶郵政
→P.539

法蘭克福機場的關稅櫃檯，若想托運免稅商品請在此處蓋章

德國幾乎所有商品的附加價值稅Mehrwertsteuer（簡稱MwSt.）都為19%（書籍與食品除外），外國遊客則可辦理退稅（最多10%），不過退稅範圍僅限購物稅金，飯店住宿費用及餐費等則無法退稅。

稅金

▶退稅手續
→P.541

法蘭克福和柏林等城市的機場與車站周邊，經常發生被扒的案件，而團體旅遊常利用的大型飯店，其大廳與餐廳也容易發生行李被偷的事件。

警察局 ☎**110**

消防局 ☎**112**

巴伐利亞州的警車，車體顏色各邦不同，部分邦則採用藍色和銀色

安全與糾紛

▶旅行安全對策
→P.542～543
▶駐德國代表處、
辦事處→P.543

德國未滿16歲禁止喝酒（蒸餾酒為未滿18歲），未滿18歲禁止吸菸。
租車年齡則依租車公司和車種而有年齡限制。

年齡限制

▶租車之旅
→P.529

德國與台灣度量衡單位一樣，距離以公里計算，重量為公克、公斤，容量則為公升，而購買秤重食物時500g稱為半磅ein Pfund，250g則稱為1/4磅ein halbes Pfund。

度量衡

廁所

廁所標示通常為Toilette或WC，有時則會在門上顯示「00」，女用廁所為Damen或Frauen，男用廁所則為Herrn 或Männer，或是取最前面的字母直接顯示D與H，使用中的標示為besetzt，無人使用為frei。百貨公司的廁所設置在餐廳樓層，博物館等廁所通常十分乾淨，不妨多加利用，大型車站或服務區的廁所則須收費（€0.5～1左右，須用硬幣），多採優惠券Coupon方式，此優惠券在車站內的合作店家購物時也可使用（有最低消費金額規定）。

禮儀

問候對德國人來說是一件非常重要的事情，一進店裡記得先向店員說「午安Hallo、Guten Tag」，接受服務後說「謝謝Danke」，離開時則為「再見Tschüß」，雖只是簡單打招呼，對方服務態度也會截然不同。

其他

廁所的複數形為Toiletten

Orientation

德國印象

德國最大的特徵之一，便是沒有像倫敦或巴黎等單一集中城市，自由城市與過去中世紀以來由小邦聯國家所組成的古老歷史，造就了獨具個性化的地方文化，透過暢遊各地，可體驗到德國各種截然不同的城市風貌。

羅曼蒂克大道中心的
羅騰堡廣場
（→P.219）

訴說漢薩城市歷史的
港都與北德

此區域包含漢堡、不來梅、呂貝克等許多以漢薩聯盟城市自傲，並保有傳統風貌的城市，各式各樣的紅磚建築呈現出穩重的風貌令人印象深刻，此外由於靠近海邊還可品嘗到新鮮的海鮮料理。

矗立在不來梅市集廣場上的
樂隊雕像（→P.440、441）

面向萊茵河的科隆市街
（→P.112）

萊茵河沿岸
黑森、
萊茵·普法爾茨地區

擁有羅蕾萊傳說及眾多古堡的羅曼蒂克·萊茵河遊船之旅，是德國觀光的最重要行程之一，其中知名葡萄酒產地的科隆及杜塞道夫、多特蒙德等地，也可喝到美味的德國啤酒。

豐富大自然環繞下的
黑森林地區

此區擁有巴登巴登在內等諸多知名的溫泉療養勝地，黑森林Schwarzwald深處則有著山林村落風光，可以到德國最大的波登湖遊湖，或是來一趟追尋多瑙河源頭之旅。

多瑙河源泉所在地的
多瑙艾辛根
（→P.196）

德國各邦

丹麥

北海

基

什列斯威·
霍爾斯坦因邦
Schleswig-Holste

不來梅港Bremerhaven

漢堡邦
Freie und Hansest

不萊梅邦
Freie Hansest

下薩克森邦
Niedersachsen

漢諾威Hu

荷蘭

北萊茵·西發里亞邦
Nordrhein-Westfalen

■杜塞道夫Düsseldorf

科隆Köln●

波昂Bonn●

比利時

盧森堡

黑森邦
Hessen

威斯巴登
Wiesbaden

法蘭克福
Frankfurt am Main

萊茵·
普法爾茨邦
Rheinland-Pfalz

美因茲Mainz

薩爾邦
Saarland

薩爾布魯根
Saarbrücken

斯圖加特Stuttgart

法國

巴登·符騰堡邦
Baden-Württemberg

波登湖

瑞士

首都柏林

作為震撼的現代史舞台柏林，在東西德統一後的20多年來，到現在依然在不斷建設中，每一次到訪此處都展現出其嶄新風貌。從世界首屈一指的交響樂及歌劇，到最新的俱樂部文化等，是一個能充分滿足到訪遊客好奇心及充滿刺激的新奇城市。

柏林的布蘭登堡門前（→P.305）

德國文化源流
薩克森與圖林根

包含歌德居住的威瑪，到巴哈十分活躍的萊比錫等，有著許多重要的城市，此外被稱為百塔之都的古都德勒斯登以高級瓷器聞名的麥森，以及木製玩具產地的艾爾茲山地Erzgebirge的城市等，都是值得前往一探的景點。

易北河畔的古都德勒斯登，周邊也有許多景點（→P.390）

波羅的海

梅克倫堡・前波莫瑞邦
Mecklenburg-Vorpommern

施威林Schwerin

波蘭

柏林邦
Berlin

馬德堡
Magdeburg

布蘭登堡邦
Brandenburg

薩克森・安哈特邦
Sachsen-Anhalt

艾爾福特Erfurt

德勒斯登
Dresden

薩克森邦
Freistaat Sachsen

圖林根邦
Thüringen

捷克

美因河

多瑙河

巴伐利亞邦
Freistaat Bayern

慕尼黑München

奧地利

德國印象的代表地區
巴伐利亞地區

手持啤酒與香腸高聲歌唱是巴伐利亞地區的代表印象，人氣觀光景點慕尼黑及新天鵝堡、羅曼蒂克大道的大部分區域等，都位於巴伐利亞地區。

巴伐利亞南端的新天鵝堡（→P.238）

世界最大的啤酒節慕尼黑啤酒節（→P.41）

德國世界遺產

截至2022年7月為止，德國共有51處景點被登錄為世界遺產。
從散發出中世紀風貌氣氛的街景，到莊嚴的大教堂及修道院等，
此外還有產業文化遺產的礦山與製鐵廠，
德國擁有各種不同形式的「人類遺產」，
而其重要的歷史也成為追尋世界遺產的蹤跡。

❾博帕德郊外蜿蜒的萊茵河

㉙5個博物館集合而成的柏林博物館島，建
於北側的是博德博物館

❽亞琛大教堂為
德國第1號世界遺產

⓱威斯教堂令人嘆為觀止
的華麗洛可可裝飾

⓰賴歇瑙島位在鄰近瑞士國境的波登湖上，
小島上留存著3座擁有重要歷史地位的
教堂

❶以漢薩同盟城市繁榮的呂貝克

14

世界遺產為在未來能持續傳承下去成為人類共通的珍貴寶藏。
聯合國教科文組織網站 🌐 www.unesco.org

享受小路散步樂趣的班堡舊城區

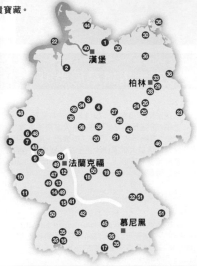

15

旅遊範例路線

從哲學家之道望去的海德堡城市

初次到訪德國者
羅曼蒂克大道與慕尼黑8日

行程

第1天	抵達法蘭克福機場　搭火車前往符茲堡
第2天	上午：符茲堡觀光　下午：搭火車前往羅騰堡
第3天	上午：羅騰堡觀光　下午：搭乘巴士前往慕尼黑
第4天	從慕尼黑搭火車或觀光巴士前往新天鵝堡觀光
第5天	慕尼黑觀光　晚上：皇家啤酒屋Hofbräuhaus
第6天	慕尼黑觀光
第7天	從慕尼黑出發
第8天	抵達台灣

路線說明

▶ 須注意羅曼蒂克大道巴士Romantische Straße Bus的行駛時間和日期（→P.210）。第6天可以享受慕尼黑的咖啡館巡禮，也可以當天來回德國最高峰楚格峰，請盡情享受自由的一天。

法蘭克福Frankfurt
符茲堡Würzburg
羅騰堡Rothenburg
慕尼黑München
菲森Füssen

到過德國的旅行者
古城街道與溫泉體驗&慕尼黑8日

行程

第1天	抵達法蘭克福機場 搭火車前往海德堡
第2天	搭火車前往巴登巴登當日來回之旅
第3天	早上：搭火車經斯圖加特移動　下午：抵達羅騰堡
第4天	從羅騰堡搭乘火車前往紐倫堡
第5天	上午：從紐倫堡搭乘火車前往慕尼黑
第6天	慕尼黑觀光
第7天	從慕尼黑出發
第8天	抵達台灣

羅騰堡

法蘭克福Frankfurt
海德堡Heidelberg
紐倫堡Nürnberg
羅騰堡Rothenburg
巴登巴登Baden-Baden
慕尼黑München

路線說明

▶ 在海德堡住宿2晚，並安排前往德國最有名的溫泉勝地巴登巴登遊覽，如果要到賭場的話記得帶外套，或是安排一天住宿巴登巴登。
▶ 第3天移動須在斯圖加特Stuttgart與安斯巴赫Ansbach、施泰納赫Steinach轉車，可加排斯圖加特觀光。

首次到訪或第2次以上遊覽者
童話之路與北德&柏林12日

行程

（德國國內皆以火車移動）

第1天	抵達法蘭克福機場 之後搭火車前往卡塞爾
第2天	卡塞爾觀光（格林兄弟博物館等）　下午：前往哥廷根
第3天	從哥廷根前往不來梅
第4天	不來梅觀光　下午：前往漢堡
第5天	漢堡觀光
第6天	從漢堡搭火車前往柏林
第7天	柏林觀光
第8天	柏林觀光，波茨坦1日遊
第9天	搭火車從柏林經漢諾威前往科隆
第10天	科隆觀光
第11天	從法蘭克福出發
第12天	抵達台灣

漢堡
不來梅Bremen
柏林Berlin
波茨坦Potsdam
哥廷根Göttingen
卡塞爾Kassel
科隆Köln
法蘭克福Frankfurt

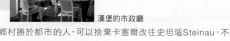

漢堡的市政廳

路線說明

▶ 在羅曼克大道可欣賞到德國另一面風貌，喜愛鄉村勝於都市的人，可以捨棄卡塞爾改往史坦瑙Steinau，不去不來梅改去哈美爾Hameln或策勒Celle遊覽。
▶ 漢堡與柏林若捨去其中一個景點可減短2天行程。

16

德國各地有許多魅力城鎮，若想一次去好幾個城市遊覽會相當辛苦，10天左右的行程可依個人喜好的主題精簡安排，不管是葡萄酒與啤酒品酒之旅、美味香腸品嘗之旅、歌劇與音樂會欣賞，或是配合節慶前往旅遊等，都是十分推薦的德國主題之旅，以下的行程為一般參考範例，可依各人需求安排自由遊玩。

旅遊範例路線④

首次到訪或第2次以上遊覽者
歌德大道與德勒斯登&柏林11日

行程

第1天	抵達法蘭克福機場 搭火車前往艾森納赫
第2天	艾森納赫1日遊&瓦特堡觀光
第3天	搭火車前往威瑪
第4天	搭火車前往萊比錫
第5天	搭火車前往德勒斯登
第6天	上午：搭火車前往柏林
第7天	柏林觀光
第8天	波茨坦1日遊
第9天	下午：搭火車前往法蘭克福
第10天	從法蘭克福出發
第11天	抵達台灣

路線說明
▶ 東德有許多德國文化起源的知名景點,此外歌德大道交通十分方便,便於遊覽規劃,是整年都可前往的路線。

柏林的布蘭登堡門前

旅遊範例路線⑤

夏季限定的德國之旅
阿爾卑斯之路與仙蹤之路10日

行程

第1天	抵達法蘭克福機場 搭火車前往斯圖加特
第2天	斯圖加特觀光 下午：搭火車前往康士坦茲
第3天	搭乘波登湖快艇前往米爾斯堡
第4天	早上：從康士坦茲出發 下午：抵達慕尼黑（火車）
第5天	慕尼黑觀光
第6天	上午：搭火車往加爾米施・帕騰基興
第7天	楚格峰1日遊&健行
第8天	上午：搭火車前往慕尼黑
第9天	從慕尼黑出發
第10天	抵達台灣

路線說明
▶ 這條路線最適合夏季旅遊,可以充分享受德國波登湖與楚格峰的雄偉大自然。

旅遊範例路線⑥

耶誕季節限定
體驗耶誕季節的德國10日

行程

第1天	抵達法蘭克福機場
第2天	搭火車前往紐倫堡
第3天	搭火車前往德勒斯登
第4天	德勒斯登觀光
第5天	搭火車前往柏林
第6天	柏林觀光
第7天	搭火車前往科隆
第8天	科隆觀光
第9天	從法蘭克福出發
第10天	抵達台灣

路線說明
▶ 德國耶誕季節從12月24日約4週前開始,耶誕季節期間可以前往各城市參觀耶誕市集,享受一個浪漫的耶誕節之旅。

德勒斯登的耶誕市集

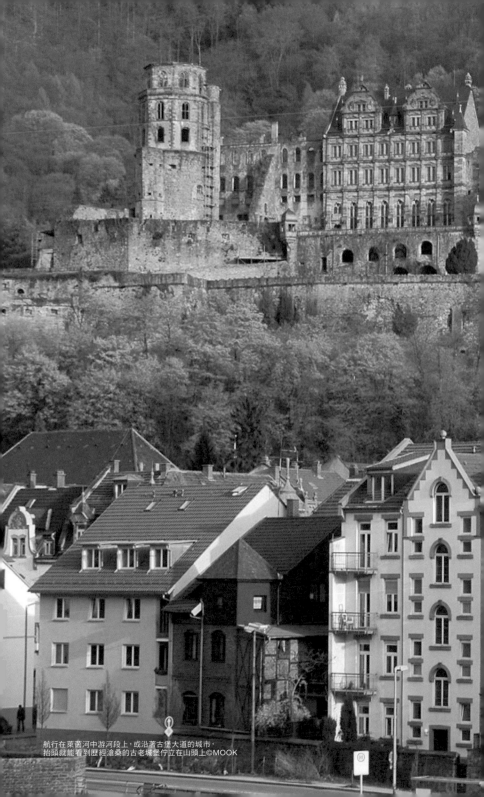

航行在萊茵河中游河段上，或沿著古堡大道的城市，
抬頭就能看到歷經滄桑的古老城堡佇立在山頭上©MOOK

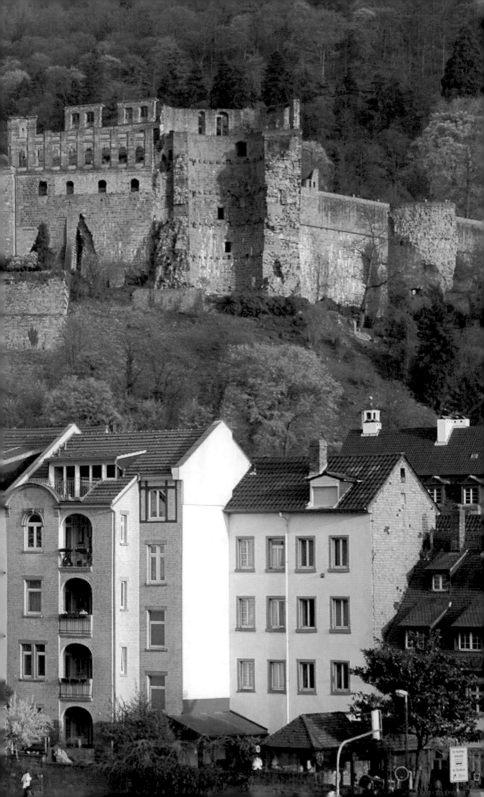

100號、200號、300號 路線巴士的
德國橫斷之旅

柏林在德國也是數一數二大的城市，交通網十分複雜，
推薦觀光客可以利用巡迴各個人氣景點的便利路線巴士，
以方便記憶的100號、200號、300號名稱命名，
總共3條路線。只要利用這些觀光巴士，
可以一邊欣賞車窗外的景致，
同時輕鬆的遊覽整個柏林。

詳細的巴士路線和
搭乘方式
→P.298～299

推薦路線

\START！/

100號和200號巴士起
始／終點的動物園站
前，許多人瞄準了視野
良好的2樓前方座位。

① 凱撒威廉
紀念教堂 →P.315

旅途一開始，可以在右側看見於
前次戰爭中遭受破壞的塔樓

● 100號 巴士
● 200號 巴士
● 300號 巴士

新國會大廈

勝利紀念柱

Reichstag/Bundestag

③

④ 布蘭登堡門

Brandenbu

② Großer Stern

柏林愛樂廳 ⑩ Philharmony-Süd

Philharmony

Potsdamer Platz

⑨

波茨坦
廣場站

波茨坦廣場
高樓大廈群

Zoologischer Garten

動物園站

Bleitscheidpl.

① 凱撒威廉
紀念教堂

② 勝利紀念柱
→P.316

這座塔矗立於大型
環形交叉路口，可以
從窗邊的位置抬頭
看

③ 新國會大廈 →P.305

巴士會從旁邊經過這個
巨大的建築物

20

巴士不會直接經過大門，而是有一小段距離的地方

⑥ 柏林大教堂 →P.308

可以從左側看到這個巨大圓頂的大教堂

④ 布蘭登堡門 →P.305

⑤ 博物館島 →P.306

巴士上就可以看見舊博物館，會想中途下車參觀其他博物館

⑦ 電視塔 →P.308

推薦可以由上往下欣賞柏林景致的電視塔，還可以進去旋轉餐廳

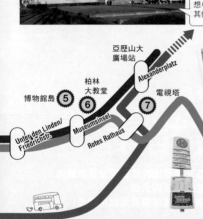

亞歷山大廣場站
Alexanderplatz

柏林大教堂

博物館島 ⑤ ⑥ 電視塔 ⑦

Unter den Linden/Friedrichstr. Museuminsel Rotes Rathaus

⑨ 波茨坦廣場高樓大廈群 →P.312

由世界知名建築師設計的高樓大廈群，充滿未來感氛圍的區域

東區藝廊 ⑧ East Side Gallery

華沙大街站
Warschauer Str.

⑧ 東區藝廊 →P.320

巴士會沿著舊柏林圍牆行駛，多彩繽紛的壁畫相當有個性

\END!/

⑩ 柏林愛樂廳 →P.323

柏林愛樂根據地的嶄新演奏廳，附近還有展示世界名畫的繪畫館（→P.313）

搭乘路線巴士的建議

- 雙層巴士上樓是從前方的樓梯，後方樓梯則是下樓時使用
- 車票採方便的一日乘車券
- 人多的時候須小心扒手

21

聆聽發源地的絕佳美妙樂音

古典音樂鑑賞指南

德國擁有世界頂級指揮家和交響樂團，若能在充滿歷史的歌劇院及音樂廳內，
享受一晚最頂級的音樂饗宴，想必能成為人生最難忘的回憶。
中場休息時間一邊欣賞時髦的觀眾們，一手拿著香檳或葡萄酒飲用聊天，
也是德國之旅的樂趣之一。

柏林

柏林國家歌劇院
Berlin Staatsoper

♪ Map P.304
♪ 詳細DATA→P.322

德國最具代表性的歌劇院，東西德統一後，
在1992年就任音樂總監的丹尼爾·巴倫波因
Daniel Barenboim領軍下，柏林國家歌劇院
管弦樂團Staatskapelle Berlin呈現出最佳
美妙樂音。洛可可風的馬蹄形觀眾席，凝結了
最新的音響技術。

面向菩提樹下大街的歌劇院

左／希臘神殿式列柱為壯觀的正面入口
上／紅色與金色為基礎色調的觀眾席

水晶吊燈閃耀光輝的豪華大廳

慕尼黑
巴伐利亞邦立歌劇院
Bayerische Staatsoper

♪ Map P.253-A3
♪詳細DATA→P.261

　　這裡以擁有華格納歌劇《崔斯坦與伊索德Tristan und Isolde》及
《紐倫堡的名歌手Die Meistersinger von Nürnberg》等重要作品
首演劇場的傳統而自誇，經常演出歌劇及芭雷舞劇。

漢堡
易北愛樂廳
Elbphilharmonie

♪ Map P.457-B3
♪詳細DATA→P.462

　　這座美麗的建築物，擁有堅固的磚頭構造和像
波浪拍打般的玻璃上層帷幕構造，並以可以看到
絕佳全景的展望台自豪。

如何購買門票

❶確認表演節目
於各官方網站（有英文網頁）確認公演
節目內容。

❷網路預約購票
網路購票是最簡單的方式，可直接以信
用卡付款，購票完成後只要將收據印
出隨身攜帶，到了當地於指定窗口出示
收據即可取票，也可以自行列印票券。

❸當地現場窗口購票
通常若有剩票會於開演前1～2小時，於
劇場的票券販賣處（標示Tageskasse
或Abendkasse處）出售。

巴伐利亞邦立歌劇院的預售票窗口

上／擁有絕佳音響樂音的演奏廳
下／波茨坦廣場和藝術館周邊亦有
許多景點

柏林
愛樂廳
Philharmonie

♪ Map P.312
♪詳細DATA→P.323

　　為柏林愛樂的主場音樂廳，並有國內外各
演奏團體在此舉辦音樂會，現場絕佳音響
值得親身體驗。

親身體驗世界第一熱情加油浪潮！
德國足球甲級聯賽
觀戰指南

德國的職業足球「甲級聯賽」擁有諸多國際明星選手，
此外更是以當地球迷觀眾動員數量眾多而聞名。
不妨穿戴上球場及球迷商店所販賣的
圍巾和制服等加油商品，
一起與當地球迷熱情地加油吧！

也有許多兒童粉絲喔！

與科隆的吉祥物

上／1936年舉辦柏林奧運的體育館歷史悠久，是柏林赫塔體育足球隊的主場球場　右／站立席充滿魄力的應援

體驗甲級聯賽的魄力！

甲級聯賽基礎知識

甲級聯賽是德國的職業足球聯盟，甲組與乙組各由18支隊伍組成，主客場各比一次，甲組球季最後2名（第17、18名）的隊伍會在隔年降級到乙組，球季第16名的隊伍則會與乙組第3名的隊伍進行附加賽。

開賽球季與賽事時程？

球季為8月中旬到翌年5月為止，12月中旬至1月中旬則為歇冬期。
賽事基本上為週五、週六、週日舉辦，部分日程會有所變動，詳細時程於甲級聯賽官方網站 URL www.bundesliga.de上公布。

熱情加油是否安全？

球場不時會出現部分瘋狂的狂熱球迷，這類球迷通常可從服裝一目了然，只要避免靠近即可，此外球場戒備也十分完善，進入球場時會於開口仔細檢查每個人的包包，加上有許多家族和女性球迷，可以安心前往觀賞。

如何購買門票？

各隊門票販賣方式有所不同，大部分球賽可於球隊官方網站線上購得，還可於當地球迷商店或球場售票窗口直接購買，不過有許多熱情的球迷會購買年票，因此購票難度逐年提高，總之最好早點買票。

若從網路購票，請攜帶收據到當地換取門票（柏林的換票處）

開放球場導覽及練習參觀！

部分球場有提供參觀球場及選手休息室等導覽行程，球迷千萬不可錯過，此外還有許多球隊更開放參觀練習，可近距離欣賞到仰慕球員的練習身影，各球隊練習時間可於官方網站上查詢。

MEMO 體育場內的餐飲店多半會使用預付卡（€10～）付款，此卡可於販賣所或與販售員購買，如未使用完可以退餘額，體育場外的商店則使用現金支付。

比賽前氣氛緊張

甲級聯賽甲組18支球隊介紹與官網

2022/2023球季的甲級聯賽甲組所屬隊伍，各隊官方網站上皆記載了門票購買資訊。

巴伐利亞慕尼黑足球俱樂部
FC Bayern München →P.261
城市 慕尼黑
主場 安聯球場
URL www.fcbayern.de

和睦法蘭克福足球俱樂部
Eintracht Frankfurt →P.67
城市 法蘭克福
主場 商業銀行球場
URL www.eintracht.de

沙爾克04足球俱樂部
FC Schalke 04 →P.134
城市 蓋爾森基興
主場 維爾廷斯球場
URL www.schalke04.de

斯圖加特足球俱樂部
VfB Stuttgart →P.176
城市 斯圖加特
主場 梅賽德斯·朋馳競技場
URL www.mercedes-benz-arena-stuttgart.de

文達不來梅體育俱樂部
Werder Bremen →P.443
城市 不來梅
主場 韋沙球場
URL www.werder.de

弗萊堡體育會
SC Freiburg →P.199
城市 弗萊堡
主場 黑森林球場
URL www.scfreiburg.com

拜耳04勒沃庫森足球俱樂部
Bayer 04 Leverkusen
城市 勒沃庫森
主場 拜耳球場
URL www.bayer04.de

科隆足球俱樂部
1.FC Köln →P.115
城市 科隆
主場 RheinEnergieStadion
URL www.fc-koeln.de

奧格斯堡足球俱樂部
FC Augsburg →P.234

奧格斯堡足球俱樂部
城市 奧格斯堡
主場 WWK競技場
URL www.fcaugsburg.de

沃爾夫斯堡足球俱樂部
VFL Wolfsburg →P.488
城市 沃爾夫斯堡
主場 大眾汽車球場
URL www.vfl-wolfsburg.de

萊比錫RB
RB Leipzig →P.346
城市 萊比錫
主場 紅牛競技場
URL www.dierotenbullen.com

柏林赫塔體育足球隊
Hertha Berlin →P.317
城市 柏林
主場 奧林匹克體育場
URL www.herthabsc.de

柏林聯盟足球俱樂部
1.FC Union Berlin →P.317
城市 柏林
主場 老林務所畔體育場
URL fc-union-berlin.de

普魯士門興格拉德巴赫足球隊
Borussia Mönchengladbach →P.127
城市 門興格拉德巴赫
主場 普魯士公園球場
URL www.borussia.de

TSG 1899霍芬海姆足球俱樂部
TSG 1899 Hoffenheim →P.146
城市 辛斯海姆
主場 萊茵·內卡競技場
URL www.achtzehn99.de

普魯士多特蒙德足球俱樂部
Borussia Dortmund →P.135
城市 多特蒙德
主場 西格納伊度納公園球場
URL www.bvb.de

美因茲05足球隊
1. FSV Mainz 05 →P.83
城市 美因茲
主場 科法斯球場
URL www.mainz05.de

波鴻足球會
VfL Bochum 1848 →P.134
城市 波鴻
主場 雷維爾電力體育場
URL www.vfl-bochum.de

2022/2023甲級聯賽
舉行賽事城市

來梅
Bremen

不來梅
Bremen
(→P.443)

沃爾夫斯堡
Wolfsburg
(→P.488)

柏林Berlin
(→P.317)

蓋爾森基興
Gelsenkirchen
(→P.134)

波鴻 Bochum (→P.134)

多特蒙德Dortmund
(→P.135)

萊比錫 Leipzig
(→P.346)

格拉德巴赫
hengladbach
(→P.127)

勒沃庫森 (→P.116)
Leverkusen

隆Köln (→P.115)

法蘭克福Frankfurt (→P.67)

美因茲Mainz
(→P.83)

辛斯海姆Sinsheim(→P.146)

斯圖加特Stuttgart
(→P.176)

奧格斯堡 Augsburg
(→P.234)

弗萊堡Freiburg
(→P.199)

慕尼黑 München
(→P.261)

德甲的
迫力驚人

左／柏林吉祥熊
下／激昂的比賽！

舉辦德國甲級足球聯賽的球場，會在球場下設置溶雪裝置（暖氣），下雪的日子也可以進行比賽

柏林的體育館前

MEMO 在德國有許多城市可持當日賽事門票，免費搭乘前往球場的市區大眾運輸系統，門票上詳細記載了可供搭乘的大眾運輸及使用範圍，可仔細確認。

25

特輯 4

德國超美味料理！
極致德國美食大公開

以大分量肉類料理和香腸聞名的德國料理，
事實上不管是義大利麵料理，
或是以蘆筍及菇類等季節食材烹煮出的健康料理等，
在德國都十分受歡迎，
此外更別忘了盡情品嘗充滿德國鄉土特色的
啤酒及葡萄酒、甜點等當地才有的滋味。

如何前往餐廳用餐（進入餐廳到買單）

1 ››› 問候、入座

　　進入餐廳時，白天的問候語是「Guten Tag」，晚上則是「Guten Abend」，店員會上前為客人帶位。若到較為高級的餐廳用餐，一定要等服務生帶位，切忌自行入座。而啤酒屋或咖啡餐館等氣氛較為輕鬆的店，如果服務生沒有前來帶位，可以自行找空位入座，不過要避開「已預約Reserviert / Reserved」及「熟客保留位Stammtisch」。

覆蓋白色桌巾的通常為高級餐廳，須由服務生帶位

2 ››› 點飲料

　　入座後服務生遞上菜單Speisekarte後，多半會先行詢問「請問要點什麼飲料Zum Trinken?」這時一般人多半會先點啤酒或果汁、餐前酒等飲用，再慢慢看菜單選菜，而白開水多半要收費，須特別跟店員點水才會送上來。

先點飲料吧

3 ››› 點菜

　　觀光客常去的餐廳有時會備有英文菜單，若是只有德文菜單，可以點當日特餐Tagesmenü，特餐價格較為便宜，上菜也比較快。

德國料理通常份量很大，小心不要點過量囉

喝湯或咖啡不發出噪音
是基本禮貌

- 以下 navigation / toc links

菜單快速上手單字集

主要飲料單字集
Mineralwasser
································礦泉水
Cola························可樂
Orangensaft ········柳橙汁
Apfelsaft ···············蘋果汁
Tomatensaft··········番茄汁
Bier·······················啤酒
Faßbier·················生啤酒
Rotwein·················紅酒
Weißwein···············白酒
Whisky··················威士忌
Sekt······················氣泡酒
Kaffee····················咖啡
Tee·······················紅茶

肉	Fleisch
Brust····················雞胸肉
Ei·························蛋
Ente······················鴨肉
Filet·····················菲力
Gans·····················鵝肉
Gänseleber············鵝肝
Hirsch, Reh···········鹿
Huhn·····················雞
Hühnerfleisch········雞肉
Kalbfleisch···········小牛肉
Lamm····················小羊肉
Ochse···················牛
Rindfleisch···········牛肉
Rücken··················肋排
Schinken/Wurst
·························火腿/香腸
Schweinefleisch·····豬肉
Speck····················培根
Truthahn/Pute·······火雞

魚貝類	Fisch
Forelle··················鱒魚
Hering···················鯡魚
Lachs····················鮭魚
Scholle··················鰈魚
Seelachs···············鱈魚
Seezunge···············比目魚
Thunfisch···············鮪魚

蔬菜	Gemüse
Blumenkohl···········花椰菜
Brokkoli················綠花椰
Gurke····················小黃瓜
Kartoffel···············馬鈴薯
Lauch····················蔥
Linse·····················扁豆
Paprika ·······甜椒（青椒）
Petersilie··············香芹
Pilz······················香菇
Spargel·················蘆筍
Spinat···················菠菜
Tomate··················番茄
Zwiebel·················洋蔥

4 ››› 點心

餐後點心和咖啡等可在用完主餐之後，再向當桌服務生點餐即可，就算不點也沒關係。

1歐元以下（＝分）的找零可以直接當成小費給服務生

5 ››› 在座位上買單

買單時可向當桌服務生說「買單Zahlen, bitte」，直接在位子上買單，若多人一起用餐要分開算時可說「getrennt」，若是其中一人先幫忙買單則為「zusammen」。帳單上通常包含稅金與服務費，一般而言會另外再給小費，可以將找零或多付總額的10％作為小費之用；若是以信用卡買單，小費則為另給現金。小費的意義是對提供服務的人致謝才給的，如果服務不佳也不一定要給。

■餐廳全面禁菸！

德國實施禁菸法，餐飲店內原則上全面禁菸，部分邦則認可在分隔的吸菸室吸菸，此外部分戶外露天席和啤酒花園等也允許吸菸。若是在禁菸場所吸菸且不聽從餐廳勸導，一旦通報警察可能會被收取罰款，這點要特別注意。

■看菜單

在餐廳若一直開著菜單瀏覽，通常店員會認為客人還沒決定好菜色，便不會自動前來點菜。若決定好想吃的菜，可先把菜單合上點菜，點完後想看菜單的話，可以跟店員說「我想再看看菜單Darf ich diese Speisekarte behalten？」之後再慢慢瀏覽即可。

有些店的菜單上同時列有英文

種類豐富的鄉土料理介紹 德國料理圖鑑

若擔心看不懂德語菜單，不妨先對德國代表性料理先有所認識，
有必要的話可以直接比上照片給服務生看，最後一定可以點到菜！
不過要特別注意各地的知名料理有所不同，也因此點菜時須特別注意。
德國餐廳入口處多半會貼出菜單，可以先看好想吃什麼、預算多少再行決定。

湯 Suppen

即使是湯，味道也很實在且分量十足，
就算只是喝湯加上麵包也可能就飽了。

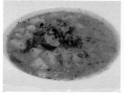

Kartoffelsuppe
馬鈴薯濃湯，部分餐廳會加入切片香腸或培根，
可說分量十足

Erbsensuppe
鮮綠色的豌豆湯，有時會加入法蘭克福香腸

Linsensuppe
小扁豆湯，湯品內會加
入大蒜或馬鈴薯、培根等，味道濃郁

Leberknödelsuppe
加入肝丸的清爽系

季節美食及其他

5月～6月中旬盛產帶有春天氣息的Spargel（蘆筍），
是德國人最愛的食材，夏天則有菇類雞油菌Pfifferlinge。
此外德國南部用麵糰做成的德國餛飩Maultasche，
應該相當合台灣人口味。

德國餛飩
Maultaschen
麵粉皮包絞肉加上菠菜等剁
碎混合的內餡做成的德式
餛飩，有各種烹調方式，是
德國南部十分普遍的料理

雞油菌沙拉
Pfifferlinge Salat
加入滿滿炒煮雞油菌的沙拉

歐姆蛋佐蘆筍
Spargel mit Omelette
歐姆蛋配上蘆筍的一道菜，
主角是蘆筍

麵疙瘩
Käsespätzle
將耳朵形狀的麵糰燙熟
後鋪上起司焗烤，是南
德的名菜

魚類料理 Fisch

魚類料理比起肉類料理，種類較少價格也稍高，近海的呂貝克Lübeck和漢堡等
北德地區特別喜歡在前菜享用醃鯡魚等料理，而漢堡的鰻魚料理也相當有名。

炸比目魚
Schollenfilet
炸比目魚料理

煎虹鱒
Regenbogen Forelle
香煎虹鱒料理

煎白梭吻鱸
Zanderfilet
白梭吻鱸為鱸魚的
一種，為白肉魚

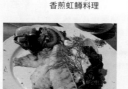

肉類料理
Fleisch

肉類料理是德國料理的精髓,
不著重醬汁而是以多種烹煮方式突顯出肉類的鮮美,每道菜都可說分量十足。

維也納炸肉片
Wiener Schnitzel
炸小牛肉肉片,是德國老
少皆愛的料理

德國豬腳
Schweinshaxe
烤豬腳料理,為巴伐利亞名菜

紅酒醋燉牛肉
Rheinischer Sauerbraten
用紅酒和醋醃漬燉煮的牛肉料理

肉排
Leberkäse
有時也稱之為Fleischkaese,
經蒸烤後的德式肉排,味道
類似香腸,可在南德的啤酒餐
廳等處品嘗到的大眾料理

德國菜捲
Kohlroulade
即為高麗菜捲,經長時間
燉煮,味道十分濃郁,配
上大量的馬鈴薯泥享用

德式烤豬肉
Schweinebraten
巴伐利亞的代表性豬肉料理,濃郁
的醬汁是料理美味的關鍵

德式肉丸
Königsberger Klopse
在肉丸上淋上奶油醬汁享用,是柏林
地區的名菜

清燉牛肉
Tafelspitz
以清湯燉牛肉,會附上辣根

德國煎香腸
Bratwurst
道地的煎香腸,是啤酒屋及一
般餐廳的必備菜色

漢堡
Hacksteak
德式風格漢堡排,漢堡
肉片厚實,分量十足

沿路品嘗香腸名產

德國各地的香腸，尺寸、調理方法、滋味各異其趣，
就來介紹推薦的香腸吧！

圖林根地區

❷Thüringer Wurst
源自於圖林根地區，如今風靡於各地，口味
始終如一。

柏林

❶Currywurst
香腸上以番茄醬和咖哩粉調味
的獨特風味。

柏林 ❶

圖林根地區 ❷

法蘭克福 ❸　❹
符茲堡　❺
紐倫堡

慕尼黑 ❻

法蘭克福

❸ Frankfurter Wurst
起源於法蘭克福，現已普及到各地，通常
是水煮的調理方式。

紐倫堡

❺Nürnberger Wurst
長度7～9cm、直徑1.5cm的
迷你香腸，用炭火烤過口感
酥脆。

符茲堡

❹Würzburger Wurst
長度接近20cm的煙燻香腸，很
適合搭配符茲堡產的白酒。

慕尼黑

❻Weißwurst
口感蓬鬆柔軟的白香腸，通常會大
配甜芥末品嘗。

德國人最愛的小吃攤
Imbiß 完全導覽

Imbiß是什麼

　　Imbiß是販賣香腸或源自土耳其的沙威瑪Döner Kebab等肉類三明治的小攤，也就是德國的街頭小吃攤，有些店是用拖車改裝而成或附設在商店一角，基本上都是站著吃，是沒時間到餐廳、獨自旅行想快點解決一餐或是肚子有點餓時的最佳選擇。

好了，請慢用！

沙威瑪的Imbiß

削下烤肉

>>>

包入有大量蔬菜的麵包中

很喜歡這家店！

如何點香腸

　　點香腸十分簡單，只要指著煎得滋滋作響的香腸說「請給我煎香腸Bratwurst, bitte.」即可，若同時賣2～3種香腸可能會被問要哪一種，不過因為每個地方賣的香腸都不同，不需要特地將香腸的名稱記起來，只要用手比想吃的香腸即可。一般多會在圓麵包Brötchen內販售，若不要麵包可說「ohne Brot」即可，附麵包則為「mit Brot」。另外櫃台上會放著芥末醬，可自行依個人喜好添加，不過很少會準備番茄醬。

Imbiß用得到的簡單會話

我要外帶（帶走）。
Zum Mitnehmen, bitte.

在這吃。
Ich esse hier.

請給我叉子。
Ich möchte eine Gabel, bitte.

請不要加芥末醬。
Ohne Senf, bitte.

麻煩不要加番茄。
Ohne Tomaten, bitte.

請給我番茄醬。
Ketchup, bitte.

一定要吃一次看看的柏林名產德國咖哩腸（→詳細介紹P.326）

煎香腸與一大盤炸薯條是最佳組合

尋找大排長龍的人氣店

王國精髓所在
德國
當地啤酒導覽

啤酒消費量相當大的德國，可說是啤酒的天堂。
販賣的啤酒以當地啤酒為主而非全國販售的啤酒，
非常適合來一趟啤酒之旅。
德文內還有啤酒紀行Bier-Reise一詞，
一起前往德國尋找個人喜好的啤酒吧！

純淨的德國啤酒

德國自16世紀以來便嚴守「啤酒純淨法」，1516年巴伐利亞公爵威廉四世為禁止惡劣酒商在啤酒內加入雜質釀出不好的啤酒，因而頒布了啤酒法令，規定啤酒不可使用大麥、啤酒花、水等以外物品釀造（16世紀中葉又增加了酵母）。德國啤酒的濃郁香味，自古以來便傳承至今。

啤酒的種類

不過度冰冷、能品嘗到啤酒滋味的溫度是德國的風格

赫雷斯 Helles	一般最常喝的啤酒，與拉格Lager、Export等相同。
皮爾森Pilsner	又簡稱Pils，是北德最愛的淡色啤酒。
深色啤酒 Dunkeles	麥芽風味濃厚的黑褐色啤酒。
黑啤酒 Schwarzbier	黑色啤酒。
小麥啤酒 Weissbier	巴伐利亞的人氣啤酒，以小麥麥芽為主要原料釀製而成的啤酒，又稱為Weizenbier。
酵母小麥啤酒 Hefeweiße	在小麥啤酒內加入酵母而呈現特有的白濁感，散發著酵母特有的香氣，部分人會加檸檬片飲用。
淡色小麥啤酒 Kristalweiße	小麥啤酒加酵母後經過濾而成的啤酒，因而呈現清澈淡色。
vom Fass	生啤酒。
Flaschenbier	瓶裝啤酒。
Dosenbier	罐裝啤酒。

如何點啤酒

慕尼黑白香腸與紐結餅是啤酒的最佳下酒菜

1. 挑選種類
一般跟店員說「請給我啤酒Bier, bitte.」時通常會送上皮爾森Pils（皮爾森啤酒簡稱）或赫雷斯Helles，其他請參考啤酒的種類。

2. 選擇分量
一般餐廳多為0.3ℓ的小杯Kleines Bier或0.5ℓ的大杯Grosses Bier為主，啤酒屋還有1ℓ杯1 Liter Bier（巴伐利亞區則稱為Maß）。

3. 大聲說乾杯!!
德文的「乾杯」為「Prost!」或「Zum Wohl!」，是跟同桌或當地人交流拉近距離的最好方式。

Ein Prosit, ein Prosit, der Gemütlichkeit

高唱「乾杯之歌」！

啤酒屋必唱的啤酒歌中，最有名的便是以下一小節，若能跟大家一起唱，想必在德國會受到熱烈的歡迎吧！

意思是「來吧乾杯，來吧乾杯，大家一起快樂的乾杯」重複唱2遍

開車不喝酒‧喝酒不開車

人氣啤酒介紹

德國中世紀以前飲用的啤酒又稱之為液體麵包，
是過去重要的營養來源，依製法不同，
各地也擁有各類不同色、香、味的啤酒。

① 慕尼黑
Franziskaner
以修士標誌為人熟知、創業於
1363年的老牌啤酒釀製商，其
中以清爽口感且加入酵母的小
麥啤酒最受歡迎

② 慕尼黑
LÖWENBRÄU
0.5ℓ容量的小麥啤酒，帶有香
醇濃郁的口感，為德國的大型
釀酒廠，創業於1383年

③ 慕尼黑
SPATEN
慕尼黑啤酒節期間限定，酒精濃度為
5.9%的啤酒節啤酒，帶有剛釀製而
成的新鮮美味口感

上／啤酒釀造過程中極其重要的
啤酒花Hopfen ©MOOK
左／BECK'S酒廠©MOOK

④ 克爾海姆
Schneider
專精小麥啤酒的釀酒廠，可
在慕尼黑直營店Weisses
Bräuhaus(→P.263)喝到

⑥ 不來梅
BECK'S
德國出口量第一名的啤酒，沒有苦味的清
爽口感適合搭配所有料理，綠色瓶裝為
其特徵

⑤ 紐倫堡
Tucher
以當地知名商人姓名取名的
釀酒廠，充滿果香與濃厚味
道的最佳小麥啤酒

⑦ 漢堡
HOLSTEN
漢堡的代表性啤酒，不含雜味、清爽口感
的皮爾森啤酒十分受歡迎，也有大量外銷

Radeberger酒廠©MOOK

⑧ 德勒斯登
Radeberger
德勒斯登郊外的Radeberger
所釀造的琥珀色皮爾森啤酒，
帶有圓熟的苦感為其特色

當地啤酒

⑨ 科隆
科隆啤酒 Kölsch
盛裝在200mℓ容量的超
細長玻璃杯飲用，充滿
果香的金黃色啤酒，
酒精濃度約5%

⑩ 杜塞道夫
老啤酒 Altbier
上層發酵的黑褐色啤酒，與隔壁城市的科
隆啤酒Kölsch互為競爭對手

⑫ 柏林
白啤酒 Berliner Weisse
小麥啤酒加入紅色或綠色糖漿
做成的啤酒雞尾酒，以吸管飲用

⑪ 班堡
煙燻啤酒 Rauchbier
以煙燻麥芽製成的珍奇啤酒，特別是
Schlenkerla餐廳(→P.166)最為有名

歐洲數一數二實力派

德國
葡萄酒導覽

德國葡萄酒最大的魅力，
便是其香醇的口感與充滿深度的味道，
特別是白葡萄酒在全世界具有高度評價。
而高品質及實惠價格也是魅力之一，
美酒搭配德國料理一同品嘗，可說是最大享受。

● 漢堡 Hamburg
柏林 Berlin ●

科隆 Köln　**萊茵葡萄酒**

● 法蘭克福 Frankfurt

法蘭根 葡萄酒　　**摩塞爾 葡萄酒**

● 斯圖加特 Stuttgart

巴登葡萄酒　慕尼黑 München

德國葡萄酒主要產地

德國葡萄酒共有13個產地，
只要記得以下4個最具代表性產地即可。

萊茵葡萄酒

萊茵河流域是德國最大的葡萄酒產地，其中又區分為萊茵河右岸的萊茵高地區Rheingau，與左岸的萊茵黑森Rheinhessen，其帶有濃郁的香氣與風味的白葡萄酒最是受到喜愛。

呂德斯海姆Rüdesheim（→P.87）及美因茲Mainz（→P.83）等萊茵河沿岸城市

摩塞爾葡萄酒

以風光明媚的摩塞爾河岸山坡所種植的葡萄釀製而成的葡萄酒，充滿果香且口感清爽，十分適合初飲者享用。

科赫姆Cochem及貝恩卡斯特爾‧屈斯Bernkastel-Kues（皆為→P.102）城市內隨處可見葡萄酒館

法蘭根葡萄酒

以特有的圓形玻璃瓶Bocksbeutel盛裝，十分有特色，具有男性陽剛的濃厚口感，屬於口味濃烈的葡萄酒。

符茲堡Würzburg的Bürgerspital釀酒廠或Juliusspital-Weinstuben（皆為→P.216）等處

巴登葡萄酒

位於萊茵河上游與法國相鄰邊境處，是德國知名的珍貴紅酒生產地，此區域氣候溫暖，栽培了許多種類的葡萄，並有許多高評價酒莊。

巴登巴登Baden-Baden（→P.182）及弗萊堡Freiburg im Breisgau（→P.198）及其周邊

德國傳統葡萄酒杯Römer Glass

34

德國葡萄酒品質與等級

德國葡萄酒等級依甜度及收穫時期等如下圖分為4大階段，最高級葡萄酒則更細分為6種等級，一般可能會認為等級越高甜度越高，事實上等級是以採收時的甜度為基準，甜的Auslese、半甜的Spätlese也會辣口，品質等級僅供參考，請盡量嘗試各式各樣的葡萄酒。

挑選伴手禮葡萄酒的指南

高品質葡萄酒釀造協會VDP成員所生產的葡萄酒，在瓶封上會有認證標誌，選購時請以此為標準。

●品質等級

高級葡萄酒 ↑ ↓ 日常用葡萄酒

Prädikatswein
（產地限定最高級葡萄酒）

Qualitätswein
（產地限定高級葡萄酒）

Landwein
（地區酒）

Deutscher Wein
（餐酒）

※其他還有將高級不甜葡萄酒分為
Classic、Selection等。

●優質葡萄酒的等級

Trockenbeerenauslese 極甜
以受貴腐菌影響且萎蔫的葡萄製成，為最高級的葡萄酒

Eiswein 極甜
以霜凍的葡萄濃縮製成，有著乾淨甜味的葡萄酒

Beerenauslese 極甜
使用精選的超成熟葡萄，豐潤的甜味在嘴裡蔓延

Auslese 甜
使用成熟葡萄，口感醇厚且深沉

Spätlese 半甜
使用晚收葡萄，口感溫和沈穩

Kabinett 微甜
甜味少且清爽的口感，通常酒精濃度較低

如何點用葡萄酒

從一般餐廳到葡萄酒吧，都是先從點飲料開始，
只要照著以下順序，就可點到自己喜歡的葡萄酒

1 ›› 單杯或一瓶

若一個人用餐則點單杯，若幾個人則可點一瓶，或是點幾杯不同葡萄酒也可享受多種口味的樂趣。

瓶裝
Flaschenwein

單杯
Glaswein

搭配料理選擇適合的葡萄酒吧

2 ›› 白酒或紅酒

葡萄酒單上通常分為紅、白、粉紅葡萄酒（部分餐廳沒有），在德國一般不需要太在意搭配何種料理（肉或魚）。

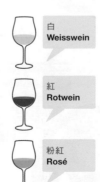

白
Weisswein

紅
Rotwein

粉紅
Rosé

3 ›› 甜或不甜？

依甜度區分可自行選擇個人喜好的口感。

甜
Süß

微甜
Halbtrocken

不甜
Trocken

MEMO 德國葡萄酒的總生產量中約有63%為白葡萄酒，紅葡萄酒占37%，白葡萄酒的葡萄品種以雷司令Riesling最多，接著是Müller Thurgau、Silvaner等，紅葡萄酒則以黑比諾Spätburgunder 為主流。

令人一吃上癮
德國麵包的世界

德國的麵包店是旅行者的好朋友！舉例來說，比起飯店裡高級早餐的麵包，在城市或車站的麵包店裡的附設自助咖啡館，品嘗剛出爐的麵包，滋味更好且實惠。不僅是節省旅行的好夥伴，種類也多元豐富。

便宜又豐盛！
紐結餅進化中

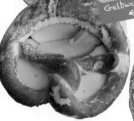

紐倫堡
Brezen Kolb

在紐倫堡有多間分店的紐結餅專賣店，早上通勤時段通常需要排隊，提供約莫25種以上的口味，令人難以抉擇，紐結餅風味驚艷。

紐倫堡中央車站內店
◎Map P.158-B2（紐倫堡中央車站）
🕐5：15～20：00（週六6：15～、週日‧節日7：15～）

紐結餅是什麼？
在德國麵包店的招牌也可以看到的紐結餅，是一種形狀像「兩個手腕交叉」的獨特造型麵包，焦香可口、外脆內軟的口感來自烘烤前浸泡於鹼水（鹼性蘇打）的過程，也稱為Breze、Brezen。

Gelbwurst Breze
€2.50

Salami Breze
€2.80

Butter-Schnittlauch Breze
€2

Gelbwurst
（煮軟的切片香腸）

Salami
薩拉米香腸

奶油與西洋蔥

慕尼黑
Brezelina

粉紅色的時髦店舖，在年輕人中有人氣。提供咖哩火雞、芝麻葉＆奶油乳酪等約莫10種口味。

地下鐵Marienplatz站內店
◎Map P.253-B3（Ⓤ Marienplatz）
🕐6：30～20：00（週六8：00～）
🚫週日‧節日

Weichkäse Breze
€2.95

Rote Bete-Frischkäse
€2.60

甜菜根夾餡

軟式起司

德國麵包入門

德國麵包的特色在於豐富的種類，以及有許多使用全麥粉的健康麵包，可說是世界第一。

大型麵包
Brot

用刀切成薄片吃的麵包，許多是以全麥粉和黑麥粉混合的黑麵包，也會添加葵瓜子等雜糧。

Mischbrot

小麥與黑麥
混合的黑麵包
Mischbrot

撒上滿滿芝麻的
黑麵包Schwarzbrot

Schwarzbrot

早餐常見的麵包
Brötchen

Brötchen

Laugenstange

棒狀的紐結餅
Laugenstange

小型麵包
Klein Gebäck

經典早餐麵包Brötchen，會用刀子從中間剖半，塗抹上奶油或果醬、夾上火腿和起司享用。

點心麵包
Feingebäck

有著豐富的種類，比方說奶油滿滿的布里歐修或丹麥麵包，以及瑪芬麵包、甜甜圈、蛋糕類型等。

Rosinenschnecke

加入葡萄乾和奶油的
葡萄乾麵包
Rosinenschnecke

Rhabarberplunder

加入甜大黃的
丹麥麵包
Rhabarberplunder

三明治
Sandwich

法棍或加入穀物的圓麵包等硬式麵包類型，通常會夾入火腿或起司等製成三明治，比較少直接食用。

Sandwich mit Brie

夾布里起司Brie的三明治

可以用手指比畫點餐

德國麵包店

近年使用BIO食材的講究店家與連鎖折扣商店陸續增加，試吃比較充滿樂趣。

德國麵包店（德語為Bäckerei）通常為7:00左右開始營業，到18:00左右打烊，近來有許多麵包店會在店內附設用餐區。

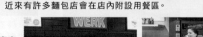

大型火車站常見的
折扣自助式麵包店

一早就開始營業的城市麵包店

品嘗幸福的味道

甜點&傳統
點心圖鑑

新鮮的鮮奶油加上色彩鮮豔的水果點綴而成的德國蛋糕，
有許多台灣品嘗不到的種類。
在德國一定要到街角的咖啡館，
品嘗美味的甜點，度過幸福的時光。

德國人氣蛋糕

黑森林蛋糕
Schwarzwälder Kirschtorte
黑森林蛋糕以黑色森林（＝Schwarzwälder）
為概念，是德國最受歡迎的蛋糕之一，以
酒醃漬的櫻桃（＝Kirsch）更是
帶有成熟的風味。

蘋果酥捲
Apfelstrudel
使用大量蘋果的蘋果派，夏季時還會
加上香草冰淇淋、冬季加上溫熱的香草
醬享用。

杏仁派
Aprikosenkuchen
酸甜的杏仁加上卡士達
奶油醬，形成絕妙組合
的經典蛋糕。

榛果奶油蛋糕
Nuss-Sahne-Torte
鮮奶油中混合細碎榛果，是一款
香氣濃郁的蛋糕。

櫻桃蛋糕
Kirsch-Käse Torte
濃郁的起司蛋糕上，鋪滿糖漿醃漬的
櫻桃。

在咖啡館如何點用蛋糕

1 ››› 挑選蛋糕

在店裡的櫥窗指出自己喜
歡的蛋糕，若在店內吃只
要告訴店員「在這裡吃Hier
essen。」，店員便會遞上一
張寫有編號等資訊的小紙片
Zettel。

2 ››› 找到座位坐下

坐下後可將紙片遞給前來點
咖啡或紅茶的服務生，若知
道蛋糕的名字也可以直接在
位子上點蛋糕。

3 ››› 買單

買單時在位子上對負責點
餐的服務生說「我要買單
Zahlen, bitte.」即可，若對服
務很滿意一般會給€1以下的
零頭（合計金額的5～10%）
作為小費。

大黃蛋糕
Rhabarberkuchen
將名為大黃Rhabarber、帶有酸味的蔬菜的莖製成果醬狀，混入麵糰內烘烤而成的蛋糕。

泡芙
Windbeutel
泡芙的德文為「風wind」的「袋子beutel」之意，橫切為上下兩半的中間填入滿滿的鮮奶油。

草莓夸克蛋糕
Erdbeer-Quark-Torte
鋪上草莓的起司蛋糕，夸克蛋糕常用近似於茅屋起司的新鮮起司製作。

罌粟籽蛋糕
Mohntorte
以罌粟籽做成的甜味餡料蛋糕，口感類似黑芝麻醬。

起司蛋糕 Käsetorte
以優質乳製品製成，濕潤帶有濃厚風味的起司蛋糕。

德國傳統點心

雪球
Schneeball
羅騰堡名產點心意思為「雪之球」，一般為壘球大小的尺寸裏上白色細砂糖，也有巧克力或花生口味（→P.224）。

原意為「坑道」的德式耶誕蛋糕Stollen造型為礦山的坑道，也被比喻為新生耶穌包裹著白色嬰兒衣的模樣

耶誕節限定的德式耶誕蛋糕
Stollen
通常在耶誕節約4週前開始，便可在蛋糕店及麵包店、超市等商店看到傳統的德式耶誕蛋糕，裡面會加上葡萄乾等大量水果乾與堅果，帶有濃厚的甜味，其中以德勒斯登的耶誕蛋糕最為有名。

年輪蛋糕
Baumkuchen
從德國傳入的年輪蛋糕，由於烘烤十分耗時，來到發源地德國反而不常看到。關於發源地眾說紛紜，制定了原產地名稱保護制度的薩爾茨韋德爾Salzwedel（→P.464）則以年輪蛋糕之城而聞名。

❶在1m長的芯心上重複塗上麵皮　❷橫切薄片享用為德式風格
❸切小塊裏上巧克力醬的年輪蛋糕也十分受歡迎

德國節慶活動導覽

熱愛節慶的德國一年到頭各地都有各式各樣的節慶舉行，
從中世紀的歷史足跡和童話世界等各種祭典，
到暢飲啤酒及葡萄酒的熱鬧節慶等，每個活動都能體驗到德國人的熱情。
不妨與當地人一起，享受熱情的活動吧！

5月下旬 ~ 6月上旬

羅騰堡
勝負的一飲慶典
Der Meistertrunk

詳細介紹→P.221

大口喝酒的勝負的一飲，是為紀念過去市長努許Nusch拯救了羅騰堡市而舉辦的慶典。穿著豪華服飾的遊行隊伍及歷史市集，還有士兵的野營會場等，整個城市都變成歷史舞台而熱鬧不已。

上／在市政廳上演的歷史劇，市長能拯救羅騰堡嗎？
下／市集廣場是戲劇、市集、舞蹈等活動的會場

上／以百年戰爭當時故事為背景的慶典，有許多穿著士兵模樣的人們 下／市集廣場為祭典的開幕活動場地與舞蹈會場

2月中旬 ~ 下旬

科隆周邊
狂歡節 *Karneval*

基督教的狂歡節歷史悠久，在舉行禁食前，不論身分、地位、階層，所有人都會變裝打扮、熱情暢飲高歌並持續到清晨。活動最高潮的玫瑰星期一遊行中，會從花車上向觀眾撒下大量點心，其中又以科隆、杜塞道夫、美因茲等規模最為龐大。

MEMO 進入啤酒節會場需要進行隨身物品檢查，僅能攜帶10x15x20cm以下的小包包入場，超過尺寸必須付費寄放，請盡可能精簡所攜帶的物品。

一手拿著杯子
盡情玩樂

9月中旬
~
10月上旬

慕尼黑
啤酒節（10月節） *Oktoberfest*

慕尼黑啤酒節是全世界規模最大的啤酒節，每年9月中到10月上旬舉辦，共有超過600萬人次到訪參加。廣大的會場規模龐大，每家啤酒公司都各搭起能容納數千人的巨大帳篷，還設有活動遊樂場，不管是大人小孩都能樂在其中。

前往會場特蕾西亞草坪Theresienwiese（◑ Map P.250-B2）可從中央車站搭 Ⓤ 4或5在第一站的Theresienwiese下車即達。

左／1810年慶祝路德維希一世結婚活動而流傳下來的熱鬧慶典！找座位可說高難度！　右／規模之大與人數之多令人驚嘆！

童話王國的
耶誕市集

耶誕節前約4週期間
（依各城市而異）

耶誕節是德國人一年年終最大的活動之一，其中最令人雀躍的便是耶誕節前約4週期間的耶誕市集。廣場上到處都被五彩繽紛的燈飾裝飾得光輝燦爛，此外並擺滿販賣烤香腸及耶誕樹飾品的小攤。

Weihnachtsmarkt

規模盛大的德勒斯登耶誕市集

41

到耶誕市集
吃東西、買東西！

以熱紅酒溫暖身體！

熱紅酒
Glühwein
在溫熱的紅酒內加入水果糖漿或香料混合而成的飲品，還有無酒精的Kinderpunsch，喝完了還可把馬克杯帶回家做紀念，若還杯子則可退錢。

薑餅
Lebkuchen
加入薑和香料的大型餅乾，有著色彩繽紛的裝飾，多半為裝飾用途，較少食用。

烤香腸
Bratwurst
不同城市的香腸都各有其一番風味，可夾在麵包裡並塗上芥末醬享用。

木製玩偶
Holzkunstfiguren
艾爾茲地區Erzgebirge的傳統工藝品，天使與煤炭礦工的組合是傳統耶誕節的主題木偶，此外胡桃鉗玩偶或菸斗玩偶也是固定可見的飾品。

烤香腸最棒！

掛飾
Ornament
以玻璃珠、錫或木頭、秸稈做成的各種掛飾，可裝飾在樹上及窗戶、牆壁上等。

禮物大買特買～

蠟燭
Kerzen
點火後會飄出陣陣甘甜香氣的蜂蜜蠟燭十分受歡迎。

【舉辦期間和注意事項】
大多數城市都會舉辦耶誕市集，各個規模大小有所不同，其中又以紐倫堡和德勒斯登歷史最為悠久且規模盛大。耶誕市集舉辦時間為耶誕節前約4週起到耶誕夜前一天為止（開始與結束日可能有所差異），大城市到了傍晚後人潮洶湧，須特別注意隨身的貴重財物，此外也別忘了做好完善的保暖措施。

上／若沒能趕上十月的啤酒
節狂歡，可以前往啤酒與啤
酒博物館參觀©MOOK
下／在慕尼黑的啤酒與啤酒
節博物館可以感受到節慶的
氛圍©MOOK

工匠達人守護下的優良傳統與品質

德國紀念品介紹

從傳統名品到實用的日常雜貨等，
有許多商品都是作為德國紀念品的最佳選擇。

 德國名牌

RIMOWA
以優良的耐久性聞名的鋁製行李箱，是旅遊常客的最愛，柏林KaDeWe百貨公司（→P.330）等地有販售。

雙人牌
ZWILLING J.A. HENCKELS
1938年誕生的歷史老牌廚房剪刀，還附有拔栓器和開瓶器設計的優良產品，法蘭克福的Galeria Kaufhof百貨（→P.72）和其他各地百貨公司均有販售。

史泰福泰迪熊
Steiff
高人氣大人收藏品且高品質的史泰福泰迪熊，這裡還有台灣買不到的珍貴限定商品。

AIGNER
從包包和皮夾開始發跡的慕尼黑名牌商品，以創始者姓名第一個字母A設計成馬蹄形狀的商標廣為人知，法蘭克福（→P.73）及慕尼黑（→P.264）的精品店皆有販售。

麥森瓷器　MEISSEN
高級瓷器麥森瓷器的經典花色為藍色洋蔥，除麥森瓷器製造所直營店（→P.406）外，各地百貨公司亦有販售。

reisenthel
德國必備的購物包和隨身包，為日常生活單品。

BREE
以愈用顏色愈美而聞名的麥芽色皮革名牌包，現今材質及顏色多變，法蘭克福（→P.73）等各城市商店均有販售。

 ※以上介紹商品有可能賣完缺貨。

工藝品&雜貨

NICI的吉祥物商品
繫在包包或手機上等的小型動物玩偶吉祥物，是NICI最可愛的商品之一，多半陳列在百貨公司文具販賣部附近的專櫃或攤位上。

妮維雅
為人所知的妮維雅乳霜從德國誕生，在柏林和漢堡的直營店可購買到限定商品。

麥克筆
畫起來又粗又直是德國麥克筆的最大特徵，還有畫在影印紙上也不會暈開的筆，法蘭克福Karlstadt百貨（→P.72）及各地百貨公司等文具部均有販售。

胡桃鉗玩偶
將胡桃放入玩偶口中，接著按背後的把手即可打開，通常多以國王和士兵模樣居多，原本含有將硬物放入平常威勢凜凜的人口中，一吐老百姓怨氣的含意。

蠟筆
德國小孩使用的Stockmar蠟筆，以蜜蠟製作而成，即使放進嘴裡也無害，相當安全，用來不會黏膩，顏色也很漂亮，在各地百貨公司的文具部均有販售。

水彩色鉛筆
被稱為Art Grip，表面有圓點圖案，方便好握，是Faber-Castell公司所出產的商品，最適合素描旅行，可在各地百貨公司的文具賣場等處購買。

薰香玩偶
玩偶內部點上薰香產品會飄散出陣陣煙霧，最近以蛋型的迷你尺寸玩偶最受歡迎，與左上角的胡桃鉗人偶在羅騰堡的Käthe Wohlfahrt（→P.224）有成套販售。

KLAR香皂
紅葡萄酒迷人的香氣與玫瑰香味的心型香皂，來自海德堡，並使用天然成分，可以安心使用。（→P.148）

交通號誌小人商品
由東柏林號誌燈（交通號誌）所衍生的紀念商品，人物商品也十分可愛，可在柏林的直營店（→P.331）購買。

45

護唇膏 B
以環境友善的軟木製成手感溫潤的包裝，100％天然成分來源，有3種味道。

€ 1.99

€ 5.99

護手霜 B
ROSSMANN的自有品牌Alterra，適合超乾燥肌膚使用，加入有機石榴和乳木果油成分。

沐浴鹽 B
知名的Kneipp沐浴鹽，有提供療癒作用的莓果＆香草，或是舒緩肌肉和關節痠痛等多種類型。

各€ 0.99

廚房用海綿抹布 B
可用來擦拭水槽或桌面，德國家家戶戶不可缺少的Schwammtuch抹布。5片裝。

€ 1.05

€ 1.79

€ 3.49

€ 0.99

ISANA

€ 0.59

玄米粉餅乾 C
無乳糖及麩質的有機餅乾。

玉米酥仙貝 C
將爆米花做成仙貝狀的薄鹽零食，以有機食材製成，讓人安心。

發泡式入浴劑 B
碳酸氣泡溫柔包裹全身，是一款能夠舒緩疲勞的療癒入浴劑。

€ 4.99

€ 4.99

綜合堅果 C
意為學生糧食Studenten Futter的綜合堅果與葡萄乾，是健康的零食。

€ 4.49

什錦麥片 C
加在優格裡約15分鐘後再吃會更美味。

€ 1.69

泡麵 A
最熟悉的泡麵德國版，不妨試試看口味是否不同。

湯包&醬包 A
旅程結束後在家中回憶德國風味的最佳選擇，小扁豆湯（左）、蘆筍用的荷蘭醬Hollandaise Sauce（右）和蘑菇湯（右上）。

€ 1.19

€ 2.99

€ 0.95

€ 0.85

榛果醬 A
德國早餐桌上不可或缺的抹醬，每家飯店都可見到榛果醬的蹤影。

※以上介紹商品有可能賣完缺貨或價格有所變動。

維他命發泡錠 B
放入礦泉水內即會發泡溶化的沖泡式維他命發泡錠。

各€0.45～3.49

保健飲品 B
暱稱為紅腮紅少女的Rotbäckchen，為添加維他命、鐵質等成分的保健飲品。

€ 0.99

€1.49

€1.19

€ 4.99

醬料、芥末醬 A
炸物用的美乃滋風味醬料（上）、白香腸用的甜芥末醬（下）。

€ 2.19

椰子糖漿 C
有人氣的溫和甜味劑。

水果花茶 A
綠茶在德國也相當受歡迎，特別在綠茶中加入薑及柳橙風味，喝起來可說特別爽口。

抹醬 C
可塗在麵包上的醬料，有芝麻麻及甜椒等多種口味。

€ 0.99

€ 3.49

蜂蜜 A
方便食用的軟管式包裝。

€7.99

€ 2.78

蘋果片 C
天然香味的蘋果片。

咖啡 A
可在超市購買高級熟食店Alois Dallmayr（→P.266）的咖啡豆。

€1.99

巧克力糖 C
丁克爾小麥的脆片餅乾與巧克力的搭配。

\＼到這些地方可以買得到！/

A 平價超市
REWE

在德國擁有許多分店，營業時間長，適合歸國前的最後採購。

法蘭克福采爾大道地下店
🏠 Zeil 106-110 　🗺 Map P.61-A3
🌐 www.rewe.de
🕐 週一～五7：00～24：00（週六～23：30）
🚫 週日・節日　card M V

B 便利的藥妝店
ROSSMANN
藥妝店內販賣飲料和零食等各樣商品，是旅途中最方便的購物去處，更是喜愛便宜藥妝商品的人絕不可錯過的寶庫。

柏林中央車站分店
🏠 Europaplatz 1
🗺 Map P.300-B1（柏林中央車站）
🌐 www.rossmann.de
🕐 週一～六7：00～22：00、週日8：00～22：00　🚫 無休　card 不可

C 環保商品專賣超市
LPG Bio Markt
歐洲規模最大的BIO有機專門超市，在柏林共設有10家分店，還設有有機麵包店及2樓的化妝品・雜貨櫃。

柏林柯維茲街分店
🏠 Kollwitzstr. 17　🚇 U Senefelderplatz徒步約1分
🗺 Map P. 301-A3
🌐 www.lpg-biomarkt.de
🕐 週一～六9：00～21：00，麵包店則為7：00～，週日8：00～14：00亦有營業。
card M V

※因各店狀況不同，部分商品可能沒有販售，各地分店資訊可至商店網站確認，超市購物的注意事項→P.540

收集便宜又可愛的環保袋

超市購物不可或缺的環保袋，
多半擺放在結帳櫃檯附近，試著找找看吧。

€3.90

Ritter SPORT
於Ritter巧克力柏
林直營店Bunte
SchokoWelt販售
→DATA P.332

€1.99

basic
慕尼黑大型的有
機超市
◑Map P253-B3

basic

€8.95

Ampelmann
人氣角色東德交通號
誌小人，種類豐富讓人
想入手好幾個
→DATA P.331

€2.50

Viktoalienmarkt
位於慕尼黑中心的戶外市場
→DATA P.264

€1.50

LPG BioMarkt
柏林專賣有機食
品、化妝品的超市
→DATA P.47

LPG
BioMarkt

Kultur Kaufhaus Dussmann
能夠承受書本重量的厚
實把手，有S、M、L尺寸
→DATA P.331

€3.50~

Dussmann
das KulturKaufhaus

AIGNER做工精致、用料扎實，頗符合德國產品給人的固有印象©MOOK

法蘭克福的羅馬廣場

法蘭克福與萊茵河、摩塞爾河周邊
Frankfurt / Rheintal / Moseltal

RITTERFIGUR

法蘭克福的名產蘋果酒，通常盛裝在名為Bembel的蘋果酒壺容器內

享受萊茵產葡萄酒的人們

呂德斯海姆的斑鳩小巷葡萄酒酒館櫛比鄰立

擁有絕美耶誕樹的法蘭克福耶誕市集，一到夜晚人潮聚集

法蘭克福與萊茵河、摩塞爾河周邊

鐵路
88 高速公路
主要道路
城堡
修道院、教堂
山

N

↑往科隆

P.119 波昂
Bonn

奧伊斯基興
Euskirchen

Heimbach

P.133
蒙紹
Monschau

Kall

A
比利時

P.121
柯尼希斯溫特
Königswinter

巴德霍內夫
Bad Honnef

雷馬根
Remagen

Rolandseck

巴德明斯特艾弗爾
Bad Münstereifel

Kreuzberg

巴德諾伊納爾·阿爾魏勒
Bad Neuenahr-Ahrweiler

安德納赫
Andernach

瑪利亞拉赫
P.98 修道院

P.98 紐柏格
Nürburg

Mendig

Mayen

P.95 科布倫茨
Koblenz

巴德埃姆斯
Bad Ems

布洛巴赫
Braubach

Gerolstein

Daun

埃菲爾
Eifel

P.102 科赫姆
Cochem

P.98 愛爾茲堡

摩塞爾克爾恩
Moselkern

P.93 博帕德
Boppard

聖高爾斯豪森
St. Goar

Oberwesel

Bacharach

Ka

維特利希
Wittlich

P.87 呂德斯海
Rüdeshei

特拉本·特拉爾巴
Traben Trarbach

P.102 貝恩卡斯特爾·屈斯
Bernkastel-Kues

盧森堡

P.103 特里爾
Trier

洪斯呂克
Hunsrück

巴德克羅伊茨納
Bad Kreuzn

B

64

P.86 伊達爾·奧伯施泰因
Idar-Oberstein

62

P.151
凱撒斯勞騰
Kaiserslautern

8

1

法國

薩爾路易
Saarlouis

諾因基爾興
Neunkirchen

1

2

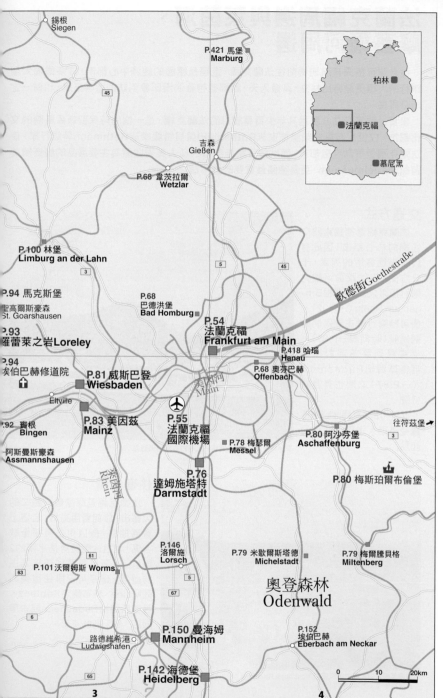

法蘭克福與萊茵河、摩塞爾河周邊 ▼ 大區域地圖

法蘭克福周邊與萊茵河、摩塞爾河周邊

　　從台灣可搭乘直航班機前往法蘭克福，這裡是德國的經濟中心都市，許多德國大型銀行的大樓更是櫛比林立，高聳入天，對那些抱著浪漫印象到訪的遊客來說，相信一定十分訝異。

　　事實上歌德曾在此度過其年少青春歲月的法蘭克福，是一個同時保留新舊風貌的文化都市，17世紀時羅斯柴爾德家族Rothschild與貝特曼家族Bethmann等銀行家，使法蘭克福發展為金融都市，而以銀行家施泰德的私人美術收藏為主要展品的施泰德美術館Städelmuseum，更是德國最重要的美術館之一。

交通方式

　　法蘭克福是德國鐵路交通網的核心都市，因此有許多來往各地的列車，十分方便。前往萊茵河觀光則可搭乘火車到賓根Bingen am Rhein（→P.92），便可轉乘行駛主要區間的觀光船（時刻表→P.91），從賓根到萊茵河對岸的呂德斯海姆Rüdesheim（→P.87）之間也有渡輪行駛。

　　此外，法蘭克福同時也是羅曼蒂克大道巴士北側的起點。

享受萊茵河之旅，沿途逐一出現的古堡充滿魅力

可俯瞰萊茵河的人氣古堡飯店Schlosshotel Rheinfels（資訊請參考下方MEMO）

住宿導覽

　　法蘭克福是德國數一數二的大都市，旅館費用高昂，若遇上會展期間，飯店更是幾乎全數客滿，而且住宿費更是平常的2倍以上。若以萊茵河觀光為主的遊客，建議可安排住宿美因茲Mainz、科布倫茨Koblenz、呂德斯海姆Rüdesheim或古堡飯店。冬天則為淡季。

MEMO 萊茵河最高人氣的古堡飯店萊茵費爾城堡浪漫飯店Schlosshotel Rheinfels（囧Schlossberg 47 D-56329 St. Goar ◎map：P.90 ☎ (06741) 8020 🌐www.schloss-rheinfels.de）。以及Burghotel Auf Schönburg ➴

法蘭克福與萊茵河、摩塞爾河周邊 ▼ Introduction

名產與美食

法蘭克福的名產為蘋果酒，德文稱之為Apfelwein，可到法蘭克福充滿老街氣氛的薩克森豪森區Sachsenhausen的鄉土料理店等處，品嘗店家自製蘋果酒。蘋果酒通常盛裝在名為Bembel的蘋果酒壺容器內，蘋果酒壺為灰色素坯壺上繪製藍色花紋，也可購買作為紀念品。

另外，蘋果酒是普遍的大眾飲品，高級餐廳及飯店酒吧等通常沒有供應。

法蘭克福美食則是以帶有樸實口感的鹽漬豬肋排——法蘭克福豬肋排Frankfurter Rippchen，以及名為綠醬Grüne Soße的青色醬汁最為有名。

綠醬是以香芹、西洋菜、細香蔥等7種當季香草製成，跟醬汁底下的水煮蛋、水煮牛肉一起品嘗

法蘭克福豬肋排是樸實豪邁的肉類料理

萊茵河與摩塞爾河是德國數一數二的葡萄酒產地，可依自己的口味挑選美味葡萄酒。

以清爽酸味為特色的蘋果酒，另有無酒精Alkoholfrei蘋果酒

也有可以提供試飲的葡萄酒商家

交通圖

▬▬ 幹線鐵路	圖上標示數字為兩地間搭乘最快班次的移動時間，不包含停車或轉車時間。
▬▬ 支線鐵路	例）1°30'＝所需時間1小時30分
▬▬ 路線巴士	

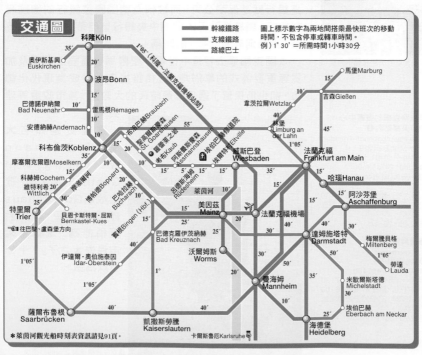

科隆Köln

奧伊斯基興 Euskirchen 35'

波昂Bonn 20'

巴德諾伊納爾 Bad Neuenahr 10'

雷馬根Remagen 15'

安德納赫Andernach 10'

科布倫茨Koblenz 35'

摩塞爾克爾恩Moselkern 15'

科赫姆Cochem 15'

維特利希 Wittlich 20'

特里爾 Trier 30' 25'

貝恩卡斯特爾·屈斯 Bernkastel-Kues

伊達爾·奧伯施泰因 Idar-Oberstein 1°05'

薩爾布魯根 Saarbrücken 40'

凱撒斯勞騰 Kaiserslautern

布洛巴赫Braubach

聖哥亞爾豪森 St. Goarshausen 55'

羅雷萊岩

考布Kaub 20'

阿斯曼斯豪森 Assmannshausen 10'

青萊堡河

博伯德Boppard 10'

巴哈拉赫 Bacharach 15'

賓根Bingen (Hbf.) 15'

巴德克羅伊茨納赫 Bad Kreuznach 25'

沃爾姆斯 Worms 20'

埃伯巴赫修道院

埃爾特維爾Eltville

呂德斯海姆 Rüdesheim 15'

萊茵河

美因茲 Mainz 15' 20'

1°05'

40'

威斯巴登 Wiesbaden 35'

法蘭克福機場 20' 30' 40'

達姆施塔特 Darmstadt 50'

曼海姆 Mannheim 50' 35' 10'

海德堡 Heidelberg 25'

韋茨拉拉Wetzlar 10'

40'

林堡 Limburg an der Lahn 45' 1°05'

法蘭克福 Frankfurt am Main 35' 15'

哈瑙Hanau 15'

阿沙芬堡 Aschaffenburg 30'

梅爾騰貝格 Miltenberg 1°05'

勞達 Lauda

米歇爾斯塔德 Michelstadt 30'

埃伯巴赫 Eberbach am Neckar

馬堡Marburg 15'

吉森Gießen

＊萊茵河觀光船時刻表資訊請見91頁。

🍴 （@D-55430 Oberwesel ○map：P.90 ☎ (06744) 93930 📖www.hotel-schoenburg.com）。兩間都是建造於山上，抵達最近車站後可致電飯店請求計程車接送。

53

羅馬廣場的
木造建築

法蘭克福

Frankfurt am Main

柏林●

法蘭克福
★

慕尼黑

MAP ◆ P.51-A4

人　口	76萬4100人
區域號碼	069

ACCESS

火車：搭乘ICE（城際特快列車InterCity Express＝德國特快列車）到慕尼黑中央車站約3小時10分，從柏林中央車站則約3小時55分，從漢堡中央車站則約3小時40分。法蘭克福中央車站是德國規模最大的車站，路線延伸至各地。

活力十足的法蘭克福中央車站前

❶法蘭克福的遊客中心
●中央車站內❶
⊞ Im Hauptbahnhof, Frankfurt am Main D-60329
◐ Map P.60-B1
☎ (069) 247455400
🖳 www.frankfurt-tourismus.de
🕐 週一～五　　8：00～21：00
　週六・日・節日 9：00～18：00
　（12/24・31縮短營業時間或公休）
🛑 12/25・26、1/1

●羅馬廣場❶
⊞ Römerberg 27
◐ Map P.61-B3
☎ (069) 247455400
🕐 週一～五　　9：30～17：30
　週六・日・節日 9：30～16：00
　（12/24・31縮短營業時間或公休）
🛑 12/25・26、1/1

羅馬廣場上階梯狀外觀的建築是美麗的舊市政廳

　　有著萊茵河支流美因河Main流貫其中的法蘭克福，是德國的商業與金融中心城市，市區舉目所及的高樓建築不是銀行就是保險公司。而被稱為德國國家銀行的德國聯邦銀行，與統括歐元的歐洲中央銀行皆座落於此，同時有著「萊茵河畔曼哈頓」的暱稱。

　　法蘭克福過去曾是中世紀神聖羅馬帝國國王選舉及加冕等重要儀式的舉辦地，戰後雖搖身一變成為現代化都市，卻也仍保留了過去繁華時代的大教堂、舊市政廳等建築。

　　這裡更是知名大文豪歌德Johann Wolfgang von Goethe的出生地，歌德故居Goethehaus即位於市區，市民們更稱他為「法蘭克福市民偉大之子」，十分引以為傲。

�◢ 立在高樓建築之前的歌德像

MEMO 德國還有另一個名為法蘭克福的城市，是位於鄰近波蘭邊境的奧德河畔法蘭克福Frankfurt an der Oder，為避免搞錯最好多加注意。

抵達法蘭克福

搭乘飛機抵達

邁向憧憬德國的第一步

法蘭克福國際機場 Flughafen Frankfurt Main（機場代碼：FRA，以下略稱法蘭克福機場）位於法蘭克福西南方約9km處，是歐洲首屈一指的大型國際機場，從台灣有中華航空直航班機起降，同時還有往來德國境內及歐洲各都市的航班。

機場航廈分為第1航廈與第2航廈，漢莎航空等起降在第1航廈，中華航空則起降在第2航廈，並有稱為Skyline的高架電車與接駁巴士往來航廈之間（→P.56）。

搭乘Skyline移動，十分快捷舒適

搭乘台灣直航班機抵達後，可依循英文標示指示入境。

1 入境審查（護照查驗） Passkontrolle

飛機降落後依循Passkontrolle指示前進，台灣人排在Non EU National窗口，此處一般為簡單的護照審查。

2 領取行李 Gepäckausgabe

接著便可前往提領出發時航空公司託運的行李，第1航廈提領處位於入境審查後經機場聯絡通道，搭電扶梯下一層樓處，由於位置找尋不易，要仔細參考行李提領處Gepäckausgabe/Baggage Claim標示。

前往行李提領處的下行電扶梯（第1航廈）

3 海關審查 Zollkontrolle

持有超過免稅範圍物品的人，請走紅色出口並辦理報關手續；不需要申報的人則走綠色出口。

4 入境大廳

海關出口外面即為入境大廳，到達此處即表示順利進入德國境內，第1航廈內有匯兌處、飯店服務處、租車公司櫃台等，地下樓層則有德國國鐵窗口、餐廳、超市等設施。

前往地下月台搭乘火車前往法蘭克福市區

● 法蘭克福國際機場
◯ Map P.51-B3
URL www.frankfurt-airport.com

● 駐法蘭克福辦事處
Taipeh Vertretung in der Bundesrepublik Deutschland, Büro Frankfurt am Main
⊠ Friedrichstrasse 2-6, 60323 Frankfurt am Main
◯ Map P.60-A2外
☎ (069) 745734
FAX (069) 745745
⏰ 週一～五9:00～17:00
急難救助電話：行動電話(49) 171-3147552；德國境內直撥0171-3147552
※急難救助電話專供如車禍、搶劫、有關生命安危緊急情況等緊急求助之用，非急難重大事件請勿撥打

● 轉機航班入境審查
若搭乘經德國以外的EU申根加盟國（→P.516）轉機班者，須在轉機地接受入境審查，不須在德國接受入境審查。

● 德國入境免稅範圍
→P.515

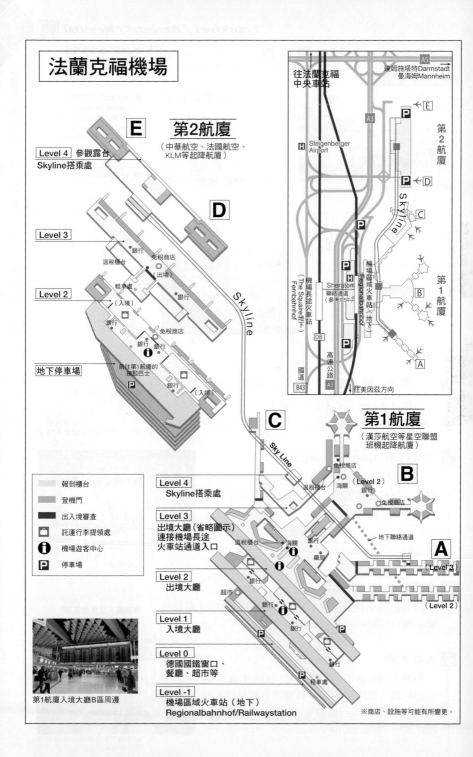

法蘭克福機場

第2航廈
（中華航空、法國航空、KLM等起降航廈）

E

Level 4 參觀露台
Skyline搭乘處

Level 3

退稅櫃台
免稅商店
（出境）

租車處

Level 2
（入境）

銀行

銀行
免稅商店

銀行
銀行

地下停車場

前往第1航廈的接駁巴士

銀行

（入境）

D

C

Skyline

Level 4
Skyline搭乘處

Level 3
出境大廳（省略圖示）
連接機場長途
火車站通道入口

Level 2
出境大廳

退稅櫃台
海關
銀行

銀行

超市

銀行

Level 1
入境大廳

銀行

Level 0
德國國鐵窗口、
餐廳、超市等

租車處

Level -1
機場區域火車站（地下）
Regionalbahnhof/Railwaystation

Sky Line

第1航廈
（漢莎航空等星空聯盟班機起降航廈）

免稅商店

海關
（Level 2）
銀行

B

免稅商店

地下聯絡通道

退稅櫃台

海關

銀行

藥局

A

（Level 3）

（Level 2）

圖例
- 報到櫃台
- 登機門
- 出入境審查
- 託運行李提領處
- ℹ 機場遊客中心
- P 停車場

第1航廈入境大廳B區周邊

右上地圖
往法蘭克福
中央車站

A5
達姆施塔特Darmstadt
曼海姆Mannheim

E 第2航廈

A3

H Steigenberger Airport

D

P

P

Skyline

C

機場區域火車站
（參見第57頁）

機場長途火車站
（The Squaire地下）
Fernbahnhof

Sheraton

H

Regionalbahnhof

聯絡通道

B 第1航廈

P

D8

國道
B43

高速公路
A3

往美因茲方向

A

※商店、設施等可能有所變更。

MEMO 第2航廈與機場區域火車站之間可搭乘接駁巴士（免費），乘車處位於第2航廈入境大廳外，每10分鐘1班，停靠第1航廈的機場區域火車站聯絡口前。

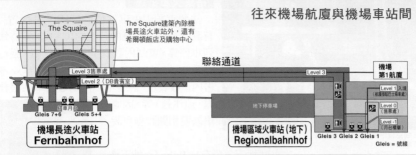

往來機場航廈與機場車站間

The Squaire建築內除機場長途火車站外，還有希爾頓飯店及購物中心

聯絡通道

Level 3售票處
Level 2（DB貴賓室）
Level 3

機場第1航廈
Level 1 入境（航廈搭乘巴士乘車處）
Level 0（售票處）
Level -1（月台層）

地下停車場

Gleis 7+6　Gleis 5+4

機場長途火車站
Fernbahnhof

機場區域火車站（地下）
Regionalbahnhof

Gleis 3 Gleis 2 Gleis 1

Gleis = 號線

機場與市區交通

火車

　　機場第1航廈地下設有近郊列車停靠的機場區域火車站Flughafen-Regionalbahnhof，一般於1號線Gleis 1發車的S-Bahn（＝都市近郊電車，以下以Ⓢ略稱表示）搭乘開往Hanau

從地下的機場區域火車站搭乘S-Bahn往市區移動

Hbf（有時停靠Offenbach Ost）的Ⓢ8或Ⓢ9，車約13分鐘，在第4站法蘭克福中央車站Frankfurt Hauptbahnhof地下月台下車。

往機場長途火車站的聯絡通道

　　另外利用機場發車的長途列車IC、ICE快速列車或國際快速列車EC的人，則須前往機場長途火車站Fernbahnhof，機場長途列車專用月台距離區域車站較遠，從第1航廈的聯絡通道依循「Fernbahnhof/Long Distance Trains」指示標誌前往，約5分鐘路程（參考上圖）。

　　而開始使用歐洲33國火車通行證Eurail Global Pass等通行證的乘客，則須前往德國國鐵DB窗口——旅遊中心Reisezentrum辦理開通手續（Validate）後方能搭車，前往法蘭克福市中心的車票購買方式請參考→P.59。

長途火車站大廳一景，大廳兩側區域為The Squaire購物中心

計程車

　　機場的入境大廳出入口前設有計程車乘車處，除尖峰時段外，一般而言搭計程車前往市中心約20～30分鐘車程，車資約€40～50上下。

● **機場～市區間火車車資**
法蘭克福機場車站到法蘭克福中央車站間的S-Bahn車資為€5.60（使用單次乘車券Einzelfahrt Frankfurt時）。自動售票機使用方式請參考→P.59。預計從法蘭克福機場到法蘭克福中央車站後當天利用S-Bahn或U-Bahn、巴士、市區電車進行市區觀光的人，則建議購買1日券Tageskarte（€10.90）較為划算。另外還有針對觀光客發行的法蘭克福卡Frankfurt Card（→P.59），可自行比較何者較為優惠再行購買。

前往中央車站的S-Bahn1號線月台

DB（德國國鐵）旅遊中心Reisezentrum，可在此購買車票或訂票、開通鐵路周遊券等

可安心搭乘德國的計程車

法蘭克福中央車站位在德國鐵路網中心

搭乘火車抵達

法蘭克福中央車站位於德國中央位置，有許多來自德國境內各地的IC、ICE等特快列車停靠，車站內設有商店、匯兌處、旅行社及Tourist Information（＝遊客中心，本書內以❶表示，許多車站內的❶為車站服務處，須注意）等，因應火車旅遊相關設施可說一應俱全。

從中央車站開往衛戍大本營Hauptwache的地下S-Bahn乘車月台為101/102

車站地下並設有U-Bahn（＝地下鐵，以下部分以Ⓤ略稱）與S-Bahn乘車月台，另外德國經常以Hbf.簡稱中央車站Hauptbahnhof，可事先記住，方便尋找。

●中央車站內注意事項

在中央車站使用自動售票機購票時，有時會有陌生人前來搭訕，宣稱若不知道怎麼使用售票機可以代為買票，這類人士通常會拿了錢就跑，千萬不要相信。另外還會有人說「給我€1」或「可以幫我換零錢嗎」之類的，一旦拿出錢包很容易被搶走，最好不要搭理對方，此外在機場車站也常見此類詐騙人士，要特別小心。

標示牌顯示下階梯後即為S-Bahn及U-Bahn乘車處

●RMV交通系統

RMV（Rhein-Main-Verkehrsverbund）交通系統除法蘭克福外，還包含達姆施塔特Darmstadt、威斯巴登Wiesbaden、曼海姆Mannheim、科布倫茨Koblenz、哈瑙Hanau、馬堡Marburg等，含括的城市公共交通系統範圍十分廣闊，只要在單程票有效區域內，可於車票期限內轉乘S-Bahn及U-Bahn、市區電車、巴士等交通工具，但除轉乘之外，不可中途下車或來回搭乘。
另外，使用歐洲33國火車通行證Eurail Global Pass及德國火車通行證German Rail Pass可搭乘S-Bahn，但不可搭乘U-Bahn、市區電車、巴士等交通工具。
🔗www.rmv.de

法蘭克福市區交通

法蘭克福市區公共交通工具有U-Bahn、S-Bahn、市區電車、市區巴士等，此類大眾運輸車票採用共通的RMV分區車資系統，只要位於車票有效區域及期限內，即可互相轉乘，車票Fahrkarte可在搭車前，於停靠站或下月台前所設置的自動售票機購得。

※法蘭克福交通路線請參考第1張摺頁地圖背面。

乘車方式

1 尋找前往目的地的搭車月台或停靠站

可於停靠站或車站內張貼的路線圖上，尋找現在位置及欲前往目的地的路線，接著將路線編號及終點站名記下，一般搭車月台指示標誌，多為標示路線編號及終點站名。

2 購買車票

搭乘S-Bahn及U-Bahn，可於下月台前的自動售票機購買車票。沒有剪票口。

3 上車／下車

S-Bahn及U-Bahn與巴士的車門皆須自行手動開啟，搭乘ⓈⓊ時須拉門把或按鈕開門，搭乘巴士或市區電車則須按下門旁按鈕，開門後門會自動關閉。

上／按下按鈕可打開車門
下／S-Bahn車內一景

法
蘭
克
福
與
萊
茵
河
、
摩
塞
爾
河
周
邊
▼
法
蘭
克
福Frankfurt am Main

購票方式及車票種類

　　車票可透過自動售票機購買，若搭乘巴士亦可直接向司機購票，德國售票機使用方式為先按下目的地車票按鈕後顯示票價，接著再投錢購票。

名稱	有效區間	票價	注意事項
短程票 Kurzstrecke	乘車距離2km以內 （相當於中央車站～舊市政廳羅馬廳Römer間、中央車站～衛戍大本營Hauptwache之間）	€1.60	須於售票機張貼表格上確認目的地是否在距離範圍內
單程票 Einzelfahrkarte	法蘭克福市區	€2.85	
	機場～市區間	€5.60	
1日券 Tageskarte	法蘭克福市區	€5.50	
	機場～市區間有效	€10.90	
團體1日券 Gruppentageskarte	法蘭克福市區	€12.30	5人以內有效
	機場～市區間有效	€18.50	

（2022年7月資訊）

如何使用自動售票機

　　售票機也能選擇英文，就算是初次使用也不會太困難。先選擇單程券或1日券等車票種類，再選擇大人或小孩，即會顯示車資。售票機可使用硬幣、紙鈔、信用卡付款，若出現紙鈔（€20、€50、€100紙鈔多數時候無法使用）、信用卡圖示上有X的標示，則不可使用。

●法蘭克福卡
Frankfurt Card

可1日內無限搭乘S-Bahn（機場～市區內也有效）、U-Bahn、巴士、市區電車等，此外還可享有歌德故居Goethehaus、施泰德美術館Städelmuseum等入場券最高50%折扣優惠，可說相當划算，另有發售2日券及最多5人使用的團體券，可於❶購買。（也可網路購買）

單人1日券€11.50，2日券€17；團體1日券€24，2日券則為€34。

註）車票票價系統每1～2年會有所調整，本書資料為2022年7月資訊。

一般的自動售票機

●使用觸碰式螢幕自動售票機時

❶ 選擇語言

選擇德文以外的語言時，可點選國旗標示（英文為英國國旗）

❷ 選擇車票種類

前往法蘭克福市區的單程票為Single journey Frankfurt，接著下個畫面點選大人Adults

❸ 投入顯示金額

投入畫面所顯示的金額後，即可取票。畫面中亦會顯示可使用的硬幣、紙鈔等

自動售票機會用到的德文/英文		
Fahrtziel	destination	目的地
Einzelfahrkarte	Single journey	單程票
Tageskarte	All-day ticket	1日券
Gruppentageskarte	Group day ticket	團體1日券
Kurzstrecke	Short hop ticket	短程票
✈Einzelfahrt Frankfurt (inkl. Flughafen)	✈Single journey Frankfurt (incl. Airport)	（從法蘭克福市區）到機場間有效的1日券
Erwachsene	Adults	大人
Kinder	Children	小孩
Abbrechen	Cancel	取消
Zurück	Back	返回

機場車站內有許多的售票機

法蘭克福交通路線圖在第1張摺頁地圖的背面。

往台灣駐法蘭克福辦事處約270m

Reuterweg

Leerbachstr

Westend Ⓤ

Café Laumer Ⓒ
P.71

羅特希爾德
公園
Rothschild-
park

Bockenheimer Anlage

Bockenheimer Landstr.

U6.U7

Unterlindau

Oberlindau

Lindenstr.

Brentanostr.

Barckhausstr.

Ulmenstr.

A

P.67
老歌劇院
Alte Oper Ⓢ

Hochstr.

P.73 Manufactum Ⓢ

Kettenhofweg

Feuerbachstr.

Niedenau

Alte Oper Ⓤ

P.70 HIGEMATSU Ⓡ

Goldkammer

P.73
Ferragamo

Gr.Bockenheimer Str.

P.70 Thong-Tha Ⓡ

Elsa-
Brändström Pl.

Tiffany & Co. P.73 Ⓢ

CHANEL P.73

Westendstr.

Westendpl.

Niedenau

Zimmerweg

Taunus-
anlage

Junghof- str.

Taunusanlage Ⓢ

Goethestr.

P.73 Hermès Ⓢ

P.73 Cartier Ⓢ
Prada

P.73 Aigner Ⓢ P.73 Gucci

P.73 LOUIS VUITTON

歌德

歌德廣
Goethe

Savigny Str.

Erlenstr.

Mainzer

Landstr.

Neue

P.66
美因塔
Main Tower

P.73
BREE Ⓢ
全日空

Gr. Gallusstr.

Nidda-

Mosel-

str.

Weser-

str.

Elbe-

str.

德國聯邦銀行
Deutsche
Bundesbank

席勒像

Gallusanlage

Mainzer

Kaiserstr.

P.74 Steigenberger
Frankfurter Hof

Ⓗ

Bethi

str.

S1-6.S8

往會展場（包含展覽塔）
約400m

JCB PLAZA

Willy-Brandt-

法蘭克福史前
歷史博物館
Museum für Vo
und Frühgesch

25 hours Hotel
Frankfurt The Trip
P.74

Ⓗ Manhattan
P.75

Karlstr.

Taunus-

str.

P.67
法蘭克福
歌劇院
Oper Frankfurt

Metropolitan P.74

Hauptbahnhof

Ⓗ

市區電車11號

Untermainl

Ⓢ Ⓤ Hauptbahnhof

Flemings' Express

計程車
招呼站

凱撒街

Münchener

Weser/
Münchener
Str.

U4.5

P.66
猶太博物館
Jüdisches
Museum

kai

法蘭克福中央車站
Hauptbahnhof

Ⓘ

Hbf.
Münchner
Str.

Mannstr.

Untermain

U1-3.8

Ⓗ Savoy

Wiesen-

Gutleut- str.

Windmühlstr.

Ⓗ Excelsior
Mannheimer Str.

Ⓗ Monopol

Le Méridien
Parkhotel

Ⓗ

Wilhelm-Leuschner-Str.

P.65
德國建築博物館
Deutsches
Architekturmuseum

P.75
InterCityHotel

Ⓗ

Baseler Str.

Karlsruber Str.

hüttenstr.

Untermainkai

Museumsufer

P.65
施泰德美術館
Städelmuseum

Hofheimstr.
（行人專用）

Dürerstr.

P.65
德國通訊博物
Museum für
Kommunikation

東橫INN P.75

Stuttgarter Str.

60

1

2

Schaumainkai

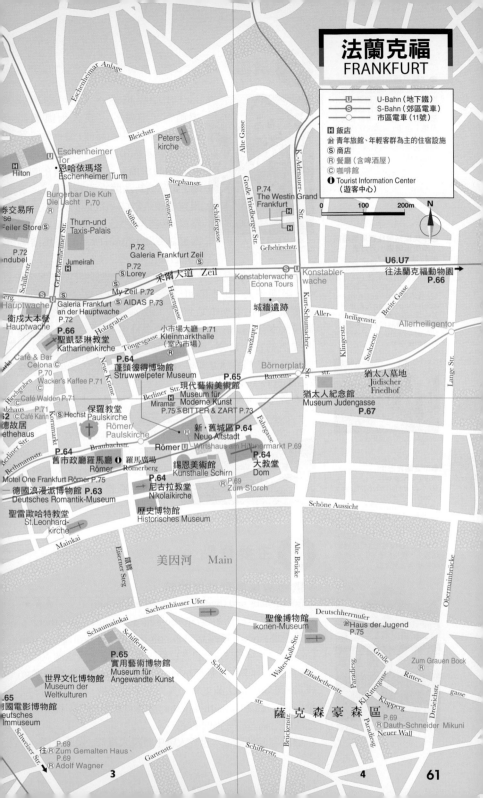

U-Bahn（地下鐵）
S-Bahn（郊區電車）
市區電車（11號）
飯店
青年旅館、年輕客群為主的住宿設施
商店
餐廳（含啤酒屋）
咖啡館
Tourist Information Center
（遊客中心）

0   100   200m   N

Eschenheimer Anlage

Bleichstr.

Peters-kirche

Alte Gasse

K.-Adenauer- Str.

Eschenheimer Tor
恩哈依瑪塔
Eschenheimer Turm

Hilton

Stephanstr.

Große Friedberger Str.

P.74
The Westin Grand
Frankfurt

Gelbehirschstr.

Burgerbar Die Kuh Die Lacht P.70

Thurn-und Taxis-Palais

Jumeirah

P.72
Galeria Frankfurt Zeil

Lorey
采爾大道 Zeil

My Zeil P.72

Konstablerwache
Econa Tours

Konstabler-wache

U6.U7
往法蘭克福動物園→
P.66

Galeria Frankfurt an der Hauptwache P.72

AIDAS P.73

城牆遺跡

Aller-heiligenstr.

Klingerstr.

Stoltzestr.

Breite Gasse

Allerheiligentor

Hauptwache
衛戍大本營
Hauptwache

P.66
聖凱瑟琳教堂
Katharinenkirche

Holzgraben

小市場大廳 P.71
Kleinmarkthalle
（室內市場）

Fahrgasse

Börnerplatz

Battonn- str.

猶太人墓地
Jüdischer Friedhof

Café & Bar Celona P.70

Wacker's Kaffee P.71

P.64
蓬頭彼得博物館
Struwwelpeter Museum

Berliner Str.
現代藝術美術館
Museum für
Moderne Kunst
P.75 BITTER & ZART P.73

P.65

猶太人紀念館
Museum Judengasse

P.67

Café Walden P.71

Hirschgraben

Miramar

Café Karin

Hechst

保羅教堂
Paulskirche

新・舊城區 P.64
Neue Altstadt

Lange Str.

德故居
ethehaus

Römer/
Paulskirche

Römer

Braubachstr.

Wirtshaus am Hühnermarkt P.69

Schöne Aussicht

Motel One Frankfurt Römer P.75

P.64
舊市政廳羅馬廳
Römer

羅馬廣場
Römerberg

錫恩美術館
Kunsthalle Schirn

P.64
大教堂
Dom

德國浪漫派博物館 P.63
Deutsches Romantik-Museum

P.64
尼古拉教堂
Nikolaikirche

P.69
Zum Storch

聖雷歐哈特教堂
St.Leonhard-kirche

歷史博物館
Historisches Museum

Mainkai

美因河 Main

Eiserner Steg

鐵橋

Alte Brücke

Obermainbrücke

Sachsenhäuser Ufer

聖像博物館
Ikonen-Museum

Deutschherrnufer

Haus der Jugend
P.75

Schaumainkai

Schifferstr.

P.65
實用藝術博物館
Museum für
Angewandte Kunst

Schul-

Walter-Kolb-Str.

Elisabethenstr.

Paradiesg.

Große Ritter- gasse

Zum Grauen Bock

世界文化博物館
Museum der
Weltkulturen

.65
國電影博物館
eutsches
Immuseum

薩克森豪森區

Brückenstr.

K.I.Rittergasse

Klapperg.

Paradiesg.

Neuer Wall

Dauth-Schneider Mikuni
P.69

Schweizer Str.

P.69
往 Zum Gemalten Haus、
P.69
Adolf Wagner

Gartenstr.

Schifferstr.

Dreieichstr.

●法蘭克福危險區域

從中央車站延伸的凱撒街與陶努斯街Taunusstr.周邊白天治安尚可，但晚上女性最好避免單獨行動，此外中央車站周邊及地下通道，與通往衛戍大本營的地下通道等，有時會出現疑似吸毒的人或醉漢，要多加小心注意。

●中央車站前往羅馬廣場搭乘市區電車十分方便

由於徒步至市中心十分吃力，可於中央車站正面出口過斑馬線的搭車處（稍微左邊一點），搭乘市區電車11號，往右側搭乘Fechenheim/Schießhüttenstr.方向車次，若在第3站Willy-Brandt-Platz下車離歌德故居較近，而第5站Römer/Paulskirche就停靠在羅馬廣場旁。

中央車站前的市區巴士站

●市區觀光巴士
Hop on Hop off

URL www.frankfurt-citysightseeing.com
10:00～17:00每隔30分鐘，於羅馬廣場邊的保羅教堂Paulskirche旁出發（冬季會變更時間），可至羅馬廣場或中央車站的ℹ️報名，也可透過網站報名。費用€15.90～，持法蘭克福卡可享折扣。

忠實重現當時18世紀的建築樣貌

📍 漫遊

正面階梯狀建築令人印象深刻的舊市政廳

一出中央車站正面，可見部分規劃為步道區的主要大街凱撒街Kaiserstr.向市中心延伸，從車站沿著凱撒街徒步約10分鐘，便是高樓建築及時髦的法蘭克福歌劇院所在的廣場，此區域為法蘭克福的市中心，這裡離歌德故居Goethehaus只有5分鐘路程，接著再走5分鐘，則可抵達舊市政廳羅馬廳Römer所在的羅馬廣場Römerberg。

市區觀光景點十分集中，範圍不大，徒步即可遍覽景點，如中央車站到衛戍大本營Hauptwache之間徒步約12～13分，或可從中央車站搭乘Ⓢ Ⓤ在第2站Hauptwache下車，衛戍

Hauptwache與聖凱瑟琳教堂

大本營為18世紀原警備總部建築，從這裡往東延伸的步道區采爾大道Zeil，整條街百貨公司及時尚建築林立，是法蘭克福最熱鬧的購物街，而高級名牌店則集中在衛戍大本營往西延伸的歌德街Goethestr.上。

碰見購物客的采爾大道

📷 主要景點

歌德故居與歌德博物館
Goethehaus und Deutsches Romantik-Museum ★★★

以《少年維特的煩惱Die Leiden des jungen Werther》、《浮士德Faust》等作品聞名的歌德Johann Wolfgang von Goethe，於1749年8月28日在12點的鐘響中誕生於法蘭克福。父親約翰‧卡斯帕‧歌德Johann Caspar Goethe為帝國議會成員，母親則是法蘭克福市長女兒卡特麗娜‧伊莉莎白‧歌德Catharina Elisabeth Goethe，在18世紀當時，其宅邸可說是法蘭克福首屈一指的名宅。

歌德宅邸於第二次世界大戰中歷經大爆炸，幾乎全毀，於

戰後精心修復後重現當時風貌，屋內擺設用品則經遷移至安全地點，因而免於遭受戰爭破壞。

　　歌德故居可以從隔壁的德國浪漫派博物館Deutsches Romantik-Museum (DRM)進入（票券共通），穿過中庭即可抵達。浪漫派博物館內，以主題區分展示，可了解到18世紀末到19世紀前半的文學、繪畫、音樂等廣泛領域的浪漫派藝術活動。

歌德故居（左）可從2021年開幕的德國浪漫派博物館（右）中進入

●歌德故居與德國浪漫派博物館
🏠Großer Hirschgraben 23-25
🚇Map P.61-B3
Ⓤ Ⓢ Hauptwache或Willy-Brandt-Platz下車。
🌐frankfurter-goethe-haus.de
🕐週二～日　10：00～18：00（週四～21：00）（入場至閉館前30分為止）
🚫週一、12/24・25・31、1/1、復活節前的週五
💰€10、學生€6
可使用岸邊博物館卡（→P.65）

法蘭克福與萊茵河、摩塞爾河周邊　▼　法蘭克福Frankfurt am Main

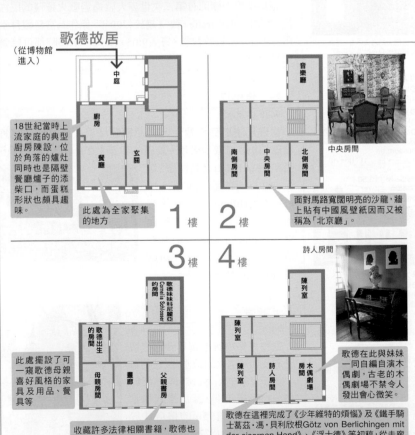

歌德故居

（從博物館進入）

中庭

廚房

餐廳　**玄關**

18世紀當時上流家庭的典型廚房陳設，位於角落的爐灶同時也是隔壁餐廳爐子的添柴口，而蛋糕形狀也頗具趣味。

此處為全家聚集的地方

1樓

音樂廳

南側房間　**中央房間**　**北側房間**

中央房間

面對馬路寬闊明亮的沙龍，牆上貼有中國風壁紙因而又被稱為「北京廳」。

2樓

3樓

歌德妹妹科尼麗亞的房間Cornelia Schlosser

歌德出生的房間

母親房間　**畫廊**　**父親書房**

此處擺設了可一窺歌德母親喜好風格的家具及用品、餐具等

收藏許多法律相關書籍，歌德也從這些書籍中汲取豐富知識。

4樓

詩人房間

陳列室

陳列室

陳列室　**詩人房間**　**房間**　**木偶劇場**

歌德在此與妹妹一同自編自演木偶劇，古老的木偶劇場不禁令人發出會心微笑。

歌德在這裡完成了《少年維特的煩惱》及《鐵手騎士葛茲・馮・貝利欣根Götz von Berlichingen mit der eisernen Hand》、《浮士德》等初稿，從走廊進入後的左側為歌德的桌子，牆上則掛有夏綠蒂與歌德的剪影畫。

MEMO 德國浪漫派文學深受歌德的影響，代表性的作家有諾瓦利斯、海因里希、海涅。繪畫領域則有弗里德里希、卡魯斯、菲斯利，音樂領域有舒曼、李斯特、華格納。

●舊市政廳羅馬廳
◎Map P.61-B3
Ⓤ4、5 Römer或搭乘市區電車
11、12號於Römer/Paulskirche
下車。

皇帝廳
◷每日 10：00～13：00
14：00～17：00
若有特別活動時暫停開放。
皇帝廳的入口從面對羅馬廳左
側的巷子Limpurger Gasse進
入，再從右手邊寫有Kaisersaal
的入口進入中庭，即可看到牆
上設有寫著Kasse的入場券販
賣機，先在此購買門票後再從
後方螺旋階梯進入。
💰€2

從這個入口進入中庭，再爬上後
方螺旋梯即可抵達皇帝廳

●新・舊城區
◎Map P.61-B3
Ⓤ4、5 Römer下車。
●蓬頭彼得博物館
⌂Hinter dem Lämmchen 2-4
◎Map P.61-B3（新・舊城街內）
🔗www.struwwelpeter-
museum.de
◷週三～日 11：00～18：00
休週一・二
💰€7、學生€3.50

●大教堂
◎Map P.61-B3～B4
Ⓤ4、5 Römer下車。
🔗www.dom-frankfurt.de
◷ 9：00～20：00
（週五13：00～）
※週日中午前、禮拜時暫停開
放參觀 💰免費

大教堂之塔
入口在大教堂裏面，需攀爬
328階階梯。
◷週二～五10：00～18：00、週
六・日11：00～18：00（冬天、
惡劣天氣時可能會調整營業時
間，或關閉） 💰€3

大教堂內博物館
◷週三～五10：00～17：00
週六・日・節日11：00～17：00
休週一・二 💰€2、學生€1

舊市政廳羅馬廳與羅馬廣場
Römer & Römerberg ★★★

面對羅馬廣場西側、擁有美
麗山形屋頂的3棟建築中，其中
中間的建築被稱為Römer。

懸掛著皇帝肖像畫的皇帝廳

羅馬廳的2樓有神聖羅馬帝
國國王加冕儀式後舉辦慶祝晚
宴的皇帝廳Kaisersaal，可入內
參觀，廳內牆上掛滿了神聖羅馬帝國52位皇帝等身大的肖像
畫。

羅馬廣場中央則有正義女神噴泉，到了夏天，廣場便搖身
一變成為美因河夏季祭典的會場，冬天則從聖誕節前4週起
便開始舉辦耶誕市集。

羅馬廣場南側則有第二次世界大戰逃過戰火摧殘的尼古
拉教堂Nikolaikirche，教堂建於1290年，原作為宮廷禮拜堂
用，現則成為新教教堂，每天9:05、12:05、17:05時都可聽到
美妙的鐘響。

新・舊城區
Neue Altstadt ★★

從羅馬廣場到大教堂間的連續區域過去是個繁榮的舊
城區，後遭到戰爭破壞。該區的建築於2018年以新・舊市
街Neue Altstadt之名復原、再
生，成為新的觀光景點。中
心為廣場Hühnermarkt。廣場
附近有一座蓬頭彼得博物館
Struwwelpeter Museum，這座
博物館由歌德嬸嬸的住所改
建，歌德也曾短暫居住。

美麗的Hühnermarkt廣場

大教堂
Dom ★★

這裡是舉辦神聖羅馬帝國皇帝
遴選及加冕儀式的教堂，又被稱為
「皇帝大教堂Kaiserdom」，建於
13～15世紀年間，為哥德式教堂
建築，其中高達95m的樓塔建於
1415年，完成於1877年。

可以從新・舊市街到達的大教堂

MEMO 《蓬頭彼得》為法蘭克福出身的德國醫師海因里希・霍夫曼，為了兒子所創作的繪本，於1845年出版。書名形容像
得頭髮亂蓬蓬的意思，也翻譯成世界各國的語言。

施泰德美術館
Städelmuseum ★★★

由法蘭克福銀行家施泰德所捐贈作品而成立的美術館，收藏包含中世紀德國、法蘭德斯畫派Flanders（杜勒Dürer、霍爾拜因Holbein、克拉納赫

展示眾多西歐繪畫名作

Cranach），與14～18世紀義大利繪畫（波提且利Botticelli、安基利軻Fra Angelico、拉斐爾Raffaello）、17世紀巨匠（魯本斯Rubens、林布蘭Rembrandt、維梅爾Vermeer）、浪漫派與拿撒勒畫派Nazarener（腓特烈Friedrich、卡爾・施皮茨韋格Carl Spitzweg）、印象派（雷諾瓦Renoir、莫內Monet）、表現主義派（馬克斯・貝克曼Max Beckmann、基爾希納Ernst Ludwig Kirchner）等作品。

岸邊博物館的 博物館群
Museumsufer ★★

美因河岸的Schaumainkai步道沿路因有施泰德美術館等多所博物館，因此又被稱為博物館街Museumsufer，這裡有德國電影博物館、德國建築館博物館、德國通訊博物館、實用藝術博物館等，展示了德國獨有的技術與文化。

上／德國電影博物館與德國建築博物館相鄰
右／電影《路德維希・諸神的黃昏》中，飾演伊莉莎白皇后的演員羅美・雪妮黛的戲服

現代藝術殿堂 現代藝術美術館
Museum für Moderne Kunst ★★

美術館由維也納建築師漢斯・豪萊Hans Hollein所設計，建築物本身就是一件藝術品，彷彿迷宮一般的展覽廳也是美術館獨特的賣點之一。美術館內收藏了1950～2010年代近現代藝術家的繪畫、攝影作品、藝術品等，展示作品經常更換。另設有別館。

現代藝術迷不可錯過的景點

●岸邊博物館卡
Museumsufer-Ticket
在被稱為「岸邊博物館」的美因河沿岸區使用博物館卡可說相當划算，這張卡可在法蘭克福主要的39所博物館及美術館（包含歌德博物館在內）使用，使用期限為2天（包含購買當天及第2天），費用為€21，家庭卡為€32，可在❶及各博物館購買。

●施泰德美術館
🏠Schaumainkai 63
🚇Map P.60-B2
若從中央車站步行，走行人專用橋約15分。
Ⓤ1、2、3、8 Schweizer Platz下車徒步約7分，或搭乘市區電車15、16號於Otto-hahn-Plaze下車徒步約5分。
🌐www.staedelmuseum.de
🕐週二～日 10：00～18：00（週四～21：00）
🚫12/24・31、年底年初縮短營業時間
💰週二～五€16、學生€14 週六・日・節日€18、學生€16

●岸邊博物館區的博物館群
🚇Map P.60-B2～P.61-B3
德國電影博物館
🌐www.dff.film
🕐週二～日 10：00～18：00
🚫週一、12/24・31
💰€6、學生€3、特展與電影欣賞另行收費
德國建築博物館
🌐www. dam-online.de
德國通訊博物館
🌐www.mfk-frankfurt.de
實用藝術博物館
🌐www.museumangewandte kunst.de

●現代藝術美術館
🏠Domstr. 10
🚇Map P.61-A3
Ⓤ4、5 Römer或搭市區電車11、12號在Römer/Paulskirche下車。
🌐www.mmk.art.de
🕐週二～日 10：00～18：00（週三～19：00）（入場至閉館前30分為止）
🚫週一、復活節前的週五、12/24・31
💰€12、學生€6、別館另行收費

完善的飼育環境獲得高度評價 **法蘭克福動物園**
Zoo ★

●法蘭克福動物園
住Bernhard-Grzimek-Allee 1
●Map P.61-A4外
U6、7或市區電車14號在Zoo
下車徒步約1分。
URLwww.zoo-frankfurt.de
開4~10月　　9：00~19：00
　11~3月　　9：00~17：00
　（入場至閉園前30分為止）
費€13、學生、兒童€6、家庭票
€30

動物園位於采爾大道Zeil東側，在完善的自然環境設施下，共飼養了約600種、共5000隻的動物，其中可在白天觀察的夜行性動物館是不可錯過的重要展館。

入口位於地下鐵出口旁

登上摩天大樓 **美因塔**
Main Tower ★

●美因塔
住Neue Mainzer Str. 52-58
●Map P. 60-A2
ⓈTaunusanlage徒步約10分。
URLwww.maintower.de
開夏季
　週日~四　　10：00~21：00
　週五・六　　10：00~23：00
　冬季
　週日~四　　10：00~19：00
　週五・六　　10：00~21：00
※入場至閉館前30分為止。天
候不佳時暫停營業。
休12/24・25、1/1
費€9、學生€6
Ⓡ美因塔餐廳
　MAIN TOWER Restaurant
☎(069) 36504777（預約）
開週二~四　18：00~24：00
　週五・六 18：00~翌日1：00
休週日・一

這裡是摩天大樓林立的法蘭克福少數開放登頂參觀的樓塔，可搭乘高速電梯前往位於54樓的瞭望台，53樓則是可欣賞美麗夜景的餐廳及酒吧。

基於安全理由，進入此處參觀前，須在1樓大廳接受安檢。

登上美因塔樓頂欣賞美麗景致

歌德受洗之地 **聖凱瑟琳教堂**
Katharinenkirche ★

●聖凱瑟琳教堂
住An der Hauptwache 1
●Map P.61-A3
UⓈ Hauptwache徒步約1分。
開週一~六　12：00~18：00
　（禮拜時暫停對外開放）
費免費

法蘭克福的新教主教教堂，將塔樓建於教堂旁的建築樣式相當罕見。1749年歌德在此受洗，1790年莫札特在此演奏風琴，聖凱瑟琳教堂因而聞名。其彩繪玻璃更是美不勝收。

聖凱瑟琳教堂前景色

恐龍展示館 **森根堡自然博物館**
Naturmuseum Senckenberg ★★

●森根堡自然博物館
住Senckenberganlage 25
●Map 地圖外
U4、6、7 Bockenheimer Warte
徒步約3分，或搭75號巴士在
Senckenberg museum下車。
URLmuseumfrankfurt.sencken
berg.de
開9：00~17：00
　（週三~20：00、週六・日・
節日~18：00）
休復活節前的週五、12/24・
31、1/1
費€12

位於大學城內世界知名的自然史博物館，由法蘭克福的醫學博士森根堡博士所創辦，展示了自遠古時代到現代的哺乳類動物骨頭、化石、礦物等，其中恐龍骨骼展示相當值得一看，包含

佇立於博物館前方的暴龍

梁龍Diplodocus（全長20m）、暴龍Tyrannosaurus（高5m）、禽龍Iguanodon等展示。

MEMO 與沿著美因河興建的羅斯柴爾德家族的宮殿拉菲酒莊相鄰的是猶太人紀念館（●Map P.60-B2
URLwww.juedischesmuseum.de）。此外，沿著中世紀城壁建造的猶太巷裡有著猶太博物館♪

娛樂&夜生活 ********************

音樂廳 老歌劇院
Alte Oper

　　後義大利文藝復興風格的美麗建築仿效自巴黎歌劇院，第二次世界大戰時曾遭戰火破壞，經由市民的捐獻再次重建，現為古典音樂及流行、搖滾、爵士等各種音樂會，及音樂劇、芭蕾舞等演出會場。

●老歌劇院
囮Opernplatz 1
◑Map P.60-A2
Ｕ6、7 Alte Oper下車。
Ｕ www.alteoper.de
預售窗口售票時間為週一～五10:00～18:30，週六10:00～14:00。

古典外觀的老歌劇院　　擁有斜坡型觀眾席的演出廳

法蘭克福歌劇院
Oper Frankfurt

　　正面為玻璃建築外觀，在歐洲歌劇院中可說十分新穎並領先潮流，2023/2024起由達浩出生的Thomas Guggeis 擔任歌劇院總監。

●法蘭克福歌劇院
囮Willy-Brandt-Platz
◑Map P.60-B2
Ｕ1、2、3、4、5、8或市區電車11、12號在Willy-Bandt-Platz下車。
Ｕ oper-frankfurt.de
預售窗口售票時間為週一～五10:00～18:00，週六10:00～14:00。

歐洲獲得高度評價的歌劇院之一

足球・球場情報

商業銀行球場 Commerzbank Arena
囮Mörfelder Landstr. 362　Ｕ www.commerzbank-arena.de　◑Map 地圖外

因2006年世界盃足球賽而改建的球場

　　法蘭克福足球俱樂部Eintracht Frankfurt的主場球場，附設球迷紀念品店的營業時間為週一～五10:00～18:00，週六10:00～16:00。球場位於法蘭克福機場站與法蘭克福中央車站之間的S-Bahn路線上，不管從什麼地點前往，交通都十分方便。

　　球場的大門側面有Eintracht Frankfurt Museum博物館（Ｕ www.eintracht-frankfurt-museum.de　圝€5），展示著球隊的歷史和比賽。

交通 從法蘭克福中央車站前往，可搭Ｓ7、8、9在第2站Stadion下車，徒步至球場約10分，市區電車則為20號（僅比賽日行駛）、21號在Stadion下車。

　　若從機場站前往球場則搭Ｓ8或Ｓ9在第1站Stadion下車，持比賽門票（限賽面上印有RMV-KombiTicket、gilt hin und zurück im RMV字樣）可免費搭車。

▶（◑Map P.61-A4　Ｕ www.juedischesmuseum.de/museum-judengasse）。兩者都展示著以法蘭克福猶太人歷史與文化的為主題的內容。

郊區景點

巴德洪堡 羅馬遺跡上日耳曼—雷蒂安邊牆
Bad Homburg
MAP◆P.51-A3 🌐 **世界遺產**

被登錄為世界遺產的上日耳曼—雷蒂安邊牆Limes，是1世紀時羅馬皇帝為防禦日耳曼民族而下令建築的城牆，北側從科布倫茨Koblenz附近到南側的雷根斯堡Regensburg附近，全長達600km。現在巴德洪堡的羅馬要塞Römerkastell Saalburg遺跡重新復原修建，並有上日耳曼—雷蒂安邊牆的相關展示。

巴德洪堡同時也以溫泉療養勝地而聞名，並設有賭場。

薩爾堡羅馬要塞入口

🚊 從法蘭克福中央車站搭
Ⓢ5到Bad Homburg約20分鐘
車程；從車站前的巴士站巴德
洪堡Bad Homburg
v.d.H.Bahnhof搭
開往要塞的5號市區巴士（班
次較少）約20分在Homburg-
Saalburg下車。

● 薩爾堡羅馬要塞

🏛 Archäologischer Park,
Am Römerkastell 1
🌐 www.saalburgmuseum.de
🕐 3～10月
　　每日 9：00～18：00
　　11～2月
　　週二～日 9：00～16：00
　　（入場至閉館前30分為止）
🚫 11～2月的週一、12/24・31
💰 €7、學生€5

皮革製品之城 奧芬巴赫
Offenbach
MAP◆P.51-B4

鄰近法蘭克福的奧芬巴赫是知名的皮革城市，市區有間獨特的皮革博物館Ledermuseum，裡面展示了許多來自世界各地的皮革相關資料及皮革製品，其規模及收藏品數量居世界之冠，甚至還收藏了拿破崙曾使用的皮包，以及奧地利皇后伊莉莎白的靴子。

保持1829年建設當時正面入口
風貌的皮革博物館

🚊 從法蘭克福中央車站（地
下月台）搭Ⓢ1、2、8、9至
Offenbach-Marktplatz約15
分，便可抵達奧芬巴赫的市中
心。

● 皮革博物館
　（包含鞋子博物館）

🏛 Frankfurterstr. 86 D-63067
🌐 www.ledermuseum.de
🕐 週二～五 10：00～17：00
　　週六・日 11：00～18：00
🚫 週一 💰 €8、可使用岸邊博
物館卡（→P.65）

歌德與萊卡之城 韋茨拉爾
Wetzlar
MAP◆P.51-A3

韋茨拉爾位於法蘭克福北方約50km處，萊茵河畔的木造建築風光景致優美。從車站往市中心方向前進，渡過萊茵河後，到大教堂廣場Domplatz約700m，從站前廣場（FORUM前）到大教堂廣場繞行舊城區，則有市區巴士City-bus的小巴行駛。

1772年歌德為了學習法律來到了韋茨拉爾，因而愛上了朋友的未婚妻夏綠蒂，並以此苦澀經驗寫下了《少年維特的煩惱》，這本書當時在歐洲掀起了一股熱潮，而當時歌德經常造訪的地方現在改為紀念館Lottehaus。隔壁的光學博物館Viesum，則是由發源於此地的萊卡等德國14家光學精密儀器公司所共同經營。

眺望萊茵河畔的舊城區

🚊 從法蘭克福中央車站搭
RE快速列車，車程約1小時。

ℹ 韋茨拉爾的遊客中心

🏛 Domplatz 8 D-35578
☎ (06441) 997755
🌐 www.wetzlar.de
🕐 週一～五 9：00～18：00
　　週六 10：00～14：00
　　4～10月週日11：00～15：00
　　也有營業

● Lottehaus

🏛 Lottestr. 8-10
🕐 週二～日 10：00～17：00
　　（11～3月為11：00～16：00）
🚫 週一 💰 €3、學生€2

● Viesum

🏛 Lottestr. 8-10
🌐 www.viseum-wetzlar.de
🕐 與Lottehaus相同
🚫 週一 💰 €3.50、學生€2.50

RESTAURANT ❖ 法蘭克福的餐廳

從衛成大本營Hauptwache往西延伸的步道區Große Bockenheimer Str.又被稱為「Fressgasse」，也就是美食街，此處餐廳及咖啡廳、熟食店等商店林立，而低價位美食則推薦百貨公司內的自助餐廳。此外美因河對岸的薩克森豪森區Sachsenhausen，則可品嘗到法蘭克福知名特產蘋果酒Apfelwein（→P.53），值得前往一試。

R Wirtshaus am Hühnermarkt

新·舊城區的時尚德國料理

位於法蘭克福新景點的德國料理餐廳，在此能感受到充滿新意的德國料理風味。圖片上的為丸子形的漢堡肉Frikadellen為€21.90。各種生啤酒皮爾森Pilsner、小麥啤酒Weizen等，價格為€4.90（0.3ℓ）。

德國料理　　　MAP ◆ P.61-B3
住 Markt 16-18
☎ (069) 299030
URL www.amhuehnermarkt.com
營 週二～五17：30～23：45
　 週六　　12：00～23：00
　 週日　　12：00～20：00
card A D J M V
交 R Römer/Paulskirche徒步約2分

R Zum Storch

名為「鶴」的老牌餐廳

1704年開店的老牌餐廳，位於大教堂附近閑靜一隅，法蘭克福知名美食肉類料理及香腸拼盤Frankfurter Spezialitätenschüssel為€17.50，萊茵風德國醋燜牛肉Rheinischer Sauerbraten則為€17。

德國料理　　　MAP ◆ P.61-B3
住 Saalgasse 3-5　☎ (069) 284988
URL www.zumstorch.com
營 週一～五　17：30～22：00
　 週日·節日12：00～15：00
　 　　　　 18：00～22：00
休 週六（會展期間晚上照常營業）
card A J M V
交 U Römer徒步約5分

R Zum Gemalten Haus

以自製蘋果酒聞名

充滿小酒館風味的餐廳，店名來自於外牆及店內的壁畫，招牌美食帶骨豬肋排Rippchen€8.50，法蘭克福風炸肉排配香腸Frankfurter Schnitzel mit grüner Soße€15.50，蘋果酒Apfelwein則為€2.50。

德國料理　　 MAP ◆ P.61-B3 外
住 Schweizer Str. 67
☎ (069) 614559
URL www.zumgemaltenhaus.de
營 週三·四·日11：00～23：00
　 週五·六　　11：00～24：00
休 週一·二、夏季部分日期公休
card J M V
交 U Schweizer Platz徒步約5分

R Dauth-Schneider

品嘗綠醬的絕佳去處！

以法蘭克福美食——綠醬Grüne Soße聞名的蘋果酒小酒館，法蘭克福風炸肉排配馬鈴薯Frankfurter Schnitzel mit Grüner Soße und Bratkartoffeln為€15.90，蘋果酒則為€2.50。

德國料理　　　MAP ◆ P.61-B4
住 Neuer Wall 5-7/Klappergasse 39
☎ (069) 613533
URL www.dauth-schneider.de
營 11：30～24：00（餐點供應～22：00）
card J M V（€30以上）
交 S Lokalbahnhof或 U
Konstablerwache搭30、36號巴士到
Affentorplatz下車徒步約3分

R Adolf Wagner

提供風味料理及蘋果酒的餐廳

創立於1931年並由家族經營的老牌餐廳，可品嘗到名產蘋果酒Apfelwein與大眾德國料理，圖中的漢堡牛排Hacksteak為€10.50，燒烤豬肋排Rippchen gegrillt mit Sauerkraut und Kartoffelbrei則為€14.50。

德國料理　　 MAP ◆ P.61-B3 外
住 Schweizer Str. 71
☎ (069) 612565
URL www.apfelwein-wagner.com
營 11：00～24：00（料理～20：30）
休 12/25
card M V
交 U Schweizer Platz徒步約5分

MEMO 有賣蘋果酒的餐廳通常都是坐大桌子併桌，就算客滿，只要跟店員說明人數，例如「有2個人」，店員就會想辦法騰出座位，當然單獨前往用餐也沒問題。

R Burgerbar Die Kuh Die Lacht

時髦的漢堡店

這間高級漢堡店內可品嘗到100%使用
國產牛的牛肉漢堡及雞肉漢堡、素食漢堡
等高品質漢堡，酪梨漢堡價格為€10.25，
起司漢堡為€8.95，採櫃台點單結帳後再
行入座方式，也相當適合家庭聚餐。

各國料理 | **MAP ◆ P.61-A3**

- ⌂ Schillerstr. 28 ☎ (069) 27290171
- URL www.diekuhdielacht.com
- 🕐 週一～四・日 12：00～21：00
  週五・六　　　12：00～22：00
- 休 12/24～26、1/1
- card A D J M V
- 交 U S Hauptwache徒步約5分
- U Eschenheimer Tor徒步則約3分。

R HIGEMATSU

品嘗日本料理的最佳去處

價格實惠卻能品嘗道地日本美食的日
本料理餐廳，供應壽司、生魚片、烤魚、炸
物、蕎麥麵、烏龍麵等，有許多店長推薦的
獨特小酒館菜色，壽司卷為€16～，天婦羅
烏龍麵則為€14.90。也提供每日輪替的午
餐定食。

日本料理 | **MAP ◆ P.60-A2**

- ⌂ Meisengasse 11
- ☎ (069) 280688
- 🕐 12：30～14：15
  18：30（週六為18：00）～21：30
- 休 週日・節日、復活節及部分冬、夏季日期
  公休
- card A D J M V
- 交 U S Hauptwache徒步約5分。

R Thong-Thai

時髦泰國餐廳

可在漂亮的店內品嘗美味泰國菜，點菜
方式為客人自行在櫃台點單付錢後，接著
服務生會將菜送到各桌。咖哩可選擇牛
肉、豬肉、雞肉、蝦子或蔬菜，附飯主餐的
價格為€9.10～11.20，並提供外帶服務。

泰國料理 | **MAP ◆ P.60-A2**

- ⌂ Meisengasse 12
- ☎ (069) 92882977
- URL www.thong-thai.com
- 🕐 11：00～22：00
- card M V
- 交 U S Hauptwache徒步約4分。

C Café & Bar Celona

熱鬧西班牙風咖啡吧

店內氣氛明亮，充滿濃濃南歐風味，天
氣晴朗時會在對面廣場上擺設露天座席。
超薄蘑菇披薩PiCelona Pino為€6.95，番
茄湯Tomatensuppe附麵包則為€5.95，
此外還有豐富的沙拉及義大利麵等料理。

各國料理 | **MAP ◆ P.61-A3**

- ⌂ Holzgraben 31
- ☎ (069) 21935787
- URL celona.de
- 🕐 9：00～翌日1：00
  （週五・六～翌日2：00）
- card A J M
- 交 U S Hauptwache徒步約5分。

INFORMATION

蘋果酒電車市區觀光

在知名蘋果酒產地的法蘭克福，可搭乘到名
為蘋果酒電車Ebbelwei-Express（Ebbelwei為
德國方言的蘋果酒）的路面觀光列車（URL www.
ebbelwei-express.com），遊客在車上一邊品嘗
蘋果酒，並繞行薩克森豪森區、羅馬廣場、動物園
等知名景點與古蹟一周，車廂由舊式電車改造而
成，彷彿置身小酒館中。

因為很有人氣的關係，建議於出發前20分鐘在
起始站動物園站排隊。可以中途下車，但不可再次
搭乘（需要購買新的車票）。附蘋果酒伴手禮（也可
替換成蘋果汁）的費用為€8，14歲以下為€3.50。

動物園站發車時間為週六・日・節日13：30～
18：35之間，約每35分1班，1天共有10個班次（11～3
月減班），全程約1小時。

左／紅色車廂為其特徵
右／以蘋果酒乾杯！

法蘭克福與萊茵河、摩塞爾河周邊 ▼ 法蘭克福Frankfurt am Main

Café Walden

特色美食咖啡館

　這家小型咖啡館料理十分美味因而經常客滿，位置鄰近歌德故居，可吃到歌德最愛的義大利麵Goethes Leibspeise in Italien（€15），晨間套餐與沙拉料理也相當豐富，夏天還會開放露天座位。

咖啡館　　MAP ◆ P.61-B3
住 Kleiner Hirschgraben 7
☎ (069) 92882700
URL walden-frankfurt.com
營 週一～三　8:00～16:00
　週四～六　8:00～22:00
　週日‧節日 9:00～16:00
card M V（€50以上可用）
交 U S Hauptwache徒步約5分。

Café Karin

裝潢簡單，氣氛舒適

　咖啡館位於歌德博物館斜對面，是觀光途中小歇一下的最佳場所，供應自製鬆餅及沙拉等餐點，此外餐菜色選擇多樣，一到假日早午餐時間總是擠滿當地人，熱鬧不已。

咖啡館　　MAP ◆ P.61-B3
住 Grosser Hirschgraben 28
☎ (069) 295217
URL www.cafekarin.de
營 週一～六　9:00～22:00
　週日　　10:00～19:00
card 不可
交 U S Hauptwache徒步約5分。

Café Laumer

奶油黃色建築的經典咖啡館

　1919年開始經營的老牌咖啡館，一進入店內即可看到擺設各色自製蛋糕的蛋糕櫃，裡頭則為咖啡區。午餐菜色豐富多元，圖中為櫻桃起司蛋糕Kirsch-Käsekuchen和咖啡。

咖啡館　　MAP ◆ P.60-A1
住 Bockenheimer Landstr. 67
☎ (069) 727912
URL cafelaumer.de
營 9:00～19:00
card 不可
交 U Westend徒步約2分。

Wacker's Kaffee

咖啡達人最愛的名店

　創始於1914年的咖啡專門店，入口處設有自家烘焙咖啡豆賣場，再進去的咖啡區座位不多。義式濃縮咖啡為€1.90，咖啡一杯只要€2.10，相當便宜，所以即使是冬天，都可以看到外面有許多站著喝的客人，相當熱鬧。

咖啡館　　MAP ◆ P.61-A3
住 Kornmarkt 9
☎ (069) 287810
URL www.wackers-kaffee.de
營 週一～六8:00～19:00
休 週日‧節日
card 不可
交 U S Hauptwache徒步約5分。

遊逛室內市場──小市場大廳

　雖稱為市場，但其實是小型食材店聚集的大型商場，並且對一般民眾開放。新鮮的蔬菜、肉品以及麵包、起司、葡萄酒、香料、異國料理等專賣店櫛比鱗次，就算只是隨意逛逛也十分有趣。2樓還設有可用餐的葡萄酒吧等店家。

●小市場大廳
住 Hasengasse 5-7 ○ Map P.61-A3
URL www.kleinmarkthalle.com
營 週一～五　8:00～18:00
　週六　　　8:00～16:00
card 依店家而異
交 U S Hauptwache徒步約8分。

呈現跟超級市場不同的氛圍，有許多常客前來採購每日食材

Schreiber前可見為了品嘗名產香腸的排隊人潮，最受歡迎的是圖中的肉腸Fleischwurst

SHOPPING ✤ 法蘭克福的購物

法蘭克福購物區以衛成大本營Hauptwache為中心，往東延伸出去為步道區采爾大道Zeil，最前端為Galeria Kaufhof百貨公司，采爾大道以年輕客群為主，有許多大眾化商店，充滿年輕活力。對面從衛成大本營往西延伸的細長街道歌德街Goethestr.，則是高級名牌林立的名品街，可在沉靜氣氛中享受櫥窗購物樂趣。

My Zeil

時尚尖端購物中心

購物中心座落采爾大道上，正面大片玻璃帷幕上讓以大洞，設計新穎的建築令人印象深刻，除鞋類、雜貨、流行及運動服飾、家電量販店外，地下室並設有超市REWE及藥妝店等。法蘭克福的老牌廚房用具專賣店Lorey（德語以1.OG.標示）進駐2樓，可以入手德國高信賴感的廚房用具。2樓也設有免稅櫃台（Global Blue），可以在前往機場前在此辦理手續（需要護照）。

購物中心　　　　MAP ◆ P.61-A3

住 Zeil 106　☎（069）29723970
網 www.myzeil.de
營 週一～六10：00～20：00（週四～六～21：00）、地下室超市週一～六7：00～24：00（週六～23：30）
休 週日・節日
card 依店家而異
交 Ｕ Ｓ Hauptwache徒步約3分。

Galeria Frankfurt an der Hauptwache

最方便的大型百貨公司

德國首屈一指的大型百貨公司，各式商品齊全，還可以在此買到德國名牌Steiff的泰迪熊當作紀念品。頂樓的自助式餐廳，由於可欣賞到周邊的高樓大廈美景，相當受到歡迎。

百貨公司　　　　MAP ◆ P.61-A3

住 Zeil 116-126
☎（069）21910
營 週一～六 9：30～20：00
休 週日・節日
card Ａ Ｄ Ｊ Ｍ Ｖ
交 Ｕ Ｓ Hauptwache徒步約1分。

Galeria Frankfurt Zeil（舊Karlstadt）

位於采爾中心位置的大型百貨公司

位於采爾大道的東側，Konstablerwache站出口即達。地下樓層售有食品百貨，頂樓則為自助餐廳，1樓最裡面並設有郵局，此外男女服飾樓層賣場更是相當寬敞，購物十分方便。

百貨公司　　　　MAP ◆ P.61-A3

住 Zeil 90
☎（069）929050
營 週一～六10：00～20：00
休 週日・節日
card Ａ Ｄ Ｊ Ｍ Ｖ
交 Ｕ Ｓ Konstablerwache徒步約1分。

Hugendubel

雜貨也很充實的大型書店

德國代表性的大型書店陳列。裡頭有可以坐著閱讀的區域和咖啡館、看看繪本或漫畫（德文版）也樂趣十足。店內到處都有文具和雜貨區域，適合在此找尋伴手禮。

書店　　　　MAP ◆ P.61-A3

住 Steinweg 12
☎（069）80881188
網 www.hugendubel.de
營 週一～六9：30～20：00
休 週日・節日
card Ａ Ｍ Ｖ
交 Ｕ Ｓ Hauptwache徒步約1分。

Manufactum

來自世界各地的名品雜貨

　這家店專門販賣來自世界各地的高檔廚房用具及文具、清潔用品等，可購買到許多高品質商品。在附設咖啡館brot & butter（圖週一～六10:00～18:00）內，則可品嘗到剛出爐的麵包及新鮮沙拉等美食。

廚房用品・雜貨　　MAP ◆ P.60-A2
- 住 Bockenheimer Anlage 49-50
- ☎ (069) 976931399
- 網 www.manufactum.de
- 營 週一～六10:00～19:00
- 休 週日・節日
- card A D M V
- 交 U Alte Oper徒步約1分。

Feiler Store

人氣品牌的首間直營店

　Feiler的擦手巾、包包、皮包等商品色彩鮮豔，質感柔軟且耐用，因此擁有大批粉絲，自家開發的雪尼爾織Chenille以100%純棉製作，相當頂級高雅，適合作為伴手禮。也有德國限定商品。

生活用品・雜貨　　MAP ◆ P.61-A3
- 住 Schillerstr. 20
- ☎ (069) 21932832
- 網 www.feiler.de
- 營 週一～六10:00～17:00
- 休 週日・節日
- card A M V
- 交 U S Hauptwache徒步約5分。

ADIDAS Store

眾多時尚的服飾和鞋子

　誕生於德國的世界性運動品牌。店裡陳列了跑步、訓練等用途的運動服飾和鞋子。不僅止於運動服飾，適用於都會生活的時尚產品也很多。

運動用品　　　　　MAP ◆ P.61-A3
- 住 Zeil 105
- ☎ (069) 509540020
- 網 www.adidas.com
- 營 週一～六10:00～20:00
- 休 週日・節日
- card A M V
- 交 U S Hauptwache徒步約3分。

BITTER & ZART

巧克力迷的天堂

　沐浴在甜蜜香氛中的巧克力專賣店，除德國巧克力外，還擺滿了來自歐洲各地的知名巧克力商品，此外還有該店的獨創巧克力商品，並提供禮物包裝。隔壁的巧克力咖啡館也很有人氣。

甜點　　　　　　　MAP ◆ P.61-B3
- 住 Braubachstr. 14
- ☎ (069) 94942846
- 網 www.bitterundzart.de
- 營 週一～五10:00～19:00、週六10:00～16:00、咖啡館為週二～日12:00～18:00
- 休 週日・節日、咖啡館週一公休
- card 不可
- 交 U Römer徒步約4分。

AIGNER

誕生於德國的知名品牌

　包包、錢包、皮帶等以皮革製品聞名於世界的高級品牌，致力於能夠長久使用的高品質。品牌標誌為馬蹄鐵的形狀，設計自品牌名稱AIGNER的首字A。

包包和其它　　　　MAP ◆ P.60-A2
- 住 Goethestr. 7
- ☎ (069) 97763559
- 網 www.aignermunich.jp
- 營 週一～五 10:00～18:00
- 　週六　　 10:00～17:00
- 休 週日・節日　card A D J M V
- 交 U S Hauptwache徒步約5分。

法蘭克福主要名牌店

店名	地圖/地址	店名	地圖/地址
Cartier	MAP ◆ P.60-A2　住 Goethestr. 11	LOUIS VUITTON	MAP ◆ P.60-A2　住 Goethestr. 1
BREE	MAP ◆ P.60-A2　住 Roßmarkt 23	CHANEL	MAP ◆ P.60-A2　住 Goethestr. 10
TIFFANY & Co.	MAP ◆ P.60-A2　住 Goethestr. 20	Ferragamo	MAP ◆ P.60-A2　住 Goethestr. 32
HERMES	MAP ◆ P.60-A2　住 Goethestr. 25	Gucci	MAP ◆ P.60-A2　住 Goethestr. 5

MEMO 羅馬廣場附近，位於美因河畔的Mainkai街（◆Map P.61-B3），每隔週週六（舉辦日請上網查詢網 www.hfm-frankfurt.de/flohmarkt）9:00～14:00左右會舉辦跳蚤市場。

HOTEL ✤ 法蘭克福的住宿

法蘭克福的飯店街位於中央車站周邊，從高級飯店到便宜住宿都有。法蘭克福除了是國際書展（10月）舉辦市外，更舉辦多種其他大型會議（可上 www.messefrankfurt.de 查詢展期），會展期間主要飯店經常客滿，甚至連威斯巴登Wiesbaden、美因茲Mainz、哈瑙Hanau等周邊城市也大爆滿，此外會展期間還會調漲為會展費用（依飯店漲幅高達2～6倍之間）。另外，2018年起須支付每晚€2的觀光稅。

Steigenberger Frankfurter Hof

法蘭克福具代表性的最高級飯店

義大利文藝復興樣式的穩重外觀，訴說著約130年的悠久歷史及傳統，包括前法國總統密特朗François Mitterrand、滾石合唱團The Rolling Stones、艾爾頓強Elton John等世界級貴賓都曾入住，飯店內有無線網路可供使用（免費）。

最高級飯店　MAP ◆ P.60-B2
住 Am Kaiserplatz　D-60311
☎ (069) 21502
URL www.Frankfurter-hof.Steigenberger.de
費 ⑤①€280～
　早餐另計€38
card A D J M V
交 U Willy-Brandt-Pl.徒步約5分。

The Westin Grand Frankfurt

擁有完善健身設備的大型飯店

鄰近采爾大道，擁有371間客房的現代化大型飯店，有完善的健身中心設備及室內游泳池，也有日本料理店「鮨元」。設有免費無線網路，於2022年重新整修開幕。

高級飯店　MAP ◆ P.61-A4
住 Konrad-Adenauer-Str. 7　D-60313
☎ (069) 29810
URL www.marriot.com
費 ⑤①€184～
　早餐另計€33
card A D J M V
交 U S Konstablerwache徒步約5分。

Marriott

緊鄰會展展場的高樓飯店

位置十分鄰近展場，有許多來自世界各地商務人士入住的現代化飯店，健身中心內設有三溫暖、按摩浴缸等，設備完善，並附無線網路（收費）。雖然從中央車站過來的地下鐵站也很近，不過若搭乘市區電車16、17號在Ludwig-Erhard-Anlage站下車，飯店就在前方，更方便。

高級飯店　MAP ◆ 地圖外
住 Hamburger Allee 2　D-60486
☎ (069) 79550
FAX (069) 79552432
URL www.marriott.com
費 ⑤①€199～
　早餐另計€30
card A D J M V
交 U Messe/Festhalle徒步約5分。

Metropolitan Hotel by Flemings

面對中央車站的機能型飯店

飯店位於中央車站北口斜對面，是一間擁有131間客房的飯店。前往機場或法蘭克福近郊觀光景點的交通十分便利。因為機能好、房間又時髦，吸引許多商務人士入住。全館客房備有空調，並提供免費無線網路。

高級飯店　MAP ◆ P.60-B1
住 Poststr. 6　D-60329
☎ (069) 5060700
URL www.flemings-hotels.com/frankfurt-metropolitan-hotel
費 ⑤€110～　①€137～　早餐另計€17
card A D M V
交 中央車站徒步約1分。

25 hours Hotel Frankfurt The Trip

以世界旅行為主題設計的飯店

飯店裝潢以旅行和冒險為設計發想，個性十足。可從飯店網站尋找喜愛的裝潢風格。提供免費無線網路。在餐廳BAR SHUKA可以品嘗到各國料理和中東料理。

中級飯店　MAP ◆ P.60-B1
住 Niddastr. 58　D-60329
☎ (069) 2566770
URL www.25hours-hotels.com
費 ⑤€104～　①€114～
　早餐另計€23
card A M V
交 中央車站徒步約4分。

Manhattan

時髦裝潢的中級飯店

　　位於中央車站斜對面的時髦飯店，單人房空間雖小，但設備完善，吸引許多商務人士和觀光客入住。提供免費無線網路。

中級飯店　　　　MAP ◆ P.60-B1
- Düsseldorfer Str. 10　D-60329
- ☎ (069) 2695970 FAX (069) 269597777
- URL www.manhattan-hotel.com
- 費 Ⓢ€77〜　Ⓣ€101〜
　　早餐另計€12
- card A D J M V
- 交 中央車站徒步約3分。

Miramar

地點便於觀光為其最大魅力

　　位於法蘭克福觀光中心位置羅馬廣場附近的飯店，數量可說十分稀少，此家卻是少數位於中心地段的中級飯店，客房小巧簡潔，早餐餐廳位於地下室，早餐種類豐富美味，提供免費無線網路。

中級飯店　　　　MAP ◆ P.61-A3
- Berliner Str. 31　D-60311
- ☎ (069) 9203970
- URL www.miramar-frankfurt.de
- 費 Ⓢ€79〜　Ⓣ€89〜　早餐另計€10
- card A D J M V
- 交 U Ⓢ Hauptwache徒步約5分，市區電車11號Römer/Paulskirche徒步約5分。

Motel One Frankfurt Römer

鄰近法蘭克福市中心

　　鄰近歌德故居，羅馬廣場也在步行範圍內，因此耶誕市集時節可以悠閒的逛到晚上。飯店內設備新穎，全室為雙人床但房間較小，僅供單人使用，並提供免費無線網路。

中級飯店　　　　MAP ◆ P.61-B3
- Berliner Str. 55　D-60311
- ☎ (069) 87004030
- URL www.motel-one.com
- 費 Ⓢ€89〜　Ⓣ€109〜　早餐另計€13.50
- card A D M V
- 交 從 U Willy-Brandt-Platz徒步約5分、市區電車11號Karmeilterkloster下車即達。

Inter City Hotel Frankfurt Hauptbahnhof Süd

鄰近中央車站的大型商務飯店

　　靠近中央車站1號線，於2018年開幕。在同等級的飯店中擁有格外高級的氛圍。辦理入住手續時，會提供房客住宿期間市區公共交通工具無限次乘坐的悠遊卡，也提供免費無線網路。

中級飯店　　　　MAP ◆ P.60-B1
- Mannheimer Str. 21　D-60329
- ☎ (069) 6599920
- URL www.intercityhotel.com
- 費 Ⓢ€119〜　Ⓣ€129〜
　　早餐另計€17
- card A D M V
- 交 中央車站徒步約1分。

Toyoko Inn

鄰近車站、價格合理

　　日本知名的連鎖飯店「東橫Inn」。飯店對面有廉價巴士停靠站，前往其他地區十分便利。客房全面禁菸，備有免治馬桶、浴缸、淋浴設備等，價格實惠。

中級飯店　　　　MAP ◆ P.60-B1
- Stuttgarter Str. 35　D-60329
- ☎ (069) 870061045
- FAX (069) 870061046
- URL www.toyoko-inn.com
- 費 Ⓢ€57〜　Ⓣ€75〜
- card A D J M V
- 交 中央車站徒步約2分。

Haus der Jugend

年輕人的人氣青年旅館

　　從中央車站搭乘開往Fechenheim Schießhüttenstr.的11號市區電車在Börneplatz下車，再步行約400m即達。全館共有395個床位，是全世界最有規模的青年旅館，並有單人房、雙人房、3〜4人房，公共空間有無線網路（收費），12月下旬暫停營業。

青年旅館　　　　MAP ◆ P.61-B4
- Deutschherrnufer 12　D-60594
- ☎ (069) 6100150
- FAX (069) 6100159
- URL www.jugendherberge-frankfurt.de
- 費 含早餐 Ⓢ€52.90〜、27歲以上€57.90〜；宿舍房為每床位€29.70〜，27歲以上則為€34.70〜
- card A D J M V

瑪蒂爾德高地的結婚紀念塔（左）與俄羅斯教堂

達姆施塔特
Darmstadt

結婚紀念塔的馬賽克磚飾

柏林●

法蘭克福●

★ 達姆施塔特

慕尼黑●

MAP ◆ P.51-B3

人 口	15萬9200人
區域號碼	06151

ACCESS
火車：從法蘭克福中央車站搭乘IC特快列車約15分，RB、RE快速列車則約15～20分。

❶達姆施塔特的遊客中心
Ⓐ Luisenplatz 5　D-64283 Darmstadt
☎ (06151) 134513
🄵 (06151) 13475858
🔗 www.darmstadt-tourismus.de
🕐 週一～六　10：00～18：00
（4～9月期間，週日10:00～14:00之間亦開放）

🌐 世界遺產
達姆施塔特的瑪蒂爾德高地（2021年登錄）

●達姆施塔特卡
Darmstadt Card
1日券€6，2日券€9.90，有效期間可無限次搭乘市區巴士、電車，並可享主要景點、博物館入場券優惠，可於❶購買。票券也可於網路訂購後，自家列印出來。

●黑森邦立博物館
Ⓐ Friedensplatz 1
🔗 www.hlmd.de
🕐 週二‧四‧五 10：00～18：00
　　週三 　　　10：00～20：00
　　週六‧日‧節日11：00～17：00
🈺 週一、12/24‧31、復活節的週五
🈺 €6

展示著豐富收藏的黑森邦立博物館

達姆施塔特市區中心在第二次世界大戰時因曾遭受空襲，大多數建築皆遭到毀損，戰後幾乎全數重建，由於這裡過去是黑森‧達姆施塔特大公國Großherzogtum Hessen的首都，還保留了當時繁華榮景的豪華宅邸、教堂等建築，特別是郊區的瑪蒂爾德高地Mathildenhöhe，留了最後的大公爵恩斯特‧路德維希Ernst Ludwig於19世紀末為藝術家所打造的藝術村，隨處可見當時所建的美麗建築。

 漫遊

從中央車站南側的萊茵街Rheinstr.往東約1km，即可到市中心的路易森廣場Luisenplatz，也可搭乘路面電車Tram（2、5號），或坐巴士（F或H）在第3站下車。

路易森廣場上百貨公司及購物中心林立，其東側的宮殿Schloss內部為博物館，對面則為黑森邦立博物館Hessisches Landesmuseum，收藏範圍含括繪畫與自然史領域，館藏相當豐富。

瑪蒂爾德高地則位於市區東側，可從中央車站西側出口（主要出口的另一側）搭乘F線巴士約15分鐘，在Mathildenhöhe下車。

MEMO 德國甲級足球聯賽達姆施塔特足球俱樂部的大本營博倫法爾門畔默克運動場（Merck-Stadion am Böllenfalltor）可從中央車站搭乘2號路面電車於Merck-Stadion下車，車程約17分鐘。

主要景點

藝術村中心 **瑪蒂爾德高地**
Mathildenhöhe ★★★ 🌐 世界遺產

　瑪蒂爾德高地為黑森・達姆施塔特大公爵恩斯特・路德維希，於19世紀末到20世紀初從德國各地招攬藝術家前來，為他們所精心打造的藝術村，而當地的象徵為大公與瑪蒂爾德王妃結婚紀念所建的結婚紀念塔Hochzeitsturm，塔內附設有展覽會場Ausstellungsgebäude、藝術村博物館Museum Künstlerkolonie，以及藝術家居住的房子等，在這裡可欣賞

● 結婚紀念塔
🏠 Olbrichweg 11
🌐 hochzeitsturm-darmstadt.eu
🕐 3～9月
　週二～四　10:00～19:00
　週五～日　10:00～20:00
　10月
　週二～日　10:00～18:00
　11～2月
　週二～日　11:00～17:00
※亦作為結婚會場之用，開放時間若遇儀式則暫停參觀
休週一、12/24・31　費€3

● 展覽會場
🌐 www.mathildenhoehe.eu
※因整修暫停開放

瑪蒂爾德高地建築導覽

4樓塔外牆的時鐘上閃耀的12星座馬賽克圖樣

Dieburger Str.
從中央車站搭乘F線巴士在Mathildenhöhe下車
往中央車站
Lucasweg
Hoetgerweg
結婚紀念塔前廣場，其格紋裝潢令人印象深刻
Olbrichweg
結婚紀念塔
塔樓內部美麗的馬賽克裝飾
展覽會場
俄羅斯教堂
藝術村博物館
Alexandraweg
Mathildenhöhweg
南側的華麗裝飾
奧布里西宅邸
彼得・貝倫斯宅邸（彼得・貝倫斯Peter Behrens所建）
Wilhelm Deiters' House（奧布里西所建，現為德國波蘭研究所）
Glückert House（奧布里西所建）

77

●藝術村博物館
住Mathildenhöhe
　Olbrichweg 13
URL www.mathildenhoehe.eu
開週二〜日　　11：00〜18：00
休週一、12/24・25・31、1/1、
　部分節日
費€5

與維也納分離派會館相似的藝術村博物館正門景觀

世界遺産
梅瑟爾化石出土地
（1995年登錄）

交通 從達姆施塔特搭乘RB
（普通列車）約10分鐘到梅爾
森車站，從此站往出土地則搭
FU線巴士在Messel Grube
Besucherzentrum Abzw.下
車，徒步約5分鐘可至。巴士約
每小時1班，從梅爾森車站徒
步則約30分鐘。

●梅瑟爾化石出土地
URL www.grube-messel.de
遊客中心
☎(06159) 717590
開10：00〜17：00
　（入場至閉館前1小時為止）
休12/24〜26・31、1/1
費€10，與出土地導覽行程套
　票為€14
※導覽行程為週一〜五每日
2場，夏季為週六・日，每日4
場。僅德文導覽，建議事先預
約，全程約1小時。

到藝術與建築之美。結婚紀念塔則以大公爵婚禮宣誓的手為概念所設計，以5座圓形屋頂象徵5根手指，緊鄰紀念塔則是同為奧布里西Joseph Maria Olbrich所設計的藝術村博物館Museum Künstlerkolonie。

收藏豐富青春藝術風格藝術品的藝術村博物館

此外還有19世紀末由建築師路易斯・本諾伊Louis Benois所建造的俄羅斯教堂Russische Kapelle，庭院內隨處可見伯納德・赫特格Bernhard Hoetger的雕刻作品，有如青春藝術風格Jugendstil（新藝術運動）的戶外美術館。而高地南側則留有大公爵邀請前來當地的藝術家所居住的房子，可說是珍貴的建築資料。

 郊區景點 〰〰〰〰〰〰〰〰

梅瑟爾化石出土地
Grube Messel
世界遺産
MAP◆P.51-B4

位於法蘭克福中心南方25km處的梅瑟爾，挖掘出5000萬年前的鳥類、魚類、馬等多種化石，而被登錄為世界自然遺產，出土地區禁止自行進入，僅開放個人觀光客的導覽團參觀，可

遊客中心的內部展示

在遊客中心Besucherzentrum（展示館）處申請預約參觀。

參加導覽行程參觀出土地

推薦的餐廳&住宿 ✢ RESTAURANT & HOTEL

R Ratskeller
MAP◆P.76
住Marktplatz 8　☎(06151) 26444
營10：00〜翌日1：00　card M V
位於舊市政廳內的德國料理餐廳，特別推薦自家釀造的新鮮啤酒，菜單則以肉類料理為主。

H InterCityHotel
MAP◆P.76
住Poststr. 12　D-64293
☎(06151) 906910
URL www.intercityhotel.com
費⑤⑦€99〜　早餐另計€15　card A D M V

在中央車站前的連鎖旅館，辦理入住手續時，可以索取房客住宿期間市區公共交通工具無限次乘坐的悠遊卡，並備有免費無線網路。

JH Jugendherberge
MAP◆地圖外
住Landgraf-Georg-Str. 119　D-64287
☎(06151) 45293
URL www.darmstadt.jugendherberge.de
費含早餐€31〜，27歲以上€37〜　card M V
從中央車站可搭乘H、K巴士或者2、3號路面電車往Schloss方向，轉乘K55、K56在Woog下車。免費無線網路，12/24〜26公休。

在奧登的森林裡呼吸的木造城市
米歇爾斯塔德
Michelstadt

雜貨店的入口

米歇爾斯塔德位於法蘭克福到海德堡之間，廣闊延伸的奧登森林中，是一座保有中世紀德國之美的美麗城市。

這裡與其他德國城市一樣也是以市集廣場

尖塔屋頂市政廳位於市集廣場上

MAP ◆ P.51-B4	
人　口	1萬5900人
區域號碼	06061

ACCESS

火車：從法蘭克福搭私鐵VIA約1小時15分，部分列車須於哈瑙、達姆施塔特等地轉車。

Marktplatz為中心，是一座小巧玲瓏的城市，面對廣場的市政廳Rathaus建築十分美麗，建築物上有2座尖塔與鐘台。市政廳建於1484年，其木造式建築為德國中部特有的特色建築。

從車站至中心區域徒步約10～15分鐘，沿著車站大街Bahnhofstr.往向走，在盡頭的Große Gasse巷子往南（右）走便可看到市集廣場。

❶米歇爾斯塔德的遊客中心
🏠Marktplatz 1
　D-64720 Michelstadt
☎(06061) 74610
🌐www.michelstadt.de
🕐週一　　　　　10：00～12：00
　週二～五　　　10：00～17：00
　週六・日　　　11：00～15：00

隱藏森林中的美因河珍珠
梅爾騰貝格
Miltenberg

飯店的招牌

一出梅爾騰貝格車站就是寬廣的布呂肯街Brückenstr.，接著徒步約500m可看到美因河上的大橋Mainbrücke，對岸則可看到雄偉的紅磚門，門的另一端則是舊城區，從車站到舊城區的中心點距離約1km左右。

梅爾騰貝格市區中心的市集廣場Marktplatz，可說是德國最美的廣場之一，廣場內側的梅爾騰貝格市立博物館Museum Stadt Miltenberg內展示了梅爾騰貝格的歷史，而

木造住宅環繞的市集廣場

赫普特街Hauptstr.上更是保存了許多木造住宅，其中心位置的一家餐廳Gasthaus zum Riesen為建於16世紀末的珍貴建築。

MAP ◆ P.51-B4	
人　口	9300人
區域號碼	09371

ACCESS

火車：從法蘭克福搭乘ICE特急列車約30分至阿沙芬堡Aschaffenburg轉乘RE快速列車約30分。

❶梅爾騰貝格的遊客中心
🏠Engelplatz 69, Rathaus
　D-63897 Miltenberg/Main
🌐miltenberg.info
🕐週二～日　　9：00～17：00
　（4～10月週六・日10：00～
　15：00亦開放）

●梅爾騰貝格市立博物館
🏠Hauptstr. 169-175
🕐3/16～11/1
　週二～日　　10：00～17：30
　11/2～1/14
　週三～日　　11：00～16：00

●梅爾騰貝格城博物館
🏠Conradyweg 20
🕐3/16～11/1　11：00～17：30

阿沙芬堡

Aschaffenburg

斯蒂夫教會

柏林●

法蘭克福
★
阿沙芬堡

慕尼黑●

MAP ◆ P.51-B4

人　口	7萬900人
區域號碼	06021

ACCESS

火車：從法蘭克福搭乘ICE特快列車約30分，從符茲堡Würzburg則約40分。

❶阿沙芬堡的遊客中心
Schloßplatz 2
D-63739 Aschaffenburg
☎(06021) 395800
📠(06021) 395802
URL www.info-aschaffenburg.de
開 週一～五　10：00～16：30
　　週六　　　10：30～14：30

● 宮殿博物館
Schloßplatz 4
URL www.museen-aschaffenburg.de
開4～9月（週二～日）　9：00～18：00
10～3月（週二～日）10：00～16：00
休週一、狂歡節的週二、12/24、25、31、1/1
費€3.50、學生€2.50

● 波姆佩雅努姆宮
Pompejanumstr. 5
開4～10月
週二～日　9：00～18：00
休週一、11～3月
費€6、學生€5

● 梅斯珀爾布倫堡
交通 從阿沙芬堡車站旁的巴士總站搭乘40號巴士往Dammbach-Krausenbach Mühlgasse方向約35分鐘，在Abzw. Schloss, Mespelbrunn下車後徒步約10～15分鐘可至。
URL www.schloss-mespelbrunn.de
開4/1～11/1　9：30～17：00
休11/2～3/31
費€6
參觀城堡須參加導覽行程（全程約40分鐘）

四角建有樓塔的文藝復興樣式約翰尼斯堡宮

　　位於法蘭克福東南方約40km處的阿沙芬堡，地處德國最大邦巴伐利亞邦Bayern，過去曾因地緣關係隸屬於美因茲主教勢力範圍內。

　　背對車站，斜向往左前方延伸的街道Frohsinnstr.前進，接著在與其交會的Erthalstr.街徒步約300m左右，便可看到阿沙芬堡的象徵約翰尼斯堡宮Schloss Johannisburg。這座矗立於美因河右岸的宮殿十分雄偉，由此地的領主美因茲主教於17世紀初期所建，經復原重現美因茲主教全盛時期的宮殿建築，現為邦立藝術館及宮殿博物館Schlossmuseum所在地。從宮殿沿著河畔往西北延伸的宮殿庭園Schlossgarten上，則有巴伐利亞國王路德維希一世於1848年打造的羅馬風別墅波姆佩雅努姆宮Pompejanum。Stiftsbasilika教堂則建於13世紀，為羅馬式建築樣式。

 郊區景點

矗立於森林中的**梅斯珀爾布倫堡**
Schloss Mespelbrunn
MAP◆P.51-B4

　　城堡位於阿沙芬堡郊區東南方22km處，原城堡建於15世紀，於16世紀中葉重新擴建而形成今日風貌，周圍環繞著森林原野，城堡前方還有水池，可說充滿童話氣息，從嫩芽新綠的春天，到水池充滿清涼氣息的夏季，又或者是楓紅秋季或白雪覆蓋圓屋頂的銀白冬季，一年四季都可欣賞到不同的美麗景致。

有Spessart森林珍珠之稱的梅斯珀爾布倫堡

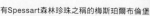

威斯巴登

Wiesbaden

靠水力運行的登山鐵路

附設賭場的療養院

威斯巴登以國際療養聖地及會議城市聞名世界，座落德國動脈的萊茵河畔，且地處陶努斯山Taunus山麓，因其絕佳地理條件而成為德國中部黑森邦首府。

威斯巴登
WIESBADEN

從車站前往市區中心療養院Kurhaus或黑森邦立劇院Hessisches Staatstheater所在地，可搭乘市營巴士1、8號，車程約7分鐘，在Kurhaus/Theater下車。

歷史悠久的溫泉療養城市威斯巴登，包含歌德及華格納Wilhelm Richard Wagner、杜斯妥也夫斯基Fyodor Dostoyevsky等名人皆曾造訪此地，整個城市充滿著悠閒的氣氛。

黑森邦立劇院位於附設賭場Spielbank的療養院前，擁有1902年建造的洛可可風華麗

MAP ◆ P.51-B3

人口	27萬8600人
區域號碼	0611

ACCESS

火車：從法蘭克福搭乘S-Bahn約45分，搭乘私鐵VIA則約35分。從美因茲搭乘S-Bahn則約10～15分。

❶威斯巴登的遊客中心
Marktplatz 1
D-65183 Wiesbaden
☎ (0611) 1729930
FAX (0611) 1729798
URL www.wiesbaden.de
4～9月
週一～六　10：00～18：00
週日　　　11：00～15：00
10～3月
週一～六　10：00～18：00
中央車站裡也有小窗口，可索取導覽等。

●市區交通
巴士單次車票Einzelfahrschein為€3，短程區間票Kurzstrecke為€1.90（參考P.83的註1），1日券Tagesfahrschein為€6.60（與美因茲通用）。

●黑森邦立劇院
Christian-Zais-Str. 1-3
URL www.staatstheater-wiesbaden.de

黑森邦立劇院內部裝潢十分華麗

●賭場
Kurhausplatz 1
URL www.spielbank-wiesbaden.de
14：45～翌日3：00
（週五・六～翌日4：00）
部分節日、12/24・25
攜帶護照，1日券€2.50、單純使用投幣等機台則免費。

●Kaiser-Friedrich-Therme溫泉

住Langgasse 38-40
從中央車站前搭1號或8號巴士
在Webergasse下車。
URLwww.mattiaqua.de/
thermen/kaiser-friedrich-
therme
開限16歲以上入場。
每日　10:00～22:00
泡湯至休館前30分為止。
※入浴為混浴（週二桑拿限女
性）
休12/24・25・31
費週一～四€15、週五～日・
節日€17

大廳，在裡面欣賞歌劇及芭蕾表演，更可體驗到歐洲特有的優雅氣氛。

從療養院走威廉街Wilhelmstr.往西北方的廣場上，有一座稱為Kochbrunnen的飲用水噴泉，源源不絕流出溫度達67度的鹹性溫泉水。

當地的Kaiser-Friedrich-Therme溫泉，是最適合遊客輕鬆體驗的溫泉，建於1913年，為世紀末青春藝術風格的優雅溫泉建築，不須著泳衣泡溫泉，若為第一次前來，只要告知服務人員，對方便會為客人詳細介紹使用溫泉的方法。

Langgasse及Marktstr.、Kirchgasse為熱鬧的購物區，百貨公司及時髦的流行商店、咖啡館林立。

源源不絕的Kochbrunnen噴泉

●Nerobergbahn登山小火車

從威斯巴登中央車站搭乘前往Nerotal方向的1號巴士，終點站下車後步行不久即可至小火車搭車處。
URLwww.nerobergbahn.de
費來回€5
圖5/2～10/31 9:00～19:00
（每隔15分鐘一班）
休週一・二、11/1～5/1

終極環保火車的Nerobergbahn登山小火車

天氣晴朗的日子也可前往郊區搭乘Nerobergbahn登山小火車遊覽，火車最大的特色是以水力為動力，早在1888年就開始行駛，十分令人驚嘆。

推薦的住宿 ✦ HOTEL

每晚須加收€3療養稅

H Nassauer Hof

MAP ◆ P.81

住Kaiser-Friedrich-Platz 3-4　D-65183
☎(0611) 1330
URLwww.nassauer-hof.de
費⑤€229　①€235～　早餐另計€32　card AMV

飯店散發出優雅氣氛，為威斯巴登最高級的飯店，設有溫泉池、美容沙龍等，設備完善，並提供無線網路。

H Dorint Pallas Wiesbaden

MAP ◆ P.81

住Auguste-Viktoria-Str. 15　D-65185
☎(0611) 33060　FAX(0611) 33061000
URLwww.dorint.com/wiesbaden
費⑤①€95～　早餐另計€18　card ADMV

從中央車站徒步約2分鐘即至的大型高級飯店，客群以商務人士為主，設有按摩池及三溫暖SPA區，僅部分客房備有無線網路。

H Citta Trüffel

MAP ◆ P.81

住Webergasse 6-8　D-65183
☎(0611) 9905510　URLwww.citta-hotel.de
費⑤€99～　①€109～
card ADJMV

1樓為時髦的熟食店，客房整體氣氛也十分優雅，週末有優惠方案，備有無線網路可供使用（免費）。

JH Jugendherberge

MAP ◆ 地圖外

住Blücherstr. 66-68　D-65195
☎(0611) 48657　FAX(0611) 44908
URLwww.wiesbaden.jugendherberge.de
費含早餐€34.50～　27歲以上加價　card 不可

綠意環繞的青年旅館，入住時間為14:00～22:00，12/24～26公休。可從中央車站搭乘往Klarenthal方向的14號巴士在Gneisenaustr.下車，部分空間備有免費無線網路。

古騰堡的故鄉
美因茲
Mainz

熱鬧的聖約翰節

壯觀的大教堂與市集廣場

美因茲因地處萊茵河與美因河交會處而興起,自古以來在商業交易上占有重要的一席之地,同時自8世紀以來便為德國最重要的宗教城市而繁榮,又被稱為「黃金美因茲」。此外這裡也是近代印刷之父古騰堡Johannes Gutenberg的故鄉,其中詳細展示印刷術歷史的古騰堡博物館,以及羅馬式風格的大教堂為必看景點。

 漫遊

市集廣場上的早市

美因茲的主要景點集中在舊城區,位於中央車站往東南方10分鐘路程處,從車站街Bahnhofstr.往席勒街Schillerstr.走,接著在席勒廣場Schillerplatz左轉,便是百貨公司與商店林立的Ludwigsstrt.街,過了有古騰堡雕像矗立的古騰堡廣場Gutenbergpl.後,便可看見美因茲中心所在地的市集廣場Markt與大教堂Dom。

連接市集廣場的Liebfrauenplatz廣場一隅,則有美因茲最引以為傲的古騰堡博物館Gutenberg Museum,萊茵河畔還有市政廳Rathaus,❶便位於市政廳旁。

大教堂後方(南側)寬闊的櫻桃園Kirschgarten區域也很值得前往逛逛,這裡有著許多古老的木造住宅林立,並開設了許多獨

櫻桃園的住家街景

法蘭克福與萊茵河、摩塞爾河周邊 ▼ 美因茲Mainz

MAP ◆ P.51-B3

人　口	21萬7100人
區域號碼	06131

ACCESS

火車:從法蘭克福中央車站搭乘ICE、IC特快列車約35分,搭乘RE快速列車或S-Bahn 8約40分。

ℹ️**美因茲的遊客中心**
🏠Markt 17(Domplatz)
　D-55116 Mainz
🗺Map P.84-B2
☎(06131) 242888
🌐www.mainz-tourismus.com
🕐週一〜六　　10:00〜18:00

●**市區交通**
巴士、路面電車單次車票Einzelfahrschein為€3,短程區間票Kurzstrecke為€1.90(參考下方的註1),1日券Tageskarte為€6(與威斯巴登共通)。
(註1)美因茲與威斯巴登的短程區間票可搭乘3站(1.5km以內)的距離。

🌐**世界遺產**
施派爾、沃爾姆斯和美因茲的猶太人社區
(2021年登錄)
→P.101

足球・球場情報

●**科法斯球場**
MEWA Arena
🏠Eugen-Salomon-Str. 1
🌐www.mainz05.de
1. FSV Mainz 05的主場球場。
🚃球賽前從美因茲中央車站有接駁車行駛。沒有比賽的日子,則可以搭乘51、53、59號路面電車,或是9號巴士到附近(停靠站名稱各不相同),再步行約10分即達。

MEMO 早市時間為每週二・五・六的7:00〜14:00左右,附近農家會擺攤販賣當天現採的蔬菜及水果等,光是逛逛也充滿樂趣。11月下旬則有耶誕市集。

83

具特色的咖啡館及餐廳、精品店等，十分適合悠閒漫步其間。

　　從中央車站前搭乘路面電車時，可搭乘往Hechtsheim方向的50、52、53號於第2站Schillerplatz下車，較為靠近美因茲大教堂。

📷 主要景點 ᵡᵡᵡᵡᵡᵡᵡᵡᵡᵡᵡᵡᵡᵡᵡ

德國3大教堂之一 美因茲大教堂

Dom ★★★

過去美因茲大主教為神聖羅馬帝國7大選帝侯之一，擁有極大權力。西元975年時大主教威利吉斯Willigis下令興建大教堂，其西側與東側各建有內殿，內部規模令人嘆為觀止。

　　內殿前端為庭院迴廊Kreugang，最內側設有大教堂博物館Dom-und Diözesanmuseum。

宏偉的大教堂

●大教堂
住Markt 10
◆Map P.84-B2
🌐www.dom-mainz.de
開3～10月
　週一～六　9：00～18：30
　週日　　13：00～18：30
　11～2月縮短營業時間
　禮拜中暫停開放參觀。
費免費

大教堂博物館
🌐www.dommuseum-mainz.de
開週二～五　10：00～17：00
　週六・日　11：00～18：00
休週一・節日
費€5

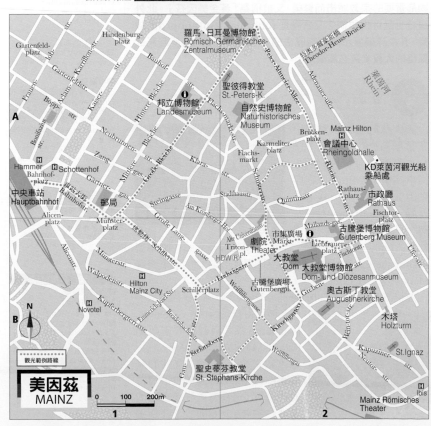

地圖標示：
羅馬・日耳曼博物館 Römisch-Germanisches Zentralmuseum
Hindenburgplatz
Gartenfeldplatz
Bauhof
聖彼得教堂 St.-Peters-K.
邦立博物館 Landesmuseum
自然史博物館 Naturhistorisches Museum
Mainz Hilton
Hammer
Schottenhof
會議中心 Rheingoldhalle
KD萊茵河觀光船乘船處
中央車站 Hauptbahnhof
郵局
市政廳 Rathaus
古騰堡博物館 Gutenberg Museum
市集廣場 Markt
劇院 Triton Theater
大教堂 Dom
大教堂博物館 Dom- und Diözesanmuseum
Hilton Mainz City
Schillerplatz
奧古斯丁教堂 Augustinerkirche
Novotel
古騰堡廣場 Gutenbergpl.
木塔 Holzturm
聖史蒂芬教堂 St. Stephans-Kirche
St.Ignaz
觀光範例路線
美因茲 MAINZ
0　100　200m
Ibis
Mainz Römisches Theater

MEMO 美因茲的狂歡節與科隆Köln、杜塞道夫Düsseldorf並列德國3大狂歡節之一，最熱鬧的便是玫瑰星期一Rosenmontag（2024年為2/12）繞行市區的大遊行。

古騰堡博物館
Gutenberg Museum ★★★

古騰堡Johannes Gutenberg（1397年左右～1468年）將過去仰賴手寫的書刊複製，改由鉛造鑄造活字排版印刷，從此發明了活字印刷術。博物館內重現了當時印刷技術的印刷房擺設，也有工作坊（費用另計）的現場印刷示範。

展示品內最珍貴的，莫過於舉世聞名、1455年的全球第一本出版物《古騰堡聖經Gutenberg Bible》（四十二行聖經），此外還有16～19世紀裝飾華麗的貴重古版書Incunable（印刷搖籃本），及日本浮世繪等來自世界各國的珍貴印刷品。

古騰堡雖然在世紀大發明印刷術上有著巨大貢獻，卻也因為其求好心切的個性，最後包含印刷機在內所有資產，都被高額債款的債主接收一空，據說晚年過得十分淒涼。

現場示範發明當時的印刷方式

聖史蒂芬教堂 欣賞夏卡爾
St. Stephans-Kirche ★★

聖史帝芬教堂同樣也是由大教堂興建者大主教威利吉斯於990年所興建，第二次世界大戰時遭到破壞，現有建築為戰後重建。這裡最有名的便是出自夏卡爾Marc Chagall之手的彩繪玻璃，以新舊約聖經為題材，以華麗的藍色為基調所造，在光線的穿透下，可欣賞到所呈現出的內部空間之美。彩繪玻璃為1978～1985年期間完成裝設，此外還可參觀迴廊Kreuzgang。

● 古騰堡博物館
住Liebfrauenplatz 5
Map P.84-B2
URL www.gutenberg-museum.de
開 週二～六　　9：00～17：00
　　週日　　　11：00～17：00
休 週一、節日
費 €5、學生€3

在此可了解到印刷技術的發展

● 聖史帝芬教堂
從中央車站前搭50、52、53號巴士於Am Gautor下車後往回走一點。
住Kleine Weißgasse 12
Map P.84-B1
開 週一～六　10：00～18：00
　　週日　　　12：00～18：00
　　（11～2月皆為～16：30）
禮拜中暫停對外開放。
費 免費

夏卡爾的神祕藍色世界

推薦的住宿 ✦ HOTEL

H Mainz Hilton
MAP ◆ P.84-A2

住Rheinstr. 68　D-55116
☎(06131) 2450　FAX(06131) 2453299
URL www.hilton.de/mainz　費⑤①€126～　早餐另計€29.50
card ADJMV

面對萊茵河的國際飯店，鄰近賭場及會議中心Rheingoldhalle，下榻者以團客及商務人士居多。備有無線網路（大廳免費，客房內須收費）。

H Hammer
MAP ◆ P.84-A1

住Bahnhofplatz 6　D-55116
☎(06131) 965280　FAX(06131) 9652888
URL www.hotel-hammer.com
費⑤€89～　①€109～　早餐另計€10　card ADJMV

面對中央車站前廣場，裝有隔音玻璃，所以不受飯店外噪音干擾，全館客房備有空調，並有免費三溫暖。備有無線網路（免費）。

H Schottenhof
MAP ◆ P.84-A1

住Schottstr. 6　D-55116
☎(06131) 232968　FAX(06131) 221970
URL www.hotel-schottenhof.de
費⑤€71～　①€89～　早餐另計€13　card ADJMV

距中央車站5分鐘內腳程即至，是一間擁有40間客房的小巧飯店，有無線網路。

JH Rhein-Main-Jugendherberge
MAP ◆ 地圖外

住Otto-Brunfels-Schneise 4　（Im Volkspark）　D-55130
☎(06131) 85332　FAX(06131) 82422
URL www.diejugendherbergen.de
費含早餐€24.40～　card MV

從美因茲中央車站搭往Weisenau-Laubenheim方向的62號巴士在Am Viktorstift/Jugendherberge下車，徒步2分鐘即可抵達，或從S-Bahn車站Mainz Römisches Theater往南走2km。僅部分區域提供無線網路，12/24～26公休。

佩戴著防護頭盔遊覽
寶石礦山

寶石之路的中心都市

伊達爾・奧伯施泰因
Idar-Oberstein

柏林●

法蘭克福●

★ 伊達爾・奧伯施泰因

慕尼黑●

MAP ◆ P.50-B2	
人　口	2萬8300人
區域號碼	06781

ACCESS

火車：位於美因茲～薩爾布魯根Saarbrücken路線上，也可從法蘭克福搭乘直達車前往。從法蘭克福搭乘RE快速列車約1小時55分，從美因茲則約1小時10分。

❶伊達爾・奧伯施泰因的遊客中心

🏠Hauptstr. 419　D-55743 Idar-Oberstein
☎(06781)64871
📠(06781)64878
🖥www.edelsteinland.de
🕐3/15～11/15
週一～五　9：00～12：00
　　　　　13：00～18：00
週六　　 10：00～15：00
11/16～3/14
週一～五　10：00～12：00
　　　　　13：00～16：00

●舊寶石礦山

礦山位於車站西北方約4km處，可搭乘303號巴士在Strutwies下車，徒步至參觀專用坑道入口處約30分鐘。巴士每小時僅1班，從車站建議可搭乘計程車較為方便。
☎06781-47400
🖥weiherschleife-steinkaulen bergwerk.de
導覽行程・原石試採皆須透過電話或上述網站事先預約（週六・日・節日須提前至少2天）
🕐3/15～11/15 10:00～17:00
（最後梯次16:00出發）
💰導覽行程€8，試採費用€11，須事先申請，試採時間為10:00～12:00、12:30～14:30、15:00～17:00之間，最多可試採2小時。
🚫11/16～3/14

推薦的住宿

🏨City Hotel Idar-Oberstein
🏠Otto-Decker-Str. 15 D-55743
🖥www.cityhotel-idar-oberstein.de

宛如鑲嵌在岩山上的岩盤教會

　此地過去曾出產豐富的瑪瑙及紫水晶等寶石礦產，之後雖停止商業開採，但當時所發展出的高度研磨技術，至今在世界上仍占有一席之地。市中心的「鑽石寶石交易所Diamant- und Edelsteinbörse」內，聚集了全球的寶石買家，並設有寶石學院，可說是世界寶石產業的領導者。

　出車站過馬路後穿過購物中心間的街道，從百貨公司前廣場往東側（右側）延伸出去為步道區豪浦特街Hauptstr.，這裡是伊達爾・奧伯施泰因的主要大街，沿著平緩的下坡路徒步約10分鐘便是市集廣場Marktplatz。

　主要景點包含德國寶石博物館Deutsches Edelsteinmuseum，裡面收藏了所有地球上出產的各類寶石，此外還有矗立在峭壁旁的岩盤教堂Felsenkirche，不容錯過。

 ## 主要景點 ∿∿∿∿∿∿∿∿∿∿∿∿∿∿∿∿

舊寶石礦山
Edelsteinminen Steinkaulenberg　　★★★

　礦山位於自然保護區內，是歐洲唯一一座開放參觀的寶石礦山，自從1870年左右因傳統礦業衰退而停止商業開採後，這裡就變成礦產學者及寶石迷的朝聖地。進入內部參觀專用坑道Besucherstollen須參加導覽行程，全程約30分鐘（只有德語導覽，備有英語導覽手冊），此外還有試採區域（須事先申請），可體驗挖掘礦石的樂趣，挖掘用的槌子等器具須自備。

前進坑道的導覽行程

MEMO 該小鎮為知名德國鍋具品牌Fissler的發源地，出品不鏽鋼鍋等廚房用具，總公司工廠附設Outlet，地址、營業資訊請見→🖥www.fissler.com/de/unternehmen/besuchen-sie-uns

呂德斯海姆
Rüdesheim

斑鳩小巷內可愛的招牌

可以沿途欣賞萊茵河和葡萄酒園的纜車超棒！

呂德斯海姆有萊茵河珍珠的美稱，是一座小巧美麗的城市，這裡也是許多遊客搭乘萊茵河遊船的起點。身為德國知名的葡萄酒產地，充滿著享受葡萄酒的人。

漫遊

火車抵達後，可沿著萊茵河沿岸的萊茵街Rheinstr.前進，不久就會看到建於葡萄酒園中的布羅姆斯堡Brömserbur，內設有葡萄酒博物館Weinmuseum，博物館內展示了各式各樣釀酒必備的器具，以及各時代特色樣式的珍貴酒杯。

小酒館林立的斑鳩小巷

著名的斑鳩小巷Drosselgasse，是一條狹窄的巷子，入口的斑鳩鋪路石和看板令人印象深刻，斑鳩小巷兩旁有著小酒館、餐廳及紀念品店櫛比鄰立，在觀光計時的小酒館內，會有樂團演奏，可以享受一邊聽歌一邊品嘗當地葡萄酒的樂事。

此外斑鳩小巷北側盡頭左邊則有自動演奏樂器博物館Brömserhof，內部展示了許多自動演奏樂器的收藏品。

天氣好時，推薦搭乘空中纜車沿途欣賞萊茵河及葡萄園景致，前往尼達沃德瞭望台Niederwald。

萊茵河與葡萄園間的古堡內設有葡萄酒博物館

法蘭克福與萊茵河、摩塞爾河河周邊 ▼ 伊達爾‧奧伯施泰因Idar-Oberstein／呂德斯海姆Rüdesheim

柏林
法蘭克福 ★
呂德斯海姆
慕尼黑

MAP ◆ P.51-B3

人　口	1萬人
區域號碼	06722

ACCESS

火車：沿萊茵河行駛共有2條火車路線，其中地方支線設有車站停靠呂德斯海姆，從法蘭克福搭乘私鐵VIA（可使用火車通行證）約1小時10分。若搭乘幹線路線火車則可從美因茲乘坐普通列車約30分車程於Bingen Stadt下車，接著轉搭萊茵河渡輪Fähre。

❶ **呂德斯海姆的遊客中心**
⊠Rheinstr. 29a　D-65385
☎(06722) 906150
🖷(06722) 9061599
🌐www.ruedesheim.de
🕐4~10月

週一~五	10:00~17:00
週六‧日	10:00~16:00
11~3月	
週一~五	10:00~16:00

※冬季為淡季，幾乎所有飯店、餐廳與紀念品店都沒有營業。

● **布羅姆斯堡**
　（葡萄酒博物館）
⊠Rheinstr. 2
🌐www.rheingauer-weinmuseum.de
整修中暫停開放。

● **自動演奏樂器博物館**
　（自動演奏樂器收藏展示）
⊠Oberstr. 29
🌐www.smmk.de
🕐11:00~16:00
🗓冬期休館
💶€9、學生€4.50
※不定期會有自動演奏樂器音色鑑賞的導覽行程（如遊客達4人以上時）

Seilbahn Rüdesheim
🌐www.seilbahn-ruedesheim.
de
運4月上旬～10月中旬左右
費單程€6.50、來回€10
從狩獵宮往阿斯曼斯豪森的
空中纜椅，運行時間和車資
相同。兩者單程車票，結合
Bingen-Rüdesheimer公司阿
斯曼斯豪森～呂德斯海姆觀光
船的聯票Ringtour，則為€17。

搭乘纜車上行前往尼達沃德瞭望台，並眺望腳下的葡萄園美景

主要景點

眺望萊茵河絕景的瞭望台 尼達沃德瞭望台
Niederwalddenkmal ★★★

　　前往尼達沃德瞭望台Niederwald可搭乘空中纜車，沿著葡萄園斜面爬上，再穿越森林約5分鐘路程，就會看到聳立著日耳曼女神Germania雕像紀念碑的瞭望台，從瞭望台欣賞到的寬闊景致絕對讓人印象深刻。

1883年建造的日耳曼女神Germania雕像紀念碑

　　時間充裕的話，還可到尼達沃德瞭望台約1km外，全程約30～40分鐘的森林步道中漫步，可一路步行至古堡飯店・餐廳Jagdschloss Niederwald。接著再從其前方搭纜椅下行前往鄰鎮阿斯曼斯豪森Assmannshausen。

從圓形的神殿裡可遠眺萊茵河的絕景

呂德斯海姆
RÜDESHEIM

0 　50　100m

← 往Burg Rheinfels城堡步道

往Jugendherberge青年旅館（閉館中）

Weinlehrpfad　　Ringmauer

Feldtor

Oberstr.

拷問博物館
Foltermuseum

往尼達沃德纜車站
Seilbahn Talstation

Oberstr.

Flair Hotel
zum Bären

自動演奏樂器博物館
〈自動演奏樂器收藏展示〉
Brömserhof
(Musikkabinett)

Käthe Wohlfahrt

Winzerkeller Ⓡ

Felsenkeller

Oberstr.

天主教堂
Kath. Kirche

Drosselhof Ⓡ

Hotel Lindenwirt

Bosenburg

Rüdesheimer
Schloss

Markt-
platz

Kirchstr.

市政廳
Rathaus

Central Hotel

Trapp

布羅姆斯堡
〈葡萄酒博物館〉
Brömsburg
(Weinmuseum)

Kl. Niederstr.

Steingasse

Drosselgasse

Amselstr.

Lährstr.

往Geisenheimer Str.街

Asbach
白蘭地酒廠
Asbach

Niederstr.

萊茵街

Post

Rheinstr.

呂德斯海姆車站
Bahnhof

往威斯巴登 →

往賓根渡輪停靠處

KD萊茵河
觀光船停靠處

萊茵河 Rhein

推薦的餐廳&住宿 ✦ RESTAURANT & HOTEL

R Drosselhof
MAP ◆ P.88

住Drosselgasse 5 ☎ (06722) 1051
網www.drosselhof.com
營12：00～（16：00～的情況
也有）
（因應季節會有變動）
休不定期
card A D J M V

這家葡萄酒餐廳可說
是班鳩小巷的代表性餐
廳，座位分散在中庭及數
間廳房內，並附設葡萄酒
商店。

R Winzerkeller
MAP ◆ P.88

住Oberstr. 33 ☎ (06722) 2324 網www.winzerkeller.com
營11：00～22：00 休週一・冬季公休 card M V

斑鳩小巷盡頭
的大型葡萄酒餐
廳，室外階梯通往
陽台座位，可以享
受靜謐的分為。

H Rüdesheimer Schloss
MAP ◆ P.88

住Steingasse 10 (Drosselgasse) D-65385
☎ (06722) 90500 傳 (06722) 905050
網www.ruedesheimer-schloss.com
費S€89～119
T€129～159
card A D J M V

飯店前身建於
1729年，原為稅務
局，後經改建成為
高級飯店與餐廳，
內部裝潢十分時髦，12月中旬～1月上旬公休，備
有無線網路。

H Flair Hotel zum Bären
MAP ◆ P.88

住Schmidtstr. 31 D-65385
☎ (06722) 90250 傳 (06722) 902513
網www.zumbaeren.de
費S€84～ T€119～
早餐另計 card M V

這家飯店是一間家
族經營旅館，全館共
23個房間，並備有無
線網路（免費）。

H Felsenkeller
MAP ◆ P.88

住Oberstr. 39/41 D-65385
☎ (06722) 94250 傳 (06722) 47202
網www.felsenkeller-ruedesheim.de/
費S€65～ T€97～ card A J M V

飯店為白牆木造
建築，十分美麗，提
供素食料理的餐廳
亦頗受好評，夏天
在露天座位暢飲葡
萄酒可說是無比享
受。12～2月公休，
公共區域備有無線
網路可供使用。

H Hotel Lindenwirt
MAP ◆ P.88

住Amselstr. 4/Drosselgasse D-65385
☎ (06722) 9130 傳 (06722) 913294
網www.lindenwirt.com
費S€94～ T€119～ card A D J M V

出呂德斯海姆車站後沿著萊茵街走，過班鳩小
巷的下一條街Amselstr.左轉，就可看到這家飯
店。飯店附設有餐廳，所以半夜有時還會聽到跳舞
及音樂的聲音，中庭還有葡萄酒槽改建而成的房
間，無線網路限公共區域使用。

Specialty
名物呂德斯海姆咖啡

呂德斯海姆咖啡是可以讓體驗上菜表演的
知名咖啡。專用的杯子裡倒入名為Asbach的
當地產白蘭地，再加入方糖。點火後，燃起青
白色的火焰，相當驚奇。接著倒入咖啡、鋪上
滿滿的鮮奶油就完成了。由於酒精成分高，是
一款適合愛酒人士的大人咖啡。

左／舞動著藍白色的火焰
右／倒入一小瓶的白蘭地

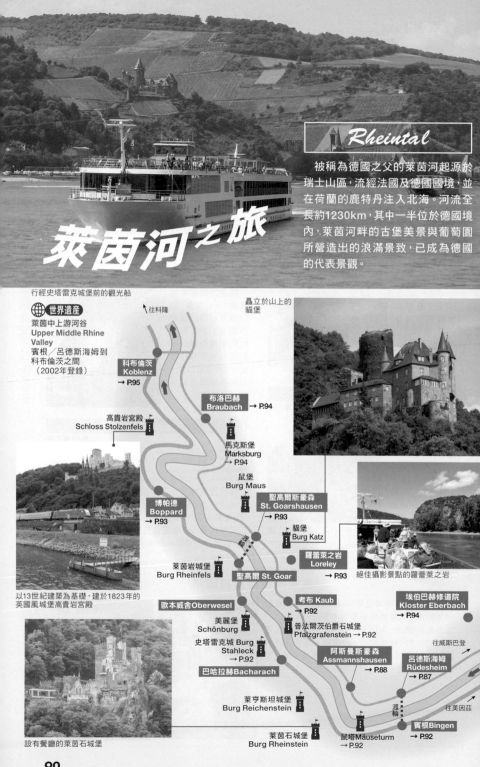

Rheintal

被稱為德國之父的萊茵河起源於瑞士山區，流經法國及德國國境，並在荷蘭的鹿特丹注入北海。河流全長約1230km，其中一半位於德國境內，萊茵河畔的古堡美景與葡萄園所營造出的浪漫景致，已成為德國的代表景觀。

行經史塔雷克城堡前的觀光船

晶立於山上的貓堡

世界遺產
萊茵中上游河谷
Upper Middle Rhine Valley
賓根／呂德斯海姆到科布倫茨之間
（2002年登錄）

往科隆

科布倫茨
Koblenz
→ P.95

布洛巴赫
Braubach → P.94

高貴岩宮殿
Schloss Stolzenfels

馬克斯堡
Marksburg
→ P.94

鼠堡
Burg Maus

聖高爾斯豪森
St. Goarshausen
→ P.93

貓堡
Burg Katz

博帕德
Boppard
→ P.93

以13世紀建築為基礎，建於1823年的英國風城堡高貴岩宮殿

羅蕾萊之岩
Loreley
→ P.93

絕佳攝影景點的羅蕾萊之岩

萊茵岩城堡
Burg Rheinfels

聖高爾 St. Goar

考布 Kaub
→ P.92

埃伯巴赫修道院
Kloster Eberbach
→ P.94

歐本威舍Oberwesel

美麗堡
Schönburg

普法爾茨伯爵石城堡
Pfalzgrafenstein → P.92

史塔雷克城 Burg
Stahleck
→ P.92

巴哈拉赫Bacharach

阿斯曼斯豪森
Assmannshausen
→ P.88

往威斯巴登

呂德斯海姆
Rüdesheim
→ P.87

萊亨斯坦城堡
Burg Reichenstein

渡輪

往美因茲

賓根Bingen
→ P.92

設有餐廳的萊茵石城堡

萊茵石城堡
Burg Rheinstein

鼠塔Mäuseturm
→ P.92

搭乘觀光船

　　大部分萊茵河觀光船路線為往來美因茲Mainz～科布倫茨Koblenz之間，若是時間有限的人可選擇呂德斯海姆Rüdesheim～聖高爾斯豪森St. Goarshausen，或對岸的賓根Bingen～聖高爾St. Goar航程，全程約1小時30分～2小時，可欣賞到知名古堡與羅蕾萊之岩，此區間也有許多團體遊客遊覽。

　　觀光船於4月上旬～10月下旬行駛（主要季節為5月上旬～10月上旬）。冬季原則上是停駛，僅限部份期間行駛，請至官網確認。

萊茵河觀光船的人氣蒸汽船歌德號

搭乘火車

　　美因茲～科布倫茨之間的火車路線，分為法蘭克福往科隆Köln的萊茵河左岸與右岸路線。左岸有IC、ICE、EC特快列車等行駛，若是往科隆方向坐右側座位，可將萊茵河景致盡收眼底。普通列車右岸有私鐵VIA（可使用火車通行證）行駛。沒有時間搭船的人，搭乘火車也是欣賞萊茵河美景的最佳選擇之一。

有許多區段會沿著河岸行駛

●購買船票與各種優惠
萊茵河觀光船的船票販售處位於乘船處旁，持有歐洲33國火車通行證Eurail Global Pass搭乘KD公司的科隆～美因茲之間定期觀光船可享8折優惠，購票時請出示火車通行證。其他還有敬老優惠7折（60歲以上，出示護照）、學生優惠5折（未滿27歲）。

●萊茵河的渡輪
萊茵河右岸多為區域線的普通列車與貨物列車行駛，可搭乘前往呂德斯海姆Rüdesheim及巴哈拉赫Bacharach等城鎮。呂德斯海姆～賓根Bingen、聖高爾斯豪森St. Goarshausen～聖高爾St. Goar間有渡船Fähre行駛（單程€2.20），也可以短暫體驗搭船的樂趣。

搭乘人車都可載運的渡船

●以岸邊標示為目標
萊茵河岸邊標示有從波登湖岸城市康士坦茲Konstanz起的河流距離數字（稱為萊茵公里），只要以此為目標找尋，看到 554 與 555 之間的 LORELEY 即可找到羅蕾萊之岩。

聖高爾斯豪森位於數字556處

在甲板上欣賞美麗風光

KD萊茵河觀光船主要乘船處時刻表
（省略部分短程區間）　　　　　　　　2023年4/29～10/3有效

每日	★每日	每日	每日	船 着 場	每日	每日	每日	★每日
	9:00			科布倫茨　Koblenz				20:20
	10:05			布洛巴赫　Braubach				19:15
	11:00			博帕德　Boppard				18:50
10:45	12:10	13:00	16:00	聖高爾斯豪森　St. Goarshausen	10:45	12:50	16:00	18:05
10:55	12:20	13:15	16:10	聖高爾　St. Goar	—	—	—	17:55
11:25	12:50	13:50	16:40	歐本威舍　Oberwesel	10:20	12:20	15:30	17:35
11:40	13:05	14:05	16:55	考布　Kaub	10:10	12:10	15:25	17:25
12:05	13:30	14:30	17:20	巴拉哈　Bacharach	10:00	12:00	15:15	17:15
13:05	14:30	15:30	18:20	阿斯曼豪森　Assmannshausen	9:30	11:30	14:45	16:45
13:35	15:00	16:00	18:50	賓根　Bingen	9:15	11:15	14:30	16:30
13:50	15:15	16:20	19:00	呂德斯海姆　Rüdesheim	9:00	11:00	14:15	16:15
		17:35		埃爾特村　Eltville			10:00	
		18:10		威斯巴登　Wiesbaden			9:30	
		18:40		美因茲　Mainz			9:15	

遇煙火大會等大型活動時，時刻表會有所變動。
★標記為蒸汽船歌德號。　KD萊茵河觀光船網站www.k-d.com

萊茵河遊覽重點

萊茵河沿岸有許多景點，
可以下船漫步遊覽小鎮與古堡風光，
也可登上俯瞰雄偉萊茵河景致的瞭望台等，
以下是以各種不同角度遊覽萊茵河的景點介紹。

世界遺產的絕美風景依序現身

宛如矗立河中的細長鼠塔

城市

萊茵河遊船之旅的起點

MAP ◆ P.51-B3

賓根　　　*Bingen am Rhein*

　　賓根位於那厄河Nahe與萊茵河交會處，許多來自美因茲方向遊客以此作為萊茵河之旅的起點城市，乘船處就位於賓根車站Bingen Stadt北側。

　　郊區萊茵河沙洲上有一座名為鼠塔Mäuseturm的小型樓塔，是中世紀時代建為海關之用，之後則變為燈塔，內部未對外開放參觀。

交通 賓根有2座車站，若從美因茲方向停車站依序為Bingen Stadt、Bingen Hbf.。萊茵河觀光船乘船處靠近Bingen Stadt車站，從美因茲搭私鐵約30分鐘。

城堡

宛如矗立河中的城堡　　　MAP ◆ P.90

普法爾茨伯爵石城堡　*Burg Pfalzgrafenstein*

　　為徵收萊茵河通行費而於1327年建造的城堡，內部對外開放參觀。從呂德斯海姆搭私鐵VIA（隸屬RMV交通聯盟，可使用火車通行證）約15分鐘在考布Kaub下車，從考布可搭乘渡輪前往城堡，觀光季節期間船班約每30分鐘1班。

URL www.burg-pfalzgrafenstein.de
關 3/15～10/31 週三～日10：00～13：00、14：00～17：00
11月、2/1～3/14 週六・日・節日～16：00，入場至閉館前1小時
為止。12・1月閉館，渡輪也停駛。萊茵河水位過低、過高都會閉館。
費 包含渡輪€ 7、學生€ 6

建於萊茵河沙洲上的普法爾茨伯爵石城堡

城堡

住宿青年旅館　　　MAP ◆ P.90

史塔雷克城堡　　　*Burg Stahleck*

　　可追溯至12世紀的歷史古城，是沒錢又想住古堡飯店學生們的最愛，建議夏季最好事先訂房。從美因茲搭乘普通列車RE（快速）約30分鐘在巴哈拉赫Bacharach下車，之後須從市區走山路約15～20分鐘路程。

 Jugendherberge Burg Stahleck
住 Burg Stahleck　D-55422 Bacharach
☎ (06743) 1266　FAX (06743) 2684
URL www.diejugendherbergen.de
費 附早餐€24.10　T€60.60～
12/24～26公休，有免費無線網路。

推薦的青年旅館

從巴哈拉赫乘船處眺望史塔雷克城堡

的舞台　　　　　　　　　MAP ◆ P.50-A2

羅蕾萊之岩　　　　　　*Loreley*

羅蕾萊之岩是一座突出萊茵河畔的岩山，原意為「妖精之岩」，傳說中有一位美麗的水妖精，會在岩石上以迷人的歌聲迷惑船隻，並使船隻翻覆。事實上這裡由於萊茵河岸急速變窄急彎，加上河底有許多暗礁，前方又有高達130m的險峻岩壁突出，造成行船困難容易遭難，因而衍生出妖精傳說。

古老的傳說加上萊茵河周邊的風景，自19世紀以來就為浪漫派詩人及畫家所稱頌，而成為藝術家們作品的啟發，其中一首將知名的海涅敘事詩與弗里德里希．西爾歇爾Friedrich Silcher譜曲而成的《羅蕾萊之歌Die Lorelei》，使此處成為著名的景點。

登上岩山後一定要到傳說中的舞台走走，從聖高爾斯豪森St. Goarshausen有巴士前往羅蕾萊之岩，到了終點站一下車就可看到壯闊的萊茵河與葡萄園交織而成的絕佳美景。距離車站約500m處則設有羅蕾萊中心Besucherzentrum Loreley，裡面介紹了萊茵河的自然與生活文化等相關資訊。

對岸則是有著萊茵河岩城堡古堡飯店的城市聖高爾St.Goar。

立在沙洲前端的羅蕾萊之岩少女雕像

海涅敘事詩歌頌的羅蕾萊之岩岩壁

🚃搭萊茵河觀光船在St. Goarshausen下船，之後改搭下船處附近的535號巴士前往羅蕾萊，車程約13分，在終點站Loreley Besucherzentrum下車。平日1小時1班，11～3月停駛。至岩壁約需步行600m。
若搭火車前往聖高爾斯豪森，從威斯巴登搭私鐵VIA則約1小時車程。或從美因茲搭RB約1小時在St. Goar下車，接著搭乘萊茵河渡輪到對岸的聖高爾斯豪森。

● 羅蕾萊中心
🏠Loreley 7　🌐www.loreley-besucherzentrum.de　🕐4～10月的11:00～17:00（淡季可會縮短營業時間或休館）

城市　瞭望台　　　　　　　MAP ◆ P.50-A2

萊茵河彎度最大之處

博帕德　　　　　　*Boppard*

位於萊茵河沿岸有船隻停靠的博帕德，市區白色旅館建築林立，充滿優雅的氣氛。

搭乘郊區的纜椅並從山上的纜椅站沿著標示徒步約5分鐘，便可看到Gedeonseck瞭望台，從這裡的露天咖啡座可一覽蜿蜒的萊茵河景，十分具有欣賞價值。

從Gedeonseck瞭望台所欣賞到的萊茵河蜿蜒景色

🚃從科布倫茨搭乘RE（快速）約10分

● 纜椅
🌐www.sesselbahn-boppard.de
行駛4～10月10:00～17:00（4/16～9/30～18:00）
🕐11～3月、天候不佳時　來回€9.50

🏨Bellevue Rheinhotel
推薦的住宿
🏠Rheinallee 41　D-56154 Boppard
☎(06742) 1020　📠(06742) 102602
🌐www.bellevue-boppard.de
💰⑤€101～　①€149～
冬季有折扣，早餐每人加收€12.50
市區最好的飯店，價格合理，有免費無線網路。

纜椅單程約20分鐘，記得視天候做好防寒或防曬準備

城堡

聳立山上的悠久歷史名城　　　　　MAP ◆ P.50-A

馬克斯堡
Marksburg

　　聳立山上的馬克斯堡，歷史最遠可追溯至13世紀上半葉，是中部萊茵河地區唯一沒有被破壞的城堡，以中世紀樣式而聞名。可透過導覽行程，參觀城堡內的宴會廳、禮拜堂、起居室、監獄。

交通 從科布倫茨中央車站搭乘普通列車（VIA）約15分鐘，在布洛巴赫Braubach下車，從市區徒步到城堡約20～30分。

住 Marksburg D-56338 Braubach **網** www.marksburg.de
時 10：00～17：00（冬季11：00～16：00）
休 12/24・25　**費** €11
城堡內觀光導覽行程（德文或英文）約50分鐘。

難以攻陷的馬克斯堡，至今仍屹立不搖

修道院　　　　MAP ◆ P.51-B3

生產知名葡萄酒

埃伯巴赫修道院
Kloster Eberbach

　　位於埃爾特村Eltville郊區，創立於1136年的舊熙篤會修道院，為羅馬式及初期哥德式建築。內部迴廊、禮拜堂、冥想室、修道院僧侶臥房、葡萄酒釀造搾取室、存放葡萄酒桶的酒窖等，都有對外開放參觀。面積超過300ha的附設葡萄園內有生產葡萄酒，現在並設有黑森邦立葡萄酒販賣處，這個修道院同時也是史恩·康納萊主演的電影《玫瑰的名字Le Nom de la Rose》拍攝舞台。

以生產及販賣葡萄酒聞名的埃伯巴赫修道院

交通 從威斯巴登搭乘普通列車（VIA）到埃爾特村Eltville約15分鐘車程，搭172號巴士約20分，到終點站Hattenheim Kloster Eberbach下車即達。
住 Kloster Eberbach　D-65346 Eltville
網 www.kloster-eberbach.de
時 4～10月　10：00～19：00（週六・日9：00～）
　　11～3月　12：00～17：00（週六・日11：00～）　入場至閉館前30分為止
休 狂歡節的週一、12/24・25　**費** €11
門票販售處旁有葡萄酒販賣處。

左上／可在修道院前的大型葡萄酒販賣處選擇喜愛的酒享用　左／2樓設有展示修道院歷史的博物館　上／歷史悠久的酒窖與葡萄酒搾取機

布倫茨

Koblenz

在德意志之角飄揚的
德國國旗

柏林

科布倫茨 ★

法蘭克福 ●

慕尼黑 ●

MAP ◆ P.50-A2

人　　口	11萬3400人
區域號碼	0261

ACCESS

火車：從法蘭克福中央車站搭IC、ICE特快列車約1小時30分，從美因茲約50分，從科隆約55分。

❶科布倫茨的遊客中心

🏠Zentralpl.1
　D-56068 Koblenz
　（在Forum Confluentes購物大樓）
🔄Map P.96-A1
☎(0261) 1291610
📠(0261) 1291620
🌐www.koblenz-touristik.de
🕙10：00～18：00
🚫12/25、26、1/1等

●科布倫茨卡
KoblenzCard
可使用市區巴士，主要博物館等設施有優惠。€9.80，在❶販售。

●市區交通
巴士單次車票Einzelfahrschein
（1區）€2，1日券Tageskarte
€4.40～。
從中央車站前往萊茵河觀光船乘船處或德意志之角、科布倫茨纜車站時，可在中央車站對面的巴士總站搭乘往Altstadt的1號巴士到Deutsches Eck/Seilbahn下車。

搭乘科布倫茨空中纜車可一覽萊茵河與摩塞爾河景致

　　位於萊茵河與摩塞爾河交會處的科布倫茨，為歐洲水上交通要衝，自古便十分繁榮，超過2000年前建設此城的羅馬人，將此地稱為「Confluentes（拉丁文合流之意）」，亦即科布倫茨名字的由來。

　　這裡自古便為軍事重要據點，城市周圍建有數座堅固的堡壘，其中規模最大的便屬埃倫布賴特施泰因城堡Festung Ehrenbreitstein，從城堡上還可眺望壯觀的萊茵河景致。

漫遊

　　科布倫茨是萊茵河與摩塞爾河觀光船的起點（終點），所以亦可搭船前往，乘船處距中央車站有一段距離，徒步需40分鐘左右，建議可搭乘1號巴士直達車站。

　　若搭乘火車前往，可經科布倫茨中央車站往北延伸的雷爾街Löhrstr.往市中心移動，過耶穌教堂Herz-Jesu-Kirche後即為大型購物中心雷爾中心Löhr Center、Forum Mittelrhein所在的區域，❶則設於Forum

萊茵河與摩塞爾河交會點德意志之角

Confluentes大樓內，中部萊茵博物館Mittelrhein-Museum也位於同一棟大樓。

　　在科布倫茨的舊城區，羅馬式聖母教堂Liebfrauenkirche背對著的Am Plan廣場與座落著中世紀貨幣鑄造所的Münzplatz廣場周邊，熱鬧的購物大街與寧靜的巷弄交織錯落。穿過市政廳Rathaus建築的拱門後，裡面則有與德

聖母教堂的雙塔背對著Am Plan廣場

在頑皮小男孩雕像噴泉嬉戲的孩童們

選帝侯宮前的庭園

意志之角齊名的知名景點頑皮小男孩雕像噴泉Schängelbrunnen，不時會突然噴出水來，要加以留意。

漫步閒靜的舊城區

交會點德意志之角周邊設有步道及綠意公園，從這裡搭乘科布倫茨纜車橫渡萊茵河上方，前往聳立於對岸的埃倫布賴特施泰因城堡，可在此俯瞰科布倫茨景色。

沿著萊茵河沿岸往南則有庭園環繞的選帝侯宮Kurfürstliches Schloss，現為市府辦公室，內部未對外開放參觀。

往科隆

埃倫布賴特施泰因城堡
Festung Ehrenbreitstein
Jugendherberge

電梯

巴爾德溫橋
Balduinbrücke

德意志之角
Deutsches Eck

摩塞爾河 Mosel

條頓騎士團之家
Deutschherrenhaus

萊茵河纜車
Seilbahn Koblenz

Koblenz-Ehrenbreitstein站

Alte Burg

Kaffeewirtschaft GmbH

聖卡斯托爾教堂
St. Kastor-Kirche

A

梅特涅故居
Metternich-Haus

Minzpl.

聖母教堂
Liebfrauenkirche

Am Plan

KD萊茵河觀光船乘船處

雕像噴泉

市政廳
Rathaus

Josef-Görres-Pl.

渡輪

雷爾中心
Löhr Center

Forum Confluentes大樓
Zentralpl.

市立劇院
Forum Mittelrhein

Clemens pl.

耶穌教堂
Herz-Jesu-Kirche

Stresemannstr.

Casinostr.

Neustadt

選帝侯宮殿
Kurfürstliches Schloss

Schlossstr.

Stegemann-

Ebert-

Ring

Ibis

Rizza-

Brenner

Weindorf
Mercure

Pfaffendorfer Brücke

萊茵河 Rhein

B

Hohenstaufen

Südallee

Kurfürstenstr.

科布倫茨中央車站
Koblenz-Hauptbahnhof

郵局

Markenbildchenw.

Mainzer

G Hotel

Hamm

1

2

N

0 150 300m

觀光範例路線

科布倫茨
KOBLENZ

主要景點

萊茵河與摩塞爾河交會點 德意志之角
Deutsches Eck ★★

德國人將2大德國代表河流萊茵河與摩塞爾河分別稱為父親與母親，而2大河流的交會點前端突出的三角部分則稱為德意志之角，此處設有高23m的高台（107階台階），高台

威廉一世騎馬像上所見的德意志之角景象

上矗立著高達14m的德意志帝國皇帝威廉一世Wilhelm I的巨大騎馬雕像。雕像曾於第二次世界大戰時遭到炸毀，後於1993年之後重建，現在則成為德國東西德統一與和平的象徵，附近並保存有柏林圍牆的碎片。

絕佳遠眺景致 埃倫布賴特施泰因城堡
Festung Ehrenbreitstein ★★

埃倫布賴特施泰因城堡矗立在小山丘上，位於科布倫茨市區萊茵河對岸，11世紀時原為特利爾大主教Erzbischof von Trier所有，在經歷不斷改建及擴張後，於16世紀時建設成為堅固

矗立萊茵河畔的城堡

的城堡，1801年時曾一度遭到破壞，之後又重建完成。從城堡的庭院可一覽科布倫茨的街景，更可將萊茵河與摩塞爾河的河川風光盡收眼底，城堡建築內並設有邦立博物館Landesmuseum與青年旅館。

●德意志之角
○Map P.96-A2

可登上雕像底座
●科布倫茨纜車
纜車站位於德意志之角附近，搭乘纜車渡過萊茵河上方可前往埃倫布賴特施泰因城堡。
URL www.seilbahn-koblenz.de
運 運行時間幾乎每天變更，建議參閱上述網站。
休 冬季停駛
費 單程€10、來回€13.90
與埃倫布賴特施泰因城堡的來回套票為€17.90。

萊茵河與摩塞爾河交會點的絕佳視野
●埃倫布賴特施泰因城堡
○Map P.96-A2
從中央車站搭乘9/19、460號巴士約20分鐘到Ehrenbreitsteiner Festungsaufzug/DJH下車後，可看到往城堡斜向移動的電梯Schrägaufzug（單程€4、來回€6）。
URL www.tor-zum-welterbe.de
開 10：00～18：00（11～1月～16：00・3月～17：00）
休 12/24・31
費 €8

有如登山纜車的電梯

FESTIVAL
萊茵河畔的夏日盛典，萊茵花火節

以打燈的古城為背景，火焰般的煙火釋放在空中，這是夢幻的祭典——萊茵花火節Rhein Flammen。每年5～9月期間，以科布倫茨為首的萊茵河沿岸數個城市盛大展開。岸邊不僅以音樂和葡萄酒炒熱氣氛，也有許多華麗LED燈裝飾的觀光船行駛。由於花火施放時間較晚，建議在當地城市住宿。
URL www.rhein-in-flammen.com

從埃倫布賴特施泰因城堡施放的煙火

●愛爾茲堡
交通 從科布倫茨中央車站搭乘往Cochem、Trier方向的RB（普通列車）約27分，到哈岑波爾特Hatzenport下車，在車站外搭乘只在4/1～11/1運行的365號巴士，前往愛爾茲堡下的停車場（停靠站名為Burg Eltz）。從停車場走到城堡約20分，或可搭乘Pendelbus接駁巴士。
田D-56294　Wierschem
URL www.burg-eltz.de
開4/1～11/1
　每日　9：30～17：30
　（最後入場為17：00）
費城堡與寶物館€12
城堡參觀導覽行程約40分鐘，寶物館可自由參觀（～18：15）。

●瑪利亞拉赫修道院
交通 從科布倫茨搭乘RE快速列車到安德納赫Andernach，接著從車站前的巴士站搭395號巴士約35分，在終點站Maria Laach Parkplatz，Glees下車。也可以搭乘列車在門迪希Mendig下車，轉乘810號巴士。
田D-56653 Maria Laach
URL www.maria-laach.de
開5：00～20：00（禮拜時暫停開放參觀）

郊區景點

立於幽靜山中**愛爾茲堡**
Burg Eltz　　　　　　　　　　MAP◆P.50-A2

　　位於摩塞爾河支流愛爾茲河旁森林深處的愛爾茲堡，建於12世紀中葉左右，與馬克斯堡Marksburg（→P.94）同樣也不曾遭受過破壞，城堡內的廳房為後羅馬時期樣式，完整保存了中世紀古堡的美麗優雅。

　　城堡更罕見的由同一家族傳承800年以上，現有堡主為愛爾茲家族第34代。

其樣貌在德國的城堡中也是數一數二　　　庭園中有著景觀優美的餐廳

羅馬式建築**瑪利亞拉赫修道院**
Kloster Maria Laach　　　　　　MAP◆P.50-A2

　　瑪利亞拉赫修道院位於埃菲爾地區的火山湖Laacher See旁，建於1093年。這裡是羅馬樣式建築的本篤會修道院，現在仍有60位左右的修士過著虔敬祈禱與勞動的生活。院內有20分鐘的歷史影片欣

美麗的羅馬式修道院

賞與附屬教堂參觀行程，此外修道院也以精湛的園藝而知名，並附設宛如溫室的直營店販賣各類植物。

INFORMATION

德國最具代表性的賽車場，紐柏林賽道

　　科布倫茨西方約60km處（◆Map P.50-A1），有著截至2013年F1方程式舉辦地之一的紐伯林賽道（URL www.nuerburgring.de）。還有於1984年新設的GP（大獎賽）賽道，以及建於1927年且至1976年為止作為F1賽場的北環Nordschleife。北環全長21km，賽道內包含山坡及山谷等路段，一般皆對外開放（夏季僅有數日）。紐伯林賽道可直接於網站上預約，繞行GP一圈費用為€30、北環則為€25～（週五～日€30，加上保險費用等）。若對自行駕駛

沒有自信的人，則可乘坐在「世界最快計程車」之稱的BMW-Ring-Taxi（只在4～10月行駛。URL www.ringtaxi.com），親身體驗高速賽車的極速快感，不過票券很搶手，通常一開賣就賣光了。

　　此外，另外還有一個霍根海姆賽道Hockenheim（◆Map P.138-B1）F1賽道，設有可體驗保時捷駕駛的保時捷體驗中心。

推薦的餐廳&住宿 ❖ RESTAURANT & HOTEL

R Weindorf

MAP ◆ P.96-B2

- ⊞Julius-Wegeler-Str. 2
- ☎(0261)1337190　📠(0261)13371919
- 🌐www.weindorf-koblenz.de
- 🕐週三~五17：00~、週六・日11：00~（隨季節變動）
- 🛑週一・二　card A

位於選帝侯宮Kurfürstliches Schloss南側橋邊的大型葡萄酒餐廳，萊茵與摩塞爾葡萄酒1杯只要€5~，德式披薩Flammkuchen和葡萄酒、啤酒可說是絕配。提供各式大型披

薩，加入蔥、培根和起司的經典披薩€14.50，特產Weindorf-Teller豬背肉排佐炒馬鈴薯與蘑菇€20.90。

C Kaffeewirtschaft GmbH

MAP ◆ P.96-A1

- ⊞Münzplatz 14 / Paradies 1
- ☎(0261)9144702
- 🌐www.kaffeewirtschaft.de
- 🕐9：00~24：00（週日10：00~18：00）
- card不可

創立於1911年的維也納風咖啡館，可在沉靜的氣氛中悠閒放鬆，且菜色豐富多樣，可作為午餐與晚餐的選擇。圖中為加入菠菜與起司的鬆餅Pfannkuchen€13.90。

H G Hotel

MAP ◆ P.96-B1

- ⊞Bahnhofplatz/ Neverstr. 15　D-56068
- ☎(0261)2002450　📠(0261)200245555
- 🌐www.ghotel.de
- 💰⑤€129~　①€149~　早餐另計€14　card A D M V

面對站前廣場的新飯店，德國各地都有連鎖飯店，全館共120間房，備有空調與無線網路（免費）。沒有Minibar。

H Mercure

MAP ◆ P.96-B1

- ⊞Julius-Wegeler-Str. 6　D-56068
- ☎(0261)1360　📠(0261)1361199
- 🌐www.hotel-mercure-koblenz.de
- 💰⑤€134~　①€151~　早餐另計€14　card A D J M V

萊茵河與選帝侯宮附近的4星級連鎖飯店，擁有168間房的大型飯店，設備新穎，備有無線網路（免費）。

H Brenner

MAP ◆ P.96-B1

- ⊞Rizzastr. 20-22　D-56068
- ☎(0261)915780　📠(0261)9157878
- 🌐www.hotel-brenner.de
- 💰⑤€99~　①€143~　card A D M V

從車站往舊城區北方徒步約10分鐘處，擁有24間房的中級飯店，提供週末優惠折扣及免費無線網路。

H Hohenstaufen

MAP ◆ P.96-B1

- ⊞Emil-Schüller-Str. 41-43　D-56068
- ☎(0261)30140　📠(0261)3014444
- 🌐www.hohenstaufen.de
- 💰⑤€90~　①€115~　早餐另計€11.90
- card A D M V

從車站徒步約5分鐘，環境清幽，擁有50間房的中級飯店，房間設備簡樸，備有無線網路（免費）。

H Trip Inn Hamm

MAP ◆ P.96-B1

- ⊞St.-Josef-Str. 32　D-56068
- ☎(0261)303210　📠(0261)3032160
- 🌐www.tripinn-hotels.com/city-hotel-koblenz
- 💰⑤€129~　①€149~　早餐另計€10　card A M V

從車站徒步約5分鐘，收費雖便宜但房間十分乾淨，共有60床，備有無線網路（免費）。

JH Jugendherberge

Jugendherberge　　　MAP ◆ P.96-A2

- ⊞Auf der Festung Ehrenbreitstein　D-56077
- ☎(0261)972870　📠(0261)9728730
- 🌐www.diejugendherbergen.de
- 💰附早餐每人€25.10

位於眺望萊茵河景最佳景點的埃倫布賴特施泰因城堡Festung Ehrenbreitstein腹地內，從中央車站往青年旅館最近的車站Koblenz-Ehrenbreitstein列車約1小時1班，建議搭巴士（9/19、460號）較為方便。Ehrenbreitsteiner Festungsaufzug/DJH巴士站下車後，不久便可看到往城堡移動的特殊傾斜電梯（若持有市區巴士乘車券則免費），可以坐到青年旅館正前方。

全部客房都附有淋浴設備與洗手間，備有無線網路，12/24~26公休。

大教堂的塔樓

擁有皇冠般美麗大教堂的城市

林堡

Limburg an der Lahn

柏林●

★林堡

法蘭克福●

慕尼黑●

MAP ◆ P.51-A3	
人　口	3萬5600人
區域號碼	06431

ACCESS

火車：從科布倫茨搭RE（快速列車）約55分，從法蘭克福搭乘普通列車則約1小時5分。

❶林堡的遊客中心

⊞ Barfüßerstr. 6　D-65549 Limburg an der Lahn

☎ (06431) 6166

📠 (06431) 3293

🌐 www.limburg.de

🕐 週一～五　10：00～17：00
週六　　　10：00～16：00
4～10月11：00～15：00亦有營業

●大教堂

🕐 4～10月　8：00～19：00
11～3月　9：00～17：00

大教堂與萊茵河的流水

　　林堡位於萊茵河支流拉恩河Lahn到韋茨拉爾Wetzlar的溪谷之間，是一座十分美麗的城市。

　　車站前的車站大街Bahnhofstr.徒步區末端有一條小路，在此轉右（或轉左）後爬坡或爬樓梯便可抵達大教堂Dom。

　　有如戴著皇冠的林堡大教堂聳立在小山丘上，建於13世紀前半，正是羅馬式轉變為哥德式風格的過渡時期，外觀色彩鮮豔，帶著濃厚的萊茵河流域羅馬式教堂特徵，內部則於19世紀經過改建。大教堂的珍藏寶物——10世紀拜占庭作品「林堡的十字架箱Limburger Staurothek」，與雕刻作品等都展示於大教堂街Domstr.的主教區博物館Diözesanmuseum內，此外舊城區內亦完整保存了許多德國中部特有的木造民房。

雄偉木造建築林立的舊市區

推薦的住宿 ✦ HOTEL

🏨 DOM Hotel

⊞ Grabenstr. 57　D-65549

☎ (06431) 9010　📠 (06431) 6856

🌐 www.domhotellimburg.de

🛏 Ⓢ €94～　Ⓣ €113～　早餐另計€17

💳 A D M V

　　飯店位於舊城區入口處，是一家裝潢優雅的高級飯店，1樓的餐廳週日晚上與週一公休，飯店備有無線網路（免費）。

🏨 Jugendherberge

⊞ Auf dem Guckucksberg　D-65549

☎ (06431) 41493　📠 (06431) 43873

🌐 www.limburg.jugendherberge.de

🛏 含早餐€27～（27歲以上€33～）　💳 不可

　　旅館位於市區南側的Edurd-Horn-Park自然公園內，建議最好天黑前抵達。可從中央車站搭乘LM-4號巴士在Am Hammersberg/DJH下車。旅館部分備有無線網路（免費），12/24～26公休。

沃爾姆斯

Worms

留存著羅馬式風格的教堂

沃爾姆斯的聖彼得大教堂

從中央車站往東南延伸的徒步區Wilhelm-Leuschner-Str.街徒步約200m，由昔日護城河填補而成的公園內，矗立著16世紀宗教改革者馬丁‧路德Martin Luther的紀念雕像路德像Lutherdenkmal，由於皇帝查理五世Karl V曾招喚馬丁‧路德前來參加沃爾姆斯宗教會議，為紀念馬丁‧路德而於1868年建造此雕像。

從路德像往南走，則可看到12世紀到13世紀間建造的聖彼得大教堂Dom St. Peter，是德國少數的羅馬樣式教堂。哥德樣式的南側入口上面，有著聖母瑪利亞加冕浮雕像，而同入口的內側還有最後的審判雕像。沃爾姆斯由於是宗教會議的舉辦城市，因此除大教堂外還有其他許多大大小小的教堂，此外還有歐洲最古老的猶太人墓地Judenfriedhof，甚至保留了1076年的古老墓地。

MAP ◆ P.51-B3

人　　口	8萬3500人
區域號碼	06241

ACCESS

火車：從曼海姆搭乘普通列車約20分鐘，從美因茲搭乘RE（快速列車）約25分。

⑦沃爾姆斯的遊客中心
Neumarkt 14
D-67547 Worms
☎ (06241) 8537306
URL www.worms-erleben.de
開 4～10月
　週一～五　　　9：00～18：00
　週六‧日‧節日10：00～14：00
　11～3月
　週一～五　　　9：00～17：00

●大聖堂
開 4～10月　　9：00～17：45
　11～3月　　10：00～16：45
　週日上午等禮拜時間暫停對外開放。
費 入館免費，由遊客自由奉獻（€0.50～1）以作為文化財產保護之用。

世界遺產
施派爾、沃爾姆斯和美因茲的猶太人社區
（2021年登錄）
登陸的三座城市為中世紀歐洲中部的猶太人交流中心，述說著猶太人歷史的斯派爾的Judenhof、沃爾姆斯的猶太會堂Synagogue、美因茲的猶太人墓地Judenfriedhof等地方聯合登陸。

寧靜的猶太人墓地

沃爾姆斯 WORMS

沃爾姆斯中央車站 Siegfriedstr.
Hauptbahnhof
0　50　100m
‥‥‥ 觀光路線範例
馬丁教堂 Martinskirche
Ludwigsplatz
路德像 Lutherdenkmal
Obermarkt
Dom-Hotel
Heylshof美術館 Kunsthaus Heylshof
Central
Kriemhilde
Dreifaltigkeitskirche
聖彼得大教堂 Dom St. Peter
市集廣場 Marktplatz
猶太人墓地 Judenfriedhof
Domplatz
市政廳 Rathaus
Magnuskirche
Jugendgästehaus

漂亮塔樓的城堡

古城與葡萄園環繞的小巧城鎮

科赫姆

Cochem

MAP ◆ P.50-A2

人　口	5300人
區域號碼	02671

ACCESS

火車：從科布倫茨搭乘RE快速列車約35分。

❶科布倫茨的遊客中心
住 Endertplatz 1　D-56812 Cochem
☎ (02671) 60040
FAX (02671) 600444
URL www.ferienland-cochem.de
開 週一～五　　9：00～17：00
11～3月會變更或縮短營業時間。

●科赫姆古堡
URL reichsburg-cochem.de
開 9：00～17：00
冬季開放時間請至上述網站查詢。
費 €7
夏季❶前的巴士站有接駁巴士行駛，來回€6。

科赫姆四處可見葡萄園，是葡萄酒的知名產地。搭乘火車抵達後，背對車站沿著摩塞爾河向右（南）走10分鐘便可看到橋前的❶。❶前的廣場為市中心，有許多餐廳、葡萄酒專賣店等商店，從小石板路Bernstr.街往上走，則可看見市區中心的市集廣場Markt。

葡萄酒餐廳與咖啡店林立的市集廣場

矗立於高台上的科赫姆古堡Reichsburg，堡內提供約40分鐘的導覽行程供遊客參加，並以德文進行導覽說明。

堅固的科赫姆古堡視野絕佳

摩塞爾葡萄酒鄉古城

貝恩卡斯特爾·屈斯

Bernkastel-Kues

市集廣場的住家

MAP ◆ P.50-B2

人　口	7100人
區域號碼	06531

ACCESS

火車：從科布倫茨搭乘RE快速列車在維特利希Wittlich下車，車程約1小時，接著轉搭前往Bernkastel-Kues的巴士約30分。

❶貝恩卡斯特爾·屈斯的遊客中心
住 Gestade 6　D-54470 Bernkastel-Kues
☎ (06531) 500190
FAX (06531) 5001919
URL www.bernkastel.de
開 復活節～10月
週一～五　　9：00～17：00
週六　　　10：00～16：00
11月～復活節
週一～五　　9：30～16：00

由貝恩卡斯特爾與屈斯這2個挾著摩塞爾河的雙子城所組成，貝恩卡斯特爾面市集廣場Marktplatz的文藝復興樣式市政廳Rathaus建於1608年，米歇爾噴泉Michaelsbrunnen則建於1606年，都是歷史悠久的珍貴景點。建議可以市集廣場為中心，遊覽欣賞窄巷內林立的木造屋舍風光，或到餐廳品嘗當地特產的美味葡萄酒。而市區南側的葡萄園上，則有13世紀的古城蘭茨胡特城堡Burg Landshut，是擁有絕佳視野的瞭望台。

而屈斯則有聖尼可拉斯醫院St. Nikolaus-Hospital，裡頭的教堂有著美麗的祭壇畫，隔壁的葡萄酒博物館Weinmuseum也是必看景點。

摩塞爾河岸旁有著廣闊的市鎮

特里爾

Trier

縈繞著靜謐氛圍的
迴廊與中庭

有「黑城門」之意的尼格拉城門

特里爾擁有2000年的歷史，是德國最古老的城市，除了擁有珍貴的羅馬時代遺跡尼格拉城門（黑城門）外，還有羅馬時代的大浴場遺跡及古代圓形劇場等，市區內隨處可見具有寶貴歷史價值的羅馬遺跡。

漫遊

特里爾景點多集中在中央車站與摩塞爾河之間，皆在徒步十分鐘的範圍之內。

沿著車站前Theodor-Heuss-Allee的綠蔭大道徒步約10分鐘路程，可於左側

美麗建築環繞的中央廣場

看到巨大的黑色城門尼格拉城門Porta Nigra，此處為舊城區的入口，爬上城門則可欣賞到摩塞爾河的河流景致。

從尼格拉城門沿著往南的人行步道Simeonstr.街走約300m，則可看到正中央豎立著十字架（建造於西元958年）的中央廣場Hauptmarkt。

壯觀的羅馬式大教堂

接著從中央廣場沿著Sternstr.街往東走，則可看到正面為初期羅馬樣式的大教堂Dom，緊鄰右側則為13世紀中所建的哥德樣式聖母

法蘭克福與萊茵河、摩塞爾河周邊 ▼ 科赫姆Cochem／貝恩卡斯特爾‧屈斯Bernkastel-Kues／特里爾Trier

MAP ◆ P.50-B1	
人　口	11萬700人
區域號碼	0651

ACCESS
火車：從科布倫茨搭乘RE快速列車約1小時25分。

🛈特里爾的遊客中心
🏠An der Porta Nigra
　D-54290 Trier
☎(0651) 978080
🌐www.trier-info.de
🕐3～12月
　週一～六　　9：30～17：30
　週日‧節日　10：00～17：00
　1‧2月
　週一～六　　10：00～17：00
　12/24‧31　10：00～13：00
🚫12/25‧26、1/1

🌐 **世界遺產**
特里爾的尼格拉城門／大教堂／聖母教堂
（1986年登錄）

●**市區交通**
市區交通（巴士）最低車資為€2.20。

●**大教堂**
🕐4～10月　6：30～18：00
　11～3月　6：30～17：30
※禮拜中暫停開放。

從大教堂通往聖母教會的門上有著羅馬式龕楣（1180年左右建造）

凱撒浴場

●AntikenCard
共有2種卡，一種是AntikenCard Basic，可以參觀2處羅馬遺跡（尼格拉城門、凱撒浴場、古代圓形劇場等）及萊茵邦立博物館，€12；另一種AntikenCard Premium則可參觀4處羅馬遺跡和萊茵邦立博物館，€18。各遺跡、博物館和觀光局皆有販售。

●萊茵邦立博物館
🏠 Weimarer Allee 1
🌐 www.landesmuseum-trier.de
🕐 週二～日　10：00～17：00
（入場至閉館前30分鐘為止）
🚫 週一
💰 €8、學生€6

●凱撒浴場
🕐 4～9月　　9：00～18：00
　 10・3月　 9：00～17：00
　 11～2月　 9：00～16：00
　（入場至閉館前30分止）
💰 €4、學生€3

●芭芭拉浴場
🕐 同上方的凱撒浴場
💰 免費

●古代圓形劇場
🕐💰 同上方的凱薩浴場

教堂Liebfrauenkirche。而從2座教堂前的Liebfrauenstr.街往南走，左側可看到流水綠意盎然的美麗宮殿公園Palastgarten，緊鄰公園旁還有收藏了古代羅馬藝術品的萊茵邦立博物館Rheinisches Landesmuseum，公園前面則有建於4世紀的古代皇帝大浴場遺跡凱撒浴場Kaiserthermen。接著沿著綠蔭大道凱撒街Kaiserstr.（Südallee）往西走約600m，便是另一個古代浴場遺跡芭芭拉浴場Barbarathermen。

此外古代圓形劇場Amphitheater也是特里爾必訪知名景點，雖不如羅馬競技場建築般令人震撼，但置身林蔭環繞的劇場內，彷彿可聽到過去的歡呼聲響。

古代圓形劇場

景點

德國□的黑色建築象徵 尼格拉城門
Porta Nigra

🌐 世界遺產 ★★★

　　尼格拉城門建於2世紀後半，當時還包含圍繞市區而建的城牆，但現今只有這座城門完整保存下來。正如其「黑城門」之名，城門是由黑色砂岩磚頭堆積而呈現黑色特徵。

　　緊鄰門邊的是特里爾的市立博物館Stadtmuseum Simeonstift，博物館的羅馬式迴廊，據說為德國最古老的一座。

市立博物館的迴廊

馬克思故居
Karl-Marx-Haus

★

　　因《資本論Das Kapital》而名聞遐邇的經濟學家、思想家兼哲學家——馬克思Karl Marx（1818～1883年）在此誕生，裡面除展示了馬克思親筆書信及青少年時期的相片外，還有社會主義影響下的世界歷史解說。

1818年5月5日誕生於此的馬克思故居

馬克思側臉的浮雕

●尼格拉城門
住Simeonstr. 60
開4～9月　9：00～18：00
　10‧3月　9：00～17：00
　11～2月　9：00～16：00
　（入場至閉館前30分為止）
費€4　可使用AntikenCard
　（→P.104）

●市立博物館
住Simeonstr. 60
URL www.museum-trier.de
開9：00～17：00
休週一‧12/24‧25‧31‧1/1
費€5.50、學生€4

●馬克思故居
住Brückenstr. 10
URL www.fes.de/museum-karl-marx-haus
開10：00～13：00
　13：30～18：00
休12/24～26‧31、1/1、狂歡節的週一
費€5、學生€3.50

推薦的住宿 🏨 HOTEL

H Mercure-Porta Nigra
MAP ◆ P.104

住Porta-Nigra-Platz 1　D-54292
☎(0651) 27010　FAX(0651) 2701170
URL www.mercure.com
費S€80～　T€100～　早餐另計€16
card A D J M V

　　位於尼格拉城門前的現代高級飯店，備有無線網路（免費）。

H Römischer Kaiser
MAP ◆ P.104

住Am Porta Nigra Platz 6　D-54292
☎(0651) 9770100　FAX(0651) 97701999
URL www.friedrich-hotels.de
費S€80～　T€109～　早餐另計€9.50
card A D J M V

　　飯店鄰近尼格拉城門，觀光十分方便，與對面的Altstadt Hotel同一個老闆，提供免費無線網路。

JH Jugendherberge
MAP ◆ 地圖外

住An der Jugendherberge 4　D-54292
☎(0651) 146620　FAX(0651) 1466230
URL www.diejugendherbergen.de
費€25.10～　T€78.80（單人使用€39.40）～
card M V

　　從中央車站往Theodor-Heuss-Allee大道直走，到摩塞爾河岸時右轉，接著沿著河岸的巷子步行約20分鐘即可在右手邊看到旅館，旅館位於樹林內，環境十分優靜。房型以4～6人的房間為主，另備有單人房及雙人房，適合家族旅客入住，全館客房皆附完善的淋浴設備及洗手間。旅館共有370個床位，並有無線網路（收費），夏季另有開放露天啤酒花園，12/24～26公休。

薩爾布魯根
Saarbrücke

巴洛克之美的
路德維希教堂

柏林●

法蘭克福●

★薩爾布魯根

慕尼黑●

MAP ◆ P.208-A1

人　口	17萬9300人
區域號碼	06781

ACCESS

火車：從法蘭克福中央車站搭乘ICE特快列車約2小時5分，從曼海姆則約1小時20分。

❶薩爾布魯根的遊客中心
⊞Rathausplatz 1 D-66111 Saarbrücken
☎(0681) 95909200
📠(0681) 95909201
🌐www.tourismus.saarbruecken.de
🕐週一～五　9：00～17：00
　週六　10：00～15：00

路德維希教會
⊞Ludwigplatz
🕐週二～日11：00～17：00
🚫週一
2025年前進行內部整修，部分可提供參觀。

世界遺產
弗爾克林根煉鐵廠
（1994年登錄）

●弗爾克林根煉鐵廠
交通從弗爾克林根車站徒步約5分。
⊞D-66302 Völklingen
🌐www.voelklinger-huette.org
🕐10：00～18：00
　(4/1～11/1 ～19：00)入場至閉館前1小時
🚫12/24・25・31
💰€17、週二16:00過後免費

推薦的住宿
H Hotel Mercure City
⊞Hafenstr. 8　D-66111
🌐www.accorhotels.com
💰Ⓢ€99～　Ⓣ€111～
　早餐另計€17
card Ⓐ Ⓓ Ⓜ Ⓥ

舊城區的一角，後方為聖約翰教堂

　　薩爾邦Saarland為德國最小的邦，自19世紀起便因煤礦及煉鐵產業而成為近代工業化興盛區域，過去曾長年為法國管轄屬地，第二次世界大戰後於1957年經由公投決定回歸德國。

　　薩爾布魯根德文原意為「塞爾河橋」，市區位於摩塞爾河支流薩爾河Saar沿岸，第二次世界大戰期間因遭受戰火襲擊，歷史建築幾乎破壞殆盡，漫步城市之中倒是瀰漫著法式風味。

　　從中央車站正面的徒步區步行約600m，可於左側看到雄偉的市政廳Rathaus建築，裡面附設有❶。接著繼續往前走便是聖約翰市場St. Johanner Markt區域，這裡有著許多巴洛克風的房舍林立，其中開設了許多咖啡廳及小酒館等，可說是薩爾布魯根獨具風味的景點區域。

　　在塞爾河前可以看見後巴洛克風格的路德維希教堂Ludwigskirche優美的身影。

郊區景點 ❀❀❀❀❀❀❀❀❀❀❀❀❀

了解製鐵歷史 弗爾克林根煉鐵廠　　　世界遺產
Völklinger Hütte　　　　　　　MAP◆P.208-A1

　　從薩爾布魯根搭乘地方支線列車車程約10分鐘，便可抵達弗爾克林根Völklingen，這裡是產業文化聖殿的弗爾克林根煉鐵廠Völklinger Hütte的所在地，煉鐵廠於1994年正式登錄為世界遺產，是世界第一個產業遺產。

　　煉鐵廠自1873年開工後工廠規模不斷擴大，最後於1986年停止運作，現則對外開放參觀工廠設施。從弗爾克林根的車站便可看到煉鐵廠建築，徒步前往僅需5分鐘短短路程。

世界遺產弗爾克林根煉鐵廠

2020年迎接貝多芬誕辰250年的波昂雕像

科隆與魯爾區
Köln /Ruhrgebiet

\Kölle Alaaf！!

杜塞道夫最新的購物中心Kö-Bogen

擁有自然美景的埃菲爾地區小鎮蒙紹

要不要試試看杜塞道夫的當地
啤酒——老啤酒？

科隆與魯爾區

鐵路
88 外環道
主要道路
城堡
修道院、教堂
山

N

Bocholt
Borken

Emmerrich

Kleve

31

萊茵河
Rhein

3

Goch

P.128 桑騰
Xanten

Wesel

Dorsten

A

荷蘭

57

2

P.134 蓋爾森基興
Gelsenkirchen

42

40

P.128 杜伊斯堡
Duisburg

P.134
埃森
Essen

克雷費爾德
Krefeld

馬斯河
Maas

61

44

杜塞道夫機場

P.122
杜塞道夫
Düsseldorf

P.127 烏帕塔
Wuppert

52

P.127 門興格拉德巴赫
Mönchengladbach

諾伊斯
Neuss

P.127 尼安德塔
Neanderthal

Erkelenz

46

P.128
霍姆布洛伊
美術館／
蘭根基金會美術館

萊茵河
Rhein

索林根
Solingen

1

勒沃庫森
Leverkusen

B

61

Bergisch Gladbach

44

P.112
科隆
Köln

P.131 亞琛
Aachen

4

Eschweiler

Düren

P.116 奧古斯都堡宮殿

Brühl

59

3

科隆・波昂機場

Stolberg

P.119 波昂
Bonn

比利時

P.133
蒙紹
Monschau

1

奧伊斯基興
Euskirchen

1

61

Bad Godesberg

P.121 柯尼希斯溫特
Königswinter

Eupen

2

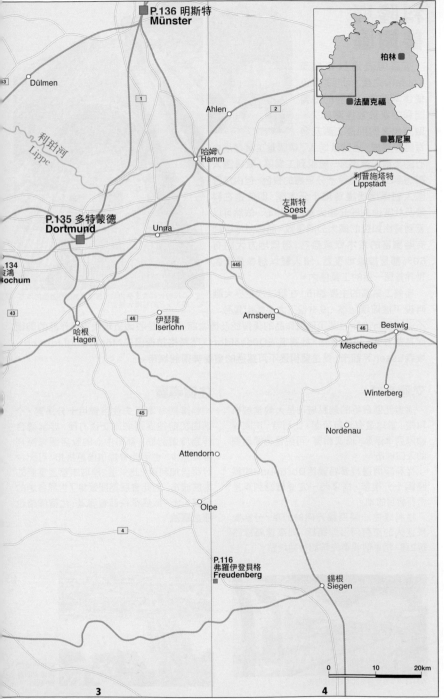

科
隆
與
魯
爾
區
▼
大
區
域
地
圖

P.136 明斯特
Münster

Dülmen

Ahlen

哈姆
Hamm

利珀河
Lippe

利普施塔特
Lippstadt

左斯特
Soest

P.135 多特蒙德
Dortmund

Unna

134
波鴻
Bochum

43

46 伊瑟隆
Iserlohn

Arnsberg

445

哈根
Hagen

46 Bestwig

Meschede

Winterberg

45

Nordenau

Attendorn

Olpe

4

P.116
弗羅伊登貝格
Freudenberg

錫根
Siegen

柏林

法蘭克福

慕尼黑

0   10   20km

3   4

科隆與
魯爾區

萊茵河流過科布倫茨Koblenz之後，河畔的景色便逐漸改變，閑靜的葡萄園和古堡景致逐漸變少，取而代之的則是工廠及發電廠等景象，也就是進入了德國重工業發展中心的魯爾工業區。一般說到工業區，就會讓人聯想到工廠建築等十分無趣的景色，但由於德國人對環境保護意識十分濃厚，即使是在科隆及杜塞道夫等此類大都市的中心，依然可以看到綠樹如茵的廣大公園景致。而郊外地區則有著豐富的森木綠意盎然，魯爾地方大約有60％都是被綠地覆蓋，讓人難以想像是身處世界首屈一指的工業區內。

左／亞琛的大教堂是德國第一個登錄為世界遺產的地方
右／魄力十足的科隆大教堂

魯爾工業區的主要都市，在第二次世界大戰時幾乎被破壞殆盡，沒有留下太多舊街景致，不過這裡有許多收藏了珍貴作品的美術館及博物館，特別是收藏近現代重要作品的美術館為數眾多。科隆Köln、杜塞道夫Düsseldorf、門興格拉德巴赫Mönchengladbach、埃森Essen等都市，更是藝術迷不可錯過的重要美術館城市。

交通方式

旅遊此區最好的起點城市是大教堂城市科隆，當地還有來自荷蘭、比利時、法國等國際列車停靠，班次頻繁，可說是德國西側的入口城市。

從科隆周邊經多特蒙德Dortmund的鐵路網十分複雜，搭車時一定要確認列車是否行經目的地。

從科隆往法蘭克福方向的列車，分為風景迷人的萊茵河沿岸路線，與高速新線路線2種，搭車前要事先確認行經地點。

住宿導覽

科隆與杜塞道夫住宿費用十分昂貴，不過由於前往周邊城市交通方便，非常適合作為旅遊起點。都市中心的飯店週末商務客會減少，也因此會提供優惠折扣，可配合行程善加利用。此外這2座城市都是重要的會展城市，因此會展期間聚集了世界各地的商務人士，飯店很快就會客滿，住宿價格也隨之暴漲。

在科隆中央車站發車的ICE特快列車

科隆的萊茵河東側即為會展區

名產與美食

　此區是地方啤酒的天堂，科隆有淡色科隆啤酒Kölsch，杜塞道夫則是紅褐色的老啤酒Altbier，只有當地才喝得到的美味啤酒是不可錯過的品嘗重點。啤酒都是裝在圓筒狀的玻璃杯內飲用，多特蒙德則有美

萊茵醋悶牛肉帶有酸味的醬汁讓食慾大開

Café Heinemann（→P.129）的香檳松露巧克力是人氣第一的美味！

味的皮爾森啤酒Pilsner。

　當地美食則有萊茵醋悶牛肉Rheinischer Sauerbraten，是以紅酒與醋醃漬後燒烤燉煮的知名牛肉料理。

　亞琛Aachen名產香料餅Aachener Printen則是餅乾點心，大教堂周邊的麵包店都可以買到。

　科隆則有知名的4711古龍水，德國全國的藥妝店都買得到，別忘了到高雅的總店逛逛。

左／老啤酒的特色是裝在250mℓ的小杯子飲用　右／把杯墊蓋在玻璃杯上表示「喝夠了，不再續杯」的意思，杯墊上服務生會記錄飲用的杯數

多特蒙德的皮爾森啤酒

古龍水的代表品牌4711

交通圖

111

科隆

Köln

萊茵河對岸的大教堂景致

MAP ◆ P.108-B2

人　口	106萬600人
區域號碼	0221

ACCESS

火車：從法蘭克福搭乘ICE不經由萊茵河畔，走新區間路線約1小時5分；經萊茵河畔的科布倫茨ICE特快列車則約2小時25分。若從柏林搭乘ICE特快列車約約4小時25分。部分ICE車次僅於Köln Messe/Deutz站停車，需要轉乘S-Bahn，第一站便是中央車站。

從科隆中央車站前仰望科隆大教堂

擁有遠溯至羅馬時代古老歷史的文化都市科隆，保存了諸多珍貴的文化遺產，其中最具代表性的，便是科隆的象徵建築科隆大教堂。近年來科隆大教堂可說是德國境內最具人氣的觀光景點，同時也是德國最多觀光客造訪的教堂。此外還有當地啤酒科隆啤酒Kölsch、適合當作紀念品的古龍水等，除了觀光之外也充滿了各式樂趣。

MEMO 科隆Köln以英文表示為Cologne，瀏覽英文版時刻表時需要特別留意。

科隆市中心
KÖLN

科隆與魯爾區 ▼ 科隆Köln

機場與市區的交通

科隆・波昂機場（URLwww.cologne-bonn-airport.com）位於科隆東南方約17km處，開車約15分鐘車程，從科隆・波昂機場站搭乘Ⓢ19至科隆中央車站約15分。

❶科隆的遊客中心

🏠Kardinal-Höffner-Platz 1 D-50667 Köln
🗺Map P.113
☎(0221) 346430
URLwww.koelntourismus.de
🕐週一～日　9:00～19:00

🌐 世界遺産

科隆大教堂
（1996年登錄）
羅馬帝國的邊界-下日耳曼界牆
（2021年登錄）
（→P.128）

●市區交通費用

單次車票Einzelticket€3（4站以內短距離區間券Kurzstrecke為€2），1日券Tagesticket為€9.10。

●科隆卡
KölnCard

可無限次搭乘市區交通工具，購買主要博物館、科隆大教堂塔樓與寶物室、劇場等入場券時可享優惠，24小時以內有效為€9、48小時以內有效則為€18。

Alter Markt廣場周邊有許多提供科隆啤酒的酒館

●三角展望台

🗺Map P.112-A2
🏠Ottoplatz 1
URLwww.koelntrianglepanorama.de
🕐12:00～20:00
天候不佳時暫停開放
💰€5

三角展望台是柯隆的新絕景景點

📍 漫遊

　科隆的主要景點科隆大教堂Dom矗立於萊茵河左岸，緊鄰科隆中央車站。

　一出站前廣場，迎面而來的便是規模超乎想像的大教堂景觀，由教堂腳下往上仰望更是震撼力十足。

　出大教堂南側廣場，接著映入眼簾的是位於萊茵河畔的雄偉建築羅馬・日耳曼博物館Römisch-Germanisches Museum，緊鄰其東側則是路德維希美術館Museum Ludwig，與獨特波浪形屋頂造型的音樂廳Philharmonie。

購物人潮來往的霍赫街一景

　　　　　行人徒步區高街Hohe Str.是科隆的主要大街，從科隆大教堂前方往南筆直延伸的街道上，林立著精品店與百貨公司。Am Hof街東側的Alter Markt廣場周邊是以前的舊城區，經由縱橫交錯的小巷往東走，即可前往萊茵河的岸邊。在面對河川的小型廣場Fischmarkt廣場上，羅列著色彩繽紛的建築物，如畫般優美。推薦也可沿著萊茵河畔的步道散步，經過霍亨索倫橋走到對岸的科隆三角大樓，從頂樓瞭望台三角展望台TrianglePanorama眺望科隆。

113

主要景點

●科隆大教堂
◎Map P.113
🌐www.koelner-dom.de
🕐週一～六　　10:00～17:00
週日・節日　13:00～16:00
中央祭壇彩繪玻璃周圍區域
有入場限制
南塔
🕐3・4・10月　　9:00～17:00
5～9月　　　　9:00～18:00
11～2月　　　　9:00～16:00
（入塔至閉館前30分為止）
狂歡節期間開放時間有所變
動或休館。
寶物館（入口在外面）
🕐10:00～18:00
💰入塔費€6、學生€3
寶物館€6、學生€3
塔樓與寶物館套票€9、學生
€4.50

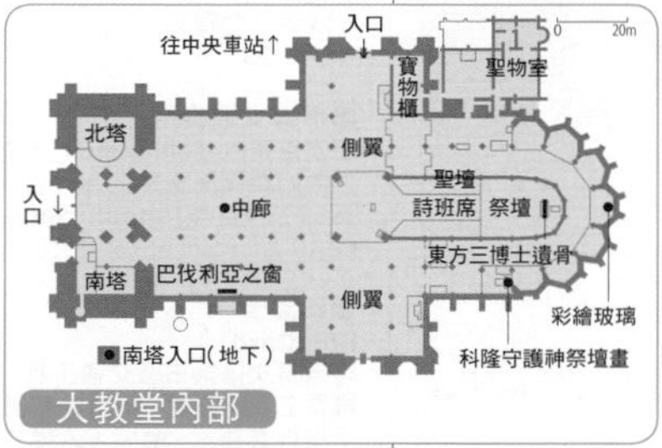

科隆的象徵標誌 科隆大教堂　　　　🌐 世界遺產
Dom　　　　　　　　　　　　　　　★★★

可以爬樓梯上南塔

大教堂高達157m，可說震撼力十足，且縱深144m、橫寬86m。教堂於1248年開始動工，完工於1880年，為哥德式天主教堂，教堂內更是有許多值得欣賞的建築設計，若從2座高塔下方的西側玄關進入大教堂內，其高達43.5m的挑高主殿中廊更是令人屏息驚嘆。此外聖殿前方川堂走廊右側（南側）鮮豔的彩繪玻璃，為巴伐利亞國王路德維希一世Ludwig I所興建，因此又被稱為巴伐利亞之窗，中央祭壇周圍區域的洛赫納Stefan Lochner祭壇畫《科隆守護神祭壇畫（大教堂之畫）Dombild》（1440年左右）更是必看畫作，中央祭壇最內部更有存放東方三博士遺骨的世界最大黃金聖龕。

大教堂內部

存放三博士聖古的聖龕

●羅馬・日耳曼博物館
🏠Roncalliplatz 4
◎Map P.113
🌐www.roemisch-germanisches-museum.de
●Benesisstraße House
（整修工程中的展示場所）
🏠Cäcilienstr. 46
◎Map P.112-B1
🚇從中央車站地下搭乘
U18、16至第2站Neumarkt
下車，徒步約3分。　🕐週三～
一10:00～18:00　💰€6

羅馬・日耳曼博物館
Römisch-Germanisches Museum　　　　★★★

這裡是西元2世紀左右時打造、裝飾於羅馬時代房舍的酒神狄厄尼索斯Dionysos馬賽克鑲嵌地板畫的原出土遺址，這也是博物館最具代表性的收藏，此外還收藏了1世紀到5世紀之間羅馬時代遺跡出土品及藝術品。

因為整修緣故，至2025年休館，館內的部分收藏品展示於Benesisstraße House。

Specialty
誕生於科隆的古龍水

古龍水Eau de Cologne為法文「科隆之水」的香水，於18世紀誕生於科隆，過去在科隆遭受拿破崙軍隊占領期間，由於受到拿破崙及士兵們的喜愛，經常常帶回法國送給妻子及愛人們作為禮物，因而聲名大噪。

左／帶有柑橘系香味為4711的最大特徵
右／Farina的商標為紅色鬱金香

●4711（總店）
德國古龍水的頂尖名牌，4711原為拿破崙占領期間所居住的地方，之後被延用成為店名。
🏠Glockengasse 4　◎Map P.112-B1
☎(0221)27099910　🌐www.4711.com
🕐週一～六11:00～17:00
休週日・節日　card Ⓜ Ⓥ
●Farina-House（香水博物館）
古龍水是在1709年由Johann Maria Farina所研發而成，其工廠現在成為商店兼博物館。
🏠Obenmarspforten 21　◎Map P.113
☎(0221)3998994　🌐www.farina.de
🕐週一～六10:00～19:00
休週日　💰導覽行程€5～　card Ⓐ Ⓜ Ⓥ

沃利夫‧理查茲美術館
Wallraf-Richartz-Museum ★★★

　　博物館內收藏以14世紀至16世紀科隆派畫家的宗教畫為主，展示了盧卡斯‧克拉納赫Lucas Cranach、杜勒Albrecht Dürer、魯本斯Peter Paul Rubens、梵谷Gogh、雷諾瓦Pierre-Auguste Renoir等歐洲各時代名畫。

現代藝術路德維希美術館
Museum Ludwig ★★★

　　館內收藏囊括德國表現主義及畢卡索、安迪‧沃荷Andy Warhol，與羅依‧李奇登斯坦Roy Lichtenstein為首的美國普普藝術等20世紀的藝術作品。

位在屋頂為波浪造型的複合式建築內

遺跡與現代建築巧妙融合科倫巴博物館
Kolumba ★★

　　博物館建築出自瑞士設計名家彼得‧祖姆托Peter Zumthor之手，巧妙地將第二次世界大戰期間遭受破壞的科倫巴教堂廢墟，與其下的羅馬遺跡融合，館內的收藏從古代宗教藝術到現代美術等，展示十分多元化。

置身香甜氣味中巧克力博物館
Schokoladenmuseum(Imhoff-Stollwerk-Museum) ★★

　　這裡是科隆知名的巧克力公司Imhoff-Stollwerk的工廠兼博物館，畫立萊茵河畔有如玻璃船般的建築令人印象深刻，在這裡可以體驗到工廠參觀氣氛，大教堂前廣場至工廠之間有名為巧克力特快列車Schokoexpress的SL型觀光列車行駛（€9），若沿著萊茵河步行路程約30分鐘。

克勞迪斯溫泉館 萊茵河畔的SPA溫泉
Claudius Therme ★

　　位於萊茵河對岸萊茵公園內的SPA與溫泉館，備有各種溫水泳池、藥草浴、三溫暖等設施。

　　此外搭乘溫泉館旁的萊茵河纜車Kölner Seilbahn（䉒來回€7、僅於4～10月行駛），可渡過萊茵河前往對岸的動物園。

●沃利夫‧理查茲美術館
住Obenmarspforten
○Map P.113
URL www.wallraf.museum
開週二～日　10：00～18：00
週五第1週和第3個週四～22：00）
休週一、狂歡節期間、11/11、12/24‧25‧31‧1/1
賈€11、學生€8

●路德維希美術館
住Heinrich-Böll-Platz
○Map P.113
URL www.museum-ludwig.de
開週二～日　10：00～18：00
（第1個週四～22：00）
休週一、狂歡節期間、12/24‧25‧31
賈€12、學生€8（特展期間有所變動）

●科倫巴博物館
住Kolumbastr. 4
○Map P.113
URL www.kolumba.de
開週三～一　12：00～17：00
休週二、狂歡節期間、9/1～9/14、12/24‧25‧31‧1/1，此外展品更換期間亦休館
賈€8、學生€5

●巧克力博物館
住Am Schokoladenmuseum 1a
○Map P.112-B2
URL www.schokoladenmuseum.de
開10：00～18：00
（入場至閉館前1小時為止）
休11月以及1～3月的週一、狂歡節期間、12/24‧25‧31、1/1、冬季閉館
賈週一～五€13.50、週六‧日€14.50學生‧兒童有折扣

●克勞迪斯溫泉館
交通 從中央車站旁的Köln Deutz搭150、250、260號巴士約5分鐘，在Thermalbad下車即達。
住Sachsenbergstr. 1
URL www.claudius-therme.de
賈每日9：00～24：00
賈2小時內€15（€17）
4小時內€21（€23）
（　　）內為週六‧日‧節日收費，桑拿須加價
提供毛巾等物品租借服務

足球‧球場情報
RheinEnergieStadion
URL www.fc-koeln.de

　　科隆足球俱樂部1. FC Köln主場球場，位於中央車站西方約6km處，球場所有座位皆有屋頂覆蓋。
交通 從科隆中央車站地下乘車處搭乘18號市區電車（路線圖以 U 表示），在第2站Neumarkt下車（約3分鐘），接著轉乘地上1號往Weiden West方向電車約10分鐘，在Rheinenergie-Stadion下車。比賽當天會加開臨時班次，憑當日比賽票券可免費搭乘。

郊區景點

布呂爾的奧古斯都堡宮殿
Schloss Augustusburg

🌐 世界遺產
MAP◆P.108-B2

奧古斯都堡位於距科隆南方約13km處的布呂爾Brühl，為科隆大主教克雷門斯·奧古斯都Clemens August von Bayern於夏天居住的城堡，18世紀由建築師弗蘭索瓦·德·屈維利埃François de Cuvilliés進行增建與改建工程，成為華麗的洛可可樣式建築，其中不可錯過符茲堡主教宮設計者約翰·巴塔薩·紐曼Johann Balthasar Neumann打造的挑高階梯。

行經城堡南方法國巴洛克風格的城堡公園Schlosspark，往南走約500m左右後，接著依指標指示走入向左（東南）延伸的寬闊林蔭道Falkenluster Allee，走約1km後，即可來到為狩獵而建造的小型宅邸Schloss Falkenlust城堡。

●奧古斯都堡宮殿
🚃從科隆中央車站搭乘往Bonn或Koblenz的RE快速在Brühl下車（車程約15分鐘），車站前方即可看到城堡。
🏠Schlossstr. 6　D-50321 Brühl
☎(02232) 44000
🌐www.schlossbruehl.de
🕐2～11月期間開放
週二～五　9：00～16：00
週六·日·節日10：00～17：00
參加導覽行程才可進入奧古斯都堡宮殿參觀，法爾肯拉斯特古堡則是用語音導覽自由參觀。
🚫月·12·1月
💰€9.50、學生€8，與法爾肯拉斯特古堡的套票€15、學生€11.50

內部也相當華麗的奧古斯都堡宮殿

Excursion
單色木造建築住家聚落
弗羅伊登貝克

灰色屋頂與白色壁面木造建築，具有對比之美，整齊地排列著的風景只有這裡才能看見，值得一訪。

此外，有個地方能夠一覽這絕美的城鎮樣貌。來到弗羅伊登貝克，一定要先來城鎮東北方小丘上的健康公園Kurpark。在充滿綠意的公園裡遠眺欣賞，再移動至城鎮內。

木造建築集中在並列的三條街（Marktstr.、Mittelstr.、Unterstr.）四方約200m左右的區域。

●Map P.109-B4
🚃從科隆中央車站約1小時30分在錫根Siegen下車，從法蘭克福車程則約1小時30分。接著在錫根車站前的巴士總站搭乘R37、38巴士約25～35分鐘車程。最靠近健康公園的站牌為Freudenberg-Bahnhofstr.，下車後沿著右側山丘的Zum Kurpark路往上走（停車場也位於此條路上），就會看到通往健康公園的階梯。

❶弗羅伊登貝克遊客中心
🏠Kölner Str. 1　D-57258　Freudenberg
☎(02734) 43164
🌐www.freudenberg-wirkt.de
🕐週一～五　10：00～12：30、13：00～16：00

📝 往勒沃庫森Leverkusen（●Map P.108-B2）的足球體育場拜耳球場BayArena，可從科隆中央車站搭乘快速RE-5約15分至Leverkusen Mitte站下車，步行約15分即達。

RESTAURANT ❈ 科隆的餐廳

科隆當地出產名為「科隆啤酒Kölsch」的知名啤酒。帶有些微苦味特殊口感的科隆啤酒，其原文Kölsch為「科隆的」的意思，通常會倒在200㎖的細長玻璃杯內供客人品嘗。大教堂周邊有許多餐廳都有供應科隆啤酒。

此外科隆最有名的美食則是名為「萊茵醋燜牛肉Rheinischer Sauerbraten」的肉類料理，是以紅酒醋等醃醬醃製數日的牛肉經燒烤後接著燜煮而成，也有部分餐廳沿襲過去使用馬肉vom Pferd。

R Brauhaus Sion

1318年創業的科隆啤酒名店

以自家釀製的科隆啤酒（0.2ℓ）€2而聞名的人氣名店，招牌料理的各類煎香腸Bratwurst與啤酒可說是絕配。其中有名的還有捲成螺旋狀的煎香腸Köln Dombockwurst "Prinz Frank" €9.80十分推薦。

德國料理　　　　MAP ◆ P.113
住Unter Taschenmacher 5-7
☎ (0221) 2578540
網www.brauhaus-sion.de
營週三～日　12：00～24：00左右
休週一・二
card J M V

R Früh am Dom

新鮮現釀科隆啤酒代表

餐廳距中央車站徒步約3分鐘，緊鄰科隆大教堂，以新鮮現釀科隆啤酒€2聞名，餐廳內部分成數個隔間，可以品嘗炸豬排Schweineschnitzel€15.90、萊茵醋燜牛肉Rheinischer Sauerbraten（€14.20）等料理。

德國料理　　　　MAP ◆ P.113
住Am Hof 12-18
☎ (0221) 2613215
網www.frueh-am-dom.de
營週一～五　11：00～24：00
　週六・日　10：00～24：00
　（供餐時間11：00～23：30）
休12/24
card 不可

R Peters Brauhaus

德國風裝潢氣氛沉穩

新鮮自釀科隆啤酒1杯只要€2.10，讓人忍不住一杯接一杯。店內十分寬敞，分為數間隔間，裝潢走民族風等風格，圖中為當地名產萊茵醋燜牛肉Rheinischer Sauerbraten€18.90。

德國料理　　　　MAP ◆ P.113
住Mühlengasse 1
☎ (0221) 2573950
網www.peters-brauhaus.de
營週一～六　11：30～23：00
　週日　　　11：30～21：30
休耶誕季節
card M V

R Em Krützche

美味德國料理最佳選擇！

面萊茵河步道而建，自16世紀起即開業的老牌餐廳，供應皮爾森啤酒Pils而非科隆啤酒，以季節食材供應美味料理而頗受好評，如春季提供蘆筍，冬季則有鵝肉料理。主餐的肉類料理€23.50～，屬中上等級餐廳。

德國料理　　　　MAP ◆ P.113
住Am Frankenturm 1-3
☎ (0221) 2580839
網www.em-kruetzche.de
營週一～日　12：00～22：00
休週一・二、冬季部分日期公休
card M V

C Café Reichard

大教堂近在眼前的老牌咖啡館

天氣好的時候，可以在露天座位一邊欣賞大教堂一邊享用咖啡或早餐，可說是最棒的體驗。這間創立於1855年的大型咖啡館，自家製作的蛋糕與年輪蛋糕、巧克力也很受到喜愛。地下的玻璃門廁所也值得體驗。

咖啡館　　　　　MAP ◆ P.113
住Unter Fettenhennen 11
☎ (0221) 2578542
網www.cafe-reichard.de
營8：30～20：00
card M V（€30以上）

HOTEL ✤ 科隆的住宿

科隆為會展都市，會展期間飯店價格多會調漲（通常為最高顯示房價），所以須特別注意，展覽日程可上網 www.koelnmesse.de 確認。會展會場位於萊茵河右岸（大教堂對岸），會場附近有數家大型飯店及青年旅館，並有萊茵公園及克勞迪斯溫泉館等休閒設施，也是不錯的住宿選擇之一。

H Excelsior Hotel Ernst

鄰近中央車站的傳統飯店

飯店位於出中央車站的左側、科隆大教堂前，是科隆最高級的飯店，房間設備與服務更是無可挑剔，飯店內設有裝潢時髦的餐廳「TAKU」，提供中華料理、印尼料理及壽司等亞洲美食。備有無線網路（免費）。

高級飯店　　　MAP ◈ P.113
🏠 Trankgasse 1-5/Domplatz
　 D-50667
☎ (0221) 2701
📠 (0221) 2703333
🌐 www.excelsiorhotelernst.com
💰 Ⓢ €259～　Ⓣ €279～
　 早餐另計€36
card Ⓐ Ⓓ Ⓙ Ⓜ Ⓥ

H Hilton Cologne Hotel

鄰近中央車站，設備完善的飯店

從中央車站步行約3分鐘可達，鄰近大教堂，位置便於觀光。飯店內設有24小時開放的健身房以及芬蘭式三溫暖，寬敞、機能性佳的房間住來相當方便舒適。備有無線網路（公共區域免費、房間收費）。

高級飯店　　　MAP ◈ P.112-A1
🏠 Marzellenstr. 13-17　D-50668
☎ (0221) 130710
📠 (0221) 130716015
🌐 www.hilton.de
💰 Ⓣ €173～
　 早餐另計€27
card Ⓐ Ⓓ Ⓙ Ⓜ Ⓥ

H Ibis Köln am Dom

位於車站內，鄰近大教堂

科隆中央車站可直通飯店，對搭乘火車旅客十分方便，車站側入口則僅限有房門鑰匙旅客進出，安全措施完善，此外房間隔音設備良好，內裝則較為簡樸。部分房型擁有大教堂窗景，備有無線網路（免費）。

中級飯店　　　MAP ◈ P.113
🏠 Bahnhofsvorplatz　D-50667
☎ (0221) 9128580
📠 (0221) 912858199
🌐 www.accorhotels.com
💰 Ⓢ €98～　Ⓣ €129～
　 早餐另計€12
card Ⓐ Ⓓ Ⓜ Ⓥ

H Kommerzhotel Köln

商務客居多的中級飯店

飯店位於大教堂反方向的中央車站出口右側，地理位置十分方便。房間空間不大但設備完善，早餐餐廳可眺望科隆中央車站的月台，是鐵道迷的最愛。備有無線網路（免費）。

中級飯店　　　MAP ◈ P.112-A1
🏠 Johannisstr. 30-34　D-50668
☎ (0221) 16100
🌐 www.kommerzhotel.eu
💰 Ⓢ €88～　Ⓣ €108～（會展及活動
　 　　　　　　　　期間除外）　早餐另計€12.90
card Ⓙ Ⓜ Ⓥ

H Jugendherberge Köln Deutz

德國首屈一指的大型青年旅館

距中央車站一個電車站的Köln-Deutz站處，離車站約100m相當方便，全館共157個房間，提供506個床位，屬大型青年旅館，訂房十分熱門，最好事先預約。免費無線網路僅限公共區域使用。

青年旅館　　　MAP ◈ P.112-A2
🏠 Siegesstr. 5　D-50679
☎ (0221) 814711　📠 (0221) 884425
🌐 www.koeln-deutz.jugendherberge.
　 de
💰 含床單與早餐€35.40～
　 Ⓢ €58.90～　Ⓣ €86.80～
　 會展期間會漲價
card Ⓜ Ⓥ

波昂

Bonn

誕生於波昂的樂聖

明斯特廣場上的貝多芬雕像

波昂是一座位於萊茵河畔的閑靜大學城，都市規模雖不大，但從第二次世界大戰後到1999年為止一直是德意志聯邦共和國的首都，這裡同時也曾留下貝多芬與舒曼的足跡，是音樂迷不可錯過的景點都市。

 漫遊

❶距中央車站徒步約3分鐘，出站後經郵政街Poststr.，接著在明斯特廣場Münsterplatz左轉後，即可在中央郵局大樓內找到。

明斯特廣場上有著手持五線譜與筆的貝多芬雕像，廣場南側還有建於11世紀的明斯特教堂Münster，是萊茵河流域內的重要羅馬式教堂建築。

羅馬式建築明斯特教堂

市政廳Rathaus前的市集廣場Markt上，上午會有販賣蔬菜、花卉等商品的市集，可以見識到一般德國人的生活型態。

明斯特教堂後方的大型建築，是馬克思Karl Marx與海涅Heinrich Heine曾就讀的波昂大學。大學中心的校舍，過去曾是科隆選帝侯的宮殿建築，後方還有綠意盎然的庭院王宮花園Hofgarten。

穿過舊城區往南延伸的寬闊林蔭大道Adenauerallee，又被稱為博物館街Museumsmeile，這裡有波昂市立美術館Kunstmuseum Bonn、國立繪畫展示館Bundeskunsthalle、德意志聯邦共和國歷史博物館Haus der Geschichte der BRD等多所博物館雲集。

MAP ◆ P.108-B2

人　　口	33萬600人
區域號碼	0228

ACCESS

火車：從科隆搭IC、ICE特快列車約20分，從法蘭克福出發約1小時50分（部分車次需中途轉車）。

❶波昂的遊客中心
⊞ Windeckstr. 1/am Münster-platz　D-53111 Bonn
◗ Map P.120-B1
☎ (0228) 775000
 URL www.bonn.de
URL www.bonn-region.de
圖 週一～五　10：00～18：00
　　週六　　　10：00～16：00
　　週日・節日　10：00～14：00

世界遺產

羅馬帝國的邊界-下日耳曼界牆
（2021年登錄）
（→P.128）

●市區交通

市區交通最低票價為€2，1日券Tageskarte為€7.50～。

●波昂博物館卡

Bonn Regio Welcome Card
可免費參觀市區多所博物館，並可於24小時內無限次搭乘市區交通工具，售價€10，可於❶購買。

●博物館街的博物館

交通 從中央車站搭16、63、66號市區電車（以Ⓤ表示）在Heussalle/Museummeile下車，或搭610、611號巴士在Bundeskanzlerplatz/Heussallee下車。
URL www.museumsmeilebonn.de

MEMO 從波昂中央車站步行約15分鐘來到Heerstr.街，有一排日本八重櫻。每年4月左右化身成絢麗的櫻花隧道，並舉辦櫻花祭。開花資訊等請見→URL www.kirschbluete-bonn.de/blog-3

主要景點

●貝多芬故居
住Bonngasse 20, 24-26
→Map P.120-A2
www.beethoven.de
開週四〜日　10：00〜18：00
（入場至閉館前30分為止）
休週二・三・部分節日
費€10（門票可於故居斜向的
21號商店購買）
費用包含語音導覽

展示樂譜與遺物 貝多芬故居
Beethoven-Haus ★★★

面向街道的入口

　貝多芬Ludwig van Beethoven（1770〜1827年）於Bonngasse 20號的這個家誕生，並一直住到1774年左右。在搬到維也納之前，也曾在波昂生活，但當時的房子並未被保留下來。

　故居的房子內部規劃為常設展、特別展和演奏廳等區域。常設展裡展示了貝多芬使用過的樂器及親筆樂譜、助聽器、家具等。音樂室Musikzimmer則會舉辦迷你演奏會，使用故居所保存的鍵盤樂器（週五・六17:00、週日11:00 費€5），可以欣賞貝多芬時代的音色。

波昂
BONN

MEMO　Brauhaus Bönnsch（→Map P.120-A1　www.boennsch.de）啤酒屋以其用玻璃杯盛裝的啤酒而聞名，玻璃杯設計成貼合手的形狀。Bönnsch的意思為波昂的啤酒。

德意志聯邦共和國歷史博物館
Haus der Geschichte der BRD ★★

　　博物館內展示了納粹抬頭與第二次世界大戰戰敗、冷戰下分隔的東西德與柏林，以及柏林圍牆的瓦解與東西德統一的動盪德國歷史，展示簡單易懂，不過只有德文說明。

舒曼故居與舊公墓
Schumannhaus & Alter Friedhof ★

　　舒曼Robert Schumann也是與波昂有著深厚關係的音樂家，晚年因精神疾病飽受困擾，在療養院度過最後2年的時光，而舒曼生前居住的房間現改為展示間對外開放參觀。

　　而舒曼與妻子克拉拉Clara Schumann長眠的舊公墓Alter Friedhof，則位於中央車站西北方約500m處，墓園內有許多著名的藝術家與學者的墓地，並有導覽行程供遊客參加。

郊區景點

龍傳說岩石山 柯尼希斯溫特
Königswinter
MAP◆P.108-B2

　　位於萊茵河右岸的7座圓錐形山峰，被稱為七峰山Siebengebirge，地處德國葡萄栽培區的最北側，同時也是知名葡萄酒「龍血酒Drachenblut」的產地。

　　位於七峰山麓的柯尼希斯溫特，設有登山電車來往龍岩山Drachenfels，中世紀的敘事詩《尼伯龍根之歌Das Nibelungenlied》內的英雄齊格飛Siegfried，留下在此斬死巨龍後，浴龍血而成為不死之身的傳說。

　　從七峰山頂則可欣賞到萊茵河的壯觀景致，回程建議可順道步行至山腰位置的龍岩堡Schloss Drachenburg遊覽。

能感受傳說世界的龍岩堡，並遠眺萊茵河美景

● 德意志聯邦共和國歷史博物
住Willy-Brandt-Allee 14
◯地圖外
從中央車站地下月台搭乘市區電車U16、63號往Bad Godesberg方向，或66號往Bad Honnef方向在Heussallee/Museumsmeile下車，也可搭乘巴士610、611號在Bundeskanzlerplatz/Heussallee下車。
URLwww.hdg.de
開週二～五　9:00～19:00
週六·日·節日 10:00～18:00
困週一、12/24·31 費免費

● 舒曼故居
住Sebastianstr. 182
◯地圖外
搭604、605、606、607巴士在Alfred-Bucherer-Str.下車。
URLwww.schumannhaus-bonn.de
開週一·三～五 11:00～13:30
15:00～18:00
困週二·六·日 費免費

● 舊公墓
住Bornheimer Str·
◯Map P.120-B1
URLalterfriedhofbonn.de
開夏季　7:30～20:00
冬季　8:00～17:00

推薦的住宿

Ｈ Domicil
住Thomas-Mann-Str. 24-26
URLdomicil-bonn.bestwestern.de

Ｈ Centro Hotel Residence
住Kaiserplatz 11
URLcentro-hotels.de

Ｈ Deutsches Haus
住Kasernenstr. 19-21
URLdeutscheshaus-bonn.de

● 龍岩山
交通從波昂中央車站地下月台搭乘66號市區電車（波昂市中心區為地下鐵），約30分在Königswinter Fähre下車，接著徒步約10分鐘可到登山電車站Drachenfelsbahn Talstation。

● 龍岩堡
住Drachenfelsstr. 118
D-53639 Königswinter
URLwww.schloss-drachenburg.de
開11:00～18:00（3·11·12月12:00～17:00）
困1·2月
費€7

香檳松露巧克力是
深受好評的伴手禮

海涅誕生地的綠色商業城市

杜塞道夫

Düsseldorf

柏林●

★杜塞道夫

法蘭克福●

慕尼黑●

MAP ◆ P.108-B2	
人　口	62萬500人
區域號碼	0211

ACCESS

火車：從科隆搭乘ICE、IC特快列車約25分，從法蘭克福約1小時25分。前往埃森、波鴻、多特蒙德、門興格拉德巴赫之間則有S-Bahn行駛。

❶杜塞道夫的遊客中心

🏠Berger Allee 2
　D-40213 Düsseldorf
　（位於市立博物館裡）
🕐Map P.124-B1
☎(0211) 17202840
🌐www.duesseldorf-
　tourismus.de
🕐週二〜日　11：00〜18：00

●杜塞道夫卡
Düsseldorf Card
可免費或以優惠價搭乘市區交通工具、參觀博物館與美術館外，還可享各類優惠。24小時券€10.90、48小時券€17.90、72小時券€23.90，並有家庭卡／團體卡，可在❶及主要飯店購買。※折扣對象不包含所有博物館、美術館。

足球・球場情報

●思捷環球競技場
MERKUR-SPIEL-ARENA
🏠Arena Str. 1
🌐www.merkur-spiel-arena.
　de
杜塞道夫足球俱樂部Fortuna Düsseldorf的主場球場。
交通 從中央車站搭 Ⓤ 78在ESPRIT arena/Messe-Nord下車，車程約20分。

萊茵河畔的近代都市

　　位於萊茵河畔的杜塞道夫，是北萊茵·西發里亞邦Nordrhein-Westfalen的首府，由於地處魯爾工業地區的重要交通據點，第二次世界大戰時遭受集中式的轟炸，市區半數以上的建築都被破壞殆盡，戰後逐漸以國際性工商業都市重新發展興盛。

　　這裡同時也是許多日商企業的歐洲分公司所在地，只要到販賣日本食品的超市及日本料理餐廳聚集的Immermannstr.（日本街）周邊逛逛，便會看到許多日本商務人士的身影。

　　市區中心則有最尖端的流行精品大樓與高級名牌店林立，也是個相當適合購物的城市。

機場與市區交通

　　杜塞道夫機場位於市區北側，離市中心約10km，搭乘計程車通常為10〜15分，車資約€30〜35。機場站共有2處須特別注意，一處是位於機場航廈地下室的杜塞道夫機場航廈站Düsseldorf Flughafen Terminal，有S-Bahn的Ⓢ11行駛，到中央車站約15分鐘車程，€3；另一處則是杜塞道夫機場站Bahnhof Düsseldorf Flughafen，從機場航廈搭乘接駁電車SkyTrain約5分鐘處，有ICE、EC、IC等部分長途列車，及S-Bahn的Ⓢ1停靠行駛。

杜塞道夫市區交通

　　除S-Bahn外還有4條地下鐵路線與巴士、市區電車，不過若只在市中心區域，也可以考慮徒步遊覽。從中央車站直接往舊城區時，可搭地下鐵在第2站Steinstr.或第3站Heinrich-Heine-Allee下車即可，在此區間可購買短距區間券Kurzstrecke€1.80，短距區間券適用於3站以內的巴士、市區電車、車程20分鐘內的U-Bahn。

122

超過此區間和時間的話，可以購買單次車票Einzelticket€2.90。24小時車票24-Stunden Ticket €7.30、雙人套票為€10.90，另有48小時車票48-Stunden Ticket。

漫遊

從中央車站往市中心徒步約10～15分鐘，背對中央車站的右側，從❸所在的大樓往西北方延伸的大道便是Immermannstr.街。過了日本食品店及餐廳再走一小段，過了與Berliner Allee街的交叉口便可看到Schadow Arcaden與Kö-Center兩家購物中心。

面對Kö-Center商城，縱貫市區南北的國王大道Königsallee，又被稱為Kö，道路中央有著運河，兩側則種滿了樹木，整條路長達82m，大道東側有國王購

林木扶疏的國王大道

物中心Kö-Galerie與高級精品店，西側則有銀行與辦公大樓林立。

過了國王大道後其西側一帶為舊城區Altstadt，巷弄內有著古老的啤酒餐廳與酒吧等。萊茵河附近的市政廳Rathaus前，則有普法爾茨伯爵約翰・威廉二世Johann Wilhelm（通稱Jan-Wellem）的騎馬像Jan-Wellem-Reiterstandbild矗立。

從市政廳往南徒步約5分鐘，則有杜塞道夫電影博物館Filmmuseum Düsseldorf。

市政廳與約翰・威廉騎馬像

● **購物中心巡禮**
國王購物中心Kö Galerie（◆Map P.124-B2）內有德國第一家MUJI（無印良品）及愛格納AIGNER、Bally等名牌商店，Stilwerk購物中心（◆Map P. 125-B3）則是專賣家具裝飾的購物中心，瀏覽高品味的櫥窗也可說樂趣十足。

● **杜塞道夫電影博物館**
住Schulstr. 4　D-40213
◆Map P.124-B1～B2
URL www.duesseldorf.de/filmmuseum
開週二～日　11:00～18:00
休週一、1/1、5/1、12/24・25・31、狂歡節的週日
費€5、學生€2.50、Black box（電影院中上映電影歷史的節目，也有每月更換的上映作品）€7、學生€5

ART　藝術建築　**Kö-Bogen**

　Kö-Bogen（住Königsallee2　◆Map P.125-A3）為杜塞道夫市中心的商業設施，由經手柏林猶太博物館的知名建築師丹尼爾・里伯斯金Daniel Libeskind所設計。嶄新、獨特的建築正面配置了植物，並以廣大的完整花園調和。

2014年獲得了建築界奧斯卡MIPIM的獎項。館內進駐了高級百貨公司Breuninger和知名品牌。

左／面水的地方聚集了人潮
右／有個性的建築外觀

H 飯店 S 商店 R 餐廳 C 咖啡館

P.126
藝術皇宮美術館
Museum Kunstpalast

Nordstr.U

Joseph-Beuys-Ufer

邦立民族經濟博物館
Landesmuseum
Volk und Wirtschaft

Inselstr.

Kaiserstr.

王公花園
Hofgarten

音樂廳
Tonhalle

上卡塞勒大橋

Hofgartenrampe

Tonhalle U

A U

Oberkasseler Brücke

ufer Fritz- Roeber- Str.

Max.-Weyhe- Allee

Im Füchschen R

Ratinger Str.

P.126
K20邦立美術館
K20 Grabbeplatz

Heine.-Allee

萊
茵
河

Schloß-

聖蘭貝圖斯教堂
St. Lambertus-Basilika

德國萊茵歌劇院
Deutsche
Oper am Rhein

Heinrich-

H **P.130**
Livinghotel
De Medici

Mühlenstr.

Weinhaus
Tante Anna
P.129

R

P.130
Steigenberger
Parkhotel H

KD萊茵河觀光船
乘船處

Rhein

市政廳
Rathaus

Bolkerstr.

海涅故居

Heinrich-
Heine-
Allee

Galeria
Königsallee S

德日中心
（日本總領事館）
Festwiese

騎馬像•
市集廣場
Marktplatz

Markstr.

H
Breidenbacher
Hof

Flinger Str.

LOUIS VUITTO

P.123
德國陶器博物館／
杜塞道夫電影博物館
Hetjens-Museum /
Deutsches Keramikmuseum
Filmmuseum Düsseldorf

Uerige R

舊城區

Wall Graden- str.

Trinkaus-
str.

Zum Schiffchen R

卡爾廣場
Karlplatz

Guc

Stei
Königsa

B

Benrather Str.

Cartie

往Jugendherberge &
Gästehaus

Rathausufer

Marionetten-Theater

海涅研究所

P.123 國王購物中
Kö Gale

市立博物館
Stadtmuseum

舒曼故居

Rheinkniebrücke

Mannesmannufer

Bastion str.

P.
P. 126
126萊
茵
塔
媒
體
港

Poststr.

Bilker Str.

Hohe Str.

Kasernen- str.

Womgar

Breite Str.

P.126
↓往K21邦立美術館

P.130
往Backpacke
Düsseldo

Haroldstr.

Südstr.

凱撒池
Kaiserteich

Sattgrün Mitte R

124   **1**   **2**

N

0   100   200m

P.126
歌德博物館
（耶格霍夫宮）
Goethe-Museum Düsseldorf
(Schloss Jägerhof)

Vägedesstr.

Gartenstr.

Jägerhofstr.

王宮花園
Hofgarten

Jacobistr.

Pempelforter Str.

D. Wehrhahn

Kölner

市立劇院
Schauspielhaus

Hofgartenstr.

Schadowstr.

Tonhallenstr.

Str.

Leopoldstr.

P.123
Kö-Bogen
購物中心

P.123
Schadow Arcaden
購物中心

M.-
Luther-Pl.

P.123
Café Heinemann

Königstr.

O CENTER

Klosterstr.

P.129
Naniwa
ⓡ

Hohenzollernstr.

約翰尼斯教堂
Johanneskirche

Klosterstr.

瑪莉恩街

P.130
Clayton Ⓗ

Ⓗ Asahi

Marienstr.

str.

Weidenhof Ⓗ

Pl. d.
Deutschen
Einheit

Steinstr.

einstr.

Oststr.

Ⓤ

P.130
Motel One
Düsseldorf-Hauptbahnhof
Ⓗ

Immermannstr.

str.

Bismarckstr.

Kreuzstr.

P.129
Brauerei Schumacher ⓡ
Stammhaus

Stresemannstr.

Bismarckstr.

Oststr.

Grupellostr.

Friedrich-Ebert-Str.

Karlstr.

Wörtingr str.

Grünstr.

Ⓢ Stilwerk購物中心 P.123

Konrad-
Adenauer
Platz

Ⓗ Ibis

Ⓤ Ⓢ

杜塞道夫中央車站
Düsseldorf-
Hauptbahnhof

Berliner Allee

柏林街

Alexanderstr.

Oststr.

Bahnstr.

P.130
Burns Art
Hotel
Düsseldorf

Charlottenstr.

Ⓗ CVJM

Heinemann
Ⓒ

Bahnstr.

Ⓢ Zurheide Center P.123
購物中心

Stresemann-
platz

Ⓗ InterCityHotel

Graf-Adolf-Str.

●K20邦立美術館
住Grabbeplatz 5
Map P.124-A2
Heinrich-Heine-Allee下
車。
www.kunstsammlung.de
開週二～五　　10：00～18：00
　週六・日・節日11：00～18：00
休週一・12/24・25・31
費€12、學生€10
與K21邦立美術館的套票為
€18。

●K21邦立美術館
住Ständehausstr.
Map P.124-B2外
www.kunstsammlung.de
開週二～五　　10：00～18：00
　週六・日・節日11：00～18：00
休週一・12/24・25・31
費€12、學生€10
K20與K21邦立美術館入口處
之間，有免費迷你接駁巴士往
來，約每30分鐘1班。

●藝術皇宮美術館
住Ehrenhof 4-5
Map P.124-A2
Nordstr.下車。
www.kunstpalast.de
開週二～日　　11：00～18：00
　（週四～21：00）
　（節日期間會縮短時間）
休週一、12/24・31
費€10（特展期間會變更費用）

●歌德博物館
住Jacobistr. 2
Map P.125-A3
從中央車站搭707號市區電車
在Schloss Jägerhof下車。
www.goethe-museum.de
開週二～五・日11：00～17：00
　週六　　　 13：00～17：00
休週一、部分節日
費€4、學生€2

📷 主要景點

珍貴的保羅・克利收藏品 **K20邦立美術館**
K20 Grabbeplatz Kunstsammlung Nordrhein-Westfalen　★★

　　由知名建築師漢斯・豪萊Hans Hollein所設計的美術館，收藏眾多1930～1933年擔任杜塞道夫美術大學教授的保羅・克利Paul Klee珍貴作品，此外還有畢卡索、夏卡爾、安迪・沃荷等20世紀巨匠傑作。

　　別館K21邦立美術館則位於凱撒池Kaiserteich南側，展示1980年代以後的現代藝術作品，同時也是特別展展覽館。

陳列近、現代藝術作品的K20邦立美術館

藝術皇宮美術館
Museum Kunstpalast　★★

　　設立於1846年的大型美術館，展示盧卡斯・克拉納赫Lucas Cranach、魯本斯Peter Paul Rubens、康丁斯基Wassily Kandinsky、保羅・克利Paul Klee、基什內爾Ernst Ludwig Kirchner、埃米爾・諾爾德Emil Nolde、約瑟夫・博伊斯Joseph Beuys等人的精采作品，館內還設有玻璃美術館，十分具有觀賞價值。

歌德博物館（耶格霍夫宮）
Goethe-Museum Düsseldorf (Schloss Jägerhof)　★★

　　建於市民公園王宮花園Hofgarten內的耶格霍夫宮Schloss Jägerhof，內部改建為歌德博物館，裡面展示了《浮士德》的親筆手稿與書信等珍貴收藏。

1772年完成的耶格霍夫宮

Art　人氣景點 媒體港**Medienhafen**

　　萊茵塔南側過去曾經是萊茵河港的區域，經過重新開發後成為媒體區，是目前杜塞道夫最受矚目的新景點。

　　該區包含法蘭克・歐恩・蓋瑞Frank Owen Gehry等世界知名建築師所設計興建的嶄新建築，並有許多時髦的餐廳及咖啡館雲集，可以體驗到河岸特有的氣氛，每到假日總是人潮眾多。

　　前往此處可從中央車站搭乘709號市區電車在Stadttor下車，徒步約5分鐘，或可搭乘732號巴士在Rheinturm下車徒步約5分即達。

萊茵塔（左）與嶄新建築群

郊區景點

尼安德塔博物館
Neanderthal
MAP◆P.108-B2

尼安德塔人骨於1856年夏天在此被石匠發掘，從杜塞道夫中央車站搭Ⓢ28約15分鐘在尼安德塔站下車，往西南方徒步約15分鐘，即可在小河旁看到尼安德塔博物館Neanderthal Museum。從博物館往小河有漫步行程，連接骨頭發現現場與石器時代工房Steinzeitwerkstatt。

懸掛式纜車發源地烏帕塔
Wuppertal
MAP◆P.108-B2

從杜塞道夫中央車站搭RE快速列車約20分鐘，便可抵達1900年世界最早懸掛式纜車（包廂式）的發源地烏帕塔，整條路線幾乎都位於伍珀河上方，因而視野絕佳。此外這個城市也是擁有眾多舞迷的碧娜・鮑許Pina Bausch舞蹈劇場發源地，而海德博物館Von-der-Heydt-Museum內的豐富收藏也是不可錯過的景點之一。

在伍珀河上運行

足球與現代藝術城市門興格拉德巴赫
Mönchengladbach
MAP◆P.108-B1

門興格拉德巴赫從杜塞道夫搭乘RE快速列車約25分鐘車程，這裡除擁有德國甲級聯賽（足球）球隊強隊普魯士門興格拉德巴赫足球隊（Borussia MG）外，還有現代藝術迷必看的美術館。

從中央車站往西南延伸的人行步道興登堡街Hindenburgstr.是市區的主要大街。

而這裡最引以為傲的阿布泰貝爾博物館Museum Abteiberg，距中央車站徒步約15分鐘，建築由建築師漢斯・豪萊Hans Hollein所設計，十分嶄新，收藏以1960～1990年代為中心，包含約瑟夫・博伊斯Joseph Beuys的裝置藝術與曼雷Man Ray的攝影作品等。

●尼安德塔博物館
㊟Talstr. 300　D-40822 Mettman
URL www.neanderthal.de
開週二～日　10：00～18：00
休週一、12/24・25・31
費€11

●懸掛式（包廂式）纜車
從中央車站徒步2分即達乘車處。
費€2.90～、24小時券€7.30

●海德博物館
㊟Turmhof 8
URL www.von-der-heydt-museum.de
開週二～日　11：00～18：00
　（週四～20：00）
休週一、部分節日
費€12～，特展舉辦期間須另行收費

●阿布泰貝爾博物館
㊟Abteistr. 27
URL www.museum-abteiberg.de
開週二～五　11：00～17：00
　週六・日　11：00～18：00
休週一　費€8

足球・球場情報

●普魯士公園球場
Borussia-Park
URL www.borussia.de
普魯士門興格拉德巴赫足球隊主球場，位於市郊南部的普魯士公園內。
交通 最近火車站為Rheydt Hbf.，比賽期間有接駁巴士行駛。另外在門興格拉德巴赫的中央車站前也有接駁巴士。兩種方式都可憑門票免費搭乘。

MEMO 尼安德塔人骨並不在尼安德塔博物館，而是存放於波昂的萊茵邦立博物館（◑Map P.120-B1）URL www.landesmuseum-bonn.lvr.de）。

●霍姆布洛伊美術館
住Minkel 2　D-41472
　Neuss-Holzheim
交通從杜塞道夫搭709號市區
電車,在Landestheater, Neuss
下車,轉往Grevenbroich方
向的869或877號巴士,在
InselHombroich下車後徒步約
4分鐘。
URLinselhombroich.de
開4～9月　　10:00～19:00
　10～3月　　10:00～17:00
（入場至閉館前1小時為止）
休12/24、25、31、1/1
費附館內咖啡館飲品、麵包和
蘋果€15、學生€7.5(部分展
區整修中€10、學生€5)
※入館時禁止攜帶背包和食物

●蘭根基金會美術館
住Raketenstation
　Hombroich 4　D-41472
　Neuss
URLwww.langenfoundation.
de
開週二～日　10:00～18:00
休週一、冬季休館,作品更換
等時期亦不定期休館,請至
上述網站確認。
費€8、學生€5

●Tiger&Turtle
住Angerpark, D-47249
　Duisburg
交通從杜塞道夫中央車站地下
乘車處(以U標示)搭乘開往
Mannesmann Tor 2的903號
路面電車,車程約20分,下車
後步行約15分即達。
費免費
天候不佳、凍結時禁止入場

可以爬到迴旋之前

霍姆布洛伊美術館與蘭根基金會美術館
Museum Insel Hombroich & Langen Foundation　MAP◆P.108-B2

綠意環繞的樂園霍姆布洛伊美術館

杜塞道夫鄰鎮諾伊斯Neuss郊外的森林內,有著霍姆布洛伊美術館,其由數個展示藝術作品的展館組合而成,充滿個性的展館也成為展示作品的一環,在廣大的腹地中一邊漫步一邊按圖索驥欣賞美術作品十分有趣。

從霍姆布洛伊美術館沿著指示往西北方約1km處,則有安藤忠雄設計的蘭根基金會美術館Langen Foundation。周邊地帶至1990年為止曾為NATO的火箭基地,現在則成為藝術與自然休閒景點。

杜伊斯堡
Duisburg　MAP◆P.108-A2

從杜塞道夫搭乘IC特快列車或RE快速列車約15分鐘車程的杜伊斯堡,位在萊茵河和魯爾河交界處,自古以來商業貿易繁盛。除了是握有世界最大級河川港的工業城市外,也是大學城市,充滿活力。

全長220m、階梯寬約1m

杜塞道夫南部的小山丘上一座名為Tiger&Turtle-Magic Mountain的步行式雲霄飛車,突然映入眼簾。原本是以巨型藝術作品的目的所製作。

HISTORY

世界遺產　羅馬帝國的邊界-下日耳曼界牆

萊茵河畔綿延不斷的遺跡群,訴說著羅馬帝國400年以上的歲月發展故事。被登錄的區域包含德國和荷蘭兩國在內合計44處的萊茵河沿岸地區。德國有克桑滕、波昂、杜伊斯堡與其週邊地區的堡壘、塔樓、港口的遺跡。

大部分的遺址都在地底下,地上很少見,而克桑滕Xanten（◐ Map P.108-A1）的考古學公園Archäologischer Park Xanten（URL apx.

lvr.de）裡,復原了住所、戶外圓形劇場、神殿等。建造在廣大腹地的羅馬博物館LVR-RömerMuseum,其內的展示不容錯過。
（世界遺產於2021年登錄）

復原的神殿遺跡

RESTAURANT ❖ 杜塞道夫的餐廳

　　杜塞道夫的當地啤酒便是老啤酒Altbier，為上層發酵啤酒，以200㎖或250㎖小玻璃杯盛裝飲用。知名料理則為萊茵醋悶牛肉(→P.111)，而走過Immermannstr.街及Klosterstr.街時，舉目所見盡是完全融入當地的日本料理餐廳，這裡也有許多大排長龍的拉麵店，可以看到許多德國人在吃拉麵。而若是甜點迷，則不能錯過Café Heinemann咖啡館的蛋糕與巧克力。

R Brauerei Schumacher Stammhaus

老啤酒的名店

　　為1838年創業、杜塞道夫最古老的私人釀造所。以250㎖玻璃杯盛裝的老啤酒Schumacher Alt€2.60，至今仍遵循傳統製法釀造。適合搭配啤酒的招牌料理則為萊茵醋悶牛肉€18.50。

啤酒餐廳　　　MAP ◆ P.125-B3
住Oststr. 123　☎(0211) 8289020
網www.schumacher-alt.de
營週二～四11：30～22：00、週五11：30～23：00、週六11：00～21：00(L.O.為關門前1小時)
休12/25・26、1/1、狂歡節的週二
card MV(€50以上可使用、€100以上須收取手續費€3)

R Agata's Restaurant

米其林1星餐廳

　　於2015年獲得米其林1星的美食餐廳，套餐方案為5道菜套餐€129、7道菜套餐€159。在新鮮的肉類、魚類料理中搭配著色彩鮮豔的當季蔬菜，供饕客大快朵頤。

餐廳　　　　　MAP ◆ 地圖外
住Kirchfeldstr. 59
☎(0211) 20030616
網www.agatas.de
營週二～六　18：00～22：00
休週日・一
card AMV

R Weinhaus Tante Anna

名為安娜婆婆的高級餐廳

　　改建自16世紀老教堂，內裝沉穩，建議最好事先訂位。單點主菜價位約落在€30左右，4道菜套餐€70、5道菜套餐則為€86。並有蔬菜及魚類料理，葡萄酒單亦十分豐富。

德國料理　　　MAP ◆ P.124-A2
住Andreastr. 2
☎(0211) 131163
網www.tanteanna.de
營週二～六　18：00～23：30
　　(L.O. ～21：00)
休週日・一・節日
card AJMV

C Café Heinemann

最適合當禮物的絕品香檳松露巧克力

　　1932年創業的自製蛋糕與巧克力名店，其中香檳松露巧克力Champagne-Trüffel最受歡迎。2樓為寬闊的咖啡店座位，最適合購物之餘小歇一番，也可在此用餐。圖片中為絕品的香檳松露奶油蛋糕和壺裝咖啡。

咖啡館　　　　MAP ◆ P.125-B3
住Martin-Luther-Platz 32,
　Vereinsbank Passage(入口在Blumenstr.側)
☎(0211) 132535
網www.konditorei-heinemann.de
營週一～五　9：00～18：30、週六9：00～18：00、週日10：00～18：00
休12/25・26、1/1　card ADMV

R Naniwa

德國人也來排隊的拉麵店

　　開店前就有人排隊的熱門拉麵店，並有許多德國客人，圖片中的味噌拉麵€10.80、煎餃€5.60，還有其他豐富菜色。

日本料理　　　MAP ◆ P.125-B3
住Oststr. 55
☎(0211) 161799
網www.naniwa.de
營週二・三・五～日　11：30～20：30
　　(最後點餐～21：30)
休週一・四
card MV

HOTEL ✤ 杜塞道夫的住宿

　　杜塞道夫由於高度商業化，因而較少便宜住宿，尤其是會展期間（可上 www.messe-duesseldorf.de查詢）住宿價格更是飆漲，幾乎所有飯店都以最高定價收費，建議會展期間可住宿周邊城市，再以當天來回方式遊覽杜塞道夫。

　　中央車站舊城區側出口往左斜前方延伸的Graf-Adolf-Str.街周邊，以及與其交叉的Oststr.街周邊，有數間中級飯店。

H Steigenberger Parkhotel

秉持一貫傳統服務

　　飯店位於王宮花園南側，鄰近德國萊茵歌劇院，是一間堅持傳統與服務的高級飯店。地處觀光及購物便利位置，備有無線網路（公共區域免費，房間內則須收費）。

高級飯店　　　MAP ◆ P.124-B2
住Königsallee 1a　D-40212
☎ (0211) 13810
FAX (0211) 1381592
URL www.duesseldorf.steigenberger.com
費⑤€205～　①€225～
　早餐另計€34
card A D J M V

H Living Hotel De Medici

擁有350年歷史的美術館飯店

　　與最後的梅迪奇家族成員安娜·瑪麗亞·路易莎Anna Maria Luisa有淵源的飯店。由17世紀的修道院所改裝的建築物裡，裝飾著許多美術品，備有免費無線網路。

高級飯店　　　MAP ◆ P.124-A2
住Mühlenstr. 31　D-40213
☎ (0211) 160920
FAX (0211) 16092900
URL www.deraghotels.de
費⑤€205～　①€239～
card A D J M V

H Nikko

商務人士的最愛

　　位於Immermannstr.街上的高級飯店，11樓設有室內泳池與健身房、SPA等設施，可充分放鬆。飯店內附設鐵板燒餐廳，備有免費無線網路。

高級飯店　　　MAP ◆ P.125-B3
住Immermannstr. 41　D-40210
☎ (0211) 8340
URL www.claytonhotelduesseldorf.com
費⑤①€109～
　早餐另計€29
card A D J M V

H Motel One Düsseldorf-Hauptbahnhof

鄰近車站、方便的中級飯店

　　從中央車站步行僅5分鐘距離，設備性價比高，不過房間較小，兩人同住略嫌狹窄。座落在日本和亞洲商店林立的Immermannstr.街上，非常便利，並備有免費無線網路。

中級飯店　　　MAP ◆ P.125-B4
住Immermannstr54　D-40210
☎ (0211) 3020570
URL www.motel-one.com
費⑤€79～　①€99～
　早餐另計€13.50
card A D M V

H Backpackers Düsseldorf

便宜住宿首選

　　距中央車站徒步約15分鐘，也可從中央車站搭往Hafen/Lausward方向的732號巴士，約6分鐘在Corneliusstr.下車。備有共用廚房與網路（免費），提供簡單早餐。宿舍房為男女混合式。

青年旅館　　　MAP ◆ P.124-B2外
住Fürstenwall 180　D-40215
☎ (0211) 3020848
URL www.backpackers-duesseldorf.de
費含早餐的宿舍房（4～6人房）
　€17.50～、週五·六€21～　床單€3
card M V

查理曼大帝熱愛的古老溫泉鄉

亞琛

Aachen

大教堂內的馬賽克裝飾

世界遺產大教堂周圍充滿古樸風味

位於德國最西邊的城鎮亞琛,自西元前3世紀即被羅馬人設為溫泉區,之後日耳曼民族支派法蘭克民族移居此地,並將此取名為Ahha,Ahha為水的意思。

法蘭克族的查理曼大帝十分喜愛此地,甚至將此作為法蘭克王國的首都,並在此度過大部分的晚年時光。

 漫遊

市區景點多集中在舊城區,徒步遊覽即綽綽有餘,雖有巴士開往舊城區,但從中央車站徒步也只需10分鐘左右。背對著車站,往右斜前方沿伸的車站大街Bahnhofstr.行進,在劇院街Theaterstr.左轉,盡頭處可看到市立劇院Stadttheater,過了劇場往右前進則可看到❶所在地的腓特烈威廉廣場Friedrich-Wilhelm-Platz,在❶處轉彎則可看見大教堂Dom的塔樓,幾乎所有市區的景點都集中在此區。

大教堂南側有許多餐廳

科隆與魯爾區 ▼ 亞琛Aachen

MAP ◆ P.108-B1

人　口	24萬8900人
區域號碼	0241

ACCESS

火車:從科隆搭ICE特快列車約35分鐘,RE約50分鐘。

❶**亞琛的遊客中心**
🏠Friedrich-Wilhelm-Platz
　D-52062 Aachen
☎(0241) 1802950
🌐www.aachen-tourismus.de
🕐週一~六　10:00~18:00
　週日　　　10:00~15:00
　(1~3月週六10:00~14:00、
　週日公休)

131

主要景點

世界遺產
亞琛大教堂
（1978年登錄）

●大教堂
📍 Domhof 1
🌐 www.aachenerdom.de
🕐 週一〜五　11：00〜19：00
　　週六　　13：00〜19：00
　　週日　　13：00〜17：45
※禮拜時暫停對外開放。
💰 €1。導覽€5（請至珍寶館前
　的服務櫃台申請）

●珍寶館
📍 Johannes-Paul-Ⅱ-Str.
🌐 www.aachener-domschatz.de
🕐 1〜3月
　　週一　　　10：00〜14：00
　　週二〜日　10：00〜17：00
　　4〜12月
　　週一　　　10：00〜14：00
　　週二〜日　10：00〜18：00
🚫 狂歡節期間、耶穌受難日、
　12/24・25・31、1/1　💰 €6

驚嘆絕美建築 大教堂
Dom
世界遺產 ★★★

　　亞琛大教堂為德國第一個被登錄為世界遺產的地點，可謂德國文化的泉源。從西元786年查理曼大帝著手建設，814年查理曼大帝逝世後也埋葬於此。西元936年至1531年長達600年的時間，舉辦了30位神聖羅馬帝國皇帝的加冕儀式，因此有了凱薩大教堂（皇帝的教堂）的別名。

　　25m高的彩繪玻璃禮拜堂裡，鍍金的主祭壇、天使馬賽克裝飾、聖母瑪麗亞浮雕等，展現出令人目不暇給的絕美世界。另外，參加導覽行程則可以參觀查里曼大帝的王座。

彩繪玻璃的禮拜堂

查理曼大帝的金色半身像

八角型的天花板同樣金碧輝煌

 Specialty

亞琛香料餅

　　亞琛的名產香料餅Aachener Printen是一種餅乾點心，近似於蜂蜜薑餅Lebkuchen（→P.141），在大教堂周邊的麵包店都可以買到，尤其以1858年創業的老店Nobis（📍Münsterplatz 3　🌐nobis-printen.de）種類最為豐富，店內還附設咖啡座。

依店家不同而有各式各樣的香料餅

緊鄰大教堂的麵包店Nobis

小袋裝的香料餅Aachener Printen

MEMO 科文博物館（📍Hühnermarkt 17　🌐www.couven-museum.de）內展示了科文兄弟所收藏的洛可可時期家具、日用品等，可清楚認識18〜19世紀當時的生活文化。　🕐10：00〜17：00（第1個週六13：00〜）　🚫週一

科隆與魯爾區 ▼ 亞琛Aachen

而位於教堂西側的珍寶館Domschatzkammer內，則展示了查理曼大帝的金色半身像、裝飾著大顆寶石的十字架等查里曼大帝和帝國全盛時期所留下的寶貴收藏。

蘇爾蒙特·路德維希博物館
Suermondt-Ludwig-Museum ★★

博物館外觀雖不起眼，館內卻有十分豐富的收藏展品，包含繪畫及版畫、素描、中世紀末期德國與提洛Tirol地方的宗教木雕像等珍貴作品。

優雅氣氛的溫泉設施**卡羅斯溫泉**
Carolus Thermen ★★

位於市立公園一角的大型溫泉設施，溫泉水富含鈉、鐵、碳酸氫鹽等礦物質，對於風濕及婦女病、手術後復建等都有功效。設有水溫33℃的大型溫泉池與噴泉池、三溫暖、按摩池、水療池等，也非常適合遊客前往使用。

● 蘇爾蒙特·路德維希美術館
住Wilhelmstr. 18
URL www.suermondt-ludwig-museum.de
開週二～日 10：00～17：00
休週一 費€6

● 卡羅斯溫泉
住Stadtgarten / Passstr. 79
URL www.carolus-thermen.de
營每日9：00～23：00（最後入場時間為21：30，泡湯至22：40為止）
費3個半小時內€14（含三溫暖€30）、週六·日·節日各€16（€34），入場限6歲以上。

推薦的住宿

H Pullman Quellenhof
住Monheimsallee 52
URL www.pullman.accorhotels.com

H Benelux
住Franzstr.21-23
URL www.hotel-benelux.de

Excursion → 訪問埃菲爾的珍珠 蒙紹

埃菲爾地區（● P.50-A1～A2）的範圍含括科布倫茨西部至亞琛Aachen、特里爾Trier一帶，有著起伏多變的埃菲爾山，及茂密的森林與火山湖泊等自然景觀，立於山谷間的城市更是充滿魅力。這裡的公共交通不甚方便，因此在台灣還鮮少有人知道。在埃菲爾地區中，以石板屋銀色建築林立的蒙紹Monschau是最知名的觀光小鎮。

在終點站下車後，沿著道路慢慢往前進，來到城鎮的中心。在第一座橋前，有一座富麗堂皇的建築，名為Rothes-Haus，其內部

左邊為以紅色房子為名的Rothes-Haus

為美麗洛可可風格的博物館。過橋之後，在市集廣場前有一座小橋，從這座橋上可以看到一排排的沿著河岸興建的房屋，被譽為蒙紹最美的風景。讓人想漫步在這座彷彿時間暫停的寧靜小鎮。

❶ 蒙紹遊客中心
住Stadtstr. 16 D-52156 Monschau
☎ (02472)80480 URL www.monschau.de
開10：00～13：00、13：30～16：00（4～10月至～17：00）
交通從亞琛中央車站前搭乘SB63號巴士約30分鐘，於Post,Roetgen轉乘SB66約20分，在終點Monschau Parkhaus下車。

市集附近的橋樑是絕佳的拍照點

擁有世界遺產煤礦場，同時也是魯爾地區的中心都市

埃森

Essen

柏林●

★埃森

法蘭克福●

慕尼黑●

MAP ◆ P.108-A2

人　　口	58萬2400人
區域號碼	0201

ACCESS

火車：從科隆搭乘IC或ICE
特快列車約55分，從多特蒙
德則約25分。

❶埃森的遊客中心
住Kettwiger Str. 2-10
　D-45127 Essen
☎(0201) 8872333
URL visitessen.de
開 週一〜五　10：00〜18：00
　 週六　　　10：00〜14：00
　（冬季營業時間縮短）

🌐**世界遺產**
埃森郊區
關稅同盟煤礦工業建築群
（2001年登錄）

●弗柯望博物館
住Museumsplatz 1
URL www.museum-folkwang.
de
開 週二〜日　10：00〜18：00
　（週四・五〜20：00）
費 常設展免費，特展須付費

●關稅同盟煤礦工業建築群
住Gelsenkirchener Str. 181
交通 從埃森中央車站地下月台
搭乘往Gelsenkirchen方向的
107號路面電車約20分，於
Zollverein下車即達。
URL www.zollverein.de

包浩斯風格的關稅同盟煤礦工業建築群，被譽為世界最美的煤礦建築

　　埃森是鋼鐵工業財團Krupp的總部據點，自戰前便為魯爾
地區中心都市而繁榮興盛，其主要景點分散在中央車站南北
兩側。

　　從中央車站往南走15〜20分鐘左右可看到弗柯望博物館
Museum Folkwang，裡面收藏了許多法國印象派及德國表
現主義的珍貴名畫。

　　此外位於市中心西北方約4km處的關稅同盟煤礦遺跡
Zollverein，是埃森最後一個煤礦場，一直到1986年才停止
開採，廣大腹地內設立了Kokelei工廠及博物館、藝廊、設計
中心等而成為複合式文化設施景點。

　　這裡的主要參觀重點，就是進正門後直走到最內側的
大型博物館魯爾博物館Ruhr
Museum，裡面詳細展示介紹
魯爾地區的相關產業、自然、歷
史、文化等。

　　對設計有興趣的話，絕對不
可錯過紅點設計博物館red dot
design museum。

魯爾博物館外牆設置了全長58m的電
扶梯，最上層設有售票處、商店與咖啡
館等

維爾廷斯球場　VELTINS-Arena
URL www.veltins-arena.de（德）

　　球場位於埃森郊區的蓋爾森基興Gelsenkirchen，
為沙爾克04足球隊FC Schalke 04的主場。
交通 從埃森中央車站搭乘的RE快速或Ⓢ2列車約10
分鐘，在蓋爾森基興中央車站下車。之後在中央車站
地下月台轉乘往Buer Rathaus的302號路面電車，
約15分在VELTINS-Arena下車，從車站徒步至球場
約3分鐘。

MEMO 波鴻Bochum（◎Map109-A3）為煤礦和足球的城市。前往波鴻足球會Vfl Bochum 1848的主場地雷維爾電力體
育場Rewirpower Stadion，可從波鴻中央車站搭乘308或318號路面電車，約3分在Vonovia Ruhrstadion下車。

多特蒙德
Dortmund

車站前聖彼得教堂的塔樓

柏林 ●
★多特蒙德
●法蘭克福
慕尼黑 ●

MAP ◆ P.109-A3	
人 口	58萬7700人
區域號碼	0231

ACCESS

火車：從科隆搭IC、ICE約1小時10分，從埃森則約25分鐘，從法蘭克福約2小時35分（中途須轉乘），從杜塞道夫則約50分鐘。

❶多特蒙德的遊客中心
Kampstr. 80
☎（0231）189990
URL www.visitdortmund.de
開 週一～五　10:00～18:00
　　週六　　　10:00～15:00

●德國足球博物館
Platz der Deutschen Einheit 1
URL www.fussballmuseum.de
開 週二～日　10:00～18:00
　（入場至閉館前1小時為止）
休 週一
費 €19、學生€14

推薦的住宿

NH Dortmund
Königswall 1　D-44137
URL www.nh-hotels.com

Hotel Esplanade
Burgwall 3　D-44135
URL www.esplanade-dortmund.de

從車站前步行不久即可看到德國足球博物館

多特蒙德過去曾是漢薩同盟的歷史城市，現在則是十分現代化的工商業都市，與慕尼黑同為知名啤酒城市，來到這裡絕對不可錯過品嘗新鮮現釀的美味啤酒。

購物人聲鼎沸的Kampstr.街

出了中央車站南出口後，往站前廣場直走，沿著行人專用的大階梯往聖彼得教堂塔樓前進，走到盡頭便可看到行人徒步購物街Kampstr.街。東西向延伸的Kampstr.街與舊市集Alter Markt周邊，是多特蒙德的市中心，百

可看到高45m世界最大耶誕樹的耶誕市集

貨公司及購物商場、餐廳林立，而多特蒙德足球隊的球迷專賣店也設在舊市場。

鄰近中央車站的藝術文化博物館Museum für Kunst und Kulturgeschichte內，則展示了各時代的繪畫、雕像、家具等收藏品。

足球・球場情報　**西格納伊度納公園球場 Signal Iduna Park**（舊名為威斯法倫體育場Westfalenstadion）
URL www.bvb.de（多特蒙德足球隊官網）

交通從多特蒙德中央車站搭 U 45往Westfalenhallen方向，車程約10分在終點下車，徒步約8分鐘，比賽期間則行駛到球場附近的Stadion站。也可搭DB的RB（普通列車）在車程約5分鐘的Dortmund Signal Iduna Park站下車，徒步約5分鐘可至。

擁有歐洲最大的球門後站位看台，相當壯觀

明斯特

Münster

莊嚴的大教堂

柏林 ●
★
明斯特
法蘭克福 ●
慕尼黑 ●

MAP ◆ P.109-A3	
人　口	31萬6400人
區域號碼	0251

ACCESS

火車：從科隆搭乘ICE特快列車約1小時45分。

❶明斯特的遊客中心
🏠Heinrich-Brüning-Str. 7
☎(0251) 4922726
🌐www.stadt-muenster.de
🕐週一～五　　8：00～18：00
　週六　　　 9：00～16：00

●市政廳　和平廳
🏠Prinzipalmarkt 10
🕐週二～五　10：00～17：00
　週六・日・節日10：00～16：00
※舉辦公共活動時暫停對外開放。
💰€2、學生€1

教堂內部附有天文時鐘的音樂鐘，平日12:00及週日・節日的12:30會轉動

推薦的住宿

🅷Kaiserhof
🏠Bahnhofstr. 14　D-48143
☎(0251) 41780
📠(0251) 4178666
🌐www.Kaiserhof-muenster.de
💰Ⓢ€99～　Ⓣ€119～
　早餐另計€19.50
card ＡＤＭＶ
飯店位於中央車站斜對面，氣氛古典設備完善，附設空調及收費無線網路。

充滿歷史餘韻的市政廳（圖中央建築）

　　提到明斯特，就讓人想起世界史課本上的「西發里亞和約Peace of Westphalia」，結束三十年戰爭的和平條約便是於西發里亞地區的明斯特（與奧斯納布魯克Osnabrück）簽訂發布而得名。

　　從車站正對面的溫特霍斯特街Windthorststr.徒步500m左右，接著從熱鬧的徒步區Ludgeristr.街往北則可看到市政廳Rathaus，當年簽訂西發里亞和約的和平廳Friedenssaal即位於市政廳內，此外❶也位於此處，而市政廳所在地普林齊帕爾市集廣場Prinzipalmarkt北側的博爾根街Bogenstr.上，則有許多北方文藝復興樣式的優雅建築林立。

　　建於13世紀的大教堂Dom，是德國哥德式建築的代表之一，教堂前廣場每週三與週六則有蔬果市集。

　　而市區西南方的阿湖Aasee湖畔，則有米倫霍夫露天博物館Mühlenhof-Freilichtmuseum。

城堡
Schloss
（大學）
珍寶館
Domkammer
蘭貝提教堂
Lambertikirche
大教堂
Dom
市政廳
Rathaus ❶
邦立博物館
Landesmuseum
Mauritz hof
Feldmann
Central
Servatiipl.
Kaiserhof
Ludgerikirche
中央車站
明斯特
MÜNSTER
0　100 200m
往米倫霍夫露天博物館、
天文館、動物園
Berliner Platz
郵局
••••• 觀光範例路線

MEMO 中央車站旁有一座玻璃建築，可容納3300輛自行車，為德國最大的自行車停車場（🌐www.radstation.de），由於整座城市自行車道建設完善，還有4.5km的自行車專用環狀車道，可租輛自行車（可在停車場內租借）享受騎乘樂趣。

沿著科赫爾河建造美麗木造建築的施韋比施哈爾

海德堡與古堡大道
Heidelberg / Die Burgenstraße

Wollmäuse?

重現中世紀氛圍的職人廣場
（紐倫堡）

紐倫堡的耶誕天使，聖嬰Christkind

擁有德國最古老大學、學生街上活
力滿載的海德堡

Wuff

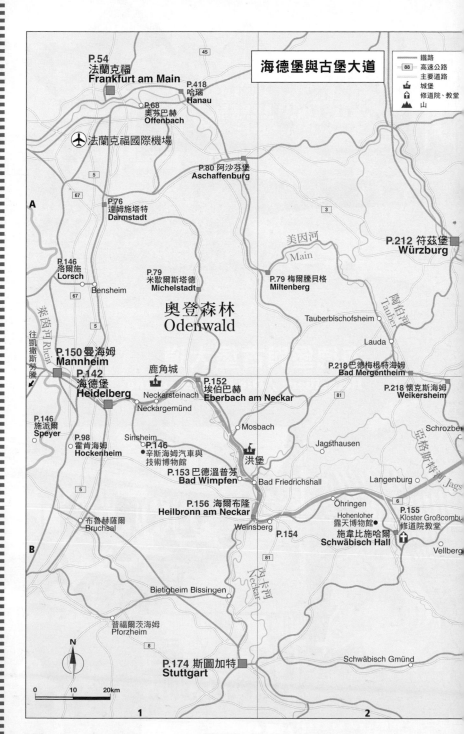

海德堡與古堡大道

P.54
法蘭克福
Frankfurt am Main

45

P.418
哈瑙
Hanau

P.68
奧芬巴赫
Offenbach

✈ 法蘭克福國際機場

P.80 阿沙芬堡
Aschaffenburg

P.76
達姆施塔特
Darmstadt

A

5

67

P.212 符茲堡
Würzburg

美因河
Main

P.79
米歇爾斯塔德
Michelstadt

P.79 梅爾騰貝格
Miltenberg

3

P.146
洛爾施
Lorsch

67

Bensheim

奧登森林
Odenwald

Tauberbischofsheim

Lauda

萊茵河 Rhein

往凱撒勞騰

5

P.150 曼海姆
Mannheim

P.142
海德堡
Heidelberg

鹿角城

Neckarsteinach

Neckargemünd

P.152
埃伯巴赫
Eberbach am Neckar

81

P.218 巴德梅根特海姆
Bad Mergentheim

P.218 懷克斯海姆
Weikersheim

陶伯河 Tauber

Schrozbe

P.146
施派爾
Speyer

P.98
霍肯海姆
Hockenheim

Sinsheim

P.146
辛斯海姆汽車與
技術博物館

Mosbach

洪堡

Jagsthausen

雅格斯特河 Jags

5

P.153 巴德溫普芬
Bad Wimpfen

Bad Friedrichshall

Langenburg

6

P.156 海爾布隆
Heilbronn am Neckar

Weinsberg

P.154

Öhringen

Hohenloher
露天博物館
施韋比施哈爾
Schwäbisch Hall

P.155
Kloster Großcombu
修道院教堂

B

布魯赫薩爾
Bruchsal

81

內卡河 Neckar

Vellberg

Bietigheim Bissingen

普福爾茨海姆
Pforzheim

N

8

P.174 斯圖加特
Stuttgart

Schwäbisch Gmünd

0   10   20km

鐵路
88 高速公路
主要道路
城堡
修道院、教堂
山

1   2

P.215
巴德基辛根
Bad Kissingen

科堡
Coburg

Kronach

Küps

Lichtenfels

P.166 庫爾姆巴赫
Kulmbach

Schweinfurt

美因河 Main

70

70

P.167 拜羅伊特
Bayreuth

P.164 班堡
Bamberg

3

Ebermannstadt

Gößweinstein

Pottenstein

Forchheim

73

9

黑措根奧拉赫
Herzogenaurach

埃爾朗根
Erlangen

7

Fürth

P.222
克雷格林根
Creglingen

P.157 紐倫堡
Nürnberg

6

P.219
羅騰堡
Rothenburg ob der Tauber

Colmberg

3

P.161 安斯巴赫
Ansbach

古堡大道

Schillingsfürst

Lichtenau

6

Neumarkt

Abenberg

Roth

Wolframs Eschenbach

7

Feuchtwangen

9

Crailsheim

P.227
丁克爾斯比爾
Dinkelsbühl

7

柏林

法蘭克福

P.230 納德林根
Nördlingen

Aalen

慕尼黑

Harburg

多瑙河 Donau

Donauwörth

3

4

139

海德堡與
古堡大道

　　德國擁有許多古堡，從車子及火車內眺望山丘上的古堡景色如畫般優美，古堡大道起點為曼海姆Mannheim，接著是以大學與古堡聞名的海德堡Heidelberg，並經過內卡河溪谷的小城與村莊，一直連接到羅騰堡Rothenburg ob der Tauber、紐倫堡Nürnberg，之後越過國界延續到捷克的布拉格，

是一條國際的觀光街道。古堡大道公共交通雖不方便，不過卻更能看到另一種未經觀光化的樸實德國風光，兩旁分布70座以上的城堡及宮殿，訴說著浪漫的中世紀傳說與故事。

上／在屋外享受悠閒氣氛的人們（紐倫堡）
下／擁有羅曼蒂克氛圍的城市海德堡

交通方式

　　從海德堡延伸到海爾布隆的內卡溪谷沿岸，有許多美麗的城堡，與不同韻味的萊茵河沿岸古堡不分軒輊，海德堡可說是古堡大道的重點城市，也是作為城堡及城堡周邊城市的最佳起點。書中介紹的城市從海德堡有直達車或可換車前往，不過班次較少。

　　若是內卡溪谷夏季遊覽，則有從海德堡到赫塞豪恩Hirschhorn與埃伯巴赫Eberbach am Neckar的觀光船行駛（限定日期行駛）。

　　其中最方便的就屬租車，從海德堡起始的國道37號線沿著內卡河沿路行駛，可欣賞沿線的美麗風光，也能輕鬆前往古堡改建的旅館及餐廳。

住宿導覽

　　此區除海德堡與紐倫堡外較少大型飯店，幾乎都是小型住宿設施。來到古堡大道一定要去住一晚古堡飯店，不過夏季訂房須提早，此外部分古堡飯店冬季公休，須特別注意。

葡萄園包圍下的洪堡（→下方MEMO）

從海德堡經埃伯巴赫前往海爾布隆的列車上，可遠眺巴德溫普芬街景

MEMO Burghotel Hornberg（匯Neckarzimmern D-74865 ●Map P.138-B1 ☎ (06261) 92460 圓www.burg-hotel-hornberg.de）以歌德作品筆下人物騎士格茨Götz，度過晚年的歷史為人所知，現在的城主是1612年就存在

名產與美食

　　東西狹長的古堡大道，每個區域都擁有當地的特產美酒，內卡河溪谷沿岸有許多葡萄園，是葡萄酒的知名產地，部分古堡飯店及餐廳還有自製葡萄酒，其中又以洪堡古堡飯店（→P.140MEMO）最為有名。

　　而啤酒迷則不可錯過紐倫堡、班堡Bamberg、庫爾姆巴赫Kulmbach的當地啤酒，中指大小的紐倫堡香腸更是美味絕品。此外，名為薑餅Lebkuchen的硬式

設計相當復古的巧克力「海德堡學生之吻」

班堡當地的煙燻啤酒

左／以炭火烤得香酥的紐倫堡香腸
下／將紐倫堡香腸夾在麵包中品嚐也相當推薦

餅乾是紐倫堡的知名點心，海德堡的名產則是稱為「海德堡學生之吻Heidelberg Studentenkuß」（→P.148）的夾心巧克力。

薑餅是加了辛香料的餅乾

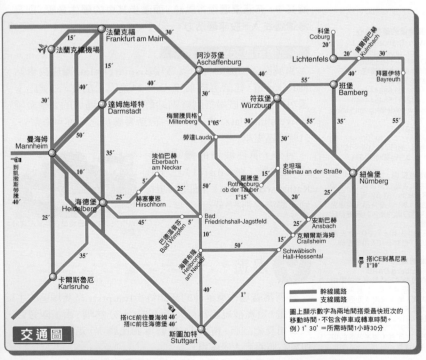

法蘭克福 Frankfurt am Main
法蘭克福機場
15´　30´
15´
40´　40´
30´　40´
達姆施塔特 Darmstadt
梅爾騰貝格 Miltenberg
1°05´
勞達 Lauda
30´
阿沙芬堡 Aschaffenburg
40´
符茲堡 Würzburg
30´
科堡 Coburg
20´
利希騰費爾斯 Lichtenfels
庫爾姆巴赫 Kulmbach
20´　30´
班堡 Bamberg
40´
拜羅伊特 Bayreuth
55´
55´　35´　55´
30´
曼海姆 Mannheim
到凱撒斯勞騰 40´
50´
35´
10´
25´
海德堡 Heidelberg
埃伯巴赫 Eberbach am Neckar
赫塞霍恩 Hirschhorn
5´　25´
45´　5´
25´
巴德溫普芬 Bad Wimpfen
10´
50´
羅騰堡 Rothenburg ob der Tauber
1°15´
史坦瑙 Steinau an der Straße
15´
20´
安斯巴赫 Ansbach
25´
紐倫堡 Nürnberg
25´
Bad Friedrichshall-Jagstfeld
克賴爾斯海姆 Crailsheim
15´
50´
35´
卡爾斯魯厄 Karlsruhe
海爾布隆 Heilbronn am Neckar
Schwäbisch Hall-Hessental
40´
1°
搭ICE到慕尼黑 1°10´
搭ICE前往曼海姆 40´
搭IC前往海德堡 40´
斯圖加特 Stuttgart

幹線鐵路
支線鐵路

圖上顯示數字為兩地間搭乘最快班次的移動時間，不包含停車或轉車時間。
例）1°30´＝所需時間1小時30分

交通圖

如詩如畫的美麗景致
海德堡
Heidelberg

耶誕節時的市集廣場

柏林●

法蘭克福●

★ 海德堡

慕尼黑●

MAP ◆ P.138-B1	
人　口	15萬8700人
區域號碼	06221

ACCESS

火車：從法蘭克福中央車站搭乘ICE特快列車約50分，從曼海姆約10分。

❶海德堡的遊客中心
住 Willy-Brandt-Platz 1
　（am Hauptbahnhof）
　D-69115 Heidelberg
　位於中央車站前廣場。
◆ Map P.143-A1
☎（06221）5844444
AX（06221）584644444
URL www.heidelberg-marketing.de
開 4～10月
　週一～六　10：00～17：00
　週日・節日　10：00～15：00
　11～3月營業時間縮短

●市區交通
從中央車站往舊城區（到卡爾門Karlstor）的市區電車・巴士票為€1.80，上車後須先將車票插入門口處的橘色打票機打印時間。
1日券1人用€7.20、2人用€9.80，也有3～5人用的票券。

●海德堡卡
Heidelberg CARD
在有效期限內無限次搭乘市區大眾運輸工具，並且包含城堡入場、纜車單次來回套票的海德堡卡Heidelberg CARD，1日券€21、2日券€23，也有推出4日券與家庭券（使用期限為2天）。可在中央車站前的遊客中心購買。

從哲學家之道眺望海德堡城堡與舊城區

　位於萊茵河支流內卡河Neckar沿岸的海德堡，擁有德國最古老的大學，還有山間古堡與巴洛克風格街景，自18世紀起便有歌德及荷爾德林Friedrich Hölderlin、蕭邦等諸多詩人及藝術家造訪，因而有許多稱頌海德堡的作品誕生。

　海德堡市中心有著充滿歷史感的學生酒吧與古董店等點綴其中，充滿濃濃復古風味，而漫步其中的學生身影，則為海德堡注入一股年輕活力。

海德堡市區交通

　舊城區入口處的俾斯麥廣場Bismarckplatz離中央車站約1.5km遠，建議可搭乘32、33、34號巴士前往，32號巴士還可從俾斯麥廣場搭到終點站舊城區中心區域的大學廣場Universitätsplatz，中央車站～俾斯麥廣場之間亦可搭乘5、21號市區電車。

　另外，前往城堡的纜車站可搭乘33號（往Köpfel）巴士在Rathaus/Bergbahn下車即達，步行到市集廣場則約5分鐘。

以中央車站旁巴士站作為城市之旅起點

 漫遊

　俾斯麥廣場往東延伸的豪浦特街Hauptstr.是舊城區的主要街道，這裡被規劃為行人徒步區，十分熱鬧，街道兩旁百貨公司及禮品店、精品店、餐廳等櫛比鱗次，走上10分鐘即可於右側看到大學廣場。

　繼續沿著豪浦特街走，不久則可看到市集廣場Marktplatz，

MEMO 從曼海姆搭乘S-Bahn（S1、2）於海德堡中央車站前2站的Heidelberg Altstadt站（卡爾門的東側）下車，步行約10分即可看見市集廣場，車站內並無寄物櫃。

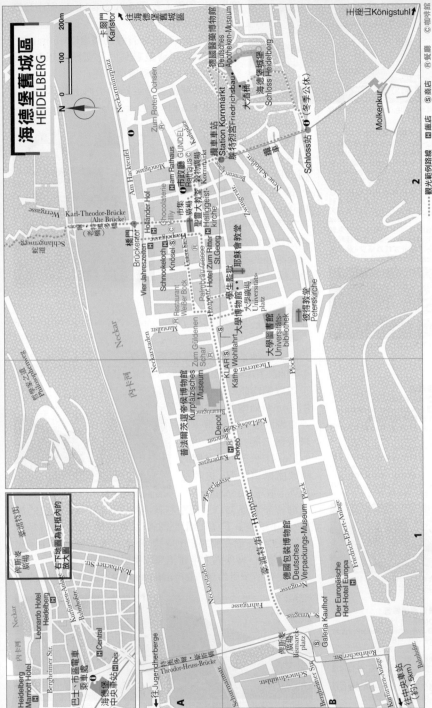

143

舊城區的中心，市集廣場與聖靈大教堂

● **漫步哲學家之道**
從卡爾‧特奧多橋延伸的蛇道坡度相當陡，建議可以從鄰近伸斯麥廣場的特奧多‧豪斯橋Theodor Heuss Brücke附近的哲學家之道往上走，欣賞對岸市區風光後再從蛇道往下走回舊城區，走起來較為輕鬆，又能充分欣賞沿途美麗風光。另外由於早上逆光，建議拍照最好下午順光時效果較佳。特別要提醒氣候不佳時或傍晚後遊客較為稀少，最好避免該時段單獨前往。

在寧靜的哲學家之道上漫步

● **纜車**
🔲Map P.143-B2
🌐www.bergbahn-heidelberg.de
前往纜車站的交通
從中央車站前搭乘33號巴士（往Köpfel），約15分在Rathaus/Bergbahn下車即達。另外也可以從中央車站搭乘S-Bahn在第2站Heidelberg Altstadt下車，徒步約10分鐘。
🎫到城堡來回車資含城堡門票
€9、學生€4.50

纜車從Schloss站行駛到王座山的瞭望台

● **海德堡城堡**
🔲Map P.143-B2
🌐www.schloss-heidelberg.de
🕐9：00～18：00
（入館至17：30為止）
🎫€9、學生€4.50（可參觀城堡中庭與大酒桶，並且可進入德國醫藥博物館）
城堡內每天有4～6場導覽行程（須另收€6）可參加。

廣場上有聖靈大教堂Heiliggeistkirche與市政廳Rathaus等景點。

再往下走，右側則有穀物廣場Kornmarkt，從穀物廣場可清楚看到海德堡城堡景觀，想登上城堡的人可搭乘纜車前往。

逛完舊城區後可走過內卡河上的卡爾‧特奧多橋Karl-Theodor-Brücke，從對岸欣賞海德堡的歷史街景，爬上有蛇道Schlangenweg之稱的陡坡，徒步約15分鐘便可抵達知名的哲學家之道Philosophenweg，是海德堡擁有最佳視野的景點之一。漫步在這條歌德及眾多詩人、哲學家曾踏過的小路上，可欣賞到令人屏息的迷人風光。

卡爾‧特奧多橋亦稱作老橋

📷 主要景點

俯瞰海德堡的壯麗城堡 海德堡城堡
Schloss Heidelberg ★★★

市政廳南側的穀物廣場Kornmarkt南側，從附設停車場的建築內有纜車往來城堡之間，在第一站的Schloss下車後可於右側的購票處購買門票，接著徒步登上城堡約15分鐘。

海德堡城堡中庭景觀

海德堡城堡為13世紀左右普法爾茨伯爵Pfalz居住的城堡，在不斷擴張下，融合了哥德式、文藝復興、巴洛克等多樣化建築樣式。而在歷經三十年戰爭、普法爾茨繼承戰爭及火災等破壞下，城堡內大半建築呈現半廢墟狀態。

而從弗里德里希堡Friedrichsbau的陽台眺望舊城區的景

從城堡露台欣賞視野遼闊的舊城區景色

葡萄酒大酒桶前的弄臣Perkeo雕像

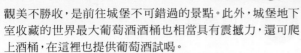

觀美不勝收,是前往城堡不可錯過的景點。此外,城堡地下室收藏的世界最大葡萄酒酒桶也相當具有震撼力,還可爬上酒桶,在這裡也提供葡萄酒試喝。

城堡內並設有德國醫藥博物館Deutsches Apotheken-Museum,裡面展示了中世紀到現代的醫藥歷史。

一窺王公貴族生活 普法爾茨選帝侯博物館

Kurpfälzisches Museum　　　　★★

博物館位於18世紀初期建造的巴洛克樣式宮殿內,收藏以15～18世紀的美術品為主,其中里門施耐德Tilman Riemenschneider的木雕十二使徒祭壇(1509年)是絕不可錯過的藝術作品,此外還有近郊挖掘出土、推測約為50萬年前的原始人「海德堡人Homo heidelbergensis」的骨頭,以及城市相關歷史展示介紹。

海德堡大學與學生監獄

Universität und Studentenkarzer　　　　★

面對大學廣場的校舍兼大學博物館

海德堡大學是德國最古老的大學,創立於1386年,歷年來共有8個人得到諾貝爾獎,可說人才輩出。大學廣場周邊有許多自古保存至今的大學建築,其中大學博物館Universitätmuseum所在的建築同時也是大學校舍,因此附近可見許多學生的身影。大學博物館後方小巷則有於1712～1914年之間使用的學生監獄Studentenkarzer,現今亦對外開放參觀。過去由於大學內享有治外法權,學生即使在市區引起動亂,警察也無法介入,學校當局因而建造了學生監獄。牆壁及天花板上可看到許多塗鴉,可看到當時被監禁的學生所描繪的剪影畫像,

或是當時被控訴的罪狀,及被監禁的時間等,裡面充滿著許多年輕人憑藉著熱血激情(?)所寫下的充滿幽默與機智的理想與目標。
令人印象深刻的學生監獄塗鴉剪影畫像

德國包裝博物館

Deutsches Verpackungs-Museum　　　　★

這裡是歐洲唯一一所以包裝為主題的博物館,裡面介紹了從19世紀左右到現代的餅乾及巧克力、清潔劑、飲料等德國令人熟悉的罐子、瓶子、箱子等各種包裝,最適合包裝設計迷前往參觀。走進豪浦特街上門牌22號的建築通道,爬上裡面的樓梯就能抵達博物館入口。

●**德國醫藥博物館**
🏠Map P.143-B2
🌐www.deutsches-apotheken-museum.de
🕐11～3月　　10：00～17：30
　4～10月　　10：00～18：00
　(入場至閉館前20分為止)
💰包含在城堡門票內

重現了18世紀初修道院附設藥局等古老藥局的內部

●**普法爾茨選帝侯博物館**
🏠Hauptstr. 97
🗺Map P.143-A1
🌐www.museum-heidelberg.de
🕐週二～日　　10：00～18：00
🚫週一、12/24・25・31、1/1、5/1、狂歡節的週二
💰€3、學生€1.80
　週日€1.80、學生€1.20
　入口位於中庭(附設餐廳)最前方。

●**學生監獄／大學博物館**
🏠Augustinergasse 2(學生監獄)、Grabengasse 1(大學博物館)
🗺Map P.143-B2
🕐**學生監獄**
　週三～六　　10：00～13：45
　　　　　　　14：15～18：00
博物館
　週一～六　　10：00～13：45
　　　　　　　14：15～18：00
💰€4、學生€3.50(與講堂、大學博物館共通,兩者休館日€3、學生€2.50)

學生監獄的入口與大學販賣部Uni-Shop相同

●**德國包裝博物館**
🏠Hauptstr. 22(im Innenhof)
🗺Map P.143-B1
🌐www.verpackungsmuseum.de
🕐週一～五　　13：00～18：00
　週六・日・節日11：00～18：00
🚫週一・二
💰€7

海德堡與古堡大道 ▼ 海德堡Heidelberg

郊區景點

世界遺產施派爾大教堂
Speyer

世界遺產

MAP◆P.138-B1

羅馬式教堂建築

從海德堡搭乘Ⓢ3前往施派爾車程約45分鐘，抵達後順著施派爾車站前的車站大街Bahnhofstr.往南約600m，接著在往東延伸的徒步區Maximilianstr.街盡頭，可看到建於1030年的施派爾大教堂Dom，教堂內擁有全德國最美的地下墓室，裡面共有4位皇帝與4位德意志帝國國王長眠於此。

卡洛林王朝時代遺跡洛爾施
Lorsch

世界遺產

MAP◆P.138-A1

前羅馬樣式的國王門

從海德堡搭乘IC特快列車約20分鐘，抵達本斯海姆Bensheim後轉搭往沃爾姆斯Worms方向的普通列車，約5分鐘即可抵達洛爾施。

從車站徒步約10分鐘，即可看到登錄世界遺產的8世紀建築洛爾施修道院Abbey and Altenmünster of Lorsch，現今只剩下國王門Königshalle（又稱作Torhalle）建築，附近並有博物館中心Museumszentrum。

占地遼闊的辛斯海姆汽車與技術博物館
Auto & Technik MUSEUM SINSHEIM

MAP◆P.138-B1

還可進入協和機、圖波列夫客機內參觀

辛斯海姆位於海德堡東南約20km。

辛斯海姆汽車和技術博物館Auto & Technik MUSEUM SINSHEIM的廣大腹地內放置了包含協和機在內共約50架飛機、約300台老爺車，以及F1賽車、軍用車、火車頭等各式各樣的交通工具，裡面還附設了IMAX劇院，有如主題公園一般，趣味十足。

前往博物館可於海德堡中央車站搭乘Ⓢ5，在車程約40分鐘處的Sinsheim-Museum/Arena下車，徒步約10分鐘可至。另外從博物館徒步前往TSG1899霍芬海姆足球俱樂部的主場萊茵・內卡競技場Rhein-Neckar-Arena，也只需10分鐘。

世界遺產

施派爾大教堂
（1981年登錄）
施派爾、沃爾姆斯和美因茲的猶太人社區
（2021年登錄）
→P.101

●施派爾大教堂
URL www.dom-zu-speyer.de
開 週一・四～六9：00～19：00
週二・三　9：00～17：30
週日・節日　11：30～17：30
11～3月
週一～六　9：00～17：00
週日・節日　11：30～17：00
費 大教堂免費，地下墓室€3.80、塔樓（僅4～10月開放）€6

世界遺產

洛爾施　洛爾施修道院
（1991年登錄）

●博物館中心（洛爾施）
住 Nibelungenstr. 32 D-64653
URL www.kloster-lorsch.de
開 週二～日　10：00～17：00
休 週一、部分節日
費 €3、學生€2

●辛斯海姆汽車與技術博物館
住 Museumsplatz　D-74889 Sinsheim
URL www.museum-sinsheim.de/
開 9：00～18：00
（週六・日・節日～19：00）
費 博物館€19、IMAX（3D劇院）聯合套票€24
在洛爾施還有同經營者的技術博物館Technikmuseum（URL speyer.technik-museum.de），展示太空船與U型潛艇等。

足球・球場情報

●萊茵・內卡競技場
Prezero-Arena
住 Dietmar-Hopp-Str. 1 D-74889 Sinsheim
URL www.achtzehn99.de
TSG1899霍芬海姆足球俱樂部（URL www.tsg-hoffenheim.de）的主場球場，共2萬1000個座位，站位可容納9150人。
交通 與辛斯海姆汽車與技術博物館的最鄰近車站一樣，皆為Sinsheim-Museum/Arena，下車後徒步15～20分。比賽當天在隔壁車站Sinsheim (Elsenz) Hauptbahnhof前的巴士總站，會有接駁車前往球場。

RESTAURANT �֎ 海德堡的餐廳

豪浦特街Hauptstr.與市集廣場Marktplatz周邊有許多餐廳，其中歷史悠久的酒館Zum Roten Ochsen已經成為知名觀光景點之一，有許多旅行團前往消費，一到晚上總是擠滿客人，若想安靜享受美食及美酒的遊客，建議最好避開晚上時段。

此外舊城區也有許多店家，不過一到週末（週五～日）夜晚也是人潮洶湧，建議最好事先預約或提早前往用餐。

R Restaurant Weißer Bock

舊城區中寧靜的一處

位在舊城區飯店1樓的中高級餐廳，氣氛沉穩的裝潢與美味的德國料理深獲好評，主餐的肉類料理€28～，魚類料理€32.50～，蔬果料理€24.90～。須透過電話或網站預約。

德國料理 　　MAP ◆ P.143-A2
🏠 Große Mantelgasse 24
☎ (06221) 90000
🌐 weisserbock.de
🕐 週二～六　17：00～23：00
　　（隨季節變動）
㊡ 週日、週一、冬季部分日期公休
card A J M V

R Zum Roten Ochsen

市區名店

餐廳創業於1703年，同時也是德國名劇《老海德堡Alt Heidelberg》的舞台，過去俾斯麥及馬克・吐溫等名人也曾造訪此地，是經典的學生酒館之一，可品嘗到道地的德國料理，價格為€16.90～，並有許多旅行團前往光顧。

德國料理 　　MAP ◆ P.143-A2
🏠 Hauptstr. 217
☎ (06221) 20977
🌐 www.roterochsen.de
🕐 週二～六　17：00～24：00左右
㊡ 週一・日・節日、夏季・冬季部分日期
　　公休
card 不可

R Zum Güldenen Schaf

品味鄉土料理

餐廳擁有約250年歷史，可品嘗到巴登和普法爾茨地區的鄉土料理，備有英文菜單，維也納式炸肉排Schweineschnitzel Wiener Art €14.90、奶油烤虹鱒Regenbogenforelle nach Art Müllerin €18.90。

德國料理 　　MAP ◆ P.143-A2
🏠 Hauptstr. 115
☎ (06221) 20879
🌐 www.schaf-heidelberg.com
🕐 週二～六　12：00～22：30
　　週日　　　12：00～17：00
㊡ 週一
card A D J M V

R Palmbräu Gasse

經典德國料理和自家製啤酒

可以品嘗到濃郁的德國料理和自製生啤酒Palmbräu（0.3ℓ € 3.50）。適合搭配啤酒的烤豬腿Schweinshaxe€16.90和德國餛飩Maultaschen €11.90。

德國料理 　　MAP ◆ P.143-A2
🏠 Hauptstr. 185
☎ (06221) 28536
🌐 palmbraeugasse.de
🕐 週一～五　16：00～
　　週六・日　12：00～
㊡ 冬季部分日期公休
card A M V

C Chocolaterie Yilliy

提供美味手工蛋糕

位於Knösel（→P.148）對面的小型咖啡館，販售的手工蛋糕相當美味。圖中為無麩質紅蘿蔔與杏仁蛋糕和咖啡。將巧克力塊融化後飲用的熱巧克力選擇豐富，相當推薦。

咖啡館 　　MAP ◆ P.143-A2
🏠 Haspelgasse 7
☎ (06221) 6599364
🌐 www.yilliy.de
🕐 週四～四　10：00～20：00
　　週五・六　10：00～24：00
card 不可

購物區域主要集中在俾斯麥廣場Bismarckplatz至市集廣場Marktplatz間的豪浦特街Hauptstr.上，百貨公司、精品店、雜貨店、伴手禮店等各式各樣的商店林立。該區為行人專用道，可以悠閒的閒逛。在市集廣場往西延伸的Untere Str.街上，則有數間小型個性咖啡館、商店與藝廊，遊逛其間充滿了樂趣。

Galeria am Bismarckplatz

採買伴手禮十分方便

面俾斯麥廣場而建的百貨公司，除了流行時尚、鞋子、包包外，巧克力、Steiff的娃娃、運動用品、家居雜貨等適合作為伴手禮的商品也一應俱全，還可以辦理退稅手續。頂樓設有自助式餐廳。

百貨公司　　MAP ◆ P.143-B1
住Bergheimer Str. 1
☎(06221) 9160
網www.galeria.de
營週一～六　9：30～20：00
休週日・節日
card Ａ Ｄ Ｊ Ｍ Ｖ

Käthe Wohlfahrt

用耶誕商品裝飾房間吧

這裡全年販售德國傳統的耶誕用品與裝飾，店內滿滿都是商品，包含桌布、最新推出的時髦薰香娃娃等，即使不是耶誕期間也可以買到各式各樣的飾品。

雜貨　　MAP ◆ P.143-B2
住Hauptstr. 124
☎(06221) 4090
網www.wohlfahrt.com
營週一～六　10：00～18：00
　　隨季節變動
　　（耶誕季節延長營業、週日也有營業）
休週日・節日　card Ａ Ｄ Ｊ Ｍ Ｖ

Depot

從廚房用品到庭園雜貨都有

在德國各地約有70間分店的連鎖雜貨店，店內有豐富的化妝雜貨與廚房用品，在耶誕節、復活節等季節還有推出當季裝飾品，光是參觀欣賞也覺得樂趣無窮。

雜貨　　MAP ◆ P.143-B1
住Hauptstr. 79
☎(06221) 8936479
網www.depot-online.com
營週一～六　10：00～20：00
休週日・節日
card Ａ Ｍ Ｖ

KLAR

被香皂的香氣圍繞

1840年創立，為海德堡第一家製作香皂的商店。所有產品均由天然材料製成，可以放心使用。香皂種類繁多，但最受歡迎的是葡萄酒香香皂。

雜貨　　MAP ◆ P.143-B2
住Hauptstr. 112
☎(06221) 302018
網www.klarseiffen.de
營週一～五　11：00～19：00
　　週六　　10：00～19：00
休週日・節日
card Ｍ Ｖ

和學生街相襯的巧克力

Knösel是海德堡最古老的巧克力店兼咖啡廳，1863年推出的金牌造型夾心巧克力「海德堡學生之吻Heidelberg Studentenkuß」，包裝上印有學生的剪影，是這個城市最有人氣的伴手禮。因為可以單個購入，所以適合拿來送禮。可以在Knösel直營店（住Haspelgasse16

◐ Map P.143-A2　網www.heidelbergerstudentenkuss.de
營10：00～18：00）購入。

HOTEL ✤ 海德堡的飯店

海德堡是德國首屈一指的觀光勝地,從以團客為主要客群的高級飯店到經濟型小型旅館,有各種選擇。由於車站離觀光中心區域較遠,建議早上想早點出門的人可以選擇中央車站附近的旅館,若晚上想喝酒、玩晚一點,則可考慮便於觀光的舊城區飯店。

中級飯店和經濟型旅館多集中在俾斯麥廣場周邊和舊城區的聖靈大教堂周邊,不過面對大馬路的房間,深夜有時會聽到路上喝醉酒遊客的吵鬧聲,這須特別注意。

海德堡與古堡大道 ▼ 海德堡Heidelberg

H Der Europäische Hof-Hotel Europa

充滿歐洲風味的優美飯店

海德堡最高檔的5星級飯店,擁有美麗的中庭庭園,過去如女高音瑪麗亞‧卡拉絲Maria Callas、男高音帕華洛帝Pavarotti等眾多知名文化藝術家與政治家都曾下榻此處,此外高級美食餐廳Kurfürstenstube的料理也頗受好評,並有明亮的美容SPA設施,備有無線網路(免費)。

高級飯店　　　　MAP ◆ P.143-B1
🏠 Friedrich-Ebert-Anlage 1
　 D-69117
☎ (06221) 5150
📠 (06221) 515506
🌐 www.europaeischerhof.com
💰 ⑤€219～　 ①€278～
　 早餐另計€32
card Ａ Ｄ Ｊ Ｍ Ｖ

H Heidelberg Marriott Hotel

可以眺望內卡河的景致

從中央車站往內卡河走,飯店就位在過河前的左前方。這裡的房間可以欣賞內卡河的景致。館內設有樸實無華的美式牛排餐廳,還有室內游泳池、桑拿、健身房,備有免費無線網路。

高級飯店　　　　MAP ◆ P.143-A1
🏠 Vangerowstr. 16　 D-69115
☎ (06221) 9180
🌐 www.marriott.com
💰 ⑤①€179～
　 早餐另計€24
card Ａ Ｄ Ｊ Ｍ Ｖ

H Hotel Zum Ritter St.Georg

1705年創業的知名飯店

原1592年興建的「騎士之家」現被改建為飯店餐廳,飯店位置就在聖靈大教堂前方,因而觀光購物都十分方便。大小各異的房間內部裝潢走浪漫風,浴室設備則相當新穎,並備有無線網路(免費)。

中級飯店　　　　MAP ◆ P.143-A2
🏠 Hauptstr. 178　 D-69117
☎ (06221) 705050
📠 (06221) 70505150
🌐 www.zum-ritter-heidelberg.de
💰 ⑤€104～　 ①€217～
　 早餐另計€17
card Ｊ Ｍ Ｖ

H Ibis

適合搭乘早班火車的旅客

位於中央車站旁的連鎖飯店,2人入住(雙人床)比較划算,房間內附空調,適合夏天怕熱的遊客,不過房間內沒有冰箱,且只附淋浴設備沒有浴缸,備有無線網路(免費)。

中級飯店　　　　MAP ◆ P.143-A1
🏠 Willy-Brandt-Platz 3　 D-69115
☎ (06221) 9130
📠 (06221) 913300
🌐 www.ibis.accor.com
💰 ⑤①€69～
　 早餐另計€13
card Ａ Ｄ Ｍ Ｖ

H Jugendherberge

位於動物園旁的青年旅館

從中央車站前搭開往Neuenheim Kopfklinik方向的32號巴士,車程約10分鐘,在Zoo動物園的下一站Jugendherberge下車,旅館周圍綠意盎然,氣氛舒適。全館共120間客房、447個床位的大型青年旅館,幾乎所有房間都設有淋浴設備與廁所,館內還備有洗衣機、烘衣機。含早晚2餐€41.90,含3餐€45.70(27歲以上各追加€4),無線網路僅限1樓使用。

青年旅館　　　　MAP ◆ 地圖外
🏠 Tiergartenstr. 5　 D-69120
☎ (06221) 651190　 📠 (06221) 6511928
🌐 www.jugendherberge-heidelberg.de
💰 含早餐€35.70、27歲以上€39.70
card Ｊ Ｍ Ｖ

水塔上的獅身人面雕像

巴洛克宮殿與整齊的街景魅力十足

曼海姆

Mannheim

城市象徵的水塔景致

柏林●

法蘭克福●

★曼海姆

慕尼黑●

MAP ◆ P.138-A1

人　口	30萬9700人
區域號碼	0621

ACCESS

火車：從法蘭克福搭ICE特快列車約40分，從斯圖加特約40分。

❶曼海姆的遊客中心
住 Willy-Brandt-Platz 5
D-68161 Mannheim
☎ (0621) 2938700
📠 (0621) 2938701
🌐 www.visit-mannheim.de
開 週一～四　10：00～16：00
　週五　　　10：00～17：00
　週六　　　10：00～14：00

●市區交通
中央車站～水塔～派拉德廣場～市集廣場之間可搭乘3、4號市區電車。
單次車票€1.80
1日券Tagesticket為€7.20

行進當中的低底盤路面電車

●曼海姆宮
住 Bismarckstr.
🌐 www.schloss-mannheim.de
開 週二～日　10：00～17：00
　（最後入場為16：00）
休 週一・節日・12/24・25・31
費 €9

只用英文字母和數字表示地址，相當罕見

　　曼海姆市中心為圓形環狀道路，中心道路延伸交錯有如棋盤，藉此可認識到17世紀到18世紀之間都市計畫中的城市建築樣式

　　從車站正面的凱撒街Kaiserring往前走，可在弗里德里希廣場Friedrichplatz中央看到城市象徵的水塔Wasserturm，水塔建於19世紀末，為新藝術風格建築，周邊則規劃為公園，而從水塔延伸的街道 Planken Heidelberger Str.街為曼海姆的主要大街。

水塔四周的公園

　　市區必看景點為18世紀所建的德國最大巴洛克建築曼海姆宮Barockschloss

MEMO 在市中心道路以棋盤狀延伸，除了與派拉德廣場交叉的道路有名字外，其餘地址都是以每個街區的數字和字母排列組合標示，舉例來說：市政廳為E5。

曼海姆宮的中央建築，入口在面向建築的左角

Mannheim，大部分作為曼海姆大學的校舍之用，在中央建築的部分區域則重現了豪華的房間與大廳，並對外開放參觀。

此外，也不可錯過曼海姆美術館Kunsthalle Mannheim，館內收藏了莫內、塞尚、梵谷等人的畫作與數多平面作品。世界文化博物館、考古學收藏、相片收藏館等所組成的複合博物館——賴斯‧恩格爾霍恩博物館Reiss-Engelhorn-Museen，也是曼海姆不可錯過的景點。

●曼海姆美術館
囲Friedrichsplatz 4
URL kuma.art
開週二～日　10：00～18：00
（週三～20：00）
費€12

●賴斯‧恩格爾霍恩博物館
囲C5+D5
URL www.rem-mannheim.de
開週二～日　11：00～18：00
休週一、12/24‧31
費€3～（依博物館收費有所不同，並有各種組合套票）

正面外觀設計獨特的賴斯‧恩格爾霍恩博物館

推薦的住宿 HOTEL

Hotel Wegener
MAP ◆ P.150

囲Tattersallstr. 16　D-68165
☎(0621) 44090　FAX (0621) 43753213
URL www.hotel-wegener.de
費⑤ €79～　① €99～　card J M V

距車站徒步約3分鐘，為家族經營的中級飯店，單人房房間狹小，設備簡單，適合想住宿車站旁便宜旅館的遊客。提供免費無線網路，房間分吸菸房與禁菸房，所有客房皆使用隔音玻璃，雖位於車站旁倒也十分安靜，全館共41個房間。

Jugendherberge
MAP ◆ 地圖外

囲Rheinpromenade 21　D-68163
☎(0621) 822718　FAX (0621) 824073
URL www.jugendherberge-mannheim.de
費含早餐€37.50～、27歲以上€39.70～　card 不可

旅館不是位於車站主要出口City（市中心）側，而是從Lindenhof出口出站，順著VICTORIA TURM標示走上樓梯，接著循著JUGENDHERBERGE招牌，過了市區電車線路後，看到的白色外牆建築即為青年旅館，從車站徒步約10分鐘，提供免費無線網路，登記住房時間為14：00～。耶誕節公休。

Specialty

隱藏版的德國名產，義大利麵冰！

外觀看起來像是淋上番茄醬汁的義大利麵，但其實這是淋了草莓果泥的香草冰淇淋，在冰的下面還有甜度適中的鮮奶油，嚐來味道比看起來的還清爽，是讓人停不下來的美味。這道讓人印象深刻的義大利麵，是曼海姆的Eis Fontanella在1969年所研發，現在已廣傳德國各地，受到愛好冰品的德國人所喜愛。

加入香草豆的義大利麵冰€8.50

裡頭有滿滿的鮮奶油

●Eis Fontanella
囲O4,5
交市區電車Strohmarkt下車即達。
URL www.eisfontanella.de
營10：00～20：00（週日‧節日13：00～）
休冬季

MEMO 從曼海姆搭乘ICE特快列車約40分可達凱撒斯勞騰Kaiserslautern，這裡是德國足球名隊1.FC凱撒斯勞騰足球俱樂部（2022／23為德乙）的據點，受到當地球迷熱烈支持。遊客中心的URL www.kaiserslautern.de/tourismus

151

海德堡與古堡大道 ▼ 曼海姆Mannheim

維多利亞蛋糕

內卡河畔閑靜的療養地

埃伯巴赫

Eberbach am Neckar

13世紀建築的火藥塔一景，下面還有野豬像

柏林●
法蘭克福●
★埃伯巴赫
慕尼黑●

MAP ◆ P.138-B1

人口	1萬4300人
區域號碼	06271

ACCESS
火車：從海德堡搭乘RE快速
列車約25分。

❶埃伯巴赫的遊客中心
⚐Leopoldsplatz 1, Rathaus
D-69412
Eberbach am Neckar
☎(06271) 87241
📠(06271) 87254
🌐www.eberbach.de
🕐5～10月
週一～五　10：00～12：00
　　　　　14：00～17：00
　　　（週三～18：00）
週六　　　10：00～12：00
11～4月的週五只營業到中
午，週六公休

●埃伯巴赫市立博物館
⚐Alter Markt 1
🌐www.museum-eberbach.
de
🕐週三・六・日14：00～17：00
💰免費

埃伯巴赫位於從海德堡沿著內卡河搭火車約25分鐘車程處，城鎮內可見古老木造房屋及樓塔建築，氣氛閑靜。

城鎮的名字原為「野豬河」之意，也因此野豬為城鎮象徵，市區到處都可看到野豬像及野豬相關商品。

此外由於城市的名字與日本漫畫《浪漫英雄》（青池保子著）的主人翁「鐵血克勞斯」埃伯巴赫少佐同名，作者曾親身前往拜訪，也因此有許多熱情漫畫粉絲遠道前來造訪此地。

出了車站沿著左側延伸的車站大街Bahnhofstr.直走，接著在弗里德里希街Friedrichstr.往右轉，盡頭處可看到內卡河，面前則為火藥塔Pulverturm、普法爾茨選帝侯噴泉，此外還有一群小野豬像，❶則位於市政廳內。

另外，埃伯巴赫市立博物館Museum der Stadt Eberbach

與錫模型博物館Zinnfiguren Kabinett也是值得前往一訪的景點，而建於12世紀的埃伯巴赫城堡遺跡位於城市後方的山上，步行前往相當耗時。

擁有美麗壁畫Karpfen飯店所在地的舊市集廣場

推薦的住宿 ✦ HOTEL

⒣Altes Badhaus

⚐Lindenplatz 1　D-69412
☎(06271) 9456406　📠(06271) 9456408
🌐www.altesbadhaus.de
💰⑤€69～　①€98～　早餐另計€8.50　card Ⓜ Ⓥ
具有歷史感的木造建築，為15世紀時作為浴場所建，裝潢運用了充滿德國氛圍的木製家具。內部沒有電梯，備有免費無線網路。

⒣Karpfen

⚐Alter Markt 1　D-69412
☎(06271) 806600　📠(06271) 80660500
🌐www.hotel-karpfen.com
💰⑤€81～　①€122～　早餐另計€8　card Ⓐ Ⓜ Ⓥ
面向城市的中央廣場建造，為家族經營的旅館。櫃檯營業時間為7：00～22：00，餐廳每週二、三公休，備有免費無線網路，冬季部分日期公休。

　MEMO　於1886年創業的咖啡館Café Viktoria（⚐Friedrichstr. 5-9　🌐www.cafe-viktoria.de）以冠上店名的維多利亞蛋糕Viktoria Torte為特色，在這裡可以品嘗到贈送給英國皇室的美味。

中世紀塔樓林立的小巧休養城鎮

巴德溫普芬

Bad Wimpfen

舊城區街道木造建築
櫛比鱗次

從內卡河遠望上城，當中最高的塔樓為藍塔

MAP ◆ P.138-B1

人　　口	7300人
區域號碼	07063

ACCESS

火車：從海德堡搭RE快速列車約45分。

❶ 巴德溫普芬的遊客中心
🏠Hauptstr. 45
　D-74206 Bad Wimpfen
　（位於車站內）
☎ (07063) 97200
📠 (07063) 972020
🌐 www.badwimpfen.de
🕐 週一～五　10：00～12：00
　　　　　　14：00～17：00
　復活節～10月每週六10：00
　～12：00期間也有營業。

● 藍塔
因整修關閉中。

　巴德溫普芬市區共分為「下城Wimpfen im Tal」與「上城Wimpfen am Berg」兩區，上城的城市景致美不勝收，並有許多中世紀遺跡建築，而位於下城的羅馬時代城堡原為城鎮的發源地，但由於曾於14世紀因大火造成整個城鎮建築付之一炬，之後市中心便遷移至12世紀建築霍亨斯陶芬王朝Staufer宮庭所在地的上城區域。

　上城主要的歷史建築如可說是市區象徵的藍塔Blauer Turm、以當地特有的紅色砂岩所造成的紅塔Roter Turm、宮廷內的宮廷禮拜堂、霍亨斯陶芬塔樓Hohenstaufentor等，都是12世紀後半霍亨斯陶芬王朝時代的古老建築。

　從車站往右斜前方走100m左右，為舊城區的入口紅塔建築所在地，從這裡開始變成徒步區豪浦特街Hauptstr.，接著徒步100m左右便可抵達市中心。

　而主要大街豪浦特街、小巷子Klostergasse、Salzgasse上則可看到許多中世紀時期的懷舊古建築。

宮廷廢墟中的石拱門（Arkaden）

推薦的住宿 ✦ HOTEL

※巴德溫普芬住宿每人每晚須加收€1.80療養稅。

H Hotel am Rosengarten

🏠Osterbergerstr. 16　D-74206
☎ (07063) 9910　📠 (07063) 9918008
🌐 www.hotel-rosengarten.net
💰 ⑤€94～　①€124～　card A D M V

　現代4星級飯店，緊鄰鹽水浴場Solebad，因而有許多前來休養的遊客住宿，備有免費無線網路。

H Hotel Wagner

🏠Marktplatz 3　D-74206
☎ (07063) 8582　📠 (07063) 1390
🌐 www.hotel-wagner.com
💰 ⑤€65～　①€95～　card 不可

　面對市中心市集廣場，為木造建築旅館，部分房間還可看見藍塔，提供免費無線網路。

石造的Henkers橋

木造建築的中世紀城鎮
施韋比施哈爾
Schwäbisch Hall

美麗的木造建築住家

●柏林
●法蘭克福
★施韋比施哈爾
●慕尼黑

MAP ◆ P.138-B2	
人　口	4萬700人
區域號碼	0791

ACCESS

火車：從斯圖加特搭乘RE快速列車約1小時，從紐倫堡約1小時20分。離市中心最近的車站為Schwäbisch Hall（地圖外），不過RE快速列車僅停靠Schwäbisch Hall-Hessental，須轉乘普通列車或改搭巴士前往市區。

❶施韋比施哈爾的遊客中心

住Hafenmarkt 3
D-74523 Schwäbisch Hall
☎(0791) 751600
FAX(0791) 751397
URLwww.schwaebischhall.de
開10～4月
　週二～五　9：00～17：00
　週六　　　10：00～13：00
　5～9月
　週一～五　9：00～18：00
　週六　　　10：00～15：00

●車站往市區的巴士

Schwabisch Hall-Hessental站與施韋比施哈爾市中心（在Spitalbach站牌下車）之間有1號巴士往來。

FESTIVAL
露天劇場和「蛋糕與水井節」
每逢夏季，聖米歇爾教堂正面階梯會化身舞台上演露天劇Freilichtspiele，而每年聖靈降臨節時期還會盛大舉辦「蛋糕與水井節Kuchen-und Brunnenfest」。

　　這裡自德國原住民凱爾特人Celtae時代因盛產鹽而聞名興盛，之後在12世紀神聖羅馬帝國皇帝腓特烈一世Friedrich I Barbarossa時代時，開始鑄造名為Häller（哈爾的錢的意思）的銀幣，施韋比施哈爾便因鹽業及銀幣鑄造而繁榮。

施韋比施哈爾
Schwäbisch Hall
•••• 觀光範例路線
0　50　100m

巴士總站 ZOB
Langer
Graben
鹽水浴場 Solebad
Hohenlohe H
Kocher
Salinenstr.
Johanniterstr.
Henkersbr.
Neue Str.
Blockgasse
Schuhgasse
Mauerstr.
科蘭爾河
Haal Str.
Mohrenstr.
市集廣場 Marktplatz
Marktstr.
Hafenmkt.
Himd.-Post.
Obere Herrengasse
Untere Herrengasse
Keckengässle
❶
H Der Adelshof
聖米歇爾教堂 Stadtkirche St.Michael
市政廳 Rathaus
新館 Neubau
往Jugendherberge
Zwinger
Unterlimpurger Str.
Steinerner Steg
Roter Steg
福士美術館 Kunsthalle Würth
環球劇院 Globetheater
哈爾法蘭克博物館 Häll.-Fränk.-Museum
Hirsch.
Bahnhofstr.
H Kronprinz
graben
施韋比施哈爾車站 Bahnhof
往Kloster Großcomburg修道院教堂

施韋比施哈爾郊區有15世紀以來的農村等相關展示Hohenloher露天博物館Hohenloher Freilandmuseum（URLwww.wackershofen.de），重現恬靜風光，冬季休館。博物館正前方即為Wackershofen/Hohenloher Freilandmuseum站，交通十分方便。

漫遊

一出車站便可看到橫跨道路的橋梁，最前端的建築外則連接電梯，搭乘電梯往下並順著斜坡走，可在盡頭處看到車站大街Bahnhofstr.。接著往北前進沿著科赫爾河Kocher旁的Mauerstr.街，過橋後即為市中心附近。

聳立於城鎮，彷彿可一覽舊城區的聖米歇爾教堂

市區中心有許多歷史文化古蹟，面對市中心的市集廣場Marktplatz可看到建於15到16世紀的城市象徵聖米歇爾教堂Stadtkirche St. Michael，此外還有16世紀初期所建的市集噴泉Marktbrunnen，及18世紀左右所興建的市政廳Rathaus等建築。

因鹽業而興盛的施韋比施哈爾，現在仍有鹽水湧出，鹽水浴場Solebad內共有5種浴池及8個三溫暖，浸泡在濃度3.5～4%的鹽水中可消解旅途的疲勞。

從市區往南約3km處的山丘上，聳立著Kloster Großcomburg修道院教堂，這裡保留了羅馬式塔樓及內部的黃金吊燈等重要文化財產，是絕不可錯過的景點。

● 聖米歇爾教堂
開 3/1～11/15
　　週一　　　12：00～17：00
　　週二～六　10：00～17：00
　　日　　　　12：00～17：00
　　11/16～2/28
　　週一　　　12：00～15：00
　　週二～六　11：00～15：00
　　週日　　　12：00～15：00
　（彌撒中暫停對外開放參觀）

● 鹽水浴場
住 Weilerweise 7
URL www.solebad-hall.de
開 週一～五　8：30～21：00
　　週六・日　8：30～20：00
費 鹽水池3小時約€11.50，三溫暖另行收費

● Kloster Großcomburg
　修道院教堂
從施韋比施哈爾徒步約40分。
開 參觀教堂內部須參加導覽行程。
　　4～10月
　　週二～五11：00、13：00、14：00、15：00
　　週六・日・節日14：00、15：00
　　11～3月須事先預約
費 €5、學生€2.50

聳立在山丘上的Kloster Großcomburg修道院教堂

推薦的住宿 ✦ HOTEL

Hohenlohe
MAP ◆ P.154

住 Weilertor 14　D-74523
☎ (0791) 75870　FAX (0791) 758784
URL www.hotel-hohenlohe.de
費 S €125～　T €168～　card M V

擁有114間房的4星級大型飯店，緊鄰鹽水浴場並可免費使用附設SPA、三溫暖、4座鹽水浴池等設備，附設餐廳Aussichtsrestaurant（高級）擁有科赫爾河及舊城區的絕佳視野，頗受好評，備有免費無線網路。

Kronprinz
MAP ◆ P.154

住 Bahnhofstr. 17　D-74523
☎ (0791) 97700　FAX (0791) 9770100
URL www.kronprinz-hall.de
費 S €89～　T €114～　早餐另計€8　card A D M V

飯店位於施韋比施哈爾車站附近，共有46間房間，改建自17世紀建築，為家族經營旅館，氣氛沉著舒適，附設餐廳提供美味招牌魚類料理，備有免費無線網路。

Der Adelshof
MAP ◆ P.154

住 Am Markt 12-13　D-74523
☎ (0791) 75890　FAX (0791) 7589890
URL www.hotel-adelshof.de
費 S €99～　T €129～　card A D M V

1541年與1546年，皇帝查理五世Karl V曾下榻此地，是一間具有悠久歷史的旅館，並附設餐廳。提供免費無線網路。

Jugendherberge
MAP ◆ P.154 外

住 Langenfelder Weg 5　D-74523
☎ (0791) 41050　FAX (0791) 47998
URL www.jugendherberge-schwaebisch-hall.de
費 €33.90～、27歲以上€37.90～

從Haltestelle站搭1號巴士在Bausparkasse下車，接著徒步約800m即達，櫃台開放時間為8：00～12：00與15：00～20：00，1月公休，提供部分區域的無線網路。

在內卡河的划船練習

品嘗美味料理與紅酒

海爾布隆

Heilbronn am Neckar

柏林●

法蘭克福●

★海爾布隆

慕尼黑●

MAP ◆ P.138-B1

人　口	12萬6500人
區域號碼	07131

ACCESS

火車：從海德堡搭RE快速列車約1小時5分。

❶海爾布隆的遊客中心
住 Kaiserstr. 17　D-74072
☎ (07131) 562270
URL www.heilbronn.de/tourismus
開 週一～五　10：00～18：00
　　週六　　　10：00～16：00

令人印象深刻的基里安斯教堂塔樓

推薦的住宿

Ⓗ Insel-Hotel
住 Willy-Mayer-Brücke
　D-74072
☎ (07131) 6300
FAX (07131) 626060
URL www.insel-hotel.de
費 Ⓢ€119～　Ⓣ€159～　早餐
另計€19.50
card Ⓐ Ⓓ Ⓙ Ⓜ Ⓥ
飯店位於內卡河沙洲上，造型有如漂浮其上的船隻一般，附設的餐廳內可品嘗到施瓦本Schwaben料理，備有無線網路（免費）。

鑲嵌美麗天文時鐘的市政廳

　　出了海爾布隆車站，從車站大街Bahnhofstr.往左走，過內卡河約2條街後便可在左側看到有著美麗天文時鐘的市政廳Rathaus，建築物1樓則有鄉土料理餐廳Ratskeller。

　　而市政廳南側則有市區主教堂基里安斯教堂Killianskirche，教堂外觀因第二次世界大戰受到損傷，內部則有15世紀末期雕刻家Hans Seyffer所作聖母瑪利亞的美麗木雕主祭壇。

　　海爾布隆曾於第二次世界大戰遭受大規模空襲，現存的歷史建築幾乎皆為戰後修復，只遺留了德國騎士團所建的庭院建築Deutschhof（僅正面巴洛克風格建物為原始建築），與原舊城區瞭望塔的Götzenturm塔等。而市政廳附近的舊城區每週二・四・六白天所舉辦的熱鬧市集，則是接觸德國小城鎮市民生活的最佳去處。

海爾布隆 HEILBRONN

········ 觀光範例路線

紅磚童話城鎮

紐倫堡

Nürnberg

必吃的香腸

有著各類熱鬧市集的中央廣場

紐倫堡是個玩具城，同時也是藝術家杜勒Albrecht Dürer的出生地，是巴伐利亞邦僅次於慕尼黑的第2大城市。

一提到紐倫堡，音樂迷們一定會立刻聯想到華格納歌劇《紐倫堡的名歌手Die Meistersinger von Nürnberg》，而第二次世界大戰後在此召開對納粹戰犯的「紐倫堡大審」，更是歷史教科書上耳熟能詳的重大事件，這是由於1933年納粹曾在此舉辦第一次納粹黨政大會，並在此地建有納粹紀念物，這裡也因而成為大審判的舉辦地。

第二次世界大戰期間，紐倫堡約90%的建築都遭受戰火破壞，戰後經由重建，恢復了當時的城市樣貌，從紅磚色建築街景及石階步道，到城堡及教堂建築等，完整重現了中世紀時代的浪漫街景風貌。

 漫遊

紐倫堡市中心由東西流向的佩格尼茨河Pegnitz一分為二，北側及南側為平緩的丘陵地形，中心部分（舊城區）為全長5km的城牆所包圍。從位於城牆南方外側的中央車站到北邊古堡皇帝堡Kaiserburg，徒步約20分鐘，

迎接著旅人們的Frauentorturm塔

所有的觀光景點幾乎都集中在城牆內，徒步觀光十分方便，而❶則位於中央車站前的國王大街Königstr.與中央廣場上。

一出中央車站地下通道，首先映入眼簾的便是城牆，出車

工匠廣場宛如中世紀的世界

海德堡與古堡大道 ▼ 海爾布隆Heilbronn am Neckar／紐倫堡Nürnberg

柏林●

法蘭克福●

紐倫堡★

慕尼黑●

MAP ◆ P.139-B4

人　　口	51萬5500人
區域號碼	0911

ACCESS

火車：從慕尼黑搭乘ICE特快列車約1小時10分，從法蘭克福約2小時5分，從符茲堡Würzburg則約55分。

機場到市區交通：從機場站搭地下鐵Ｕ2到紐倫堡中央車站，車程約12分。

❶**紐倫堡的遊客中心**
●**中央廣場的❶**
⊞Hauptmarkt 18　D-90403
➡Map P.158-A2
📖www.tourismus.nuernberg.de
☎(0911) 2336135
🕘9:30～17:00
（耶誕市集期間週一～六9:30～18:30、週日10:00～19:00，12/24·31為9:30～14:00）

●**紐倫堡卡**
Nürnberg Card＋Fürth
紐倫堡與鄰鎮菲爾特Fürth的市區交通48小時內無限次搭乘，並包含約30所美術館、博物館入場券或可享半價折扣，可於❶及主要飯店購得，€33。

157

●工匠廣場
◎Map P.158-B2
🌐www.handwerkerhof.de
🏪商店
　週一～六　　8:00～22:30
　週日　　　10:00～22:30
　餐廳
　各店家營業時間不一，多數
　從11點開始營業
🚫部分節日、12/25‧26‧31、1/1

站後可從大型圓形瞭望塔Frauentorturm塔旁進入舊城區，瞭望塔旁邊沿著城牆則有工匠廣場Handwerkerhof，可在此買到紐倫堡特有的紀念品。

　中途變為徒步區的國王大街Königstr.，是紐倫堡的主要大街，順著街道直走，可看到中央矗立著壯觀哥德樣式的聖羅倫茲教堂St. Lorenz-Kirche，站在教堂的西側往北望，遠遠看見矗立在高台上的則是皇帝堡Kaiserburg。向著城堡方向沿著平緩的坡道往下走，便可看到東西流向的佩格尼茨河，而河中間的沙丘上則有過去的救濟院建築，現則改建為餐廳的Heilig-Geist-Spital。

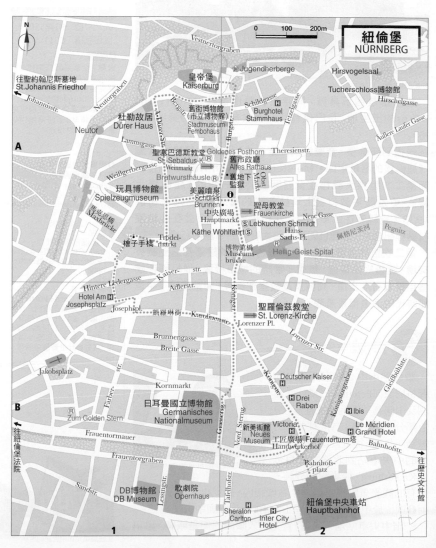

過了佩格尼茨河繼續直走,會看到中央廣場Hauptmarkt,廣場東側的聖母教堂Frauenkirche為建於14世紀中葉左右的大堂建築,正面則有查理四世與7位選帝侯的機關音樂鐘,每天一到中午12點整便會轉動,千萬不要錯過。

中央廣場的美麗噴泉

從皇帝堡遠眺市區美景

接著往中央廣場一角的美麗噴泉Schöner Brunnen旁前進,右側為舊市政廳Altes Rathaus,左側則為聖塞巴德斯教堂St.-Sebaldus-Kirche,繼續往前則變為陡坡道路,爬上坡道即可看到位於聳立岩山上的皇帝堡,至今仍保存著自然的岩石肌理。

金色圓環(參考下列MEMO)設在很高的位置,要墊腳尖才能碰到

參觀完城堡後,接著不妨走另一側西側的陡急坡道下山,下走便可看到位於杜勒廣場上的杜勒故居Dürer Haus。從杜勒故居旁南向的阿爾布雷希特‧杜勒街Albrecht-Dürer-Str.往下走,接著直走卡爾街Karlstr.,會在右側看到一棟十分可愛的建築,這棟建築便是世界屈指可數的玩具博物館Spielzeugmuseum。

大人小孩同樂的玩具博物館

從佩格尼茨河沙洲上的小型廣場Trödelmarkt廣場往西走後,觀光客們明顯變少,卻也有其寧靜之美。接著會出現覆蓋屋頂的木橋檜子手橋Henkersteg,過橋欣賞完景色後不妨從馬克斯橋Maxbrücke往回看,對岸一整排氣派木造建築及塔樓風景,讓人彷彿置身中世紀時代的紐倫堡懷舊風情中。

從馬克斯橋附近眺望到的檜子手橋景色(最右側)

足球‧球場情報

●馬克斯‧莫洛克體育場
Max-Morlock-Stadion
Max-Morlock-Platz 1
Map 地圖外
www.stadion-nuernberg.de
紐倫堡第一足球會1. FC Nürnberg主場球場。
球場位於市中心西南方約5km處,可搭乘紐倫堡中央車站發車的S2,車程約8分鐘,在Frankenstadion下車,球賽舉辦日班次會增加,下車後徒步15分鐘即可抵達球場。

FESTIVAL

紐倫堡的耶誕市集

紐倫堡耶誕市集是德國造訪人數最多的耶誕市集,從17世紀前半左右舉行至今。慶典期間中央廣場上掛滿各樣裝飾並擺放點心攤位,其中耶誕紅酒Glühwein的熱紅酒杯還可帶回去當作紀念品。2023年為12/1～12/24期間舉辦,2024年則為11/29～12/24。
www.christkindlesmarkt.de
10:00～21:00、12/24為10:00～14:00

左/受歡迎的耶誕市集
右/耶誕市集的人氣明星聖嬰

MEMO 中央廣場的美麗噴泉有鐵欄杆上鑲有金色圓環,據說只要邊轉邊許願,且不能將心願告訴別人,轉3次後便可實現願望,所以總是有著許多人在轉圈圈。

海德堡與古堡大道 ▼ 紐倫堡Nürnberg

主要景點

聖羅倫茲教堂

●聖羅倫茲教堂
○Map P.158-B2
URL www.lorenzkirche.de
開週一～六　9：00～17：30
週日　13：00～15：30
彌撒中暫停參觀。
費€1

「聖體安置塔」底座的跪姿男子像，是塔樓製作者Adam Krafft自己的塑像

●皇帝堡
住Auf der Burg 13
○Map P.158-A1
URL www.kaiserburg-nuernberg.de
開4/1～10/3　9：00～18：00
10/4～3/31　10：00～16：00
休12/24・25・31、1/1、狂歡節的週二
費€7、學生€6
（城堡、禮拜堂、博物館和水井也可參觀）

●杜勒故居
住Albrecht-Dürer-Str. 39
○Map P.158-A1
URL www.museen.nuernberg.de/duererhaus
開週二～五　10：00～17：00
週六・日　10：00～18：00
休週一（7～9月與耶誕市集期間則有開放）、12/24・25
費€6、學生€1.50

●日耳曼國立博物館
住Kartäusergasse 1
○Map P.158-B1
URL www.gnm.de
開週二～日　10：00～18：00
（週三～20：30）
休週一、狂歡節的週二、12/24・25・31
費€8、學生€5

●玩具博物館
住Karlstr. 13-15
○Map P.158-A1
URL spielzeugmuseum-nuernberg.de
開週二～五　10：00～17：00
週六・日　10：00～18：00
費€6、兒童€1.50
休週一（耶誕市集期間則有開放）、12/24・25

欣賞美麗聖告圖浮雕 聖羅倫茲教堂
St. Lorenz-Kirche　★★★

教堂建於1270年至1477年間，為哥德式大教堂，教堂中從屋頂中懸掛而下的維特・史托斯Veit Stoß作品《聖告圖》浮雕更是精采絕倫。

懸掛《聖告圖》浮雕的內殿

城堡與景色都充滿魄力 皇帝堡
Kaiserburg　★★★

城堡最先建於12世紀，現今所見則為15～16世紀神聖羅馬帝國皇帝所完成的城堡型式。城堡的必看景點為約60m深的水井，與雙重構造的禮拜堂，此外更不可錯過登上瞭望台一覽市區風光，遠眺景致之美可說筆墨難以形容。

由樓塔及建築群構成的皇帝堡

文藝復興時期大畫家 杜勒故居
Dürer Haus　★★

此棟宅邸建於1420年，是德國文藝復興巨匠畫家杜勒Albrecht Dürer自1509年至1528年去世前所居住的地方，內部陳設呈現了當時杜勒生活時的樣貌，此外並展示了杜勒的複製畫作。

認識杜勒的時代

收藏作品廣泛 日耳曼國立博物館
Germanisches Nationalmuseum　★★

位於工匠廣場西側的大型博物館，除杜勒外還收藏了史托斯等人的作品，其中還包含1492年馬丁・倍海姆Martin Behaim所製作的世界最古老地球儀與古樂器收藏品。

種類豐富的展品

大人也樂在其中 玩具博物館
Spielzeugmuseum　★

紐倫堡以舉辦世界最大玩具展覽及玩具貿易城市而聞名，在此設立玩具博物館可說再適合不過，除木製、錫、馬口鐵懷舊玩具外，更不可錯過有如藝術品一般精緻的娃娃屋展示。

MEMO 紐倫堡市立的博物館及美術館（杜勒故居、玩具博物館、舊街博物館Stadtmuseum Fembohaus、Tucherschloss博物館、歷史文件館Doku-Zentrum等），只要多付€3就能購買當日限定各館通用的1日共通入場券Tageskarte。部分博物館不適用票券，須事先確認。

鐵道迷必看DB博物館（交通博物館）
DB Museum(Verkehrsmuseum)　　　　★★

　　紐倫堡是德國首次於1835年鋪設鐵道的城市。

　　博物館1樓展示了十分具有紀念價值，也是最早的蒸汽火車老鷹號Adler，及眾多歷史悠久的車輛，2樓則有鐵路模型及駕駛模擬等。

博物館內亦展示了巴伐利亞國王路德維希二世的豪華車廂

 ### 郊區景點

巴哈音樂節與洛可可戲劇節城市安斯巴赫
Ansbach　　　　　　　　　　**MAP◆P.139-B3**

馬克雷芬城堡和馬雕像

　　安斯巴赫過去因為霍亨索倫家族Hohenzollerns城堡所在地而繁榮一時，從車站筆直延伸的街道Karlstr.街往前走，途中經過寬廣的Promenade街後便是市中心區域。位於該地的馬克雷芬城堡Markgräfliche Residenz內有著豪華的房間和陶瓷器收藏品等，可參加導覽行程參觀城堡內部。另外2年1次於夏季舉辦的巴哈音樂節，和每年7月舉辦的洛可可藝術表演節等，都是國際知名的大型活動。

　　另外位於舊城區北側外圍的馬克雷芬博物館Markgrafen-Museum內，展示了19世紀最大懸案神祕人物卡斯帕爾‧豪澤爾Kaspar Hauser的相關資料。

●DB博物館
田Lessingstr. 6
◯Map P.158-B1
URL www.dbmuseum.de
開週二～五　　9：00～17：00
　　週六‧日　　10：00～18：00
休週一、12/31、部分節日
費€7、學生€6

●安斯巴赫
交通 從紐倫堡中央車站搭乘IC特快列車約30分。

❶安斯巴赫的遊客中心
田Johann-Sebastian-Bach-Platz 1
　D-91522 Ansbach
☎ (0981) 51243
FAX (0981) 51365
URL www.ansbach.de
開週一～五　　9：00～17：00
　　週六　　　10：00～14：00

●馬克雷芬城堡
田Promenade 27
開3/29～10/3　9：00～18：00
　（10/4～3/28為10：00～16：00）13：00前僅開放有整點出發的導覽行程參觀，14：00後則自由參觀。
休週一、部分節日
費€5、學生€4

●馬克雷芬博物館
田Kasper-Hauser-Platz 1
開10：00～17：00
休週一、12/24‧25
費€3.50

 ### 參觀納粹黨大會會場遺跡與紐倫堡大審法庭

●歷史文件館　Doku-Zentrum
交通 從紐倫堡中央車站前搭乘往Doku-Zentrum方向的Tram 8號約10分鐘，在終點站下車步行即達。
田Bayernstr. 110　◯Map P.158-B2外
URL museen.nuernberg.de/dokuzentrum
開週一～日10：00～18：00（入場至閉館前1小時為止）
費€6、學生€1.50

　　納粹黨政大會自1933年後在此舉辦，並在此制定了惡名昭彰的紐倫堡法，大會議室內設有展示廳。

左／大型展館歷史文件館
右／仿神殿造型打造的Zeppelintribühne

　　另外歷史文件館附近池塘對岸東側，還有大型的戶外集會廣場齊柏林集會場Zeppelinfeld，上頭遺留了石造舞台Zeppelintribühne。

●紐倫堡法院
Memorium Nürnberger Prozesse
交通 從紐倫堡中央車站搭乘地下鐵 U 1 在Bärenschanze下車。
田Bärenschanzstr. 72　◯Map P.158-B1外
URL www.museen.nuernberg.de/memorium-
　　nuernberger-prozesse/

開週三～一9：00～18：00（11～3月10：00～、週六‧日10：00～）導覽行程（€3）須電話或網站預約，開放時間可透過上列網站查詢。　休火　費€6、學生€1.50

　　戰勝國審判赫爾曼‧戈林Hermann Göring、魯道夫‧赫斯Rudolf Walter Richard Heß等納粹主要戰犯的紐倫堡軍事審判，於1945年11月20日至1947年10月1日在此600號法庭審判。

ℛESTAURANT ✤ 紐倫堡的餐廳

來到紐倫堡一定得嚐嚐紐倫堡香腸Nürnberger Rostbratwurst，紐倫堡市中心可找到許多家專賣店，此外菜單上以「法蘭根Fränkische」開頭的鄉土料理也不在少數，也不妨試看看。當地的Tucher啤酒亦相當有名，法蘭根葡萄酒也十分美味。

ℛ Bratwursthäusle

山毛櫸木屑煙燻的道地美食

頗受好評的紐倫堡香腸專賣店，小小的店經常擠得水洩不通。香腸料理一份最少6根，10根為€13.90，另外也有供應外帶用的麵包夾紐倫堡香腸Wurstbrötchen 3 im Weckla。

德國料理 MAP ◆ P.158-A1
住Rathauspl. 1
☎(0911) 227695
網bratwursthaeuslenuernberg.de
營週一～六11：00～22：00
　週日　11：00～20：00
　（供餐時間至閉店前1小時）
card M

ℛ Heilig-Geist-Spital

美味鄉土料理餐廳

位於佩格尼茨河沙洲上原救濟院建築內的大型餐廳，提供美味的法蘭根地區鄉土料理及葡萄酒。藍帶小牛排Cordon bleu (vom Kalb) €22.90，紐倫堡香腸一份6根則為€8.90。

德國料理 MAP ◆ P.158-A2
住Spitalgasse 16
☎(0911) 221761
網www.heilig-geist-spital.de
營11：30～23：00
休冬季部分日期公休
card A D J M V

ᏚHOPPING ✤ 紐倫堡的購物

紐倫堡的購物區位於中央車站北側人行步道區的國王大街Königstr.，與聖羅倫茲教堂前往西延伸的凱羅琳街Karolinenstr.周邊，眾多百貨公司及精品店林立，熱鬧非凡。從檜子手橋往玩具博物館、杜勒故居等景點之間的巷子內，則開設了許多個性化商店。

Ꮪ Lebkuchen Schmidt

販賣知名香料餅

紐倫堡名產薑餅Lebkuchen，是以堅果粉和各式辛香料所做成的餅乾類點心，特別推薦購買德國風圖案的罐裝餅乾作為紀念品，車站前的工匠廣場內也有分店。

食品 MAP ◆ P.158-A2
住Plobenhofstr. 6
網www.lebkuchen-schmidt.com
營週一～五　9：00～18：30
　週六　　　9：00～16：00
　耶誕市集期間營業時間有所變動
休週日・節日
card M V

Ꮪ Käthe Wohlfahrt

懷舊木製玩偶

總店位於羅騰堡，是一家耶誕商品專賣店，販賣商品多為品質絕佳的木製玩具，架上陳列了許多胡桃鉗玩偶和薰香娃娃，光是用看的也充滿樂趣。

玩具 MAP ◆ P.158-A2
住Probenhofstr. 4
☎(09861) 4090150
營週一～六　10：00～18：00
　（隨季節變動）
休週日・節日、1月下旬～2月上旬冬季部分日期公休
card A D J M V

HOTEL ✣ 紐倫堡的住宿

　　紐倫堡飯店多集中在中央車站周邊和國王大街南側，此區域十分便於觀光，而舊城區北部也有幾家中級飯店，不過因為坡道較陡，對隨身攜帶大型行李的遊客來說較不方便。耶誕市集與2月的國際玩具展期間最好提早預約，房價也會相對提高。

Ⓗ Le Méridien Grand Hotel

充滿古典風味的典雅飯店

　　創業自1896年充滿歷史的老飯店，整體氣氛充滿古老歐洲風味，青春藝術風格餐廳「Brasserie」更有讓人彷彿置身19世紀末的浪漫氛圍。飯店就位於中央車站對面，觀光十分方便，備有無線網路（免費）。

高級飯店　　MAP ◆ P.158-B2
🏠Bahnhofstr. 1-3　D-90402
☎ (0911) 23220
📠 (0911) 2322444
🌐www.marriott.com
🛏Ⓢ€124〜　Ⓣ€129〜
　早餐另計€29
card ＡＤＪＭＶ

Ⓗ InterCityHotel

鄰近中央車站機能性佳的飯店

　　從中央車站西側出口步行約2分即達，鐵道迷可以選擇高樓層面向鐵軌的房間。可於辦理入住時申請住宿期間的市內交通卡，備有免費無線網路。

中級飯店　　MAP ◆ P.158-B2
🏠Eilgutstr. 8　D-90443
☎ (0911) 24780
🌐www.intercityhotel.com
🛏Ⓢ€72〜　Ⓣ€79〜
　早餐另計€17
card ＡＤＪＭＶ

Ⓗ Drei Raben

前衛的設計飯店

　　正如飯店名字，其吉祥物為3隻烏鴉，裝潢浪漫的客房是住宿古都的最佳選擇。1樓的早餐餐廳及吧檯裝潢時髦，充滿設計感的飯店相當有味道，備有免費無線網路。

中級飯店　　MAP ◆ P.158-B2
🏠Königstr. 63　D-90402
☎ (0911) 274380
📠 (0911) 232611
🌐www.hoteldreiraben.de
🛏Ⓢ €120〜　Ⓣ €160〜
card ＡＤＪＭＶ

Ⓗ Victoria

鄰近工匠廣場，十分方便

　　從中央車站走到國王大街，馬上就能在左側看到這間中級飯店，雖面對大馬路，房間倒也十分安靜，設備完善，住宿舒適，服務態度亦相當親切，備有免費無線網路。

中級飯店　　MAP ◆ P.158-B2
🏠Königstr. 80　D-90402
☎ (0911) 24050　📠 (0911) 227432
🌐www.hotelvictoria.de
🛏Ⓢ€118〜　Ⓣ€128〜
card ＡＤＪＭＶ

Ⓗ Jugendherberge

洋溢古城風情的人氣青年旅館

　　位在皇帝堡一角的青年旅館氣氛絕佳。房型主要為4人房，也有單人房到大型房間等選擇，有許多家族旅客入住。辦理入住時間為15:30〜，無線網路只在公共區域使用（免費）。

青年旅館　　MAP ◆ P.158-A2
🏠Burg 2　D-90403
☎ (0911) 2309360
📠 (0911) 23093628
🌐www.nuernberg.jugendherberge.de
🛏€44〜　Ⓣ€115〜　雙床房€136〜
card ＭＶ

雷格尼茨河畔的美麗古城

班堡

Bamberg

玫瑰繽紛綻放的
新宮殿庭園

柏林●

●法蘭克福

★班堡

●慕尼黑

雷格尼茨河島上的舊市政聽

雷格尼茨河沿岸的小威尼斯地區

雷格尼茨河小島上的舊市政廳與擁有4座尖塔的大教堂

　　班堡曾經是神聖羅馬帝國亨利二世Heinrich II（在位1002～1024年）時代的宮廷所在地，同時也是重要的主教都市，漫步在世界遺產的舊城區巷弄中，更是別有一番風味。這裡同時也是知名的啤酒城，以煙燻啤酒麥釀製而成，擁有濃郁香氣的煙燻啤酒Rauchbier最為有名。

 漫遊

基督教藝術寶庫的大教堂

　　市區主要景點集中在舊市政廳Altes Rathaus所在地的雷格尼茨河Regnitz小島周邊，離中央車站約1.5km路程。

　　過了雷格尼茨河後，從通往大教堂的坡道往上走，便會看到大教堂廣場Dompl.，廣場上矗立著擁有4座尖塔的大教堂Dom。

　　大教堂廣場對面還有主教宮殿新宮殿Neue Residenz，新宮殿內的玫瑰園Rosengarten擁有班堡市區景觀的最佳視野。

　　出了玫瑰園後，從聖米歇爾教堂St.Michael旁的路往下走，一直到雷格尼茨河畔便可看到對岸過去漁夫居住、有小威尼斯之稱的住宅區。

　　而一旦來到班堡，更是不可錯過享譽國際的班堡交響樂團Bamberger Symphoniker，可上網查詢演奏會舉行日期。

班堡Bamberg ▼ 海德堡與古堡大道

 主要景點 ❀❀❀❀❀❀❀❀❀❀

有皇帝聖殿之稱的莊嚴**大教堂**
Dom ★★★

大教堂於1237年竣工，其建築及雕刻藝術等皆為德國首屈一指的文化遺產，特別是《班堡騎士像Bamberger Reiter》（1230年左右作品）更是不可錯過的藝術珍品。而大教堂建立者亨利二世與庫妮古德皇后Kunigunde的大型墓石上，則有里門施奈德Tilman Riemenschneider的精美雕刻。

內殿的裝飾雕像
《班堡騎士像》

皇帝與皇后的墓石

● 大教堂
○ Map P.165-B1
⊞ Domplatz 5
開 週一～三　9:00～18:00
　　週四・五　9:30～18:00
　　週六　　　9:00～16:15※
　　週日　　　13:00～18:00
　　（11～3月的週日～五僅營業至17:00）
※5～10月的週六12:00起為管風琴演奏會（免費，但需要捐獻），11:30至演奏會結束期間暫停開放。

擁有美麗玫瑰園的**新宮殿**
Neue Residenz ★★★

新宮殿為1703年由領主Schönborn主教所完成的宮殿，可參加導覽行程參觀皇帝廳等內部廳院，此外還有德國巴洛克繪畫展示廳，玫瑰園可免費入場參觀。

● 新宮殿
○ Map P.165-B1
⊞ Domplatz 8
開 4～9月　　9:00～18:00
　　10～3月　10:00～16:00
休 12/24・25・31、1/1、狂歡節的週二
費 €6

MEMO 曾經在班堡擔任劇場導演、浪漫派作家E.T.A.霍夫曼故居E.T.A. Hoffmann-Haus現改為紀念館。⊞ Schillerplatz 26　○ Map P.165-B2　開 5/1～11/1的週二～五13:00～17:00　費 €5

165

郊區景點

古堡與當地啤酒之城 **庫爾姆巴赫**
Kulmbach

MAP◆P.139-A4

交通 從班貝格搭乘RE快速列車約40分,從拜羅伊特搭乘AG(私鐵)約30分。

❶庫爾姆巴赫的遊客中心
俚Buchbindergasse 5
D-95326 Kulmbach
☎(09221)95880
⊠(09221)958844
⊕www.kulmbach.de
匾4~10月
　週一~五　　9:00~18:00
　週六　　　10:00~13:00
　11~3月
　週一~五　10:00~17:00

●普拉森堡
⊕plassenburg.de
匾4~10月　9:00~18:00
　11~3月　10:00~16:00
俚狂歡節的週二、12/24·25·31·1/1
飼€7(通用於城內所有博物館)

庫爾姆巴赫位於拜羅伊特Bayreuth北方約25km處,歷來便以啤酒釀造而聞名。一出車站從正面的Fritz-Hornschuch-Str.街前進,到了盡頭處的Kressenstein左轉後繼續往下走,可看到行人徒步

矗立山丘上的普拉森堡

區長街Langgasse,接著徒步2~3分鐘可到市中心的市集廣場Marktplatz,這一帶有許多可喝到美味當地啤酒的餐廳。

從市集廣場可清楚看到山丘上的普拉森堡Plassenburg,到城堡可選擇走坡道徒步約20分鐘路程,或搭乘直達巴士Plassenburg Express前往,從市區中心的市集廣場經Spitalgasse巷往西北走到盡頭的中央停車場Zentralparkplatz,即可搭乘巴士。普拉森堡的中庭Schöner Hof周圍有文藝復興樣式的立柱與纖細美麗的浮雕環繞,城堡內則設有邦立博物館與錫人像博物館等4間博物館。

推薦的餐廳&住宿 RESTAURANT & HOTEL

ℝ Schlenkerla
MAP◆P.165-B1

俚Dominikanerstr. 6
☎(0951) 56050　⊕www.schlenkerla.de
營9:30~23:30(供餐時間11:30~22:00)　card不可
這裡提供煙燻麥芽所釀造的煙燻啤酒,色澤類似黑啤酒並帶有獨特的香氣,是當地人的熱門餐廳,招牌料理是淋上啤酒醬的洋蔥鑲肉Bamberger Zwiebel€11.40。

ℍ Bamberger Hof Bellevue
MAP◆P.165-B2

俚Schönleinsplatz 4　D-96047
☎(0951) 98550　⊠(0951) 985562
⊕www.bambergerhof.de
飼Ⓢ€165~　Ⓣ€215~　早餐另計€19.90　card ADMV
擁有50間客房的高級飯店,所在位置便於觀光,備有無線網路(免費)。

ℍ Hotel Weinhaus Messerschmitt
MAP◆P.165-B2

俚Lange Str. 41　D-96047
☎(0951) 297800　⊠(0951) 2978029
⊕www.hotel-messerschmitt.de
飼Ⓢ Ⓣ€99~　早餐€9.50　card ADMV
飯店共有67間客房,創業自1832年,擁有悠久的歷史,以古董家具營造出浪漫風情的小型旅館,餐廳更提供種類豐富的葡萄酒供客人品嘗,備有免費無線網路。

ℍℍ Jugendgästehaus am Kaulberg
MAP◆P.165-B1

俚Unterer Kaulberg 30　D-96049
☎(0951) 29952890　⊠(0951) 299528920
⊕www.bamberg.jugendherberge.de
飼含早餐€32.90~　Ⓢ€46.90~　card MV
鄰近舊城區的地理位置便於觀光,從餐廳可看到大教堂。房間分為2~6人房,幾乎都備有淋浴設備與廁所,部分區域提供無線網路。

拜羅伊特

Bayreuth

拜羅伊特節慶歌劇院
前庭中立著華格納頭像

華格納迷必訪聖地拜羅伊特節慶歌劇院

海德堡與古堡大道 ▼ 拜羅伊特Bayreuth

柏林
法蘭克福
拜羅伊特★
慕尼黑

MAP ◆ P.139-A4	
人　口	7萬4000人
區域號碼	0921

ACCESS
火車：從紐倫堡搭RE快速列車約55分。

每年7月下旬～8月下旬為拜羅伊特音樂節，會有來自世界各地多達約10萬名歌劇迷前來造訪，整個城市搖身一變呈現出另一番熱鬧風貌。

拜羅伊特
BAYREUTH
N 0　100　200m

拜羅伊特節慶歌劇院
Richard-Wagner-Festspielhaus

Gontardstr.

Meistersingerstr.

Feustelstr.

Friedr.-v.-Schiller-Str.

Nibelungenstr.

Bürgerreuther Str.

Wilhelms-platz

Carl-Schüller-Str.

郵局

拜羅伊特中央車站
Hauptbahnhof

Wiesenstr.

Bayerischer Hof 🅷

Bahnhofstr.

Tunnelstr.

Hohenzollern-ring

Annecy-pl.

市政廳
Rathaus

Josephs-platz

Spitalkirche

Markt
Eure

城堡
Schloss

侯爵歌劇院
Markgräfliches Opernhaus

Maximilianstr.

Goldener
Anker

Lohmühle
李斯特博物館
Franz-Liszt-Museum

新宮殿
Neues Schloss

Richard-Wagner-Str.

華格納博物館
Richard Wagner Museum

市立音樂廳
Stadthalle

王宮花園
Hofgarten

音樂節會場拜羅伊特節慶歌劇院Richard-Wagner-Festspielhaus位於拜羅伊特車站往北直走的Bürgerreuther Str.街上，1876年時由華格納親自設計音響效果配置，可說是世界頂尖的劇院。

從車站往南走車站大街Bahnhofstr.，❶所在的Kanalstr.街頭開始便是城市的中心地區。

拜羅伊特過去是布蘭登堡侯爵Margraviate of Brandenburg的宮

❶拜羅伊特的遊客中心
🏠Opernstr. 22
　D-95444 Bayreuth
☎(0921) 88588
🌐www.bayreuth-tourismus.de
🕐週一～五　　9：00～18：00
　週六　　　　9：00～16：00

●拜羅伊特節慶歌劇院
🏠Am Festspielhügel 1-2
☎(0921) 78780
🌐www.bayreuther-festspiele.de
🕐內部導覽之旅於9～3月不定期舉行，欲參觀的遊客可將期望的日期等資訊Email到拜羅伊特觀光局 **Email** info@bayreuth-tourismus.de事先預約。
　11～4月　14：00（週六・日亦有11：00場次）
　9・10月　10：00、11：00、14：00、15：00
※部分導覽行程有時會因排練暫停。
💰€7、學生€5

●拜羅伊特音樂節
音樂節門票可向票務處Bayreuther Festspiele Kartenbüro書面申請（詳細資訊請上🌐www.bayreuther-festspiele.de查詢），但由於世界各地申請件數繁多，據說最少要連續申請8年以上才有可能申請到的超高難度。

融入街景的歌劇院

🌐 世界遺產
侯爵歌劇院
（2012年登錄）

●侯爵歌劇院
🏠Opernstr. 14
🕐4～9月　　　9：00～18：00
　10～3月　　 10：00～16：00
　每45分有一場內部導覽行
　程。
💰€8

●華格納博物館
🏠Richard-Wagner-Str. 48
🌐www.wagnermuseum.de
🕐週二～日　10：00～17：00
　（7～8月的週一亦有開館）
🚫9～6月的週一、12/24・25
💰€8

●新宮殿
🏠Ludwigstr. 21
🕐4～9月　　　9：00～18：00
　10～3月　　 10：00～16：00
🚫12/24・25・31、1/1
💰€5.50、學生€4.50

廷所在地，也因此留下了巴洛克和洛可可風格建築，其中腓特烈大帝Friedrich II的姐姐、嫁給侯爵的普魯士王國公主維爾哈米娜Wilhelmina，在各領域的藝術上都有卓越造詣，於1748年興建了侯爵歌劇院Markgräfliches Opernhaus，歌劇院內盡是華麗巴洛克樣式裝飾，是歐洲最美的巴洛克劇院之一，並登錄為世界遺產。

華格納街Richard-Wagner Str.門牌號碼48號處為華格納故居Haus Wahnfried，是華格納曾居住過的宅邸。玄關前有華格納支持者路德維希二世Ludwig II的胸像，內部則改為華格納博物館Richard Wagner Museum，展出許多與華格納相關的物品和樂譜等收藏。東側則是華格納妻子柯西瑪Cosima的父親、天才鋼琴家李斯特Franz Liszt的博物館。

1753年建造的新宮殿Neues Schloss，還留存著維爾哈米娜喜愛的洛可可樣式華麗起居室，可參觀1樓的陶器收藏、樓上的起居室與王宮花園Hofgarten（庭園）。

侯爵歌劇院內宛如大理石的立柱全都是以木頭打造

推薦的餐廳&住宿 ✤ RESTAURANT & HOTEL

R Oskar
MAP ◆ P.167

🏠Maximilianstr. 33
☎(0921) 5160553　🌐www.oskar-bayreuth.de
🕐8：00～24：00（週日・節日9：00～）　🚫無休
card Ⓜ Ⓥ

位在擁有600年以上歷史的古老宅邸內，販售法蘭根地區的料理與啤酒，氣氛自在，價格也合理。圖片中的法蘭根風烤香腸與德國酸菜3 von Grill（€10.90），濃郁的風味非常下酒。

H Bayerischer Hof
MAP ◆ P.167

🏠Bahnhofstr. 14　D-95444
☎(0921) 78600　📠(0921) 7860560
🌐www.bayerischer-hof.de
💰Ⓢ€91～　Ⓣ€126～　card Ⓐ Ⓜ Ⓥ

位於中央車站旁的中級飯店，1樓附設時髦酒館，無線網路免費。

H Goldener Anker
MAP ◆ P.167

🏠Opernstr. 6　D-95444
☎(0921) 7877740　📠(0921) 78777474
🌐www.anker-bayreuth.de
💰Ⓢ€148～　Ⓣ€198～　card Ⓐ Ⓜ Ⓥ

位於市中心的典雅飯店，客房分為浪漫風與現代風等不同裝潢，備有無線網路（免費）。

MEMO 在上列的Oskar餐廳附近有一家名為Eure（🏠Kirchgasse 8　◆Map P.167　🌐www.eule-bayreuth.de　🕐週二～六17：00～22：00、週六・日11：00～14：00）的法蘭克尼亞料理與啤酒店，營業時間很短須特別留意。

巴登巴登的耶誕市集

仙蹤之路與黑森林
Die Fantastische Straße / Der Schwarzwald

擁有世界第一高塔
的烏爾姆大教堂

宛如天空之城的知名城堡霍亨索倫堡

Pinguin

Bär

Katze | Hund |

展示泰迪熊製作流程的泰迪熊
博物館Steiff Museum

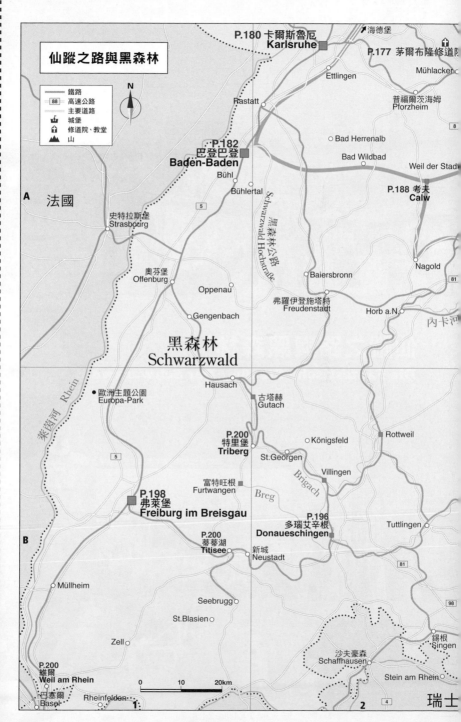

仙蹤之路與黑森林

鐵路
88 高速公路
主要道路
城堡
修道院、教堂
山

N

法國

P.180 卡爾斯魯厄
Karlsruhe

↗海德堡

P.177 茅爾布隆修道院

Mühlacker

Ettlingen

Rastatt

普福爾茨海姆
Pforzheim

8

A

P.182
巴登巴登
Baden-Baden

Bad Herrenalb

Bad Wildbad

Weil der Stadt

Bühl

Bühlertal

P.188 考夫
Calw

5

史特拉斯堡
Strasbourg

Schwarzwald Hochstraße
黑森林公路

Nagold

奧芬堡
Offenburg

81

Oppenau

Baiersbronn

弗羅伊登施塔特
Freudenstadt

Horb a.N.

內卡河

Gengenbach

黑森林
Schwarzwald

Rhein
萊茵河

Hausach

古塔赫
Gutach

●歐洲主題公園
Europa-Park

P.200
特里堡
Triberg

Königsfeld

Rottweil

5

St.George

Villingen

富特旺根
Furtwangen

Breg

Brigach

P.198
弗萊堡
Freiburg im Breisgau

P.196
多瑙艾辛根
Donaueschingen

Tuttlingen

B

P.200
蒂蒂湖
Titisee

新城
Neustadt

81

Müllheim

Seebrugg

98

St.Blasien

錫根
Singen

Zell

沙夫豪森
Schaffhausen

Stein am Rhein

P.200
維爾
Weil am Rhein

0   10   20km

巴塞爾
Basel

Rheinfelden

1

2

4

瑞士

仙蹤之路與黑森林 ▼ 大區域地圖

81

Bietigheim-Bissingen

P.177 馬爾巴赫
Marbach

P.177 路德維希堡
Ludwigsburg

P.174 斯圖加特
Stuttgart

Aalen

7

Esslingen

Plochingen

P.177
格平根
Göppingen

斯圖加特機場 ✈

8

P.190 貝本豪森修道院

P.195 京根
Giengen

P.189 圖賓根
Tübingen

梅欽根
Metzingen

Reutlingen

Günzburg

Neckar

利希騰斯坦城堡

P.192 烏爾姆
Ulm

翠興根
Mechingen

P.191 霍亨索倫堡

仙蹤之路

伊勒河 Iller

7

西格馬林根
Sigmaringen

多瑙河 Donau

96

Memmingen

Aulendorf

7

柏林 ■

Überlingen

Radolfzell

P.203
梅瑙島

P.205
米爾斯堡
Meersburg

Ravensburg

■ 法蘭克福

慕尼黑 ■

Kempten

P.204
賴歇瑙島

P.202
康士坦茲
Konstanz

✈

P.206 腓特烈港
Friedrichshafen

波登湖
Bodensee

3

96

4

仙蹤之路與
黑森林

　　有著黑森林浪漫名稱的黑森林地區Schwarzwald，位於德國西南部，以萊茵河與法國相鄰，地勢雖不高但與其說是「森林」不如說是「山」要來得貼切。其範圍南北長160km，東西則寬20～60km不等，森林內以杉木等針葉林覆蓋為主，從遠處望去呈現出一整片濃厚的墨綠色。而仙蹤之路則從溫泉勝地巴登巴登Baden-Baden為起點，包含壯觀的霍亨索倫堡Burg Hohenzollern，與波登湖Bodensee上的花島梅瑙島Mainau及康士坦茲Konstanz等，有著森林、古堡、湖泊等多變的迷人景致。

感受鄉愁的黑森林

交通方式

　　黑森林地區共有2條主要鐵路幹線，一條是法蘭克福～卡爾斯魯厄～弗萊堡～巴塞爾Basel（瑞士）路線，另一條則是法蘭克福～斯圖加特～烏爾姆～慕尼黑路線，除此之外還有當地支線，班次間隔每1～2小時1班。

　　波登湖橫跨德國、瑞士、奧地利3國，是德國境內最大湖泊，從康士坦茲及林島Lindau等湖畔城市都有前往瑞士和奧地利的列車與船隻，可以一次遊遍德、瑞、奧3國。

連結腓特烈港與康士坦茲的高速雙體船

住宿導覽

　　斯圖加特與巴登巴登每到國際會議等活動期間，飯店幾乎都會客滿，而黑森林的小鎮小型旅館也很少，所以最好事先訂房，另外波登湖畔的飯店一到夏天也常客滿，建議也須及早預約。

與發明飛船的齊柏林伯爵有淵源的飯店，Steigenberger Inselhotel飯店的走廊

名產與美食

與法國相鄰的黑森林地區，素來以美味料理而聞名，特別是德國風味麵疙瘩Spätzle與德國餛飩Maultaschen。德國麵疙瘩是以麵粉、水、蛋調和的麵糰捏成小指一般大小後煮熟，接著搭配肉類料理或放上起司煎烤過後食用。德國餛飩則是使用如餃子皮一般的麵皮，包入絞肉和菠菜等混合內餡後捲起來，煎煮後淋上蛋汁或搭配湯品享用。

黑森林櫻桃蛋糕

黑森林櫻桃蛋糕Schwarzwälder Kirschtorte是德國最受歡迎的蛋糕，雖然德國到處都吃得到，不妨就在黑森林享受道地美味吧！

巴登葡萄酒則有少見的德國產紅葡萄酒。

德國餛飩內餡為菠菜和絞肉等

拌上濃稠起司的
起司麵疙瘩

仙蹤之路與黑森林 ▼ Introduction

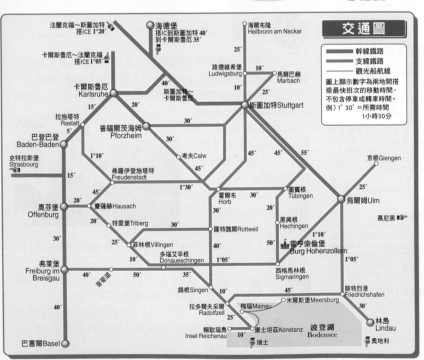

交通圖

法蘭克福～斯圖加特
搭ICE 1°20′

卡爾斯魯厄～法蘭克福
搭ICE 1°05′

海德堡
搭IC到斯圖加特 40′
到卡爾斯魯厄 35′

海爾布隆
Heilbronn am Neckar

路德維希堡
Ludwigsburg

馬爾巴赫
Marbach

卡爾斯魯厄
Karlsruhe

斯圖加特～
卡爾斯魯厄

斯圖加特Stuttgart

拉施塔特
Rastatt

普福爾茨海姆
Pforzheim

巴登巴登
Baden-Baden

考夫Calw

史特拉斯堡
Strasbourg

弗羅伊登施塔特
Freudenstadt

京根Giengen

奧芬堡
Offenburg

豪薩赫Hausach

霍爾布
Horb

圖賓根
Tübingen

烏爾姆Ulm

慕尼黑

特里堡Triberg

羅特魏爾Rottweil

黑興根
Hechingen

弗萊堡
Freiburg im Breisgau

菲林根Villingen

多瑙艾辛根
Donaueschingen

霍亨索倫堡
Burg Hohenzollern

西格馬林根
Sigmaringen

錫根Singen

腓特烈港
Friedrichshafen

米爾斯堡Meersburg

林島
Lindau

拉多夫采爾
Radolfzell

梅瑙Mainau

賴歇瑙島
Insel Reichenau

康士坦茲Konstanz

波登湖
Bodensee

巴塞爾Basel

瑞士

奧地利

幹線鐵路
支線鐵路
觀光船航線
圖上顯示數字為兩地間搭乘最快班次的移動時間，不包含停車或轉車時間。
例）1°30′＝所需時間
1小時30分

25′
40′
10′
25′
15′
20′
30′
30′
5′
1°10′
45′
45′
55′
25′
15′
45′
20′
1°30′
30′
20′
30′
20′
50′
1°10′
30′
25′
40′
1°05′
10′
40′
35′
45′
30′

賓士博物館

黑森林環繞的文化都市
斯圖加特
Stuttgart

有著華麗柱子的國王大廈，人們在前方的王宮廣場放鬆

斯圖加特是巴登‧符騰堡邦Baden-Württemberg的首府，一出中央車站便可看到這個城市最引以為傲的賓士標誌，這裡不但是德國西南部的經濟中心，城市本身為盆地地形，有著葡萄園及森林環繞，也是造訪黑森林地區城鎮的最佳起點。

 漫遊

從中央車站前筆直延伸的國王大道Königstr.為主要街道，❶也設於此處，整條街道規劃為行人徒步區，餐廳、咖啡館、百貨公司和精品店等商店林立。從國王大道徒步約500m可通往王宮廣場Schlossplatz，面向廣場的國王大廈Königsbau，有著華麗的柱子，內部設有購物中心和美食廣場。廣場左方內側可以看見美麗的新王宮Neues Schloss，現為邦政府辦公室。南側圓塔建

拱廊環繞的舊王宮中庭

築則為舊王宮Altes Schloss，為16世紀文藝復興樣式建築，內部設有邦立博物館Landesmuseum Württemberg，展示遠古時

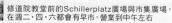
代的出土物和中世紀起各類宗教雕刻、民俗收藏等相關物品。

新王宮內側的公園內設有邦立劇院等設施，其東側隔著大道K.-

修道院教堂前的Schillerplatz廣場與市集廣場，在週二、四、六都會有早市，營業到中午左右

MAP ◆ P.171-A3

人 口	63萬300人
區域號碼	0711

ACCESS

火車：從法蘭克福搭乘ICE特快列車約1小時20分，從慕尼黑約2小時15分。
機場與市區交通：從機場站搭S-Bahn 2或3號到中央車站約27分。

❶斯圖加特的遊客中心
健Königstr. 1A
　D-70173 Stuttgart
◯Map P.175-A2
☎(0711) 22280
URL www.stuttgart-tourist.de
開週一～五　9:00～17:00

⊕世界遺產
勒‧柯比意建築作品
──白院聚落
（2016年登錄）

●市區交通
市區大眾運輸共有U-Bahn（地下鐵）、S-Bahn、市區電車、巴士等，短區間車票KurzstreckenTicket（S-Bahn不能使用，單趟不轉車3站之內有效）為€1.60，市區單次車票EinzelTicket€2.80，市區（1～2區）1日券EinzelTagesTicket€5.30（僅限1區）。

●斯圖加特卡
Stutt CARD PLUS
有效期間內可免費無限次搭乘市區大眾運輸工具，可免費進入主要博物館，還有提供其他折扣優惠。效期24小時€27，48小時€38，72小時€48。

●舊王宮（邦立博物館）
健Schillerplatz 6
◯Map P.175-B1
Ⓤ Schlossplatz下車
URL www.landesmuseum-stuttgart.de

MEMO 斯圖加特中央車站正在改建中，將原先的終點式月台改為直通式月台，是個重大工程，同時舊車站大樓也進行翻新，預計2025年左右完工。工程中，通道有進行變更，建議在列車出發前預留充裕的時間抵達車站。

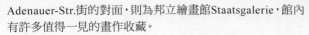

Adenauer-Str.街的對面，則為邦立繪畫館Staatsgalerie，館內有許多值得一見的畫作收藏。

 主要景點

擁有豐富近現代美術館藏 **邦立繪畫館**

Staatsgalerie ★★★

　　建於1843年的邦立繪畫館內，展示了許多歐洲的名畫，1984年並由英國建築師詹姆斯·斯特林James Stirling設計增建新館，以展示德國表現主義的近現代繪畫及雕像為主，其中特別以當地藝術家奧斯卡·史萊默Oskar Schlemmer與包浩斯Bauhaus作家作品為中心。

●邦立繪畫館
🏠Konrad-Adenauer-Str.
30-32
🔄Map P.175-A2
ⓊStaatsgalerie下車
🔗www.staatsgalerie.de
🕙週二～日　10：00～17：00
　（週四～20：00）
🚫週一
💶常設展€7、學生€5
　特展須額外收費
　常設展每週三免費參觀

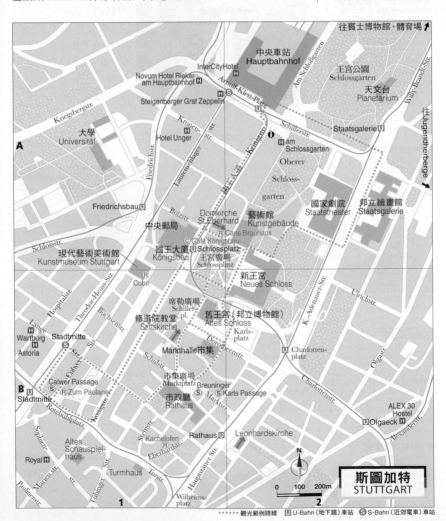

往賓士博物館、體育場↗

中央車站
Hauptbahnhof

InterCityHotel

Novum Hotel Rieker
am Hauptbahnhof

Steigenberger Graf Zeppelin

王宮公園
Schlossgarten

天文台
Planetarium

往Jugendherberge↘

大學
Universität

Hotel Unger

A

Schillerstr.

Staatsgalerie Ⓤ

ℹ am
Schlossgarten

Oberer
Schloss-
garten

Kriegsbergstr.

Friedrichbau Ⓤ

Bolzstr.

Domkirche
St. Eberhard

中央郵局

藝術館
Kunstgebäude

Carls Brauhaus

國家劇院
Staatstheater

邦立繪畫館
Staatsgalerie

現代藝術美術館
Kunstmuseum Stuttgart

Schlossstr.

Cafe Königsbau

國王大廈
Königsbau

Ⓤ Schlossplatz

王宮廣場
Schlossplatz

新王宮
Neues Schloss

K.-Adenauer-Str.

Ulrichstr.

Cube

席勒廣場
Schiller-
pl.

修道院教堂
Stiftskirche

舊王宮（邦立博物館）
Altes Schloss

Karls-
platz

Ⓤ Charlotten-
platz

Olgastr.

Lange

Wartburg

Astoria

Stadtmitte

Ⓢ

Markthalle市集

Dorotheenstr.

Charlottenstr.

ALEX 30
Hostel

Ⓤ Olgaeck

B
Stadtmitte

Calwer Passage

Ⓢ

Zum Paulaner

市集廣場
Marktplatz

Breuninger

Karls Passage

市政廳
Rathaus

Königstr.

Rotebühlplatz

Sophienstr.

Altes
Schauspiel-
haus

Royal

Kachelofen

Rathaus Ⓤ

Leonhardskirche

Alexanderstr.

Turmhaus

N

斯圖加特
STUTTGART

0　100　200m

1 2

Wilhelms-
platz

🚶 觀光範例路線　Ⓤ U-Bahn（地下鐵）車站　Ⓢ S-Bahn（近郊電車）車站

●賓士博物館
住Mercedesstr. 100
●Map P.175-A2外
網www.mercedes-benz.com
開週二～日　9：00～18：00
　（入場至17：00為止）
休週一、12/24、25、31
費€10、學生€5

提供語音導覽供遊客使用

足球・球場情報

●梅賽德斯・朋馳競技場
Mercedes-Benz-Arena
網www.mercedes-benz.com
斯圖加特足球俱樂部VfB
Stuttgart主場球場。
交通從中央車站搭
乘⑤1在第2站Neckarpark
（Mercedes-Benz）下車，
或搭⑪11（僅比賽日發車）在
終點NeckarPark（Stadion）
下車，徒步約10分鐘即達，緊
鄰賓士博物館。

●保時捷博物館
住Porscheplatz 1
●Map 地圖外
網www.porsche.com/museum
開週二～日　9：00～18：00
　（入場至17：30為止）
休週一、12/24、25、31、1/1
費€10、學生€5

彷彿漂浮在保時捷廣場上的嶄新博物館

世界遺産
勒・柯比意建築作品——白院
聚落（2016年登錄）

●白院聚落
交通從中央車站搭市區電
車⑪5在Killesberg下車，徒
步約10分鐘可至，或搭44
號巴士（往Killesberg）在
Kunstakademie下車即達。

●白院聚落博物館
住Rathenaustr. 1-3
●Map 地圖外
網weissenhofmuseum.de
開週二～五　11：00～18：00
　週六・日・節日10：00～18：00
休週一、12/24、1/1　費€5

不是車迷也能樂在其中 賓士博物館

Mercedes-Benz Museum　★★★

賓士博物館可從中央車站搭往Kirchheim（Teck）方向的⑤1，在內卡公園（賓士）Neckar Park（Mercedes-Benz）下車，下車後遵循路標徒步約10分鐘可至。

近未來建築外觀也是參觀重點之一

近未來雙螺旋式建築十分有現代感，展示空間共分為9層樓，展出包含從歷史名車到最新的F1賽車等，此外還有日本昭和天皇和德國皇帝威廉2世座車賓士770，以及黛安娜王妃曾乘坐的紅色SL座車展示。

日本昭和天皇自1935年起使用的御用車

1樓為新車模型展示間，同時也是賓士服務處，此外並設有商店、咖啡館、兒童區等，非常適合闔家前往遊覽。

迷人的跑車展示 保時捷博物館

Porsche Museum　★★

從中央車站地下月台搭乘⑤6約10分鐘在Neuwirtshaus（Porscheplatz）下車，下車後便可看到保時捷博物館，館內展示了第一台保時捷跑車1948年份保時捷356和其他古董名車。展館內輪流展

陳列眾多歷史名車

示了約400台的賽車及跑車收藏品，每次去都可看到不同展示車輛，此外館內並附設商店及咖啡酒吧、高級餐廳等。

歐洲最具代表性建築師作品 白院聚落

Weissenhof-Siedlung　★

這裡是於1927年德國工作聯盟博覽會時，由彼得・貝倫斯Peter Behrens、漢斯・夏隆Hans Bernhard Scharoun，與密斯・凡德羅Ludwig Mies van der Rohe等建築師們建構的建築群，是建築迷絕不可錯過的景點，其中科比意Le Corbusier所設計的建築內，設有遊客中心與白院聚落博物館，從高台上可欣賞到絕佳的市區景致。

感受科比意所設計的空間

郊區景點

赫塞筆下名作舞台 茅爾布隆修道院 Kloster Maulbronn
🌐 世界遺產
MAP◆P.170-A2

赫曼·赫塞Hermann Hesse小說《知與愛Narziß und Goldmund》中所描寫的舞台背景便是茅爾布隆修道院附屬神學院，除了赫塞以外，還有天文學家克卜勒Johannes Kepler及詩人荷爾德林Friedrich Hölderlin都曾在此學習。1147～1537年間這裡曾是熙篤會的修道院，周邊則形成村落。這裡據說是德國保存最完整的中世紀修道院，可一次欣賞到羅馬樣式到後期哥德樣式的建築。

保留中世紀情調的迴廊（上）與噴泉（右）

有如凡爾賽宮的華麗城堡 路德維希堡宮 Ludwigsburg
MAP◆P.171-A3

從斯圖加特中央車站搭乘Ⓢ4、5或快速列車，約10～15分鐘在Ludwigsburg站下車後，徒步約15分鐘可抵達路德維希堡宮。

宮殿建於18世紀，原作為符騰堡王國伯爵行宮而興建，是歐洲首屈一指最大規模的巴洛克宮殿之一，內部並設有陶瓷器博物館、巴洛克織品博物館與巴洛克美術館等對外開放參觀。

以美麗的庭園為人所知

名人席勒誕生故鄉 馬爾巴赫 Marbach am Neckar
MAP◆P.171-A3

馬爾巴赫地處內卡河沿岸台地上，舊城區內隨處可見古老木造建築林立，這裡還保存了德國知名代表性劇作家席勒故居Schiller Geburgtshaus。城鎮南側設有席勒國立博物館Schiller-Nationalmuseum，旁邊的德國文學檔案館Deutsches Literaturarchiv則是德國文學資料的寶庫。

鐵道迷的朝聖地 馬克林模型博物館 Märklin Erlebniswelt
MAP◆P.171-A4（格平根）

世界知名火車模型老牌製造商馬克林總公司在格平根Göppingen所附設的博物館，館內展示了許多珍貴展品及巨大立體模型等，其附設商店並販售多種模型。

🌐 世界遺產
茅爾布隆修道院
（1993年登錄）

●茅爾布隆修道院
🏠Klosterhof 5
🚃從斯圖加特中央車站搭乘IRE快速列車約50分鐘，在米赫拉克爾Mühlacker下車轉乘往Bretten的700號巴士約20分鐘，於修道院前的Klostermaulbronn下車（搭車時，請先向司機確認）。
5～10月的週日·節日也有列車（Klosterstadt-Express）行駛。從米赫拉克爾到茅爾布隆車站1天6班車，車站距離修道院約700m。
🌐www.kloster-maulbronn.de
🕐4～10月　9：30～17：30
　11～2月　10：00～16：00
　3月　　　10：00～17：00
　（最後入場時間為閉館前45分）
🚫11～3月的週一
💰€9、學生€4.50、語音導覽€12（須準備護照）

●路德維希堡宮
🌐www.schloss-ludwigsburg.de
🕐城內10：00～17：00，僅開放參加導覽行程遊客參觀。英文導覽3/15～11/15的週一～五10：15、週六·日·節日11：15、15：15舉行；其他季節有變更的可能，全程約1小時30分。💰€8.50、學生€4.30

●席勒故居
🚃從斯圖加特搭乘Ⓢ4約25分鐘在Marbach（Neckar）下車，從車站徒步至席勒故居約10～15分鐘。
🏠Niklastorstr. 31
🕐4～10月　9：00～17：00
　11～3月　10：00～16：00
🚫12/24～26·31　💰€5

●席勒國立博物館
🏠Schillerhöhe 8-10
🌐www.dla-marbach.de
※因館內整修，將關閉至2024年秋季。

●馬克林模型博物館
🚃從斯圖加特搭乘往烏爾姆Ulm的IC特快列車到格平根約25分鐘，接著從格平根車站步行約12分，或可搭乘911、914、915、932號約3分，於Märklineum,Göppingen下車即達。
🏠Reutlinger Str. 6
　D-73037 Göppingen
🌐www.maerklineum.de
🕐週二～日　10：00～18：00
🚫週一、部分節日　💰€10

MEMO 前往茅爾布隆修道院，可從斯圖加特搭乘IC特快列車約35分，於Pforzheim，再轉乘735號巴士約50分，於Kloster,Maulbronn下車，不過班次較少。

RESTAURANT ✣ 斯圖加特的餐廳

斯圖加特的鄉土料理是施瓦本Schwaben料理，其中代表性料理為德國餛飩和麵疙瘩等德國風味麵食，非常適合亞洲人的口味，而料多味美的湯品蔬菜牛肉麵Gaisburger Marsch也是不可錯過的美食。

另外在市區內也有許多間葡萄酒吧Weinstube，可輕鬆品嘗施瓦本地區的美味葡萄酒。

R Carls Brauhaus

王宮廣場前的啤酒餐廳

能喝到自家釀造啤酒的人氣餐廳。Dinkelacker Privat 0.3ℓ€3.70、0.5ℓ€4.80。推薦的料理有維也納小牛排Wiener Schnitzel€22.90、德國餛飩Maultaschen€10.90等。

德國料理　　　**MAP ◆ P.175-A1**
住 Stauffenbergstr. 1
☎ (0711)25974611
URL www.carls-brauhaus.de
營 11:00～22:00（週六・日10:00～）
card M V
交 U Schlossplatz徒步約1分。

R Cube

美術館頂樓的高級餐廳

餐廳位於方型玻璃建築現代藝術美術館頂樓，能眺望王宮廣場的美麗風景。顧客多半是身穿西裝的商務人士，或是喜歡時髦約會的人。提供多種地中海料理與亞洲料理美食，建議事先預約。

多國料理　　　**MAP ◆ P.175-B1**
住 Kleiner Schossplatz 1
☎ (0711)2804441
URL www.cube-restaurant.de
營 週日～四　10:00～21:00
　週五・六　10:00～23:00
card A D M V
交 U Schlossplatz徒步約2分

C Cafe Königsbau

面向王宮廣場的大型咖啡館

該建築的四周圍繞著柱廊，氣氛閑靜。除了蛋糕外，早餐套餐和點心的種類繁多。夏天使用水果的清爽系飲品也大受好評。

咖啡館　　　　**MAP ◆ P.175-A1**
住 Königstr. 28
☎ (0711) 290787
URL www.koenigsbau-cafe.de
營 9:00～20:00（週日10:00～）
card 不可
交 U Rathaus徒步約1分。

INFORMATION 　　**到商店街購物**

斯圖加特的市中心有時髦的拱廊購物商店街Passage，商店街上有著拱形玻璃屋頂覆蓋，就算下雨一樣能享受購物的樂趣。

其中最推薦的便是名牌商店林立的Calwer Str.街上的商店街Calwer Passage（◐ Map P.175-B1），與市集廣場的百貨公司Breuninger（◐ Map P.175-B1）、商店街Karls-Passage（◐ Map P.175-B1）。

比起流行時尚，更喜歡前往當地人聚集的大眾市場購物的人，則推薦舊王宮附近的室內市集Markthalle（住 Dorotheenstr. 4 ◐ Map P.175-B1），這裡有許多新鮮蔬果、麵包、肉品、花卉等攤販，營業時間為每週一～五7:30～18:30，及週六7:00～17:00，此外還有土耳其等異國料理食材的商店，也非常適合只想開逛的人。

Calwer Passage商店街

上／Markthalle室內市集2樓有許多雜貨店　下／1樓食品店櫛比鱗次

HOTEL ✦ 斯圖加特的住宿

斯圖加特為賓士和保時捷總公司所在地，是德國數一數二的經濟大城，也因此有許多商務型飯店，由於斯圖加特也是知名的會展城，舉辦會展期間房價也會跟著調漲（會展時間請上 www.messe-stuttgart.de 查詢）。

若是在一般商務客較少的週末與夏季（展覽期間除外），有時還能以較優惠的價格住宿。

H Steigenberger Graf Zeppelin

古典歐風飯店

飯店位於中央車站對面，房間共分為古典、優雅、前衛型等多樣主題供選擇，還可在附設的施瓦本料理餐廳「Zeppelin Stüble」等享受到美味料理，並提供無線網路（免費）。

高級飯店　　MAP ◆ P.175-A1
🏠 Arnulf-Klett-Platz 7　D-70173
☎ (0711) 20480
📠 (0711) 2048542
🌐 www.stuttgart.steigenberger.de
💰 S €179～　T €189～
早餐另計€29
card A D J M V

H Hotel Unger

鄰近車站的安靜位置

位於中央車站3分鐘徒步範圍內，房間設備為中級飯店等級，不過自助早餐種類相當豐富，可與高級飯店相媲美，家具則一律採用自然風格木製家具。會展期以外的週末可享優惠價，備有無線網路（免費）。

中級飯店　　MAP ◆ P.175-A1
🏠 Kronenstr. 17　D-70173
☎ (0711) 20990
📠 (0711) 299100
🌐 www.hotel-unger.de
💰 S €125～　T €170～
card A D J M V

H Novum Hotel Rieker am Hauptbahnhof

鄰近車站十分方便

鄰近中央車站，機能方便的中級飯店，擁有65間房間，其中40間為禁菸房。位置雖面對大馬路，房間都裝設了隔音玻璃因而十分安靜，週末還有優惠價（會展期間除外），備有無線網路（免費）。

中級飯店　　MAP ◆ P.175-A1
🏠 Friedrichstr. 3　D-70174
☎ (0711) 2296580
📠 (0711) 229658100
🌐 www.novum-hotels.com/hotel-rieker-stuttgart
💰 S €90～　T €105～
card A J M V

H ALEX 30 Hostel

比青年旅館方便的民宿

位置鄰近 U Olgaeck站的民宿，設備比青年旅館完善，位置亦十分方便，房間裝潢走可愛風，十分適合女性住宿，備有無線網路（免費）。9～10月（斯圖加特啤酒節Cannstatter Volksfest）的房價為右列的2倍。

青年旅館　　MAP ◆ P.175-B2
🏠 Alexanderstr. 30　D-70184
☎ (0711) 8388950
📠 (0711) 83889520
🌐 www.alex30-hostel.de
💰 共用淋浴・廁所 S €43～　T €64～、多人房每人€25～、早餐€8～，另有附廚房・廁所・淋浴的公寓式房。
card M V

JH Jugendherberge

位於台地上視野絕佳的青年旅館

背對中央車站往左前進，看到公園後往下走，接著過了公園沿著大馬路過交叉口後走樓梯往上，即可看到青年旅館大門，路程約15～20分鐘，若從中央車站搭 U 15在Eugensplatz站下後徒步約5分鐘。旅館出入口位於Werastr.街與Kernerstr.街轉角，登記入住時間為13:00～，預約住房客最晚入住時間則為18:00，備有無線網路（1小時免費）。

青年旅館　　MAP ◆ P.175-A2 外
🏠 Haußmannstr. 27　D-70188
☎ (0711) 6647470
📠 (0711) 66474710
🌐 www.jugendherberge-stuttgart.de
💰 含早餐€35.70～、27歲以上€39.70～
card J M V

以城堡為中心放射狀開展的街市

卡爾斯魯厄
Karlsruhe

市集廣場上的金字塔

閃耀象牙色光芒的卡爾斯魯厄宮殿

柏林

法蘭克福

★ 卡爾斯魯厄

慕尼黑

MAP ◆ P.170-A2	
人　口	30萬8400人
區域號碼	0721

ACCESS

火車：從法蘭克福中央車站搭乘ICE特快列車約1小時5分，從曼海姆則約25分。從斯圖加特約40分。

❶卡爾斯魯厄的遊客中心
住Kaiserstr. 72-74
　D-76133 Karlsruhe
☎ (0721) 602997580
URL www.karlsruhe-erleben.de
開週一～五　　9：30～18：30
　週六　　　10：00～15：00

●市區交通
卡爾斯魯厄市區單次車票Einzelfahrkarten€2.80。

●卡爾斯魯厄卡
Karlsruhe Card
有效期限內可無限次搭乘卡爾斯魯厄卡市區的大眾運輸工具，可免費進入博物館等景點，購買劇院門票時還可享折扣。48小時卡€22.50。

足球・球場情報

●維爾德公園球場
Wildparkstadion
（BBBANK Wildpark）
住Adenauerring 17
URL www.ksc.de/
卡爾斯魯厄足球俱樂部SC的主場球場。
交通球場位於卡爾斯魯厄宮殿東北側，從市集廣場經宮殿與公園徒步約20分鐘，比賽日搭S-Bahn到Durlacher Tor後，可轉搭球場接駁巴士。入場券僅適用於比賽當日的大眾運輸工具。

卡爾斯魯厄位於黑森林地區北端，是德國最高法院和原子研究院所在城市，近年來更致力於最新的數位科技研究開發而備受矚目，而音樂迷更別錯過前往巴登邦立劇院參觀。

 漫遊 ┅┅┅┅┅

一出中央車站便可看到動物園Zoo與市立公園Stadtgarten入口，從車站沿著Ettlinger Straße街北上徒步至市中心市集廣場Marktplatz約20分鐘路程，建議可從車站前搭乘市區電車4、S1、S11等班次前往，比較省時。

卡爾斯魯厄原文含意為「卡爾的太平盛世」，為巴登・杜拉赫Baden-Durlach藩侯卡爾・威廉於18世紀所興建規劃的城

卡爾斯魯厄
KARLSRUHE

•••• 觀光範例路線

0　150　300m

MEMO 市集廣場上由岩石建造的金字塔為城市的象徵，金字塔內部為建造此城市的卡爾・威廉伯爵Karl Wilhelm（1679～1738年）墓地，可惜無法入內參觀。

市，整個市區以卡爾‧威廉所居住的卡爾斯魯厄宮殿Schloss Karlsruhe的塔樓為中心，呈放射狀向外建造。

東西向橫貫市集廣場的凱薩街Kaiserstr.上，則有百貨公司及精品店、餐廳林立，是市區最熱鬧的一條街。市集廣場北側則可看到象牙色的優雅城堡卡爾斯魯厄宮殿，宮殿內設有邦立博物館Badisches Landesmuseum，展示了埃及、羅馬時代、中世紀、19世紀等時期的藝術工藝收藏品。此外廣大庭園內並設有植物園Botanischer Garten，其西側則有邦立美術館Staatliche Kunsthalle和別館橘園Orangerie，展示有德國、法蘭德斯Flanders、法國繪畫等重要收藏。

而由媒體博物館Medienmuseum、現代美術館Museum für Neue Kunst等組成的藝術與媒體中心Zentrum für Kunst und Medientechnologie（簡稱ZKM），則位於市郊西側，可從中央車站搭乘往Siemensallee方向的2號市區電車在ZKM下車。媒體博物館內有各種媒體體驗的電腦互動裝置，充滿近未來感而備受矚目。

可體驗最先進的媒體藝術

● 邦立博物館
🏠 Schlossbezirk 10
🔗 www.landesmuseum.de
🕐 週二～四　10：00～17：00
　週五～日　10：00～18：00
✕ 週一、部分節日
💰 €8、學生€6、週五14：00～免費（限常設展）

● 植物園
🏠 Hans-Thoma-Str. 6
🕐 週六‧日‧節日10：00～17：45
✕ 週三、12/24‧31
💰 €3、學生€1.50

● 邦立美術館
🏠 Hans-Thoma-Str. 2-6
整修中，部分館藏作品展示於下列的媒體博物館。

● 媒體博物館
🏠 Lorenzstr. 19
🔗 zkm.de
🕐 週三～五　10：00～18：00
　週六‧日　11：00～18：00
✕ 週一‧二　💰 €7～

ZKM的外觀景致

推薦的住宿 ✦ HOTEL

ACHAT Plaza Karlsruhe
MAP ◆ P.180

🏠 Mendelssohnplatz　D-76131
☎ (0721) 37170　📠 (0721) 3717156
🔗 www.achat-hotels.com
💰 ⑤ €121～　　早餐另計€15
card A D M V

共207間客房的大型飯店，從中央車站搭2號市區電車在Rüppurrer下車即可抵達飯店。備有免費無線網路。

Schlosshotel Karlsruhe
MAP ◆ P.180

🏠 Bahnhofplatz 2　D-76137
☎ (0721) 38320
🔗 www.SchlosshotelKarlsruhe.de
💰 ⑤ €114～　　Ⓣ €120～　　早餐另計€18
card A M V

位在中央車站斜對面、建築有著經典氛圍的4星級飯店。於1941年創業，館內裝潢沉穩，吸引許多商務人士入住。康體設施豐富，有蒸氣室、桑拿、按摩區等各式區域。備有免費無線網路。

Hotel Am Markt
MAP ◆ P.180

🏠 Kaiserstr. 76　D-76133
☎ (0721) 919980　📠 (0721) 9199899
🔗 www.hotelammarkt.de
💰 ⑤ €79～　　Ⓣ €89～　　早餐另計€12
card A M V

飯店面向市集廣場，機能性佳，觀光十分方便，1樓設有咖啡館，天氣良好時4樓屋頂上的陽台也設有咖啡區域（冬季縮短營業時間），可眺望卡爾斯魯厄的景致。備有免費無線網路。

Jugendherberge
MAP ◆ P.180

🏠 Moltkestr. 24　D-76133
☎ (0721) 28248　📠 (0721) 27647
🔗 karlsruhe.jugendherberge-bw.de
💰 含早餐€30.20、27歲以上€34.20
card 不可

從中央車站搭乘2、3號市區電車，於Europaplatz/Postgalerie下車徒步約10分鐘可至，含早、晚餐住宿費用為€36.60（27歲以上€40.60）。共42間房，房間為2～6人上下鋪房型，無線網路僅限公共區域使用（免費）。

巴登巴登

Baden-Baden

在療養勝地的樹蔭下享用早餐

- 柏林
- 法蘭克福
- 巴登巴登
- 慕尼黑

MAP ◆ P.170-A1

人　口	5萬5400人
區域號碼	07221

ACCESS

火車：從法蘭克福搭乘ICE約1小時20分。

世界遺產
歐洲溫泉療養勝地
（2021年登錄）
→P.215

❶巴登巴登的遊客中心
⊞Kaiserallee 1（在療養館的列柱內）D-76530
◐Map P.183-B1
☎(07221) 275200
🖷(07221) 275202
🖳www.baden-baden.de
🕙週一〜日　10:00〜18:00

●市區交通（巴士）
・單次車票
　Einzelfahrschein €2.80
・1日乘車券
　Tageskarte €5.60

●迷你觀光列車
City-Bahn
繞行溫泉水療館與卡拉卡拉浴場等景點，乘車券（€9.50）可於當日不限次數搭乘，冬季停駛。

●節慶歌劇院
⊞Beim Alten Bahnhof 2
☎(07221) 3013101（預約）
🖷(07221) 3013211
🖳www.festspielhaus.de
歐洲第2大歌劇院，也可在❶購票。

附設美麗賭場的溫泉療養館

巴登巴登自古以來便是歐洲數一數二的知名溫泉療養地，西元80年左右開始，占領此地的羅馬人便陸續在此建造溫泉浴場。巴登為德文「入浴」的意思，而有2個巴登的巴登巴登則意為「巴登地方的巴登」，是為了跟在奧地利與瑞士同樣地名的巴登溫泉城市有所區別。

19世紀，俾斯麥與維多利亞女王、拿破崙三世、杜斯妥也夫斯基與巴爾扎克Honoré de Balzac、布拉姆斯等王宮貴族、作家和音樂家等都曾造訪此地，在氣氛優雅的療養勝地，不妨來趟悠閒的溫泉之旅。

 漫遊

車站距離市中心約5km，可搭乘站前廣場發車的201號巴士（白天約每10分鐘1班），在里奧波特廣場Leopoldsplatz下車即可。

從里奧波特廣場延伸的朗根街Lange Str.與路易斯街Luisenstr.、蘇菲街Sophienstr.、利希騰塔勒街Lichtentaler Str.等是巴登巴登最具代表性的購物街，而卡拉卡拉浴場等浴池則位於里奧波特廣場東北側。

前往德國的溫泉療養設備，一般遊客往往都會住上2〜3週，因此市區的劇院及美術館、賭場Casino等娛樂設備都相當完善，其中節慶歌劇院Festspielhaus更是具有相當水準。

歐斯河Oosbach沿岸的林蔭大道——利希騰塔勒大道Lichtentaler Allee，也是非常適合漫步的街道。

歐斯河沿岸的步道

溫泉鄉特有的閒靜街道

主要景點

羅馬的卡拉卡拉大帝也曾前來泡湯 **卡拉卡拉浴場**
Caracalla Therme　　　　　　　　★★★

充滿南國度假風的卡拉卡拉浴場

可以輕鬆泡湯的卡拉卡拉浴場，是穿著泳衣入浴的溫泉浴池，共有7種不同溫度的室內和露天浴池，館內並附設有泳衣與毛巾販賣部，及供應健康菜色的小酒館。

使用三溫暖時須脫掉泳裝，鋪上毛巾避免汗水滴濕地板，新蓋的香氛三溫暖使用起來也相當舒服，十分推薦。

●卡拉卡拉浴場
📍Römerplatz
🚇Map P.183-A2
🔗www.caracalla.de
🕐8：00～22：00
　　12/31為20：00閉館
　　※最後入場時間為閉館前90分鐘
休12/24・25
💶2小時€17.5、附桑拿€22.50。另有3小時、1日方案。
超過時間每10分鐘加收€0.80，7～13歲小孩須由大人陪同入場。

夜晚的卡拉卡拉浴場

仙蹤之路與黑森林 ▼ 巴登巴登Baden-Baden

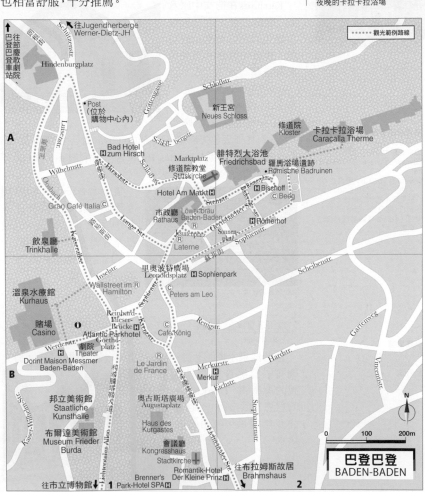

往Jugendherberge
Werner-Dietz-JH

●●●●●●觀光範例路線

巴往登節巴慶登歌車劇站院

Hindenburgplatz

Schützenstr.
Gottengasse
Schloßstr.

• Post
（位於購物中心內）

新王宮
Neues Schloss

修道院
Kloster

卡拉卡拉浴場
Caracalla Therme

A

Bad Hotel
zum Hirsch
H

Marktplatz
修道院教堂
Stiftskirche

腓特烈大浴池
Friedrichsbad

羅馬浴場遺跡
• Römische Badruinen

Schloß- bergstr.
Hirschstr.
Schloß-str.

Wilhelmstr.

Gran Café Italia C

Hotel Am Marktk
H

H Bischoff

C Beeg

市政廳
Rathaus
Löwenbräu
Baden-Baden

Gernsbacher Str.

H Römerhof

Lange Str.

Jesuitenplatz
R
Laterne

Sonnen-platz
Sophienstr.

飲泉廳
Trinkhalle

Kaiserallee

Inselstr.

里奧波特廣場
Leopoldsplatz

H Sophienpark

Scheibenstr.

溫泉水療館
Kurhaus

Wallstreet im
Hamilton
R

Peters am Leo

賭場
Casino

Reinhard-Fieser-Brücke
H

Atlantic Parkhotel
Goethe-platz

C

Café König

Rettigstr.

Gartenweg

劇院
Theater

Dorint Maison Messmer
Baden-Baden

Le Jardin
de France

Merkurstr.

H Merkur

Hardstr.

Stephanienstr.

Vincentistr.

B

邦立美術館
Staatliche
Kunsthalle

奧古斯塔廣場
Augustaplatz

Eichstr.

布爾達美術館
Museum Frieder
Burda

Haus des
Kurgastes

會議廳
Kongresshaus

Stadtkirche

N

0　　100　　200m

Brenner's
Park-Hotel SPA
H

Romantik-Hotel
Der Kleine Prinz
H

往布拉姆斯故居
Brahmshaus

巴登巴登
BADEN-BADEN

往市立博物館↓

1

2

●腓特烈大浴池

住 Römerplatz
連 Map P.183-A2
URL www.carasana.de
開 9：00～22：00
　12/31為20:00閉館
　※最後入場時間為閉館前3
　　小時，不須著泳衣，並提供
　　租借毛巾。
休 12/24・25
費 €32（3小時），肥皂刷子按
　摩＋€12（為防止新冠肺炎
　感染，可能中止）。
14歲以下禁止進入。

腓特烈大浴池外觀有如宮殿

●溫泉水療館（賭場）

住 Kaiserallee 1
連 Map P.183-B1
URL www.casino-baden-baden.
de
輪盤 為15：00～翌日2：00
　（週五・六～翌日3:30），21
　點等牌桌為傍晚開始。
休 節日（部分節日除外）
費 €5（老虎機等遊戲機台區域
　免費）

●飲泉廳

住 Kaiserallee 3
連 Map P.183-A1
費 免費

文藝復興風格大浴場腓特烈大浴池
Friedrichsbad ★★★

　　完成於1877年歐洲首屆一指的豪華浴場，首先須在置物間先將衣服脫掉，接著按照工作人員指示，依號碼順序使用沐浴室、不同溫度的熱蒸氣室和大浴池等，若有加購刷子按摩則會有刷子刷洗全身的服務，最後則前往休息室以毛巾包裹全身後橫躺30分鐘即完成。而館內只有中央的大屋頂浴池為每天混浴，須注意，此外，浴場為放鬆的地方，談話請輕聲細語注意禮節。

娛樂殿堂溫泉水療館&賭場
Kurhaus und Casino ★★

白色柱列的水療館

　　Kurhaus在德文中原意為「療養之家」，在德國多半是指設有音樂廳和圖書館、餐廳等附合式溫泉休閒社交建築。

　　巴登巴登的溫泉水療館完成於1823年，內部有著德國最美的賭場Casino，杜斯妥也夫斯基Fyodor Dostoyevsky、托爾斯泰Leo Tolstoy、布拉姆斯Johannes Brahms、李斯特Franz Liszt等都曾前往造訪。

氣氛奢華的賭場

　　賭金為€2～，入場須攜帶護照（未滿21歲禁止進入），須著正式服裝（男性著外套繫領帶，可租借）。賭場內有轉輪盤和吃角子老虎機等設備。

飲用溫泉水飲泉廳
Trinkhalle ★

　　位於溫泉水療館北側，希臘風建築十分美麗。列柱圍牆上則有描寫黑森林地方傳說的濕壁畫。Trinkhalle的意思為飲泉廳，不過目前並無提供可飲用的溫泉水。

被綠意包圍的飲泉廳

布拉姆斯故居
Brahmshaus ★

作曲家布拉姆斯自1863年夏天起移居巴登巴登，與克拉拉·舒曼Clara Schumann等眾多音樂家皆為密友。他在最開始的2年都住在飯店內，之後於1865～1874年10年間內都住在此宅邸內，故居內展示了許多當時布拉姆斯曾使用過的家具及親筆樂譜、書信、照片等。

邦立美術館
Staatliche Kunsthalle ★

邦立美術館面對林蔭步道利希騰塔勒大道Lichtentaler Allee，美術館外觀十分古典，內部則展出當代現代藝術作品，經常展出繪畫、雕刻、攝影、裝置藝術等備受矚目的藝術家特展。

布爾達美術館
Museum Frieder Burda ★

布爾達美術館緊鄰邦立美術館南側，有玻璃步道相通，收藏畢卡索後期作品，以及德國表現主義等近現代繪畫、雕刻作品。

市立博物館
Stadtmuseum im Alleehaus ★

博物館內詳細介紹巴登巴登自羅馬時代至現代的溫泉勝地城市發展史，並展出羅馬浴場遺跡Römische Badruinen的出土品，與過去19世紀當時作為歐洲溫泉勝地的華麗社交都市等相關展品，相當有意思。

●**布拉姆斯故居**
🏠Lichtental, Maximilianstr. 85
201號巴士在Brahmsplatz下車。
🚇Map P.183-B2外
🕐週一・三・五15：00～17：00
週日　10：00～13：00
🚫週二・四・六
💰€5、有學生優惠

●**邦立美術館**
🏠Lichtentaler Allee 8a
🚇Map P.183-B1
🌐www.kunsthalle-baden-baden.de
🕐週二～日　10：00～18：00
🚫週一 💰€7、學生€5

●**布爾達美術館**
🏠Lichtentaler Allee 8b
🚇Map P.183-B1
🌐www.museum-frieder-burda.de
🕐週二～日　10：00～18：00
🚫週一、12/24・31
💰€14、學生€11，另有與邦立美術館的套票。

布爾達美術館

●**市立博物館**
🏠Lichtentaler Allee 10
🚇Map P.183-B1外
🕐週二～日　11：00～18：00
🚫週一
💰€5（遊客卡可享折扣）

RESTAURANT ❖ 巴登巴登的餐廳

由於巴登巴登十分鄰近法國國境，因此市區有許多法國餐廳，口味與價格在德國來說都屬高檔餐廳。

市區周邊有許多葡萄酒產地，而郊區的葡萄酒莊所釀製的葡萄酒，近年來評價逐漸升高，來到這裡可以品嚐到只有當地生產的稀有葡萄酒。

Ⓡ Le Jardin de France im Stahlbad

時尚法國菜名店

採光良好的透明屋頂令人印象深刻，主廚特製的創作法國料理得到米其林1星評價。3樣菜色組合而成的商業午餐（週二・三・四・五限定）€45，晚餐魚料理套餐約€55～、肉料理套餐約€52～，建議最好事先訂位。

法國料理	MAP ◆ P.183-B1

🏠 Augustaplatz 2
☎ (07221) 3007860
🌐 www.lejardindefrance.de
🕐 12：00～14：00 (L.O.13：45)、19：00～23：00 (L.O.21：00)
🚫 週日・一、1・2月的週二、暑假、寒假、年底年初
card Ⓐ Ⓓ Ⓙ Ⓜ Ⓥ

Ⓡ Laterne

便宜的小酒館風味餐廳

本日推薦套餐與鄉土料理等也以英文標示，德國餛飩Maultaschen€13.80等單品料理約莫€13的實惠價格，服務親切，用餐環境舒適。

德國料理	MAP ◆ P.183-A1

🏠 Gernsbacher Str. 10-12
☎ (07221) 3060
🌐 restaurant-laterne.de
🕐 11：00～22：00
card Ⓐ Ⓓ Ⓙ Ⓜ Ⓥ

Ⓡ Löwenbräu Baden-Baden

陽光明媚的日子裡熱鬧的啤酒花園

Löwenbräu啤酒花園與餐廳供應了知名的慕尼黑獅牌啤酒Löwenbräu。慕尼黑白香腸Münchner Weißwurst €7.50，小牛肉排 Wiener Schnitzel (vom Kalb) €31.50。

德國料理	MAP ◆ P.183-A1

🏠 Gernsbacher Str. 9
☎ (07220) 22311
🌐 loewenbraeu-baden-baden.de
🕐 10：00～22：00
card Ⓐ Ⓜ Ⓥ

HOTEL ❖ 巴登巴登的住宿

巴登巴登是德國首屈一指的溫泉勝地，從大型飯店到長期住宿用的民宿等，住宿設施齊全。一般歐美遊客通常會在溫泉度假勝地待上2～3週。高級飯店內的SPA和美容沙龍設備都相當完善，提供客人最豪華的享受，接著晚上穿著禮服前往音樂廳或賭場，是最傳統的溫泉度假勝地休閒方式，建議至少安排2～3天悠閒體驗假度假氣氛。

Ⓗ Brenner's Park-Hotel SPA

極致奢華的飯店

市區最高級的飯店，擁有完善的美容沙龍、健身房、室內泳池、三溫暖等設施，面向烏斯河的明亮餐廳「Wintergarten」大受好評。備有無線網路（免費）。

高級飯店	MAP ◆ P.183-B1

🏠 Schillerstr. 4-6　D-76530
☎ (07221) 9000
🌐 www.brenners.com
💰 Ⓢ€270～　Ⓣ€525～
　早餐另計每人€46
card Ⓐ Ⓓ Ⓙ Ⓜ Ⓥ

Dorint Maison Messmer Baden-Baden

SPA設備完善的5星級飯店

位在賭場旁，所以位置便於觀光。雅緻的SPA內設有室內泳池、各種三溫暖、按摩浴池、按摩室等設施，可度過悠閒時光。備有免費無線網路。

高級飯店　　　**MAP ◆ P.183-B1**
住 Werderstr. 1　D-76530
☎ (07221) 30120
FAX www.dorint.com/baden-baden
費 ⑤€169〜　①€219〜　早餐另計€28
card A D M V

Romantik-Hotel Der Kleine Prinz

沉浸《小王子》的世界

以聖艾修伯里Saint-Exupéry的《小王子》繪畫為主題，時髦可愛的小型飯店，每間房間都有不同氣氛，並且以女性客層為主要訴求。價格內包含早餐與下午茶，提供免費無線網路。

高級飯店　　　**MAP ◆ P.183-B2**
住 Lichtentaler Str. 36　D-76530
☎ (07221) 346600
FAX (07221) 3466059
URL www.DerKleinePrinz.de
費 ⑤€129〜　①€179〜
card A J M V

Bad Hotel zum Hirsch

附設SPA的古典飯店

有許多溫泉療養客入住，擁有古典裝潢的高級飯店，並附設完善的SPA、三溫暖、按摩浴池等。飯店內除「Davidoff Lounge」的吸菸沙龍外全面禁菸，備有免費無線網路。

高級飯店　　　**MAP ◆ P.183-A1**
住 Hirschstr. 1　D-76530
☎ (07221) 9390
FAX (07221) 939111
URL heliopark-hirsch.de
費 ⑤€97〜　①€140〜
card A M V

Atlantic Parkhotel

面向烏斯河的優雅飯店

位在市中心的良好地點，面向烏斯河能感受到閑靜的氣氛。天氣好的時候，可以在陽台享用早餐或咖啡時光。經典的室內裝潢帶來沈穩的氣息，吸引許多人長期住宿。

高級飯店　　　**MAP ◆ P.183-B1**
住 Goetheplatz 3　D-76530
☎ (07221) 3610
FAX (07221) 26260
URL atlantic-parkhotel.de/
費 ⑤€189〜　①€209〜
card M V

Hotel Am Markt

充滿居家氣氛的家族經營飯店

從巴登巴登車站搭乘巴士在里奧波特廣場下車，徒步約5分鐘，須爬石階有些辛苦，不過飯店就位於市中心，用餐購物都相當方便。飯店改建自1716年的古老建物，共21間房間，屬小型飯店，有免費無線網路。

中級飯店　　　**MAP ◆ P.183-A1**
住 Marktplatz 18　D-76530
☎ (07221) 27040　FAX (07221) 270440
URL www.hotel-am-markt-baden.de
費 ⑤€144〜　①€158〜
card M V

Jugendherberge Werner-Dietz-JH

周邊綠意盎然的青年旅館

從車站搭201號巴士約10分在Große Dollenstraße下車，接著徒步約10分鐘可至，從青年旅館搭巴士至里奧波特廣場約10分鐘。耶誕節前後部分日期公休，免費無線網路僅限公共區域使用。

青年旅館　　　**MAP ◆ P.183-A1 外**
住 Hardbergstr. 34　D-76532
☎ (07221) 52223　FAX (07221) 60012
URL baden-baden.jugendherberge-bw.de
費 含早餐€30.20，27歲以上€34
card M V

仙蹤之路與黑森林 ▼ 巴登巴登Baden-Baden

市教堂的塔樓

納戈爾河上的尼古拉橋

柏林

法蘭克福

★考夫

慕尼黑

MAP ◆ P.170-A2

人　口	2萬3700人
區域號碼	07051

ACCESS

火車：從斯圖加特中央車站搭IRE特快列車，約30分鐘在Pforzheim轉搭普通車，約30分鐘後可到考夫車站。

老房子林立的市中心

❶考夫的遊客中心
- Marktplatz 7
  D-75365 Calw
- ☎(07051) 167399
- URL www.calw.de/tourismus
- 關5～9月
  週一～五　　9：30～16：30
  週六　　　 9：30～12：30
  （冬季預計縮短營業時間）

●赫曼・赫塞博物館
- Marktplatz 30
- URL www.hermann-hesse.de/museen/calw
- 整修中，預計關閉至2024年。

●赫塞作品《知與愛》的背景舞台，同時也是世界遺產的茅爾布隆修道院相關資訊→P.177。

考夫地處黑森林地區開端位置，得天獨厚有著整片杉樹環繞，綠意盎然且空氣清新，也因而成為知名的療養地。過了市區納戈爾河Nagold上的尼古拉橋Nikolaus Brücke後，便可看到市集廣場Marktplatz上市政廳前的古老木造建築，牆上會寫著「赫塞故居」標示。而廣場最內側的白色建築為赫曼・赫塞博物館Hermann-Hesse-Museum，裡面展示了世界各地收集而來的赫塞相關資料和物品，此外赫曼・赫塞廣場上還可看到赫塞的側臉浮雕噴泉。

赫塞出生的美麗木造建築

納戈爾河上的尼古拉橋，是考夫最古老的橋樑之一，橋中央附設的尼古拉禮拜堂Nikolauskapelle，興建於1400年左右，這座禮拜堂曾多次出現在赫塞作品《車輪下Beneath the Wheel》內，也是遊覽考夫不可錯過的景點之一。

市立博物館 Museum der Stadt

赫曼・赫塞博物館 H.-Hesse-Museum

考夫車站 Bahnhof Calw

市教堂 Stadtkirche

市政廳 Rathaus

中央巴士總站

尼古拉橋 Nikolausbr.

青年旅館

赫曼・赫塞廣場 H.-Hesse-Pl.

尼古拉禮拜堂

Alte Post

考夫 CALW

0　100　200m

┈┈┈ 觀光路線範例

圖賓根

Tübingen

城市中心

內卡河沿岸的五彩繽紛建築

柏林
法蘭克福
★圖賓根
慕尼黑

MAP ◆ P.171-A3

人 口	9萬1000人
區域號碼	07071

ACCESS

火車：從斯圖加特搭乘IRE
快速列車約45分，RE快速、
普通列車約1小時。

圖賓根有著許多紅磚色屋頂的美麗粉彩建築，人口中有4成都是學生與學校相關人員，是一座名符其實的大學城。圖賓根大學創立於1477年，擁有相當古老的歷史，而這裡更有赫曼‧赫塞、荷爾德林Friedrich Hölderlin、黑格爾Hegel、克卜勒Johannes Kepler等無數的作家、哲學家、學者等，皆曾在此度過珍貴的青春歲月。

 ## 漫遊

❶圖賓根的遊客中心
🏠An der Neckarbrücke 1
　D-72072 Tübingen
☎(07071) 91360
🌐www.tuebingen-info.de
📅週一～五　　10：00～18：00
　週六　　　　10：00～14：30
　5～9月的週日
　　　　　　　11：00～14：30

●**荷爾德林塔**
🏠Bursagasse 6
🌐hoelderlin-turm.de
📅週四～一　　11：00～17：00
📅週二‧三　　💰免費

矗立內卡河岸的荷爾德林塔

圖賓根車站位置離市中心較遠，一出車站沿著卡爾街Karlstr.向內卡河前進，不久便可在艾伯哈德橋Eberhardsbrücke前看到❶。過了橋後從左側樓梯往下，沿著河道散步，可看到沿岸的尖頂圓形建築荷爾德林塔Hölderlinturm，詩人荷爾德林曾在此生活了36年之久，塔前設有港口，可在這裡搭乘由學生船夫掌舵的Stocherkahh樸素木舟遊內卡河（限5～9月之間）。

而離開河岸後從Bursagasse巷向上走，便可看到宗教改革後由修道院改建而成的新教神學院Ev. Stift，哲學家黑格爾和天文學家克卜勒等都在此學習過，而在赫塞的作品《車輪下》中，更描寫了這所神學院的嚴苛入學考和學生生活的艱難景況。

接著沿著石階坡道往上爬上Burgsteige最頂端，則可看到矗立其上擁有絕佳視野的霍恩圖賓根宮Schloss Hohentübingen，宮殿最古老的部分可追溯到11～12世紀左右，現今所見樣式則為16世紀時期所保留下來的建築，宮殿

●**霍恩圖賓根宮（博物館）**
🏠Burgsteige 11
🌐www.unimuseum.uni-
　tuebingen.de
📅週三～日　10：00～17：00
　（週四～19：00）
📅週一‧二
💰€5、學生€3
宮殿內為圖賓根大學的屬地，並設有博物館對外開放參觀，博物館內展品包含從古代埃及物品至中世紀雕刻品等，同時也對外公開展示大學各部門研究成果發表。

城堡大門

MEMO 每年12月舉辦的巧克力市集「Schokoladenfestival ChocolART」，地點位在舊街區的中心道路上，可以看到德國和鄰近國家的巧克力店攤販排成一列。

推薦的住宿

H Hotel Krone
住 Uhlandstr. 1
URL www.krone-tuebingen.de

H Hotel Domizil
住 Wöhrdstr. 5-9
URL www.hotel-domizil.de

● **修道院教堂**
開 9：00～16：00
（夏季～17：00）
塔樓為復活節～10月左右的
週五～日13：00～17：00
費 €1

黑格爾書店所在的建築，從建築
物左側的入口進入後走到裡面，即可來到赫曼‧赫塞紀念館

除了美麗古書外，還有展出曾在
圖賓根生活的赫塞相關展示

● **赫曼‧赫塞紀念館**
住 Holzmarkt 5
開 週二‧三‧四　11：00～17：00
費 免費

● **貝本豪森修道院**
住 D-72074
Tübingen-Bebenhausen
URL www.kloster-bebenhausen.
de
開 11～3月
週二～日　10：00～12：00
13：00～17：00
4～10月
週一～日　10：00～17：00
（最後入場為閉館前30分鐘）
休 11～3月的週一、12/24‧25
‧31、1/1
費 €6

圖賓根
TÜBINGEN

內主要作為大學的各項設施，僅部分改為博物館對外開放參觀。之後從宮殿的坡道往下走，可前往市區中心的市集廣場Am Markt，週一‧三‧五上午在此有早市相當熱鬧，廣場對面則有附設天文時鐘的市政廳Rathaus。

面對木材市場Holzmarkt的哥德式建築修道院教堂Stiftskirche，是圖賓根最重要的教堂建築，這裡是由大學創立者艾伯哈德Eberhard im Bart所建，而他就長眠於教堂之內。

修道院教堂對面則有赫塞於1895年至1899年年少歲月時曾工作過的黑格爾書店，建築物內側還有重現當時情景的赫曼‧赫塞紀念館Hermann Hesse Gedenkstätte（Hesse-Kabinett）。

郊區景點

貝本豪森修道院
Kloster Bebenhausen
MAP◆P.171-A3

建於1190年的舊本篤派修道院，融合羅馬式及哥德式的美麗迴廊Kreuzgang是修道院的必看景點，可從圖賓根中央車站搭乘826或828號巴士在Waldhorn, Tübingen-Bebenhausen站下車，車程約15分鐘。

ℰxcursion ✱✱ 宛如畫一般美麗的德國知名城堡 霍亨索倫堡

普魯士王室的發源地

從圖賓根往南約20km處施瓦本地區的山上，矗立著德國最有名的城堡之一－霍亨索倫堡。

這裡是普魯士皇室的霍亨索倫家族的發源地，城堡的歷史最遠可追溯到11世紀，城堡曾一度全毀，現今所見城堡風貌則為1867年時由腓特烈・威廉四世Friedrich Wilhelm IV所建。這座城堡與另一座相當出名的新天鵝堡Schloss Neuschwanstein（1869年開始建造）幾乎為同一時期所興建，也因此時常被拿來互相比較，不過霍亨索倫堡是較為粗曠並帶有厚實的氣氛感，與新天鵝堡樣式大異其趣。

城堡現在仍為最後的國王威廉二世的子孫所使用，可參加導覽行程參觀內部，從家族族譜壁畫房開始，依序參觀書房、首長辦公室、臥室、沙龍等房間，尤其不能錯過寶物館，裡面展示了腓特烈大帝Friedrich II的遺物，以及普魯士王的皇冠等各種普魯士國王的珍奇寶物。

在幽靈傳說的地下迷宮探險

傳說，城堡內有個名為Weissefrau（白人婦人）的幽靈出沒，被埋沒的中世紀地下通道在本世紀被發現。中庭有地下通道Kasematten的入口，不妨前去探險看看。

沿著黑暗的地下通道走會通往外面的庭園

城堡的絕景在哪裡？

根據天氣的情況，位於城堡東南方半山腰的Zellerhornwiese是最佳的觀景點，可以看到漂浮在雲海上的夢幻城堡奇景。由於距離城堡約有1小時的山路，須配備齊全。

正在舉辦耶誕市集的城堡中庭。城主在的期間，旗幟在中央塔上飄揚

🚃從圖賓根搭乘IRE快速列車約20分，或搭乘HzL（私鐵、普通列車）約30分在Hechigen下車，接著在車站前搭乘4～10月來往於城堡停車場的巴士，344號巴士週六・日・節日運行，每日5班，車程約15分鐘。306號巴士則是全年運行，但冬季僅平日運行1班，週六・日也可能停駛。另外也可搭乘計程車，車程約10分，若車站前找不到計程車時可打電話叫車（☎07471-6900）。從城堡停車場則有城堡專用的接駁巴士Pendelbusse（免費），可坐到城堡門口，接著沿著石板路往上走即可抵達城堡中庭。

●參觀城堡內部

🏠Burg Hohenzollern D-72379 Hechingen
🔄Map P.171-B3
☎(07471) 2428 ℻(07471) 6812
🔗www.burg-hohenzollern.com
🕐10:00～18:00（入場至17:00）
🚫11月下旬～1月上旬因應耶誕市集有所變更。
　12/24、不定期公休請至上列網站確認。
💰€22、學生€12 ※務必事先透過上列網站確定日期購買門票，現場無法購票。

市政廳的內部

烏爾姆

Ulm

柏林●

法蘭克福●

烏爾姆★ ●慕尼黑

MAP ◆ P.171-A4

人　口	12萬6400人
區域號碼	0731

ACCESS

火車：從法蘭克福搭乘ICE特快列車約2小時20分，從斯圖加特約55分，從慕尼黑約1小時20分。

ℹ烏爾姆的遊客中心
Münsterplatz 50
D-89073 Ulm
☎ (0731) 1612830
URL www.tourismus.ulm.de
開4～12月
　週一～五　　9：30～18：00
　週六　　　　9：30～16：00
　週日・節日　11：00～15：00
　1～3月
　週一～五　　9：30～18：00
　週六　　　　9：30～16：00
休12/25・26

從新烏爾姆遠眺大教堂與多瑙河景致

因擁有世界最高教堂而聞名的烏爾姆，自中世紀以來便因多瑙河水運而繁榮興盛，從鮮豔壁畫的市政廳便可一窺當時城市繁榮的風貌。這裡同時也是知名物理學家愛因斯坦Albert Einstein（1879～1955年）的誕生地，從中央車站前延伸的車站大街入口處可看到他的紀念碑，此外市區東部的Zeughaus（舊軍械庫）前還有饒富趣味的愛因斯坦伸出舌頭的臉像「愛因斯坦噴泉」。

漫遊

一出中央車站，沿著教堂廣場Münsterplatz前的徒步區車站大街Bahnhofstr.走，兩側有許多百貨公司和商店林立，十

烏爾姆劇院 Theater — Olgastr.
郵局
烏爾姆中央車站 Ulm Hauptbahnhof
愛因斯坦紀念碑
InterCityHotel
ZOB
Neuthor
麵包博物館 Museum Brot und Kunst
Roter Löwe
教堂廣場 Münsterpl.
Schiefes Haus（傾斜屋）
漁夫角 Fischerviertel
Zur Forelle
市政廳 Rathaus Reblaus
肉店之路 Metzgerturm
大教堂 Münster
Ulmer Spatz
魏斯豪美術館 Kunsthalle Weishaupt
烏爾姆博物館 Museum Ulm
穀倉 Kornhaus
Hafengasse
Sammlungsgasse
Neue Str.
舊軍械庫 Zeughaus
愛因斯坦噴泉 Einstein-Brunnen
Bookgasse
多瑙河 Donau
新烏爾姆市政廳 Rathaus
新烏爾姆 Neu-Ulm
埃德溫莎夫美術館 Edwin-Scharf-Haus
新烏爾姆鄉土博物館

烏爾姆 ULM
0　　100　　200m
‥‥‥ 觀光範例路線

MEMO 距離烏爾姆20分鐘車程的金茨堡Günzburg，有著以製造積木聞名的樂高公司的樂高主題樂園（URL www.legoland.de）。图€49.5，冬季部分日期公休，金茨堡車站前有接駁巴士。

分熱鬧，持續徒步約10分鐘即可來到烏爾姆大教堂Münster前。

接著過了大教堂南側的Neue Str.街後，則可看到市政廳Rathaus，牆上有著鮮豔壁畫並有裝設了日晷的華麗天文鐘。

市政廳東側為烏爾姆博物館Ulmer Museum，裡面展示了施瓦本地區的中世紀宗教藝術及工藝品等，隔壁現代化的新館魏斯豪美術館Kunsthalle Weishaupt內，則展示安迪‧沃荷Andy Warhol、羅依‧李奇登斯坦Roy Lichtenstein等的現代藝術收藏品。

從市政廳往南走可看到多瑙河，河川前方矗立著肉店之塔Metzgerturm，穿過塔樓後會從多瑙河岸的城牆上出來，可一邊欣賞多瑙河河岸風光，一邊往過去多瑙河漁夫及漁具工匠居住的區域漁夫角Fischerviertel前進。漁夫角區域有著水路流貫其中，並有著濃濃中世紀情調的木造建築，現今多已改為餐廳和古董店等，不妨放慢腳步，在此享受悠遊樂趣。而此區域最有名的古老屋舍，則是1433年所建的傾斜屋Schiefes Haus，正如其Schiefes（傾斜）之意，整棟房子外觀傾斜不已，彷彿隨時會倒塌一般，裡面卻是超乎想像的現代設計感飯店。

多瑙河對岸則為名為新烏爾姆Neu-Ulm的市鎮，2個城市看來彷彿同一座城市，但其實烏爾姆為巴登‧符騰堡州，新烏爾姆則屬巴伐利亞州，兩州則以多瑙河相隔為州界。

有著鮮豔壁畫的市政廳一景，左側玻璃金字塔則為市立圖書館

● **烏爾姆博物館**
Ⓐ Marktplatz 9
ⓊⓇⓁ www.museum.ulm.de
Ⓞ 週二~五　11：00~17：00
　週六‧日　11：00~18：00
Ⓧ 週一、部分節日
Ⓟ €8（特展另行收費）

● **魏斯豪美術館**
Ⓐ Hans-und-Sophie-Scholl-Pl. 1
ⓊⓇⓁ www.kunsthalle-weishaupt.de
Ⓞ 週二~五　11：00~17：00
　週六‧日　11：00~18：00
Ⓧ 週一
Ⓟ €6，與烏爾姆博物館的聯票為€12

● **大教堂**
Ⓐ Münsterplatz
Ⓞ 4~9月　　 9：00~19：00
　10~3月　 10：00~17：00
塔樓最後入場時間為大教堂閉館前1小時（11~1月最後入場時間為15:45）
Ⓟ 塔樓€5、學生€3.50

體驗世界第一高塔

 主要景點

擁有世界第一高塔大教堂
Münster　　　　　　　　　★★★

大教堂最早起建於1377年，歷經500年以上的歲月，終於在1890年完成的哥德樣式大教堂，而高達161.53m的塔樓內，在爬完768層階梯後可來到高141m的瞭望台，此外教會內的彩繪玻璃和浮雕也是不可錯過的觀賞重點。

鮮豔華麗壁畫裝飾市政廳
Rathaus　　　　　　　　　　★★

市政廳建築原為1370年建立的哥德式商館，於1419年起正式改為市政廳之用，其內部樓梯間展示了烏爾姆裁縫師貝爾伯林格Albrecht Ludwig Berblinger於1811年人類初次飛行試驗（原欲橫越多瑙河但不幸失敗墜機）時所使用的飛機模型。

● **市政廳**
Ⓐ Marktplatz 1
Ⓞ 週一~四　　8：00~18：00
　週五　　　 8：00~14：00
Ⓧ 週六‧日
Ⓟ 免費

●麵包博物館

🏠 Salzstadelgasse 10
🌐 www.museumbrotundkunst.de
🕐 10：00～17：00（週一～
15:00、週四～19:00）
🚫 復活節前的週五、12/24・
25・31 💰€6、學生€5

從原料穀物到麵包製作完成的
過程展示

●維布林根修道院

🔵 Map 地圖外
🚍 從烏爾姆中央車站南側
的中央巴士總站ZOB搭24號
巴士，約15分鐘在Pranger,
Ulm-Wiblingen下車。
🏠 Schlossstr. 38
🕐 附屬教堂
3～10月
週二～日 10：00～17：00
11～2月
週六・日・節日13：00～17：00
🚫 週一、11～2月的週一～五、
12/24・25・31・1/1
💰 教堂免費、圖書館與博物館
€5.50

麵包博物館
Museum Brot und Kunst ★

　博物館內詳細展示了從麵包
原料小麥的栽培、相關工具、製
作過程、歷史等麵包相關歷史
及文化。

改建自16世紀鹽倉的麵包博物館

維布林根修道院
Kloster Wiblingen ★

　　修道院位於烏爾姆市中心往南約
5km處，為建於11世紀舊本篤會修道
院，修道院內設有博物館和附設教
堂等，其中18世紀中完成的洛可可樣
式圖書館，據說是德國南部最美的圖
書館之一。

修道院附設教堂的內殿

推薦的餐廳&住宿 ✤ RESTAURANT & HOTEL

R Zur Forelle
MAP ◆ P.192

🏠 Fischergasse 25
☎ (0731) 63924 🌐 www.ulmer-forelle.de
🕐 11：30～15：00、17：00～21：30（天候不佳或冬季可能縮短
營業時間）🚫 週一、週二中午 card DMV

　歷史可追溯到1626年的烏爾姆漁夫角餐廳。魚
湯Forelles Fischsuppe€9.50，烤烏爾姆鱒魚
Forelle nach Ulmer Art Gebraten€23.80等等，
可以品嘗到傳統的魚料理（也有肉料理），夏季時
氣氛宜人的陽台座位很受歡迎。

H Schiefes Haus
MAP ◆ P.192

🏠 Schwörhausgasse 6 D-89073
☎ (0731) 967930 🖨 (0731) 9679333
🌐 www.hotelschiefeshausulm.com
💰 ⑤€134～ ⑦€159～ card AMV

　位於烏爾姆景點之一「傾斜屋」內，客房擁有從
外觀難以想像的完善最新設備，並獲得金氏世界
紀錄「全世界最
傾斜的飯店」認
定。全館共11間
房，沒有無線網
路。

H InterCityHotel
MAP ◆ P.192

🏠 Bahnhofplatz 1 D-89073
☎ (0731) 96550
🌐 www.ulm.intercityhotel.com
💰 ⑤€87～ ⑦€97～ 早餐另計€17 card ADJMV

　緊鄰中央車站，擁有90間客房的時髦飯店，辦理
住房登記時可向櫃台人員索取住宿期間市區交通
券，備有免費無線網路。

H Reblaus
MAP ◆ P.192

🏠 Kronengasse 8-10 D-89073
☎ (0731) 968490 🖨 (0731) 9684949
🌐 www.reblausulm.de
💰 ⑤€69～ ⑦€79～ card AD

　位於市政廳的內巷，地點安靜，與旁邊的Hotel
am Rathaus為同一個老闆，備有免費無線網路。

H Roter Löwe
MAP ◆ P.192

🏠 Ulmer Gasse 8 D-89073
☎ (0731) 140890 🖨 (0731) 14089200
🌐 www.hotel-roter-loewe.de
💰 ⑤€90～ ⑦€120～ card ADMV

　距大教堂約3分鐘路程的3星級旅館，餐廳提供
美味的施瓦本料理，味道頗受好評，夏天並開放啤
酒花園，並附設室內泳池和三溫暖，備有免費無線
網路。

京根

Giengen an der Brenz

圓柱形的建築物為泰迪熊博物館

市場街與市政廳
（圖片中央）

柏林

法蘭克福

★京根

慕尼黑

MAP ◆ P.171-A4	
人　口	1萬9700人
區域號碼	07322

ACCESS

火車：從烏爾姆中央車站搭乘往阿倫Aalen方向的IRE快速列車約25分，搭HzL（私鐵）約35分，時刻表上的站名為Giengen an der Brenz或Giengn（Brenz）。

🛈**京根的遊客中心**

🏠Marktstr. 9　D-89537
　　Giengen an der Brenz
☎ (07322) 9522920
📠 (07322) 9521111
🔗www.giengen.de
🕐週一〜四　10：00〜12：30
　　　　　　　13：30〜15：30
　　週五　　10：00〜13：00
　　4〜10月的週六
　　　　　　　10：00〜13：00
🚫週日・節日、11〜3月的週六

●**泰迪熊博物館**

🏠Margarete-Steiff-Platz 1
　　D-89537
🔗corporate.steiff.com/de/
　　museum
🕐週二〜日　10：00〜17：00
　　（12/24・31〜13：00）
※入場至閉館前1小時為止
🚫週一（德國學校休假期間亦有營業）、12/25・26、1/1
💰€12（有語音導覽）

　京根位於烏爾姆東北方約30km處，為多瑙河支流布倫茨河Brenz沿岸的小鎮。1902年一位名為瑪格麗特・史泰福Margarete Steiff的女士與弟弟一家人所縫製的熊熊玩偶，遠渡重洋在美國掀起一陣泰迪熊熱潮。史泰福女士的玩偶耳朵上，釘有「Button in Ear」字樣的小緞帶，以作為與其他類似玩偶區別的註冊商標，而史泰福女士堅持的「給孩子們最好的」精神，也繼承流傳至今。

　從京根車站徒步約5分鐘處，設有體驗型的泰迪熊博物館Steiff Museum，博物館內展示了泰迪熊的誕生，及如何成為世界各地大人小孩最愛的泰迪熊物語。博物館內包含製造過程介紹區、遊樂區、世界最大的Steiff商店以及小酒館。

　另外市中心的市政廳前市場街Markstr.附近，還可看到許多木造房子林立。

能了解泰迪熊製作流程的區域

從細小泉源開始的精采多瑙河之旅

多瑙艾辛根
Donaueschingen

帶有獨特雕像的噴泉

柏林

法蘭克福

多瑙艾辛根　●慕尼黑

MAP ◆ P.170-B2	
人　口	2萬2200人
區域號碼	0771

ACCESS

火車：從卡爾斯魯厄搭乘RE快速列車，約2小時5分，從法蘭克福搭乘S-Bahn則約1小時30分。

❶多瑙艾辛根的遊客中心
Karlstr. 58　D-78166
Donaueschingen
☎(0771) 857221
www.donaueschingen.de
5~9月
　週一~五　　9：00~18：00
　週六　　　10：00~14：00
　週日　　　10：00~12：00
10~4月
　週一~五　　9：00~17：00

不斷湧出的多瑙河之泉

多瑙河的德語為Donau，英文則為Danube，而這條雄偉大河的起源就位於黑森林高原的多瑙艾辛根，從泉源源源不絕流出的清流，沿途經德國、奧地利、匈牙利貫穿歐洲大陸向東流，歷經2840km的精采漫長旅途，最後注入黑海。

漫遊

出了車站從約瑟夫街Josefstr.往前走，跨過布里加赫河Brigach上的橋後，便可看到巴洛克建築市教堂Stadt Kirche，教堂右側則有菲斯騰貝格伯爵Fürstenberg所居住的城堡Schloss，城堡庭院裡便是多瑙艾辛根最重要景點多瑙河之泉Donauquelle的所在地。

從市教堂往左走則是城市中心的卡爾街Karlstr.，街道兩旁有餐廳和商店林立，❶也在這條街上。而沿著卡爾街往西走則可看到市政廳Rathaus，過去莫札特曾到訪這個城市，這裡同時也以舉辦現代音樂節而聞名，市政廳前的噴水池還可看到紀念眾音樂家的雕像。

來到這裡不妨放慢腳步，沿著泉源流入的布里加赫河沿岸漫步，河川沿岸有著美麗的綠蔭步道，往東徒步約30分鐘，便是城市外圍布里加赫河與布雷格河Breg匯流處，從此匯流點後正式稱為多瑙河。

主要景點

多瑙河之泉
Donauquelle ★★★

　　從市教堂往城堡方向往下走，便可在庭院一角看到圓形的多瑙河泉源，只要仔細觀賞，便可看到清澄的水不斷湧流出水面。

城堡
Schloss ★

　　城堡建於1723年，是菲斯騰貝格伯爵所居住的城堡，19世紀曾經歷改建，內部裝飾著許多豪華的家具和用品，以及華麗掛毯和金飾、陶瓷、繪畫等，此外還有每到花季便開滿玫瑰的美麗庭園。

菲斯騰貝格美術館
Fürstenberg-Sammlungen ★

　　內部展示了菲斯騰貝格伯爵所收藏的繪畫，及動物、礦物、地質等相關自然科學展示品。

擺滿動物標本和貝殼的展示間

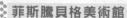

從市教堂俯瞰多瑙河之泉

●城堡
URL www.fuerstenberg-kultur.de
參觀城堡內部須事前報名團體導覽行程。

●菲斯騰貝格美術館
住 Am Karlsplatz 7
URL www.fuerstenberg-kultur.de
開 4～11月　週二～日　11：00～17：00
休 週一、12～3月
費 €5、學生€4

側欄直排：仙蹤之路與黑森林 ▼ 多瑙艾辛根Donaueschingen

推薦的住宿 HOTEL

Linde
MAP ◆ P.196
住 Karlstr. 18　D-78166
☎ (0771) 83180　FAX (0771) 831840
URL www.hotel-linde-ds.de
費 ⑤ €82～　① €118～　早餐另計€9　card M V
　　位於市中心卡爾街上的中級飯店，備有免費無線網路，1樓為施瓦本料理餐廳，可品嘗到黑森林產的鱒魚料理Schwarzwaldforelle。

Zum Hirschen
MAP ◆ P.196
住 Herdstr. 5　D-78166
☎ (0771) 8985580　FAX (0771) 89855817
URL www.hotel-zum-hirschen.de
費 ⑤ €65～　① €95～　card A M V
　　從車站徒步約10分鐘可達，是一家由家族三代經營的旅館，有許多騎車的旅客前往住宿，機車及自行車用停車場設備完善，並有自行車出租，備有無線網路。

HISTORY

多瑙河起源爭議

　　布里加赫河與布雷格河於多瑙艾辛根匯流後正式成為多瑙河，但兩條河的匯流點並非真正多瑙河的起源處。事實上多瑙河上游之一的布雷格河，其源頭乃位於距離多瑙河匯流處48km山坡上的富特旺根Furtwangen（以時鐘博物館而聞名）郊外，源泉旁邊的大石頭上記載著「多瑙河源頭的主要源流布雷格河自此湧出……到注入黑海全長共2888km，距源頭100m之處為多瑙河與萊茵河、黑海與北海的分水嶺……」也因此多瑙艾辛根與富特旺根之間，經常為哪個城市是多瑙河起源而爭論不休。

注入布里加赫河的多瑙河源泉

森林與清流環繞下的大學城

弗萊堡

Freiburg im Breisgau

遠眺舊街區

柏林．

法蘭克福．

弗萊堡
★　　　．慕尼黑

MAP ◆ P.170-B1	
人　口	23萬900人
區域號碼	0761

ACCESS

火車：從法蘭克福搭乘ICE特快列車約2小時5分，從曼海姆約1小時25分，距瑞士的巴塞爾約40分鐘車程。

❶弗萊堡遊客中心
㊟Rathausplatz 2-4
　　D-79098 Freiburg
☎(0761) 3881880
🔗www.visitfreiburg.de
🕐週一〜五　　8：00〜18：00
　週六　　　　9：30〜14：30
　週日‧節日　10：00〜12：00

從黑森林蜿蜒至弗萊堡的清涼水流，能舒緩旅途中疲憊的雙腳

●市區交通
Preissufe 1（市中心區域）24小時內無限次搭乘的24小時券REGIO24單人券€7（5人以下團體券€14），一般單次車票Einzelfahrschein€2.50。3站內的短區間票（不可轉乘）Kurzstrecke€1.50。從中央車站往大教堂可搭乘1〜4號市區電車在第2站Bertoldsbrunnen下車。

熱鬧的新市政廳前廣場設有遊客中心

　　位於黑森林西南部的弗萊堡，其正式名稱為Feibug im Breisgau，樸實的石板路襯著路旁的澄澈水流，令人心情舒暢，是一座美麗的大學城。

　　這裡一直到1805年止一直都由奧地利的哈布斯堡王朝Habsburg所統治，也因而整個城市建築都散發出一股優雅沉著的氣息，這裡過去也是王朝內的瑪莉‧安東尼皇后Marie Antoinette出嫁前往法國的出發地點。

 漫遊 〰〰〰〰〰〰〰〰

　　❶位於景點集中的舊城區入口處，一出中央車站可往向東延伸的鐵路街Eisenbahnstr.直走，過了與Rotteckring大道的交叉口後，繼續往東邊的小巷子Rathausgasse巷前進200m左右，便可看到中央設有噴水池的市政廳廣場Rathausplatz。面向廣場有著鐘樓的建築為新市政廳Neues Rathaus，對街則為舊市政廳Altes Rathaus，❶即位於建築角落。

　　舊城區街道旁有名為Bächle的小河流過，商店入口處的石板路上，還鑲上商店商品相關設計的彩磚，相當有趣。

　　接著再往東走，便可看見弗萊堡最重要的景點大教堂Münster，教堂南側的紅褐色建築是16世紀哥德式建築商館Historisches Kaufhaus，1樓則有著美麗的拱門長廊。

內部設有會場的商館建築

 歐洲主題公園Europa-Park（●Map P.170-B1 🔗www.europapark.de）為德國最大的主題公園，在德國觀光局的人氣觀光景點調查中每年名列前茅，冬季部分日期公休。

主要景點

擁有基督教會建築中最美塔樓 大教堂
Münster ★★★

大教堂建築為融合羅馬及哥德式風格建築，是德國境內屈指可數的大教堂之一，教堂起建於1200年左右，並於1512年完工。

登上高達116m的塔樓可一覽舊城區和黑森林的美麗風光，教堂內部所擁有的主祭壇、彩繪玻璃、雕刻、繪畫等，可說是中世紀藝術作品的寶庫。

醒目的細長金字塔型尖塔

奧古斯汀博物館
Augustinermuseum ★★★

以收藏萊茵河上游區域藝術品而聞名，館內展出包含格林內瓦德Matthias Grünewald、盧卡斯・克拉納赫Lucas Cranach的繪畫，大教堂的原創雕刻作品與彩繪玻璃，以及黑森林地區的時鐘、民族服飾、民藝品等豐富作品。

醒目的黃色外牆

●大教堂
URL www.freiburgermuenster.info
開 週一～五　9:00～11:45
12:30～16:45
（週三中午13:00～、週六中午12:15～18:00）
週日・節日　13:30～18:00
塔樓開放時間
開 週二～六　11:00～16:00
週日　13:00～17:00
冬季、天候不佳時可能閉館。
費 €5、學生€3

●大教堂前的早市
大教堂前廣場每週一～六的7:30～13:00有早市，販賣周邊農家栽種的新鮮蔬菜與水果、花卉等，繽紛多彩地陳列架上，光是用看的也很享受。

●奧古斯丁博物館
住 Augustinerplatz
URL www.freiburg.de/museen
開 週二～日　10:00～17:00
休 週一、部分節日
費 €8、學生€6

足球・球場情報
●黑森林球場
Schwarzwald Stadion
（DREISAM Stadion）
住 Schwarzwaldstr. 193
URL www.scfreiburg.com
弗萊堡體育會SC Freiburg的主場球場。
交通 從弗萊堡中央車站搭1號市區電車在Römerhof下車，步行約5～10分即達。

弗萊堡中央車站
Freiburg Hauptbahnhof
Rosastr.
®Drexlers
Barbara
芭蕉庵
觀光範例路線
弗萊堡
FREIBURG
0　50　100m
N
古代史博物館
Museum für Ur-u.
Frühgeschichte
Colombi-str.
Merianstr.
Postelle
哥倫比公園
Park Hotel Post
Colombi-Hotel
InterCityHotel
Bismarck-allee
緑燈街
Fasanenstr.
中央郵局
Turmstr.
舊市政廳
Altes Rathaus
Victoria
Rathausgasse
Rotteckring
新市政廳
Neues Rathaus
市政廳廣場
Rathaus-platz
聖馬丁教堂
St-Martinkirche
大教堂
Münster
Herrenstr.
Bertold-str.
市立劇院
Städtische Bühnen
Bertold-str.
Münsterstr.
Münster platz
市立歷史博物館
Museum für
Stadtgeschichte
Moltke-str.
大學
Universität
Werderring
Kaiser-str.
Joseph-str.
Schuster-str.
Salzstr.
Belfortstr.
馬丁塔
Martinstor
Café Gmeiner ©
Tacheles
Grünwälderstr.
商館
Historisches
Kaufhaus
Schwarzwälder Hof H
奧古斯丁博物館
Augustinermuseum
Ringhotel Zum Roten Bären H
往Jugendherberge →

199

●蒂蒂湖

交通 從弗萊堡搭乘S-Bahn 1到Titisee-Neustadt約40分鐘。

❶蒂蒂湖的遊客中心

俚Strandbadstr. 4
 D-79822 Titisee-Neustadt
卹hochschwalzwald.de/titisee

●特里貝格

交通 從弗萊堡搭乘普通列車約50分，於奧芬堡Offenburg轉乘快速列車，約45分於特里貝格下車。車站距離城鎮中心約20分鐘步行時間，巴士則約4分鐘。從車站步行約5～10分可達瀑布入口。

❶瀑布參觀主要入口（門票販售處）

俚Hauptstr. 85
賈夏季€8、學生€7.50、冬季
 €6、學生€5.50
 可參觀黑森林博物館。

郊區景點

黑森林地區最大湖泊 蒂蒂湖
Titisee
MAP◆P.170-B1

　蒂蒂湖岸是黑森林地區最具代表性的療養聖地之一，從Titisee-Neustadt的車站到湖畔徒步約5分鐘，其北岸為度假勝地十分熱鬧，有許多販賣黑森林特產咕咕鐘的禮品店和咖啡館、餐廳，還可以搭乘小船遊覽森林環繞的閑靜湖面風光。

德國最大的瀑布在 特里貝格
Triberger Wasserfälle
MAP◆P.170-B1

　田園詩般的特里貝格小鎮兩旁遍布出售布穀鳥鐘的紀念品商店。瀑布距離城鎮中心約有5～10分鐘的路程。落差163m的瀑布分七段下降，沿著瀑布旁的長廊走上去，可以欣賞瀑布上的橋樑和瞭望台等各種魄力十足的景點。

沉浸在魄力十足的瀑布中

ART　維特拉設計博物館與椅子城維爾

　鄰接瑞士與法國的維爾Weil am Rhein（❍ Map P.170-B1）是建築與設計迷必去朝聖地，這裡擁有歐洲首屈一指的當代美術館維特拉設計博物館Vitra Design Museum，漫步市區內更到處可見巨大的知名椅子裝置藝術陳設，彷彿是一座超大型的露天美術館。

　維特拉公司創始於瑞士，現在已成為世界首屈一指的家具製造商，產品包含大師Charles Eames、包浩斯Bauhuas、Jean Prouvé、維諾・潘頓Verner Panton等當代潮流設計椅子及家具等，此外並收藏了許多歷史名品，為展示這些精湛作品，特地於總公司工廠內設立了維特拉設計博物館。而工廠腹地內除博物館外，還可欣賞到札哈・哈蒂Zaha Hadid、安藤忠雄等世界級建築師所設計的建築。

交通 從法蘭克福搭乘往巴塞爾的RE快速列車，約50分在Weil am Rhein下車。前往博物館可從車站徒步約8分鐘到市政廳前的Weil am Rhein Rathaus巴士站，搭乘55號巴士約8分在Vitra, Weil am Rhein下車。

●維特拉設計博物館 Vitra Design Museum

俚Charles-Eames-Str. 2　D-79576
卹www.design-museum.de
開週一～日10：00～18：00
賈€13、與維特拉陳列倉庫（新館）Vitra Schaudepot的聯票€19

　腹地內的主要建築物每日有提供1～2場導覽行程供遊客參觀建築內部，時間約2小時，出發時間可於上述網站確認，也可網路預約。費用每人€16。

融入風景的展覽館出自安藤忠雄之手，現在作為研習設施之用

仙蹤之路與黑森林 ▼ 弗萊堡Freiburg im Breisgau

推薦的餐廳&住宿 ✦ RESTAURANT & HOTEL

R Drexlers

MAP ◆ P.199

住Rosastr. 9
☎ (0761) 5957203
URL www.drexlers-restaurant.de
營週一～五11：30～14：30（點餐～14：00）、18：00～24：00
（點餐～22：30）、週六18：00～24：00
休週日‧節日　card 不可

店內裝飾了許多葡萄酒瓶，是一家葡萄酒專賣餐廳，晚餐4道菜套餐為€75、5道菜套餐為€90。午餐則為€22～€34（前菜和主餐），提供健康取向的德國與義大利料理。建議事先訂位。

R 芭蕉庵
Basho-An

MAP ◆ P.199

住Merianstr. 10　☎ (0761) 2853405
URL www.bashoan.com
營週二～六12：00～14：00、17：30～21：00、節日17：30～
21：00
休週日‧一　card A M V

可品嘗到壽司和定食（午餐）等道地日本料理，屬高級餐廳，週末須訂位。

C Café Gmeiner

MAP ◆ P.199

住Kaiser-Joseph-Str. 243　☎ (0761) 42991730
URL www.chocolatier.de
營週一～五9：30～18：30（週六9：00～）、週日13：00～18：00
休節日、5～8月的週日　card J M V

販售自製的蛋糕和巧克力，可在附設的咖啡館品嘗，每到下午茶時間總是人潮滿滿。

H Colombi-Hotel

MAP ◆ P.199

住Rotteckring 16　D-79098
☎ (0761) 21060　FAX (0761) 2106620
URL www.colombi.de
費S €237～　T €329～　早餐另計€24
card A D J M V

弗萊堡最高級的飯店，地理位置便於觀光，餐廳Zirbelstube為米其林星級餐廳，提供免費無線網路。

H Park Hotel Post

MAP ◆ P.199

住Eisenbahnstr. 35/37　D-79098
☎ (0761) 385480　FAX (0761) 31680
URL www.park-hotel-post.de
費S €119～　T €149～　card A M V

中央車站徒步約3分鐘，將1884年的建築改裝成為4星飯店，備有免費無線網路。

H Ringhotel Zum Roten Bären

MAP ◆ P.199

住Oberlinden 12　D-79098
☎ (0761) 387870　FAX (0761) 3878717
URL www.roter-baeren.de
費S €89～　T €169～
card A D M V

1120年興建的建築，於1311年起改為飯店及餐廳之用，是德國最古老飯店之一，共25間房，備有免費無線網路。

H InterCityHotel

MAP ◆ P.199

住Bismarckallee 3　D-79098
☎ (0761) 38000　FAX (0761) 3800999
URL www.intercityhotel.com
費S €114～　T €125～　早餐另計€17
card A D J M V

緊鄰中央車站的連鎖飯店，推薦給鐵道旅行的遊客入住，共152個房間，備有無線網路（免費）。

H Schwarzwälder Hof

MAP ◆ P.199

住Herrenstr. 43　D-79098
☎ (0761) 38030　FAX (0761) 3803135
URL www.schwarzwaelder-hof.com
費S €93～　T €121～　card A D M V

位於舊城區的便宜住宿，共47間房，備有免費無線網路。

JH Jugendherberge

MAP ◆ 地圖外

住Kartäuserstr. 151　D-79104
☎ (0761) 67656　FAX (0761) 60367
URL jugendherberge-freiburg.de
費含早餐€35.70，27歲以上 T €39.70　card J M V

從車站月台側的樓梯往上走到市區電車站，搭乘往Littenweiler方向的1號電車，在終點前一站Römerhof下車，下車後隨著綠色青年旅館招牌指標走進Fritz-Geiges-Str.街，前進約400公尺，過河之後右轉，沿河畔徒步約5分鐘即可抵達旅館，1樓部分區域可使用無線網路。

Steigenberger Inselhotel
飯店的走廊

位於波登湖畔的溫暖歷史城市
康士坦茲
Konstanz

位於德國與瑞士國境湖波登湖西側的康士坦茲,是波登湖畔最大的城市,若搭乘德國國鐵前往康士坦茲,下車車站就位於港邊。此車站的南側為瑞士國鐵的車站,有開往瑞士的火車停靠。

康士坦茲為4世紀中葉,由羅馬帝國皇帝康斯坦茲克羅雷Contantius Chlorus所興建的城市,自中世紀以來便為德國南部的重要宗教城市,過去為解決自1414年起4年期間的教會分裂問題,統一選出了羅馬教皇並在此地召開審判異端揚・胡斯Jan Hus的宗教會議,使得康士坦茲成為歷史上的重要城市。

來往腓特烈港之間的高速船
Katamaran

立在港口堤防上旋轉的妖艷
Imperia雕像

MAP ◆ P.171-B3

人 口	8萬4400人
區域號碼	07531

ACCESS

火車:若從慕尼黑經烏爾姆轉車,車程約4小時20分。
船:從腓特烈港Friedrichshafen搭高速船Katamaran(圖www.der-katamaran.de)約50分,單程€11.20。

❶康士坦茲的遊客中心
匧 Bahnhofplatz 43
D-78462 Konstanz
☎(07531) 133032
圖 www.konstanz-info.com
關 4~10月
週一~五 9:00~18:30
週六 9:00~16:00
週日 10:00~16:00
11~3月
週一~五 9:30~18:00

康士坦茲
KONSTANZ

●●●●● 觀光路線範例

0　100　200m

往梅瑞島・
米爾斯堡高速船搭船處・
青年旅館

火藥庫塔
Pulverturm

萊茵河
Rhein

萊茵塔
Rheintorturm

Rheinsteig

Laube

Inselgasse

波登湖
Bodensee

Braunegasse

Schottenstr.

大教堂
Münster

Steigenberger
Inselhotel

Münsterpl.

Konzilstr.

Untere

史蒂芬教堂
Stephanskirche

市民公園
Stadtgarten

Graf
Zeppelin

Elefanten

Zollernstr.

和平會議館
Konzilgebäude

Lutherpl.

Münzgasse

Imperia雕像

市政廳
Rathaus

Hussenstr.

Augustiner-
pl.

港口
Hafen

Schnetz塔
Schnetztor

Bahnhofstr.

❶

康士坦茲車站
Bahnhof

Obere Laube

Bodanstr.

Bodanpl.

往瑞士

漫遊

一出康士坦茲車站，便可看到觀光船和來往腓特烈港之間的高速船Katamaran停靠港，整個城市洋溢著度假勝地的浪漫氣氛。

從車站或港口往北前進，可看到宗教會議的舉行地和平會議館Konzilgebäude，內部現今已改建成活動大廳。而市民公園北側的高級飯店Steigenberger Inselhotel（→P.204）原為13世紀所建的修道院，後成為齊柏林伯爵Zeppelin家所有，而知名的飛行船發明者齊柏林，便是於1838年誕生於此館內，不妨於此坐在面湖的露天座位，享受一杯午後茶品或雞尾酒體驗度假勝地的悠閒氣氛。

而聳立在舊城區的大教堂Münster，也是宗教會議的重要場所之一，1415年時宗教改革家揚・胡斯便是在此被判為異端有罪，可爬樓梯上到高達76m的高塔頂端，在晴朗的日子裡遠眺波登湖的景致十分迷人。

大教堂北側一帶是舊城區，也是免於戰爭災害的古老地區，狹小的巷弄錯綜複雜，有著許多古老民宅改建而成的氣氛餐廳與葡萄酒吧點綴其中，十分適合悠閒漫步其中，而大教堂南側則為百貨公司和精品店林立的購物區。

漫步舊城區巷弄內，享受悠閒氣氛

 郊區景點

梅瑙島
Mainau

MAP◆P.171-B3

華麗的玫瑰園

梅瑙島位於康士坦茲北方約5km處，雖地處德國卻是相當知名的熱帶植物島嶼，這裡自中世紀以來長期為德國騎士團所有，19世紀中葉巴登公爵腓特烈一世Friedrich I購入此島後，開始種植柳橙、檸檬、香蕉等水果，因而搖身一變成為熱帶島嶼。之後由姻親關係的瑞典王朝家譜下的腓特烈一世曾孫繼承，不斷擴張庭園而使得島上終年繁花盛開。

●大教堂
開10：00～17：00
（週日12：30～）
（禮拜中暫停開放）

大教堂塔樓
開週二～日　12：30～16：00
（入場至15：45）
休10月下旬～3月中旬
費€2

大教堂塔樓上可一覽市區與波登湖風光

留下齊柏林足跡的Inselhotel飯店的露台

●梅瑙島
网www.mainau.de
交通從康士坦茲車站前搭乘往Dettingen方向的4/13號巴士約15分鐘，在Mainau下車，可直接從橋走過去，不須搭船。
開9：00～20：00
（入場至19：00）
公園開放至日落為止
費€26（網站購入價€23）
10月中旬～3月中旬冬季期間有折扣。

島上東側優雅的巴洛克宮殿

世界遺產

賴歇瑙島
波登湖的修道院島
（2000年登錄）

●賴歇瑙島

交通 從康士坦茲搭乘私鐵SBB（可使用火車通行證）在約10分鐘車程處的Reichenau（Baden）下車，下車後可在車站前搭乘前往島內的204號巴士，前往聖喬治教堂則在Reichenau-Oberzell Kreuz下車，離聖瑪利亞・聖馬可教堂與 ❶ 最近的一站則是終點站Reichenau-Mittelzell Museum（鄉土博物館前）。

❶賴歇瑙島的遊客中心

住Pirminstr. 145　D-78479
☎(07534) 92070
ⅮⅩ(07534) 920777
ⅢⅢwww.reichenau-tourismus.de
開5～9月
週一～五　　9：00～18：00
週六　　　10：00～13：00
10・4月
週一～五　　9：00～12：30
　　　　　13：30～17：00
11～3月
週一～五　　9：00～12：30
　　　　　13：30～16：00

聖瑪利亞・聖馬可教堂附近的附設香草園

探訪修道院與教堂遺跡 賴歇瑙島
Insel Reichenau

擁有幽靜的大自然與文化遺產的賴歇瑙島，位於康士坦茲西方約7km處，是波登湖上最大的島嶼，因建有橋樑直接連結島上，不須搭船也可輕鬆前往遊覽。

賴歇瑙島上自9世紀以來便建有修道院，可說是歐洲修道院生活歷史上的中心地。

屹立花間田野邊的聖喬治教堂

靠近本土側位於Oberzell聚落的聖喬治教堂St. George建立於9世紀，至今仍然維持著當時的古老風貌，內部有著整幅描繪10世紀鄂圖王朝時代的壯觀壁畫，色彩鮮豔絢爛奪目。

聖喬治教堂內描寫基督奇蹟的壁畫，在日本技術支援下修復而成

從聖喬治教堂往島中央Mittelzell區域內聖瑪利亞・聖馬可教堂Münster St. Maria und Markus周邊的湖畔步道（約2km），是一條最適合漫步的優美步道。賴歇瑙島的字源來自Reichen Au（原文意為豐盛之島），自古以來便是漁獲與農作豐收的島嶼，時至今日當地農業依然十分興盛，道路兩旁經常可見無人商店所販賣的蔬菜及花卉等，若徒步繞行全島距離較長且較為辛苦。

推薦的住宿  HOTEL

Steigenberger Inselhotel

MAP ◆ P.202

住Auf der Insel 1　D-78462
☎(07531) 1250　ⅮⅩ(07531) 26402
ⅢⅢwww.steigenberger.com
費⑤ €165～　①€245～　card ＡＤＪＭＶ

面對湖畔的這整座島（Insel），是康士坦茲最高級飯店的腹地，建築前身原為13世紀多明尼克修道院，1875年在齊柏林伯爵改建下成為飯店，優美的迴廊還保存著修道院時代風貌，強烈推薦住宿面湖景的房間，備有無線網路（免費）。

Graf Zeppelin

MAP ◆ P.202

住St. Stephansplatz 15　D-78462
☎(07531) 6913690　ⅮⅩ(07531) 69136970
ⅢⅢwww.hotel-graf-zeppelin.de
費⑤ €109～　①€128～　早餐另計€15　card ＡＤＭＶ

從康士坦茲車站徒步約10分鐘，有著壯觀壁畫的建築外觀十分醒目，房間內陳設了木製家具，品味非凡，1樓的餐廳還可品嘗到波登湖捕獲的魚類所烹調的料理，僅大廳區域備有無線網路（免費）。

MEMO 於賴歇瑙島住宿須支付療養稅Kurtax €1～2.50（每人每日），可獲得觀光卡，憑卡於島內搭乘範圍內的火車或巴士免費，亦有景點門票折扣。

米爾斯堡

Meersburg

舊城

面對波登湖的坡道城鎮

米爾斯堡城市順勢依著波登湖旁的山丘而建，城堡及酒莊等景點都集中在山丘上的市集廣場Marktplatz周邊。從康士坦茲搭渡輪下船後，延著俾斯麥廣場Bismarck Platz左側的Steigstr.街斜坡往上走，不久便可看到市集廣場，眼前所見一排排粉彩色建築的房子交織而成的景致，彷彿置身仙境一般迷人。

由康士坦茲大主教建於18世紀的華麗巴洛克建築新城Neues Schloss，其內部現改建為藝術品畫廊，而新城的最內側則有邦立酒莊Staatsweingut Meersburg，可以買到便宜的名產葡萄酒。附近還有波登湖畔的葡萄酒和文化博物館Vineum Bodensee。

米爾斯堡還有另一座建於7世紀的舊城Altes Schloss，可參觀有如騎士物語場景一般的城內風光，城堡的一隅還保存了德國浪漫派女詩人安內特Annette von Droste-Hülshoff居住過的房間。

這裡還有以飛行船聞名的齊柏林博物館Zeppelinmuseum，博物館規模雖小，裡面還收藏了飛行時的各樣相關物品，並備有簡介。

德國地圖：柏林、法蘭克福、米爾斯堡★、慕尼黑

MAP ◆ P.171-B3

人口	6000人
區域號碼	07532

ACCESS

米爾斯堡沒有火車經過，須從康士坦茲車站前搭乘往Staad/Fähre的1號巴士，約10分鐘後在終點站下車，接著在港口搭乘渡輪約15分鐘可至。

❶米爾斯堡的遊客中心

🏠Kirchstr. 4　D-88709 Meersburg
☎(07532) 440400
🌐www.meersburg.de
🕐5月上旬～10月中旬
　週一～五　　9：00～12：30
　　　　　　14：00～18：00
　週六・日　10：00～14：00
　其他季節會縮短營業時間，
　週六・日・節日公休。

●新城

🏠Schlossplatz 12
🕐4～10月
　週一～日　　9：30～18：00
　11～3月
　週六・日・節日12：00～17：00
💰€6

●葡萄酒和文化博物館

🏠Vorburggasse 11
🕐週二～日　11：00～18：00
　（11～3月僅於週六・日・節日營業）
休週一、11～3月的週一～五
💰€7、學生€5

●舊城

🏠Schlossplatz 10
🕐3～10月　10：00～18：30
　11～2月　10：00～18：00
　（入場至閉館前30分為止）
💰€12.80

●齊柏林博物館

🏠Schlossplatz 8
🌐www.zeppelinmuseum.eu
🕐3月下旬～11月中旬
　　　　　　10：00～18：00
💰€5

市集廣場周邊有如童話世界一般

波登湖畔的飛行船城市

腓特烈港

Friedrichshafen

帶有獨特雕像的噴泉

柏林●

法蘭克福●

腓特烈港 ★　　●慕尼黑

MAP ◆ P.171-B3

人　口	6萬1000人
區域號碼	07541

ACCESS

火車：從烏爾姆搭乘IRE快速列車約1小時。
船：從康士坦茲搭高速船Katamaran(→P.202)約50分。

❶腓德烈斯哈芬的遊客中心
Bahnhofplatz 2　D-88045
☎ (07541) 55444
www.friedrichshafen.de
4～10月
週一～五　　9：00～17：00
週六　　　　9：00～13：00
11～3月
週一～四　　9：00～16：00
週五　　　　9：00～13：00

●齊柏林博物館
Seestr. 22
www.zeppelin-museum.de
週二～日　10：00～17：00
(5～10月9：00～)
入場至閉館前30分為止
週一(5～10月無休)、
12/24‧25　€12、學生€7.50
(11～4月€11、學生€7)

●道尼爾博物館
Claude-Dornier-Platz 1
www.dorniermuseum.de
5～10月
每日　　　　9：00～17：00
11～4月
週二～日　10：00～17：00
11～4月的週一‧12/24‧25、
冬季部分日期公休
€11.50、與齊柏林博物館套
票€20

●齊柏林NT號飛行船遊覽
預約及詳細情報請至以下網站查詢
www.zeppelinflug.de
30分鐘遊覽飛行€265～

●波登湖的渡輪、觀光船
www.bsb.de

齊柏林博物館前的廣場

　　德國人都十分嚮往的南德高級療養勝地波登湖，緊鄰瑞士與奧地利邊境，溫暖的氣候條件下，整年都有許多觀光客前往造訪。

　　這裡也因為齊柏林的飛行船開發，與航空產業、工業零件製造等成為了先進工業區域而繁榮興盛。

 漫遊

　　出了腓特烈港城市車站Friedrichshafen Stadtbahnhof後，位於車站左側時髦外觀的Seehotel內設有❶，而前往代表景點齊柏林博物館Zepplin Museum則可在Hafenbahnhof車站下車，從車站月台下樓梯後即為博物館正面入口。博物館內詳細解說展示了飛行船的誕生背景，以及令人震驚的興登堡號空難事件，與之後新型齊柏林NT號的開發過程等，此外還有復原的興登堡號房間和大廳、廁所。

　　齊柏林博物館前的廣場上，展示了閃耀著銀色光芒的飛行船模型，周邊則規劃為購物區。

　　這裡並提供最新型的齊柏林NT號飛行船30分鐘遊覽行程（須預約，冬季停駛），腓特烈港機場南側則有道尼爾博物館Dornier-Museum。原齊柏林飛行船設計師道尼爾Claude Dornier，日後從事飛艇開發，並設計了許多獨創設計的飛機，博物館內則詳細展示了道尼爾歷史飛機。

　　波登湖的船舶停靠港位於齊柏林博物館內側，港灣堤防處則有高22m的瞭望台，晴天時甚至能欣賞到對岸瑞士阿爾卑斯的美麗風光。

MEMO 腓特烈港與日本茨城縣的土浦市為友好都市，1929年齊柏林伯爵號曾停靠土浦霞浦，受到熱誠的歡迎，齊柏林博物館內還可看到當時熱烈景況的影片。

羅曼蒂克大道南端終點的城市菲森

穿著民俗服裝
的泰迪熊

羅曼蒂克大道
Die Romantische Straße

在羅騰堡的耶
誕商店內

世界遺產威斯教堂的內部

丁克爾斯比爾的
兒童節

毛茸茸的

羅曼蒂克大道

鐵路
88 高速公路
主要道路
城堡
修道院、教堂
山

N

P.79 梅爾騰貝格
Miltenberg

Ludwigshafen

P.151
凱撒斯勞騰
Kaiserslautern

P.150 曼海姆
Mannheim

P.142
海德堡
Heidelberg

弗爾克林根煉鐵廠 P.106
P.106 薩爾布魯根
Saarbrücken

A

P.156 海爾布隆
Heilbronn

P.180 卡爾斯魯厄
Karlsruhe

Ettlingen

P.174 斯圖加特
Stuttgart

Rastatt

P.182 巴登巴登
Baden Baden

史特拉斯堡
Strasbourg

奧芬堡
Offenburg

法國

Freudenstadt

萊茵河 Rhein

內卡河 Neckar

Gutach

Colmar

P.198 弗萊堡
Freiburg

B

米盧斯
Mulhouse

P.205
米爾斯堡
Meersburg

P.204
賴歇瑙島
Insel Reichenau

P.202
康士坦茲
Konstanz

巴塞爾
Basel

波登湖
Bodensee

瑞士

0   15   30km

1   2

208

P.212 符茲堡
Würzburg

陶伯畢修夫斯海姆
Tauberbischofsheim

Lauda Königshofen
P.218 巴德梅根特海姆
Bad Mergentheim

P.218 懷克斯海姆
Weikersheim

Steinach

P.157
紐倫堡
Nürnberg

P.222 克雷格林根
Creglingen

P.219 羅騰堡
Rothenburg ob der Tauber

Dombühl

P.161 安斯巴赫
Ansbach

Feuchtwangen

Crailsheim

P.154
施韋比施哈爾
Schwäbisch Hall

P.227 丁克爾斯比爾
Dinkelsbühl

Treuchtlingen

P.230 訥德林根
Nördlingen

Aalen

Harburg

Donauwörth

因戈爾施塔特
Ingolstadt

P.195 京根
Giengen

P.192 烏爾姆
Ulm

Freising

P.231 奧格斯堡
Augsburg

慕尼黑機場

Dachau

P.248 慕尼黑
München

Buchloe

Landsberg

Starnberg

Berg

Memmingen

Pfaffenwinkel

史坦貝格湖
Starnberger See

Kaufbeuren

Schongau

Weilheim

Kempten

Bad Tölz

P.206 腓特烈港
riedrichshafen

P.281 林德霍夫宮

P.240
威斯教堂

Murnau

P.287 林島
Lindau

P.236 菲森
Füssen

P.280 歐伯拉瑪高
Oberammergau

布雷根茨
Bregenz

P.238 新天鵝堡

P.282 加爾米施·帕騰基興
Garmisch-Partenkirchen

Reutte

P.285 米登華德
Mittenwald

Zugspitze

奧地利

柏林

法蘭克福

慕尼黑

羅曼蒂克大道

羅曼蒂克大道是德國最有名的觀光路線之一，起點從古都符茲堡到擁有中世紀街景的羅騰堡，接著是壯觀古老城牆的丁克爾斯比爾，及擁有2000年歷史的奧格斯堡，一直到阿爾卑斯山麓城市菲森為止，全長共約350km，沿途擁有豐富的觀光景點。

此外最知名的新天鵝堡Schloß Neuschwanstein更是德國絕不可錯過的重要景點，不妨搭乘巴士或地方線電車，一一造訪這些中世紀風貌城市。

上／新天鵝堡
下／羅騰堡市集廣場上色彩繽紛的房舍

交通方式

●觀光巴士　雖然行駛日期和遊覽景點有限，但十分推薦使用觀光巴士。尤其是世界遺產的威斯教堂，使用觀光巴士最為便利。

▶羅曼蒂克大道巴士

URL www.romantischestrasse.de

當地的觀光巴士，分為法蘭克福～羅騰堡的A行程（單程€49）、羅騰堡～慕尼黑（單程€49）的B行程。A行程的行駛日為5/7～9/24的週日、B行程則為4/2～10/29的週三‧日（2023年），無景點導覽服務。

▶Gray Line

URL www.grayline.com/

從慕尼黑出發的觀光巴士，新天鵝堡、林德霍夫宮、上阿瑪高小鎮的巡禮方案為€71。須額外支付城堡門票費用，但不須事先預約。

▶Mybus‧Europe

URL mybus-europe.jp

從慕尼黑出發，1日觀光行程包含新天鵝堡、林德霍夫宮、威斯教堂。

▶Myubus

URL www.myushop.net

從慕尼黑出發，1日觀光行程包含新天鵝堡和世界遺產威斯教堂。

●火車　從慕尼黑出發，1日觀光行程包含新天鵝堡和世界遺產威斯教堂。

羅曼蒂克大道上有許多城市都可轉乘地方線火車與路線巴士前往，不過由於班次較少，建議先查詢時刻表作好計畫再行前往。

●租車　一邊開車一邊欣賞德國的鄉村美景可說是人生一大享受，如春天的油菜花田與秋天的葡萄園美景，大道沿線都有「Romantische Straße羅曼蒂克大道」的德文標示。

住宿導覽

配合節慶活動時間前往可讓旅遊更加豐富，如羅騰堡的「勝負的一飲」、「帝國自由都市節」，與丁克爾斯比爾的「兒童節」等。節慶期間記得儘早訂房，有些城鎮規模雖小，不過若包含民宿和私人公寓等在內的話，其實住宿設施也不少。

Tip! ●巴伐利亞城堡卡

巴伐利亞城堡卡Mehrtagestickets der Bayerischen Schlösserverwaltung包含符茲堡主教宮殿、菲森郊區的新天鵝堡、慕尼黑的王宮等,可參觀巴伐利亞邦40個以上的城堡景點。

14天有效期(Mehrtagesticket)€35,年票(Jahreskarte)€50,可在各適用的城堡售票口購得,適用的城堡景點請參考 🔗 www.schloesser.bayern.de/deutsch/schloss/objekte/jahresk.htm。(註:參考下方MEMO)

●王城城堡卡

Kombiticket Königsschlösser

為新天鵝堡(→P.238)、林德霍夫宮(→P.281)、海爾基姆宮(→P.279)共通套卡,憑此卡6個月內可入場各景點一次,價格為€31,可於上述景點售票處購買。(註:參考下方MEMO)

名產與美食

羅騰堡擁有世界聞名的耶誕商品店,一年四季都可以買到獨特的德國商品。

可以在符茲堡、羅騰堡品飲法蘭根葡萄酒

來到法蘭根地區葡萄酒知名產地符茲堡,絕對不可錯過美味的Trocken。

而羅騰堡的名產甜點雪球Schneeball,是以白糖粉包裹甜甜圈,外型有如雪球一般,也有包巧克力或杏仁口味。

薰香娃娃
胡桃鉗娃娃

直徑8~10cm的雪球

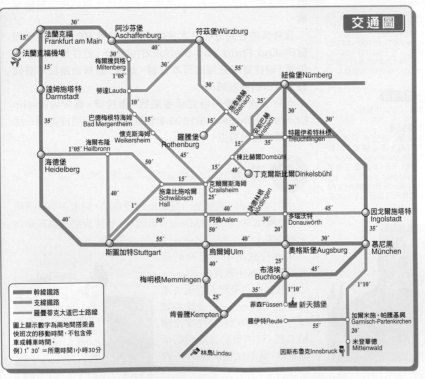

交通圖

法蘭克福 Frankfurt am Main
法蘭克福機場
阿沙芬堡 Aschaffenburg
符茲堡Würzburg
梅騰堡貝格 Miltenberg
達姆施塔特 Darmstadt
勞達Lauda
紐倫堡Nürnberg
施泰納赫 Steinach
巴德梅根特海姆 Bad Mergentheim
懷克斯海姆 Weikersheim
羅騰堡 Rothenburg
安斯巴赫 Ansbach
特羅伊希特林根 Treuchtlingen
海爾布隆 Heilbronn
棟比赫爾 Dombühl
海德堡 Heidelberg
丁克爾斯比爾 Dinkelsbühl
克賴爾施斯海姆 Crailsheim
施韋比施哈爾 Schwäbisch Hall
訥德林根 Nördlingen
因戈爾施塔特 Ingolstadt
阿倫Aalen
多瑙沃特 Donauwörth
斯圖加特Stuttgart
烏爾姆Ulm
奧格斯堡Augsburg
慕尼黑 München
布洛埃 Buchloe
梅明根Memmingen
肯普騰Kempten
菲森Füssen
新天鵝堡
加爾米施・帕騰基興 Garmisch-Partenkirchen
羅伊特Reute
米登華德 Mittenwald
林島Lindau
因斯布魯克Innsbruck

幹線鐵路
支線鐵路
羅曼蒂克大道巴士路線
圖上顯示數字為兩地間搭乘最快班次的移動時間,不包含停車或轉車時間。
例)1°30'＝所需時間1小時30分

MEMO 使用時,請在各城堡的售票窗口排隊領取免費入場券。參觀新天鵝堡前,請先線上預約日期和時間 (→ P.239) (預約費€2.50)。

211

法蘭根葡萄酒的知名產地

美因河畔的優美古都
符茲堡
Würzburg

柏林●

法蘭克福●

符茲堡 ★

慕尼黑●

MAP ◆ P.209-A3	
人　口	12萬7000人
區域號碼	0931

ACCESS

火車：從法蘭克福搭乘ICE特快列車約1小時10分，從慕尼黑約2小時5分。

❶符茲堡的遊客中心
🏠Falkenhaus, Marktplatz 9 D-97070 Würzburg
◯Map P.213-A2
☎(0931) 372398
📠(0931) 373952
🖳www.wuerzburg.de
關1～3月
　週一～五　　10：00～16：00
　週六　　　　10：00～14：00
　4～12月
　週一～五　　10：00～18：00
　週六　　　　10：00～14：00
　（5～10月期間週日・節日
　10:00～14:00亦有開放）

🌐 世界遺產

主教宮 （1981年登錄）

●市區交通

市區電車、巴士等可購買4站內有效（不可換車）的短區間票Kurzstrecke Eins＋4票價€1.40，其他單次車票Einzelfahrschein€2.60，1日券Tageskarte Solo則為€4.40（購買當天及次日上午3:00前有效）。

市政廳（左側）到大教堂之間的大道

從瑪莉恩堡要塞所見的大教堂（中央白色雙塔）與主教宮（右後側）

　　符茲堡是法蘭根地區Franken的中心都市，也是羅曼蒂克大道北側起點城市，這個城市擁有古老悠久的歷史，遠至西元前1000年左右已有凱爾特人Celtae於美因河畔建築城堡，接著在7世紀時聖人聖基利安Saint Kilian在此殉道，而於8世紀時設立主教，此地便成為歷代主教領地而繁榮發展。

　　這裡同時也是曾在日本長崎出島十分活躍的醫師西博爾德Philipp Franz von Siebold的誕生地，他在取得醫學學位後，前往當時鎖國的日本行醫。此外，這裡也是日本滋賀縣大津市的姊妹城市。

　　而符茲堡大學的研究學者威廉・康拉德・倫琴Wilhelm Conrad Röntgen，於1895年發現X射線，因而成為第一屆諾貝爾物理獎得主。

漫遊

　　中央車站前的廣場為市區電車的發車站，到市中心可搭乘1、3、5號電車，在第2站Dom下車即可，若徒步前往也只需15分鐘左右。

　　來到符茲堡不可錯過的重要景點，就是主教宮Residenz、大教堂Dom以及瑪莉堡要塞Festung Marienberg，安排遊覽時可從最遠的瑪莉恩堡要塞開始參觀，可搭乘前面提到的市區電車，到第3站Rathaus（市政

舊美因橋上的聖基利安像與瑪莉恩堡要塞

廳）下車。下車後走過橋上欄杆有著12座聖人雕像的舊美因橋Alte Mainbrücke，接著按照標示往上坡走約20～30分鐘即可抵達瑪莉恩堡要塞。

新教堂

從舊美因橋走回舊城區時，往前直走便可在正面看到羅馬樣式的符茲堡大教堂，左側則為建於符茲堡守護者聖基利安墓上的新教堂Neumünster，內部由世界遺產威斯教堂Wieskirche（→P.240）設計者齊默爾曼兄弟Zimmermann所設計的華麗內裝，與雕刻家里門施耐德Tilman Riemenschneider的雕刻作品美麗聖母像Schöne Madonna則是參觀教堂必看重點。而從面對祭壇左側的中間的門則可走到一個小小的中庭Lusamgärtlein，這裡殘留有部分12世紀迴廊，此外還有知名的中世紀愛情歌手（Minnesinger）Walther von der Vogelweide（1230年歿）的墓園。

而登錄為世界遺產且被譽為最美的德國巴洛克建築宮殿

●莫札特音樂節
主教宮於每年春夏時節舉辦的「莫札特音樂節」，讓人在閃耀著燈飾光輝的「皇帝廳」和「白廳」豪華空間內，以及有著月光灑落的美麗庭園中聆聽音樂會，充滿醉人氛圍。活動相當受歡迎，建議及早預約。
Mozartfest Würzburg
⊞Rückermainstr. 2
　D-97070 Würzburg
🔗www.mozartfest.de

登錄世界遺產的主教宮正面入口

符茲堡
WÜRZBURG
0　100　200m

福茲堡中央車站
Hauptbahnhof

中央郵局
巴士總站

國際會議中心
Congress Zentrum

倫琴紀念館
Röntgen-Gedächtnisstätte

Hotel Regina
Babelfish Hostel

豪格教堂
Stift Haug

Kroatengasse

Maritim Hotel
Würzburg

Juliusspital-
Weinstuben

Residence

奧古斯丁教堂
Augustinerkirche

Hotel Würzburger
Hof

Schönleber

Novotel

Mercure
am Mainufer

老起重機
Alter Kranen

Bürgerspital
Bürgerspital zum Hl.
Geist + Weinstuben

劇院

華格納故居

瑪利亞聖母教堂
Marienkapelle

市集廣場
Markt

市政廳
Rathaus

Würzburger
Ratskeller

獵鷹之屋
Haus zum Falken

新教堂
Neumünster

主教宮
Residenz

霍夫教堂
Hofkirche
B.NEUMANN

Alte Mainmühle

老美因橋
Alte Mainbrücke

Domstr.

大教堂
Dom

霍夫庭園
Hofgarten

日本庭園

Zum Winzermännle

Backöfele

Franziskaner

Rebstock　Neubaustr.

瑪莉恩堡要塞
（美因法蘭根博物館
領主館博物館）
Festung Marienberg
(Museum für Franken)

聖布卡德教堂
St. Burkard Kirche

Jugendherberge

西博爾德像

卡梅麗麗滕教堂
Karmelitenkirche

往朝聖教堂Käppele

Ⓗ飯店　Ⓡ餐廳　Ⓒ咖啡館　•••••觀光範例路線

MEMO 若從舊美因橋上往河川下游（北）眺望，可在右岸看到古老的起重機，歷史可追溯至1772～1773年建造，長年作為來往交通船貨物起重用，旁邊的建築則為原海關建築，現則改為葡萄酒專賣店。

213

●瑪莉恩堡要塞
◯Map P.213-B1
URL www.schloesser.bayern.de
外部、中庭領域與城主的庭園免費參觀。要塞內部僅限導覽參觀，全程約30分鐘，可於博物館商店Museumsladen報名。
中庭區域
開4～10月　　　9：00～18：00
　11～3月　　　10：00～16：30
休週一、12/24．25．31、1/1、狂歡節的週日
費導覽行程€4、學生€3，可使用巴伐利亞城堡卡(→P.211)

●美因法蘭根博物館
◯Map P.213-B1
URL www.museum-franken.de
開4～10月
　週二～日 10：00～17：00
　11～3月
　週二～日 10：00～16：00
　(入場至閉館前30分鐘為止)
休週一、12/24．25．31、狂歡節的週一．二
費€5、學生€4

欲前往瑪莉恩堡要塞，也可從主教宮前主教宮廣場Residenzplaza的巴士站搭乘9號巴士，到終點Schönborntor下車。行駛期間為4～10月，9:30～18:00每30分鐘1班車。

●大教堂
◯Map P.213-B2
URL www.dom-wuerzburg.de
開週一～六　10：00～17：00
　週日・節日 13：00～18：00

大教堂的羅馬式塔樓與正門

●瑪利亞聖母教堂
◯Map P.213-B1

主教宮Residenz，則位於大教堂往東約5分鐘處，距中央車站徒步約10～15分鐘路程，而回程往車站途中則會經過知名的法蘭根葡萄酒的餐廳Bürgerspital zum Hl. Geist。

主要景點

展示大主教勢力 瑪莉恩堡要塞
Festung Marienberg　★★★

1253～1719年曾為歷代大主教的居住地兼要塞，集宗教與政治權力於一身的主教領主，更建築了城牆及壕溝環繞以保護城堡，建築本身構造亦十分複雜。

彷彿在俯瞰著美因河的堅固要塞

遼闊的中庭內矗立著聖瑪利亞教堂Marienkirche、Bergfried高塔，城堡建築內部設有美因法蘭根博物館Mainfränkisches Museum，可欣賞到德國天才雕刻家里門施耐德的雕刻作品，此外還有可參觀大主教起居室的領主館博物館Fürstenbaumuseum。

德國羅馬式建築代表 大教堂
Dom　★★

大教堂建於11～12世紀，是德國羅馬式教堂的代表建築之一，在第二次世界大戰期間遭受戰火破壞後重建的中廊柱子上刻有歷代大主教的墓碑，其中里門施耐德所作的Rudolf von Scherenberg大主教像更是不可錯過的觀賞重點。

雕刻精細的Scherenberg大主教墓碑像

收藏亞當夏娃像傑作 瑪利亞聖母教堂
Marienkapelle　★

教堂位於市集廣場北側，是後期哥德式廳院教堂，入口處裝飾著里門施耐德的精美雕像亞當與夏娃像（原作收藏於美因法蘭根博物館內），內部還有必看的里門施耐德作品Konrad von Schaum騎士墓碑。

瑪利亞聖母教堂(左)與❶所在的獵鷹之屋(右)

MEMO 在西博爾德博物館Siebold Museum (住Frankfurter Str. 87 開週二～日14:30～17:30 URL www.siebold-museum.de)內，介紹在符茲堡出生並於幕末時期待在長崎的西博爾德的相關行動。

羅曼蒂克大道 ▼ 符茲堡Würzburg

南德巴洛克代表建築**主教宮**
Residenz

世界遺產
★★★

●主教宮
→Map P.213-B2
URL www.residenz-wuerzburg.de
開 4〜10月　　9：00〜18：00
　 11〜3月　　10：00〜16：30
　（入場至閉館前45分為止）
休 12/24・25・31、1/1、狂歡節的週二
費 €9、學生€8，可使用巴伐利亞城堡卡（→P.211）
※自行參觀建築內部或參加導覽（全程約45〜50分鐘）收費相同，但部分房間未開放個人單獨參觀，英語導覽為11：00與15：00開始。

正面入口處的法蘭根噴泉，中央矗立著法蘭根的女神

　被登錄為世界遺產的主教宮，原為1720〜1744年所建的大主教宮殿，因為進入18世紀後政局轉趨穩定，為戰亂預備的山上堅固堡壘也失去其必要性而新建，而主教宮的原始設計為巴洛克天才建築師約翰・巴塔薩・紐曼Johann Balthasar Neumann所設計。

　廣大的建築內部最大賣點，便是主教宮內最知名的樓梯廳Treppenhaus，內部不只是單純的樓梯，爬上2樓後可看到壯觀的屋頂壁畫，據說屋頂上的這幅畫是世界最大的濕壁畫，是威尼斯的濕壁畫畫家提也波洛Giovanni Battista Tiepolo的傑作。

　爬上階梯正面最先出現的白廳Weisser Saal，其白色有如蕾絲一般纖細的粉刷裝飾十分精美。接下來的皇帝廳Kaisersaal則是主教宮內最豪華亮眼的房間，整片的金色裝飾，加上大理石風格柱，以及優雅的屋頂壁畫等，營造出一個洛可可風格的美麗廳房。

　此外另一個入口可通往的霍夫教堂與霍夫庭園，也值得順道前往遊覽。

從庭園欣賞的主教宮美景

霍夫庭園（免費入場）入口大門上寫有關門時間，開放參觀至關門為止。

INFORMATION

歐洲11處溫泉療養勝地

　目前歐洲各處的溫泉療養地約莫在1700年左右〜1930年代發展，不僅止於療養目的的溫泉設施，讓長期住客可以享受社交與文化的療養館也是一大特色，在德國甚至設有賭場。2021年歐洲7個國家的11處溫泉療養地被認定為世界遺產。德國有從符茲堡搭乘RE快速列車約50分可至的巴德基辛根Bad Kissingen（→Map P.139-A3）、萊茵河畔科布倫茨附近的巴登埃姆斯Bad Ems（→Map P.50-A2），以及黑森林中的巴登巴登（→P.182）。

擁有古典溫泉設施的巴德基辛根

RESTAURANT ✦ 符茲堡的餐廳

　　來到符茲堡絕不可錯過法蘭根葡萄酒與法蘭根料理，市區內有許多可品嘗自家釀造法蘭根葡萄酒的餐廳（稱為Weinstube）及葡萄酒專賣店，就算只有一個人也可以用實惠的價格品嘗單杯葡萄酒。

　　此外這裡有許多適合搭配葡萄酒的德國料理餐廳，由於符茲堡原本就是一座大學城，市中心有許多可以便宜價格享用美食的咖啡館和酒吧。

R Würzburger Ratskeller

以實惠價格品嘗鄉土料理

　　位於市政廳地下室的法蘭根鄉土料理餐廳，包含沙拉及香腸、肉類、魚類料理等，菜色豐富且價格中等，此外並提供多種法蘭根葡萄酒，餐廳內擺設桌數多，並分成幾個廳營業。

德國料理	MAP ◆ P.213-B1

- 佳 Langgasse 1
- ☎ (0931) 13021
- ⊕ www.wuerzburger-ratskeller.de
- 營 10：00〜24：00
  （供餐時間11：00〜22：00）
- card A D J M V
- 交 市區電車Rathaus徒步約1分。

R Juliusspital-Weinstuben

自製葡萄酒老店

　　葡萄酒餐廳位於1576年所建的原療養院建築內，葡萄酒可單杯點用，價位0.1ℓ€2.90〜，0.25ℓ€4.90〜，提供起司香腸炸肉排料理Schweineschnitzel Cordon Bleu€18.90等豐富的肉類和魚類料理菜色。

德國料理	MAP ◆ P.213-A2

- 佳 Juliuspromenade 19
- ☎ (0931) 54080
- ⊕ www.weinstuben-juliusspital.de
- 營 11：00〜24：00（供餐時間〜21：30）
- card M V
- 交 市區電車Juliuspromenade徒步約1分。

R Bürgerspital zum Hl. Geist + Weinstuben

品嘗德國傳統葡萄酒的老店

　　擁有約700年歷史的療養院附設酒莊，可品嘗到美味法蘭根葡萄酒與鄉土料理，喝不完的葡萄酒還可整瓶外帶，記得事先把瓶塞留起來，單杯葡萄酒為0.25ℓ €4.50〜，法蘭根風味烤香腸Fränkische Bratwürste €11.50。旁邊的葡萄酒專賣店Ladenverkauf（入口位於Semmelstr.街與Theaterstr.街轉角），也可選購個人喜歡的葡萄酒，在店裡購買寄送回國還可免稅。

德國料理	MAP ◆ P.213-A2

- 佳 Theaterstr. 19　☎ (0931) 352880
- 營 餐廳10：00〜24：00、
  葡萄酒專賣店
  週一9：00〜18：00，週二〜四9：00
  〜22：00，週五‧六9：00〜24：00，
  週日11：00〜18：00　card M V
- 交 市區電車Juliuspromenade下車徒步約5分。

R Alte Mainmühle

位於橋邊氣氛絕佳！

　　餐廳位於舊美因橋上，改建自17世紀的水車小屋，突出於河上的露天座位十分搶手，一直到晚上都十分熱鬧。炒鱒魚片Gebratenes Forellenfilet €19.50等魚類料理頗受好評，也有各種葡萄酒。建議事先訂位。

德國料理	MAP ◆ P.213-B1

- 佳 Mainkai 1
- ⊕ www.alte-mainmuehle.de
- ☎ (0931) 16777
- 營 10：00〜23：00
  （供餐時間11：00〜20：30）
- card A J M V
- 交 市區電車徒步約3分。

市集廣場上的人氣香腸攤

　　面對瑪利亞聖母教堂入口右側的Batwurst Knüpfing香腸攤，可吃到法蘭根風味香腸Original Fränkische Würzburger Bratwurst，價格€3便宜又美味，是一家經常大排長龍的人氣美食攤。

營 週一〜五9：30〜18：00，週六10：00〜17：00。

HOTEL ✤ 符茲堡的住宿

　　符茲堡飯店為數眾多，從高級飯店到經濟型旅館等選擇眾多，可因應個人預算選擇。
　　飯店分布於中央車站南側、市中心市集廣場等地，並沒有特定的旅館街。住宿市集廣場周邊的確較為方便，不過這裡的景點範圍不大，遊玩十分方便，因此也不須特別住宿特定區域。

Ⓗ Maritim Hotel Würzburg

市區最高級的大型飯店

　　矗立美因河畔，是符茲堡最高級的飯店，緊鄰國際會議中心因而有許多商務客人入住，客房備有免費有線網路和無線網路。

高級飯店　　MAP ◆ P.213-A1
🏠 Pleichertorstr. 5　D-97070
🖥 www.maritim.de
☎ (0931) 30530
📠 (0931) 3053900
💰 ⑤€115～　①€125～　早餐另計€20
card Ⓐ Ⓓ Ⓙ Ⓜ Ⓥ
🚊 市區電車2、4號Congress-Centrum下車徒步約1分。

Ⓗ Rebstock

古典與現代巧妙融合的飯店

　　1737年洛可可樣式的建築外觀十分優美，氣氛沉穩的高級飯店，隨處可見充滿趣味的設計，以女性為主要目標客群，隔壁興建了新館，餐廳KUNO1408為米其林一星，無線網路免費。

高級飯店　　MAP ◆ P.213-B2
🏠 Neubaustr. 7　D-97070
☎ (0931) 30930
🖥 www.rebstock.com
💰 ⑤€123～　①€237～　早餐另計€18
card Ⓐ Ⓓ Ⓙ Ⓜ Ⓥ
🚊 市區電車1、3、5號Neubaustr.下車徒約1分。

Ⓗ Hotel Würzburger Hof

黃色外牆引人注目

　　從凱撒街過十字路口即可於右側看到飯店，正好在中央車站與市集廣場中央位置，為三星級飯店，全館共有34間客房，每間都擁有不同的特色裝潢，備有免費無線網路。

中級飯店　　MAP ◆ P.213-A2
🏠 Barbarossaplatz 2　D-97070
☎ (0931) 53814
📠 (0931) 58324
🖥 www.hotel-wuerzburgerhof.de
💰 ⑤€99～　①€153～　早餐另計€12
card Ⓐ Ⓓ Ⓙ Ⓜ Ⓥ
🚊 市區電車1、3、5號Juliuspromenade下車徒步約1分。

Ⓗ Hotel Regina

舒適的車站飯店

　　飯店正對站前廣場，一出中央車站即可看到，對於晚到或早出發的遊客十分方便，房間空間不大，備有電梯和免費無線網路。

中級飯店　　MAP ◆ P.213-A2
🏠 Bahnhofplatz/Haugerring 1　D-97070
☎ (0931) 322390
📠 (0931) 32239113
🖥 www.hotel-regina-wuerzburg.de
💰 ⑤€67～　①€110～　早餐另計€7.50
card Ⓐ Ⓙ Ⓜ Ⓥ

Ⓙ Jugendherberge

位於要塞下方的人氣青年旅館

　　距離車站約30分鐘路程，位於瑪莉恩堡要塞下方。夏季時常客滿，建議事先訂房，27歲以上須加收€4，公共區域可使用免費無線網路。

青年旅館　　MAP ◆ P.213-B1
🏠 Fred-Josepf-Platz 2　D-97082
☎ (0931) 4677860
📠 (0931) 46778620
🖥 www.wuerzburg.jugendherberge.de
💰 €28.90～
card Ⓐ Ⓙ Ⓥ
🚊 市區電車3、5號 Löwenbrücke下車徒步約10分。

MEMO 從中央車站徒步約2分鐘路程的Babelfish-Hostel（🖥 www.babelfish-hostel.de 🏠 Haugerring 2 ➲ Map P.213-A2），提供1～10人房，每晚€17～⑤€65～①€89～，多人房€21～。

德國騎士團城堡

歷史悠久的幽靜溫泉鄉
巴德梅根特海姆
Bad Mergentheim

MAP ◆ P.209-A3

人　口	2萬4000人
區域號碼	07931

ACCESS

火車：從符茲堡搭乘RE快速列車約45分（途中於Lauda換車）。

❶巴德梅根特海姆的遊客中心

Ⓔ Marktplatz 1　D-97980
　Bad Mergentheim
☎ (07931) 574815
🅵 (07931) 574901
🆄 www.bad-mergentheim.de
🕒 4～10月
　週一～五　　　　9：00～18：00
　週六・日・節日 10：00～15：00
　11～3月
　週一～五　　　　9：00～17：00
　週六・日・節日 10：00～15：00

從市集廣場往城堡街眺望景致

從巴德梅根特海姆原文最前面的Bad可以得知，這裡一直都以溫泉勝地而聞名，事實上這裡也是歷史上的重要都市，德國騎士團自13世紀起便是以此為據點開始發展。而位於此地的德國騎士團城堡Deutschordensschloss部分則改為德國騎士團博物館Deutschordensmuseum對外開放參觀，城堡街Burgstr.連接城堡與建於1564年的市政廳所在地市集廣場Marktplatz，是市區的主要街道，可以看到許多悠閒漫步的人群，及可愛的蛋糕店與咖啡館等，充滿度假勝地氣氛。而舉辦早市的市集廣場中心，還可看到德國騎士團團長Milchling雕像噴泉。

置身美麗城堡中沉浸於騎士時代
懷克斯海姆
Weikersheim

庭園側面的城堡

MAP ◆ P.209-A3

人　口	7400人
區域號碼	07934

ACCESS

火車：從巴德梅根特海姆搭RE快速列車約15分。

❶懷克斯海姆的遊客中心

Ⓔ Marktplatz 2　D-97990
　Weikersheim
☎ (07934) 10255
🆄 www.weikersheim.de
🕒 5～9月
　週一～五　　　　9：00～13：00
　　　　　　　　　14：00～17：30
　週六・日・節日 10：00～14：00
　10～4月
　週一～五　　　　9：00～13：00

市集廣場與懷克斯海姆城

從懷克斯海姆車站，徒步到市中心的市集廣場Marktplatz約15分鐘。

這個城市的主要景點懷克斯海姆城Schloss Weikersheim，其入口位於市集廣場的最內側，城堡的歷史可追溯至掌管此地到12世紀的霍恩洛厄Hohenlohe侯爵家族，不過在16世紀末歷經改建，而成為現在所見的文藝復興、巴洛克、洛可可樣式的集合版。城堡保存狀態良好，其中以騎士廳Rittersaal最令人驚豔，此外巴洛克風的庭園也令人讚嘆不已。

騎士廳

羅騰堡

Rothenburg ob der Tauber

彷彿置身中世紀街道的馬克斯塔周邊

市集廣場的建築

柏林 ●
法蘭克福 ●
★ 羅騰堡
慕尼黑 ●

MAP ◆ P.209-A3	
人　口	1萬1100人
區域號碼	09861

ACCESS
羅曼蒂克大道巴士
(→P.210)有A、B兩種行
程，須留意。
火車：從符茲堡搭乘往安斯
巴赫方向的IC特快列車，約
30分鐘在施泰納赫Steinach
（bei Rothenburg）下車，
接著轉搭往羅騰堡的地方支
線約15分鐘。或者也可從紐
倫堡經安斯巴赫和施泰納赫
轉車。

　　城市的正式名稱為Rothenburg ob der Tauber（陶伯河上的羅騰堡），從山谷間的陶伯河往上看，便可看到矗立於高台上的城市羅騰堡。

　　羅騰堡起源於9世紀左右，最初的城牆為12世紀所建，而以自由都市繁榮興盛則一直延續到17世紀的三十年戰爭時期，透過完整保留的城市建築，得以一窺其中世紀原始風貌。

 漫遊

　　羅騰堡的車站位於城牆外，一出車站從車站大街Bahnhofstr.往左走一些，在第一條街安斯巴赫街Ansbacher Str.往右轉，約3分鐘便可看到雷達門Rödertor，穿過門後則為舊城區，沿著

城市中心的市集廣場，左邊為市政廳，正面為市議會宴會廳

石板路往下走便可抵達市中心市集廣場Marktplatz。

　　進入市集廣場首先會看到市政廳Rathaus，高達60m的白色鐘樓相當顯眼，而市政廳旁的市議會宴會廳
Ratstrinkstube的懸山頂牆面上，則有與勝負的一飲Meistertrunk（→P.221）傳說相關的機關時鐘，每天10:00～20:00整點時，時鐘的兩側窗戶會自動打開，並出現堤力Tilly將軍與市長努許Nusch，還可

從市政廳的塔樓眺望市集廣場

❶羅騰堡的遊客中心
Marktplatz 2　D-91541
　Rothenburg ob der Tauber
Map P.220-A1
☎ (09861) 404800
FAX (09861) 404529
URL www.rothenburg-tourismus.de
開 5～10月
週一～五　　　9:00～17:00
週六・日・節日10:00～17:00
11・1～4月
週一～四　　　9:00～17:00
週五　　　　　9:00～16:00
週六　　　　 10:00～13:00
12月
週一～五　　　9:00～17:00
11～12月的將臨期週六・日
　　　　　　 10:00～15:00

市議會宴會廳牆壁上的機關時鐘，左為堤力將軍，右為努許市長

MEMO　羅騰堡的正式名稱為Rothenburg ob der Tauber，在查詢車站名稱與時刻表時要多加留意，也常會簡寫為Rothenburg o. d. Tauber。

219

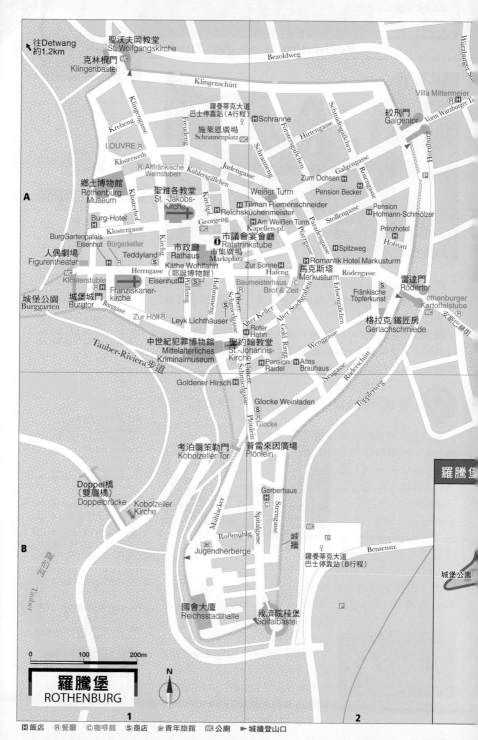

往Detwang
約1.2km

聖沃夫岡教堂
St. Wolfgangskirche

克林根門
Klingenbastei

Bezoldweg

Klingenschütt

Würzburger Tor

Villa Mittermeier

羅曼蒂克大道
巴士停靠站(A行程)

Schranne

施萊恩廣場
Schrannenplatz

絞刑門
Galgentor

Vorm Würzburger To

Krebeng

Freudeng

Schmidtsgäßchen

Hirtengasse

Klingengasse

Judengasse

LOUVRE

Klosterweth

Schranneng

Galgengasse

Rosengasse

Altfränkische
Weinstuben

Zum Ochsen

鄉土博物館
Rothenburg
Museum

聖雅各教堂
St. -Jakobs-
Kirche

Weißer Turm

Pension Becker

Pension
Hofmann-Schmölzer

Burg-Hotel

Tilman Riemenschneider
Reichsküchenmeister

Am Weißen Turm
Kapellen-pl.

Stollengasse

Prinzhotel

Georgeng.

BurgGartenpalais

Klostergasse

Paradiesg.

Pfarrgasse

Hofstatt

Eisenhut

Bürgerkeller

市政廳
Rathaus

市議會宴會廳
Ratstrinkstube

Spitzweg

人偶劇場
Figurentheater

Teddyland

市集廣場
Marktplatz

Romantik Hotel Markusturm

Herrngasse

Käthe Wohlfahrt
(耶誕博物館)

Zur Sonne

馬克斯塔
Markusturm

Rödergasse

城堡公園
Burggarten

城堡城門
Burgtor

Klosterstüble

Eisenhut

Pfaffeng

Hafeng

Baumeisterhaus
Brot & Zeit

Erlsengäßchen

雷達門
Rödertor

Fränkische
Töpferkunst

Franziskaner-
kirche

Burggasse

Hohenweg

Oberе Schmiedgasse

othenburger
Kartoffelstube

安特巴麟街

Zur Höll

Leyk Lichthäuser

Alter Keller

Roter
Hahn

Alter Stadtgraben

Gold Ringg.

格拉克 鐵匠房
Gerlachschmiede

Tauber-Riviera步道

中世紀犯罪博物館
Mittelalterliches
Kriminalmuseum

聖約翰教堂
St.-Johannis-
Kirche

Untere Schmiedgasse

Wenggasse

Neugasse

Röderschütt

Pension
Raidel

Altes
Brauhaus

Goldener Hirsch

Topplerweg

Glocke Weinladen

Glocke

Tauber

考泊爾策勒門
Kobolzeller Tor

普雷來因廣場
Plönlein

Plönlein

Doppel橋
(雙層橋)
Doppelbrücke

Kobolzeller
Kirche

Gerberhaus

Bensenstr.

Mühlacker

Sterngasse

Spitalgasse

城牆

WC

羅曼蒂克大道
巴士停靠站(B行程)

Roßmühlg

Jugendherberge

國會大廈
Reichsstadthalle

救濟院稜堡
Spitalbastei

羅騰堡

城堡公園

A

B

0   100   200m

N

羅騰堡
ROTHENBURG

1   2

H 飯店   R 餐廳   C 咖啡館   S 商店   青年旅館   WC 公廁   ▶ 城牆登山口

220

3

主要散步路線

看到手持酒杯的努許市長將紅酒一飲而盡，1樓則設有 ❶。

機關時鐘的建築最內側則有聖雅各教堂St.-Jakobs-Kirche，為13世紀建築，教堂內里門施耐德作品聖血祭壇Heilig-Blut-Altar是不可錯過的傑作。

從舊城區西側的城堡城門Burgtor往城牆外走，則有12世紀城堡遺跡公園，可欣賞到綠意山谷外的舊城區南側景致。若從市集廣場向南走，則有一座小型廣場普雷來因廣場Plönlein，廣場周邊的木造房舍與塔樓相映景致如詩如畫，是絕佳的攝影場景。

此外還可登上環繞舊城區周圍的城牆（部分區域須走下方），若時間許可不妨悠閒漫步。

●聖雅各教堂
住Klostergasse 15
◆Map P.220-A1
開10：00～18：00
※週六・日禮拜時間暫停參觀，冬季可能調整開放時間。
費€2.50、學生€1.50

從教堂入口走上左側內部（後方）階梯，在2樓可欣賞到聖血祭壇，中央為《最後的晚餐》場景

普雷來因廣場冬季景色

FESTIVAL

勝負的一飲傳說與節慶

勝負一飲的歷史劇

活動緣由來自1631年三十年戰爭期間，占領羅騰堡的將軍準備將所有市議會議員斬首時，偶然之間有人向將軍推薦羅騰堡葡萄酒，將軍說出若有人能將這大酒瓶的酒一口氣喝完就放過羅騰堡，當時的市長聽到便挺身而出，豪氣地將酒一飲而盡，也因此拯救了羅騰堡，而市政廳上的機關時鐘，便是重現當時故事場景。此外羅騰堡每年還會舉辦「勝負的一飲節Der Meistertrunk」，以重現勝負一飲的歷史劇和傳統服飾遊行、舞蹈等方式慶祝，舉辦日期為每年的5月中下旬或6月初，祭典期間的週六12：00～18：00與週日9：00～15：30，須在市區的城門處支付入場費€10。

URL www.meistertrunk.de

「勝負的一飲節」隊伍中的牧羊舞

●中世紀犯罪博物館

●中世紀犯罪博物館
住Burggasse 3-5
Map P.220-A1
www.kriminalmuseum.eu
開4～10月　10:00～18:00
　11～3月　13:00～16:00
　（入館至閉館前45分為止）
費€8、學生€5

刑罰淫女的可怕刑具「鐵處女」

●市政廳的塔樓
Map P.220-A1
入口在市集廣場側。
開4～9月　　9:30～12:30
　　　　　13:00～17:00
　11‧1～3月
　週六‧日　12:00～15:00
　耶誕市集期間
　　　　　10:30～14:00
　　　　　14:30～18:00
費€2.50

進入塔樓的入口處位在市集廣場側

●聖主教堂
交通羅曼蒂克大道巴士沒有停靠教堂前，中途須轉車，而且班次稀少。週六‧日‧節日預約Rufbus巴士需要提前1小時以上電話叫車（RUF ☎0621-1077077），建議搭乘計程車前往（約30分）。
www.herrgottsskirche.de
開4～10月　9:15～18:00
　　　　（8/15～31～18:30）
　2‧3‧11‧12月
　　　　　13:00～16:00
休週一、12/31、1月、部分節日
費€4、學生€3.50

📷 主要景點

氣氛詭異的中世紀犯罪博物館
Mittelalterliches Kriminalmuseum ★★★

　　博物館展示了德國與歐洲1000年以上與法律和罰則相關的約5萬件展示品，還有珍貴又令人毛骨悚然的拷問刑具等，可以深入了解在街頭及建築物所看不到的，中世紀人們生活一小角的黑暗面。

給犯人戴上恥辱面具

斷頭台體驗

市政廳的塔樓可眺望舊城區
Rathaus ★★

　　市政廳建於16世紀，由面向市集廣場的厚重哥德樣式建築與顯眼的白塔構成，造訪高達60m的塔樓時，需要攀爬狹窄陡急的木造樓梯與垂直梯子，記得穿著適合的服裝與鞋子。人潮過多時會以信號控制入場人數。

從塔樓上看到的景色絕佳

🌲 郊區景點

克雷格林根的聖主教堂
Herrgottskirche Creglingen
MAP◆P.209-A3

　　位於克雷格林根Creglingen南方約1km邦道旁的小教堂聖主教堂，收藏了中世紀木雕祭壇中的絕世作品聖母瑪利亞祭壇Marienaltar，也因而吸引許多人前往造訪。令人驚嘆的纖細雕刻祭壇，乃是由符茲堡出身的里門施耐德與其弟子於1505～1510年所完成的。其中央部分為天使環繞下聖母瑪利亞升天時，向下俯瞰著守護瑪利亞的12位門徒的場景。最底下的右側部分，還刻入了戴著貝雷帽聆聽耶穌話語的立法學者里門施耐德自己的肖像。

聖母瑪利亞的祭壇

RESTAURANT �֎ 羅騰堡的餐廳

大部分飯店1樓都附設餐廳，因此地方不大但卻有許多餐廳。羅騰堡的料理相當具有德國風格，肉類料理和香腸、馬鈴薯等料理十分美味，此外還有很多餐廳都可吃到施瓦本地區和法蘭根的名產麵食——德國餛飩以及德國麵疙瘩等。

此外羅騰堡就位於德國知名葡萄酒產地法蘭根內，因而也可品嘗到美味的葡萄酒，一般白葡萄酒單杯約€4～5左右，不妨點一杯來嘗試看看。

R Villa Mittermeier

精緻料理與葡萄酒的晚餐

以能發揮食材原味，並以獨特風格調理的料理受到好評的高級餐廳。4道菜的小套餐€49、6道菜的中套餐€79、8道菜的全套€99。菜單依季節變更，建議事先訂位，亦兼營飯店。

各國料理　　MAP ◆ P.220-A2

🏠 Vorm Würzburger Tor 7
☎ (09861) 94540
🌐 www.villamittermeier.de
🕐 週二～六18：00～22：30
休 週日・一、1～3月與8月的部分日期公休
card Ａ Ｄ Ｍ Ｖ

R Klosterstüble

美味的鄉土料理首

位於Klosterstüble飯店1樓，有許多當地人前往用餐，推薦菜色為圖內的自製德國餛飩Maultaschen，附沙拉為€12.90。餐廳內桌數較少，建議事先訂位。

德國料理　　MAP ◆ P.220-A1

🏠 Herrngasse 21
（入口Heringsbronnengasse 5）
☎ (09861) 938890
🌐 www.klosterstueble.de
🕐 週三～日12：00～14：30、17：30～20：30
休 週一・二、1月中旬～3月上旬
card Ｊ Ｍ Ｖ

R LOUVRE

羅騰堡唯一的日本料理店

在氣氛悠閒的店內，可以合理價格品嘗到日本老闆夫婦用心準備的日本料理，如炸雞套餐€13.50、照燒雞肉套餐€15.50、烏龍麵€10等，此外還有壽司和套餐等多種選擇，並提供外帶。

日本料理　　MAP ◆ P.220-A1

🏠 Klingengasse 15　☎ (09861) 8755125
🌐 www.facebook.com/JAPANLOUVRE/
🕐 11：30～14：00、17：30～22：00
（週日～21：00）
休 週一・二・三的中午　※不定期休息和營業時間變更，建議透過上述網站確認。
card Ｍ Ｖ

R Rothenburger Kartoffelstube

家庭式的暖呼呼馬鈴薯料理

餐廳入口附近雖小，店內卻十分寬敞，推薦馬鈴薯披薩Kartoffelpizza €10.20，馬鈴薯外殼包裹火腿和起司的炸物Fried Cordonbleu €15（如圖），夏季會開放建築物中的啤酒花園。

德國料理　　MAP ◆ P.220-A2

🏠 Ansbacher Str. 7
☎ (09861) 2022
🌐 www.roederertor.com
🕐 週二～五17：30～21：00、週六・日11：30～14：00、17：30～21：30（週日～20：30）
休 週一、冬季部分日期公休
card Ａ Ｄ Ｍ Ｖ

C Brot & Zeit

週日也營業的麵包咖啡屋

入口處擺放剛出爐的麵包，走到最裡面則設有自助式咖啡店，飲料在點餐後即可拿到，料理則會送到座位上。這裡提供多種可品嘗現烤麵包的晨間套餐，中午也供應義大利麵和沙拉等午間菜單。

咖啡館　　MAP ◆ P.220-A2

🏠 Hafengasse 24
☎ (09861) 9368701
🌐 www.brot-haus.de
🕐 週一～六6：00～18：30
週日・節日7：30～18：00
card Ｊ Ｍ Ｖ

MEMO Zur Höll（🏠 Burggasse 8　❍ Map P.220-A1　🌐 www.hoell-rothenburg.de　🕐 週一～六12：00～14：00、17：00～22：00左右）改建自市區最古老的建築，是一間小酒館，店名原意為「地獄亭」，烤香腸價格€9。

SHOPPING ✦ 羅騰堡的購物

除最有名的耶誕飾品專賣店Käthe Wohlfahrt外，當地還有許多可愛的商店。
而最推薦的當然是葡萄酒，可以到當地產的法蘭根葡萄酒專賣店購買，此外還有很多臘腸和香腸專賣店，不過香腸、火腿、臘腸等肉類不能帶回台灣，須特別注意。

Käthe Wohlfahrt

1年365天的耶誕夢幻王國

這間店可說是羅騰堡最受歡迎的景點，同時也是全球首間全年開張的耶誕用品專賣店，商品種類豐富，光是用看的也能在這裡逛上許久，並附設耶誕博物館（門票€5）。

玩具・雜貨　　MAP ◆ P.220-A1
- 住 Herrngasse 1　☎ (09861) 4090
- 網 www.wohlfahrt.com
- 營 週一～六、4月中旬～12月中旬的週日
  11:00～17:00　※營業時間與公休日依季節有所變動。
- 休 耶誕節～4月下旬的週日・節日、12/25・1/1・6、部分節日
- card A D J M V

Teddyland

熊熊世界的童話王國

這裡是德國最大的泰迪熊專賣店，入口處有一隻像大人一樣高的大泰迪熊坐在門口迎接顧客，除了玩具外還有繪本、文具、餐具等泰迪熊相關產品，共3000種以上，可收美金與信用卡。

玩具・雜貨　　MAP ◆ P.220-A1
- 住 Herrngasse 10
- ☎ (09861) 8904
- 網 www.teddyland.de
- 營 週一～六9:00～18:00
  （4～12月週日10:00～18:00也有營業）
  ※依季節有所變動。
- 休 1～4月上旬的週日
- card A D J M V

Leyk Lichthäuser

聚集了許多明亮的家

陶製的房子和教會中點燃著小蠟燭，以德國代表性的木造建築為範本製作，可以收集屬於自己的村莊風景。冬季公休。

雜貨　　MAP ◆ P.220-A1
- 住 Untere Schmiedgasse 6
- ☎ (09861) 86763
- 網 www.leyk-shop.com
- 營 11:00～17:00
- 休 冬季公休
- card A D J M V

Glocke Weinladen

當地特產葡萄酒專賣店

這家店是法蘭根葡萄酒的專賣店，店的位置就在普雷來因噴泉前，店面雖然不大，卻擺滿了自家酒窖釀造的葡萄酒和各式各樣的圓形玻璃瓶Bocksbeutel葡萄酒，若不了解可以詢問店員較為清楚。

葡萄酒　　MAP ◆ P.220-B2
- 住 Plönlein 1
- ☎ (09861) 958990
- 網 www.glocke-rothenburg.de/
- 營 10:00～18:00
  ※依季節有所變動
- 休 冬季的週日、12月下旬～1月中旬
- card A D J M V（€20以上可刷卡）

羅騰堡名產甜點雪球Schneeball

雪球是一種球狀甜點，許多麵包店都有販售，作法是將細長的麵糰捲成圓球狀後油炸，帶有清脆口感類似甜甜圈。上面會撒上糖粉或巧克力、核果粉等，種類繁多，直徑約10cm大小每個售

價約€3，迷你版每個約€1.30～2。

推薦嘗試迷你版雪球

HOTEL ✦ 羅騰堡的住宿

　　羅騰堡的現代大飯店較少，以家族經營的小型旅館及民宿為主。住宿價格相當實惠，淋浴廁所共用房型為Ⓢ€30～35、Ⓣ€40～45左右，若含衛浴則約Ⓢ€40～、Ⓣ€50起左右。

　　從車站到市中心的市集廣場徒步約10分鐘，沿途部分為石板路，若是攜帶行李箱走起來較不方便，若只是走到市集廣場周邊還勉強可以，另外節慶期間（→P.221）的旅館須提早預定。

H Eisenhut

傳統高級飯店

　　為16世紀的貴族住所，館內充滿古典氣圍的高級飯店。2021年應經營方針變更飯店和餐廳街重新整修。備有無線網路（免費）。

中・高級飯店　　MAP ◆ P.220-A1

🏠Herrngasse 3-5/7　D-91541
☎ (09861) 7050
📠 (09861) 70545
🌐 www.hotel-eisenhut.de
💰Ⓢ€119～　Ⓣ€129～
　早餐另計
card Ａ Ｄ Ｊ Ｍ Ｖ

H Tilman Riemenschneider

德國風味裝潢魅力十足

　　飯店位於市集廣場附近，常有旅行團入住，房內刷上油漆的床架與衣櫃等，迎合女性喜好的浪漫風格裝潢很受好評，並設有健身房。備有無線網路（免費）。

高級飯店　　MAP ◆ P.220-A1

🏠Georgengasse 11/13　D-91541
☎ (09861) 9790
📠 (09861) 2979
🌐 www.tilman-riemenschneider.de
💰Ⓢ€110～　Ⓣ€150～　3人房€220～
card Ａ Ｄ Ｊ Ｍ Ｖ

H Romantik Hotel Markusturm

女性間的人氣浪漫房型

　　飯店就在優美的馬克斯塔旁，住宿氣氛浪漫，共有25間房，每間房型各有特色並擺設古典家具。飯店內沒有電梯，備有無線網路（免費）。

高級飯店　　MAP ◆ P.220-A2

🏠Rödergasse 1　D-91541
☎ (09861) 94280
📠 (09861) 9428113
🌐 www.markusturm.de
💰Ⓢ€120～　Ⓣ€140～
card Ａ Ｊ Ｍ Ｖ

H BurgGartenpalais

由貴族宅邸改建而成的飯店

　　位於城門附近，在Franziskanerkirche教會對面。改建後的貴族宅邸內部有種端莊的感覺，面向道路的房間可看見雷達門，還有一座保存完好的中庭。備有免費無線網路和空調。

中級飯店　　MAP ◆ P.220-A1

🏠Herrngasse 26　D-91541
☎ (09861) 8747430
🌐 www.burggartenpalais.de
💰Ⓢ Ⓣ€145～
card Ｄ Ｊ Ｍ Ｖ

H Reichsküchenmeister

位置方便觀光

　　從羅騰堡中心的市集廣場往北走❶，過後第一條街的交叉口便是飯店所在地，1樓為餐廳，有許多旅行團住宿，無線網路僅部分區域使用（免費）。

中級飯店　　MAP ◆ P.220-A1

🏠Kirchplatz 8　D-91541
☎ (09861) 9700
📠 (09861) 970409
🌐 www.reichskuechenmeister.com
💰Ⓢ€88～　Ⓣ€118～
card Ａ Ｊ Ｍ Ｖ

MEMO 羅騰堡車站對面有一間名為ZentRO的大型購物中心，裡面還有超市和藥妝店、郵局等，超市商品豐富，巧克力也很便宜。

H Goldener Hirsch

舊街區中心的中級飯店

　由於客房數量眾多，吸引許多團體客入住，引以為傲的餐廳可欣賞陶伯河的景致。部分客房備有空調（冷氣），建議夏季預約時事先確認，也有自行車租借服務（收費），無線網路（免費）。

中級飯店　　　MAP ◆ P.220-B1
住Unterer Schmiedgasse 16
　D-91541
☎ (09861) 874990
FAX (09861) 8749922
URL www.hotel-goldener-hirsch.de
費Ⓢ€114～　Ⓣ€124～
card A J M V

H Klosterstüble

良心價格的住宿與餐點

　1556年與1736年的建築改建而成的飯店，並有3～5人房、家庭房、長期住宿房等各類房型，為三代家族經營的旅館。位置靠近城堡公園十分安靜，早晚還可到附近散步，無線網路（免費），無電梯。

中級飯店　　　MAP ◆ P.220-A1
住Heringsbronnengasse 5
　D-91541
☎ (09861) 938890
FAX (09861) 9388929
URL www.klosterstueble.de
費Ⓢ€66～　Ⓣ€95～
　早餐另計€10
card J M V

H Burg-Hotel

體現主人品味的裝潢

　位在城牆附近安靜角落的一間寧靜小型旅館，由於不接受團客，因此可以舒適的入住。房間裝潢各異其趣，入住任何一個都十分有樂趣。沒有電梯、無線網路（免費）。

中級飯店　　　MAP ◆ P.220-A1
住Klostergasse 1-3　D-91541
☎ (09861) 94890
FAX (09861) 948940
URL www.burghotel.eu
費ⓈⓉ€165～
card A D J M V

H Schranne

住宿價格實惠

　旅館位於羅曼蒂克大道巴士停靠站，大門正對大型停車場的施萊恩廣場。房間不大但相當乾淨，僅部分房間有空調，備有無線網路（免費）。

中級飯店　　　MAP ◆ P.220-A2
住Schrannenplatz 6　D-91541
☎ (09861) 95500
FAX (09861) 9550150
URL www.hotel-schranne.de
費Ⓢ€85～　Ⓣ€130～
card A D J M V

H Pension Hofmann-Schmölzer

家族經營的小旅館

　1樓為可以品嘗到道地法蘭根料理的餐廳，也同時運營著附近的Pension Hofmann，兩者房間皆為簡樸風格，備有免費無線網路，冬季公休。

經濟飯店　　　MAP ◆ P.220-A2
住Rosengasse 21　D-91541
☎ (09861) 3371　FAX (09861) 72U4
URL www.hofmann-schmoelzer.de
費Ⓢ€40～　Ⓣ€70～　早餐另計€5
card M V

JH Jugendherberge

充滿古都氣氛的人氣青年旅館

　旅館外觀充滿羅騰堡風格，帶有中世紀氣氛，內部裝潢則十分現代（但沒有電梯），由於房間很搶手，建議最好提早訂房，另外還可選擇是否含早、晚餐，免費無線網路僅限大廳使用，冬季公休。

青年旅館　　　MAP ◆ P.220-B1
住Mühlacker 1　D-91541
☎ (09861) 94160
FAX (09861) 941620
URL www.rothenburg.jugendherberge.de
費含早餐€32.40～、Ⓢ€56～　Ⓣ€78～
card J M V

丁克爾斯比爾

Dinkelsbühl

城牆外的城市風景

市集廣場上成排的住宅有著美麗立面，兒童節的某天

柏林

法蘭克福

★
丁克爾斯比爾
慕尼黑

MAP ◆ P.209-A3

人　口	1萬1800人
區域號碼	09851

ACCESS

巴士：從紐倫堡搭RE快速列車往棟比赫爾Dombühl約45分，轉搭813號巴士約40分在終點站ZOB/Schweden-wisese下車。

丁克爾斯比爾是一座因手工業及貿易而繁榮的帝國自由都市，為了抵禦外敵，築城牆工程一直持續到15世紀。德國雖歷經農民戰爭、三十年戰爭和第二次世界大戰，這裡卻屢屢逃過戰火的襲擊，也因此完整保留了過去中世紀都市的風貌。而除了7月中旬最熱鬧的兒童節Kinderzeche期間外，其他時候觀光客比羅騰堡少因而十分安靜。

❶丁克爾斯比爾的遊客中心

🏠Altrathausplatz 14　D-91550
☎（09851）902440
URLwww.tourismus-dinkelsbuehl.de
🕐5～10月／週一～五：9：00～17：30週六・日・節日：10：00～16：00　11～4月／週一～五：10：00～17：00週六・日・節日：10：00～16：00

從威尼茲門進入舊城區

丁克爾斯比爾
DINKELSBÜHL

●與夜間巡守者漫遊巷弄間

穿著披風、帶著號角與油燈的夜間巡守者Nachtwächter，5～10月期間每天（11～4月只有週五・六）一到21:00便會出現在聖喬治教堂前。巡守者為過去中世紀時的夜間守衛，現在則會與觀光客同樂，在小巷內的小酒店前唱歌、喝店家提供的葡萄酒，並解說過去的歷史故事。巡守活動可免費參加，結束後許多觀光客通常會給小費。

●立體博物館

📍 Nördlinger Tor
🖥 www.3d-museum.de
🕙 4月中旬～11月上旬
　　週二～日11:00～17:00
　　11月中旬和4月上旬
　　週六～日11:00～17:00
💰 €10、學生€8、兒童€6

可享受錯視樂趣的博物館

●聖喬治教堂

📍 Marktplatz
🕙 9:00～17:00
　（夏季～19:00）
週日上午禮拜期間教堂暫停對外開放。
塔樓5～10月週五～日14:00～17:00（天候不佳時則暫停開放）
💰 教堂免費參觀，塔樓€1.50

📍 漫遊

由於丁克爾斯比爾沒有列車行駛，交通主要以路線巴士為主，路線巴士主要停靠的中央巴士站ZOB，位在Schweden-wisese停車場附近。穿過沃爾尼茨河Wörnitz和護城河即可抵達舊城區，也可以從沃爾尼茨門Wörnitz Tor前往，從這裡到市中心市集廣場Marktplatz慢慢走約5分鐘路程，❶則位於歷史博物館入口處。

面對市集廣場時，可看到羅馬式建築的聖喬治教堂St. Georgkirche。

教堂前則有建於1440年左右的木造宅邸德國屋Deutsches Haus，內部為老牌旅館餐廳，也是觀光客的熱門景點之一。

丁克爾斯比爾面積不大，可以悠閒漫步欣賞木造建築美景也不用擔心迷路，或者也可以從城牆外欣賞美麗的紅磚色城市街景。出了訥德林格門Nördlinger Tor，則有建於城牆處的立體博物館Museum 3. Dimension。

📷 主要景點

會堂式教堂代表作 聖喬治教堂
St. Georgkirche ★★★

出自設計羅騰堡與訥德林根教堂的知名建築設計師尼古拉斯Nicolaus Eseler與兒子之手，建於1448～1499年間。內殿為會堂式形式，有著寬闊的採光窗，內部空間十分明亮，可登上塔樓欣賞風景。

設有日晷的樓塔

FESTIVAL

可愛的兒童遊行隊伍！ 丁克爾斯比爾兒童節

三十年戰爭（1618～1648年）中期，丁克爾斯比爾曾經被瑞典敵軍團團包圍，就在瑞典軍隊即將拆毀城市的關鍵時刻，一支由孩童組成的隊伍阻擋在敵軍的將軍面前乞求。將軍看到這些孩子的身影因而起了惻隱之心，便停止了對城市的破壞與侵略。丁克爾斯比爾的市民為了感謝這些孩童們的勇氣，而預備了大餐宴請孩童，流傳至今便成為「Kinderzeche（款待兒童）」的節日，於每年7月舉辦，遊行隊伍則重現了當時的軍隊與市民的歷史畫面。

詳細時間與節目內容等可在 www.kinderzeche.de查詢，活動期間進入舊城區參加活動收費€6。

欣賞可愛的孩童遊行隊伍

認識城市歷史 歷史博物館
Haus der Geschichte ★★

丁克爾斯比爾因身為帝國自由都市而繁榮發展，館內展示這近500年間的相關歷史與文化，從美術品到手工藝品等，展品豐富，在博物館1樓的❶購票後入場。

●歷史博物館
📍Altrathausplatz 14
🕐5～10月
　週一～五　　9：00～17：30
　週六・日・節日 10：00～16：00
　11～4月
　週一～五　10：00～17：00
　週六・日・節日 10：00～16：00
💰€4、學生€3

推薦的餐廳&住宿 ✤ RESTAURANT & HOTEL

R Meiser's Café-Restaurant
MAP ◆ P.227

📍Weinmarkt 10　☎(09851) 582900
🌐www.meisers-cafe.com
🕐週一～六11：30～22：00
card AJMV

氣氛高雅但價格卻很划算，推出的餐點以德國料理為主，選擇豐富多樣，附設酒吧。圖中為夏季風味的炒菇沙拉Salatteller mit gebratenen Pfifferlingen。

H Deutsches Haus
MAP ◆ P.227

📍Weinmarkt 3　D-91550
☎(09851) 6058　📠(09851) 7911
🌐www.deutsches-haus-dkb.de
💰⑤ €99～　①€139～　card AMV

改建自保存完好的1440年代美麗建築，一進大門可以看到通往房間階梯，黑得發亮且充滿厚實感。提供免費無線網路，並有出租自行車服務。

H Zur Sonne
MAP ◆ P.227

📍Weinmarkt 11　D-91550
☎5892320
🌐www.sonne-dinkelsbuehl.de
💰⑤ €98～　①€142～　card ADMV

淺綠色的外牆為其代表標誌，是擁有12間房間4星級飯店，1樓為餐廳，備有無線網路（免費）。

H Weisses Ross
MAP ◆ P.227

📍Steingasse 12　D-91550
☎(09851) 579890　📠(09851) 6770
🌐www.hotel-weisses-ross.de
💰⑤ €76　①€98～　家庭房€168～
card AMV

古老的裝潢充滿德國風情，餐廳的實惠價格與美味料理頗受好評，冬季期間公休，提供無線網路（免費）。

H Romantica Hotel Blauer Hecht
MAP ◆ P.227

📍Schweinemarkt 1　D-91550
☎(09851) 589980　📠(09851) 5899859
🌐www.romanticahotel.com
💰⑤ €71～　①€89～　card ADMV

外觀古老，但室內泳池及三溫暖等設備完善，餐廳的魚類料理十分出名，週一公休，冬季期間全館公休，備有無線網路（免費）。

JH Jugendherberge
MAP ◆ P.227

📍Koppengasse 10　D-91550
☎(09851) 5556417　📠(09851) 5556418
🌐www.jugendherberge.de
💰⑤ €64～　card 不可

由1568年建造的穀倉改建而成，中小學生、家庭住客多，辦理入住時間為16：00～20：00（冬季17：00～19：00），1月下旬～3月上旬公休。

維持中世紀風貌的珍珠般城市

訥德林根

Nördlingen

月之石

柏林●

法蘭克福●

訥德林根 ★
慕尼黑●

MAP ◆ P.209-A3	
人 口	2萬700人
區域號碼	09081

ACCESS

巴士：丁克爾斯比爾搭501、868號巴士約50分，但班次很少。

火車：從多瑙沃特Donauwörth搭乘RB（普通列車）約30分。

❶訥德林根的遊客中心

Ⓜ Marktplatz 2　D-86720
　 Nördlingen im Ries
☎ (09081) 84116
🌐 www.noerdlingen.de

⏰ 週一〜四　　9：00〜18：00
　 週五　　　　9：00〜16：30
　 週六・節日　10：00〜14：00
　 冬季(11/1〜復活節)
　 週一〜四　　9：00〜17：00
　 週五　　　　9：00〜15：30

● 里斯隕石博物館

Ⓜ Eugene-Shoemaker-Platz 1
🌐 www.rieskrater-museum.
　 de
⏰ 4月中旬〜11月上旬
　 週二〜日　10：00〜16：30
　 11月中旬〜4月上旬
　 週二〜日　10：00〜12：00
　 　　　　　13：30〜16：30
🚫 週一
💰 €4.50、學生€2.50

● 聖喬治教堂的塔樓

⏰ 10：00〜18：00
　 (11〜2月〜17：00)
💰 €3.50 (塔上收費)

原先的木材倉庫改建成博物館

羅曼蒂克大道沿途有許多保留了中世紀城牆的城市，其中訥德林根的城牆建築幾乎完整保存下來，城市街景也維持中世紀當時的風貌。包圍舊城區的城牆間設有數座塔樓與城門，並保存了當時的屋頂建築，可以從城門爬上城牆欣賞周邊風光。

訥德林根位於1500萬年前隕石墜落造成的里斯盆地Ries內，而隕石造成的遺跡更

聖喬治教堂周邊有許多可小歇一下的咖啡館

是保存十分完整，過去阿波羅14號與17號的太空人也曾在此進行登陸訓練。來到這裡可以前往Baldinger Tor城門城牆附近的里斯隕石博物館Rieskrater-Museum參觀，認識隕石墜落時造成的衝擊，與之後的地質變化等相關知識，裡面還有NASA登陸月球帶回的石頭展示。而市中心市集廣場Marktplatz上的聖喬治教堂St.Georgskirche內，也有隕石墜落衝擊時產生的隕石碎片。聖喬治教堂為15世紀的後期哥德式教堂，高達89.9m的塔樓為訥德林根的象徵，又被暱稱為「Daniel」，爬上塔樓頂端可一覽直徑約25km的里斯盆地優美風光。

從Daniel塔俯瞰紅磚城市風光

🅼🅴🅼🅾 面對聖喬治教堂的咖啡館Café Altreuter（Ⓜ Marktplatz 11），在2樓也設有座位，可在此悠閒休憩，餐點豐富便宜，蛋糕則推薦黑森林蛋糕。

奧格斯堡

Augsburg

大教堂門的把手

佩拉赫塔（左）與市政廳（右）

柏林
法蘭克福
奧格斯堡 ★
慕尼黑

MAP ◆ P.209-B4	
人　口	29萬5800人
區域號碼	0821

ACCESS
火車：從慕尼黑搭乘ICE特快列車約30分，其他列車班次亦多，相當方便。

❶**奧格斯堡的遊客中心**
🏠Rathausplatz　D-86150
🗺Map P.232-A2
☎(0821) 502070
🌐www.augsburg-tourismus.de
🕐4～10月
　週一～五　　8：30～17：30
　週六　　　10：00～17：00
　週日　　　10：00～15：00
　（11～3月週一～五9：00～17：00）

🌐**世界遺產**
奧格斯堡的水利管理系統
（2019年登錄）

●**市區交通**
市中心區域搭乘巴士與市區電車費用為單次車票Einzelfahrschein €3.20（4站內的短區間票Kurzstreckenticket €1.60），1日券Tageskarte €7.50。

改建為美術館的謝茨勒宮

奧格斯堡的城市名稱來自古羅馬皇帝奧古斯都時代，西元前15年羅馬人建設時所取名。中世紀時代由於地處義大利與德國的交通要道上，因而商業交易十分繁榮興盛，15～16世紀當時富格爾家族Fugger與韋爾瑟家族Welser等富豪與銀行家，其財力與權力可說足以左右世界歷史，也由於這些富豪們致力於保護藝術，並興建了許多雄偉的建築，使得奧格斯堡成為文藝復興文化的重鎮。

天才音樂家之父列奧波爾德・莫札特Johann Georg Leopold Mozart、畫家霍爾拜因Hans Holbein、劇作家布萊希特Bertolt Brecht等皆出身於此地，而工業方面魯道夫・狄塞爾Rudolf Christian Karl Diesel則在奧格斯堡的知名大企業MAN公司，成功的開發了柴油發動機（1893年）。

漫遊

奧格斯堡市區遼闊、景點眾多，雖然可徒步參觀，但還是以搭配電車的行程較為省時。中央車站到市中心可搭乘市區電車3號往Haunstetten West，或6號電車往Friedberg P+R West方向，在第1站國王廣場Königsplatz下車，接著轉搭往Augsburg West方向的2號市區電車。2號電車依序停靠莫里茨廣場Moritzplatz、市中心市政廳廣場Rathausplatz、大教堂附近的Dom/Stadtwerke、莫札特故居Mozarthaus等，沿途停靠許多主要景點，建議可以搭電車到莫札特故居前下車，再徒步往南遊覽各景點更為有效率。

而橫斷市區的寬闊馬克西米利安街Maximilianstr.上，則有富商富格爾家族豪宅兼商館的富格爾故居Fuggerhaus，與謝茨勒宮Schaezlerpalais等景點。

主要景點

德國文藝復興建築傑作 **市政廳**
Rathaus ★★★

●市政廳（黃金大廳）
○Map P.232-A2
開 10：00～18：00
（入場至17:30）
（特別及例行活動期間暫停
對外開放參觀）
費黃金大廳€2.50

　　1615～1620年之間興建的奧格斯堡市政廳，白色外牆正面有著許多大窗戶，是一棟明亮壯觀的美麗建築。正面頂端上有著帝國都市象徵的雙頭鷹，最上頭並有小小的青銅製松果。

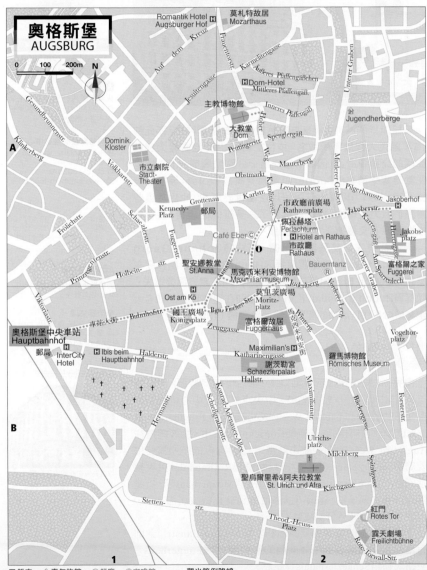

奧格斯堡 AUGSBURG

0　100　200m　N

H 飯店　　 青年旅館　　R 餐廳　　C 咖啡館　　•••• 觀光範例路線

MEMO 從莫里茨廣場往東延伸的細長的石板斜坡道Judenberg街往下走，便會看到原中世紀工匠街充滿當地氣息的街景，路邊與河岸旁三三兩兩的小咖啡館和雜貨店點綴其中，不妨至此享受悠閒的散步氣氛。

被稱為德國文藝復興最高傑作的市政廳4樓（德文標示為3.Stock），是絕不可錯過的景點，極其奢華的黃金大廳Goldener Saal內，有著閃耀著黃金光芒的天花板與令人讚嘆的濕壁畫。

市政廳旁的佩拉赫塔Perlachturm建於1182年，由建築師Elias Holl改建，可爬樓梯上到高約70m的塔頂。

市政廳內的黃金大廳

14世紀的雄偉建築 大教堂
Dom ★★★

大教堂是奧格斯堡最重要的教堂建築，教堂的西側仍保有10～11世紀的羅馬式建築特色，而東側部分則增建了哥德式樣式建築。

長廊部分有著11世紀後半描寫預言者的彩繪玻璃，其完整形狀據說是現存的世界最古老彩繪玻璃。而11世紀打造的青銅門上，則有著舊約聖經的浮雕雕刻，目前此青銅門位於大教堂北側相鄰的主教博物館內Diözesanmuseum St. Afra。

大教堂始建於904年

莫札特父親列奧波爾德宅邸 莫札特故居
Mozarthaus ★

這裡是作曲家阿瑪迪斯・莫札特的父親列奧波爾德（1719～1787年）誕生的宅邸，身為製書職人之子的列奧波爾德，曾在薩爾斯堡大學研讀，之後成為薩爾斯堡大主教宮廷音樂家，在天才音樂神童莫札特誕生後，便致力於培養莫札特成為音樂家，莫札特也經常在旅行途中到訪此處。

世界最早的國民福利住宅 富格爾之家
Fuggerei ★★

盛極一時的富格爾家族於1521年設立此處，是世界最早的國民福利住宅，當時經濟窘困的奧格斯堡天主教市民，只需付些微的年租（現在也只要€0.88）就可入住。被圍牆包圍的腹地內共有67間房子，共有140戶入住。當中有一間房子（入口位於Mittelere Gasse 14號）則改為博物館，而博物館旁則有莫札特曾祖父曾經居住過的屋子。

現在仍有老人居住的富格爾之家

● 佩拉赫塔
◯Map P.232-A2
整修中暫停開放。

● 大教堂
◯Map P.232-A2
搭乘2號市區電車在Stadtwerke下車。
囲7：00～18：00（週日上午等禮拜期間暫停對外開放）
囲免費

● 主教博物館
◯Map P.232-A2
囲Kornhausgasse 3-5
圓www.museum-st-afra.de
囲週二～六 10：00～17：00
週日 12：00～18：00
囲週一・節日、12/31
囲€4、學生€3

● 莫札特故居
囲Frauentorstr. 30
◯Map P.232-A2
搭乘2號市區電車在Mozarthaus/Kolping下車。
囲週二～日10：00～17：00
囲週一 囲€6、學生€5

紅色正面建築為其特徵

● 富格爾之家
搭乘1號市區電車在Fuggerei下車。
囲Fuggerei 56（腹地內入口位於Jakoberstr.街）
◯Map P.232-A2
圓www.fugger.de/fuggerei
囲 4～9月 9：00～20：00
10～3月 9：00～18：00
囲€6.50、學生€5.50

陳列過去家具的房間一景

●聖安娜教堂
⬤Map P.232-A1
㊙Annastr.
🔗www.st-anna-augsburg.de
⏰週一　　　12：00～17：00
　週二～六　10：00～17：00
　週日　　　15：00～16：00
（5～10月的週二～六～18：
00、週日‧節日～17：00）
💰免費

●謝茨勒宮（邦立繪畫館／
　德國巴洛克美術館）
㊙Maximilianstr. 46
⬤Map P.232-B2
🔗kunstsammlungen-
museen.augsburg.de/
schaezlerpalais
搭乘1號或2號市區電車在
Moritzplatz下車。
⏰週二～日 10：00～17：00
💰€7、學生€5.50

法國皇后瑪麗‧安東妮Marie
Antoinette在婚禮旅途中也停
留欣賞的慶典大廳

●聖烏爾里希&阿夫拉教堂
㊙Ulrichsplatz 19
⬤Map P.232-B2
搭2、3、6號市區電車在
Theodor-Heuss-Platz下車。
⏰7：30～18：45
💰免費

馬丁‧路德的足跡所在 聖安娜教堂
St. Anna　★★

　　這裡是過去加爾默羅會修道院的附
屬教堂，1509年則在西側建造了富格爾
家族墓地禮拜堂。

　　1518年宗教改革家馬丁‧路德曾經
到訪此地，而當時馬丁‧路德曾住宿
的房間，現則改建為宗教改革紀念館
Lutherstiege。

往宗教改革紀念館的入
口。展示室位在2樓

謝茨勒宮（邦立繪畫館／德國巴洛克美術館）
Schaezlerpalais(Staatsgalerie/Deutsche Barockgalerie)　★★

　　建於1770年的洛可可風宮殿內，有著令人目不暇給的華麗
慶典大廳Festsaal，其中部分改建為德國巴洛克美術館，館藏
以16～18世紀的德國繪畫為主，此外還有收藏了杜勒、克拉
納赫Lucas Cranach、霍爾拜因等巨匠作品的邦立繪畫館。

新教與舊教融合 聖烏爾里希&阿夫拉教堂
St. Ulrich und Afra　★

　　在馬克西米利安街南側，有著2所如重疊一般的教堂，面
對馬路的教堂為新教教堂，後側較大的建築則為天主教堂。
2個不同宗派的教堂同處一地，是因為此處具有過去宗教改
革與奧格斯堡宗教和議地的歷
史背景。

　　而教堂的名稱則來自教堂內
304年時殉教的聖徒聖阿夫拉，
與10世紀聖人聖烏爾里希之墓。

壯觀的聖烏爾里希&阿夫拉教堂

INFORMATION

世界遺產　奧格斯堡的水利管理系統

　　舊街區最南端的雷達門Rothes Tor（⬤ Map P.232-B2），有一
座15世紀興建的中歐最古老的水塔，為整個城市的供水設施。透過
延伸到市內各地的水道，供給民眾飲用水和民生用水。為了讓先進
的技術得以保存和傳承，與城市內擁有豐富歷史的3座噴泉一同列
入世界遺產。

　　向你介紹可以感受到水與城市關係的悠閒散步行程。從中央車
站搭乘3號市區電車到Rothes Tor下車，通過露天劇場旁的水道
橋（僅於5～7月開放通行），欣賞完雷達門和水塔的建築物（僅
開放5～10月的第1個週日的導覽行程）內部後，沿著後面的街道
Spitalgasse、Bäckergasse、Vorderer Lech向北前進，途中可
看見萊希水道沿著街道流動著，餐廳Bauerntanz（→P.235）附近
則散布著商店和咖啡館，適合悠閒散步。

為過去城塞一部分的雷達門

羅曼蒂克大道 ▼ 奧格斯堡Augsburg

推薦的餐廳&住宿 ✦ RESTAURANT & HOTEL

R Bauerntanz

MAP ✦ P.232-A2

住Bauerntanzgässchen 1
☎ (0821) 153644
營週二～六11：30～23：00、週日11：30～20：00　休週一
（夏季的週一17:00～亦有營業）　card A M V

可以實惠價格品嘗施瓦本地區的道地美食人氣餐廳，淋上起司的麵疙瘩Schwäbische Käsespätzle€10.80（小份Klein€9.80）、德國餛飩Schwäbisches Maultaschen€9.50（左下角圖）等料理很划算。從市區電車Moritzplatz徒步約5分鐘。

C Café Eber

MAP ✦ P.232-A2

住Philippine-Welser-Str. 6
☎ (0821) 36847　URL www.cafe-eber.de
營週一～六9：00～18：00　休週日

面對市政廳廣場的咖啡館，1樓有蛋糕陳列櫃，2樓則為遼闊的咖啡廳座位，有絕佳的廣場景致。平日11:00～14:00供應本日午餐，可以實惠價格品嘗到德國料理。另有伴手禮用的年輪蛋糕和點心等，覆盆子蛋糕Himbeer Sahne Torte €3.90。

H Maximilian's

MAP ✦ P.232-B2

住Maximilianstr. 40　D-86150
☎ (0821) 50360　FAX (0821) 5036888
URL www.hotelmaximilians.com
費S T€175～　早餐另計€29　card A D M V

奧格斯堡最高級的飯店，位置便於觀光，備有無線網路（免費）。

H Romantik Hotel Augsburger Hof

MAP ✦ P.232-A1

住Auf dem Kreuz 2　D-86152
☎ (0821) 343050　FAX (0821) 3430555
URL www.augsburger-hof.de
費S€102～　T€118～　card A D J M V

搭市區電車2號在Mozarthaus下車，徒步約2分鐘，房間與餐廳裝潢都走浪漫風，備有免費無線網路。

H Dom-Hotel

MAP ✦ P.232-A2

住Frauentorstr. 8　D-86152
☎ (0821) 343930　FAX (0821) 34393200
URL www.domhotel-augsburg.de
費S€93～　T€113～　card A D J M V

由大教堂祭司館改建而成，冰箱內飲料免費供應，早餐頗受好評。備有室內泳池，備有免費無線網路。

H InterCityHotel

MAP ✦ P.232-B1

住Halderstr. 29　D-86150
☎ (0821) 50390　FAX (0821) 5039999
URL www.intercityhotel.com
費S€89～　T€99～　早餐另計€17　card A D J M V

緊鄰中央車站旁，對火車之旅遊客十分方便，需要的住客可索取住宿期間無限搭乘市區交通工具的車票。備有無線網路（免費）。

JH Jugendherberge

MAP ✦ P.232-A2

住Unterer Graben 6　D-86152
☎ (0821) 7808890　FAX (0821) 78088929
URL www.augsburg-jugendherberge.de
費含早餐S€51～　T€70～
card J M V

從中央車站搭3號或4號市區電車在Königsplatz下車，轉乘1號電車在Barfüßerbrücke下車，沿河邊徒步約5分鐘。旅館距離觀光中心市政廳廣場，徒步只需10分鐘左右，相當方便。無線網路限大廳與部分公共區域使用（免費），冬季部分日期公休。

賴興街的南端

柏林●

法蘭克福●

菲森 ★ ●慕尼黑

MAP ◆ P.209-B3

人　口	1萬5600人
區域號碼	08362

ACCESS

火車：從慕尼黑搭RE快速列車約2小時，中途須於考夫博伊倫Kaufbeuren換車，1小時只有1班。從奧格斯堡搭直達BRB約1小時55分，也有在布洛埃Buchloe換車的班次。從慕尼黑也有當天來回新天鵝堡觀光巴士行駛。

❶菲森的遊客中心
🏠Kaiser-Maximilian-Platz 1
D-87629 Füssen
🔵Map P.237-A2
☎(08362) 93850
📠(08362) 938520
🌐www.fuessen.de
🕐8～9月
　週一～五　　9：00～18：30
　週六　　　　9：30～13：30
　週日　　　　9：30～12：30
　10～6月
　週一～五　　9：00～17：00
　週六　　　　9：00～12：00
　7月　　　　9：00～18：00

●菲森卡
只限住宿菲森的人使用的IC卡，可在下榻飯店租借，住宿期間可免費搭乘公共巴士，還可享有博物館與纜車等的折扣。退房時須將卡片歸還。

●菲森市立博物館
🏠Lechhalde 3
🔵Map P.237-B1
🕐4～10月
　週二～日　11：00～17：00
　11～3月
　週五～日　13：00～16：00
🚫週一、11～3月的週二～四、12/24、25、1/1
💰€6、與高地城堡套票€7

森林中的夢幻天鵝堡美景

菲森

Füssen

從瑪莉恩橋上眺望雪白的新天鵝堡

　　位於菲森郊區的名城新天鵝堡Schloss Neuschwanstein，可說是德國羅曼蒂克大道之旅最完美的句點。通常一批批搭乘觀光巴士前來的遊客，來到城堡迅速拍照參觀後，短短停留2、3個小時便像旋風一樣離去往下個目的地前進。事實上菲森有著豐富巴伐利亞阿爾卑斯群山與森林湖泊景觀，四季轉換之間的美景令人讚嘆，還可享受健行、單車行、滑雪、滑翔翼等戶外活動，是一個充滿悠閒氣氛的度假休養勝地。

 漫遊

　　菲森站於2016年整修完工，車站前有前往新天鵝堡與近郊城市的巴士總站。車站旁則設有郵局，從車站大街Bahnhofstr徒步約3分鐘，便可在交叉路口處看到❶。從禮品店林立的徒步區賴興街

賴興街南端一景，後方可看到高地城堡的鐘塔

Reichenstr.，往南前進不久可看到萊希河Lech，途中會經過菲森市立博物館Museum der Stadt Füssen，博物館內的聖安娜小教堂Annakappelle的《死亡之舞Totentanz》壁畫與魯特琴等古樂器、華麗的圖書館與慶典大廳等，都十分具有觀賞價值。

不可錯過的菲森市立博物館

羅
曼
蒂
克
大
道
▼
菲
森
Füssen

菲森
FÜSSEN

N

0　　50　　100m

往Jugendherberge

菲森車站
Bahnhof

巴士站

車站大街

Bahnhofstr.

Schlosskrone
銀行

Augsburger Str.

Marienstr.

Kaiser-Maximilian-Platz

THERESIENHOF
（購物中心超市）

Luitpoldpark

Via Hotel
Sonne

Vinzenzmurr Metzgerei
Krippkirche
St. Nikolaus

顏與街

Hirsch

A

Luitpoldstr.

Hintere Gasse

Schwangauer街

Römerkeller

Gasthof
Krone

Sebastiansstr.

Theresienstr.

Markthalle

Reichenstr.

Kirche
St.Sebastian

Blutanger

往施萬高

Zum Hechten
Ritterstr.

Hutergasse

Brunnengasse

Drehergasse

Klosterstr.

Franziskanerplatz

鐘樓
Uhrturm

高地城堡
Hohes Schloss

菲森市立博物館
Museum der Stadt Füssen

Brotmarkt

Lechhalde

Zum Schwanen

Spitalgasse

方濟會修道院與
聖史蒂芬教堂
Franziskanerkloster mit
Kirche St. Stephan

擁有羅曼蒂克大道
終點之門的屋子

B

聖曼格市區教堂
Stadtpfarrkirche
St.Mang

聖靈救濟院教堂
Heilig-Geist-Spitalkirche

Lech

萊希河

1　　　　　　　2

　　高地城堡Hohes Schloss建於14～15世紀，是奧格斯堡大
主教的離宮，完整保留了當時的優雅風貌。內部現改建為邦
立繪畫館Staatsgalerie，面對中庭的外牆窗飾錯覺畫則相當
有趣。

　　過了翠綠色的萊希河，往左（東）是接續前往施萬高的
路，往右（西）則是通往奧地利國境。

●高地城堡（邦立繪畫館）
Magnusplatz 10
Map P.237-B1
4～10月
　　週二～日　11：00～17：00
　　11～3月
　　週五～日　13：00～16：00
週一、11～3月的週二～四、
12/24・25・1/1
€6，與菲森市立博物館套票
€9

高地城堡中庭

萊希河畔的聖曼格市區教堂與菲森市立
博物館

寫著「羅曼蒂克大道終點」的聖
史蒂芬教堂西側門

●新天鵝堡

交通 前往城堡山麓村莊霍恩施萬高Hohenschwangau，可從菲森車站前搭乘73、78、號巴士，在車程約10分鐘的Hohenschwangau下車，車資單程€2.40，來回€4.80，約1小時1班車。計程車約€12。

從村莊前往城堡則有以下3種方式：

馬車：從Müller飯店前有馬車可坐到距城堡約300m處，接著徒步至城門約5分鐘。
🎫上行€7，下行€3.50。

接駁巴士：Müller飯店附設的伴手禮店前的停車場，有接駁巴士行駛（冬季停駛），到瑪莉恩橋約5分鐘，接著從瑪莉恩橋徒步走山路到城堡約15分鐘。
🎫上行€3，下行€3，來回€3.50。

徒步：以健行方式徒步至城堡約30～40分鐘。

往瑪莉恩橋的接駁巴士

郊區景點

路德維希二世的夢想城堡 新天鵝堡
Schloss Neuschwanstein
MAP◆P.238

巴伐利亞國王路德維希二世Ludwig II（1845～1886年）投入了17年的時間與巨額的金錢，為了實現自己的夢想，打造了一座美麗的白色城堡新天鵝堡。建築時期雖為19世紀後半，城堡設計則為中古世紀風。除了從各種角度欣賞城堡不同的變化外，美麗城堡的背後所隱藏著沒有娶妻的路德維希二世孤獨與狂妄的命運，而導致最後謎一般在史坦貝格湖Starnberger See逝世，至今依然成為眾人關心的話題，並有許多電影與書籍等討論相關故事。

城堡中庭（導覽行程集合地點）

路德維希二世是作曲家華格納的資助者，這位對歌劇異常狂熱的國王，將《羅安格林Lohengrin》、《帕西法爾Parsifal》等眾多歌劇作品場景畫在城堡內的牆上，城堡名稱也是來自於國王與華格納歌劇《羅安格林》中的天鵝傳說。

參觀城堡可參加指定時間的導

節慶劇院
Festspielhaus

往Schongau、奧格斯堡

聖科羅曼教堂
St. Coloman

福爾根湖
Forggensee

Zur Post

市政廳
Rathaus

水療公園
Kurpark

Weinbauer

菲森

水晶溫泉
Kristall-Therme

溫泉水療中心
Kurhaus

🅷 Christine

菲森車站
Bahnhof

施萬高
Schwangau

往坦格堡山纜車站

高地城堡
Hohes
Schloss

菲森中心區域
請參考P.235

往鮑姆克隆恩橋
Baumkronenweg

Romantic Pension
Alpenstuben

Villa Ludwig Suite Hotel
Hotel Garni
Schlossblick

新天鵝堡
Schloss
Neuschwanstein

霍恩施萬高

售票中心
霍恩施萬高城
Schloss Hohenschwangau

巴士站
Alpenstuben

Müller

Hotel AMERON
Neuschwanstein
Alpsee Resort&Spa

瑪莉恩橋
Marien-
brücke

天鵝湖
Schwansee

阿爾卑湖
Alpsee

巴伐利亞國王博物館

0 200 400m

施萬高&菲森
SCHWANGAU & FÜSSEN

MEMO 走山路到新天鵝堡時很容易口渴，要記得帶水，此外冬天積雪或路面結凍時很容易路滑，記得穿防滑的鞋子。

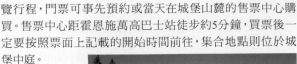

覽行程，門票可事先預約或當天在城堡山麓的售票中心購買。售票中心距霍恩施萬高巴士站徒步約5分鐘，買票後一定要按照票面上記載的開始時間前往，集合地點則位於城堡中庭。

城堡的最佳取景點位於瑪莉恩橋Marienbrücke，從吊橋上可以拍到最美麗的城堡景觀。

瑪莉恩橋與新天鵝堡

霍恩施萬高城（舊天鵝堡）
Schloss Hohenschwangau
MAP◆P.238

建於12世紀，曾一度荒廢的霍恩施萬高城，由路德維希二世的父親馬克西米利安二世Maximilian II於1832～1836年以新哥德式重建成為夏季的獵宮，路希維德二世與弟弟奧托Otto曾經在此度過快樂的童年時光。據說從這裡可以看到當時新天鵝堡的建築情況，雖然城堡規模不大，卻是與路德維希二世息息相關的重要城堡。

內部參觀從撞球室開始，路德維希二世的母親瑪麗的房間和起居間樓上，則有慶典大廳Festsaal。長長的桌子上裝飾著為路德維希二世打造的巨大鍍金桌飾，及路德維希二世的大理石胸像。

此外擺放華格納曾經彈奏的鋼琴音樂室Musik-Zimmer，也是不可錯過的參觀重點。

小巧玲瓏的霍恩施萬高城

巴伐利亞國王博物館
Museum der bayerischen Könige
MAP◆P.238

位於阿爾卑湖旁的博物館，裡面詳細介紹了包含路德維希二世在內的維特爾斯巴赫王朝Wittelsbacher出身的巴伐利亞國王歷史，並收藏了路德維希二世的外套和裝飾品等，備有語音導覽（免費）。

座落於阿爾卑湖畔的博物館

●新天鵝堡
☎(08362) 939880
URL www.neuschwanstein.de
開 4/1～10/15　9:00～18:00
　10/16～3/31　10:00～16:00
休 12/24・25・31・1/1
費 €15、學生€14
可使用巴伐利亞城堡卡或王城城堡卡（→P.211）。
※須於網路售票處URL shop.ticket-center-hohenschwangau.de/購買指定時間的門票（訂票手續費€2.50），同時選擇德文、英文導覽服務，或者語音導覽，以進行預約。
※少數剩餘門票可於現場售票中心購買，但想要的時間可能銷售一空，建議最好事先網路訂票。完成預約、購票的旅客，可直接至城堡入場處等待入場的時間到來。
※入場時須提供印刷出來的PDF門票或者手機出示QR Code。

售票中心
住 Alpseestr. 12
URL www.hohenschwangau.de/tickets-fuehrung/offizielle-tickets
開 4/1～10/15　8:00～16:00
　10/16～3/31　9:00～15:00

●霍恩施萬高城
交通 從菲森前往的交通方式與新天鵝堡相同，從Müller飯店前的道路往上走約20分鐘。也可搭乘馬車（上行€5.50，下行€3）前往，搭車處位於霍恩施萬高巴士站附近，與新天鵝堡乘車處不同，須特別注意。
開 4/1～10/15　9:00～17:00
　10/16～3/31　9:00～16:00
休 12/24・1/1
費 €23.50、學生€13.50
URL 訂票方式同新天鵝堡。

●瑪莉恩橋
新天鵝堡的接駁巴士下車後，徒步約5分即達。觀光季時有隊伍，冬季關閉（巴士也停駛）

●巴伐利亞國王博物館
住 Alpseestr. 27
開 9:00～17:00
休 12/24・25・1/1
費 €14，2座城堡共通套票€32

MEMO　為了演出路德維希二世的音樂劇所建造的節慶劇場（◆Map P.238），《Ludwig2》以全新樣貌上演，演出時間等詳細資訊可參照→URL das-festspielhaus.de

●坦格堡山纜車

www.tegelbergbahn.de

夏季 9:00～17:00
冬季 9:00～16:30

3月上旬～4月上旬的平日日
單程€17.50、來回€27＋卡
片費用（歸還時退費）
從菲森車站前搭73、78號巴士
到纜車站約15～30分鐘，從霍
恩施萬高搭巴士約5～15分鐘
在Tegelbergbahn下車（部分
班次沒有停靠此站，乘車時記
得確認）。

往下走到霍恩施萬高的路線全
長約7km，需時3小時30分，適
合腳力好的人行走，一般人最好
在纜車站附近逛逛就好

●鮑姆克隆恩橋

菲森車站前搭乘開往Reutte
的74、100號巴士，在Ziegelwies
Walderlebniszentrum下車即達。
從菲森市區健行前往約30分。

Tiroler Str. 10

www.baumkronenweg.eu

5/1～10/15為9:00～19:30
（4月、10/15～11/21為
10:00～18:00，有時會隨天
候狀況變動、關閉）

11/22～3/31

€5

世界遺產

威斯教堂
（1983年登錄）

●威斯教堂

Wies 12　D-86989
Steingaden-Wies

wieskirche.de

5～8月 8:00～20:00
3・4・9・10月
8:00～19:00
11～2月 8:00～17:00
週日上午彌撒時間暫停對外開
放參觀。

從菲森搭乘73、9606、
9651號巴士在Wieskirche、
Steingaden下車，車程約45分
鐘，部分班次要在Steingaden
市區轉乘。建議最好在當地查
詢最新巴士時刻表，並確認回
程班次。

搭乘纜車前往坦格堡山
Tegelberg
MAP◆P.238

位於新天鵝堡山麓村莊霍恩施萬高北方約1km處的坦格
堡山，標高1720m，可搭
乘纜車上山。

從纜車上欣賞俯瞰
新天鵝堡景致更有另一
番風貌，山上則有景觀
餐廳與飛行傘的起飛
處。

從纜車中觀賞城堡

遍覽森林的行人專用橋鮑姆克隆恩橋
Baumkronenweg
MAP◆P.238外

全長480m、高20m的鮑姆克隆恩橋，是設置於森林體驗
中心Walderlebniszentrum Ziegelwies內的木造橋樑，約每
100m就架設4根支柱，構
造就如同吊橋一般，是健
行的絕佳去處。在橋上行
走的途中便會越過德國
與奧地利之間的國境，是
相當有趣的體驗。

名稱代表「樹冠之路」的鮑姆克隆恩橋，前方的
線條是與奧地利之間的國境

擁有奇蹟傳說威斯教堂
Wieskirche
世界遺產
MAP◆P.209-B4

被登錄為世界遺產，有歐洲最美洛可
可樣式教堂之稱的威斯教堂，建於一片
閑靜草原的正中央。教堂外觀小巧，看
起來雖不起眼，一踏入教堂內部便會被
華麗裝飾與鮮豔色彩的完美融合所震
撼。

華麗的內殿

1738年，近郊的施泰因加登修道院
內的「被鞭打的基督像」發生流淚的奇

蹟，為了安置雕像而
建立了威斯教堂，教
堂祭壇上則可看到奇
蹟的基督像。

立草原中的威斯教堂

MEMO 大型購物中心THERESIENHOF（Kaiser-Maximilian-Platz 5　Map P.237-A2），裡頭有大型超市與藥局、
雜貨店、精品店等店家進駐，週日・節日公休。

HOTEL ✤ 菲森的住宿

　　菲森較少大型飯店，旅遊季節中更是經常客滿，建議最好事先訂房，單人房的數量相當少，也可請❶介紹民宿的私人公寓Privatzimmer。這類私人公寓通常是一般住宅的空房，浴室和廁所為共用，房東不一定會英文，但這也是了解德國人生活的好方法之一。另外，菲森的住宿費內須加收每晚€2.20的療養稅Kurtaxe。

H Luitpoldpark

菲森最大飯店

　　距離車站徒步只需1～2分鐘，是菲森規模最大的現代化飯店（131房）。由於有許多團體客入住，如果剛好碰上團體客，住房和退房登記會變得相當耗時。地下樓層設有超市相當方便，備有無線網路（免費）。

高級飯店　　　　MAP ◆ P.237-A1

🏠 Bahnhofstr. 1-3　D-87629
☎ (08362) 9040
📠 (08362) 904678
🌐 www.luitpoldpark-hotel.de
費 ⑤€139～　　Ⓣ€153～
card A D J M V

H Hirsch

巴伐利亞風飯店

　　位於❶東邊的美麗飯店，共有53間房，經常有團體遊客入住。館內擺設許多古董家具與用品，以木頭裝潢為主的巴伐利亞風餐廳頗受好評，並備有免費無線網路。

中級飯店　　　　MAP ◆ P.237-A2

🏠 Kaiser-Maximilian-Platz 7
D-87629
☎ (08362) 93980
📠 (08362) 939877
🌐 www.hotelfuessen.de
費 ⑤€104～　　Ⓣ€141～
card A D M V

H Via Hotel Sonne

位於行人徒步區入口處

　　1樓為禮品店，2樓為餐廳，3樓以上為客房區。其中最高級的套房分為「Fantasia」、「Ludwig」、「Wagner」等主題裝潢，還可免費使用三溫暖與健身房，並有免費無線網路。

中級飯店　　　　MAP ◆ P.237-A1

🏠 Prinzregentenplatz 1　D-87629
☎ (08362) 9080
🌐 www.hotel-sonne.de
費 ⑤€99～　　Ⓣ€129～　早餐另計
€16.50
card A D M V

H Schlosskrone

飯店內充滿濃郁蛋糕香

　　距離菲森站徒步約5分鐘的中級飯店，近年飯店擴張（舊稱Kurcafe），有各式各樣的客房。1樓為創業自1896年的蛋糕店兼咖啡廳，並有供餐，無線網路免費。

中級飯店　　　　MAP ◆ P.237-A1

🏠 Prinzregentenplatz 4　D-87629
☎ (08362) 930180
📠 (08362) 9301850
🌐 www.schlosskrone.de
費 ⑤€89～　　Ⓣ€126～
card A M V

JH Jugendherberge

熱門的青年旅館

　　出了菲森站後沿著火車路線往回走向西約15～20分鐘，途中可看到青年旅館標示。有許多學生團體入住，相當熱門建議事先訂房。無線網路僅公共區域可用（免費），11月中旬～12/26公休。

青年旅館　　　　MAP ◆ P.237-A1 外

🏠 Mariahilferstr. 5　D-87629
☎ (08362) 7754
📠 (08362) 2770
🌐 www.fuessen.jugendherberge.de
費 含早餐€30.40～　3人房€115～
card A D J M V

MEMO 在菲森便於用餐的店家，像是位於賴興街入口處右側，名為Vinzenzmurr的肉舖兼小菜店，可以外帶或站著內用，而Stadtcafe咖啡館則有提供輕食。

HOTEL ✦ 新天鵝堡山麓村莊霍恩施萬高的住宿

若從菲森搭巴士或計程車前往霍恩施萬高後並住宿當地，可以避開人潮在早上或傍晚前往新天鵝堡參觀，還可以欣賞到美麗的夜間點燈景致，此外也十分推薦阿爾卑湖漫步之旅。而當地住宿價格便宜，房間寬闊且設備齊全，住宿金額每人每晚須加收€1.90～的療養稅Kurtaxe。

H Hotel AMERON Neuschwanstein Alpsee Resort & Spa

欣賞城堡景致的飯店

2019年開幕的高級飯店，主打SPA和康體中心（室內泳池、健身中心、三溫暖），可以一邊享用早餐一邊享受城堡的景致，令人印象深刻，也方便前往城堡和阿爾卑斯湖散步。備有免費無線網路，冬季公休。

高級飯店　　MAP ◆ P.238
住Alpseestr. 21　D-87645
☎(08362) 70300
🌐www.ameronhotels.com
費⑤€189～　①€208～
card Ａ Ｍ Ｖ

H Villa Ludwig Suite Hotel

全室套房的寬敞空間

霍恩施萬高巴士站徒步約5分，幾乎所有房間都能看見霍恩施萬高城的景致，在寬敞的全室套房欣賞城堡風景是極大的視覺饗宴，館內也備有三溫暖和按摩浴缸。1月中旬～下旬公休。

高級飯店　　MAP ◆ P.238
住Colomanstr. 12　D-87645
☎(08362) 929920
🌐www.suitehotel-neuschwanstein.de
費⑤①€189～
card Ａ Ｊ Ｍ Ｖ

H Alpenstuben

阿爾卑斯山小木屋般的飯店

從霍恩施萬高巴士站往城堡向上走約2分鐘路程，沿途坡道和緩，1樓為餐廳和禮品店。房間以大量木材裝潢，氣氛沉穩，另有3人房和4人房，無線網路免費。

中級飯店　　MAP ◆ P.238
住Alpseestr. 8　D-87645
☎(08362) 98240
📠(08362) 81798
🌐www.alpenstuben.de
費①€115～
card Ｊ Ｍ Ｖ

H Romantic Pension Albrecht

家庭式的明亮度假屋

從霍恩施萬高巴士站徒步約5分，6個房間裡有4間可以看見霍恩施萬高城的風景，景致最好的莫過於5號房，6號房則可以看見兩座城堡的景色，廁所室內和室外各有一間，備有免費無線網路。

中級飯店　　MAP ◆ P.238
住Pflegor Rothutwog 2　D 87645
☎(08362) 81102
🌐www.albrecht-neuschwanstein.de
費⑤①€107～　早餐另計
card Ａ Ｊ Ｍ Ｖ

H Hotel Garni Schlossblick

便宜卻有城堡景觀

從霍恩施萬高巴士站徒步約3分鐘，從早餐餐廳可看到新天鵝堡。全部房間都為淋浴房，房間內沒有電視也沒有電話，冬季部分日期公休，全館禁菸，沒有網路。

經濟型旅館　　MAP ◆ P.238
住Schwangauer Str. 7　D-87645
☎(08362) 81649
📠(08362) 81259
🌐www.schlossblick-neuschwanstein.de
費⑤€64～　①€74～
card Ａ Ｄ Ｍ Ｖ

MEMO Müller飯店（●Map P.238）僅於4～10月營業，但1樓的禮品店全年開放，而商店門口可搭乘往新天鵝堡的馬車。

搭國王湖觀光船前往聖巴爾多祿茂教堂

慕尼黑與阿爾卑斯之路
München / Deutsche Alpenstraße

Prost!

穿著巴伐利雅民族
服飾的薰香玩偶

阿爾卑斯山麓的壁
畫小鎮米登華德

慕尼黑新市政廳塔
樓的底端站著慕尼
黑人像

在啤酒節狂歡

慕尼黑中心的瑪利恩廣場

慕尼黑與阿爾卑斯之路

鐵路
88 高速公路
主要道路
城堡
修道院、教堂
山

N

A

Crailsheim

6

P.227
丁克爾斯比爾
Dinkelsbühl

Treuchtlingen

9

因戈爾施塔特
Ingolstadt

Harburg

多瑙河 Donau

Donauwörth

P.195
京根
Giengen

7

8

P.192 烏爾姆
Ulm

8

P.231 奧格斯堡
Augsburg

萊希河 Lech

伊勒河 Iller

7

P.260 達豪
Dachau

P.248
慕尼黑
München

96

Buchloe

Memmingen

96

Landsberg

Starnberg

Berg

Ammersee

7

Kaufbeuren

史坦貝格湖
Starnberger See

Weilheim

Schongau

Kempten

P.240
威斯教堂

Weilheim

P.281
茂瑙
Murnau

B

96

P.287
林島
Lindau

波登湖
Bodensee

阿爾卑斯之路

P.236 菲森
Füssen

P.238 新天鵝堡

Reutte

P.281
林德霍夫宮

P.280 歐伯拉瑪高
Oberammergau

P.282 加爾米施·帕騰基興
Garmisch-Partenkirchen

P.285 米登華德
Mittenwald

Oberstdorf

P.283 楚格峰
Zugspitze 2962m

因斯布魯克
Innsbruck

0   15   30km

1   2

244

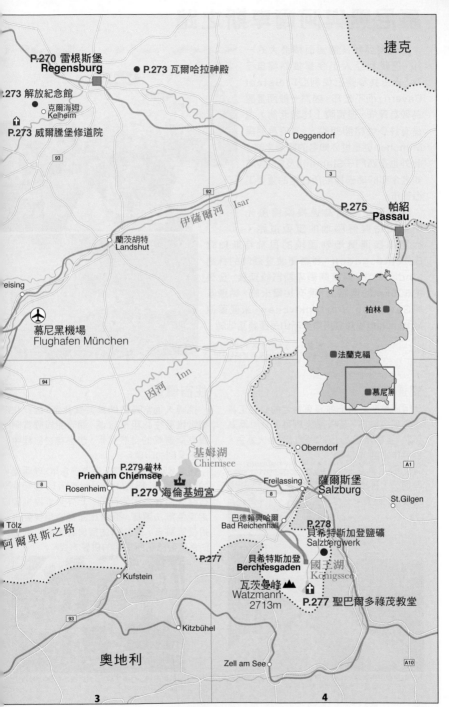

慕尼黑與阿爾卑斯之路

巴伐利亞邦是德國面積最大的一邦，巴伐利亞人至今都依然稱自己為「自由共和國巴伐利亞Freistaat Bayern」而不是邦。雖然一般而言認為較為保守，但實際上比起北德人還是有許多性格開朗的人。首府慕尼黑München更是世界知名的啤酒之都，此外也是西門子Siemens及BMW等知名企業的總部據點所在地的重要工商都市。

阿爾卑斯之路為連接南德風光明媚山岳度假勝地的重要道路，從東側接連奧地利國境的貝希特斯加登Berchtesgaden，到西側波登湖畔的林島Lindau為止，沿著阿爾卑斯群峰延續。全長約500km的道路上，還有加爾施·帕騰基興Garmisch－Partenkirchen、米登華德Mittenwald等知名阿爾卑斯山岳運動基地城。

上／想體驗一次的世界最大啤酒節慕尼黑啤酒節　下／德國最高峰楚格峰峰的山頂

交通方式

阿爾卑斯之路上並沒有特定的交通工具連結所有城市，若搭乘火車可以慕尼黑為起點，搭乘路線巴士主要雖以當地人為主，也可作為觀光移動的交通工具之一，但週六、日班次驟減須多加注意。

上／慕尼黑中央車站為南德鐵路網中心　下／搭乘阿爾卑斯地區的地方支線可享受悠閒的窗外景致

住宿導覽

德國人通常喜歡開車遊覽此區，因此也相當推薦在此租車旅遊。開車兜風欣賞阿爾卑斯群峰的自然美景，想必會在旅程中留下深刻的印象。

阿爾卑斯之路沿路上有許多含早、晚兩餐的住宿設施（稱為Halbpension），這類住宿晚餐用餐為固定時間，此外多半提供固定菜色無法選擇，不過比起餐廳用餐來得便宜許多，是長期住宿房客眾多的歐洲山岳度假飯店所採用的供餐方式。

在加爾米施·帕騰基興有許多1樓為餐廳、2樓以上為飯店的Gasthof

慕尼黑與阿爾卑斯之路 ▼ Introduction

名產與美食

來到啤酒之都慕尼黑當然就是要先來上一杯啤酒，市中心有許多啤酒釀造所直營的啤酒屋與啤酒餐廳，每到週日便擠滿饕客。啤酒種類眾多，可以多多嘗試尋找個人喜愛的口味（點啤酒的方式→P.32）。

巴伐利亞料理則以烤豬腳Schweinehaxe等大分量肉類料理為主。

這裡的推薦美食則為水煮白香腸Weißwurst（→P.262）。

鬆軟柔嫩的白香腸是慕尼黑的知名美食

白香腸、紐結餅與啤酒是最棒的美味三重奏

塗在麵包上享用的Obatzter起司

用旋轉式烤架精心燒烤的烤豬腳

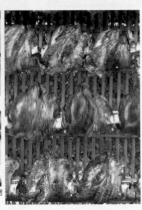

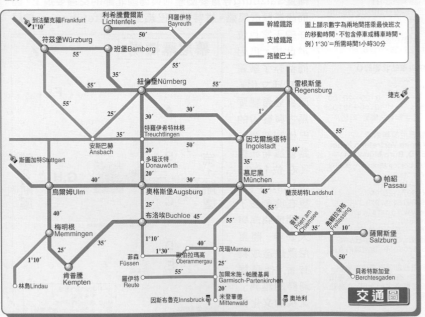

到法蘭克福Frankfurt 1°10´
符茲堡Würzburg 55´
利希騰費爾斯 Lichtenfels
班堡Bamberg 50´
拜羅伊特 Bayreuth
紐倫堡Nürnberg 55´ 55´
雷根斯堡 Regensburg
捷克
35´
55´
安斯巴赫 Ansbach 35´
25´ 30´ 30´
特羅伊希特林根 Treuchtlingen
1°
斯圖加特Stuttgart
55´
因戈爾施塔特 Ingolstadt 55´
多瑙沃特 Donauwörth 50´ 40´
烏爾姆Ulm 40´ 20´
奧格斯堡Augsburg 30´
慕尼黑 München 45´
帕紹 Passau
蘭茨胡特Landshut
布洛埃Buchloe 45´ 25´
55´
55´
普林 Prien am Chiemsee 35´
弗賴拉辛 Freilassing 10´
梅明根 Memmingen 40´ 1°10´
35´
茂瑙Murnau 40´
55´
薩爾斯堡 Salzburg
肯普騰 Kempten 25´ 1°10´
菲森 Füssen 1°30´
歐伯拉瑪高 Oberammergau
50´
貝希特斯加登 Berchtesgaden
林島Lindau
羅伊特 Reute
加爾米施‧帕滕基興 Garmisch-Partenkirchen 20´
因斯布魯克Innsbruck
米登華德 Mittenwald
奧地利

幹線鐵路 支線鐵路 路線巴士

圖上顯示數字為兩地間搭乘最快班次的移動時間，不包含停車或轉車時間。
例）1°30´＝所需時間1小時30分

交通圖

柏林●

法蘭克福●

慕尼黑

巴伐利亞啤酒之都

慕尼黑

München

慕尼黑啤酒節的女服務生

新市政廳所在的瑪利恩廣場為慕尼黑市中心

MAP ◆ P.244-B2	
人　口	148萬8200人
區域號碼	089

ACCESS

火車：從法蘭克福搭ICE特快列車約3小時10分，從奧地利薩爾斯堡搭乘RJX特快列車約1小時30分，從瑞士蘇黎世搭乘EC特快列車約3小時30分。

❶**慕尼黑的遊客中心**
☎ (089) 23396500
🌐 www.muenchen.travel

●**新市政廳內的❶**
🏠 Marienplatz 8
（新市政廳1樓）
◐ Map P.253-B3
🕐 週一～五　10:00～18:00
　 週六　　　9:00～17:00
　 週日　　 10:00～14:00
🚫 狂歡節的週二、5/1、11/1、12/25・26、1/1・6

●**中央車站北側的❶**
🏠 Luisenstr. 1
◐ Map P.252-A1
🕐 週一～六　9:00～20:00
　 週日　　 10:00～18:00
　（依季節有所變更、公休）

●**駐慕尼黑辦事處**
Taipeh Vertretung in der BRD, Büro München
🏠 Leopoldstrasse 28A, 80802 München
◐ Map P.253-A4
☎ (089) 5126790
📠 (089) 51267979
🌐 www.roc-taiwan.org/demuc/
🕐 週一～五　9:00～13:00
急難救助電話：行動電話 (49) 175-5708059；德國境內直撥0175-5708059
※急難救助電話專供如車禍、搶劫、有關生命安危緊急情況等緊急求助之用，非急難重大事件請勿撥打。

慕尼黑是德國南部巴伐利亞州的首府，是僅次於柏林、漢堡的德國第3大都市，但即使身為大都會卻又擁有鄉村一般的閒靜氣氛。慕尼黑人們非常喜愛熱鬧的節慶活動，市區有好幾家大型啤酒屋，永遠都有喝不完的啤酒，而所有活動的最高潮，便是每年9月下旬開始舉辦、世界最大規模的慕尼黑啤酒節。

慕尼黑發展史可追溯到12世紀左右，當時由於地處薩爾斯堡Salzburg等重要鹽產地與德國北部的交通要道上，因而商業發展興盛。維特爾斯巴赫王朝Wittelsbacher曾居住的王宮也位於此處，也因而留存了華麗的宮廷文化。而喜愛希臘羅馬古典藝術的巴伐利亞國王路德維希一世（在位1825～1848年），更在此創設了數間博物館與大學等，將慕尼黑建造成為有著「伊薩爾河畔的雅典」之稱的文化都市。

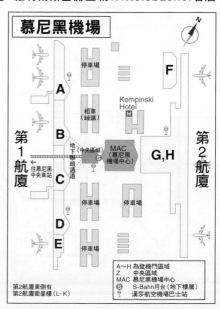

慕尼黑機場

停車場

A

租車
（妙遠）

B

地下
（中央車站）

MAC
（慕尼黑
機場中心）
S

往慕尼黑
中央車站

C

停車場

停車場

D

停車場

E

第1航廈

第2航廈

Kempinski Hotel
H

F

G,H

第2航廈東側有
第2航廈衛星樓（L、K）

A～H 為登機門區域
Z　中央區域
MAC 慕尼黑機場中心
S　S-Bahn月台（地下樓層）
　 漢莎航空機場巴士站

慕尼黑與阿爾卑斯之路 ▼ 慕尼黑München

抵達慕尼黑

搭乘飛機抵達

慕尼黑機場Flughafen München位於慕尼黑中心東北方約28.5km處，台灣有直飛航班。抵達慕尼黑機場後，依照英、德文指標至入境審查處Passkontrolle出示護照檢查，接著前往行李提領處Gepäckausgabe領取登機前託運行李，接著通過海關審查Zollkontrolle即完成入境手續。

最後前往第1與第2航廈之間的中央區域Zentralbereich（Z標示區域）的地下樓層，可搭乘S-Bahn前往市區。

機場與市區交通

機場有2條S-Bahn路線（Ⓢ1、Ⓢ8）與機場巴士行駛，票價等詳細資訊請參照下表。

若搭乘計程車前往市中心約40～45分鐘，收費一般為€70～80左右。

租車櫃台則位於第1航廈A區對面的租車中心內，由於慕尼黑市中心對於一般車輛通行區域有所限制，前往目的地飯店可能需要繞上一大圈，相當耗時。

搭乘火車&巴士抵達

慕尼黑中央車站München Hbf.內有來自歐洲各地的國際列車與德國本地列車停靠，是大型的終點式總站。機場S-Bahn停靠月台位於地下樓層。

從中央車站搭西行的S-Bahn 1站即為Hackerbrücke，車站旁的中央巴士總站ZOB為羅曼蒂克大道巴士停靠站。

台灣有直飛航班的慕尼黑機場

●轉機時的入境審查
從德國以外的EU申根加盟國（→P.516）轉機前往德國的旅客，由於已在該國接受過入境審查，因此入境德國不用再接受審查。

●慕尼黑機場
ⒶMap P.250-B1
Ⓤ www.munich-airport.de

停靠於機場地下車站的S-Bahn

●慕尼黑中央車站
慕尼黑中央車站正在進行大規模的改建工程，新車站預計2030年左右完工。

慕尼黑機場～慕尼黑市中心（中央車站、瑪利恩廣場站等）之間的交通　　（2022年7月最新）

		機場停靠站	市區停靠站	營運時間	所需時間	費用
S-Bahn	Ⓢ1	機場站地下月台	S-Bahn中央車站地下月台、瑪利恩廣場站等	機場站發車　週一～五4:33首班　週六、日5:31首班　5:51～翌日0:11每20分鐘1班	到中央車站約45分、到瑪利恩廣場約50分	單程€12.30
				中央車站發車（※參考下方附記）3:43、4:23、5:03～23:23每20分鐘1班	中央車站到機場約45分	機場巴士1日券Airport-City-Day-Ticket從購買時到翌日早上6:00為止可無限次搭乘包含機場在內慕尼黑全區（M-6）班次，價格€14.80，2～5人用團體票Gruppe為€27.50。可在機場站的自動售票機購買，不須蓋印開始使用時間。
	Ⓢ8	機場站地下月台	S-Bahn中央車站地下月台、瑪利恩廣場站等	機場站發車　4:04～翌日1:24每20分鐘1班（深夜為40分鐘1班）	到中央車站41分到瑪利恩廣場約40分	
				中央車站發車　3:15～23:55每20分鐘1班、0:15～2:35每40分鐘～1小時1班	中央車站到機場約40分	
漢莎航空機場巴士		第2航廈、中央區域、第1航廈（D區）	中央車站北側Arnulfstr.街12附近（中途停靠Nordfriedhof）	機場發車　第2航廈　6:25～22:25每20分鐘1班　中央車站發車　5:15～19:55每20分鐘1班	約45分	單程€11.50（網路購票€11）來回€18.50（網路購票€17.50）

ⓂⒺⓂⓄ　往機場方向的Ⓢ1部分班次會在中途站Neufahrn分為往Freising與機場站2台列車，搭車時要事先確認車廂。

慕尼黑全圖
MÜNCHEN

ⓤ	U-Bahn（地下鐵）
Ⓢ	S-Bahn（近郊電車）
Ⓗ	飯店
🏠	青年旅館，以年輕客群為主的住宿設施
Ⓢ	商店
Ⓡ	餐廳（含啤酒屋）
Ⓒ	咖啡館
❶	遊客中心

A 慕尼黑交通路線圖請參考
第1張摺頁地圖背面。

0　500　1km
N

P.260 奧林匹克塔
Olympiaturm

奧林匹克體育場
Olympia-Stadion

Olympiasee

ⓤ Westfriedhof

Landshuter Allee

(Mittlerer Ring)

Porz. Manuf.
Nymphenburg
（陶器）Ⓢ

P.259
寧芬堡宮
Schloss Nymphenburg

Nymphenburger Kanal

ⓤ Gern

Wasenhaus

Kolpinghaus Ⓗ
St.Theresia
München

Dom Pedro-
Platz

Dom Pedro-Str.

Dachauer Str.

Leonrodstr.

Roman-　str.

Nibelungenstr.

Rondell
Neuwittelsbach

Nymphenburger Str.

Arnulfstr.

ⓤ Rotkreuzpl.

🏠 Jugendherberge
München-City

ⓤ Maillingerstr.

Marsplatz

Arnulfstr.

Augustin
Kel

ZOB
（中央巴士總站）
Ⓢ

Hackerbrück

慕尼黑和周邊

Freising

ⓤ 11

13　9

92

P.260
達豪集中營
KZ-Gedenkstätte
Dachau

P.249 慕尼黑機場
Flughafen
München

Unter-
Schleißheim

92

達豪
Dachau

Ober-
Schleiß-
heim

Dachau

471

施萊斯海姆宮
Schloss Schleißheim

388

Ismaning

99

P.261 安聯球場
Allianz Arena

11　471

Fürstenfeldbruck

2

寧芬堡宮

慕尼黑
中央車站
♿

Riem

94

往羅森海姆Rosenheim／薩爾斯堡Salzburg

96

紅框內為
本圖一部分

B

99

11

巴伐利亞電影城
Bavaria Filmstadt

8

Donnersberger-
brücke

ⓤ Donnersberger-
brücke

Landsberger Str.

Westend-　str.

Ganghofferstr.

Schießstätter

Marien-Grün

施塔恩貝格
Starnberg

95

Isar

貝格城堡
Schloss Berg

13

8

Schwanthalerhöhe

Heimeran-
pl. ⓤ

2

貝格
Berg

Votiv-Kp.

伊薩爾河

史坦貝格湖

•Ammerland

Wolfratshausen

N

8

ⓤ Heimeranpl.

Ridlerstr.

P.41 特蕾西亞草
（慕尼黑啤酒節會場
Theresienwiese

巴伐利亞像
Bavaria

•Ambach

Hansastr.

Theresienhöhe

250　**1**

Bad Tölz

8	高速公路
	其他主要道路
Ⓢ	S-Bahn
🏰	城堡
♁	教堂、修道院

2

Olympia-
zentrum
P.260
BMW世界
BMW Welt

P.260
BMW博物館
BMW Museum

Petuelring

Ⓗ Marriott
Berliner Str.
Nordfriedhof

P.260
奧林匹克公園
Olympiapark

Lerchenauer Str.

路易波特公園
Luitpold-park

Scheid-
platz

Tantris
Joh.-Fichte-Str.

施瓦賓區
SCHWABING

Ackermann-str.

Karl-Theodor-Str.

Bonner Pl.

Karl-Theodor-Str.

Potsdamer Str.

Dietlindenstr.

Diet-linden-str.

Isarring

Biedersteinerstr.

Schwere-Reiter Str.

Winzererstr.

Schleissheimer Str.

Ⓤ Hohenzollernpl.

Elisabeth-str.

Herzogstr.

Erich-
Mühsam-
Platz

Ⓤ Münchner
Freiheit
Wedekind-
platz

Kurfürstenstr.

Römerstr.

Hohenzollernstr.

Habsburger-
platz
Franz-Joseph-Str.

P.266
Kunst und
Spiel
Ⓢ

 Mandlstr.

Kleinhessloher
See

英國庭園
Englischer
Garten

Gabelsbergerstr.

Augustenstr.

Josephsplatz
Ⓤ

Georgenstr.

Georgen-   str.

Ohmstr.

Ⓤ Giselastr.

Isar

P.263 TAKUMI Ⓡ

wenbräukeller Ⓡ

Stiglmaierplatz Ⓤ

Schleißheimer Str.

Heßstr.

Bayer Str.

Türkenstr.

Schellingstr.

Amalienstr.

勝利門
Siegestor

慕尼黑大學
Ludwig-Maximilians
Universität
P.258

Leopoldstr.

Veterinärstr.

Königinstr.

中國塔
Chinesischer
Turm

Park Hilton

Ⓡ Chinesischer
Turm

Theresienstr. Ⓤ

布蘭德霍斯特博物館
Museum Brandhorst

新繪畫陳列館
Neue Pinakothek

路德維希教堂
Ludwigskirche

P.257 老繪畫陳列館
Alte Pinakothek

倫巴赫市立美術館
dtische Galerie im Lenbachhaus
P.258

Königsplatz Ⓤ

P.258
現代藝術陳列館
Pinakothek der Moderne

P.258

邦立圖書館
Bayerische
Staatsbibliothek

巴伐利亞
國立博物館
Bayerisches
Nationalmuseum

伊薩爾河

Amba
Ⓗ

Dachauer Str.

Brienner

方尖碑
• obelisk

Odeons-
platz

日本茶室 •

藝術之家
Haus der Kunst

薩克美術館 **P.258**
Sammlung Schack

Prinzregentenstr.

Luitpold-
brücke

Karlstr.

Maximiliansplatz

Ⓤ Hauptbhf.
Ⓢ
Karlspl. Ⓤ

Ⓤ Hauptbhf.

卡爾廣場
Karlspl. Ⓤ
Stachus
Neuhauser Str.

P.256
王宮
Residenz

巴伐利亞邦立歌劇院
馬克西米利安大街

Lehel Ⓤ

斯塔克別墅博物館
Museum Villa Stuck

馬尼黑中央車站
Hauptbahnhof

Bayer Str.
P.269
a&o München
Hauptbahnhof

Maritim
Hotel München
P.267

P.257
聖母教堂
Frauenkirche

米歇爾教堂
Michaelskirche

P.256
新市政廳
Ⓢ Marienplatz

馬克西米利安紀念館
（邦議會）
Maximilianeum

heresienwiese

Georg Hirth
Platz

Goethestr.

Schillerstr.

Sonnenstr.

Sendlinger Str.

瑪莉恩廣場

穀物市場
Viktualienmarkt

市立博物館
Stadt-Museum

Frauenstr.

伊薩爾門
Ⓢ Isartor

Zweibrückenstr.

Max-Weber-
Platz

Innere Wiener Str.

Ⓡ Preysing-Keller

Kaiser-
Ludwig-
Platz

Sendlinger Tor Ⓤ

Volksbad浴場

Ludwigsbrücke

P.261
加斯泰格文化中心
Gasteig

P.267

Mozart-str.

中心區域放大圖見下頁

Ⓗ
Pension
Gärtnerplatz **P.268**

P.259 德意志博物館

Rosenheimerstr.

Ⓗ Hilton City

Paulaner
Bräuhaus Ⓡ

Goethepl.

Fraunhoferstr.

Steinstr.

Rosenheimer
Platz Ⓢ

P.261
往Isar Philharmonie

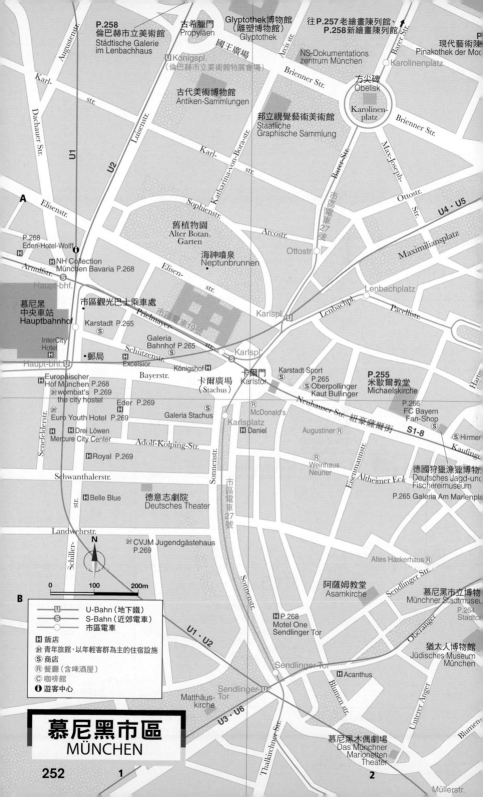

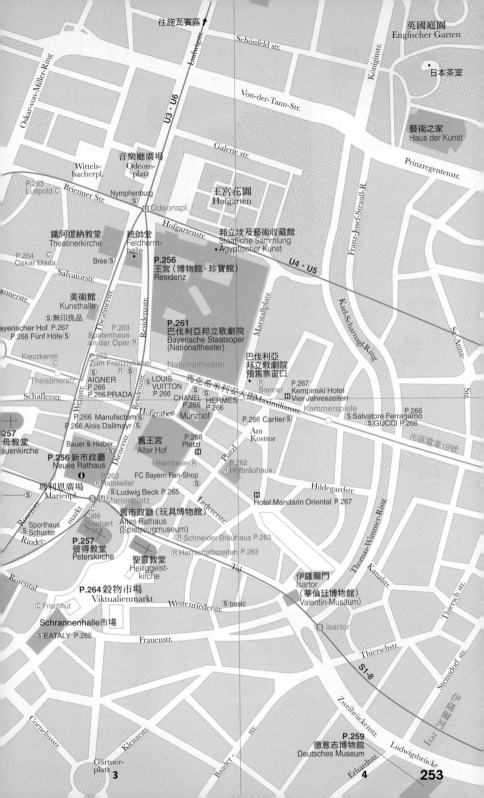

進入月台前的打印機，寫有「HIER ENTWERTEN」的車票務必蓋印

慕尼黑市區交通

※慕尼黑市區交通路線圖請參考摺頁。

藍色打印機前方若無持有有效車票不可進入

慕尼黑市區由S-Bahn（近郊電車，以下以Ⓢ標示，可使用火車通行證）、U-Bahn（地下鐵，以下以Ⓤ標示）、路面電車、巴士等網絡組成慕尼黑交通局MVV，車票為MVV共通區域收費制，從中心的M區出發後，依距離設定不同價格區間。車票可在搭乘前於自動售票機購買，若搭乘Ⓢ、Ⓤ則在搭乘巴士或路面電車後，於月台下設置的打印機上印上搭車的時間（※註1），若忘記蓋印會被視為逃票。有效時間內可在有效區域內無限次轉乘其他交通工具。

●慕尼黑交通局
🌐www.mvv-muenchen.de

（※註1）於巴士、路面電車上購買的票券印有日期，不需再蓋印。若是於中央車站內的DB售票機購買，可以從螢幕選擇是否刻印。

●觀光客用城市卡
以下卡片可於有效期間內自由搭乘大眾交通運輸工具，享有美術館、景點、觀光巴士等優惠或免費。不知道要從何選擇時，建議參考各網站評估自己想去的景點是否有相關優惠。可於觀光局和MVV的遊客中心、自動售票機、網站等地方購買。

城市旅遊卡
CityTourCard
享有博物館和景點的門票優惠，乘車有效範圍分為市中心M區域和慕尼黑全區2種，24小時券（€14.50/€24.50）、48小時券（€21.50/€35.90），也有3～6日券和團體券。

慕尼黑卡
München Card
內容與城市旅遊卡類似，僅部分折扣有所不同。乘車有效範圍分為市中心M區域和慕尼黑全區2種，1日券（€13.90/€22.90）、2日券（€20.90/€32.90），也有3～5日券和團體券。

慕尼黑城市卡
München City Pass
網站與慕尼黑卡相同，享有博物館等景點免費，也可免費搭乘指定的觀光巴士。有效期間為1日券（€47.90/€57.90）、2日券（€59.90/€74.90），也有3～5日券和團體券。

主要車票種類與價格		
移動區間 （M區以外發車在此省略）	單次車票（單程） Einzelfahrkarte	1日券 Tageskarte
僅限M區間	€3.50	€8.20
M-❶區間	€5.30	€9.30
M-❷區間	€7	€10.10
M-❸區間	€8.80	€11.20
M-❹區間	€10.50	€12.40
M-❺區間	€12.30	€13.70
M-❻區間	€14.10	€14.80
名稱	有效乘車範圍	票價
短區間票Kurzstrecke	巴士、路面電車4站內有效， Ⓢ、Ⓤ為2站	€1.80
伊薩爾卡Isarcard	M區間一週內有效，範圍至M-6區間	€18.60～

●慕尼黑交通區間

慕尼黑機場✈
達豪★
M
★弗略特馬寧
慕尼黑中心

像達豪站這樣標示在1/2兩個區間的情況，可以選擇離目的地最近的區間，從中央車站到達豪為1區間的費用（€5.30），同樣從中央車站出發前離安聯球場Allianz Arena最近的弗略特馬寧站Fröttmaning（M/1）則為M區間的費用（€3.50）。

🔖MEMO 慕尼黑巴士和路面電車中皆設有售票機，但僅可使用硬幣，無法使用紙鈔，若欲在車上購買，請在搭車前確認是否有足夠的金額。

漫遊

從中央車站正面Schützenstr.街或巴伐利亞街Bayerstr.側出口徒步5分鐘後，會走到有大噴泉的卡爾廣場Karlsplatz。過了卡爾門則是行人徒步區紐豪薩爾街Neuhauser Str.，街上有許多百貨公司和商店林立，是慕尼黑的主要大道。

從卡爾門延伸的行人徒步區

正面為白色的米歇爾教堂

接著過了路德維希二世等維特爾斯巴赫家族Wittelsbacher王侯墓園所在地的米歇爾教堂Michaelskirche後，便可看到新市政廳Neues Rathaus矗立的瑪利恩廣場Marienplatz。從這裡往北的鐵阿提納街Theatinerstr.與王宮街Residenzstr.之間也是行人徒步區，途中會看到雄偉的巴伐利亞王宮Residenz，與巴伐利亞邦立歌劇院Bayerische Staatsoper，而從這裡往東延伸的馬克希米利安大街Maximilianstr.區域則是高級名牌商店街。

從瑪利恩廣場經塔爾街Tal往東走，穿過伊薩爾門Isartor後，則可看到位於伊薩爾河島上的德意志博物館。若從瑪利恩廣場往北經音樂廳廣場Odeonsplatz，接著走路德維希街Ludwigstr.往北則有大學，此區是最受學生喜愛的施瓦賓區Schwabing，街上有許多時髦咖啡酒吧及便宜德式小酒館，每到晚上總是擠滿年輕人熱鬧不已。

若從卡爾廣場往北約1km處則為博物館與美術館集中區，其中老繪畫陳列館Alte Pinakothek、新繪畫陳列館Neue Pinakothek及現代藝術陳列館Pinakothek der Moderne等3家美術館，是慕尼黑不可錯過的重要景點。

左側為慕尼黑王宮，右側為巴伐利亞邦立歌劇院

●觀光巴士
・**Münchener Stadtrundfahrten公司**
Münchener Stadtrundfahrten
🖳 www.stadtrundfahrten-muenchen.de
出發地點位於中央車站對面Karstadt百貨公司前。
Hop-On-Hop-Off 行程停靠市內主要景點，可自由上下車，Express 24小時券€19.90，Grand券包含寧芬堡宮等景點為€24.90，48小時券€29.90。
市區周邊＋安聯球場&巴伐利亞慕尼黑足球俱樂部練習場遊覽行程（€34.9，不含球場門票）為4～10月的週四、五10:00出發。
新天鵝堡與林德霍夫宮1日遊（€59.90＋城堡門票），全程約10小時30分，不需要預約城堡入場時間十分方便。

●米歇爾教堂
🏠 Neuhauser Str. 6
🔗 Map P.252-A2
🕐 週一～六 7:30～19:00
　週日 10:00～22:00
禮拜中暫停開放參觀。
維特爾斯巴赫家族墓園
🕐 週四～六 10:00～12:30
🚫 週一～三、週日・節日、12/24・31
💰 教堂免費，地下墓園€2

地下墓園內路德維希二世的棺木

●施瓦賓區
🔗 Map P.251-A3～A4
19世紀末有許多藝術家及畫家如保羅・克利Paul Klee、康丁斯基Wassily Kandinsky、里爾克Rainer Maria Rilke、漢斯・卡羅薩Hans Carossa及湯瑪斯曼Paul Thomas Mann在施瓦賓區十分活躍，雖然並沒有留下當時的完整風貌，不過仍有許多時髦的咖啡館和酒吧、舞廳、小劇場等分布其中，成為年輕藝術家的藝術發源基地。

施瓦賓區有許多時髦咖啡館

MEMO 19號路面電車搭乘率相當高，從中央車站前（ⓘ前）的停靠站搭乘往St.-Veit-Str.方向，可在新市政廳附近的Theatinerstr.或巴伐利亞邦立歌劇院前的Nationaltheater下車，購物十分方便。

255

●新市政廳

住Marienplatz 8

Map P.253-B3

U S Marienplatz下車。

塔樓開放時間

圖10:00～20:00

（週日・節日～17:00）

（入場至閉館前30分鐘為止）

※塔樓有入場人數限制，須於觀光局網站（URLwww.muenchen.travel）內的Turmauffahrt Neues Rathaus頁面，預約指定日期。往塔樓觀光先搭乘電梯至5樓（以德語4.Stock標示）報到，再轉搭另一個電梯往10樓（同9.Stock）。

休狂歡節的週二、5/1、11/1、12/25・26、1/1・6

費€6、學生€5

機關鐘的騎馬比試場景

●王宮博物館

住Residenzstr. 1

（入口在Max-Joseph-Platz）

Map P.253-A3

S U Marienplatz下車徒步約5分，或搭19號路面電車於Nationaltheater下車即達。

URLwww.residenz-muenchen.de

圖4/1～10/15　9:00～18:00

10/16～3/31　10:00～17:00

（入場至閉館前1小時為止）

休狂歡節的週二、12/24・25・31、1/1

費王宮博物館€9、學生€8，珍寶館€9、學生€8，博物館與珍寶館套票€14、學生€12、可使用巴伐利亞城堡卡（→P.211）

語音導覽免費

面王宮街Residenzstr.的王宮入口處（往中庭入口）有著持盾的獅子像，據說只要摸盾就可帶來好運氣，因此可看到有人來此摸盾

📷 **主要景點**

趣味機關鐘樓 新市政廳

Neues Rathaus　★★★

11:00和12:00聚集了許多人

建於1867～1909年間的新哥德樣式新市政廳，以擁有德國最大機關鐘Glockenspiel而聞名。耶穌受難日與萬聖節外，每天11:00與12:00（3～10月期間17:00也有）便會上演由32隻人偶演出的10分鐘趣味秀。這些人偶和真人一樣大，內容為慶祝1568年巴伐利亞國王結婚，有騎士騎馬比試（勝者為藍白旗的巴伐利亞騎士！）、製作啤酒桶的工匠手舞足蹈等，21:00還會出現夜警與天使、慕尼黑小童Münchner Kindl向大家道晚安。市政廳塔樓高85m，可搭乘電梯到頂樓。

維特爾斯巴赫王朝宮殿 王宮

Residenz 　★★★

巴伐利亞皇族維特爾斯巴赫家族的王宮

王宮建於14世紀後半，之後歷經多次擴張，演變成複雜的內部構造，其中最重要的便是有著豪華廳院與房間的王宮博物館Residenzmuseum。陳列了121幅維特爾斯巴赫家族王侯肖像的祖先肖像畫廊Ahnengalerie，與擁有華麗圓屋頂的考古館Antiquarium等展示都十分令人驚嘆。

而展示皇冠與金飾等貴族寶物的珍寶館Schatzkammer，與王宮博物館同一個入口但須另行收費。

（上）金色裝飾相當耀眼的祖先肖像畫廊／

（右）有著美麗天花板濕壁畫的考古館

聖母教堂與彼得教堂
Frauenkirche und Peterskirche ★

有如洋蔥頭般的聖母教堂塔樓是慕尼黑的象徵建築，北塔高99m，南塔則為100m，從南塔的86階樓梯處可搭電梯上到80cm處。

教堂內則有維特爾斯巴赫王朝家族共46人的墳墓。

從新市政廳塔樓看到的聖母教堂

走入從瑪利恩廣場延伸的巷弄Rindermarkt，則有起源於13世紀的慕尼黑最古老教區教堂彼得教堂，從教堂外側往南繞則可看到塔樓入口。塔

樓高91m，辛苦爬上約300階的狹窄階梯後，可看到不輸給聖母教堂的美麗景致，此外塔樓上還可一覽瑪利恩廣場與新市政廳的機關鐘風光。

彼得教堂塔樓上的美麗風光

●聖母教堂
⊞Frauenplatz 1
⊕Map P.252-B2～P.253-B3
Ⓤ Ⓢ Marienplatz下車。
開週一～六　　8:00～20:00
　週日・節日　8:30～20:00
南塔電梯
週一～六　　10:00～17:00
週日・節日　11:30～17:00
（電梯入場至16:30為止）
費教堂免費，電梯€7.50、學生€5.50

●彼得教堂
⊞Peterplatz 1
⊕Map P.253-B3
開塔樓入場
　週一～日　　12:00～16:30
※依季節有所變更。節日活動、視天候狀況有時會暫停開放。
休狂歡節的週二、1/1、復活節前的週五
費塔樓門票€5、學生€3

品味繪畫精髓 老繪畫陳列館
Alte Pinakothek ★★★

館內陳列了維特爾斯巴赫王朝所收藏的15～18世紀名畫，由於路德維希一世的「藝術作品要給萬人欣賞」命令下，而創立於1836年。其中德國畫家杜勒Albrecht Dürer的《四使徒》和《自畫像》、阿爾特多費Albrecht Altdorfer的《亞歷山大戰役》、彼得・布勒哲爾父子Pieter Bruegel畫作等必看。

歐洲最具代表性的美術館之一

●老繪畫陳列館
⊞Barer Str. 27
⊕Map P.251-B3
Ⓤ2 Theresienstr.下車徒步約10分，或搭27、28號路面電車、100號巴士在Pinakotheken下車徒步約2分鐘即達。
網www.pinakothek.de/alte -pinakothek
開週二～日　10:00～18:00
（週二・三～20:30）
休週一、1/6、5/1、12/24・25・31、狂歡節的週二
費€7、學生€5
週日€1
※舉辦特展時有所變更。
老館、新館、現代館等3間陳列館共通的1日券Tageskarte€12（特展須另行收費）

名畫前授課的景象

被名畫包圍的幸福時光

MEMO 進入美術館參觀前，若攜帶背包或中型以上包包會被要求寄放或放入置物櫃。投幣型置物櫃須投硬幣€1或€2，取回時退幣，寄放後逛美術館確實比較輕鬆。

257

● 新繪畫陳列館
住Barer Str. 29
◆Map P.251-B3
U 2 Theresienstr.下車徒步約
10分，或搭乘27、28號路面電
車、100號巴士在Pinakotheken
下車徒步約2分。
www.pinakothek.de/neue
-pinakothek

● 沙克美術館
收藏德國19世紀後葉的羅馬
主義作品，同時展示整修中的
新繪畫陳列館部分作品。
◆Map P.251-B4
住Prinzregentenstr. 9
搭乘100號巴士於Reitmorstr./
Sammlung Schack下車徒步
約2分。
www.pinakothek.de/
sammlung-schack
10：00～18：00
休週一、二、5/1、12/24、25、31
€4（特展須另行收費）、學
生€3、週日€1

● 現代藝術陳列館
住Barer Str. 40
◆Map P.251-B3
交通方式同上方的新繪畫陳列
館。
www.pinakothek.de/
pinakothek-der-moderne
週二～日　10：00～18：00
（週四～20：00）
休週一、狂歡節的週二、5/1、
12/24、25、31
€10、學生€7
週日€1
老館、新館、現代館等3間陳
列館共通的1日券
Tageskarte€12（特展除外）

● 倫巴赫市立美術館
住Luisenstr. 33
◆Map P.252-A1
U 2、8 Königsplatz下車。
www.lenbachhaus.de
週二～日　10：00～18：00
週四　　　10：00～20：00
休週一、12/24
€10、學生€5

收藏19世紀以來的繪畫 新繪畫陳列館
Neue Pinakothek ★★★

位於「Alte（老）」對面的「Neue（新）」繪畫陳列館內，展示了19世紀至20世紀初的藝術作品，其中包括克林姆Gustav Klimt、塞根迪尼Giovanni Segantini、梵谷、高更、塞尚、雷諾瓦、莫內等新藝術派與法國印象派的巨匠畫作。

※閉館整修至2025年左右，部分主要作品於老館1樓和沙克美術館Sammlung Schack（→左方資訊欄）展示。

現代藝術複合美術館 現代藝術陳列館
Pinakothek der Moderne ★★★

以20世紀繪畫為中心，展示視覺藝術、現代雕刻、裝置藝術、媒體藝術等各類藝術作品。建築區則有慕尼黑工業大學收藏的建築模型和照片、設計圖等展示，是德國規模最大的現代藝術複合美術館。

以巨大挑高的大廳為
中心設置展示空間

近現代美術館 倫巴赫市立美術館
Städtische Galerie im Lenbachhaus ★★

改建自慕尼黑「伯爵畫家」倫巴赫Franz von Lenbach宅邸，裡面展示了慕尼黑新藝術派及表現主義畫家的畫作。其中特別是康丁斯基的收藏品十分豐富，可以欣賞到康丁斯基初期到之後逐漸改變畫風的作品。除此之外還有收藏20世紀前半葉活躍於慕尼黑的藝術團體「藍騎士Der Blaue Reiter」的豐富藝術作品，包含馬爾克Franz Marc、穆特Gabriele Münter、亞夫倫斯基Alexej von Jawlensky、麥克August Macke、保羅·克利等。

此外，地下鐵Königsplatz站的地下樓層部分，則為倫巴赫市立美術館的特展會場Lenbachhaus Kunstbau。

入口位在新館側

倫巴赫伯爵的宅邸與庭園部分

理科迷的最愛 德意志博物館
Deutsches Museum　　★★★

雄偉的建築外觀

在所有自然科學與技術領域的博物館中，德意志博物館擁有全球最大的展示面積，規模之大讓人驚嘆。博物館提供了許多可進入民航機、火車內部等的體驗型展示，還有重現煤礦坑道真實大小的區域，以及展示用的實驗區。下載免費的德意志博物館App，參觀時能確認各展區資訊，搭配展示品解說更容易理解。

美麗的美女畫廊 寧芬堡宮
Schloss Nymphenburg　　★★

優美離宮寧芬堡宮

這裡原是維特爾斯巴赫家族的夏季離宮，建造於17世紀到19世紀中葉。過去倖免於戰爭破壞，完整留存的優美姿態就如別名「妖精城堡」一般夢幻。聳立在天鵝優游的運河後方，左右對稱的主宮殿Hauptschloss內，有洛可可樣式的節慶大廳Festsaal與路德維希二世誕生的王妃寢室。而最值得欣賞的，便是有著路德維希一世所喜愛的36位美女肖像壁畫的美人

美人畫廊必看

畫廊Schönheitsgalerie，其中還有路德維希一世因與她之間醜聞導致退位的舞蹈家Lola Montez的肖像，不妨探尋欣賞。

主宮殿南側設有馬車博物館Marstallmuseum，展示了路德維希二世的豪華金馬車與雪橇等。

而廣大的庭園內，還有狩獵用的小城堡阿美蓮堡Amalienburg等建築分布其中。

路德維希二世的華麗雪橇

● 德意志博物館
㊟Museumsinsel 1
⊙Map P.251-B4/P.253-B4
⑤Isartor下車徒步約10分，或搭17號路面電車在Doutches Museum下車徒步約5分。
URL www.deutsches-museum. de
開9：00～17：00
（入場至閉館前1小時為止）
休1/1、狂歡節的週二、耶穌受難日、5/1、11/1、12/24、25、31
費€15、學生€8
推薦從上方網站購買指定日期門票。

● 寧芬堡宮
⊙Map P.250-A1
搭17號路面電車在Schloss Nymphenburg下車徒步約5分。
URL www.schloss-nymphenburg. de
開4/1～10/15
　　　　9：00～18：00
10/16～3/31
　　　　10：00～16：00
（入場至閉館前30分為止）
休1/1、狂歡節的週二、12/24、25、31
費主宮殿€8、學生€7
可參觀馬車博物館和陶瓷器收藏 €6。庭園城館Parkburgen€5、學生€4。
可於上述網站購買指定日期和時間的電子門票。
可使用巴伐利亞城堡卡
（→P.211）

大理石與吊燈十分耀眼的節慶大廳

路德維希二世誕生的王妃寢室

259

●BMW博物館
住Am Olympiapark 2
➲Map P.251-A3
U 3 Olympiazentrum下車。
URL www.bmw-welt.com
開週二～日　10：00～18：00
（入場至閉館前30分為止）
休週一、12/23～26、12/30～1/1、1/6
費€10、學生€7

●BMW世界
住am Olympiapark 1
➲Map P.251-A3
URL www.bmw-welt.com
開9：00～18：00
休6/30、7/1、12/24～26・31、1/1
費免費
BMW新車展示間兼服務停車場，附設商店與餐廳。

●BMW工廠參觀
可參加導覽行程（德語或英語，約30人團體參觀）參觀工廠內部，以上述☎（089）125016001或Email infowelt@bmw-welt.com預約，全程約2小時30分。1人€18～、學生€15。

車迷必訪BMW博物館
BMW Museum ★★

位於奧林匹克公園旁4座圓筒狀大樓為BMW總公司，筒狀造型象徵汽車的汽缸，因而又被稱為四缸大樓，博物館則位於旁邊有如碗一般造型的建築內。

BMW總社建築與博物館

博物館有天橋連接對面建築BMW世界BMW Welt，建築內除集結了BMW最尖端技術的展示間外，同時兼具BMW顧客服務停車場，可免費入場參觀，此外並附設商店和餐廳。

回顧高級車歷史

從地下鐵入口附近的BMW世界內過空橋即可抵達博物館

●奧林匹克公園
➲Map P.250-A2～P.251-A3
URL www.olympiapark.de

●奧林匹克塔
➲Map P.250-A2
U 3 Olympiazentrum下車徒步約5分。
開9：00～23：00
（入場～22：30）
費€11

奧林匹克公園
Olympiapark ★

這裡是1972年慕尼黑奧運會的比賽會場所在地，公園內並附設運動設施及活動會場。奧林匹克塔Olympiaturm高約290m，為德國最高塔，約180m處設有瞭望台與高級餐廳。

晴朗的天氣還可看到阿爾卑斯山

HISTORY

達豪集中營 KZ-Gedenkstätte Dachau

位於慕尼黑西北方的閑靜小鎮達豪，在納粹時代1933年建造了德國第一個集中營。用以囚禁猶太人、反納粹德國人和波蘭人等，共奪去超過3萬人以上的性命。腹地內有2棟復原的兵營，此外並開放參觀毒氣室與焚化爐等。為了讓世人不忘卻並了解真實的歷史，德國各地都保留有集中營遺跡。

交通 從中央車站（地下）搭乘Ⓢ2約20分鐘在Dachau站下車，從站前轉乘往Saubachsiedlung的726號巴士在KZ-Gedenkstätte下車，從中央車站前往須使用2區車票（€5.30）。

住Pater-Roth-Str. 2a　D-85221 Dachau
➲Map P.250-B1　☎（08131）669970
URL www.kz-gedenkstaette-dachau.de
開9：00～17：00　休12/24　費免費
9:30、11:00、13:30、14:30為德語，10:15、11:45、14:00則有英語的記錄片播放（可能會有變更）。

背負德國歷史的遺跡

娛樂＆夜生活 ‥‥‥‥‥‥‥‥‥‥‥‥‥‥‥‥‥‥

巴伐利亞邦立歌劇院
Bayerische Staatsoper

德國的代表性歌劇院，原為馬克西米利安一世Maximilian I建於19世紀前半葉的皇家歌劇院，現今所見為1963年重建。9月中旬至隔年6月為演出季，幾乎每天都有歌劇或芭蕾舞劇演出，此外每年7月還有慕尼黑歌劇節Münchner Opern-Festspiel。

希臘神殿樣式的歌劇院與馬克西米利安一世

豪華觀眾席

●巴伐利亞邦立歌劇院
⌂Max-Joseph-Platz 2
◐Map P.253-A3
ⓈMarienplatz、ⓊOdeonsplatz下車，或搭19號路面電車在Nationaltheater下車。
☎ (089) 21851920（預約）
🌐www.staatsoper.de
預售票窗口
⌂Marstallplatz 5
🕐週一〜六　10：00〜19：00
※寄送預售票服務於公演的2個月前起（預售票窗口、電話和網路預約為1個月前）接受預定（每張票收手續費€2）
※當日票券於演出前1小時開始在劇院內窗口販售。
劇場內部有導覽行程可供參加，可參觀巴伐利亞皇家專用包廂與後台等，舉辦日期不定，會隨時公布於官網（🌐www.staatsoper.de/fuehrungen）。門票可於上述預售票窗口購買，票價€10，集合場所為Freunde-Foyer（北側入口Alfons-Goppel-Str.）

加斯泰格文化中心
Gasteig

慕尼黑最具代表性的複合型文化設施，大型演奏廳愛樂廳內除慕尼黑交響管弦樂團演出外，也經常有許多各類音樂會在此表演。加斯泰格文化中心從2022年9月開始進行為期5年的整修工程，在此期間表演改在慕尼黑南部的音樂廳Isar Philharmonie演出。

●加斯泰格文化中心
⌂Rosenheimer Str. 5
◐Map P.251-B4

●Isar Philharmonie
⌂Hans-Preißinger-Str. 8
◐Map P.251-B3外
Ⓤ3 Brudermühlstr.下車。

足球・球場情報

安聯球場 Allianz Arena
🌐www.allianz-arena.de　◐Map P.250-B1

巴伐利亞慕尼黑足球俱樂部比賽日會打紅燈，1860慕尼黑足球隊比賽日則打藍燈

白天白色的發光面板閃閃發亮

以擁有德國最新設備自誇，可容納6萬6000名觀眾，是巴伐利亞慕尼黑足球俱樂部FC Bayern München和1860慕尼黑球隊TSV 1860 München的主場球場。

球場內的參觀行程Kombi Tour有球場導覽Arena Tour和FC巴伐利亞球迷世界FC-Bayern-Erlebniswelt，套票€19，兩者所需時間約2小時30分，建議事先透過網站預約時間。

●巴伐利亞慕尼黑足球俱樂部
🌐www.fcbayern.de
🚉從慕尼黑中央車站搭Ⓢ1〜8，前往中心區域的Marienplatz，接著轉乘Ⓤ6約16分在Fröttmaning下車，徒步約15分鐘。

可以參觀觀眾席到更衣室

RESTAURANT ✤ 慕尼黑的餐廳

慕尼黑市中心有許多大型啤酒屋與啤酒餐廳，品嘗分量十足的肉類料理與香腸，再喝上一大杯道地德國啤酒，可說是人生的最高享受！

若是晴朗天氣，從白天就可看到許多人在樹蔭下的啤酒花園悠閒暢飲啤酒，充滿道地巴伐利亞風格。啤酒屋與啤酒餐廳一般都有許多大桌子座位，經常需要和別人併桌，併桌時是認識來自世界各地遊客的最好機會。

R Hofbräuhaus

德國料理‧啤酒餐廳 MAP ◆ P.253-B3
🏠 Platzl 9
☎ (089) 290136100
🌐 www.hofbraeuhaus.de
🕐 9:00～24:00
card J M V
🚇 U S Marienplatz徒步約5分。

德國最有名的啤酒屋

Hofbräu原本意為宮廷啤酒釀造所，是1589年設於王宮腹地內維特爾斯巴赫王室的御用釀造所。莫札特及奧地利王妃伊莉莎白、列寧等都曾造訪此地，1920年希特勒更曾在此召開納粹黨成立大會。裡面可容納約3000人，是德國最有名的啤酒屋，夏天還會有露天啤酒花園，晚上樓上餐廳則有表演（需要門票）。1ℓ啤酒€9.90，白香腸（2根）€5.90。人多混雜時要小心扒手，入口旁有禮品店。

R Zum Franziskaner

自製美味極品白香腸

啤酒與菜色都十分可口，並提供魚類料理。餐廳內部分為幾個包廂，入口共有2處。招牌料理為大分量的肉類料理——烤豬肉Jungschweibe braten€15.50、火腿Eine Scheibe Leberkäse€8.40，白香腸（2根）€7.60。

德國料理‧啤酒餐廳 MAP ◆ P.253-A3
🏠 Residenzstr. 9/Perusastr. 5
☎ (089) 2318120
🌐 www.zum-franziskaner.de
🕐 11:00～23:00
card A D M V
🚇 U S Marienplatz徒步約5分。

Specialty 認識慕尼黑名產白香腸

慕尼黑最有名的特產便是白香腸Weißwurst，是用小牛肉加上香菜與辛香料混合裝在白色皮內製成的香腸，水煮後食用，點餐為2根以上。

享用時將香腸放在盤上切開，將皮剝開挖出餡料，接著沾Süßer Senf 芥末食用。

由於白香腸容易壞，過去有早上將剛煮好新鮮白香腸吃掉的習慣，部分餐廳仍然恪遵傳統只供應到中午前。

搭配甜芥末和紐結餅一起食用

切大塊方便食用，留下外皮才是正確的吃法

Schneider Bräuhaus（舊名Weisses Bräuhaus）

氣氛沉穩的啤酒餐廳

以Schneider Weisse小麥啤酒聞名的啤酒釀造所直營的啤酒餐廳，有許多家族客與小團體光顧，用餐氣氛輕鬆，白香腸（2根€6）供應到12:00。

德國料理‧啤酒餐廳 MAP ◆ P.253-B3
住Tal 7
☎(089) 2901380
www.schneider-brauhaus.de
8:00～23:00
card J M V（€20以上接受刷卡）
交 U S Marienplatz徒步約5分。

Herrschaftszeiten

供應絕品啤酒與美味午餐

位於瑪利恩廣場往東延伸的塔爾街Tal上，入口看起來雖不起眼但店內十分寬敞，最裡面還有中庭。知名Paulaner啤酒直營店的啤酒風味絕佳，維也納炸肉排Wiener Schnitzel von Kalb€ 24、乳酪麵Kässpatzen€12。

德國料理‧啤酒餐廳 MAP ◆ P.253-B3
住Tal 12
☎(089) 693116690
www.herrschaftszeiten-muenchen.de
週一～六 11:00～翌日1:00
週日 11:00～23:00
（點餐11:00～22:00）
card A M V
交 U S Marienplatz徒步約5分。

Spatenhaus an der Oper

欣賞歌劇前後的好去處

巴伐利亞風味的鴨肉與豬肉料理十分有名，味道可口，正對王宮與邦立歌劇院的2樓座位相當搶手，建議最好事先訂位。1樓與2樓供應菜色不同，2樓菜單較為高級。烤豬肉Schweinsbraten€19.50（1樓）。

德國料理 MAP ◆ P.253-A3
住Residenzstr. 12
☎(089) 2907060
www.kuffler.de
11:30～翌日0:30
（點餐～23:00）
card A M V
交 U S Marienplatz徒步約7分。

Ratskeller

位於新市政廳地下室的道地德國餐廳

提供自製香腸拼盤Ratskeller Grillwürstlschmankerl（€19）與白香腸Weißwurst（1根€3.30，最少須點2根）等道地巴伐利亞料理，店內寬敞，裝潢風格高尚，屬中級～高級餐廳。

德國料理 MAP ◆ P.253-B3
住Marienplatz 8
☎(089) 2199890
www.ratskeller.com
週一～日 11:00～23:00
（點餐～22:00）
card A M V
交 U S Marienplatz徒步約1分。

TAKUMI

大排長龍的拉麵名店

由日本直送的講究麵條，在德國也擁有高人氣，必須排隊，最有人氣的為特上味噌拉麵與擔擔麵，附餐炸雞€7.80也許多人點餐，圖片為味噌拉麵€14.80與半熟蛋€2。

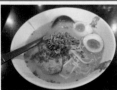

日本料理 MAP ◆ P.251-B3
住Gabelsbergerstr. 77
週三～日 11:45～15:00
17:00～21:00
休週一‧二
card M V
交 U Stiglmaierplatz、Theresien-straße徒步約5分。

Café Luitpold

慕尼黑貴婦喜愛的咖啡館

創立於1888年的咖啡老店，陳列於陳列櫃中的自家製蛋糕獲得高度評價，早餐套餐、午餐菜單種類豐富，聚集了當地的民眾前來品嘗，圖中的是早餐菜單的班尼克蛋（火腿）。

咖啡館 MAP ◆ P.253-A3
住Briener Str. 11
☎(089) 2428750
www.cafe-luitpold.de
週一～六 8:00～22:00
週日 9:00～20:00
card M V
交 U Odeonsplatz徒步約5分。

Oskar Maria

享受閑靜的咖啡時光

位於Literaturhaus文學館1樓，擁有挑高屋頂與寬敞空間，是相當舒適的法國風小酒館咖啡店。沙拉與湯品等輕食與蛋糕都十分可口，素食咖哩€6～、菲力鮭魚€25。

咖啡館   MAP ◆ P.253-A3

- 🏠 Salvatorplatz 1
- ☎ (089) 29196029
- 🌐 www.oskarmaria.com
- 🕐 週一～五11:00～23:00、週六10:00～23:00、週日10:00～18:00（午餐、晚餐都有最後點餐時間）
- 休 12/24、1/1 card 不可
- 🚇 U S Marienplatz徒步約7分。

Stadtcafé

品味當地氣氛小憩一番

位於市立博物館入口處的樸實咖啡館，除了陳列於玻璃櫃中的手工蛋糕與三明治等外，還有湯品跟沙拉等豐富菜單可選擇，可來此用餐。夏季還會於博物館的中庭擺設座位。

咖啡館   MAP ◆ P.252-B2

- 🏠 St. Jakobs-Platz 1
- ☎ (089) 266949
- 🌐 www.stadtcafe-muenchen.de
- 🕐 週二～六10：00～22：00
  週日　11：00～18：00
- 休 週一
- card 不可
- 🚇 U S Marienplatz徒步約10分。

Café Rischart

慕尼黑人的熱門名店

這間烘培坊直營的平價咖啡館，就位於新市政廳對面，非常適合觀光後小憩一番。1樓為商店，2樓為咖啡館，圖中的早餐套餐Richart-Klassiker€8.40，飲料另計。

咖啡館   MAP ◆ P.253-B3

- 🏠 Marienplatz 18
- ☎ (089) 2317003320
- 🌐 www.rischart.de
- 🕐 週一～六8：00～20：00
  週日・節日8：00～19：00
- card 不可
- 🚇 U S Marienplatz徒步約1分。

INFORMATION

漫步悠閒戶外市集

從瑪利恩廣場過彼得教堂南側有名為穀物市場Viktualienmarkt（◆ Map P.253-B3）的露天市集，販售蔬菜水果的店家從早上營業到18:00左右（休 週日・節日）。還有啤酒花園與香腸攤，以及現榨果汁店，是個適合閒逛的好去處。

左上／樹枝和稻穀做成的幸運物
上／販賣各種口味的蜂蜜專賣店
左／畫有穀物市場圖案的熱門環保袋（€2.50～，因店家而有所不同）

中央矗立著巴伐利亞的象徵五月柱Maibaum

自助式啤酒花園熱鬧非凡

SHOPPING �֍ 慕尼黑的購物

卡爾門往東延伸的人行步道紐豪薩爾街Neuhauser Str.上，有許多百貨公司及價格實惠的精品店。高級名牌則多半集中於馬克希米利安大街Maximilianstr.，可充分有效率地購物。

新市政廳南側的戶外廣場穀物市場則是慕尼黑居民的廚房，主要販賣蔬菜水果、起司等，也可買到葡萄酒和蜂蜜作為紀念品用的商品。

⑤ Oberpollinger

名牌商品齊全的高級百貨公司

擁有LV、Gucci、Dior、Ferragamo、Prada、Fendi等熱門名牌專櫃的高級百貨公司，並有頂樓酒吧和甜點櫃進駐，免稅櫃台Tax Free Service位於5樓（德語以4.OG.標示）。

百貨公司　　MAP ◆ P.252-A2
- 住 Neuhauser Str. 18
- ☎ (089) 290230
- URL www.oberpollinger.de
- 營 週一～六10：00～20：00
- 休 週日・節日
- card A D J M V（依店家而異）
- 交 U S Karlsplatz徒步約1分。

⑤ Galeria Am Marienplatz

種類豐富的地下街百貨

建於瑪利恩廣場前的大型百貨公司，以流行服飾樓層為中心，家庭用品、食品等雜貨類的品項也十分齊全，適合採購伴手禮的好去處。6樓（德語以5.OG.標示）有自助式餐廳。

百貨公司　　MAP ◆ P.253-B3
- 住 Kaufingerstr. 1-5
- ☎ (089) 231851
- URL www.galeria.de
- 營 週一～六10：00～20：00
- 休 週日・節日
- card A D J M V
- 交 U S Marienplatz徒步約1分。

⑤ Galeria Bahnhof（舊原為Karstadt）

方便的站前百貨公司

囊括流行服飾和玩具的大型百貨公司，特別是地下街食品樓層有各式各樣的熟食選擇，與慕尼黑中央車站的地下街連通。

百貨公司　　MAP ◆ P.252-A1
- 住 Bahnhofplatz 7
- ☎ (089) 55120
- URL www.galeria.de
- 營 週一～六9：30～20：00
- 休 週日・節日
- card A J M V
- 交 中央車站徒步約1分。

⑤ Ludwig Beck

瑪利恩廣場上的大眾百貨

充滿老街風味的百貨公司，並有知名古典音樂和爵士樂CD賣場。3樓（德語以2.OG.標示）則有來自杜塞道夫、因香檳松露巧克力聞名的Heinemann。

百貨公司　　MAP ◆ P.253-B3
- 住 Marienplatz 11
- ☎ (089) 236910
- URL www.ludwigbeck.de
- 營 週一～六10：00～20：00
- 休 週日・節日
- card A M V
- 交 U S Marienplatz徒步約1分。

INFORMATION　充滿義大利美食的EATALY

Viktualienmarkt的南側過去是巨大室內市場Schrannenhalle，目前進駐了義大利美食百貨EATALY（◆ Map P.253-B3　住 Blumenstr. 4　URL www.eataly.net/de/），販售葡萄酒和起司等多元食材，並設有酒吧和餐廳。

原為市場的寬敞明亮店內

Fünf Höfe

時髦的精品店與咖啡館齊聚

位於瑪利恩廣場往北延伸的鐵阿提納街Theatinerstr.西側，這條購物街上有大型書店Hugendubel書店與Max Mara等名牌商店，還有MUJI無印良品進駐。

購物中心 **MAP ◆ P.253-A3**

住Theatinerstr. 15
☎營依店家而異
網www.fuenfhoefe.de
交 U S Marienplatz徒步約5分、或者搭乘19號路面電車於Theatinerstr.下車徒步約1分

Alois Dallmayr

高級熟食店的代表

架上陳列了眾多讓人目不暇給的肉類料理、蔬菜料理、沙拉等，最推薦可作為伴手禮的自家品牌咖啡豆及巧克力、紅茶，2樓則為咖啡小館與高級餐廳。

食品 **MAP ◆ P.253-B3**

住Dienerstr. 14-15
☎(089) 21350
網www.dallmayr.com
營週一～六9：30～19：00
（耶誕季有所變更）
休週日・節日
card M V
交 U S Marienplatz徒步約5分。

Manufactum

嚴選雜貨商品

講究品質的高級雜貨商店，從法國和義大利的食材，到廚房用品、釣魚用品、工具、香氛用品、文具、馬口鐵玩具等，都是高級嚴選設計精品。

雜貨・其他 **MAP ◆ P.253-B3**

住Dienerstr. 12
☎(089) 23545900
網www.manufactum.de
營週一～六9：30～19：00
休週日・節日
card A D M V
交 U S Marienplatz徒步約5分。

FC Bayern Fan-Shop

加油商品一應俱全

德國甲級足球聯賽的頂尖隊伍——巴伐利亞慕尼黑足球俱樂部的周邊商品一應俱全，比賽日更是擠滿熱情的球迷。此外，在中央車站地下街（遊客中心附近電梯下去）、Hofbräuhaus附近、安聯球場內等也有分店。

運動用品 **MAP ◆ P.252-B2**

住Neuhauser Str. 2
☎(089) 69931666
網fcbayern.com/shop/de/store
營週一～六10：00～19：00
休週日・節日
card J M V
交 U S Marienplatz或Karlsplatz徒步約5分。

Kunst und Spiel

高品質玩具和雜貨商店

離主要街道有些距離的小店，地下樓層專賣手工藝用品和畫材，2樓陳列了以高品質木頭製作的安心玩具，也有豐富的繪本區域，並有施瓦賓地區的時尚品項。

雜貨・其他 **MAP ◆ P.251-A4**

住Leopoldstr. 48
☎(089) 3816270
網www.kunstundspiel.de
營週一～五10：00～19：00
週六　10：00～18：00
休週日・節日
card A M V
交 U Giselastr.徒步約5分。

慕尼黑的名牌店

店名	地圖／住址	店名	地圖／住址
AIGNER	**MAP ◆ P.253-A3** 住Theatinerstr. 45	HERMES	**MAP ◆ P.253-A3** 住Maximilianstr. 8
CHANEL	**MAP ◆ P.253-A3** 住Maximilianstr. 6	Cartier	**MAP ◆ P.253-B4** 住Maximilianstr. 20
GUCCI	**MAP ◆ P.253-B4** 住Maximilianstr. 31	LOUIS VUITTON	**MAP ◆ P.253-A3** 住Residenzstr. 2
Salvatore Ferragamo	**MAP ◆ P.253-B4** 住Maximilianstr. 29	PRADA	**MAP ◆ P.253-A3** 住Residenzstr. 10

MEMO 慕尼黑名牌店多集中於巴伐利亞邦立歌劇院附近。此外馬克希利安大街Maximilianstr.、王宮街Residenzstr.與鐵阿提納街Theatinerstr.上也有許多高級精品店。

HOTEL ✖ 慕尼黑的住宿

　　慕尼黑飯店街位於中央車站周邊，中級和經濟型飯店集中於車站南側的Bayerstr.街到Schillerstr.街之間。在中央車站北側，羅曼蒂克大道巴士等巴士停靠站所在的Arnulfstr.街上，也有幾家中級飯店，市中心則以高級飯店為主。慕尼黑9月下旬至10月上旬的啤酒節與會展期間（可上 🖥 www.messe-muenchen.de查詢）飯店經常客滿，此外房價也會調漲。

H Kempinski Hotel Vier Jahreszeiten

慕尼黑最具代表性的高級飯店

　　創立於1858年充滿傳統感的沉穩內裝，最新設備充實完善，巴伐利亞王國時代曾作為慕尼黑的迎賓館。正對馬克希米利安大街，並鄰近邦立歌劇院，備有無線網路（免費）。

最高級飯店　　　MAP ◆ P.253-A4
🏠 Maximilianstr. 17　D-80539
☎ (089) 21250
🖥 www.kempinski.com/vierjahreszeiten
💴 ⑤€360～　①€370～　早餐另計€42
card Ａ Ｄ Ｊ Ｍ Ｖ
🚋 19號路面電車在Kammerspiele下車，徒步約1分。

H Hotel Mandarin Oriental

世界貴婦愛用的豪華飯店

　　瑪丹娜和王子、艾爾頓強等都曾下榻的超豪華飯店，附設的高級餐廳Matsuhisa以日本與秘魯料理作為基礎，天氣晴朗時從頂樓泳池還可看到阿爾卑斯山，並備有無線網路（免費）。

最高級飯店　　　MAP ◆ P.253-B4
🏠 Neuturmstr. 1　D-80331
☎ (089) 290980
🖥 www.mandarinoriental.com
💴 ⑤①€585～　　早餐另計€58
card Ａ Ｄ Ｊ Ｍ Ｖ
🚇 Ｕ Ｓ Marienplatz徒步約5分。

H Bayerischer Hof

宮殿改裝的高格調飯店

　　創立於1852年，為慕尼黑最具代表性飯店之一。飯店由Palais Montgelas等數棟建築組合而成，客房則有古典風及現代風等各種風格。備有無線網路（免費）。

最高級飯店　　　MAP ◆ P.253-A3
🏠 Promenadeplatz 2-6　D-80333
☎ (089) 21200
📠 (089) 2120906
🖥 www.bayerischerhof.de
💴 ⑤€340～　①€430～　早餐另計€44
card Ａ Ｄ Ｊ Ｍ Ｖ
🚋 19號路面電車在Theatinerstr.下車，徒步約3分。

H Maritim Hotel München

鄰近中央車站的現代高級飯店

　　位於中央車站南側，擁有339間房間的大型高級飯店，也是充滿都會洗練風格氣氛的都會飯店，附設溫水泳池跟三溫暖等，還有可品嘗各國料理的餐廳與小酒館。備有無線網路（免費）。

高級飯店　　　　MAP ◆ P.251-B3
🏠 Goethestr. 7　D-80336
☎ (089) 552350
📠 (089) 55235900
🖥 www.maritim.de
💴 ⑤①€129～　　早餐另計€21
card Ａ Ｄ Ｊ Ｍ Ｖ
🚋 中央車站徒步約2分。

H Hilton City

擁有現代化設備的舒適飯店

　　常有團體客入住的現代化大型飯店，從中央車站搭S-Bahn下車，在第4站的Rosenheimer Platz下車，飯店設有與車站直通的入口，德國博物館也在徒步範圍內，備有無線網路（大廳免費，客房內須收費）。

高級飯店　　　　MAP ◆ P.251-B4
🏠 Rosenheimer Str. 15　D-81667
☎ (089) 48040
📠 (089) 48044804
🖥 www.hilton.de/muenchencity
💴 ⑤€139～　①€145～　早餐另計€24
card Ａ Ｄ Ｊ Ｍ Ｖ
🚇 Ｓ Rosenheimer Platz徒步約1分。

H Platzl

充滿巴伐利亞鄉土風味，氣氛迷人

　鄰近Hofbräuhaus與巴伐利亞邦立歌劇院，徒步只需2～3分鐘，就算一個人旅行也不用擔心。飯店整體充滿巴伐利亞風格，自助式早餐還可吃到白香腸，備有無線網路（免費）。

高級飯店　　MAP ◆ P.253-B3
住Sparkassenstr. 10　D-80331
☎ (089) 237030
FAX (089) 23703800
URL www.platzl.de
費⑤€186～　①€230～　早餐另計€31
card A D J M V
交U⑤Marienplatz徒步約5分。

H Eden-Hotel-Wolff

洋溢著巴伐利亞鄉土風味

　位在中央車站北口對面，附近還有機場巴士站，交通相當方便。客房風格優雅，提供巴伐利亞料理的1樓餐廳也很受好評。備有無線網路（免費）。

高級飯店　　MAP ◆ P.252-A1
住Arnulfstr. 4　D-80335
☎ (089) 551150
FAX (089) 55115555
URL www.ehw.de
費⑤€140～　①€183～　早餐另計€24
card A D J M V
交中央車站徒步約1分。

H NH Collection München Bavaria

車站北側的舒適旅館

　位於中央車站北側出口馬路對面，鄰近機場巴士站，交通方便。單人房房間不大，厚實的床鋪睡起來相當舒適，備有無線網路（免費），舊名為NH Deutscher Kaiser。

中級飯店　　MAP ◆ P.252-A1
住Arnulfstr. 2　D-80335
☎ (089) 54530
URL www.nh-hotels.com
費⑤①€141～
card A J M V
交中央車站徒步約1分。

H Europäischer Hof München

中央車站徒步1分，最適合鐵道旅行者住宿

　位於中央車站南側出口對面，房間分為標準房、套房Comfort Room、商務房等3種，網路訂房可享晚鳥優惠等折扣。備有無線網路（免費）。

中級飯店　　MAP ◆ P.252-A1
住Bayerstr. 31　D-80335
☎ (089) 551510
URL www.heh.de
費⑤€105～　①€119～
card A D J M V
交中央車站徒步約1分。

H Pension Gärtnerplatz

彷彿在這裡生活的度假屋

　位在地下鐵出口Jahmstr.附近，1樓為咖啡館Cafe PINI，2樓為櫃檯和客房，無電梯。晚到的房客可以透過1樓咖啡館拿取鑰匙。女主人所收集的傢俱富有特色，無線網路免費。

中級度假屋　　MAP ◆ P.251-B3
住Klenzstr. 45　D-80469
☎ (089) 2025170
URL www.pensiongaertnerplatz.de
費⑤€96～　①€158～　早餐另計€8
card M V
交U Fraunhoferstr.徒步約1分。

H Motel One Sendlinger Tor

鄰近商店街十分便利

　從Sendlinger Tor車站延續到瑪利恩廣場的Sendlinger街，為當地人來來往往的商店街。雖然飯店房間小，床為雙人床，僅有淋浴設備沒有浴缸，對一人旅行來說已十分足夠。無線網路（免費）。

中級飯店　　MAP ◆ P.252-B2
住Herzog-Wilhelm-Str. 28　D-80331
☎ (089) 51777250
URL www.motel-one.com
費⑤€99～　①€119～　早餐另計€13.50
card A M V
交U Sendlinger Tor徒步約5分。

##

H Royal

鄰近車站的中級飯店

　　從中央車站走入Schillerstr.街，在左手邊便可看到飯店，全樓層無線網路完善，使用飯店電腦還可免費上網。3星級旅館設備不算豪華，但十分乾淨舒適，全館禁菸。

| 經濟型旅館 | MAP ◆ P.252-B1 |

⊞Schillerstr. 11A　D-80336
☎(089) 59988160
URL www.hotel-royal.de
費Ⓢ€99～　Ⓣ€129～　早餐另計€9
card ＡＪＭＶ
交中央車站徒步約3分。

H Eder

價格實惠的超值飯店

　　位於中央車站與卡爾廣場中間位置的經濟型旅館，大部分的房間小巧乾淨，也有3人房與4人房。缺點是沒有電梯，無線網路限公共區域使用（免費）。慕尼黑啤酒節與會展期間會漲價。

| 經濟型旅館 | MAP ◆ P.252-B1 |

⊞Zweigstr. 8　D-80336
☎(089) 554660
FAX(089) 5503675
URL www.hotel-eder.de
費Ⓢ€80～　Ⓣ€87～
card ＡＪＭＶ
交中央車站徒步約3分。

JH Euro Youth Hotel

推薦背包客旅館

　　中央車站徒步一小段即達，可通英文。是介於青年旅館與飯店之間的住宿設施，以年輕人為主要客群，多人房為男女混住。慕尼黑啤酒節與會展期間會漲價，備有無線網路（免費）。

| 青年旅館 | MAP ◆ P.252-B1 |

⊞Senefelderstr. 5　D-80336
☎(089) 5990880
URL www.euro-youth-hotel.de
費淋浴、廁所共用Ⓢ€81～　Ⓣ€96.20～，多人房和3～5人房每人€38～　早餐另計€6.50
card ＡＭＶ

JH wombat's the city hostel

車站附近的人氣私人青年旅館

　　櫃台24小時營業，房間內有置物櫃，部分多人房為男女混住。網路預約有時會直接從信用卡扣訂金，訂房前須詳讀注意事項。無線網路限公共區域使用（免費）。

| 青年旅館 | MAP ◆ P.252-A1 |

⊞Senefelderstr. 1　D-80336
☎(089) 59989180
URL www.wombats-hostels.com
費Ⓣ€99～　多人房€34～（啤酒節期間價格調漲），早餐另計
交中央車站徒步約3分。

JH CVJM Jugendgästehaus

德國的YMCA

　　從中央車站走Schillerstr.街約5分鐘，在與Landwehrstr.街的交會處左轉後徒步約3分鐘即達，CVJM即為德國的YMCA（基督教青年會）。辦理入住16:00～、退房～10:00，無線網路（免費）。

| 青年旅館 | MAP ◆ P.252-B1 |

⊞Landwehrstr. 13　D-80336
☎(089) 55214160
URL www.cvjm-muenchen.org
費Ⓢ€59～　Ⓣ€96～　雙人房每人€41、4人房每人€36　27歲以上加收€3
card ＭＶ

JH a&o München Hauptbahnhof

很晚抵達也沒問題

　　櫃台24小時營業，就算晚到也沒問題，只不過車站南側周邊治安不加須多加注意，多人房多半入住國、高中生團體，也有針對家庭的房型。備有免費無線網路。

| 青年旅館 | MAP ◆ P.251-B3 |

⊞Bayerstr. 77　D-80335
☎(089) 4523575700
URL www.aohostels.com
費多人房€14.08～　Ⓢ€72～　Ⓣ€80～　家庭房€68.04～　早餐另計€8.90
card ＭＶ
交中央車站徒步約5分。

慕
尼
黑
與
阿
爾
卑
斯
之
路
▼
慕
尼
黑
München

雷根斯堡

Regensburg

向1541年宗教會議
致敬的壁畫

柏林●

法蘭克福●

雷根斯堡
★

慕尼黑●

MAP ◆ P.245-A3

人　口	15萬2300人
區域號碼	0941

ACCESS

火車：從紐倫堡搭乘ICE特
快列車約55分，從慕尼黑搭
乘RE快速列車或私鐵Alex
約1小時25～30分。

🛈**雷根斯堡的遊客中心**
住Rathausplatz 4　D-93047
　Regensburg
◯Map P.271-A1
☎(0941) 5074410
✉tourismus.regensburg.de
開週一～五　10：00～18：00
　週六　　　10：00～16：00
　週日・節日　10：30～14：30
　(4～10月週日・節日～16：00)

🌐世界遺產

雷根斯堡舊城區與史達特阿
姆霍夫區
（2006年登錄）
羅馬帝國的邊界──多瑙河古
防線
（2021年登錄）
（→P.274）

●市區交通

巴士市區單次券€2.70，車內購
買為€3.20。
中央車站前出發經馬克希米利
安街，繞行大教堂旁、舊城區
的Altstadtbus巴士（時刻表和
車站標示為A）為週一～五平
日行駛。

多瑙河上的石橋與舊城區

　　雷根斯堡位於慕尼黑北方約140km處，是矗立於多瑙河
畔的美麗古都。雷根斯堡擁有古老的歷史，自羅馬時代就成
為多瑙河沿岸的要道城市。

　　有著狹小彎曲的石板道並被登錄為世界遺產的舊城區，
佇立其中的大教堂與周邊的紅磚房舍街景相映成趣，散發出
古都的閑靜氣氛，加上流貫其中的多瑙河，更形成了一幅令
人屏息的美景。遊覽完舊城區後，不妨搭乘多瑙河的觀光船
順流而下，10km遠的小山丘上可看到希臘神殿風格的瓦爾
哈拉神殿Walhalla。

 ## 漫遊

　　前往雷根斯堡的最重要
景點大教堂Dom，從中央
車站前的馬克希利安大街
Maximilianstr.徒步10～15
分鐘可至，途中會變成行人
步道，可悠閒漫步其中。

　　大教堂正面入口往北
走，便可抵達多瑙河岸。岸
邊有著德國最古老的香腸
屋Historische Wurstkuchl
（→P.274），可一邊享受炭
燒香腸與啤酒，一邊欣賞
多瑙河風光，可說是來到
雷根斯堡最棒的享受。

煙囪飄出美味香氣的古老香腸屋

擁有美麗尖塔的大教堂

接著走過香腸屋旁邊的石橋Steinerne Brücke過河，則是史達特阿姆霍夫區Stadtamhof，這裡與舊城區一起被登錄為世界遺產。

接著回到舊城區，往面對市政廳廣場Rathausplatz的舊市政廳走，1樓有❶。舊市政廳內設有帝國議會博物館Reichstagsmuseum，可參加導覽行程參觀內部。

從多瑙河上石橋欣賞舊城區景致

從史達特阿姆霍夫區欣賞舊城區

若有時間，還可以從海德廣場Haidplatz一路逛到Hinter der Grieb區域周邊的巷弄內。接著再往大教堂方向走過Kramgasse巷子時，便可欣賞到矗立於巷弄前方的大教堂尖塔風光。

粉彩色房舍林立的
史達特阿姆霍夫區

(地圖 雷根斯堡 REGENSBURG)

MEMO 中央車站南側出口與大型購物中心連通，進駐dm（藥妝店）、kaufland（超市）、便宜的餐廳，等待火車的好去處。

主要景點

●大教堂
⊃Map P.271-A2
🌐www.domplatz-5.de
🕐6～9月
　週一～六　6:30～19:00
　週日・節日 13:00～19:00
　11～3月開放至17:00、
　4・5・10月則開放至18:00。
💰免費
大教堂與迴廊導覽行程€6，每
日14:30（4～10月的週一～六
還有10:30的梯次）出發，可在
大教堂南側的DOMPLATZ 5
遊客中心報名。

天使般歌聲響徹大教堂的小麻
雀們

●雷根斯堡少年合唱團官網
🌐www.domspatzen.de

珍貴的壁掛式管風琴

●帝國議會博物館
🏠Rathausplatz,
　Altes Rathaus
⊃Map P.271-A1
🌐www.regensburg.de
參加全程約1小時的導覽行程
參觀內部，出發時間、次數會
依季節有所變動。
📅12/24・25・1/1、狂歡節的週
二
💰€7.50

●托恩與塔克西斯宮
　（聖埃默拉姆宮）
🏠Emmeramplatz 5
⊃Map P.271-B1
🌐www.thurnundtaxis.de
🕐珍寶館和馬廄可自由參觀，
宮殿則須參加導覽行程，每
日有3～5場次，可於上列網
站預約。
📅12/24～26
💰宮殿導覽€16、珍寶館與馬
廄€4.50

擁有美麗雙塔大教堂
Dom ★★★

　巴伐利亞最重要的哥德建築，絕不可錯過內部製於
13～14世紀的彩繪玻璃。被稱為
「Domspatzen（大教堂的麻雀
們）」的雷根斯堡少年合唱團以
其美妙歌聲聞名，若週日前往雷
根斯堡不妨參加10:00的彌撒（提
早30分鐘抵達以確保座位），便
可以聆聽到媲美維也納少年合唱
團的優美歌聲。

　2009年大教堂設置了世界最大
的壁掛式管風琴，重達約37噸的
管風琴僅用4根鐵製管子懸掛，
演奏時演奏家須搭電梯升上高
15m的演奏台。

擁有精彩的105m尖塔的
哥德式大教堂

可參觀王侯等待室帝國議會博物館
Document Reichstag ★★

　由黃色的舊市政廳與市政廳
塔樓、宮殿等3個部分組成的建
築，這裡在1663～1806年之間作
為神聖羅馬帝國議會，可參加導
覽行程參觀來自各地參加議會
的諸侯的等待室與會議室，以及
地下恐怖的拷問室、地牢等。

在舊市政廳1樓的❶報名導覽行程

托恩與塔克西斯宮（聖埃默拉姆宮）
Schloss Thurn und Taxis（Schloss St. Emmeram）★

　獨佔神聖羅馬帝國郵政事業、
集財富於一身的托恩與塔克西
斯家族的居城，現在也是德國富
豪、同一家族的伯爵家族根據
地。聖埃默拉姆修道院建築在
1816年改建成壯麗的宮殿，可參
加導覽行程參觀豪華的舞蹈廳、
皇帝謁見廳、寢室、附屬的聖埃
默拉姆教堂迴廊等處。

Bild: Regensburg Tourismus GmbH

現在仍由伯爵家族居住的宮殿

這個↗

郊區景點

有如雅典帕德嫩神廟 瓦爾哈拉神殿
Walhalla

MAP◆P.245-A3

瓦爾哈拉神殿是巴伐利亞國王路德維希一世於1830～1842年建造的希臘風神殿，Walhalla為「死者殿堂」之意，源自日耳曼神話。內部有留名於德國歷史的皇帝、國王、政治家、藝術家、哲學家等約130尊半身像，以及65個紀念牌匾。神殿由Franz Karl Leopold von Klenze以希臘的帕德嫩神廟為原型所設計，位在雷根斯堡沿多瑙河約10km外的小山丘上，從神殿的露台可欣賞到絕佳的多瑙河美景。

矗立多瑙河畔的多立克柱式神殿

矗立多瑙河岸 威爾騰堡修道院
Kloster Weltenburg

MAP◆P.245-A3

建在山上的解放紀念館

多瑙河岸城市克爾海姆Kelheim的小山上，可見矗立著巨大圓柱形建築的解放紀念館Befreiungshalle，教堂建於1842～1863年之間，是為了紀念德國脫離拿破崙統治而建，大理石內部則有女神像矗立。

從克爾海姆搭乘多瑙河觀光船往威爾騰堡修道院Kloster Weltenburg方向，則會經過有著斷崖絕壁的知名景點多瑙河峽谷Donaudurchbruch。修道院附屬教堂出自大師Cosmas Damian Asam之手，巧妙的採光設計而呈現出奇幻效果的祭壇十分出名。

同時以附屬啤酒工廠而聞名的威爾騰堡修道院

●瓦爾哈拉神殿
交通 可搭乘多瑙河觀光船（參考下列資訊，冬季停駛）或巴士前往，從中央車站前的巴士站搭乘5號巴士約30分，在Donaustauf/Walhalla Str.下車，沿著指標走山路約15分鐘。週日巴士班次較少，此外人煙稀少須特別注意。
URL www.walhalla-regensburg.de
開 4～10月　9：00～18：00
11～3月　10：00～12：00
13：00～16：00
休 狂歡節的週二、12/24‧25‧31、1/1
費 €4.50、學生€4

●前往瓦爾哈拉神殿的多瑙河觀光船
由Personenschifffahrt Klinger（**URL** schifffahrtklinger.de）和Donauschiffhart Wurm & Noé（**URL** www.donauschifffahrt.eu/regensburg）運營，價格和內容幾乎相同，於4月中旬～10月上旬左右行駛。**費** €17

●克爾海姆與威爾騰堡修道院
交通 從雷根斯堡中央車站搭乘私鐵ag（可使用火車通行證）約20分到Saal（Donau），接著從車站前搭巴士前往車程15～20分的克爾海姆Kelheim，Wöhrdplatz/Zentrum下車即可找到搭船處。從這裡搭乘觀光船前往威爾騰堡約40分鐘（回程約20分），下船後徒步約400m可到修道院。觀光船（**URL** schiffahrt-kelheim.de）僅3月下旬～11月上旬期間行駛，來回€13.50。

●解放紀念館
URL www.schloesser.bayern.de
開 4～10月　9：00～18：00
11～3月　10：00～16：00
費 €4.50

●威爾騰堡修道院
住 Asamstr. 32　D-93309 Kelheim/Donau
URL www.kloster-weltenburg.de
開 教堂9:00～16:30（週日‧節日僅開放午後時段）導覽行程：週二～日9:30～11:00、12:30～16:30 **休** 週一 **費** €3 遊客中心：週二～日10：00～18：00 **休** 週一、冬季 **費** €2.50

R Historische Wurstkuchl

MAP ◆ P.271-A2

⌂Thundorferstr. 3
☎(0941) 466210　🖷(0941) 4662121
🖳www.wurstkuchl.de　🕐10:00～19:00

11世紀建造石橋的同時便出現在多瑙河畔的工棚，是一家具有悠久歷史的香腸專賣店。招牌為味道樸實的炭燒香腸佐酸菜（香腸6根€13.50），可在露天座位一邊欣賞多瑙河與石橋，一邊享用美食。

C Prinzeß

MAP ◆ P.271-A1

⌂Rathausplatz 2　☎(0941) 595310　🖷(0941) 5953129
🖳www.cafe-prinzess.de
🕐週一～六10:00～18:00、週日・節日12:00～18:00
🗙12/25・26

位於舊市政廳對面的可愛咖啡蛋糕店，手工蛋糕和巧克力十分美味，樓上有咖啡館。

H Altstadthotel Arch

MAP ◆ P.271-A1

⌂Haidplatz 4　D-93047
☎(0941) 58660　🖷(0941) 5866168
🖳www.altstadthotelarch.de
💰Ⓢ€99～　Ⓣ€119～　早餐另計€10　card ＡＤＪＭＶ

18世紀貴族宅邸改建而成的飯店，內裝走浪漫風格，備有無線網路（免費）。

H Parkhotel Maximilian

MAP ◆ P.271-B2

⌂Maximilianstr. 28　D-93047
☎(0941) 56850　🖷(0941) 52942
🖳www.eurostarhotels.de
💰Ⓢ€119～　Ⓣ€139～　card ＡＤＪＭＶ

有著美麗洛可可風的建築外觀宛如宅邸，全館共52間房間，備有無線網路。

H Kaiserhof am Dom

MAP ◆ P.271-A1

⌂Kramgasse 10-12　D-93047
☎(0941) 585350　🖷(0941) 5853595
🖳www.kaiserhof-am-dom.de
💰Ⓢ€85～　Ⓣ€115～　card ＡＤＭＶ

14世紀禮拜堂改建而成，位於大教堂旁，共30房，備有無線網路。

H Bischofshof

MAP ◆ P.271-A2

⌂Krautermarkt 3　D-93047
☎(0941) 58460　🖷(0941) 5846146
🖳www.hotel-bischofshof.de
💰Ⓢ€123～　Ⓣ€165～　card ＡＤＭＶ

大教堂旁原主教館改建而成的飯店，附設餐廳也頗受好評，備有無線網路（免費）。

H Münchner Hof

MAP ◆ P.271-A1

⌂Tändlergasse 9　D-93047
☎(0941) 58440　🖷(0941) 561709
🖳www.muenchner-hof.de
💰Ⓢ€93～　Ⓣ€137～
card ＡＤＭＶ

距大教堂徒步約2分鐘，位於舊城區的中級飯店。利用位於中世紀城牆後的古老建築，木造裝潢的巴伐利亞風餐廳也頗受好評。客房分為現代風與浪漫風等不同內裝，共53房，備有無線網路（免費）。

JH Jugendherberge

MAP ◆ P.271-A2 外

⌂Wöhrdstr. 60　D-93059
☎(0941) 4662830　🖷(0941) 46628320
🖳www.regensburg.jugendherberge.de
💰針對家庭的4人房€147～　card ＭＶ

從中央車站前廣場Albertstr.街的巴士站搭8、11、13、17號巴士在Wöhrdstraße/Jugendherberge下車，若從中央車站往北徒步約30分鐘，旅館就位於多瑙河上的Unterer Wöhrd島。房間雖老舊但還算乾淨，12月中旬～1月上旬公休。

HISTORY

世界遺產　羅馬帝國的邊界──多瑙河古防線

古防線綿延於多瑙河旁，是羅馬帝國西部的邊界防禦設施，從德國經由奧地利到斯洛伐克形成中歐的邊界。

長達600km的邊界線上散布著要塞、瞭望台等主要設施，德國以羅馬的軍事據點雷根斯堡和帕紹等數處遺跡被登錄為世界遺產。

於西元179年建立的雷根斯堡正門Porta Praetoria

多瑙河畔的國境之都
帕紹
Passau

玻璃博物館

塔高38m的市政廳建築

帕紹位於德國東南部，鄰接奧地利、捷克國境，此外有多瑙河Donau、因河Inn、伊爾茨河Ilz這3條河交會，因而擁有美麗的河岸風光。

漫遊

帕紹的主要景點集中於中央車站東邊的舊城區，城市面積不大，可輕鬆徒步遊覽。從中央車站的車站大街Bahnhofstr.往東走，過了Ludwigsplatz大型交叉路口後即可看到舊城區入口。

接著沿著路德維希街Ludwigstr.前進，在盡頭處右轉即可看到大教堂Dom，而位於多瑙河岸的市政廳Rathaus與隔壁的玻璃博物館Glasmuseum也是必看景點。

MAP ◆ P.245-A4

人　口	5萬2400人
區域號碼	0851

ACCESS
火車：從紐倫堡搭ICE特快列車約1小時55分，從雷根斯堡則約1小時5分。從慕尼黑搭RE快速列車約2小時15分。

❶帕紹的遊客中心（中央車站前）
🏠Bahnhofstr. 28　D-94032 Passau
☎(0851) 396610
🌐www.tourismus.passau.de
開復活節～9月
　週一～五　　9：00～12：15
　　　　　　12：45～17：00
　週六・日・節日10：30～15：30
10月～復活節
　週一～五　10：00～12：15
　　　　　　12：45～16：00
市政廳附近的Rathausplatz 2也有❶。

🌐 世界遺產
羅馬帝國的邊界──多瑙河古防線
（2021年登錄）
（→P.274）

帕紹 PASSAU

MEMO 面對多瑙河的市政廳塔樓外牆部分，刻有自1501年到近年間多瑙河淹水當年度的最高水位，若有機會前往看看應該會對水位的高度感到驚訝吧。 **275**

●**大教堂**
URL www.bistum-passau.de/
圖 6：30～18：00（夏季～19：
00）
中午管風琴音樂會與準備期間
暫停開放（音樂會舉辦期間，
觀眾可在指定時間進場）。

●**管風琴音樂會**
大教堂整修工程持續至2025年
左右，管風琴音樂會預計正常
舉辦。5～10月週日‧節日以外
的時間每日中午舉行管風琴音
樂會Mittagsorgelkonzerte，
門票於當日10:00在大教堂中
庭販售，€5。開場時間為11:20
（從指定入口進場），12:00開
演。

●**玻璃博物館**
住 Schrottgasse 2
URL www.glasmuseum.de
圖 9：00～17：00
費 €7

主要景點

擁有世界最大管風琴**大教堂**
Dom ★★★

建於17世紀後半的巴洛克大教堂，
走廊天花板的精采濕壁畫與白色灰泥
裝飾令人讚嘆，還可欣賞到世界最大
的教堂管風琴優美樂音。

藍綠色洋蔥型屋頂為其特徵
的大教堂建築

玻璃博物館
Glasmuseum ★

國境之都帕紹受到鄰近捷克的波西米亞地區Bohemia影
響，因而發展玻璃工藝傳統工業。玻璃博物館位於與Wilder
Mann飯店同一棟建築內，共展示超過3萬件以上的波西米
亞玻璃藝術品。

推薦的住宿 ✦ H O T E L

MK Hotel Passau
MAP ◆ P.275

住 Bahnhofstr. 24　D-94032
☎（0851）9883000　FAX（0851）988300529
URL www.ibbhotelpassau.de
費 S €80～　T €89～　早餐另計€16.50　card A D M V
面對中央車站，擁有129間房的大型高級飯店，
此外並正對多瑙河，視野良好。房客可免費使用室
內泳池和三溫暖，備有無線網路（免費）。

Altstadt-Hotel
MAP ◆ P.275

住 Bräugasse 23-29　D-94032
☎（0851）3370　FAX（0851）337100
URL www.altstadt-hotel.de　card A D M V
部分房間可看到伊爾次河、多瑙河、因河3條河
匯流點，並附設民宿，價格比飯店便宜，無線網路
僅限部分房間使用。

Wilder Mann
MAP ◆ P.275

住 Schrottgasse 2　D-94032
☎（0851）35071　FAX（0851）31712
URL www.wilder-mann.com
費 S €70～　T €100～　card A D J M V
19世紀改建自貴族宅邸後開始營業，1862年奧
地利皇后伊莉莎白也曾下榻此處，是一家歷史悠久
的飯店，價格卻意外地實惠。許多房間內都擺有古
董家具，全館禁菸，無線網路免費。

Passauer Wolf
MAP ◆ P.275

住 Untere Donaulände 4　D-94032
☎（0851）931510　FAX（0851）9315150
URL www.hotel-passauer-wolf.de
費 S €99～　T €115～　早餐另計€12　card A D J M V
位於多瑙河畔的中級飯店，附設餐廳評價頗高，
無線網路僅限部分房間使用。

König
MAP ◆ P.275

住 Untere Donaulände 1　D-94032
☎（0851）3850　FAX（0851）385460
URL www.hotel-koenig.de　card A D M V
費 S €121～　T €153～
位於大教堂廣場附近的Rindermarkt上，1樓是
供應美味德國料理和巴爾幹料理的餐廳。備有無
線網路（免費）。

Jugendherberge Passau
MAP ◆ P.275

住 Oberhaus 125　D-94034
☎（0851）493780　FAX（0851）4937820
URL www.passau.jugendherberge.de　card J M V
費 含早餐€25.90～，27歲以上加收€4
位於多瑙河對岸的山丘上，鄰近奧伯豪斯要塞
Veste Oberhaus，從中央
車站依標誌徒步過來約需
40分鐘。辦理入住時間為
16:00～21:30。無線網路僅
限公共區域使用（免費）。

雄偉群山環繞下的風景勝地

貝希特斯加登

Berchtesgaden

能在國王湖畔品嘗的魚料理

瓦茨曼山群以其獨特的山形晶立於城鎮的後方

柏林
法蘭克福
慕尼黑　貝希特斯加登★

MAP ◆ P.245-B4	
人　口	7700人
區域號碼	08652

ACCESS

火車：從慕尼黑搭乘私鐵BRB約1小時40分到Freilassing，再轉車約50分。

❶**貝希特斯加登的遊客中心**
住Maximilianstr. 9
☎ (08652) 65650700
URL www.berchtesgaden.de
開週一～日日　9：00～18：00
淡季有所變更

希特勒曾在貝希特斯加登蓋別墅，是德國最引以為傲的風景名勝城市之一。在德國阿爾卑斯群山的環繞下，城市沿著清澈的貝希特斯加登河南北開展。

漫遊

背對車站走左邊的車站大街Bahnhofstr.約15分鐘，可抵達矗立於高台上的城堡Schloss，其周邊則是市中心所在，城堡內部設有城堡博物館。而彷彿要將城堡包圍起來的區塊則是城堡廣場Schlossplatz，正對城堡廣場則有羅馬式的修道院教堂Stiftskirche，再過去則有市政廳Rathaus，❶就位於溫泉館Kurhaus內。

貝希特斯加登車站前搭乘巴士約10分鐘處有國王湖Königssee，在瓦茨曼山Watzmann群山山壁環繞下更顯閑靜優美。搭乘觀光船遊覽細長型的國王湖約1小時路程，即可抵達擁有紅色屋頂的聖巴爾多祿茂教堂St. Bartholomä。

國王湖畔的聖巴爾多祿茂教堂

MEMO 國王湖的觀光船是使用環保安靜的電力推進船，約100年前便已引進。到湖面正中央時便會開始吹奏富魯格號，可聽到樂聲在四周岩壁間縈繞。

※住宿每人須加收€2.60療養稅。

Vier Jahreszeiten

MAP ◆ P.277

住Maximilianstr. 20　D-83471
☎(08652) 9520
URLwww.hotel-vierjahreszeiten-berchtesgaden.de
賈Ⓢ€70～　Ⓣ€105～
card ＡＤＪＭＶ

　飯店鄰近車站，有59間房的中級飯店，由家族從1876年開始經營，步行即可抵達咖啡館和商店林立的步行區與療養所，觀光十分便利。早餐種類豐富大受住客好評，早餐用餐區的露台可以欣賞美麗的貝希特斯加登群山景致。室內泳池(7:00～20:00開放)免費使用，三溫暖則須收費。無線網路(免費)。

Hostel Berchtesgaden

MAP ◆ P.277

住Bahnhofplatz 4　D-83471 Bischofswiesen
☎(08652) 9798420　FAX(08652) 9794533
URLwww.hostel-berchtesgaden.de
賈多人房€29、Ⓣ€62～、3人房€95～、早餐€6
card ＭＶ

　與車站相連的建築物2、3樓為Hostel(不需要青年旅館會員卡)，櫃台位於1樓漢堡王內，辦理入住時間為15:00～23:00。多人房為4～8人一間的上下鋪房型，男女混合。雙人房、3人房須事先預約。備有免費無線網路，無電梯。※疫情期間部分房間和公共區域不開放。

INFORMATION

地底鹽礦坑探險之旅

　從貝希特斯加登車站前搭乘往薩爾斯堡Salzburg的837、840、848號巴士，約5分鐘在Salzbergwerk下車。

　在入口處套上礦工制服後搭乘礦車進入山中約600m處，在裡面可以溜滑梯與搭船橫渡地底湖，探險氣氛十足。坑內整年都是維持12℃的溫度，須穿著保暖的衣服與鞋子。

●貝希特斯加登鹽礦
住Bergwerkstr. 83　●Map P.245-B4
URLwww.salzbergwerk.de
☎(08652) 60020　開4～10月9:00～16:30、11～3月是11:00～15:00　休11/1、12/24·25·31、1/1、耶穌受難日、其他節日　賈€17.50　內部參觀時間約2小時，由於有人數限制，建議事先預約日期。

希特勒的克爾史坦別墅

　從貝希特斯加登車站旁搭乘838號巴士到Obersalzberg，接著轉乘849號巴士。順著炸山開墾而成的彎道約20分鐘，在終點站Kehlstein-Parkplatz下車(5月中旬～10月下旬左右行駛，天候不佳時停駛)。下車後徒步走進隧道，便可看到由希特勒建造的金光閃閃的電梯。搭乘電梯一口氣上到124m高位置，便可抵達克爾史坦別墅Kehlsteinhaus內。

　別墅建在可以遠眺德國及奧地利群山山頂的絕佳位置，因此英文又被稱為鷹巢Eagles Nest。現在內部改建成餐廳，裡面有墨索里尼贈送給希特勒50大壽生日禮的大理石暖爐，以及希特勒情人伊娃·布朗Eva Anna Paula Braun房間等。

■克爾史坦別墅
URLwww.kehlsteinhaus.de
開8:30～16:50(僅5月上旬～10月下旬之間開放參觀)
賈€28(含電梯、Obersalzberg～克爾史坦別墅間的巴士費)

　Obersalzberg巴士站附近有Dokumentation Obersalzberg資料展示館(URLwww.obersalzberg.de　※整修中暫停開放)。據說希特勒最喜愛的療養勝地貝希特斯加登，在納粹政權時代是僅次於柏林的第2政府所在地。資料館內展示了第二次世界大戰時納粹的殘忍行為，與對抗納粹運動等，並重現了當時的防空洞。

建於絕景山頂的別墅

普林

Prien am Chiemsee

蒸汽火車湖畔之旅

擁有美麗庭園的海倫基姆宮

柏林●

法蘭克福●

慕尼黑●　★普林

MAP ◆ P.245-B3

人　　口	1萬900人
區域號碼	08051

ACCESS

火車：從慕尼黑搭EC、RJ特快列車或私鐵BRB約55分。

❶普林的遊客中心

🏠Alte Rathausstr. 11
D-83209 Prien
☎ (08051) 69050
🔗www.tourismus.prien.de
🕐5～9月
　週一～五　　8：30～18：00
　週六　　　　8：30～16：00
　10～4月
　週一～五　　8：30～17：00

●蒸汽火車與觀光船

🔗www.chiemsee-schifffahrt.de
蒸汽火車於5月下旬～9月中旬行駛，來回€4。
往男人島的觀光船船程約20分鐘，來回€9。
蒸汽火車與觀光船（男人島）來回套票€12
觀光船為整年行駛，時刻表請於上述網站確認。

●海爾基姆宮

🔗www.herrenchiemsee.de
🕐4月上旬～10月下旬
　　　　　9：00～18：00
（最後一場導覽為17：00左右、10月中旬～16：50左右）
10月下旬～3月下旬
　　　　　9：40～16：15
（最後一場導覽為16：00左右）
🚫12/24・25・31、1/1、狂歡節的週二
💶€10，可使用巴伐利亞城堡卡（→P.211）。
有德語和英語的導覽行程（全程約30分）提供參觀城堡內部，可參加的行程出發時間會印在門票上，須依時間前往城堡入口處再行進入參觀。

慕尼黑東南方約90km處的普林位於基姆湖畔，地處阿爾卑斯前山區域，是一座空氣清新的療養度假城，每到夏天便擠滿在湖泊遊船或衝浪等戶外活動的遊客。

普林車站前有蒸汽火車的基姆鐵路Chiemsee-Bahn車站，前往基姆湖乘船處附近的Stock（Hafen）約8分鐘。另外也可搭巴士前往，但週日、節日只有下午2班，若徒步前往則沿著蒸汽火車路線旁的Seestr.街徒步約1.5km距離。

市中心位於蒸汽火車站區域與對面一側，從車站前延伸的車站大街Bahnhofstr.往下走不久便可看到市集廣場Marktplatz。正對廣場則有鄉土博物館Heimatmuseum與教堂，過了廣場直走左側即可看到❶。

普林遊客的最主要景點——海倫基姆宮Schloss Herrenchiemsee與路德維希二世博物館König-Ludwig II-Museum，位於搭乘觀光船約20分鐘的男人島Herreninsel上。島上乘船處對面設有海倫基姆宮的售票處，須在此處先購票再行前往。5～10月之間還有馬車可搭，步行森林步道約20分鐘可到。

路德維希二世十分醉心於與自己同名的路易（路德維希的法文念法）十四世，有著法式庭園且仿效凡爾賽宮的海倫基姆宮，是路德維希二世最後蓋的城堡，當時耗費所有財力傾全國之力建造，內部十分豪華炫爛，特別是比凡爾賽宮長上22m的鏡廳更是令人驚嘆。但由於當時路德維希二世只在此宮內度過9天便謎般去世，因而留下了部分未完成。

《糖果屋》壁畫

柏林

法蘭克福

慕尼黑

歐伯拉瑪高 ★

MAP ◆ P.244-B2

人　口	5400人
區域號碼	08822

ACCESS

火車：從慕尼黑搭RB（普通列車）約55分，接著在茂瑙Murnau換車約40分鐘。

巴士：從菲森搭乘9606號巴士約1小時30分，班次不多。

❶歐伯拉瑪高的遊客中心

囤 Eugen-Papst-Str. 9 a
　D-82487 Oberammergau
☎ (08822) 9227440
囲 www.oberammergau-alpen.de
囲 週一〜五　9：00〜18：00
　旺季的週六9:00〜13:00亦有開放
　※耶穌受難記（→下方MEMO）演出期間週六‧日開放時間有所變動。

●鄉土博物館

囲 www.oberammergaumuseum.de

因村落祭典而熱鬧不已的朵夫廣場

　阿爾卑斯群山環繞下的小村莊歐伯拉瑪高，每10年便會動員全村上演知名的《耶穌受難記Passionsspielen》，1632年當時德國深受鼠疫肆虐，但歐伯拉瑪高卻奇蹟似地未遭受襲擊，信仰虔誠的歐伯拉瑪高村民為了感謝上帝，自1634年起便持續演出耶穌受難記380年以上。演出及製作都是由歐伯拉瑪高村民親自擔綱，上演當年甚至還會請長假全力演出。而來到這裡，即使不是演出年度也可參觀耶穌受難劇場Passionspielhaus。歐伯拉瑪高同時也以木雕小鎮聞名遐邇，特別是以基督誕生等宗教主題作品最多。

📍 漫遊

　出了終點式月台的小車站後，可從前面的車站大街Bahnhofstr.往左走，過了主要大街朵夫街Dorfstr.上的鄉土博物館Heimatmuseum後，便會看到朵夫廣場Dorfplatz（交叉口），廣場周邊是鎮上最熱鬧的區域，有許多販賣名產木雕玩偶的商店及飯店、餐廳等林立。

　歐伯拉瑪高的最大特色，便是許多房舍外牆上畫著濕壁畫。壁畫的題材多為童話場景和宗教畫，包含華麗花卉等多樣圖案，漫步其中細細

歐伯拉瑪高
OBERAMMERGAU

耶穌受難劇場
Passionspielhaus

教堂
Evang. Kirche

鄉土博物館
Heimatmuseum
Alte Post

歐伯拉瑪高車站
Bahnhof

巴士站

郵局
Post

Gästehaus
Richter

車站大街 Bahnhofstr.

Dorfstr.

Dorf-
platz
朵夫廣場

木雕學校
Schnitzschule

Hotel Wittelsbach

巴士站

市政廳
Rathaus

Daisen Berger-Str.

Ludwig-Lang-Str.

療養客中心
Kurgästezentrum

Ammer

Pfarr
platz

天主教堂
Kath. Kirche

Maximilian

Rainerweg-Str.

Am Osterbichl

Parkhotel
Sonnenhof

König-Ludwig-Str.

糖果屋之家

小紅帽之家
狼和七隻
小羊之家

往林德霍夫宮
Schloß Linderhof

往伊托
Ettal

Jugendherberge

0 100 200m

N

欣賞樂趣十足,而最推薦的則是位於外圍伊托街Ettalerstr. 上畫有《小紅帽》、《糖果屋》、《狼和七隻小羊》的3間房子。由於這些壁畫都是畫在民宅上,最好在外側安靜欣賞以免造成居民困擾。

畫有《小紅帽》壁畫的房子位於車站徒步約20分鐘處

郊區景點

神祕城堡 林德霍夫宮
Schloss Linderhof
MAP◆P.244-B2

從車站前搭9622號巴士前往,車程約30分鐘,從巴士終點站徒步約2~3分處為入場券售票處,接著走過庭園約5分鐘便可看宮殿。十分崇拜路易十四的路德維希二世,仿效法國洛可可樣式建築,於1874~1878年建造了林德霍夫宮。

不管是沉浸於華格納作品中,描述黃金貝殼船漂浮的《唐懷瑟Tannhäuser》世界的維納斯岩洞Venusgrotte(因整修而關閉至2024年),或是有著如萬花筒般鮮明東方風味的摩爾人亭Maurischer Kiosk,都是庭園內不可錯過的觀賞重點。宮殿內可參加導覽行程參觀,冬季則只有宮殿營業,其他設施暫停開放。

東方風味的摩爾人亭

擁有美麗庭園的林德霍夫宮

巴洛克樣式的華麗修道院 伊托修道院
Kloster Ettal
MAP◆P.280外

從歐伯拉瑪高往南約8km,可沿著小河旁的步道徒步前往,或搭車在Ettal Klostergasthof下車。修道院為1330年巴伐利亞公爵路德維希所建,18世紀改建為巴洛克樣式。內部豪華的圓形天花板,為知名的灰泥裝飾工匠Schnitzer與畫家Johann Jakob Zeiler的作品。

推薦的住宿

Ⓗ Hotel Wittelsbach
住 Dorfstr. 21 D-82487
URL www.hotelwittelsbach.de

Ⓗ Hotel Alte Post
住 Dorfstr. 19 D-82487
URL www.altepost.com

Ⓗ Gästehaus Richter
住 Welfengasse 2 D-82487
URL www.gaestehaus-richter.de

Ⓙ Jugendherberge
住 Malensteinweg 10
URL oberammergau.jugendherberge.de

●林德霍夫宮
URL www.linderhof.de
開 4/1~10/15 9:00~18:00
10/16~3/31 10:00~16:30
休 12/24・25・31、1/1、狂歡節的週二
費 €10
(10~3月庭園內的設施暫停開放,參觀宮殿為€9)
可使用王城城堡卡(→P.211)、巴伐利亞城堡卡(→P.211)。

●伊托修道院
URL abtei.kloster-ettal.de
開 附屬教堂:8:30~18:30

慕尼黑與阿爾卑斯之路 ▼ 歐伯拉瑪高Oberammergau

MEMO 從慕尼黑搭乘往加爾米施・帕騰基興方向的列車約55分車程,有著牧歌般風景與阿爾卑斯清新空氣的夏季療養勝地茂瑙(◆Map P.244-B2),在20世紀初期包含康丁斯基和穆特Gabriele Münter等畫家都曾到訪此處。當地的美術館可欣賞他們的作品。

281

德國最高峰楚格峰登山口城市

加爾米施・帕騰基興
Garmisch-Partenkirchen

山頂的十字架

柏林・

法蘭克福・

加爾米施・
帕騰基興 ★ ・慕尼黑

MAP ◆ P.244-B2	
人　口	2萬7300人
區域號碼	08821

ACCESS

火車：從慕尼黑搭乘RE快速列車約1小時10分。

❶**加爾米施・帕騰基興的遊客中心**

⊞Richard-Strauß-Platz 2
D-82467
☎(08821) 180700
URL www.gapa.de
🕙週一〜五　　9：00〜17：00
　週六　　　　9：00〜15：00
　夏季週日9：00〜13：00亦有開放

●**鄉土博物館**

⊞Ludwigstr. 47
URL museum-werdenfels.de
🕙週二〜日　　10：00〜17：00
🔒週一
💰€4.50

美麗壁畫建築林立的路德維希大道

　　加爾米施・帕騰基興是德國阿爾卑斯觀光基地城市，夏天有登山及健行客，冬天則有滑雪及溜冰遊客，一整年都有絡繹不絕的觀光客前往造訪。

　　加爾米施・帕騰基興是由Partnach河西側的加爾米施，與東側的帕騰基興組合而成的雙子城。

 漫遊 〜〜〜〜〜〜〜〜〜

　　出了車站沿著正面的車站大街Bahnhofstr.徒步約10分鐘，在路德維希街Ludwigstr.右轉後，便可抵達有著美麗壁畫建築林立的帕騰基興市中心區域。若有大行李時，則可搭乘車站旁發車的巴士（1號或2號）前往，在第3站的Historische Ludwigstr.下車後，附近有鄉土博物館

加爾米施・帕騰基興
GARMISCH-PARTENKIRCHEN

0　150　300m

MEMO 創作出《默默Momo》、《說不完的故事Die unendliche Geschichte》的作家麥克・安迪Michael Ende，1929年出生於加爾米施，城市代表性的公園以他的名字來命名，並擺放著作品裡人物的雕像。

加爾米施‧帕騰基興至楚格峰周遊圖

●遊客卡（Kurkarte）
住宿加爾米施‧帕騰基興的遊客可以在飯店櫃台索取遊客卡GAPA Visitor's Card，1天€3（有些飯店包含在住宿費，有些須另外付費），便可享受住宿期間免費搭乘市區巴士（搭車時向司機出示），及各類入場券折扣優惠。

●體驗冬季運動
以跳台滑雪會場聞名的加爾米施同時也是冬季運動勝地，當地有許多出租雪板及雙板的滑雪學校與運動用品店，可以前往的❶詢問。

加爾米施側繪有壁畫的民宅

Werdenfelser Heimatmuseum，內部展示重現了阿爾卑斯地區的房舍及家具、農具、慶典面具等。

　　車站另一側往加爾米施中心徒步也約10分鐘左右，出了車站往左邊向下的緩坡道走，在第2條Chamonixstr.街或第3條Von Brug-Str.街左轉，便可抵達理查史特勞斯廣場Dr.-R.-Strauß-Platz。廣場內側有國際會議廳Kongresshaus，前方角落則有❶。從廣場前延伸的人行步道商店街上則有賭場，加爾米施市區比起閒靜的帕騰基興要來得熱鬧。

國際會議廳（左）和觀光局（右）

📷 **主要景點**

征服德國最高峰楚格峰
Zugspitze

藍白色車身的登山火車

登上楚格峰Zugspitze山頂可搭乘登山鐵道和纜車，巴伐利亞楚格峰登山火車Bayerische Zugspitzbahnen車站位於德國火車站地下

●巴伐利亞楚格峰登山火車
☎（08821）7970
📠（08821）797900
🌐www.zugspitze.de
🎫楚格峰來回Zugspitz-Rundreise夏季€63，冬季€57（可搭乘登山火車與山頂纜車、艾布湖纜車）。
楚格峰周遊卡與阿爾卑斯峰遊卡套票（2-Gipfelpass）夏季€75，冬季€70。
楚格峰周遊卡的加爾米施經典票Garmisch Classic€31，可來回搭乘眺望阿爾卑斯峰（→P.284）的3種纜車。
※各票券皆有家庭卡等各類款式，可於網路上購買。
滑雪用周遊卡則須另購。

往楚格峰山頂瞭望台的纜車車站

搭乘可乘坐120人的最新型纜車一口氣登頂

建造於斷崖絕壁上的山頂瞭望台，魄力的全景在眼前展開

可以看到有人從瞭望台攀爬到豎立金色十字架的山頂，這裡標示著「前方危險」的告示牌，除非為資深登山者否則請勿前往

道往車站相反方向的轉角。

　　搭乘登山火車到Eibsee後，有兩種路線可前往山頂。首先可以繼續搭乘登山火車到終點站Zugspitzplatt，接著再搭乘山頂纜車Gletscherbahn前往山頂。另一條路線則是到Eibsee後，出站轉搭艾布湖登山纜車Seilbahn Zugspitze，一口氣到山頂瞭望台。由於套票為周遊路線，因此選擇哪一個都沒問題，後者比較省時間，也可以來回搭乘不同的路線欣賞風景。此外，夏季天候好的時候人潮非常多。

　　山頂設有瞭望台與餐廳，可遍覽360度的超廣角景致。瞭望台設有連結至奧地利的纜車車站，從瞭望台還可眺望提洛Tirol的山峰景色。此外，天氣晴朗時登山火車與纜車都會擠滿旅客，一大早的時間人潮會較少。

加爾米施經典
Garmisch-Classic

　　在可眺望阿爾卑斯峰Alpspitze景色的加爾米施經典區域，可享受絕佳視野的健行樂趣。上到Osterfelderkopf，這裡設置了刺激指數滿分的AlpspiX觀景台，從X形交叉的2座觀景橋，可俯瞰約1000m下的地獄谷Höllental。推薦可從Hochalm纜車站下車，走約30分鐘的和緩下坡健行路線後，再從Kreuzeck纜車站上車回到登山火車站。

突出於懸崖外的AlpspiX觀景台

米登華德

Mittenwald

山上的國境標示

Obermarkt街上的建築街景

　　以製作小提琴而聞名的米登華德，是位於德國阿爾卑斯群山之間的小鎮，有著五彩繽紛濕壁畫裝飾的建築街景，充滿山區特有的清新空氣。

　　一出車站背後可看到Karwendel山脈有如巨大城牆聳立，市區則向另一側西側開展。

　　車站前氣氛十分閑靜，從車站大街Bahnhofstr.往前走會碰上Obermarkt街，這裡是市區的主要大街，兩側可看到有著濃厚宗教色彩的濕壁畫民宅林立，十分漂亮。

　　畫滿濕壁畫的教堂旁，則有專精製作小提琴工匠的雕像，

建築物也十分出色的小提琴博物館

MAP ◆ P.244-B2

人　　口	7300人
區域號碼	08823

ACCESS

火車：米登華德位於德國與奧地利的國境車站處，從慕尼黑搭RE快速列車約1小時40分，從奧地利的因斯布魯克約55分。

❸米登華德的遊客中心
🏠Dammkarstr. 3　D-82481 Mittenwald
☎(08823) 33981
📠(08823) 2701
🌐www.alpenwelt-karwendel.de
🕐週一～五　8：30～18：00
　週六　　　9：00～12：00
　週日・節日 10：00～12：00
　(10～4月有所變更)

●小提琴博物館
🏠Ballenhausgasse 3
🌐www.geigenbaumuseum-mittenwald.de
🕐10：00～17：00
　淡季為11：00～16：00
🚫週一、11/15～12/24・31
💰€5.50・學生€4.50

克蘭茨貝格纜車站
Kranzberglift

米登華德
MITTENWALD

0　　100　　200m

小提琴博物館
Geigenbaumuseum
教堂
Kathol.Kirche
市政廳
Rathaus
郵局
Post
Alpenrose
米登華德車站
Bahnhof
Karwendel纜車站
Karwendelbahn

教會塔樓前有小提琴工匠馬諦亞斯・克勞茲雕像

重現小提琴工房

●**Karwendelbahn纜車站**
🔗 www.karwendelbahn.de
💰 來回€34.50
🕐 6/1～9/12　　8：30～18：00
　9/13～10/16　8：30～17：15
　10/17～11/6　9：00～16：30
　（旺季9:00～）
📅 11月上旬～12月下旬、1月下旬～2月上旬、4月中旬～5月下旬
※冬季有所變動，依天候、維修等狀況可能停駛。

這是對米登華德小提琴製作技術貢獻良多的馬諦亞斯·克勞茲Matthias Klotz的紀念雕像。不管是過去或是現在，對依靠小提琴產業繁榮的米登華德居民來說，他對這裡的貢獻非常值得讚許。教會旁並設有小提琴博物館Geigenbau-Museum，是市區的必訪景點之一。

在市區隔著車站的另一側，聳立著海拔2385m的Karwendel山，可搭乘Karwendelbahn纜車一口氣直達山上，天氣晴朗時不妨前往造訪。夏季觀光旺季時人潮眾多，需要排隊候車。

Karwendelbahn纜車一大早人比較少

在山上纜車站旁，有座直徑約7m的巨大望遠鏡Riesenfernrohr突出於懸崖之外，內部設有介紹阿爾卑斯動物與高山植物的展示室，從玻璃向外望，宛如透過望遠鏡的鏡頭般，可欣賞橫亙於腳下的米登華德城鎮與提洛Tirol的綿延山巒。

山上有依難易等級區分的健行路線，推薦可嘗試適合初學者的Passamani Panoramaweg路線，全程約1小時。

走進巨大望遠鏡俯瞰城鎮

推薦的住宿 ✦ HOTEL

※住宿每人每晚須加收€2.60的療養稅Kurtax。

米登華德夏季是健行、冬季則是滑雪基地城鎮，因此有許多可長期住宿的民宿和休閒住宿設施。入住時可向飯店索取遊客卡Gästekarte，出示卡片即可享受纜車折扣等各項優惠。

H Post
MAP ◆ P.285

🏠 Obermarkt 9　D-82481
☎ (08823) 9382333　📠 (08823) 9382999
🔗 www.posthotel-mittenwald.de
💰 Ⓢ €85～　Ⓣ €160～　含早、晚餐（Halbpension）時加收€22（3道菜方案）、€28（4道菜方案）
card 📶 Ⓙ Ⓜ Ⓥ

1632年起作為阿爾卑斯郵遞馬車驛站之用的歷史建築，距車站徒步約5分鐘。備有三溫暖和室內泳池，提供無線網路（免費）。

H Alpenrose
MAP ◆ P.205

🏠 Obermarkt 1　D-82481
☎ (08823) 92700　📠 (08823) 9270100
🔗 www.alpenrose-mittenwald.de
💰 Ⓢ €75～　Ⓣ €120～
card Ⓐ Ⓓ Ⓙ Ⓜ Ⓥ

面對主要大街的外牆有著鮮豔的壁畫令人印象深刻，房間裝潢使用木製家具。1樓餐廳也十分推薦，提供無線網路（免費）。

漂浮波登湖上的小島城市

林島

Lindau

夏季富有南國熱帶風情

入港的觀光船

林島是漂浮於波登湖東部的小島城市，經由堤防和橋樑與陸地相連。

這裡擁有自13世紀以來的古老歷史，包含城市西側的火藥庫、東側的史帝芬教堂等，有著眾多歷史建築。除此之外雖然景點不多，輕鬆漫步在小巧樸實的石板道路上也讓人心情愉悅，一到夏季還可看到波登湖上戲水及駕駛遊艇的遊客蹤跡。

此外由於波登湖跨德國、瑞士、奧地利3國國境，也可搭船前往瑞士和奧地利。而出港時防波堤上有一座獅子雕像，也是不可錯過的景點之一。

漂浮於德國最大湖泊波登湖上的美麗小島

 ## 漫遊

火車開過銜接林島與陸地間的堤防時，就有如奔馳在湖上一般，而抵達終點式月台的中央車站後，出車站正面左邊對面可看到 ❸，右側則是港口。

首先可前往 ❸ 索取簡單地圖和飯店資訊，接著走進從巴士總站往東延伸的馬克希米利安街Maximilianstr.，這條街是舊城區的主要大街。大街左側興建的古典房子為Insel車站前的藝術博物館Kunstmuseum am Inselbahnhof。徒步200m左右則可在右側看到舊市政廳Altes Rathaus。接著走

右側邊欄：

慕尼黑與阿爾卑斯之路 ▼ 林島Lindau

柏林

法蘭克福

慕尼黑

林島 ★

MAP ◆ P.244-B1

人　口	2萬5400人
區域號碼	08382

ACCESS

火車：從慕尼黑搭乘EC特快列車約1小時55分，搭乘REX快速列車到奧地利的布雷根茨Bregenz則約15分。

❸林島的遊客中心

住Alfred-Nobel-Platz 1
　D-88131 Lindau
☎ (08382) 8899900
FAX (08382) 8899888
URL www.lindau.de
開週一～六　10：00～12：30
　　　　　　13：30～17：30
　　週三‧日　10：00～12：30

●Insel車站前的藝術博物館

住Maximilianstr. 52
URL https://www.kultur-lindau.de/museum
開4/30～10/3（'22）
　　　　　10：00～18：00
費€10、學生€5

階梯狀磚飾的市政廳（內部不可參觀）

MEMO 遊覽波登湖可利用波登湖遊覽船（URL www.bsb.de）（冬季停駛），航班有林島～腓特烈港～米爾斯堡～康士坦茲、布雷根茨（奧地利）、羅爾沙赫（瑞士）。

287

林島 LINDAU

0 100 200m

波登湖
Bodensee

N

Insel-halle

市立公園
Stadtgarten

賭場
Spielbank

Zwanziger- str.

史帝芬教堂
St. Stephankirche

In der Grub

市集廣場

Peters-
kirche

馬克希米利安街 Maximilianstr.

市立博物館
Städtische
Kunstsammlungen

Alte Post

火藥庫
Pulverturm

Insel車站前的藝術博物館
Kunstmuseum am Inselbahnhof

Insel-Hotel

Zum Sünfzen

舊市政廳
Altes
Rathaus

劇院
Theater

Fischergasse

Pulverturmweg

Ludwigstr.

Helvetia

往Wasserburg

Reutemann-Seegarten

中央車站
Haupt-
bahnhof

Bayerischer Hof

Hafen-
platz

Ruber-
pl.

Mangturm塔

獅子像
Löwenmole

港口

新燈塔
Neue Lichtturm

往羅爾沙赫
（瑞士）

往布雷根茨
（奧地利）

Neue Seebrücke

往Jugendherberge

●**市立博物館**
※改建中暫停開放

●**新燈塔**
開4～9月10：00～18：00
　（天候不佳時，可能關閉）
費€2.10

到馬克希米利安街盡頭，走進左側的Cramergasse巷，通道會突然變窄，不久後便可看到市集廣場Marktpl.。

廣場旁有史蒂芬教堂St. Stephankirche，西側則有市立博物館Städtische Kunstsammlungen。回到港口，可以眺望美麗的Mangturm塔，在1856年新燈塔建立以前扮演著港口監視塔的角色，接著繞行港口一圈，登上新燈塔Neue Lichtturm吧！

推薦的住宿 ✦ HOTEL

※住宿每人每晚須加收€2療養稅。

H Bayerischer Hof

MAP ◆ P.288

住Bahnhofsplatz 2　D-88131
☎(08382) 9150　FAX(08382) 915591
網www.bayerischerhof-lindau.de
費⑤€163～　①€225～　card DMV

位於中央車站旁面湖的最高級飯店，備有無線網路（免費），冬季公休。

H Reutemann-Seegarten

MAP ◆ P.288

住Ludwigstr. 23　D-88131
☎(08382) 9150　FAX(08382) 915591
網www.reutemann-lindau.de
費⑤€156～　①€213～　card DMV

露台視野絕佳的高級飯店，附設溫水游泳池，備有無線網路（免費），冬季公休。

H Helvetia Yacht Hotel

MAP ◆ P.288

住Inselgräben 3　D-88131
☎(08382) 9130　FAX(08382) 4004
網www.Hotel-Helvetia.com
費⑤€110～　①€173～　card MV

房間裝潢多為明亮浪漫風格，以美容SPA服務自誇，備有無線網路（免費）。

H Insel-Hotel

MAP ◆ P.288

住Maximilianstr. 42　D-88131
☎(08382) 5017
網www.insel-hotel-lindau.de
費⑤€105～　①€168～　card MV

面對主要大街位置方便，無線網路僅限部分房間使用。

萊比錫的舊市政廳與其文藝復興時期的美麗外觀

柏林與
歌德大道、哈茨地區
Berlin / Goethestraße / Der Harz

韋爾尼格羅達郊外的
德國最長吊橋泰坦RT

德國沙威瑪是一種與德國咖哩腸
有同等地位的街頭小吃

古都戈斯拉爾的秋天

展示重要美術品和歷史挖掘物的博物館島（柏林）

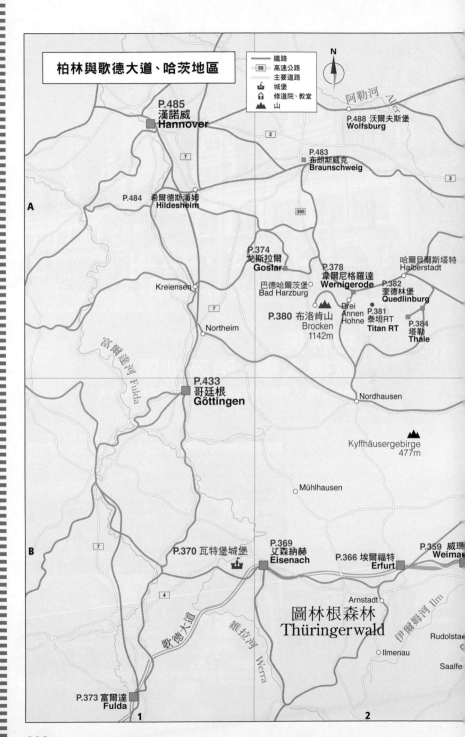

柏林與歌德大道、哈茨地區

鐵路
88 高速公路
主要道路
城堡
修道院、教堂
山

N

阿勒河 Aller

P.485
漢諾威
Hannover

P.488 沃爾夫斯堡
Wolfsburg

2

P.483
布朗斯威克
Braunschweig

2

P.484 希爾德斯海姆
Hildesheim

395

A

P.374
戈斯拉爾
Goslar

哈爾貝爾斯塔特
Halberstadt

P.378 韋爾尼格羅達
Wernigerode

P.382
奎德林堡
Quedlinburg

巴德哈爾茨堡
Bad Harzburg

Kreiensen

Drei
Annen
Hohne

P.381
泰坦RT
Titan RT

7

P.380 布洛肯山
Brocken
1142m

P.384
塔勒
Thale

Northeim

富爾達河 Fulda

P.433
哥廷根
Göttingen

Nordhausen

Kyffhäusergebirge
477m

Mühlhausen

B

7

P.370 瓦特堡城堡

P.369
艾森納赫
Eisenach

P.366 埃爾福特
Erfurt

P.359 威瑪
Weima

4

歌德大道

維拉河 Werra

圖林根森林
Thüringerwald

Arnstadt

伊爾姆河 Ilm

Rudolsta

Ilmenau

Saalfe

P.373 富爾達
Fulda

1

2

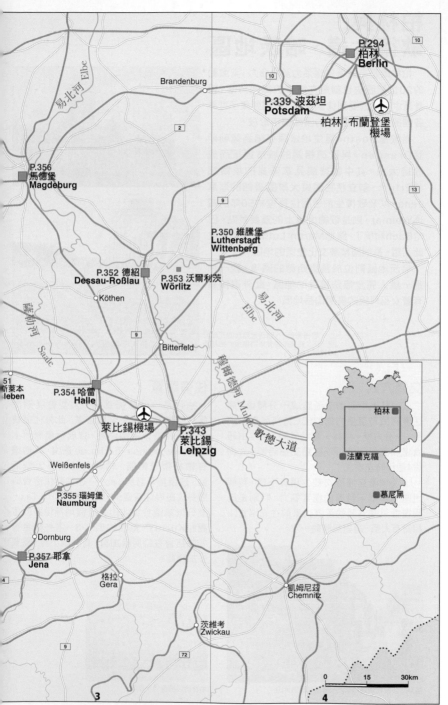

P.294
柏林
Berlin

10

Brandenburg

10

P.339 波茲坦
Potsdam

柏林·布蘭登堡
機場

13

P.356
馬德堡
Magdeburg

易北河 Elbe

9

P.350 維騰堡
**Lutherstadt
Wittenberg**

P.352 德紹
Dessau-Roßlau

P.353 沃爾利茨
Wörlitz

Köthen

Elbe 易北河

薩勒河 Saale

9

Bitterfeld

穆爾德河 Mulde

斯萊本
Ieben

51

P.354 哈雷
Halle

萊比錫機場

P.343
萊比錫
Leipzig

歌德大道

柏林

Weißenfels

P.355 瑞姆堡
Naumburg

法蘭克福

慕尼黑

Dornburg

P.357 耶拿
Jena

4

格拉
Gera

9

凱姆尼茲
Chemnitz

茨維考
Zwickau

72

0   15   30km

3   4

291

柏林與
歌德大道、哈茨地區

柏林總是充滿著熱情活力及生命力，其激動的20世紀歷史也刻劃在城市的每個角落，置身其中不只感受到德國風格，更因聚集了世界各國的人而給人強烈的國際都市形象。

從歌德Goethe誕生地法蘭克福到德勒斯登Dresden，與歌德相關的城市連接而成歌德大道，其中歌德謁見拿破崙的埃爾福特Erfurt、創立植物園與大學圖書館的耶拿Jena，以及歌德生前曾居住長達約50年的威瑪Weimar，則是歌德大道上的重要景點。巴哈Bach和馬丁·路德Martin Luther等都曾在此活躍，是德國精神文化象徵的地區。

哈茨地區則位於舊東西德的國境，統一前是一般人完全無法接近的地區，此外還擁有著女巫傳說的廣闊山岳地區。

上／歌德和馬丁·路德曾到訪的瓦爾特堡　下／位在布蘭登堡門側邊的柏林圍牆遺跡（右下）

交通方式

以柏林為中心的交通路線十分發達，前往漢諾威及漢堡方向的ICE特快列車班次多，十分方便。柏林～慕尼黑間，若經由紐倫堡和艾爾福特可以縮短交通時間，大約需4個小時左右。

哈茨地區交通班次較少稍有不便，整個地區充滿鄉下特有的樸實魅力，特別是搭乘復古氣圍滿載的蒸汽火車前往布洛肯山相當有人氣，絕對想體驗一次。

搭乘哈茨窄軌鐵路的蒸汽火車前往布洛肯山

住宿導覽

柏林是一個會展都市，大型會展期間飯店客房幾乎都是全數客滿，此外住宿費也十分昂貴須特別注意，會展行事曆可上 URLＬwww.messe-berlin.de查詢。其他還有柏林國際影展、柏林馬拉松等大型活動，建議提早訂房。此外，在柏林住宿會取每人每晚住宿費5%的住宿稅City Tax，部分城鎮還會加收山岳度假地等地區的療養稅Kurtax，每晚約€2～3。這些稅金有些飯店會在訂房時加算，有些則不會，需要多加確認。

柏林的住宿要儘早準備

名產與美食

柏林特產柏林啤酒Berliner Weisse會在啤酒內加入糖漿，有如雞尾酒一般，夏季時是咖啡館十分受歡迎的一道飲品。

而來到柏林更不可錯過小吃攤Imbiß，有的攤子是像車站書報攤一樣的亭子，有的則是拖車，販賣香腸及飲料等，其中起源於柏林的德國咖哩腸Currywurst不可不試，作法是在香腸上撒上大量咖哩粉與特製番茄醬汁，最適合有點餓時享用。

柏林周邊的知名料理德式肉丸，是淋上酸豆奶油醬汁的肉丸

此外還有柏林的代表性鄉土料理——帶骨的燉煮德國豬腳Eisbein，以及淋上奶油醬汁的德式肉丸Königsberger Klopse等美食。圖林根香腸是全國各地都可吃到的人氣香腸，在廣場等處的小吃攤Imbiß、路邊攤可現烤現吃。

上／不可錯過的德國咖哩腸
右／人氣的旋轉烤肉Gemüse Kebab

圖林根香腸，可依喜好自行添加芥末醬

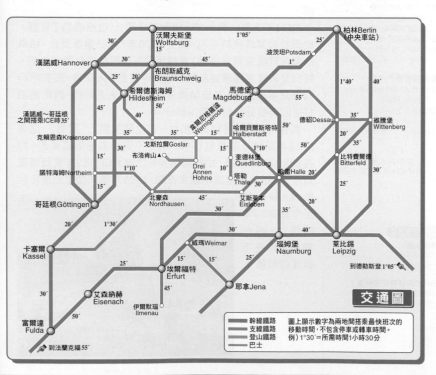

圖上顯示數字為兩地間搭乘最快班次的移動時間，不包含停車或轉車時間。
例）1°30´＝所需時間1小時30分

幹線鐵路
支線鐵路
登山鐵路
巴士

交通圖

象徵德國激動年代的閃耀大都會

柏林

Berlin

勝利紀念柱

柏林★
法蘭克福
●慕尼黑

MAP ◆ P.291-A4	
人　口	366萬4100人
區域號碼	030

ACCESS

火車：從漢諾威搭乘ICE特快列車約1小時40分，從漢堡也約1小時45分，從法蘭克福則約3小時55分，從科隆約4小時25分，從德勒斯登搭EC特快列車約1小時50分。

❶柏林的遊客中心
🌐www.visitberlin.de
☎(030) 25002333
●中央車站內的❶
🏠Europaplatz1
（靠近中央車站1樓北側出口）
🚌Map P.300-B1
🕗8：00～19：00
（12/24～1/1、節日有所變動）

●布蘭登堡門的❶
🏠im Brandenburger Tor,
Pariser Platz
🚌Map P.300-B1
🕗10：00～18：00
（12/24～1/1、節日有所變動）

此外，在柏林布蘭登堡機場內、柏林宮內等處也設有遊客中心。

🌐 **世界遺產**
博物館島
（1999年登錄）
→P.306

現代主義建築住宅群落
（2008年登錄）
→P.318

柏林的重要象徵，布蘭登堡門與巴黎廣場

居住在經歷歷史漩渦的柏林人們，可說十分開朗自由豁達。柏林是德國最大的都市，由於都市內有許多公園及湖泊、河流等，與其他德國都市一樣都不會讓人感覺狹窄擁擠。

1871年普魯士開始的「德意志帝國」，這裡成為了首都，威瑪共和國時代時成為「黃金1920年代」的重要舞台，柏林的發展可說達到最高點，當時更是不輸巴黎成為藝術之都，特別是表現主義繪畫及德國電影等更是令人讚嘆。而在納粹政權登場的同時，其繁榮美景開始崩解失去光芒，敗戰後柏林更因而被分割為東西兩部分。

而在1961年8月13日，柏林一夜之間被築上「圍牆」，之後的28年間柏林圍牆就彷彿一座永不毀壞的牆阻隔東西。而在1989年11月9日，柏林圍牆開始出現洞口，第2年東西德重新統一，柏林再度成為國家首都，1999年聯邦議會也遷移到柏林，統一後至今超過30年的現在，城市裡各處仍在不斷建設發展。

博物館島對面的綠地聚集了許多人，中間的建築物為柏林大教堂

柏林指南

　　柏林比起其他德國城市更有其獨特之處，除西柏林與東柏林合併的歷史外，更擁有諸多景點。

　　第二次世界大戰前曾經是柏林中心的米特區Mitte是柏林最熱鬧的區域，此外也有許多觀光景點集中於此，過去作為東西柏林分隔區域的波茨坦廣場Potsdamer Platz，則成為統一後的柏林開發新都心，同時也是柏林的文化中心，而舊西柏林側的選帝侯大街Kurfürstendamm周邊，是散步逛街的好地方。

區域 1 菩提樹下大街與博物館島
→P.304　　MAP◆P.300～301、P.304

　　位於米特區的中心，可體驗到柏林的歷史與世界文化遺產，從布蘭登堡門Brandenburger Tor往東延伸的遼闊林蔭道——菩提樹下大街Unter den Linden上，柏林國家歌劇院和柏林洪堡大學等充滿深厚歷史感的歷史建築林立。大街的東側則為博物館島Museumsinsel，正如其名共有5座博物館位於此處，同時已被登錄為世界遺產。而東北側的普倫茨勞貝格區Prenzlauer Berg，則有許多個性化商店及咖啡館、俱樂部等集中於此，可說是走在時代流行尖端的區域。

菩提樹下大街東側矗立的腓特烈大帝騎馬像

區域 2 波茨坦廣場周邊
→P.312　　MAP◆P.300、303、P.312

　　東西德統一後經再次開發，這裡已成為柏林的新都心，包含大型購物中心和多媒體設施的新力中心Sony Center，以及舉辦國際電影節的劇場、電影院等，娛樂與購物設施十分完善。這裡鄰接知名的音樂廳柏林愛樂廳Berlin Philarmonie，及收藏名畫寶庫的藝術館等的文化區域，可說是柏林文化的中心。

高樓建築林立的新都心波茨坦廣場

區域 3 選帝侯大街周邊
→P.315　　MAP ◆ P.302～303

　　選帝侯大街為舊西柏林時代的主要大街，包含知名的百貨公司卡迪威百貨KaDeWe等，有許多商店及餐廳。

　　統一後米特區似乎顯得沉寂，不過商店街依然充滿活力，柏林動物園東北側有著過去皇家狩獵場的綠地公園提爾公園Tiergarten，綠意盎然有如森林一般，公園中央則有勝利紀念柱Siegessäule佇立其中。

林木扶疏的美麗選帝侯大街是柏林西部的鬧區

●Map P.301-/小圖
www.berlin-airport.de
遊客中心
第1航廈・E0樓層
開9：00～21：00

2021年開始營運的柏林・布蘭登堡機場

跟著指標指示前往位於地下的火車月台

前往柏林中央車站推薦最快速、方便的機場快捷

路線巴士為顯眼的黃色

●駐德國台北代表處
Taipeh Vertretung in der Bundesrepublik Deutschland
住Markgrafenstrasse 35, 10117 Berlin
●Map P.300-C2
☎(030)203610
FAX(030)20361101
www.roc-taiwan.org/de/
開週一～五　9：00～13：00、
　　　　　14：00～17：00
急難救助電話：行動電話
(49)171-3898257、德國境內直撥0171-3898257
※急難救助電話專供如車禍、搶劫、有關生命安危緊急情況等緊急求助之用，非急難重大事件請勿撥打

抵達柏林

搭乘飛機抵達

　　柏林・布蘭登堡機場Flughafen Berlin Brandenburg（機場代碼：BER），位於與柏林南邊相鄰的布蘭登堡州，距離柏林市中心約24km，貴為德國首都的大型機場，交通十分便利，從柏林中央車站搭乘火車最快約30分鐘即達。

　　2023年的現在僅開放第1航廈，今後會陸續新建其他航廈。從台灣雖然沒有直航班機，不過從德國及歐洲各大都市都有班機可以轉乘前往柏林。

運用許多木頭素材的出境大廳，營造出沉靜的氛圍

　　第1航廈的地上E0樓層為入境大廳，2樓E1樓層為出境大廳，地下2樓U2樓層則為機場車站的月台。

機場與市區交通

火車

　　前往柏林市中心（柏林中央車站等）最快速方便的方式為徒步至第1航廈地下2樓（以U2標示）的柏林機場航廈1-2站Flughafen BER-Terminal1-2，搭乘機場快線Airport Express（簡稱FEX）或者RE快速列車R7、S-Bahn S9，FEX、RE快速到中央車站約30～35分，S-Bahn因中途停靠站較多約50分。無論哪台列車，到市中心其單次車票都為€3.80（選擇ABC區），若在柏林停留時間較長，購買24小時車票、7日券、歡迎卡（→P.298）較為划算。

路線巴士

　　X7號巴士行駛機場到地下鐵U7的Rudow站，X71號巴士則是經由Rudow站行駛到U6的Alt-Mariendorf站，可以對應欲前往的地點進行選擇，車資與火車相同。

計程車

　　入境大廳的出入口前有計程車招呼站，到柏林市中心車程約40分，車資約€60左右。

搭乘火車抵達

柏林中央車站

ICE等長途火車停靠的柏林中央車站Berlin Hbf.是德國最大的車站，站內除遊客中心外還有超市、藥妝店、精品店等購物設施，此外也有咖啡店、餐廳、壽司吧及亞洲料理店等。

柏林中央車站的南出口

柏林中央車站月台位於2樓及地下室

ICE等長途火車及前往法蘭克福機場的機場快線，搭乘月台位於地下和地上2樓處。

S-Bahn則位於地上2樓，地下月台停靠的地下鐵U5，沿途停靠布蘭登堡門、普提樹下大街、亞歷山大廣場站等柏林代表性的觀光區域，是條便利的路線。

其他柏林車站

行駛柏林東西向的列車包含ICE等長途火車，也有停靠柏林西部的斯潘道站Spandau。而南北向路線的長途火車則停靠北部的Gesundbrunnen站，與南部的Südkreuz站。

S-Bahn、U-Bahn與快速列車的發車站腓特烈大街站Friedrichstr.與亞歷山大廣場站Alexanderplatz，兩站的車站設備都十分完善，鄰近購物設施及觀光景點等，若住在車站附近可說十分方便。

停靠於柏林中央車站的ICE特快列車

S-Bahn停靠中央車站的2樓月台

車票種類和名稱	內容	有效區域	費用
短距離券 Kurzstrecke	⑤Ⓤ3站內，巴士、路面電車6站內		€2
單次券 Einzelfahrausweise	2小時內有效，同一方向可無限次換車	AB	€3
		BC	€3.50
		ABC	€3.80
4次回數券 4-Fahrten-Karte	同上	AB	€9.40
		BC	€12.60
		ABC	€13.80
1日券 24-Stunden-Karte	1日內有效（到翌日3:00為止）	AB	€8.80
		BC	€9.20
		ABC	€10
小型團體1日券 24-Stunden-Karte Kleingruppe	1日內有效，最多可5人同時使用	AB	€25.50
		BC	€26
		ABC	€26.50
7日券 7-Tage-Karte	連續使用7天（開始使用後到第7天的24:00為止）	AB	€36
		BC	€37
		ABC	€43

100號、200號、300號巴士路線

●柏林交通連盟BVG
URL www.bvg.de

●觀光客專用卡片

有效期間	費用	
	AB	ABC
柏林歡迎卡 URL www.berlin-welcomecard.de		
48小時	€24	€29
72小時	€34	€39
4日	€41	€46
5日	€47	€50
6日	€50	€53
城市旅遊卡 URL www.citytourcard.com		
48小時	€19.90	€23.90
72小時	€29.90	€34.90
4日	€38.90	€42.90
5日	€43.90	€47.90
6日	€45.90	€48.90

●柏林歡迎卡全範圍版
可免費參觀約30間美術館、博物館等設施，觀光巴士也免費，附有一張通用ⒶⒷⒸ全區交通券。

有效期間	附交通卡	無交通卡
48小時	€89	€69
72小時	€109	€89
4日	€129	€99
5日	€149	€119
6日	€169	€139

柏林市區交通

　　柏林市區的公共交通工具包含S-Bahn（近郊電車，以下以Ⓢ表示）、U-Bahn（地下鐵，以下以Ⓤ表示）、巴士、路面電車等，交通網完善，便於遊客使用，不過路線有時會有所變更，或是會有因施工停駛的區間，建議最好前往❶或BVG（柏林交通公司）的遊客中心索取最新路線圖。

如何購買車票

　　柏林市內的Ⓢ、Ⓤ、巴士及路面電車的收費系統互為相通，柏林市內共分為A與B兩區。
　　中心區域的景點幾乎都集中在A區，而舍訥費爾德機場則位於C區。柏林市郊歸為C區，若從柏林中央車站前往波茨坦則需ABC全區券，各區域範圍可參考第2張摺頁地圖背面。

U-Bahn的自動打印機，寫有「Bitte hier entwerten」等車票（1日券等）必須在此印出開始使用時間

　　車票可在車站的自動售票機或售票窗口購得，搭車前須在月台入口或巴士內設置的自動打印機Entwerter（S-Bahn為紅色，U-Bahn為黃色）印上時間。

觀光客專用卡

　　柏林共有柏林歡迎卡Berlin Welcome Card，與城市旅遊卡City Tour Card這2種觀光客專用卡，2種卡都可以無限次搭乘市區公共交通工具，此外還可享有美術館、博物館等景

MEMO 柏林歡迎卡還有另一種可免費（僅限常設展）參觀博物館島（→P.306～307）內博物館的Berlin WelcomCard Museumsinsel，卡片使用期限為72小時，AB區用為€52，ABC區用則為€55。

柏林與歌德大道、哈茨地區 ▼ 柏林Berlin

點，及市區觀光巴士等優惠折扣，不過價格差距不大，折扣內容也多半相同，適合購買何種卡片可先確認想去的景點，接著參考各網站及傳單是否可享折扣再決定。

在🛈、主要車站的售票機（導覽手冊可於窗口索取）購票後，使用前一定要先在自動打印機（→P.298）印上時間。而若是以博物館之旅為目標的人，則可考慮購買能免費參觀博物館的博物館3日券（→P.306）較為划算。

U-Bahn車廂內

如何搭乘S-Bahn、U-Bahn

車站內都貼有路線圖，可找尋從所在地車站前往目的地的路線，前往搭乘月台指示及目的地都是寫上路線號碼和終點站名稱，所以一定要記得記下路線號碼及終點站名。另外下車時要自己手動開門，或是按鈕開門。

如何搭乘巴士

巴士站牌上會寫著停靠巴士號碼及前往方向站名，巴士都是由前門上車並向司機出示車票，也可以上車時跟司機買票，而接近目的地

下車時要按門上的綠色按鈕（以新型車輛為例）

站牌時按鈕後從下車門（後門）下車。

若想遊覽中心區域，可以搭乘雙層路線巴士100號、200號、300號（參照上面或P.20～21的行駛路線圖），白天約5～10分鐘1班，若使用1日券或柏林歡迎卡時，則可隨處無限次上下車，十分方便。

巴士從前門搭車

視野絕佳的2樓第一排是頭等座位

路面電車僅行駛舊東柏林區域路線

299

A

N

Wedding
U

Humboldthain

2

P.333
圍牆公園
Mauerpark

U Voltastr.

Schwedter Str.

Eberswalder
Oberbf

P.329
柏林搖滾攝影
藝術館

Schönhauser Allee

0   500m   1000m.

Heidestr.

Schanhorst'str.

U Schwartzkopffstr.

Chausseestr.

Gartenstr.

Hussitenstr.

Brunnenstr.

Ackerstr.

Bernauer Str.

U Bernauer Str.

P.320
柏林圍牆紀錄中心
Dokumentationszentrum
Berliner Mauer

Kastanienallee

Fehrbelliner

S Nordbahnhof

Invalidenstr.

P.309
自然科學博物館
Museum für Naturkunde

U Naturkundemuseum

Gartenstr.

Torstr.

Linienstr.

Rosenthaler Pl.

P.329
Café Fleury

P.337
Circus
The Hostel

Lehrter Str.

P.338
a&o Berlin
Hauptbahnhof

P.309
漢堡車站現代美術館
Hamburger Bahnhof-
Museum für Gegenwart Berlin

Invalidenstr.

菩提樹下大道～博物館島（放大圖P.304）

Augustr.

Rosenthaler Str.

Weinmeister str.

P.338
Jugendgästehaus
Hauptbahnhof

P.337
Motel One
Berlin
Hauptbahnhof

P.336
柏林中央車站
Hauptbahnhof

Hauptbahnhof

P.337
Meininger Hotel
Berlin Hauptbahnhof

Kapelleufer

InterCityHotel
Berlin Hauptbahnhof
聯邦總理府

Kronprinzenufer

Charité醫院（大學醫院）
Charité

Oranienburger
Tor

Reinhardtstr.

P.309
森鷗外紀念館

Luisenstr.

Friedrichstr.

Oranienburger Str.

cocolo

Heckmann Höfe
猶太會堂
Synagogue

P.324
哈克雪庭院

P.306
佩加蒙博物館

Hackescher Markt

瑪利恩教堂
Marienkirche

S Friedrichstr. U

腓特烈大街站

P.306
博物館島

P.308
柏林宮

紅色市政
Rotes Ratha
Rotes Rathaus

Bundes Kanzleramt
聯邦總理府

Schiffbauerdamm

Bundestag

Paul-Löbe-Allee

P.305
新國會大廈

世界文化館
Haus der Kulturen
der Welt

John-Foster-Dulles-Allee

Scheidemannstr.

U Brandenburger
Tor S

柏林喜歌劇院

洪堡大學
Unter den Linden

U
Unter den Linden

菩提樹下大街

Museumsinsel P.308

P.308
柏林大教堂

柏林宮
（洪堡論壇）

P.327
Mutter Hoppe

P.309
尼古拉教堂
Nikolaikirche

6月17日大道
Straße des 17. Juni

P.305
布蘭登門

i

Ebertstr.

P.305
猶太人大屠殺紀念館

法蘭西大教堂

P.322
柏林國家歌劇院

Charlottenstr.

Hausvogteipl. U

P.309
尼古拉區
Nikolaiviertel

P.30
法蘭
Ephraim Pala

提爾花園
Tiergarten

波茨坦廣場
（放大圖P.312）

Stadtmitte U

憨意志大教堂

Spittel-markt

P.323
柏林愛樂廳
Philharmonie

Mohrenstr.

S P.330
MALL OF
BERLIN

駐德國台北代表處

Leipziger Str.

Axel-Springer-Str.

Schützenstr.

P.313
繪畫館
Gemäldegalerie

Potsdamer Str.

Potsdamer Pl.
S U

波茨坦廣場

通訊博物館處
Museum für
Kommunikation

P.319
德國間諜
博物館
Deutsches
Spionage Museum

觀光熱氣球
搭乘

Wilhelmstr.

P.321
柏林圍牆博物館
Museum Haus am
Checkpoint Charlie

Zimmerstr.

Jakob

C

P.314
新國家畫廊
Neue Nationalgalerie

P.338
Jugendherberge
Berlin International

Lützowstr.

H P.337
Fjord Hotel

馬汀·格羅培斯博物館
Martin-Gropius-Bau

Mendelssohn-
Bartholdy-Park U

Schöneberger Str.

Anhalter Bhf

P.311
恐怖地形圖

Friedrichstr.

U Kochstr.

柏林畫廊
Berlinische Galerie

Lindenstr.

Alte Jakobstr.

Oranienstr.

Rittterstr.

P.310
猶太人博物館
Jüdisches Museum Berlin

1

Gleisdreieck U

Stresemannstr.

SPD
社會民主黨總部

2

P.329 Pakolat
Sasaya
3
Eberswalder Str.
P.326
Konnopke's Imbiss
Danziger Str.
P.325
柏林文化釀酒廠
Kultur Brauerei
P.329
Anna Blume
柯維茲廣場
Kollwitz-
platz
猶太人墓地
Jüdischer
Friedhof
水塔
P.47
LPG Bio Markt
Senefelderpl.

紅框內為本圖部分

柏林中央車站
Hauptbahnhof
↓亞歷山大廣場站
Alexanderpl.
斯潘道站
Spandau
東站
Ostbahnhof

史塔西博物館
P.320

P.302～303

Großer
Müggelsee

P.311
萬湖會議
紀念館

第2張摺頁地圖正面

法蘭肯貝格花園
P.318

波茨坦中央車站
Potsdam Hbf.

P.296
柏林・布蘭登堡
機場（BER）

Fleischerei
Ibis Berlin Mitte
Greifswalder Str.
Alex
Am Friedrichshain
Rosa-Luxemburg-Pl.

Volkspark Friedrichshain

Landsberger Allee

鐵路（幹線）
S-Bahn（近郊電車）
U-Bahn（地下鐵）
巴士（主要路線）
H 飯店
JH 青年旅館
R 餐廳・攤販
C 咖啡館
S 商店
N 酒吧・俱樂部等
教堂
i 遊客中心
柏林圍牆遺址

P.336
Park Inn Berlin
Alexanderplatz
P.330
Galeria（Kaufhof）
世界時鐘
亞歷山大廣場站
Alexanderpl.
Schillingstr.
Alexa

B

P.308
視塔
rnsehturm
Klosterstr.
Zur Letzten Instanz
Stralauer Str.
Jannowitzbr.
Holzmarktstr.

Karl-Marx-Allee
Strausberger Pl.
Weberwiese
Frankfurter Tor

Wallstr.
Inselstr.
useum
Annenstr.

P.325
Club Tresor
Heinrich-Heine-Str.
P.324
放射系統劇場
RADIALSYSTEM V
Ostbahnhof 東站
InterCityHotel

C

P.338
a&o
Berlin Mitte
施普雷河
Spree

Warschauer Str.

Moritzpl.

柏林圍牆遺址

P.320
東區藝廊
（柏林圍牆遺跡）

奧伯鮑姆橋
Oberbaum-
brücke

P.331
九號市場
Markthalle
Neun

3
Kottbusser Tor
Görlitzer Bhf
Schlesisches
Tor
4

0   500m   1000m

A

P.316
夏洛騰堡宮
Schloss Charlottenburg

P.317
貝加倫博物館
Museum Berggruen

P.317 布洛翰博物館
Bröhan-Museum

Spandauer Damm

P.317
夏夫格斯騰貝格收藏館
Sammlung Scharf-Gerstenberg

Westend

Ⓢ Mierendorffpl.

Kaiserin-

Augusta-Allee

施普雷河 Spree

Helmholtzstr.

Frankinstr.

Winterstr.

Sophie-Charlotten-Str.

Danckelmannstr.

Schlosstr.

Kaiser-Friedrich-Str.

Zillestr.

Richard-Wagner-Pl.

Richard-Wagner-Str.

Otto-Suhr-Allee

Cauerstr.

Marchstr.

柏林工科大學

Richard-Wagner-Pl.

P.322
柏林德意志歌劇院
Deutsche Oper Berlin

席勒劇院
Schillertheater

Ernst-Reuter-Pl.

Bismarckstr.

Deutsche Oper

Schillerstr.

P.318
包浩斯臨時展示館
文藝復興劇院

B

Kaiserdamm

Ⓤ Bismarckstr.

Sophie-Charlotte-Pl.

Kaiserdamm

Kaiser-Friedrich-Str.

Goethestr.

Pestalozzistr.

Goethestr.

Grolmanstr.

Knesebeckstr.

P.327
Dicke Wirtin
Stilwerk

Ⓤ Ampeln

Messe Nord/ICC

Kantstr.

Kantstr.

Ⓤ Wilmersdorfer Str.

Kantstr.

Uhlandstr.

Charlottenburg

Savignyplatz

P.335
Hotel Bristol Berlin
P.336
Hotel Leonardo
Hotel Berlin
KU'DAMM

Ⓤ Uhlandstr.

Lewishamstr.

Leibnitzstr.

Wielandstr.

Schlüterstr.

P.328 Café Wintergarten im Literaturhaus

鐵路（幹線）
Ⓢ …… **S-Bahn（近郊電車）**
Ⓤ …… **U-Bahn（地下鐵）**
● …… **巴士（僅主要路線）**
Ⓗ …… **飯店**
Ⓙ …… **青年旅館**
Ⓡ …… **餐廳、攤販**
Ⓒ …… **咖啡館**
Ⓢ …… **商店**
Ⓝ …… **酒吧、俱樂部等**
▨ …… **教堂**
ⓘ …… **遊客中心**

Adenauer-platz

選帝侯大街

Lietzenburger Str.

Bleibtreu Str.

P.336
Hotel Bleibtreu
Berlin By Golden Tulip

Fasanenstr.

P.337
Ku'damm 101

Kurfürstendamm

邵賓那劇院
Schaubühne

Brandenburgische Str.

Konstanzer Str.

Düsseldorfer Str.

Uhlandstr.

C

Ⓢ Halensee

Joachim-Friedrich-Str.

Paulsborner Str.

Ⓢ Erich Hamann

Hohenzollernpl.

Hohenzollerndamm

Güntzelstr.

Ⓤ Fehrbelliner Pl.

Uhlandstr.

Holsteinische Str.

Brandenburgische Str.

Berliner Str.

Ⓤ Blissestr.

柏林全圖

P.300~301

斯潘道站
Spandau

柏林中央車站
Hauptbahnhof

紅框內為本圖部分

P.311
萬湖會議紀念館

第2張摺頁地圖正面

Großer Müggelsee

法爾肯貝格花園
P.318

P.296
柏林·布蘭登堡機場（BER）

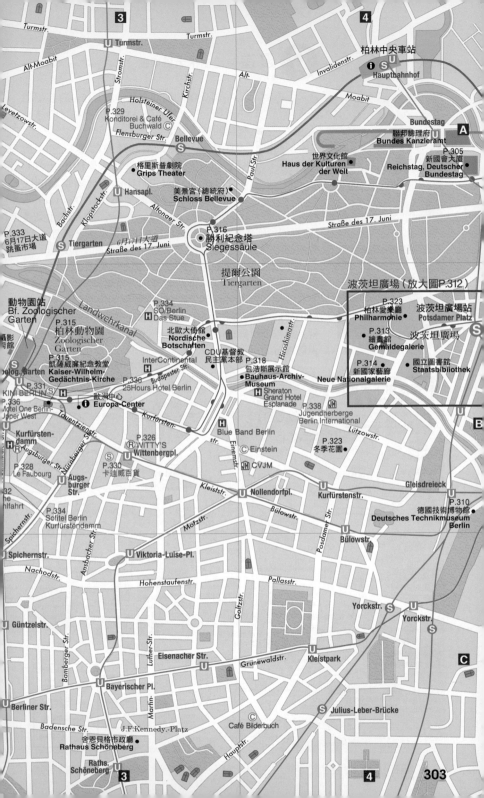

漫遊菩提樹下大街周邊

布蘭登堡門前向東延伸約1.4km的菩提樹下大街,正如其名是一條中央種植了許多菩提樹的林蔭大道。

從大道中央與南北延伸的腓特烈大街交叉口,往東有柏林洪堡大學Humboldt-Universität zu Berlin、柏林國家歌劇院Staatsoper、德國歷史博物館Deutsches Historisches Museum等充滿歷史風味建築盡

菩提樹下大街西端的布蘭登堡門前

立,而過了施普雷河上的皇宮橋Schloßbrücke便是擁有5座博物館的博物館島,這裡則需要安排相當的時間參觀遊覽。

過了巨大圓頂的柏林大教堂後,則變為Karl-Liebknecht街,一直延伸到S-Bahn車站亞歷山大廣場站,途中右側則有日本文豪森鷗外作品《舞姬》中相遇的場景瑪利恩教堂Marienkirche。聳立於最內側的紅磚建築為柏林市政廳,通稱為紅色市政廳Rotes Rathaus,亞歷山大廣場站前則有電視塔Fernsehturm。

森鷗外關聯地瑪利恩教堂

菩提樹下大街與博物館島

(地圖 / map of Unter den Linden and Museum Island with labels including:)

Auguststr.、P.331 Ampelmann、P.327 Hackescher Hof、Heckmann Höfe、猶太教堂 Synagogue、P.323卡麥隆劇院、Oranienburger Tor、德意志劇院 Deutsches Theater、Friedrichstadtpalast劇院、Oranien-burger Str.、Oranienburger Str.、P.324 哈克雪庭院、Hackescher Markt、P.309 森鷗外紀念館、Ziegel str.、P.307 博德博物館 Bodemuseum、柏林大教堂、P.306 佩加蒙博物館 Pergamonmuseum、柏林中央車站、柏林劇團 Berliner Ensemble、Am Kupfergraben、Hotel Melia Berlin、P.306 Das Panorama、P.307 舊國家藝廊 Alte Nationalgalerie、P.337 Arte Luise Kunsthotel、Marienstr.、P.335、Eurostars P.335 Berlin Hotel、P.321 東德博物館 DDR Museum、腓特烈大街站 Friedrichstr.、Restaurant Nolle P.328、P.306 盧姆斯 西藥書廊、P.307 新博物館、P.308 柏林大教堂、新國會大廈 Reichstag, Deutscher Bundestag、Maritim pro Arte、P.335 NH Berlin Friedrichstrasse M1、P.307 舊博物館、P.335 Badisson Collection Hotel、P.331 Kultur Kaufhaus Dussmann、洪堡大學 Humboldt-Universität、P.308 德國歷史博物館、P.308 柏林宮 (洪堡論壇)、杜莎夫人蠟像館、P.329 Café Einstein、Mittelstr.、NIVEA HAUS P.332、新崗哨 Neue Wache、皇宮橋、P.308、Brandenburger Tor、P.305 布蘭登堡門 Brandenburger Tor、Hotel Adlon P.334 Kempinski Berlin、P.322 柏林喜歌劇院 Komische Oper、Ampelmann Galerie P.331、Unter den Linden、P.335 The Westin Grand Berlin、P.322 Museumsinsel、柏林國立歌劇院 Staatsoper、聖黑德維希教堂、P.334、The Regent Berlin、BUNTE P.332 SCHOKOWELT、P.310 法蘭克大教堂 Franz. Dom、P.330 Galeries Lafayette、P.310 御林廣場 Gendarmenmarkt、P.323 柏林音樂廳 Konzerthaus Berlin、德意志大教堂 Deutscher Dom、Stadtmitte、Hilton、P.332 Fassbender&Rausch、猶太人大屠殺紀念館 Denkmal für die ermordeten Juden Europas、波茨坦廣場

鐵路(幹線)、S-Bahn(近郊電車)、U-Bahn(地下鐵)、路面電車、巴士(僅主要路線)、100・TXL

304

MEMO 觀光客聚集的布蘭登堡門周邊常有扒手出沒,許多都是以連署、問卷調查為由靠近,並在填寫時趁隙偷取錢包,還有人會面帶微笑拿著筆接近,要多加注意!

主要景點

新國會大廈
Reichstag, Deutscher Bundestag ★★★

　　1884～1894年所建立充滿雄偉威嚴感的帝國議會大廈，於1933年發生火災，在第二次世界大戰後西德側的議會停止使用，在東西德統一後歷經8年的大規模改建，屋頂上的玻璃圓頂建築Kuppel則對外開放參觀。參觀須事先預約，可在右側網站上點擊〈Visit the Bundestag〉→〈Dome,〉在〈Online registration〉填寫必要資訊來申請（也可郵寄、傳真申請），進場參觀前須接受安全檢查。

參觀內部須預約

德國統一的象徵布蘭登堡門
Brandenburger Tor ★★★

　　這裡是1788～1791年普魯士王國的凱旋門，仿造雅典神殿大門所造，可說是德國古典主義建築的極致代表。門上的勝利女神與4匹馬的戰車像，曾於1806年遭打敗普魯士的拿破崙劫去巴黎，1814年又重新歸回柏林。

　　東西德分裂時代圍牆就建在門旁，也因此當時無法參觀，現在則成為自由觀光區域。

遊客聚集的布蘭登堡門周邊

猶太人大屠殺紀念館
Denkmal für die ermordeten Juden Europas ★

　　從布蘭登堡門往南約100m處，可看到多達2711座水泥石碑，這些是為紀念遭屠殺猶太人而設立的紀念碑，地下室設有資訊中心（展示間）。而走在這些高低不同的紀念碑之間，就彷彿走在幾何圖案的迷宮中一般，是一種相當奇特的體驗

有如迷宮一般的紀念碑

● 新國會大廈
🏠 Platz der Republik 1
D-11011 Berlin
◑ Map P. 304
Ⓤ Bunderstag徒步約5分，或搭100號巴士在Reichstag/Bundestag下車即達。
🖥 www.bundestag.de/en（英語）
☎ (030) 22736436
🕐 8：00～21：45（最後入場）
🚫 12/24，維護期間則不定期公休。
💰 免費
預約時須以英文註明人數、姓名、出生年月日、地址、電話號碼等資訊。

順著圓頂建築的斜坡往上走

● 布蘭登堡門
◑ Map P.304
ⓈⓊ或100號巴士在Brandenburger Tor下車徒步約1分。

布蘭登堡門上的戰車

● 猶太人屠殺紀念館
🏠 Cora-Berliner-Str. 1
◑ Map P.304
ⓈⓊ或100號巴士在Brandenburger Tor下車徒步約3分，300號巴士在Behlenstr./Wilhelmstr.下車徒步約5分。
🖥 www.stiftung-denkmal.de
🕐 特定區域24小時開放。
資料中心
5～9月　　10：00～20：00
10～4月　　10：00～19：00
（入場至閉館前45分為止）
🚫 週一、12/24～26・31
💰 免費
進入資料中心須接受安檢

博物館巡禮推薦票券
●博物館島券
Museumsinsel Tages-Pass
可以自由參觀6館的1日券
圜€19、學生€9.50

●博物館3日券
Museumpass Berlin（Drei-Tage-Karte）
3日內可使用於柏林國立博物館群、市立及私立博物館共計約30座博物館（特展除外）。
圜€29、學生€14.50

●佩加蒙博物館
⊞Bodestr. 1-3
◎Map P.304
⑤ⓤMuseumsinsel徒步約5分，巴士至Museumsinsel下車，或搭乘路面電車M1、12於Am Kupfergraben下車。
※2023年起因整修工程而全面閉館。

※全景館Das Panorama（請參閱下圖「注意！」）門票為€12、學生€6

博物館島
Museumsinsel

詹姆斯‧西蒙畫廊

博物館島位於施普雷河沙的沙洲，島上共有5所P.306～307所介紹的博物館因而得名。

佩加蒙博物館和新博物館可以從建於兩者間的詹姆斯‧西蒙畫廊James-Simon-Galerie內的售票中心買票，館內有前往兩博物館的通道，可以從這裡入場。

壯觀的大型遺跡收藏 佩加蒙博物館
Pergamonmuseum ★★★

博物館內重現了古代希臘的佩加蒙（現今土耳其的貝爾加馬Bergama）所挖掘出，高達9.66m的「佩加蒙大祭壇Pergamon Altar」（西元前180～159年），此外還有「米利都市場大門Market Gate of Miletus」及鮮豔藍瓦的古巴比倫尼亞「伊希達門Ishtar Gate」與「遊行大道Processional Way」（西元前560年左右）等，完整呈現了原始巨大遺跡風貌，絕對會被其浩大的規模所震懾。

目前佩加蒙博物館正在進行為期14年的大規模整修，全面閉館。

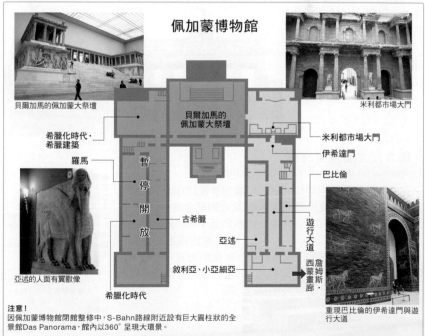

佩加蒙博物館

貝爾加馬的佩加蒙大祭壇

米利都市場大門

貝爾加馬的佩加蒙大祭壇

希臘化時代‧希臘建築

羅馬

米利都市場大門

伊希達門

巴比倫

暫停開放

古希臘

亞述

遊行大道

敘利亞、小亞細亞

詹姆斯‧西蒙畫廊‧

亞述的人面有翼獸像

希臘化時代

重現巴比倫的伊希達門與遊行大道

※因進行修復等工程，展廳暫停開放

注意！
因佩加蒙博物館閉館整修中，S-Bahn路線附近設有巨大圓柱狀的全景館Das Panorama，館內以360°呈現大環景。

新博物館
Neues Museum ★★

一度經戰火破壞重建的新博物館於2009年開幕，內部收藏以埃及博物館與莎草紙收藏Ägyptisches Museum und Papyrussammlung為主，其中並包含柏林珍貴寶藏《納芙蒂蒂胸像》等。

與古代埃及美女納芙蒂蒂相會

博德博物館
Bodemuseum ★★

位於佩加蒙博物館隔壁，博物館島北側，新巴洛克風格的圓頂特色建築十分醒目，博物館內除中世紀後的宗教雕像、拜占庭藝術、貨幣收藏外，並展示了包含盧卡斯‧克拉納赫Lucas Cranach及提也波洛Giovanni Battista Tiepolo等為數眾多的藝術畫作。

大圓頂建築下入口大廳內的腓特烈‧威廉選帝侯騎馬像

舊國家畫廊
Alte Nationalgalerie ★★

希臘古典建築外觀令人印象深刻，以腓特烈Caspar David Friedrich及李伯曼Max Liebermann、波克林Arnold Böcklin等18～20世紀的羅馬主義、表現主義、象徵主義等德國繪畫，與莫內、塞尚、法國印象派繪畫收藏為主，此外還有許多知名雕刻作品。

有如希臘神殿的建築外觀

舊博物館
Altes Museum ★★

正面18根柱子一列排開十分壯觀的舊博物館，是19世紀建築家申克爾Karl Friedrich Schinkel的代表作，古希臘羅馬藝術館Antikensammlung內展出包含陳列古代希臘、羅馬時代的雕刻等藝術品常設展，2樓則為特展展示館。

圓柱一字排開的舊博物館正面

● **新博物館**
㊋ Bodestr. 1-3
🔳 Map P.304
Ⓤ Museuminsel徒步約5分，搭巴士100號、300號則在Museuminsel下車，路面電車則搭M1、12至Am Kupfergraben。
🔳 www.smb.museum
🕐 週二～日　10：00～18：00　入場至閉館前30分為止
🈔 週一、12/24
💰 €14、學生€7

● **博德博物館**
㊋ Am Kupfergraben
🔳 Map P.304
Ⓤ Museuminsel徒步約5分，搭巴士100號、300號則在Museuminsel下車，路面電車則搭M1、12至Am Kupfergraben。
🕐 週二～日　10：00～18：00　入場至閉館前30分為止
🈔 週一、12/24・31
💰 €10、學生€5

博德博物館前週末舉辦跳蚤市場（→P.333）

● **舊國家藝廊**
㊋ Museuminsel/Bodestr. 1-3
🔳 Map P.304
Ⓤ Museuminsel徒步約3分，搭巴士100號、300號則在Museuminsel下車。
🕐 週二～日　10：00～18：00　入場至閉館前30分為止
🈔 週一、12/24・31
💰 €10、學生€5、舉行特別展時有所變更

● **舊博物館**
㊋ Am Lustgarten
🔳 Map P.304
Ⓤ Museuminsel徒步約5分，搭巴士100號、300號則在Museuminsel下車。
🕐 週二～日　10：00～18：00　入場至閉館前30分為止
🈔 週一、12/24・31
💰 €10、學生€5

●柏林大教堂
住Am Lustgarten
◯Map P.304
ⓤMuseumsinsel徒步約5分，搭巴士100號、300號則在Museumsinsel下車即達。
URLwww.berlinerdom.de
開週一～五　10：00～18：00
　　週六　　10：00～17：00
　　週日　　12：00～17：00
　　入場至閉館前1小時為止
※禮拜及活動期間暫停開放參觀。
費€9、學生€7
※門票僅可於網站www.berlinerdom.de/tickets/預約指定時日購買，現場不販售。

●柏林宮（洪堡論壇）
住Schlossplatz
◯Map P.304
ⓤ 或巴士100號、300號在Museumsinsel下車徒步約1分，或者搭147號巴士在Berliner Schloss下車即達。
URLwww.humboldtforum.org
開民族博物館和亞洲博物館為週三～～10：00～20：00（週五‧六～22：00）
休週二
費民族博物館、亞洲博物館、雕像館和城堡遺址免費。頂樓露台（免費）須透過網站預約指定時日。

●德國歷史博物館
住Unter den Linden 2
◯Map P.304
ⓤ或巴士100號、300號則在Museumsinsel下車
URLwww.dhm.de
開10：00～18：00（週四～20：00）
休12/24
費€8、學生€4　※本館因整修工程預計關閉至2025年末左右，僅可參觀別館

●電視塔
住Panoramastr. 1a
◯Map P.301-B3
ⓤⓈAlexanderplatz徒步約5分，也可搭100號、300號巴士。
URLwww.tv-turm.de
開4～10月　9：00～23：00
　11～3月　10：00～22：00
　會依據月份變更開放時間，入場至閉館前30分
費瞭望台：當日券（現場購票）€21.50、網路預約（指定時日購票）€24.50
　餐廳（飲食費用另計）網路預約指定窗邊席€27.50、走道席€24.50

柏林大教堂
Berliner Dom ★★

　　霍亨索倫家族墓園位於教堂內，可參觀容納94個棺木的Gruft，從大圓頂旁的階梯爬270階，則可來到瞭望台一覽柏林市中心景致。

高達114m的大圓頂魄力十足

柏林宮（洪堡論壇）
Berliner Schloss (Humboldt Forum) ★★

　　原先為柏林18世紀初期興建的王宮，然而第二次世界大戰末期遭受空襲破壞，戰後也被東德政府拆除。後來修復了前王宮的外牆和中庭，並結合博物館、畫廊等成為複合文化設施——洪堡論壇。除了民族博物館、亞洲博物館外，還有許多柏林獨有的展覽，從屋頂露台的瞭望台Dachterrasse所見的景致也十分美麗。

建築外觀的其中3面重現舊時王宮風貌，另一面則是嶄新的設計

德國歷史博物館
Deutsches Historisches Museum ★★

　　這裡原為1706年作為普魯士軍隊兵器庫所建，除德國歷史常設展外，也有許多主題特展，特展展館位於別館，其建築出自羅浮宮玻璃金字塔設計師——華裔美籍建築師貝律銘之手。

菩提樹下大街側的本館（右）與玻璃建築別館（左）

電視塔
Fernsehturm ★★

　　高368m的電視塔內，可搭電梯前往203m處的瞭望台，而往上4m處則設有可一覽柏林風光的旋轉餐廳。

　　入場券上顯示有4位數號碼及進場時間，可依螢幕上顯示號碼指示前往搭乘電梯，一到夏季觀光季甚至需要等上1～2小時。

電視塔（左）與亞歷山大廣場的世界時鐘（右）

尼古拉區
Nikolaiviertel ★

紅色市政廳與施普雷河之間的廣大區域是柏林的發展
起源地，過去柏林以此地為中心向外發
展，而這裡的尼古拉教堂Nikolaikirche為
1230年所建造，是柏林最古老的教區教
堂，教堂內部設有市立博物館。而教堂周
圍被稱為尼古拉區，有許多時髦的咖啡
館及餐廳等。施普雷河沿岸可看到洛可
可建築法蓮宮Ephraim Palais，經復原後
內部現改為美術館。

柏林最古老的教堂

漢堡車站現代美術館
Hamburger Bahnhof-Museum für Gegenwart Berlin ★★

過去連結柏林～漢堡間的鐵路終點站建築改建而成的
美術館，奢侈的廣大空間內，展示包含安塞姆基弗Anselm
Kiefer、約瑟夫·博

伊斯Joseph Beuys、
安迪·沃荷Andy
Warhol等現代藝術
代表藝術家作品。

車站大廳搖身一變成為展示間

自然科學博物館
Museum für Naturkunde ★★

博物館為展示世界最大的腕龍骨骼標本，而改建大廳天
花板。這裡是柏林洪堡大學的附屬博物館，收藏來自世界各

地的礦物、化石、動物皮及
昆蟲標本等，大自然領域收
藏品多達約3000萬件。

高達約13m的腕龍

森鷗外紀念館
Mori-Ogai-Gedenkstätte ★

日本作家森鷗外於柏林留學時（1887～1888年）住宿的建
築，被改建為洪堡大學附屬森鷗外紀念館。裡面包含重現森
鷗外房間的展示間與親筆原稿、書簡、各樣相關物品等。紀
念館位在2樓，按鈴後便會有工作人員前來迎接。

●尼古拉教堂
（市立博物館）
🏠Nikolaikirchplatz
➡Map P.300-B2
Ⓤ Rotes Rathaus徒步約15
分，或從ⒺKlosterstr.徒步約
10分。
🌐www.stadtmuseum.de
🕙10：00～18：00
🚫12/24·31
💶€5、學生€3

●法蓮宮
🏠Poststr. 16
➡Map P.300-B2
Ⓤ Klosterstr.徒步約7分，或搭
巴士200、248號。
🌐www.stadtmuseum.de
整修閉館中。

●漢堡車站現代美術館
🏠Invalidenstr. 50-51
➡Map P.300-B1
Ⓢ Hauptbahnhof或Ⓤ6
Naturkundemuseum徒步約
10分。
🕙週二·三·五10：00～18：00
週四 　10：00～20：00
週六·日 　11：00～18：00
入場至閉館前30分為止
🚫週一·12/24·31
💶€8、學生€4（因部分區域整
修中，門票優惠）

●自然科學博物館
🏠Invalidenstr. 43
➡Map P.300-A1～B1
Ⓤ6 Naturkundemuseum徒
步約5分。
🌐www.museumfuernaturkunde.
berlin
🕙週二～五 　9：30～18：00
週六·日·節日
　10：00～18：00
入場至閉館前1小時為止
🚫週一·12/24·25·31
💶€8、學生€5

●森鷗外紀念館
🏠Luisenstr. 39
➡Map P.304
ⓊⓈ Friedrichstr.徒步約10
分。
🌐www.iaaw.hu-berlin.de/de/
region/ostasien/seminar/
mori
☎(030) 209366933
🕙週二·三·五12：00～16：00
週四 　12：00～18：00
🚫週一、週六·日·節日、12月
下旬～1月上旬
💶免費

●胡格諾派博物館
住Gendarmenmarkt 5
◆Map P.304
U Unter den Linden或
Stadtmitte徒步約5分。
🌐www.hugenottenmuseum
-berlin.de
開週二～日　12:00～17:00
休週一、12/24、25、31、1/1
費€6、學生€4、18歲以下免費
法蘭西大教堂塔樓
（Aussichtsplattform）
🌐https://franzoesischer-
dom.berlin/en（英語）
開週二～日　11:00～18:00
（夏季～19:00）
入場至閉館前30分為止
休12/24、25、31、1/1
費€5.50（可於上方網站預約
購票）

從法蘭西大教堂塔樓上欣賞耶誕的御林廣場（入場費€1）

●德國技術博物館
住Trebbiner Str. 9
◆Map P.303-B4
U1、2 Gleisdreieck或U1、7
Möckernbrücke徒步約7分。
🌐www.sdtb.de
開週二～五　　9:00～17:30
　週六・日　10:00～18:00
（入場至16:30為止）
休週一、12/24、25、26、31
費€8、學生€4

●猶太博物館
住Lindenstr. 9-14
◆Map P.300-C2
U1或6的Halleschos Tor徒步
約10分。
🌐www.jmberlin.de
開10:00～19:00
　入場至閉館前1小時為止
休2022年9/26・27、10/5、
11/12・24、12/24（每年變
動）
費常設展免費、舊館特展€8
可於上方網站預約購票

出入口位於乳白色外牆的
舊館處

柏林最美廣場 御林廣場
Gendarmenmarkt　　★★★

充滿古典氣氛的美麗廣場

　　從腓特烈大街站經腓特烈大街往南直走，接著繼續直走菩提樹下大街，在第3條街Jägerstr.街左轉後，便可在中央處看到御林廣場，廣場上有著2間相似的教堂，中間則矗立著柏林音樂廳Konzerthaus Berlin，而街上的古典街燈更呈現出往昔柏林的風貌。2座教堂分別為法蘭西大教堂Französischer Dom與德意志大教堂Deutscher Dom，法蘭西大教堂內則設有胡格諾派博物館Hugenottenmuseum對外開放參觀，還可登上塔樓上的瞭望露台。

德國技術博物館
Deutsches Technikmuseum Berlin　　★

　　博物館位於戰前原柏林最大規模的安哈爾特車站Anhalter編組站遺址處，火車相關展示更是豐富，收藏包含40輛以上的蒸汽火車及德國皇帝專用的車輛，而新館的航空展示館也是不可錯過的重點之一，此外並有電影、攝影、啤酒釀造、製紙、印刷、能源等技術相關展示廳。

博物館上可見1948年柏林封鎖期間，源源不絕運送糧食物資的C-47運輸機展示

歐洲規模最大的 猶太博物館
Jüdisches Museum Berlin　　★★★

　　由丹尼爾・利伯斯基Daniel Libeskind所設計的猶太博物館，於1998年竣工，參觀這棟嶄新建築的導覽之旅更是引起相當大的話題。從銳角切割的展示通道，到細小如縫隙的窗口等，有如迷宮的博物館之旅讓人在在感受到猶太人的曲折歷史。

　　通過安檢進入博物館後，沿著長長的地下道前進，接著登上利伯斯基樓的樓梯後，便是展示述說2000年猶太歷史的起點。內部展示讓即使是不了解猶太歷史的人也能清楚明瞭，並附英文展示說明。

猶如傷痕分布外牆上的窗戶設計

HISTORY

訴說遭受納粹迫害時代的紀念館

過去在希特勒政權下，德國造成歐洲各國分裂，留下了沉痛的傷痕。戰後的德國除了必須負擔起加害者的責任外，同時也深刻檢討自己的罪責，而在各地設立了紀念館，向年輕的一代述說過去戰爭的悲慘歷史。除知名的奧斯威辛集中營Auschwitz及達豪集中營Dachau等德國內外的集中營遺跡附屬紀念館外，柏林也有許多紀念館和紀念碑，這裡介紹的為其中一部分。若能先對第二次世界大戰前後的歷史有些認識後再前往參觀，相信對紀念館會有更深刻的感受。

●恐怖地形圖
Topographie des Terrors

這裡過去是蓋世太保與親衛隊（SS）的總部，在過去的恐怖政權下進行嚴刑拷問，當時只要被帶到此處即意味著死，戰後在北側通道上建築了柏林圍牆。

囯Niederkirchnerstr. 8 D-10963 ●Map P.300-C1
URLwww.topographie.de
闓10：00〜20：00 困12/24・31、1/1
賈免費
Ⓤ⑤Potsdamer Platz徒步約10分。

上：建於牆邊的展示館 下：Niederkirchnerstr.街上的柏林圍牆遺跡，下方的磚牆建築為納粹時代的地下監獄

●萬湖會議紀念館
Gedenkstätte Haus der Wannsee-Konferenz

1942年1月20日在萬湖湖畔別墅舉辦的納粹高級幹部會議中，討論了計畫將猶太人移送到集中營，在強制勞動後殺的方案議題，舉辦會議的地點現在成為展示當時資料的紀念館，有英語解說。其周邊為湖畔高級住宅別墅區。

前往當地交通方式為搭乘⑤1或7在Wannsee下車，接著轉乘114號巴士在第7站Haus der Wannsee Konferenz下車即達。

囯Am Grossen Wannsee 56-58 D-14109
●MAP P.301-小圖 URLwww.ghwk.de
闓10：00〜18：00（入場至〜17：45）
困12/24〜26・31、1/1、5/1、10/3、其他部分節日
賈免費

●薩克森豪森集中營紀念館
Gedenkstätte und Museum Sachsenhausen

紀念館位於柏林北方約30km的奧拉寧堡Oranienburg，建築原建於1936年，一直到1945年為止共有10萬以上的猶太人在此犧牲喪命。廣大腹地的門上寫著「勞動帶來自由」，而當初強制勞動的建築內，保留了當時納粹人體實驗室，與附屬博物館同時對外開放參觀。

左上：重現當時的營房
上：病理學建築內的太平間
左：寫著「勞動帶來自由」的鐵門

囯Straße der Nationen 22 D-16515
●Map P.449-B4
URLwww.sachsenhausen-sbg.de
闓3/15〜10/14 8：30〜18：00
10/15〜3/14 8：30〜16：30
※入場至閉館前30分為止。
困博物館10/15〜3/14為週一公休（戶外展示及遊客中心照常開放）、12/24
賈免費
從腓特烈大街站搭⑤1約45分，或從中央車站搭RE快速列車約25分在Oranienburg下車，依照Sachsenhausen指標前進，徒步約20分，或搭804號巴士在第4站Gedenkstätte下車（平日1小時1班車，週六・日2小時1班）。

●普勒岑塞紀念館
Gedenkstätte Plötzensee

普勒岑塞紀念館是1933〜1945年期間專門囚禁反希特勒政權民眾的監獄，共有超過2000人以上在此被處決，這裡還遺留著部分當時的處決室。

這裡訴說著令人無法遺忘極致殘酷黑暗政權統治下的時代，及當時希特勒獨裁犧牲者的血淚史。

囯Hüttigpfad D-13627 ●摺頁Map第2張正面A2
URLwww.gedenkstaette-ploetzensee.de
闓9：00〜17：00（11〜2月〜16：00）
困12/24〜26・31、1/1 賈免費
Ⓤ9 Turmstr.站旁搭123號巴士在Gedenkstätte Plötzensee或Seestr./Beusselstr.下車，從站牌徒步約4分。

MEMO 探險柏林地下的導覽行程Berliner Unterwelten（URLberliner-unterwelten.de）中，會介紹第二次世界大戰時的防空洞、冷戰下的地下通道等。ⓊGesundbrunnen站旁有售票處。

帳篷屋頂覆蓋的新力中心夜景

●科勒霍夫大樓瞭望台
panoramapunkt
(地)Potsdamer Platz 1
(路)Map P.312
(S)(U)Potsdamer Platz徒步約2分。
(網)www.panoramapunkt.de
(時)10：00～18：00（夏季～19：00）
　入場至閉館前30分為止
　天候不佳則暫停開放
(休)12/24　(費)€7.50、學生€6

波茨坦廣場最高建築科勒霍夫大樓

此圖周邊請參考P.300～301的地圖

漫遊 波茨坦廣場周邊

從布蘭登堡門經Ebertstr.街往南約500m的波茨坦廣場Potsdamer Platz，周邊是過去東西德柏林圍牆的遺址區域，統一後則不斷有新建築興建，世界知名建築師設計的高樓大廈群櫛比林立。

電影院及餐廳林立的新力中心

其中不能錯過的，便是可欣賞到偉大女演員瑪琳‧黛德麗Marlene Dietrich遺作，及展示德國電影歷史與攝影技術體驗的電影博物館Deutsche Kinemathek-Museum für Film und Fernsehen。

科勒霍夫大樓Kollhoff Tower內可搭乘歐洲最快速的電梯登上瞭望台，欣賞波茨坦廣場周邊景致，此外樂高主題樂園LEGOLAND Discovery Centre也是家族遊客的熱門室內景點。

波茨坦廣場劇院（→P.322）除是主演音樂劇的大型劇場外，每年2月則成為柏林國際影展的主要會場，來自世界各地的電影相關人員在此齊聚一堂。

波茨坦廣場周邊
POTSDAMER PLATZ

N　0　200m

Tiergartenstr.200

Herbert-v.-Karajan-Str.

Ben-Gurion Str.

Berlin Mariott Hotel　P.334

P.314
電影博物館
Deutsche Kinemathek-Museum für Film und Fernsehen

Voßstr.

Ebertstr.

P.314
樂器博物館
Musikinstrumenten-Museum

P.328
Lindenbräu
(R)

新力中心

(H) The Ritz-Carlton

工藝美術館
Kunstgewerbemuseum

P.323
柏林愛樂廳
Philharmonie

樂高主題樂園
LEGOLAND Discovery Centre

DB總公司大樓　(S)　Potsdamer Pl.

M48‧200‧300　P.312
科勒霍夫大樓瞭望台

室內樂音樂廳

The Mandala (H)

Potsdamer
Platz

Erna-Berger-Str.

P.313
繪畫館
Gemäldegalerie

Scharounstr.

Fichtnstr.

Grand Hyatt (H)

Mommseneck
Potsdamer Pl.

(U)

馬太教堂
St.Mathai-Kirche

Sigismundstr.

Potsdamer Str.

M48‧M85

賭場
Spielbank

監視塔

P.322
波茨坦
廣場劇院

Marlene-Dietrich-Platz

(S) Arkaden

Gabriele Tergit-Promenade

P.314
新國家畫廊
Neue Nationalgalerie

國立圖書館
Staatsbibliothek

Blue Max劇場
德比斯大樓

Bruder-Grimm-G.

Köthener Str.

M29

Landwehrkand

Potsdamer Reichpietschufer M29
Brücke

Theaterufer

Eichhornstr.

Schellingstr.

Scandic (H)

Bernburger Str.

Schöneberger Ufer M29

Linkstr.

巴士路線
(H) …… 飯店
(R) …… 餐廳
(S) …… 商店

Mendelssohn-Bartholdy-Park (U)

(MEMO) 柏林影展Berlinale與坎城、威尼斯影展同為世界3大電影展，2002年日本導演宮崎駿的《神隱少女》曾獲得金熊獎（最高獎項），2014年黑木華也獲得最佳女演員獎。

主要景點

繪畫館
Gemäldegalerie
★★★

●繪畫館（文化廣場內）
住Matthäikirchplatz 4/6
○Map P.312
⑤U Potsdamer Platz徒步約15
分，搭巴士M29號在Potsdamer
Brücke下車徒步約5分，或搭
200號巴士在Philharimonie下
車、300號巴士在Philharimonie
Süd下車約3分。
開週一・三、週五～日
　　　　　10：00～18：00
　週四　　10：00～20：00
休週二、12/24・31
費€15、優惠票€9，18歲以下免
　費，週四17:00後入場為€9
※出示猶太博物館門票可享優惠

位於新國家畫廊與柏林愛樂廳最內側的柏林文化廣場Kulturforum，是由數個美術館及藝術圖書館組合而成的複合文化設施，其中又以繪畫館Gemäldegalerie為核心。不同於一般教堂內部的白色大廳周邊共分為數間展覽館，陳列了13～18世紀的歐洲繪畫傑作。館內展示了拉斐爾的聖母像與波提且利Sandro Botticelli《唱歌的天使和聖母子》，以及布勒哲爾Pieter Bruegel、維梅爾Jan Vermeer的代表作等眾多名畫，此外也不可錯過林布蘭的作品。

文化廣場

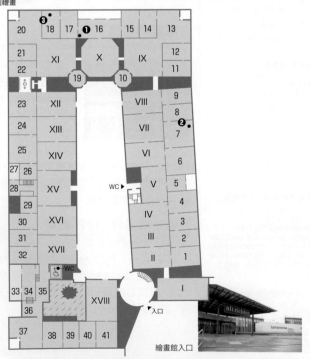

繪畫館

展覽室編號	
Ⅰ～Ⅲ、1～4	德國繪畫
Ⅳ～Ⅵ、5～7	荷蘭繪畫
Ⅶ～Ⅺ、8～19	法蘭德斯、荷蘭繪畫
20～22	英國、法國、德國繪畫
Ⅻ～ⅩⅣ、23～26、28	義大利、
	法國・西班牙繪畫
ⅩⅤ～ⅩⅦ、29～32	義大利繪畫
ⅩⅧ、35～41	義大利繪畫

※作品配置更換及出借時展
　覽會作調整。

●新國家畫廊
住Potsdamer Str. 50
○Map P.312
M29號巴士在PotsdamerBrücke
或Kultur Forum下車即達。
ⓈⓊPotsdamer Plaza徒步約15
分。
🌐www.smb.museum
開週二～日　10：00～18：00
（週四～20：00）
休週一、12/24
費€12、學生€6

主畫廊位於地下

●樂器博物館
住Tiergartenstr.1（入口位於
Ben-Gurion-Str.街側）
○Map P.312
ⓈⓊPotsdamer Platz徒步約
5分，或搭200、300號巴士從
Varian-Fry-Str.徒步約5分。
🌐www.simpk.de/museum/
sammlung
開週二～三・五　9：00～17：00
週四　　　　　9：00～20：00
週六・日　　10：00～17：00
入場至閉館前30分為止
休週一、12/24・25・26・31、
1/1、部分節日
費€6、學生€3、導覽行程一€3

●電影博物館
住Potsdamer Str. 2
○Map P.312
ⓊⓈPotsdamer Platz徒步約
3分，或搭200、300號巴士從
Varian-Fry-Str.徒步約1分。
🌐www.deutsche-kinemathek.de
開週三～一　10：00～18：00
（週四～20：00）
休週二、12/24・25
費€9、學生€5

●觀光熱氣球　世界氣球
住Zimmerstr. 100
○Map P.300-C2
ⓊKochstr.徒步約7分。
🌐www.air-service-berlin.de
開4～9月　　10：00～22：00
10～3月　　11：00～18：00
休強風、天候不佳時、包場日
費€27

從上空眺望波茨坦廣場

新國家畫廊
Neue Nationalgalerie　　★★

　　建於1968年，由密斯・凡德羅Mies van der Rohe所設計的玻璃摩登建築。裡面收藏了諾爾德、基什內爾、格羅斯George Grosz、迪克斯Otto Dix、孟克等近代至現代繪畫作品。

樂器博物館
Musikinstrumenten-Museum　　★

　　位於柏林愛樂廳旁，收藏自16世紀以後歐洲的各類樂器共約3200件，並展出其中約800件。可以使用語音導覽參觀，每週六11：00～與週四18：00～有更詳細的導遊導覽行程供參加。週六11：00的導覽行程後12：00還有管風琴Mighty Wurlitzer-Orgel的小型音樂會，並定期舉辦古樂器音樂會。

上／用於無聲電影伴奏的管風琴
下／展示許多珍貴的古樂器

電影博物館
Deutsche Kinemathek-Museum für Film und Fernsehen　　★★

電影迷必看

　　位於新力中心的愛樂廳建築內，售票處與商店位於1樓，常設展則須搭電梯到3樓參觀。如對世界的電影製作有深刻影響的《卡里加里博士的小屋Das Kabinett des Doktor Caligari》（1920年）、《大都會Metropolis》（1927年）等電影介紹外，還有誕生於柏林的國際女星瑪琳・黛德麗等活躍的德國電影歷史回顧，以及電視播放的發展變遷介紹。

觀光熱氣球　世界氣球
WELT-Balloon　　★

　　可從地面上約150m處遍覽柏林的熱氣球，甜甜圈狀的大型吊艙以繩索拴在地面，可安心搭乘。飛行時間每趟約15分鐘，遇強風、天候不佳時停駛。

享受輕飄飄浮起瞬間
的神奇感受

MEMO 柏林馬拉松為高低差20m的平坦高速比賽，終點站位於布蘭登堡門。詳細資訊請見🌐www.bmw-berlin-marathon.com。

漫遊 選帝侯廣場周邊

　　柏林西區大門動物園站Zoo，因車站面對德國最古老的動物園而得名。走到動物園南側的Budapester Str.街，不久便可看到面對動物園的獨特購物中心BIKINI BERLIN，對面則是凱撒威廉紀念教堂廢墟。再往前可看到屋頂上有著賓士標誌的大樓歐洲中心Europa-Center，東西延伸的選帝侯大街Kurfürstendamm是柏林最具代表性的商圈。

　　從動物園站搭100號巴士（→P.299）往東北方前進，則有過去貴族狩獵場的遼闊提爾公園Tiergarten，中心豎立的勝利紀念柱Siegessäule，可看到曾經在電影《欲望之翼The Wings of the Dove》中出現的金色天使像，從這裡繼續往東前進便可看到布蘭登堡門Brandenburger Tor。

主要景點

凱撒威廉紀念教堂
Kaiser-Wilhelm-Gedächtnis-Kirche　　★★★

　　為紀念1888年去世威廉大帝而建於19世紀末的文藝復興樣式教堂，1943年遭空襲破壞變成廢墟，而成為傳達戰爭悲慘故事紀念碑的塔樓，則保持了當時崩壞的樣子。塔內的紀念堂Gedenkhalle展示戰禍攝影作品等，塔旁的八角形建築則為新教堂，內部深藍色的美麗彩繪玻璃則令人讚嘆。

右／古老塔樓內的紀念堂，經修復還原的馬賽克天花板相當鮮豔
左／凱撒威廉紀念教堂

德國最古老動物園 柏林動物園
Zoologischer Garten　　★★

　　這裡是德國最早的動物園，於1844年開園，現在裡面共飼養了約1400種多達1萬9000隻動物。其中包含水族館、夜行動物館，及德國最大的野鳥館。

布達佩斯街入口處的中國風象門

動物園站附近有多處景點

● 凱撒威廉紀念教堂
🏠 Breitscheidplatz
◐ Map P.303-B3
Ⓢ Ⓤ Zoologischer Garten徒步約5分，搭巴士100、200號至Breitscheidpl.下車即達。
🔗 www.gedaechtniskirche-berlin.de
開 新教堂
週一～五	10：00～18：00
週六	10：00～17：00
週日	11：30～17：00
紀念堂	12：00～18：00
※新教堂在禮拜時間和音樂會期間不開放參觀。
費 免費

新教堂內超過2萬片的彩繪玻璃，藍色光彩相當夢幻

● 柏林動物園
🏠 入口在動物園站對面的Hardenbergplatz 8（獅門Löwentor）與Budapester Str. 34（象門Elepfantentor）。也可從Budapester Str. 32（經由水族館）入園。
◐ Map P.303-B3
Ⓢ Ⓤ Zoologischer Garten徒步約1分。
🔗 www.zoo-berlin.de
開 4月上旬～9月下旬9：00～18：30，3・10月～18：00，1・2・11・12月～16：30（入場至閉館前1小時為止，4～9月則為1小時30分前為止）
費 €17.50，與水族館套票€23.50。學生、家庭、兒童有折扣

也有熊貓

勝利紀念柱
Siegessäule ★

建於1865～1873年高67m的紀念柱上，有著金色的勝利女神維多利亞像。

紀念塔是為了紀念1864年對丹麥、1866年對奧地利、1870～1871之間對法國戰爭勝利所建，最頂端設有瞭望台，共有285階樓梯，沒有電梯。在電影《欲望之翼》中，經常出現成為電影的象徵而廣為人知。

建於圓環中央的紀念柱

夏洛騰堡宮
Schloss Charlottenburg ★★★

這裡是首任普魯士國王腓特烈一世王妃索菲‧夏洛特Sophie Charlotte的夏季別墅，從1695年起分3期建築，現今所見的樣子為1790年所建，內部共分為幾個部分。

舊宮殿Altes Schloss內有歷史廳Historischen Räume，與腓特烈一世國王與王妃的房間。其中最特別的便是陶器廳Porzellankabinett，陶器廳牆上裝飾了許多來自中國與日本的陶瓷器，十分壯觀。

而宮殿東部的新側樓Neue Flügel建於1740～1747年，是腓特烈一世的寢宮。

此外廣大的庭園內還有王族墓地所在的陵墓Mausoleum等，相當值得參觀。

●勝利紀念塔
🏠am Großer Stern 1
◎Map P. 303-A3
搭100號巴士在Großer Stern下車徒步約2分。
🕐4～10月　9：30～18：30
　11～3月　9：30～17：30
　下雪和結凍時期暫停開放。
🚫12/24
💰€3.50、學生€3

女神像的腳下設有瞭望台

●夏洛騰堡宮
🏠Spandauer Damm 10-22
◎Map P.302-A1
🚇Richard-Wagner-Platz下車徒步約15分，或搭M45、309號巴士在Schloss Charlottenburg下車不久即達。
🌐www.spsg.de
🕐4～10月　10：00～17：30
　11～3月　10：00～16：30
　（入場至閉館前30分為止）
🚫週一、12/24‧25、耶誕節～新年期間縮短開放時間
💰舊宮殿€12、新側樓€12。全館1日券Ticket Charlottenburg+為€17
　照相攝影費€3（禁止使用閃光燈）
　語音導覽免費

上／陶器廳牆上滿滿的陶器相當壯觀
左／柏林市內最重要的宮殿

貝加倫博物館
Museum Berggruen ★★

巴黎的知名畫商同時也是畢卡索好友的猶太裔德國人貝加倫，將私人收藏借給柏林市而成立的博物館，裡面展示了畢卡索、塞尚、馬諦斯、保羅·克利等大師畫作。

極致法國繪畫收藏

夏夫格斯騰貝格收藏館
Sammlung Scharf-Gerstenberg ★

位於貝加倫博物館東側對面建築，收藏了由夏夫捐贈給柏林的名畫共約250幅。以哥雅Goya、Odilon Redon、達利、雷內·馬格利特René François Ghislain Magritte、馬克斯·恩斯特Max Ernst等超現實主義與象徵派等畫作。

布洛翰博物館
Bröhan-Museum ★

緊鄰貝加倫博物館南側，19世紀末20世紀初流行的青春藝術風格Jugendstil家具及工藝品收藏為必看重點。

纖細的工藝品寶庫

●貝加倫博物館
(住)Schlossstr. 1
(交)Map P.302-A1
(U)Richard-Wanger-Platz下車後，徒步約15分可至，或搭M45、309號巴士至Schloss Scharlottenburg下車即達。
(URL)www.smb.museum
(開)週二〜日　10：00〜18：00
　（週六・日11：00〜）
　入場至閉館前30分為止
(休)週一、12/24・31
(費)€12、學生€6
　與下列的夏夫格斯騰貝格收藏館通用

●夏夫格斯騰貝格收藏館
(住)Schlossstr. 70
(交)Map P.302-A1
交通方式、(開)、(休)、(費)同上述貝加倫博物館。

●布洛翰博物館
(住)Schlossstr. 1a
交通方式同上述貝加倫博物館。
(交)Map P.302-A1
(URL)www.broehan-museum.de
(開)週二〜日　10：00〜18：00
　入場至閉館前30分為止
(休)月、12/24・31、部分節日
(費)€8、學生€5

足球·球場情報

● 奧林匹克體育場 Olympiastadion
(URL)olympiastadion.berlin　(交)摺頁Map第2張正面B1

德國甲級足球聯賽隊伍柏林赫塔體育足球隊Hertha Berliner Sport Club Berlin的主場球場。
交通(S)5 Olympiastadion站徒步約3分，或從(U)2 Olympia-stadion徒步約5分，遊客中心位於中央入口東門Haupteingang Osttor。

左／1936年曾在此舉辦奧林匹克運動會
右／當地支持者的熱烈聲援

● 遊客中心（報名參觀球場、預售票販售處）
(開)8月9：00〜20：00，4〜7、9、10月9：00〜19：00，11〜3月為9：00〜16：00，若碰上比賽或活動日則暫停開放，詳細日期請在網站確認。入場至閉館前30分為止。
(費)自由參觀€8、學生€9.50，導覽行程（重點導覽約60分）€11〜、學生€9.50〜

[MEMO] 柏林還有另一支甲級足球聯賽隊伍柏林聯盟足球俱樂部，主場為老林務所畔體育場Stadion An der Alten Försterei，於(S)3 Köpenick站下車徒步約10〜15分。

包浩斯博物館
Bauhaus-Archiv-Museum ★★

●包浩斯博物館
㊟Klingelhöferstr. 14
◎Map P.303-B4
URL www.bauhaus.de

●包浩斯臨時博物館
㊟Knesebeckstr. 1-2
◎Map P.302-B2
U Ernst-Reuter-Pl.徒步約2分
關週一〜六　10:00〜18:00
休週日・節日
費免費

德國現代設計史占有重要一席之地的設計學校包浩斯學院，於1919年創立於威瑪，之後遷移至德紹、柏林等地，隨著納粹的抬頭而逐漸銷聲匿跡。

博物館的建築為包浩斯創立者沃爾特・格羅佩斯Walter Adolph Georg Gropius所設計，建於1979年。

※新館因整修閉館中，臨時博物館（左側資訊）展示了包浩斯設計商店和部分作品。

休館中的博物館

橋派博物館
Brücke-Museum ★

●橋派博物館
㊟Bussardsteig 9
◎摺頁Map第3張正面C2
從S Hohenzollerndamm或Zehlendorf搭115號巴士在Pücklerstr.下車，約10分。
URL www.bruecke-museum.de
關週三〜一　11:00〜17:00
休週二、12/24・25・31、1/1
費€6、學生€4

收藏基什內爾Ernst Ludwig Kirchner、埃米爾・諾爾德Emil Nolde等德國表現主義代表藝術家組織橋派Die Brücke的畫家作品為主，博物館則依照橋派創立成員之一Karl Schmidt-Rottluff的希望，建於綠森林Grunewald內。

ART 世界遺產「柏林現代住宅群落」

2008年登錄為世界遺產的柏林現代住宅群落，為1913年至1934年所建設，柏林市區內共有6處此類大型集合住宅。房子內包含廚房、浴室、陽台等設施，以建築機能完善，實用性高的划算住宅為設計概念，由布魯諾・陶德Bruno Julius Florian Taut、漢斯・夏隆Hans Bernhard Scharoun、馬丁・瓦格納Martin Wagner等所設計，對於後來全世界各地都市住宅群落建築有相當大的影響。

建築師布魯諾・陶德紀念石碑（胡斐森群落）

前往各住宅群落可搭乘U-Bahn或S-Bahn，跨數條街道的大型住宅群落經整修後現在仍在使用中。

・法爾肯貝格花園Gartenstadt Falkenberg（◎Map P.302小圖 S Grünau下車）
・席勒公園群落Siedlung Schillerpark（◎Map摺頁第2張正面A3 U Rehberge下車）
・卡爾・勒基恩居住區Wohnstadt Carl Legien（◎Map摺頁第2張正面A4 S PrenzlauerAllee下車）
・白城Weiße Stadt（◎Map摺頁第2張正面A3 U Paracelsus-Bad下車）

・西門子人聚落城Groß Siedlung Siemensstadt（◎Map摺頁第2張正面A2 U Siemensdamm下車）
・胡斐森群落Großsiedlung Britz-Hufeisensiedlung（◎Map摺頁第2張正面C4 U Blaschkoallee下車）
胡斐森群落內設有遊客中心，並附設藝廊與咖啡館。㊟Fritz-Reuter-Allee 44 關週五・日14:00〜18:00（11〜3月為13:00〜17:00）

柏林圍牆巡禮

長年分隔東西柏林圍牆於1989年11月9日終告倒塌，至今歷經30年以上的歲月，柏林已搖身一變成為歐洲最嶄新的都市之一，柏林圍牆遺址則述說著柏林過去歷史。

1976年當時東柏林圍牆旁的布蘭登堡門，一般市民完全禁止靠近

柏林圍牆將西柏林孤立於東德中，全長約155km，最高為4.10m

波茨坦廣場附近Erna-Berger-Str.街上殘留的圍牆監視塔（●Map P.312）

柏林圍牆是什麼？

第二次世界大戰的德國與柏林

　　戰敗國德國在聯合國要求下，被分為東、西德，當時首都柏林位於東德內，決議由英、美、法統治西柏林，蘇聯則統治東柏林。最初東西柏林可自由往來，後來不斷有許多東德人對經濟差距及對政治體制不滿而逃往西柏林。

一夜之間築起的圍牆

　　由於東德認為長久以往國家將陷入存亡危機，於是在1961年8月13日在東西柏林的國境築起了封鎖牆，有許多人因而突然被迫與家族分離。

長時間東西德分裂時代

　　東柏林市民當時雖被禁止靠近柏林圍牆，但即使在嚴密的戒備之下，仍然有許多人不惜捨命越牆逃亡西德，有許多人不幸被射殺或發生事故而死亡，人數達136人之多。

柏林圍牆倒塌

　　1989年追求出國旅行自由與民主化的東德人民民意高漲，東德政府在11月9日終於承認自由旅行權，歡欣鼓舞的東柏林市民聚集在檢查哨，柏林圍牆終於被推倒。

1961～1989年的柏林

── 柏林圍牆
●⊂⊃ 現殘留圍牆遺跡（部分）

柏林
東德
東柏林（東德首都）
西德
柏林圍牆紀錄中心
柏林圍牆博物館
西柏林（西德分離屬地）
東區藝廊

1989年布蘭登堡門前慶祝柏林圍牆倒塌的柏林民眾

柏林圍牆碎片

　　倒塌後的柏林圍牆碎片，變成柏林最熱門的紀念品之一，不過大部分的碎片都回收作為鋪路之用。現存完整圍牆遺跡十分稀少，少部分則成為紀念碑保存下來。

MEMO 波茨坦廣場附近的德國間諜博物館（住Leipziger Pl. 9 ●Map P.300-C1 URL www.deutsches-spionagemuseum. de）是一座特別的博物館，除了展示間諜工具外，還有詹姆斯龐德區域。

上／Mühlenstr.街上延續的圍牆　左下／毀損嚴重的塗鴉描寫布里茲涅夫Leonid Brezhnev和艾里希・昂納克Erich Honecker《兄弟之吻》經重新繪製　右下／以日本為主題的畫作

東區藝廊
East Side Gallery
　　出東站Ostbahnhof沿施普雷河沿岸的街道Mühlenstr.街上，長達約1.3km的牆變身為露天藝廊，保存了德國國內外畫家壁畫圍牆。

Ⓢ Ostbahnhof下車徒步約1分，或搭乘300號巴士在East Side Gallery下車即達。❍Map P.301-C4
🔗 www.eastsidegallery-berlin.de

柏林圍牆紀錄中心
Dokumentationszentrum Berliner Mauer
　　舊東柏林的柏恩瑙街Bernauer Straße在圍牆築起後有許多人從街上建築跳下逃往西柏林而聞名，柏恩瑙街上保存了一部分的圍牆遺跡，可以清楚看到原柏林圍牆的構造。門牌119號處設有遊客中心，111號處則有柏林圍牆記錄中心，可了解東西德分隔背景與當時景況，附近還有重建的和解教堂Kapelle der Versöhnung。

🏠 Bernauer Str. 111　　❍Map P.300-A2
Ⓢ 1或2在Nordbahnhof下車徒步約3分，或Ⓤ8在Bernauer Str.下車徒步約10分。　🔗 www.berliner-mauer-gedenkstaette.de
🕐 週三～日11：00～17：00　🚫 週一、二、12/24・25・31　💰 免費

從紀錄中心屋頂眺望圍牆遺跡，圍牆的背後為緩衝地帶和監視塔

介紹柏林圍牆時代的博物館

過去前東德國家安全局總部建築

史塔西博物館
Stasimuseum
　　2006年奧斯卡最佳外語片德國電影《竊聽風暴Das Leben der Anderen》的電影舞台，前東德國家安全局Ministerium für Staatssicherheit der DDR（簡稱Stasi）總部在統一後改為博物館對外開放參觀，裡面公開展示過去隨時監視東德國民的隱藏攝影機、竊聽器、部長辦公室等。

🏠 Ruschestr. 103, Haus 1
❍Map P.301-小圖
從亞歷山大廣場站搭Ⓤ5在第7站Magdalenenstr.下車，從地下鐵地面出口處的Frankfurter Allee大道進入DB等大樓區域內約5分。
🔗 www.stasimuseum.de
🕐 週一～五　　10：00～18：00
　週六・日・節日11：00～18：00
🚫 12/24・31
💰 €8、學生€6、攝影費€1

左上／展示了實際逃脫的方法等
左下／述說柏林圍牆時代的博物館
右／緊鄰圍牆博物館旁的國境檢查哨查理檢查哨Checkpoint Charlie遺跡

柏林圍牆博物館
Museum Haus am Checkpoint Charlie

　　博物館內以看板與照片等介紹了1961年8月13日柏林封鎖當時的市區樣貌，與從東柏林逃出的各種路線與方法等。裡面包含從國境4樓建築跳下的孩童相片，與穿著女性朋友縫製蘇聯軍服順利通過圍牆的人們的故事，以及當時使用過的車子與熱氣球等。而除了成功逃出故事外，也有偷挖隧道想將妻兒從地下通道帶出東柏林，最後卻遭監視兵發現不幸遭射殺的悲慘事件，在在都讓人不禁陷入這些故事之中百感交集。

🏠 Friedrichstr. 43-45
🔜 Map P.300-C2
Ⓤ 6 Kochstr.徒步約1分，或搭M29號巴士。
🖥 www.mauermuseum.de
🕐 10：00〜18：00　（入場至閉館前1小時為止）
💰 €14.50、學生€9.50、攝影費€5
　（無法使用現金付款，可透過網站購票或者現場以信用卡支付）

東德博物館
DDR Museum

　　DDR是東德的德文簡稱，博物館內除重現了市民生活起居間外，並以東德市民生活日用品展品為重點。展示間內部分抽屜可打開，還可拿起展示品近距離觀賞，體驗其復古風格設計也是參觀賣點之一，附設餐廳還可品嘗到東德時代料理。

🏠 Karl-Liebknecht-Str. 1
🔜 Map P.304
Ⓤ Museumsinsel下車徒步即達。
🖥 www.ddr-museum.de
🕐 每日9：00〜21：00
💰 €9.80、學生€6

左／入口位於施普雷河岸邊　右上／可試乘東德時代國民車
右下／重現東德時代典型市民生活起居室，還可拿起展品欣賞

321

♪ 娛樂&夜生活 **********************************

柏林國家歌劇院
Staatsoper
歌劇

●柏林國家歌劇院
住Unter den Linden 7
◐Map P.304
交U Friedrichstr.徒步約10
分，或搭巴士100、300號在
Staatsoper下車即達
URLwww.staatsoper-berlin.de
售票處
時每日12:00～上演開始前1小
時（無演出日則為～19:00）
當日券售票窗口於上演前1
小時營業。
休12/24

●柏林國家歌劇院導覽行程
週六‧日午後舉行，每人€15。
可透過上方網站預約，因為相
當有人氣建議提早預約。

　菩提樹下大街的宮廷歌劇院於1742年完工，第二次世界
大戰時曾一度遭破壞，之後於1955年再度重建。目前由丹尼
爾‧巴倫波因Daniel Barenboim擔任音樂總監，附屬樂團則
為柏林國家歌劇院管弦樂團（Staatskapelle Berlin），而柏林
芭蕾舞團Staatsballet Berlin的公演也相當熱門。

　經過7年的大整修，於2017年重新開幕，舞台設施現在化、
高達5m的天井改善了音響效果。

面對普提樹大街的美麗劇場

柏林德意志歌劇院
Deutsche Oper Berlin
歌劇

●柏林德意志歌劇院
住Bismarckstr. 35
◐Map P.302-A2～B2
交U2 Deutsche Oper徒步約
1分。
URLwww.deutscheoperberlin.
de
預售票售票處週三～六
12:00～19:00營業，當日券
售票處於開演前1小時開始營
業。

　與柏林國家歌劇院並列
為德國重要歌劇院，以歌劇
演出為主，並包含其他各類
節目。

從觀眾席可清楚看見舞台

柏林喜歌劇院
Komische Oper
歌劇

●柏林喜歌劇院
住Behrenstr. 55-57
◐Map P.304
交S U Brandenburger Tor或
U Unter den Linden徒步約5
分，巴士則搭100、300號到
U.d. Linden/Friedrich-str.下
車。
URLwww.komische-oper-berlin.
de
預售票售票處位於Unter den
Linden側的門牌41號，週一～
六11:00～19:00，週日‧節日
13:00～16:00營業。當日券售
票處（開演前1小時起營業）與
劇場入口處位於Behrenstr.側
入口。

　1947年過去東德所建的
新時代劇院，外觀雖不起
眼，但內部相當豪華充滿
古典氣氛，除歌劇外並有輕
歌劇、音樂會等表演。

華麗的觀眾席大廳

MEMO 波茨坦廣場劇場Theater am Potsdamer Platz（◐Map P.312）除了為柏林國際影展會場外，不定期演出音樂
劇、馬戲、表演等。

柏林愛樂廳
Philharmonie
音樂會

1963年完成的嶄新設計交響音樂廳，由漢斯·夏隆Hans Bernhard Scharoun所設計，觀眾席為環繞舞台式音響，效果絕佳，建築外觀有如帳篷一般，也因此被冠上當時指揮卡拉揚的馬戲團Zirkus Karajani的別名。柏林愛樂的音樂會當天，於演出前90分鐘開始販售當日券。

有著獨特造型的愛樂廳

柏林音樂廳
Konzerthaus Berlin
音樂會

華格納曾在此音樂廳內親自指揮自己的作品《漂泊的荷蘭人Der Fliegender Holländer》，是一家充滿歷史傳統的劇院。由建築師申克爾Karl Friedrich Schinkel於1818～1821年所建，第二次世界大戰期間曾遭受破壞，之後於1984年重建，由3座音樂廳組合而成，有許多國內外知名音樂家及樂團都在此演出。

卡麥隆劇院
Chamäleon Variete
綜合

演出特技及魔術、舞蹈、短劇等綜合娛樂的小型劇院，可以一邊喝飲料一邊欣賞節目，劇場就位於熱門景點哈克雪庭院Hackescher Höfe（→P.324）內。

欣賞各類演出

冬季花園
Wintergarten Variete
綜合·音樂劇

1920～1930年代貴為柏林娛樂象徵般的存在，遭空襲破壞後戰後經重建，隨時上演華麗音樂劇風格的歌舞表演，1樓觀眾席可飲食。

●柏林愛樂廳
住Herbert-von-Karajan-Str. 1
◎Map P.312
交Ⓢ Ⓤ Potsdamer Platz徒步約10分，搭巴士200號在Philharmonie下車即達，或搭300號巴士在Philharmonie Süd下車徒步約3分。
URLwww.berliner-philharmoniker.de
售票窗口
開週一～五　15：00～18：00
　週六·日·節日11：00～14：00
　當日售票處於開演前1小時30分開始賣票
休12/24·25·26·31、1/1、復活節、五旬節假期、7月中旬～8月中旬
※也可撥打電話訂票專線☎(030)25488999或網路訂票，須以信用卡付款。

●柏林愛樂廳內部導覽行程
目前需要僅開放團體行程，須事先申請（10～20人），或者家庭導覽行程（可從上方網站預約）。

●柏林音樂廳
住Gendarmenmarkt 2
◎Map P.304
交Ⓤ Stadtmitte徒步約5分。
URLwww.konzerthaus.de
售票窗口
開週一～六　12：00～18：00
　週日·節日　12：00～16：00
　當日券售票處於演出前1小時（音樂會的情況）開始賣票。

●卡麥隆劇院
（哈克雪庭院內）
住Hackesche Höfe, Rosenthaler Str. 40/41
◎Map P.304
交Ⓢ Hackescher Markt徒步約3分。
URLchamaeleonberlin.com

●冬季花園
住Potsdamer Str. 96
◎Map P.303-B4
交Ⓤ1 Kurfürstenstr.徒步約7分。
URLwww.wintergarten-berlin.de

MEMO 在9月上旬～6月中旬的週二13：00，柏林愛樂廳的大廳會舉行免費的午餐音樂會Lunchkonzerte，雖然是40～50分鐘左右的輕鬆音樂會（站著聽），但相當受到歡迎，最好在12：00左右前往。

323

柏林與歌德大道、哈茨地區 ▼ 柏林Berlin

超有個性！

潛入文化複合設施！

擁有牆上美麗磁磚裝飾的第一中庭，設有餐廳及劇院入口

　　身為次文化發源地的柏林，以米特區及普倫茨勞貝格區為中心，有著為數眾多的藝廊及酒吧、俱樂部等。

　　特別是柏林特有的庭院Hof更是不可錯過的景點，Hof是指數棟建築之間的中庭部分，集合了時髦的商店和咖啡館、藝廊等複合文化設施，明亮的Hof總是吸引許多人前往造訪。

　　而將老舊廢墟建築改為工作室或俱樂部使用的文化複合景點，更是感受柏林活力的最佳去處。

哈克雪庭院
Hackesche Höfe

　　柏林最有名的庭院之一，共有8座氣氛絕佳的中庭相連，裡面有小綠人商店「Ampelmann」（→P.331）及咖啡店、餐廳、電影院、複合劇院「卡麥隆劇院」（→P.323）等，從早到晚都能盡情遊樂。

夜間亮燈的庭院顯得更加華麗

欣賞柏林特有的時髦精品

🏠Sophienstr. 6/Rosenthalerstr. 40/41
🔵MAP P.304
🚇Ⓢ Hackescher Markt徒步約3分。
🌐www.hackesche-hoefe.de

左／Promobo（🌐www.promobo.de）店內陳列了許多飾品和雜貨等，為柏林年輕設計師和藝術家手工作品
右／通往下個庭院的通道

放射系統劇場
RADIALSYSTEM V

　　原20世紀初磚造下水道處理廠，融合現代化玻璃建築的複合文化設施，從古典音樂到現代舞蹈等，以「傳統與革新」為主題概念的獨特節目而備受矚目。

🏠Holzmarktstr. 33　🔵MAP P.301-C3
🚇Ⓢ Ostbahnhof徒步約5分。
🌐radialsystem.de

柏林競技場
Arena Berlin

設有大型音樂廳Arena Halle，Arena Club、Glashaus等2處俱樂部，還有漂浮施普雷河上有如船隻一般的泳池──泳池船Badeschiff等設施，熱門的泳池船在冬天還會覆蓋圓筒帳篷變身三溫暖與泳池，十分有趣。夏季每天營業，其他季節視天候等狀況調整，請至下列網址查詢。

住Eichenstr. 4　●摺頁第2張-B4
交Ⓢ Treptower Park徒步約5分。
URL www.arena.berlin.de

特雷索俱樂部
Club Tresor

引領世界鐵克諾音樂Techno（科技舞曲）潮流的知名俱樂部，已成為熱門的觀光景點之一。改建自有2根巨大煙囪的舊發電廠，並邀請到德國國內外知名舞曲DJ。通常自23:00開始營業。

住Köpenicker Str. 70　●MAP P.301-C3
交Ⓤ8、Heinrich-Heine-Str.徒步約2分。
URL tresorberlin.com

令人無法想像是俱樂部的巨大舞池

柏林文化釀酒廠
Kultur Brauerei

從「文化釀酒廠」名字可知，由原啤酒釀製廠的紅磚大型建築改建而成。裡面有俱樂部、表演廳、電影院、博物館（參考頁底註記）等，並經常舉辦各項活動。

住Schönhauser Allee 36（入口Knaackstr. 97）
●MAP P.301-A3
交Ⓤ2、Eberswalder Str.徒步約2分。
URL www.kulturbrauerei.de

原啤酒釀製廠的紅磚建築

INFORMATION

建於機場舊址的泰波霍夫自由公園

柏林至2008年為止都是使用泰波霍夫機場Tempelhof，東西冷戰期間也是「柏林空中運輸」的重要機場，現在則改建為公園對市民開放，原滑行跑道則成為健走與散步、遛狗、烤肉區等空間。

納粹時代1941年建設的巨大航廈大樓，則會舉辦各項活動與導覽行程，機場遺址則預計改建為泰波霍夫自由公園Tempelhofer Freiheit。
●Map 摺頁第2張正面C3～C4
交Ⓢ Ⓤ Tempelhof徒步約3分。
URL www.thf-berlin.de　開日出至日落（每月以30分鐘～1小時為單位修改時間）

全長1230m的航廈大樓前

可以騎腳踏車、慢跑或玩陸上風帆在滑行跑道上奔馳

搖身一變成為柏林市民的休憩場所

MEMO 文化釀造廠博物館Das Museum in der Kulturbrauerei內，展出東德時代的生活用品、紀錄影片等，可以感受當時東德民眾的生活。URL www.hdg.de/museum-in-der-kulturbrauerei　費免費

不

便宜的絕品！ **德國咖哩腸** Best**3**

　　誕生於柏林的德國咖哩腸Currywurst，一般多是站在攤子上享用。乍看之下只是香腸上淋上番茄醬與咖哩粉的簡單餐食，背後其實具有深奧的學問，各家使用獨門製法的番茄醬加上自行開發的香料，連香腸也是有所講究，因此每處都有不同特色。以下是柏林邊走邊吃最佳排行榜Best 3（服務不要太過期待），以及攤位的點餐方式。

NO.1 KONNOPKE'S IMBISS

榮獲德國美食大賞攤販部門美食獎的知名店家，為過去舊東德時代的柏林老店，沒有親切的服務，卻有著堅持原則的東德氣質。推薦招牌為軟嫩口感的無皮香腸ohne Darm。

1930年創業，位在高架橋下。無皮咖哩腸€2.50

MAP ◆ P.301-A3
住Schönhauser Allee 44B（Ｕ Bahn的高架橋下方）
URLwww.konnopke-imbiss.de
營週一～五10：00～20：00
　　週六　　12：00～20：00
休週日‧節日‧12/24
交Ｕ Eberswalder Str.徒步約1分。

NO.2 CURRY36

一直到深夜依然顧客絡繹不絕，是舊西柏林的人氣第一名店。便宜美味備受肯定，提供Boulette（漢堡排）等豐富菜色，還販賣T恤及環保袋等。

無皮咖哩腸€2.20，驚人的實惠價格

MAP ◆ 摺頁第2張正面 C3
住Mehringdamm 36　URLwww.curry36.de
營每日9：00～翌日5：00　交Ｕ Mehringdamm徒步約1分。

NO.3 WITTY'S

與咖哩腸絕配的美味炸薯條Pommes最為有名，所有食材皆通過BIO認證，可安心食用，雖然價格較為昂貴但質與量都相當令人滿足。

MAP ◆ P.303-B3
住Wittenbergplatz 5
URLwittys-berlin.de
營週一～五10：00～22：00
週日‧節日11：00～22：00
交Ｕ Wittenbergplatz徒步約1分。

能感受到好食材的店，無皮咖哩腸€3.90，炸馬鈴薯€3.35，美乃滋€0.65

CURRYWURST

德國咖哩腸點餐方式

　　咖哩腸共有外皮mit Darm與無外皮ohne Darm兩種可供選擇，柏林特有的無外皮香腸口感軟嫩，十分可口。喜歡吃辣的人可以選擇辣的scharf，並多加咖哩粉。

　　一般人多半會加點小麵包Brötchen或炸薯條Pommes，薯條則可自行選擇加番茄醬或美乃滋（簡稱Mayo），如說「Currywurst ohne Darm, scharf, mit Pommes mit Mayo, bitte（請給我無皮咖哩腸、辣味，以及附美乃滋的薯條）」等方式點餐。

326

RESTAURANT ❖ 柏林的餐廳

首都柏林匯集了世界各國料理餐廳，可以吃到所有想吃的料理。當地可以品嘗到柏林名產帶骨鹽水煮德國豬腳Eisbein及淋上奶油醬汁的大份燉煮肉丸子料理——德式肉丸Königsberger Klopse，此外也可以到咖啡館享受沙拉輕食料理。晴朗的天氣時，還可看到許多柏林人在街道兩旁的露天座位享受美食的身影。　　　　　　　　　　　　　　　L.O.＝最後點餐

R Mutter Hoppe

以安心價格品嘗德國經典料理

店名為「Hoppe媽媽」的意思，可盡情享用分量飽足的德國料理，是人氣名店。圖為添加大量熱煮蔬菜的柏林風漢堡排Riesen-Pfannenboulette€13.90，提供英語菜單，建議事先預約。

德國料理　　MAP ◆ P.300-B2
住Rathausstr. 21
☎(030) 24720603
URL mutterhoppe.de
營11:30～24:00
交200、300號巴士在Berliner Rathaus下車徒步約5分
card M V

R Dicke Wirtin

呈現過往柏林風貌的珍貴店家

入口為小酒館風格，裡頭則規劃為餐廳區，柏林特產德式肉丸Königsberger Klopse€13，啤酒酒類眾多，晚上特別熱鬧，提供英語菜單，最好事先預約。

德國料理　　MAP ◆ P.302-B2
住Carmerstr. 9
☎(030) 3124952
URL dicke-wirtin.de
營11:00～22:00 (L.O.)
card J M V
交S Savignyplatz徒步約5分。

R Hackescher Hof

熱門的會合地點

這裡是年輕人之間的熱門餐廳，位於哈克雪庭院Hackescher Höfe入口處的咖啡餐廳。店裡面積寬闊，分為鋪上白色餐巾的高級用餐區，與咖啡吧用餐區，以德國與義大利創作料理為主。

德國料理　　MAP ◆ P.304
住Rosenthaler Str. 40/41,
　in den Hackeschen Höfen
☎(030) 2835293
URL www.hackescher-hof.de
營9:00～23:00
　(L.O. 22:00)
交S Hackescher Markt徒步約1分。
card M V

Specialty

大人氣的旋轉烤肉

旋轉烤肉Gemüse Kebab是與德國咖哩腸人氣相當的小吃，以沙威瑪Döner Kebab為基底，加入大量烤過的蔬菜（Gemüse）。
最有人氣的店家為，帶起風潮的小吃攤Mustafas Gemüse Kebab，總是大排長龍。

住Mehringdamm 32　◎ Map 摺頁第2張正面C3
URL www.mustafas.de　交U Mehringdamm站出口即達。　營10:00～翌日1:00（週六‧日11:00～翌日2:00）

一開店就必須前往避免排隊

捲餅Dürüm（素食€7.30）

滿滿的肉量十分有飽足感

R Le Faubourg

氣氛輕鬆的法國啤酒店

位在5星級飯店Sofitel Berlin Kurfürstendamm (→P.334)的1樓，晚餐的主餐每道€23～，價格高昂，但平日 (週一～五) 午餐2道式套餐€23、3道為€27，還附有咖啡與礦泉水，相當划算。

法國料理	**MAP ◆ P.303-B3**

住Augsburger Str. 41
☎ (030) 8009997700
ⓌⒾⓁlefaubourg.berlin
營週一～五12：00～15：00、週三～六 18：00～23：00
休週日、夏季有公休
card Ａ Ｄ Ｍ Ｖ
交Ｓ ＵKurfürstendamm徒步約1分。

R Lindenbräu

巴伐利亞風啤酒餐廳

面對新力中心廣場的啤酒餐廳內共分為3層樓，以自家釀製啤酒與大分量肉類料理、香腸最為有名，圖中的白香腸Weißwurst 2根 (附紐結餅Brezel) €8.40價格實惠。

德國料理	**MAP ◆ P.312**

住Bellevuestr. 3-5
☎ (030) 25751280
Ⓦwww.bier-genuss.berlin/ lindenbraeu-am-potsdamer-platz
營11：30～翌日1：00 休12/24
card Ａ Ｊ Ｍ Ｖ
交Ｓ ＵPotsdamer Platz徒步約3分。

R Restaurant Nolle

充滿懷舊情調的店

位於S-Bahn線路下，店內重現柏林黃金20年代，帶有獨特的氛圍。柏林風漢堡排Berliner Boulette，搭配配菜炒蛋、蘑菇醬價格為€14.50。

德國料理	**MAP ◆ P.304**

住S-Bahnbogen 203, Georgenstraße 203
☎ (030) 2082645
Ⓦwww.restaurant-nolle.de
營11：30～翌日0：00
card Ａ Ｄ Ｊ Ｍ Ｖ
交ＳFriedrichstr.徒步約1分。

R Zaika

深受當地人喜愛的印度料理

提供種類豐富的咖哩，也有素食菜單。平日 (週一～五) 12：00～16：00的午餐價位€5.30～，由於顧客眾多，建議錯開用餐時間或事先訂位。雞肉咖哩€10.90、印度雞肉飯€10.90。

印度料理 MAP◆ 摺頁第2張正面A4	

住Wichartstr. 57
☎ (030) 40003435
Ⓦwww.restaurant-zaika.de
營12：00～24：00
card 不可
交Ｕ ＳSchönhauser Allee徒步約5分。

R 一心
Ishin

市區共有4家分店的人氣壽司店

壽司價格實惠口味可口，深受德國人及旅居柏林日本人的喜愛，推出蓋飯等各色菜色。週一・二・四・五16：00為止及週三・六整天為Happy Hour，提供優惠的套餐。

日本料理	**MAP ◆ P.304**

住Mittelstr. 24
☎ (030) 20674829
Ⓦwww.ishin.de
營週一～六 11：30～20：30
休週日・節日 card 不可
交Ｓ ＵFriedrichstr.徒步約5分。

C Café Wintergarten im Literaturhaus

散發文學氣息的閒靜空間

從選帝侯大街往Fasanenstr.街走即可看到這間咖啡餐廳，採光良好的室內空間，加上前庭的座位，讓人彷彿置身世外桃源一般的閒靜舒適，蛋糕與料理都很美味。提供英語菜單，可預約。

咖啡館	**MAP ◆ P.302-B2**

住Fasanenstr. 23
☎ (030) 8825414
Ⓦcafe-im-literaturhaus.de
營9：00～24：00
 (點餐～23：00)
card 不可
交ＵUhlandstr.徒步約3分。

柏林與歌德大道、哈茨地區 ▼ 柏林Berlin

Café Pakolat

充滿復古氛圍的休閒咖啡館

一開門就可以看見許多古色古香的家具和老照片，充滿懷舊的氣氛。美味的自製蛋糕和自家焙煎咖啡讓人更加放鬆。首先在櫃台利用點餐系統點餐，餐點之後會送到桌上。

咖啡館　　　MAP ◆ P.301-A3
住Raumer Str. 40
☎(030) 44793883
firstcrack-roasters.com/de/
營11：00～18：00
card 不可
交 U Eberswalder Str.下車徒步約5分。

Konditorei & Café Buchwald

年輪蛋糕的人氣老牌咖啡館

位於安靜住宅區一角的小型手工蛋糕店，1852年創立於科特布斯Cottbus，於19世紀末遷移至柏林，招牌為加入杏仁膏Marzipan的獨創口味年輪蛋糕，濃濃復古風的咖啡館內經常擠滿熟客。

咖啡館　　　MAP ◆ P.303-A3
住Bartningallee 29
☎(030) 3915931
www.konditorei-buchwald.de
營11：00～19：00
休1月上旬、夏季有公休
card M V
交 S Bellevue徒步約5分。

Anna Blume

色彩鮮豔的人氣早餐

兼營花店的複合式特色咖啡館，最受歡迎的早餐每道菜裝盤都色彩鮮豔，特別是Frühstücksetagere（2人份€27），3層式的托盤內裝滿了各式各樣的水果、火腿、起司等拼盤，看起來相當豪華美味。提供英文菜單。

咖啡館　　　MAP ◆ P.301-A3
住Kollwitzstr. 83
☎(030) 44048749
www.cafe-anna-blume.de
營8：00～22：00
card A M V
交 U Eberswalder Str.徒步約7分。

Café Fleury

充滿濃濃巴黎氣氛

以藍色為基調的可愛法式風格咖啡館，進入咖啡館內找好位子後，再自行前往櫃台點餐付帳，接著店員便會將烤好的餐點送至桌邊。服務生可通英語，也有英文菜單，但桌數較少因而經常客滿。

咖啡館　　　MAP ◆ P.300-A2
住Weinberg 20
☎(030) 44034144
cafe-fleury.eatbu.com
營月～日　9：00～19：00
休1/1～10
card 不可
交 U Rosenthaler Pl.徒步約2分。

Kauf dich glücklich

時髦的雜貨咖啡館

原先為中古家具專賣店，開始販賣手工冰淇淋後便轉為咖啡館。現烤鬆餅口味絕佳，此外也有販賣糖果及懷舊玩具、飾品雜貨與使用的家具等，氣氛舒適的店內非常適合久待。

咖啡館　　　MAP ◆ P.300-A2
住Oderberger Str. 44
☎(030) 48623292
www.kaufdichgluecklich-shop.de/
berlin
營10：00～20：00
（冬季時間會縮短或變動）
card 不可
交 U Eberswalder Str.徒步約5分。

Café Einstein

體驗維也納咖啡館般的氣氛

正對菩提樹下大街優雅的奧地利風咖啡館，晴朗天氣還會在路上擺放座位。早餐菜色及咖啡種類繁多，白天也供應餐點，餐廳價位稍高，菜單另有英文附註。

咖啡館　　　MAP ◆ P.304
住Unter den Linden 42
☎(030) 2043632
einsteinudl.grillroyal.com/
營週一～五　9：30～20：00
週六　　10：00～20：00
週日　　10：00～18：00
card M V
交 U S Brandenburger Tor徒步約5分。

SHOPPING ❖ 柏林的購物

　　柏林最大購物街為動物園站附近往西延伸的選帝侯大街,與往東延伸的Tauentzienstr.街。2條街在凱撒威廉紀念教堂前彎道改名,但實際上是同一條街;這裡聚集了許多知名的名牌店與德國最大百貨公司卡迪威百貨。東西德統一後新發展成為購物區的菩提樹下大街中央南北交錯的腓特烈大街上,則有百貨公司與高級名牌的購物街。

⚜ 卡迪威百貨　　　　　　　　　　　　　　　　KaDeWe

德國最大老牌百貨

　　創業於1907年,特別的百貨公司名乃取自原文Kaushaus des Westens(西方百貨之意)最前面2個字母。食材販賣區與廚房用品賣場必逛,頂樓的自助餐廳也相當受觀光客歡迎。

百貨公司　　　MAP ◆ P.303-B3
🏠 Tauentzienstr. 21-24
☎ (030) 21210
🖥 www.kadewe.de
營週一～六　10:00～20:00
　(週五～21:00)
休週日、節日
card Ⓐ Ⓓ Ⓙ Ⓜ Ⓥ
交 Ⓤ Wittenbergpl.徒步1分。

⚜ Galeries Lafayette

充滿巴黎風格

　　巴黎百貨公司的柏林分店,由法國建築師努維爾Jean Nouvel設計的嶄新建築備受矚目。法系化妝品與流行商店齊全,地下室並設有美食區,可以享受巴黎風味。

百貨公司　　　MAP ◆ P.304
🏠 Friedrichstr. 76-78
☎ (030) 20948199
🖥 www.galerieslafayette.de
營週一～六　11:00～19:00
休週日、節日
card Ⓐ Ⓓ Ⓙ Ⓜ Ⓥ
交 Ⓤ Unter den Linden徒步3分。

⚜ MALL OF BERLIN

鄰近波茨坦廣場的巨大購物中心

　　一個擁有300家店舖的大型購物中心,佔地廣闊,從波茨坦廣場附近的萊比錫廣場延伸至地下鐵一站距離的Mohrenstr.站。

　　除了H&M、ZARA、MUJI(無印良品)外,德國的人氣服飾、鞋子與雜貨商店品牌也幾乎都有進駐,亦設有超市與藥妝店。

　　樓上有美食廣場,價格合理實惠。

　　圖片右下為販售毛線等手工藝用品、工具的人氣商店idee。

購物中心　　　MAP ◆ P.300-C1
🏠 Leipziger Platz 12
☎ (030) 20621770
🖥 www.mallofberlin.de
營週一～六　10:00～20:00
　(超市9:00～)
card 依店家而異
交 Ⓢ Ⓤ Potzdamer Platz徒步約2分、
Ⓤ Mohrenstr.徒步約1分。

⚜ Galeria (Kaufhof)

緊鄰車站的大眾百貨

　　德國最具代表性的連鎖百貨,寬敞的賣場攤位設置購物相當方便。從流行服飾到鞋子、玩具、文具等,有許多適合作為德國旅遊的紀念禮品可供選購。地下食品樓層商品齊全,頂樓並設有自助式餐廳。

百貨公司　　　MAP ◆ P.301-B3
🏠 Alexanderplatz 9
☎ (030) 247430
🖥 www.galeria.de
營週一～六　10:00～20:00
休週日、節日
card Ⓐ Ⓓ Ⓙ Ⓜ Ⓥ
交 Ⓤ Ⓢ Alexanderplatz徒步即達。

MEMO 柏林每年有數次的週日營業許可,但營業時間只能從13:00開始,也有些店家不營業,通常半年前會決定週日營業日期,可以至柏林觀光局網站確認。

BIKINI BERLIN

個性十足的購物中心

建於動物園旁的購物中心，1樓的箱型商店為柏林出生設計師的商店與小型雜貨鋪，附設超市與咖啡館，從頂樓可眺望動物園。

進駐可以品嘗世界各國料理的美食市集Kantini，還有許多咖啡館，亦有超市。

從1樓大型窗戶或寬廣的頂樓可以眺望動物園的景致。

購物中心　　　MAP ◆ P.303-B3
住Budapester Str. 38-50
☎(030) 55496455
www.bikiniberlin.de
營週一～六10：00～20：00
card 依店家而異
交 U S 巴士Zoologischer Garten徒步約2分。

Kultur Kaufhaus Dussmann

文化百貨

販賣書籍、CD、DVD、軟體、樂譜、文具等，以文化多媒體商品為主的大型綜合書店。書店區域放有椅子及沙發等讀書區，可以坐下來慢慢選購商品，幾乎所有CD都有提供試聽。

購物中心　　　MAP ◆ P.304
住Friedrichstr. 90
☎(030) 20251111
www.kulturkaufhaus.de
營週一～五　9：00～24：00
　週六　　9：00～23：30
休週日・節日
card A J M V
交 U S Friedrichstr.徒步約3分。

Ampelmann

舊東德的號誌搖身一變成為熱門商品

Ampelmann是舊東德號誌燈紅綠燈（Ampel）中的小人，搖身一變成為T恤等商品標誌，價格實惠是紀念品的最佳選擇之一，磁鐵€4.95，環保袋€8.95。※參考頁底MEMO

雜貨　　　MAP ◆ P.304
住Rosenthaler Str. 40-41, Hackesche Höfe, Hof 5
☎(030) 44726438
www.ampelmann.de
營週一～六　10：00～20：00
　週日・節日　13：00～18：00
card A J M V
交 S Hackescher Markt徒步約5分。

九號市場

一進到古老的紅磚建築中，眼前高聳的天花板令人感到驚奇。營業時間多半在週五12：00～18：00和週六10：00～18：00，不過週二～五亦有數間販售鄰近農家新鮮蔬果的店家營業，週六的17：00～22：00則會舉行人氣活動，可品嘗來自世界各地的街頭小吃。

●九號市場 Markthalle Neun
住Eisenbahnstr. 42-43 ○Map P.301-C3
markthalleneun.de 建築於週日・節日公休

推薦週五・週六來市場

Käthe Wohlfahrt

一整年都沉浸在耶誕夢幻國度

總店位於羅騰堡的耶誕用品商店柏林分店。店內有許多耶誕裝飾與胡桃鉗娃娃，充滿夢幻氣息，以巨大耶誕樹為中心的圓形坡道設計也相當有趣。

玩具   **MAP ◆ P.303-B3**

- 住 Kurfürstendamm 225/226
- ☎ (0800) 4090150
- URL www.Kaethe-wohlfahrt.com
- 營 週一～六 10：00～18：00
- 休 週日・節日（部分週日亦有營業）
- card A D J M V
- 交 U Uhlandstr.徒步2分。

BUNTE SCHOKOWELT

名為彩色巧克力世界的體驗型巧克力店

Ritter巧克力公司直營店，自行創作個人喜好的巧克力體驗區相當受歡迎。買單後（1個€4.90）到櫃台排隊，選擇基底的巧克力（牛奶巧克力或黑巧克力）後，再選擇混合的口味（堅果或脆片等約30種），等巧克力成型大約需30分鐘左右。還有許多Ritter巧克力的周邊商品。

食品   **MAP ◆ P.304**

- 住 Französische Str. 24
- ☎ (030) 20095080
- URL www.ritter-sport.de
- 營 週一～六 10：00～18：00
- 休 週日、12/24～26・30・31、1/1
- card A M V
- 交 U Unter den Linden徒步約3分。

Fassbender&Rausch

歐洲最大巧克力店

1樓為高級巧克力，2樓為適合當伴手禮的實惠巧克力，3樓為咖啡館。咖啡館的熱門招牌為可選擇可可亞含量與口味的熱巧克力（€4.90～）。

食品   **MAP ◆ P.304**

- 住 Charlottenstr. 60
- ☎ (030) 757880
- URL www.rausch.de/schokoladenhaus
- 營 週一～六 11：00～19：00
-    週日 12：00～19：00
-    （咖啡館13：00～19：00）
- card J M V
- 交 U Stadtmitte徒步約2分。

NIVEA HAUS

採買台灣沒有的商品！

在台灣也相當有名的NIVEA為德國品牌，€0.80～的迷你罐、柏林限定版、環保袋、鑰匙圈、毛巾等，可找到適合作為伴手禮的商品。也有台灣沒有販售的臉部和身體護理產品。

化粧品   **MAP ◆ P.304**

- 住 Unter den Linden 28
- ☎ (030) 20456160
- URL www.nivea.de
- 營 週一～六 10：00～19：00
- 休 週日・節日
- card M V
- 交 U Unter den Linden徒步2分。

INFORMATION

柯維茲廣場市集巡禮

普倫茨勞貝格區的柯維茲廣場Kollwitzplatz（● Map P.301-A3），每週四的12：00～19：00（冬季～18：00）會有環保市集Ökomarkt，有販賣蔬菜和水果、肉類、起司，以及化妝品與織布等環保製品。週六的Wochenmarkt市集9：00～16：00，除環保製品外也有各類新鮮食材與手工小物商店，以及輕食攤販等，即便是週四也十分熱鬧。

當地人經常光顧的市集

柏林與歌德大道、哈茨地區 ▼ 柏林Berlin

柏林主要跳蚤市場

十分愛惜舊物的德國人非常熱愛跳蚤市場（德文Flohmarkt），有時只要一次買2～3件，就可以獲得相當的折扣。逛市場人多時要小心扒手，並注意個人隨身物品。部分舉辦日若正好碰上節日，有可能會暫停。

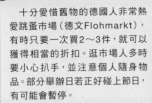

6月17日大道跳蚤市場
Trödel- und Kunstmarkt Str. des 17. Juni

專門販賣包含舊蘇聯及舊東德的軍隊物品，到古董家具及燈、門把、唱片等商品的市集，販賣種類十分豐富。

舉辦日▶週六‧日10:00～17:00左右
地點▶Ⓢ Tiergarten下車即達，6月17日大道Str. Des 17. Juni沿路。
→Map P.303-A3

博德博物館前的古董&書本市集
Antik- & Buchmarkt am Bodemuseum

以舊東德出版的古書為主，並有明信片、硬幣、郵票等攤位，此外還有當地藝術家作品販售攤位。

舉辦日▶週六‧日‧節日10:00～17:00左右
地點▶Ⓢ Friedrichstr.下車或搭Ⓤ5、100、300號巴士在Museuninsel下車，地點就在博德博物館前的Am Kupfergraben運河沿岸。
→Map P.304

哈根盒子廣場跳蚤市場
Trödelmarkt auf dem Boxhagener Platz

位於舊東柏林區域，離市中心較遠，尚未過度觀光化的氣氛為其賣點。綠樹環繞下的廣場周邊有許多咖啡館，非常適合週日前往享用早午餐。

舉辦日▶週日10:00～18:00左右
地點▶Alexanderplatz搭Ⓤ5在Frankfurter Tor下車，徒步至Boxhagener Platz約7分。
→Map 摺頁第2張正面B4

圍牆公園跳蚤市場
Flohmarkt am Mauerpark

圍牆公園為過去柏林圍牆遺址處公園，此處的跳蚤公園相當受歡迎。從專業賣家，到當地兒童的商店等，可以滿足各種年齡層的需求。

舉辦日▶週日10:00～18:00左右
地點▶Ⓤ2 Eberswalder Str.下車徒步約5分。
→Map P.300-A2

有許多手工藝術作品

HOTEL ❖ 柏林的住宿

柏林東部的菩提樹下大街Unter den Linden周邊，與腓特烈大街Friedrichstr.附近的飯店最適合夜間遊覽住宿，但住宿費相當昂貴，以年輕人為主要客群的私人青年旅館則較為便宜。

柏林經常舉辦大規模會展（可上 www.messe-berlin.de查詢），展覽期間房價會一口氣飆升，須多加留意。此外，住宿柏林每房每晚須加收5%的城市稅City Tax，且房價會隨季節及預約時間每日變動，本書所列的價格僅作為參考。

Hotel Adlon Kempinski Berlin

柏林迎賓館的知名高級飯店

創業於1907年，瑪琳·黛德麗、卓別林、愛因斯坦、麥可·傑克森等名人都曾下榻此處。「Lorenz Adlon Esszimmer」為米其林2星餐廳，提供免費無線網路。

最高級飯店　　　　**MAP ◆ P.304**
住 Unter den Linden 77　D-10117
☎ (030) 22610
FAX (030) 22612222
URL www.hotel-adlon.de
費 ⑤①€350〜　早餐另計€48
card A D J M V
交 ⑤ ⑪ 或巴士100號Brandenburger Tor徒步約1分。

The Regent Berlin

鄰近柏林國家歌劇院的豪華飯店

鄰近菩提樹下大街與腓特烈大街等購物商圈，豪華的大廳內散發出古老柏林的古典氣氛。提供免費無線網路，餐廳「Charlotte&Fritz」為高級的德國料理餐廳。

最高級飯店　　　　**MAP ◆ P.304**
住 Charlottenstr. 49　D-10117
☎ (030) 20338
URL www.regenthotels.com/berlin
費 ⑤①€250〜　早餐另計€39
card A D J M V
交 ⑪ Unter den Linden徒步約5分。

Berlin Mariott Hotel

鄰近波茨坦廣場周邊的觀光景點和購物區

靠近波茨坦廣場，步行即可到繪畫館和柏林愛樂廳，德國最大的購物中心也在附近，主打寬敞又舒適的客房，全館禁煙，健身中心和泳池24小時營業，提供免費無線網路。

最高級飯店　　　　**MAP ◆ P.312**
住 Inge-Beisheim-Platz 1　D10785
☎ (030) 220000
URL www.mariott.de
費 ⑤①€229〜　早餐另計€32
card A D J M V
交 ⑪ ⑤ Potsdamer Platz徒步約5分。

Dorint Kurfürstendamm Berlin

地點、設計、服務皆屬一流

體驗浪漫柏林住宿的最佳設計精品旅館，充滿存在感的外觀與高級裝潢等，加上5星級的完善服務，為世界數一數二的高級旅館。提供免費無線網路，法式小館「Le Faubourg」（→P.328）在當地很受好評。

最高級飯店　　　　**MAP ◆ P.303-B3**
住 Augsburger Str. 41　D-10789
☎ (030) 8009990
URL hotel-berlin.dorint.com/de
費 ⑤①€142〜　早餐另計€20
card A D J M V
交 ⑪ Kurfürstendamm徒步約1分。

SO/Berlin Das Stue

傳統與現代融合的飯店

改裝自1930年代建造的丹麥大使館，是間風格優雅的飯店，位在柏林動物園與提爾公園之間，四周綠意盎然。機能完善的客房使用阿納·雅各布森Arne Jacobsen家具等裝潢，提供免費無線網路。

高級飯店　　　　**MAP ◆ P.303-B3**
住 Drakestr. 1　D-10787
☎ (030) 3117220
FAX (030) 31172290
URL www.das-stue.com
費 ⑤①€290〜　早餐另計€35
card A D J M V
交 ⑪ ⑤ Zoologischer Garten搭計程車約5分。

The Westin Grand Berlin

菩提樹下大街的豪華飯店

　　飯店正對菩提樹下大街,主要入口則位於後側Behrenstr.街上。大廳中央為豪華挑高的樓梯空間,營造出十分奢華的氣氛。室內設備舒適完善,提供免費無線網路。

高級飯店　　　　　　　MAP ◆ P.304
住Friedrichstr. 158-164　D-10117
☎ (030) 20270
URLwww.marriott.com
費⑤①€209～　早餐另計€32
card ADJMV
交UUnter den Linden徒步約2分。

Hotel Bristol Berlin

正對選帝侯大街的老牌飯店

　　甘迺迪總統也曾入住此飯店,為柏林西部的高級飯店。啤酒花園、餐廳、舞廳、酒吧等設施完善,提供免費無線網路,正對熱鬧的選帝侯大街便於購物,並鄰近動物園站。

高級飯店　　　　　MAP ◆ P.302-B2
住Kurfürstendamm 27　D-10719
☎ (030) 884340
URLwww.bristolberlin.com
費⑤①€119～　早餐另計€25
card ADJMV
交UKurfürstendamm徒步約3分、
　　Uhlandstr.徒步約2分。

Radisson Collection Hotel

有著巨大水槽的挑高大廳令人驚嘆

　　擁有高25m的世界最大圓筒水槽,要搭乘水槽中央的電梯須購買隔壁的SEA LIFE(URL www.sealife.de)門票,房客可享優惠折扣。房間明亮、機能完善,提供免費無線網路。

高級飯店　　　　　　　MAP ◆ P.304
住Karl-Liebknecht-Str. 3　D-10178
☎ (030) 238280
URLwww.radissonblu.com/hotel-berlin
費⑤€219～　①€229～　早餐另計€29.90
card ADJMV
交UMuseunsinsel或100、200號巴士
　　Spandauer Str./Marienkirche下車徒
　　步約3分。

Hotel Melia Berlin

博物館島位於徒步範圍內

　　位於施普雷河畔的西班牙系大型飯店,價格比同等級飯店較為便宜,前往觀光區交通也相當方便。備有現代化設備的寬敞客房十分方便,提供免費無線網路。

高級飯店　　　　　　　MAP ◆ P.304
住Friedrichstr. 103　D-10117
☎ (030) 20607900
FAX (030) 2060790444
URLwww.melia.com
費⑤①€150～　早餐另計€28
card ADJMV
交U⑤Friedrichstr. 徒步約3分。

NH Berlin Friedrichstrasse

鄰近車站位置方便

　　緊鄰S-Bahn、U-Bahn的腓特烈大街站,並鄰近菩提樹下大街,觀光、購物都相當方便。房間雖正對鐵道沿線,但隔音設備完善,提供免費無線網路。

高級飯店　　　　　　　MAP ◆ P.304
住Friedrichstr. 96　D-10117
☎ (030) 2062660
URLwww.nh-hotels.com
費⑤①€139～
card ADJMV
交U⑤Friedrichstr.徒步約1分。

Eurostars Berlin Hotel

鄰近車站和博物館島

　　靠近腓特烈大街站,共有221間房的大型飯店,健身中心內設有溫水泳池。房間寬敞,但許多房間為面中庭房,窗戶未正對外面,提供免費無線網路。

高級飯店　　　　　　　MAP ◆ P.304
住Friedrichstr. 99　D-10117
☎ (030) 7017360
FAX (030) 701736100
URLwww.eurostarshotels.de
費⑤€149～　早餐另計€18
card AMV
交⑤UFriedrichstr.徒步約1分。

H Hotel Bleibtreu Berlin By Golden Tulip

氣氛明亮的精品設計飯店

　　建於選帝侯大街附近寧靜的一角，客房
使用天然素材，是一家氣氛明亮的精品設
計旅館。健康區設有藥草蒸汽浴，有效消
除身體疲勞，提供免費無線網路。

中級飯店　　　MAP ◆ P.302-B2
🏠 Bleibtreustr. 31　D-10707
☎ (030) 884740
🌐 www.bleibtreu-berlin.goldentulip.
　 com
💰 ⑤⑦€82～　早餐另計€19
card A D J M V
🚇 ⑤ Savignyplatz徒步約7分。

H 25Hours Hotel Berlin

指定可俯瞰動物園的房間

　　在歐洲各地受到歡迎的概念&設計飯店
進駐柏林，搭電梯上到接待大廳樓層，這
裡已然是可俯視動物園的都市叢林，還有
備有吊床的休息室與時髦咖啡館，提供免
費無線網路。

中級飯店　　　MAP ◆ P.303-B3
🏠 Budapester Str. 40　D-10787
☎ (030) 1202210
🌐 www.25hours-hotels.com
💰 ⑤⑦€188～　早餐另計€26
card A M V
🚇 ⑤ Ⓤ Zoologischer Garten徒步約5
　 分。

H Motel One Berlin-Upper West

電影院主題的設計飯店

　　飯店位於2017年完工的高樓大廈10～
18層樓內，房間不大，1樓的櫃台和休息區
很漂亮，位於10樓的休息區可以眺望選帝
侯大街和威廉皇帝紀念教堂的美麗景致，
備有免費無線網路。

中級飯店　　　MAP ◆ P.303-B3
🏠 Kantstr. 163/165 D-10623
☎ (030) 322931900
🌐 www.motel-one.com
💰 ⑤€89～　⑦€104～
　 早餐另計€13.50
card A M V
🚇 Ⓤ ⑤ Zoologischer Garten徒步約5
　 分。

H Hotel Leonardo Hotel Berlin KU´DAMM

正對選帝侯大街的方便旅館

　　從動物園站徒步約15分鐘，可搭乘地下
鐵或巴士。1897年建造的歷史感建築物中
有136間客房（舊名為Hotel California），
全室禁菸，備有無線網路（免費）。

中級飯店　　　MAP ◆ P.302-B2
🏠 Kurfürstendamm 35　D-10719
☎ (030) 688322422
🌐 www.leonardo-hotels.com/berlin
💰 ⑤⑦€99～　早餐另計€15
card A D J M V
🚇 Ⓤ Uhlandstr.徒步2分。

H Park Inn by Radisson Berlin Alexanderplatz

交通方便的高樓飯店

　　位於亞歷山大廣場站旁的大型高樓
飯店，全館禁菸。以景致絕佳的酒吧、
健身房&健康中心為豪，備有無線網路
（免費）。對面就是百貨公司Galeria
（Kaufhof），相當方便。

中級飯店　　　MAP ◆ P.301-B3
🏠 Alexanderplatz 7　D-10178
☎ (030) 23890
📠 (030) 23894305
🌐 www.parkinn-berlin.de
💰 ⑤⑦€119～　早餐另計€19
card A D J M V
🚇 Ⓤ ⑤ Alexanderplatz徒步約3分。

H InterCityHotel Berlin Hauptbahnhof

鐵道之旅的最佳起點

　　共有412房的大型飯店，從柏林中央車
站、開往機場的TXL號巴士站徒步約3分
鐘，相當方便。可向飯店索取住宿期間有
效的市區交通（ABC區域用）票券，備有
無線網路（免費）。

中級飯店　　　MAP ◆ P.300-B1
🏠 Katharina-Paulus-Str. 5　D-10557
☎ (030) 2887550
🌐 www.berlin-hauptbahnhof.
　 intercityhotel.de
💰 ⑤€114～　⑦€125～
　 早餐另計€17　card A D J M V
🚇 Ⓤ ⑤ Hauptbahnhof徒步約3分。

柏林與歌德大道、哈茨地區　▼　柏林Berlin

Ku'damm 101

極具個性的設計精品旅館

　　位於選帝侯大街西部的中級飯店，客房內擺設精品設計家具，並有大露台供使用，浴室的備品也相當時髦，飯店最引以為傲的則是在7樓景觀樓層享受豐盛自助餐。備有無線網路（免費）。

中級飯店　　　MAP ◆ P.302-B1
住 Kurfürstendamm 101　D-10711
☎ (030) 5200550
FAX (030) 520055555
URL www.kudamm101.com
費 Ⓣ€114～　　早餐另計€16
card Ａ Ｄ Ｍ Ｖ
交 M19、M29號巴士Kurfürstendamm/
Joachim-Friedrich-Str.下車徒步約1分。

Arte Luise Kunsthotel

入住精品設計房

　　以住宿藝廊為設計概念的藝術旅館，裝潢設計十分個性化。網站上有所有房間介紹，可指定房型訂房。許多房間為衛浴共用，比右列金額便宜。全館禁菸，可使用無線網路（免費）。

中級飯店　　　MAP ◆ P.304
住 Luisenstr. 19　D-10117
☎ (030) 284480
FAX (030) 28448448
URL www.luise-berlin.com
費 Ⓢ€130～　　Ⓣ€162～
card Ｍ Ｖ
交 Ⓢ Friedrichstr.徒步約10分，或搭147
號巴士在Luisenstr.下車徒步約2分。

Fjord Hotel

波茨坦廣場附近的小型旅館

　　徒步至波茨坦廣場及柏林愛樂廳只需約10分鐘，前往文化廣場的美術館巡禮也十分方便，客房維護得很好，空間明亮。房價每日有所變動請上網站確認，備有無線網路（免費），須事先全額付清。

中級飯店　　　MAP ◆ P.300-C1
住 Bissingzeile 13　D-10785
☎ (030) 254720
URL lindemannhotels.de
費 Ⓢ Ⓣ€115～　　早餐另計€10
card Ａ Ｊ Ｍ Ｖ
交 Ⓤ Mendelssohn-Bartholdy-Park徒
步約5分，或搭M29、M48、M85號巴士
至Potsdamer Brücke下車

Motel One Berlin Hauptbahnhof

交通方便價格實惠

　　德國各地設有分店的連鎖汽車旅館，柏林共有10家，這間位於中央車站附近，交通最為方便，全館房間為雙人床，沒有收納空間是唯一缺點。費用於入住時付清，提供無線網路（免費）。

中級飯店　　　MAP ◆ P.300-B1
住 Invalidenstr.54　D-10557
☎ (030) 36410050
URL www.motel-one.com
費 Ⓢ€89～　　Ⓣ€104～
　　早餐另計€13.50
card Ａ Ｍ Ｖ
交 Ⓢ Ⓤ Hauptbahnhof徒步約2分。

Meininger Hotel Berlin Hauptbahnhof

距中央車站1分鐘路程十分方便

　　房型從4人用的上下鋪房，到多人房、單人房、雙人房等都有的3星級經濟飯店，全客房皆有空調。入住者以年輕團體居多，氣氛熱鬧，所有房間皆備有空調，無線網路免費。

青年旅館　　　MAP ◆ P.300-B1
住 Ella-Trebe-Str. 9　D-10557
☎ (030) 98321073
URL www. meininger-hotels.com
費 Ⓢ Ⓣ€93～　4人房每人€23～，早餐
另計€7.90　提供網路和季節限定折
扣
card Ｍ Ｖ
交 Ⓢ Ⓤ Hauptbahnhof徒步約1分。

Circus The Hostel

年輕人的人氣私人青年旅館

　　在Ⓤ8或路面電車的Rosenthaler Platz下車，距車站徒步約1分，乾淨整潔，內部也相當漂亮，櫃台24小時營業，無線網路免費。路口斜對面便是同經營者的Circus Hotel飯店，可依預算選擇。

青年旅館　　　MAP ◆ P.300-B2
住 Weinbergsweg 1A　D-10178
☎ (030) 20003939
URL www.circus-berlin.de
費 衛浴、廁所共用Ⓢ€70～　Ⓣ€85～，
10人房每人€23～，附淋浴每房Ⓣ€97
～，早餐€6
card Ｊ Ｍ Ｖ

Ha&o Berlin Mitte

設備完善的飯店&青年旅館

這間大型飯店&青年旅館位在可深入認識柏林原貌的Kreuzberg區,有許多學校團體入住,並有家庭用的房間。青年旅館房間的床單、毛巾須另外付費,提供免費無線網路。

青年旅館　　MAP ◆ P.301-C3

住Köpenicker Str. 127-129　D-10719
☎ (030) 809475200
網 www.aohostels.com
費S T€89〜
　8人房每人€38〜
　早餐另計€8.90
card M V
交U S Ostbahnhof徒步約10分。

Hostel Die Fabrik

房間寬敞便宜又乾淨

有許多背包客入住,從單人房到8人房都有,衛浴共用並有置物櫃,早餐在附設的咖啡館享用。早上也接受辦理住房登記,但進房時間為15:30後。房間內沒有電視及電話,床單費用€2.50,無線網路免費。

青年旅館　MAP◆ 摺頁第2張正面B4

住Schlesische Str. 18　D-10997
☎ (030) 6117116
網 diefabrik.com
費全館共用淋浴、廁所設備。多人房€22〜早餐另計€7.90
card 不可
交U 1 Schlesisches Tor徒步約5分。

Ha&o Berlin Hauptbahnhof

中央車站徒步可到的青年旅館

位於柏林中央車站北口約400m處,櫃台24小時開放,有許多學校團體和家庭入住,有噪音干擾不適合對聲音敏感的人。提供住客使用的廚房和洗衣機,備有無線網路(免費)。

青年旅館　　MAP ◆ P.300-B1

住Lehrter Str. 12　D-10557
☎ (030) 3229204200
網 www.aohostels.com
費早餐另計S T€85.90〜　多人房€26.90〜
card M V
交中央車站徒步約15分。

Hotel Transit

一個人旅遊也能安心入住的私人青年旅館

搭U 6或U 7從Mehringdamm徒步約5分,位於年輕人熱門區域Kreuzberg內。建築外觀較為古老,內部卻十分新穎乾淨。穿過建築中庭搭電梯到4.Etage即為接待處,提供無線網路(免費)。

青年旅館　MAP◆ 摺頁第2張正面C3

住Hagelberger Str. 53-54　D-10965
☎ (030) 7890470
FAX (030) 78904777
網 www.hotel-transit.de
費S€65〜　T€77〜　3人房€99〜
card A J M V

Jugendgästehaus Hauptbahnhof

中央車站附近的便利青年旅館

位於柏林中央車站北口(Europaplatz側)5分鐘距離處,入住前須先付款。除多人房外皆附有淋浴、廁所設備,早餐費用另計(€6.90),提供無線網路(免費)。為教會經營旅館,全館禁菸。

青年旅館　　MAP ◆ P.300-B1

住Lehrter Str. 68　D-10557
☎ (030) 6903333
網 www.jgh-hauptbahnhof.de
費S€45〜　T€60〜
　4人房每人€27〜,26歲以下可享各€3折扣
card M V
交中央車站徒步約5分。

Jugendherberge Berlin International

觀光方便的青年旅館

共有341個床位的熱門大型青年旅館,徒步到波茨坦廣場約15分鐘左右。有許多學生團體入住,部分多人房為男女混住,24小時營業,無線網路僅可於公共區域使用(免費)。

青年旅館　　MAP ◆ P.300-C1

住Kluckstr. 3　D-10785
☎ (030) 747687910
FAX (030) 747687911
網 www.jh-berlin-international.de
費多人房€31.50〜、26歲以下€27.50〜早餐另計　card D M V
交M 29號巴士Gedenkstätte Dt.Widerstand下車徒步約2分

波茨坦

Potsdam

洞窟之間的貝殼裝飾（新王宮內）

階梯式葡萄棚上的無憂宮

易北河支流哈佛爾河Havel與湖泊森林環繞下的古都波茨坦，過去為東德屬地，統一後由於鄰近柏林，同時又有許多世界遺產的城堡與庭園，因而呈現出一片活力繁榮景象。

漫遊

出了波茨坦中央車站Potsdam Hauptbahnhof的車站附設購物中心，往西北方前進走過哈佛爾河上的橋樑後，便是寬廣的波茨坦市區入口。過了左側Mercure Hotel飯店的高樓後，便可看到尼古拉教堂Nikolaikirche與波茨坦電影博物館Filmmuseum Potsdam等的所在地。接著北上走過行人專用道布蘭登堡大道Brandenburger Str.後向西走，便是波茨坦的主要購物街，道路盡頭為Luisenplatz廣場，其前方即為無憂庭園入口Park Sanssouci，裡頭建有無憂宮Schloss Sanssouci與新宮殿Neues Palais。夏天參觀無憂宮時人潮十分擁擠，最好預留充裕時間遊覽。

從無憂宮到另一個波茨坦重要景點塞琪琳霍夫宮Schloss Cecilienhof，雖遠離市中心，但可搭巴士前往。

18世紀被祖國追殺的胡格諾派Huguenot（示威者）荷蘭人居住的荷蘭區Holländisches Viertel，在紅磚建築街上有許多可愛的商店及咖啡館、餐廳林立。

紅磚建築櫛比鱗次的荷蘭區，很適合散步

MAP ◆ P.291-A4

人　　口	18萬2000人
區域號碼	0331

ACCESS

火車：從柏林中央車站搭RE快速列車到波茨坦中央車站約25分，⑤7約35分。

❶波茨坦的遊客中心
☎ (0331) 27558899
URL www.potsdamtourismus.de

●中央車站內的❶
住Friedrich-Engels-Str. 99
車站通道1樓（南口）的mobiagentur Potsdam內。
◯ Map P.340-B2
開 週一〜五　　9：00〜18：00
　　週六　　　　9：00〜17：00
週週日・節日　9：30〜15：00
休 12/25・26、1/1

●舊市集的❶
住Humboldstr. 1-2
◯ Map P.340-B2
開休 與上列中央車站內的❶相同

世界遺產
無憂宮與庭園
（1990年登錄）

●波茨坦市區交通
波茨坦中央車站南口有巴士及市區電車總站，週六・日・節日班次驟減須留意，車內有售票機，4站以內有效車票Kurzfahrt為€1.60，60分內有效的Einzelfahrausweis則為€2.30，24小時券Stunden-Karte為€4.70。
波茨坦市區交通分為ABC區，車票則分為AB、BC、ABC區，本書介紹的景點皆位於AB區內，上列車票價格費用亦為AB區。
此外，柏林歡迎卡與城市旅遊卡的ＡＢＣ區用（→P.298）及柏林1日券ＡＢＣ區用（→P.298），亦適用於前往波茨坦的S-Bahn與波茨坦市區交通工具。

339

●Tagesticket sanssouci+
可參觀無憂宮、新王宮、塞琪琳霍夫宮等波茨坦城堡（部分除外，特別展費用另計）的1日共通券，可在各城堡售票窗口或網路購票。售價€19、學生€14。

●無憂宮
◆Map P.340-B1
区從波茨坦中央車站搭695號、X15號（4～10月的週六・日行駛）巴士在Schloss Sanssouci下車，巴士站位在無憂宮的內側（北側），鄰近售票處。
URL www.spsg.de
開週二～日 9：00～17：30（11～3月為10：00～16：30）入場至閉館前30分為止
休週一、12/24・25
費€14、學生€10（語音導覽參觀），攝影費€3（波茨坦其他城堡亦為1日有效）

主要景點

腓特烈大帝的最愛無憂宮與庭園　世界遺産
Park und Schloss Sanssouci　★★★

　　Sanssouci是法文「無憂慮」的意思，這裡是普魯士王腓特烈大帝（＝腓特烈二世，1712～1786年）作為夏宮於1745～1747年而興建的洛可可樣式華麗宮殿，加上腓特烈大帝的親自設計，自腓特烈大帝35歲起至74歲去世前幾乎都住在這裡。階梯狀葡萄園上的宮殿，從下往上欣賞時更是美麗。入場券販售處與入口位於內側（北側），入場券上有指定入場時間，夏季觀光季節甚至須等上2～3小時，等待期間建議可先前往庭園及其他建築處遊覽。

　　葡萄棚上右側則有腓特烈大帝與其愛犬長眠的墓地，腓特烈大帝的遺體過去原葬在波茨坦的Garnisonkirche教堂內，在第二次世界大戰末期，遺體被移至圖賓根的岩鹽礦坑藏匿。戰後圖軍將遺體從蘇聯支配區域取回，之後46年間都安置在霍亨索倫堡Burg Hohenzollern。終於在東西德統一後的1991年8月，依照腓特烈大帝的生前遺願，與愛犬們

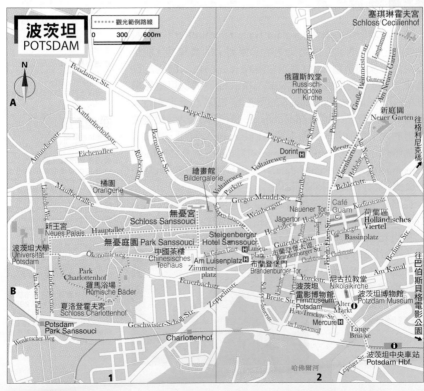

MEMO 波茨坦中央車站北側S-Bahn月台的手扶梯下有自行車租借店Pedales（URL potsdam-per-pedales.de）），普通自行車1日€14、電動自行車€33。自行車騎乘於寬廣平坦的無憂園十分暢快，有部分區域禁止騎車須留意，

長眠與此。

內部主要共有12間廳房，包含「大理石廳」、「晉見廳」及位於中央的「橢圓廳」等都開放參觀，被稱之為波茨坦洛可可的貝殼室內裝飾更是絕美。而腓特烈大帝最敬愛的法國哲學家伏爾泰，也經常入住此處。

290公頃大的無憂庭園內，還有中國茶樓Chinesisches Teehaus與夏洛登霍夫宮Schloss Charlottenhof、橘園Orangerie等數間離宮分布其中。庭園的主要道路長達約2.5km，位於最內側的則是雄偉的新王宮Neues Palais。這裡是腓特烈大帝於1763～1769年所建的巴洛克式王宮，裡面多達200個以上廳房，而以貝殼

獎勵人民在寒冷貧瘠土地種植馬鈴薯的腓特烈大帝，他的墓上也供奉著馬鈴薯

裝飾的美麗洞窟貝殼洞窟Grottensaal更是不可錯過的參觀重點。

巴洛克樣式的新王宮

饒富東洋風味的中國茶樓

● 新王宮
◯ Map P.340-B1
🚌 從波茨坦中央車站搭605、606、X5號巴士在Neues Palais下車。
🔗 www.spsg.de
🕐 週三～一 10：00～17：30
（11～3月~16：30）
入場至閉館前30分為止
休 週二、12/24・25
💰 €10、學生€7

波茨坦會議的舉行地 塞琪琳霍夫宮
Schloss Cecilienhof ★★★

塞琪琳霍夫宮位於面湖遼闊的新庭園Neuer Garten內，與其說是宮殿卻更像英國風宅邸。這裡是霍亨索倫家族最後王子威廉與家族居住的宅邸，宮殿則是以王子妃塞琪琳的名字命名，完成於

擁有美麗庭園的塞琪琳霍夫宮

1917年。這裡曾經於1945年7月17日～8月2日舉辦波茨坦會議而世界聞名，第二次世界大戰末期美、英、蘇聯在此舉辦三巨頭會議，討論戰後如何處置德國的相關事宜。舉辦會議

舉行三巨頭會議的房間

的廳房依照當時的布置完整保存，可入內參觀。此外還有各國代表所使用的等待室等，十分耐人尋味。

● 塞琪琳霍夫宮
🏠 Im Neuen Garten 11
◯ Map P.340-A2
🚌 從中央車站搭92、96號市區電車到Rathaus，接著轉乘往Höhenstr.的603號巴士，在終點站前一站Schloss Cecilienhof下車。這條路為單向通行，回程須走到約300m遠的巴士站（這裡是終點）Höhenstr.搭車。也可以沿著王宮出口的筆直小路往前走約200m，在Große Weinmeisterstr.搭車。從無憂宮前往則搭乘695號巴士，在Reiterweg/Jägerallee下車，在東邊的巴士站Reiterweg/Alleestr.轉搭603號巴士。
🔗 www.spsg.de
🕐 週二～日 10：00～17：30
（11～3月~16：30）
入場至閉館前30分為止
休 週一、12/24・25
💰 波茨坦會議的會議室€10、皇太子夫婦的房間€8、聯票€14。學生皆有折扣

🚲 關於自行車的交通規則和注意事項可參考→ 🔗 www.mobil-potsdam.de/de/fahrrad（有英文頁面）

●波茨坦電影博物館
図行經與中央車站銜接的購物中心內，徒步約5分。
個Breite Str. 1A
◯Map P.340-B2
URLwww.filmmuseum-potsdam.de
開週二～日 10:00～18:00
（入場～17:30）
休月・12/24・25・26・31・1/1
費€5、學生€4，特展及電影欣賞須另行收費

●巴伯斯貝格電影公園
図從波茨坦中央車站前搭巴士601、690號在Filmpark Babelsberg下車。
個August-Bebel-Str. 26-53入場在Großbeerenstr.200
◯Map P.340-B2外
URLwww.filmpark-babelsberg.de
開7・8月 10:00～18:00
10月～17:00
（入場至閉館前1小時為止）
休週一・二、11～4月上旬
費€23、15：30以後€15 學生、小孩、家庭有折扣
※電影攝影棚參觀行程Studio Babelsberg Tour，一般不開放。

波茨坦電影博物館
Filmmuseum Potsdam ★★

德國於大戰前即製作了《大都會Metropolis》、《藍天使Der blaue Engel》等諸多電影史名作，這些名作都是在波茨坦郊外的巴伯斯貝格攝影棚Studio Babelsberg拍攝完成。充滿傳奇性的電影公司Ufa戰後更名為DEFA，在東德時代也依然持續活動。電影博物館內展示了這類德國電影史、具歷史價值的放映機與攝影器材，並收藏了瑪琳・黛德麗Marlene Dietrich及Lilian Helen Muriel Pape的遺物與服飾。

巴伯斯貝格電影公園
Filmpark Babelsberg ★★★

1912年竣工的巴伯斯貝格攝影棚，據說還曾超越好萊塢。東西德統一後，新設了巴伯斯貝格攝影棚Studio Babelsberg，《戰地琴人Der Pianist》、《惡棍特工Inglourious Basterds》等作品皆在此拍攝而成，腹地內並設有電影專科學校。這裡是與攝影棚鄰接的主題公園，主要為家庭面向的遊樂設施，但也有人氣聚集、電影拍攝場景的導覽行程與特技表演。

以家庭為客群的主題樂園

推薦的餐廳&住宿 ✦ RESTAURANT & HOTEL

C Café Guam
MAP ◆ P.340-B2
個Mittelstr. 39 ☎(0177)7358360
營每日11:00～19:00（冬季週一・三・五12:00～18:00、週六・日11:00～19:00）
休冬季公休 card不可

位在荷蘭區，以手工起司蛋糕為招牌的咖啡館，在展示櫃可見約8～10種口味的起司蛋糕，圖為添加罌粟籽Mohn（罌粟的果實）的起司蛋糕與紅茶，蛋糕也可外帶。

H Am Luisenplatz
MAP ◆ P.340-B2
個Luisenplatz 5 D-14469
☎(0331)971900
URLwww.hotel-luisenplatz.de
費⑤€147～ ①€164～ 早餐另計€12.50 card A M V

這間中級飯店改建自1726年建造的宅邸，無線網路免費，1樓設有餐廳。

H MAXX Hotel Sanssouci
MAP ◆ P.340-B2
個Allee nach Sanssouci 1 D-14471
☎(0331)90910
URLhrewards.com/de/maxx-hotel-sanssouci-potsdam
費⑤€120 ①€125～ 早餐另計€22 card A D J M V

位在無憂庭園附近，內部為美國1930年代風裝潢，無線網路免費。

INFORMATION 波茨坦的午餐地點

想在波茨坦享用輕食午餐的話，布蘭登堡大道上從各類速食及香腸等小吃攤Imbiß，到氣氛沉穩的餐廳都有，此外荷蘭區上也有許多個性咖啡館和餐廳聚集。若沒有太多時間，也可以到與中央車站連結的購物中心，裡面也有許多速食店及麵包店、自助餐廳等。

MEMO 夏季無憂宮需要花費許多時間等待，若利用柏林的觀光巴士則可縮短入場等待時間。BEX Sightseeing公司（URLbex.de/ausfluege/potsdam-sanssouci）行程為€54，全程約4小時，乘車地點等資訊請至網站確認。

萊比錫
Leipzig

古典的咖啡館
Kaffeehaus Riquet

托瑪斯教堂前的巴哈像

柏林
萊比錫 ★
法蘭克福
慕尼黑

MAP ◆ P.291-B3

人　　口	59萬7500人
區域號碼	0341

ACCESS
火車：從柏林中央車站搭乘ICE特快列車約1小時15分，從德勒斯登搭乘ICE特快列車約1小時5分。
機場與市區間交通方式：機場（Leipzig/Halle Flughafen）與中央車站間以Ⓢ5連接，車程約15分。

❶萊比錫的遊客中心
🏠Katharinenstr. 8　D-04109 Leipzig
🗺Map P.344-A1
☎(0341) 7104260
📠(0341) 7104271
🌐www.leipzig.travel
🕐週一～五　10：00～18：00
　週六、週日・節日
　　　　　　10：00～15：00
📅12/25・26、1/1

●萊比錫卡
LEIPZIG CARD
1日券Tageskarte　　　€12.90
3日券3-Tageskarte　　€25.90
3日團體券
3-Tagesgruppenkarte　€47.90
※可無限搭乘萊比錫市區交通工具（部分S-Bahn除外），並可享主要美術館和博物館優惠折扣，此外部分音樂會及歌劇的票券、購物、餐廳等也有折扣。團體券則為大人2人與未滿15歲兒童3人以內使用，可在❶及主要飯店購買。

萊比錫的城市名稱源自7世紀在此建設村莊的索布人，地名為索布語中的「Libzi（菩提樹）」，一直到現在市區也仍然四處可見菩提樹。

萊比錫自中世紀起便開始發展成為商業金融都市，1409年更創立萊比錫大學，歌德與尼采、森鷗外等都曾在此學習。

17世紀時出版印刷業十分發達，並於1650年發行世界最早的日報，直到第二次世界大戰前德國約有一半的出版品皆在此發印。

此外如後半生涯在托瑪斯教堂Thomaskirche擔任交響樂團指揮的巴哈、舒曼、孟德爾頌Felix Mendelssohn Bartholdy、華格納等，有許多重要的音樂家都曾在此留下偉大的成就。

1989年東德追求民主化運動，也是從萊比錫的尼古拉教堂Nikolaikirche前聚集示威抗議的人們所開始。德國統一的第一步，也可以說是從這裡開始的吧！

 漫遊

終點式月台相當漂亮，歐洲最大規模之一的萊比錫中央車站，站內還設有購物中心。

萊比錫中心部分被環城大道Ring所包圍，主要景點集中在大道內及周邊，因此可徒步遊覽。❶則位於市中心的市集廣場Markt北側，裡面有各種介紹手冊。市集廣場為萊比錫最具代表性的優美廣場，而建於東側的舊市政廳Altes Rathaus塔樓與建築正面則令人印象深刻。

從市集廣場往西走約100m可看到托瑪斯教堂

舊市政廳為優美的文藝復興建築

MEMO 仔細觀賞巴哈像時，可看到上衣左方口袋翻出來，意思是「沒有錢」。此外背心的鈕扣有一個沒有扣上，據說是指揮棒擺動作太急的關係。

Thomaskirche，教堂入口前立有巴哈銅像，斜前方則有巴哈博物館Bach-Museum，是古典音樂迷不可錯過的萊比錫觀光重點。

曾在萊比錫大學學習的歌德經常前往的小酒館，則位於舊市政廳附近的梅德勒購物拱廊Mädlerpassage地下室。1525年創業、深具歷史的葡萄酒館Auerbachs Keller，也曾出現在歌

與巴哈有深厚關係的托瑪斯教堂　　舊市政廳東側的年輕歌德像

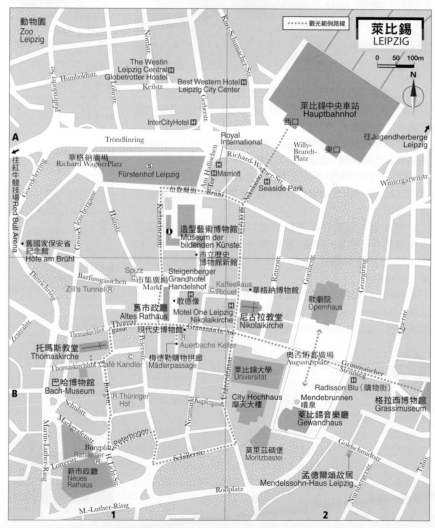

MEMO　現代史博物館（住Grimmaische Str. 6　●Map P.344-B1　圃www.hdg.de/Leipzig）展示了東西德從分裂到統一所經歷的道路，解說清楚易懂。開週二〜五（週六・日・節日10:00〜）免費入場。

德的《浮士德Faust》作品內，因而成為知名觀光景點，通往地下室的通道前則可看到浮士德與邪靈梅菲斯特Mephisto雕像。

市中心東部則有音樂廳布商大廈Gewandhaus，與對面的歌劇院Opernhaus、萊比錫大學Universität等文化設施聚集，鄰近的高層大樓城市大廈City Hochhaus內可登上屋頂瞭望台。

集合眾多商家的梅德勒購物拱廊

浮士德與邪靈梅菲斯特雕像

大教堂般新穎造型的萊比錫大學，1樓藝廊的部分區域開放一般民眾進入，圖左為城市大廈

 主要景點

美麗的建築正面與大時鐘 舊市政廳
Altes Rathaus ★★★

建於1556～1557年，德國的代表性文藝復興建築，1909年作為萊比錫市立歷史博物館對外開放。館內收藏知名的巴哈肖像畫等繪畫作品，以及家具、服裝、手工藝品等，建築北側則設有新館。

舊市政廳東側內部則有Naschmarkt廣場，廣場上有在此度過大學生活的年輕歌德銅像。

巴哈曾在此活躍 托瑪斯教堂
Thomaskirche ★★★

1212年建立，於1889年改建後成為現今風貌，以托瑪斯教堂少年合唱團與指揮巴哈而聞名的知名教堂。巴哈曾經在1723～1750年之間擔任托瑪斯教堂的音樂總監，在這裡誕生了《馬太受難曲》等多首重要名曲。彩繪玻璃窗上，描繪了巴哈、孟德爾頌與馬丁·路德，雖然巴哈葬於聖約翰教堂，但在巴哈逝世後200周年的1950年，於托瑪斯教堂內設立了墓碑。

上／主祭壇前的巴哈之墓
下／找找看巴哈的彩繪玻璃

●城市大廈
住Augustuspl. 9
Map P.344-B2
URL www.panorama-leipzig.de
開11：30～19：30（依季節變更）　費€5
搭電梯到Panorama Tower餐廳所在的29樓後，購買入場券€4，再爬樓梯前往屋頂眺望台Plattform。

●舊市政廳（萊比錫市立歷史博物館）
住Markt 1, im Alten Rathaus
新館位於Böttchergäßchen 3
Map P.344-A1～B1
URL www.stadtgeschichtliches-museum-leipzig.de
開週二～日　10：00～18：00
　入場至閉館前15分為止
休週一、12/24・31
費€6、學生€3
　每月第1個週三免費

●托瑪斯教堂
住Thomaskirchhof 18
Map P.344-B1
URL www.thomaskirche.org
開10：00～18：00（禮拜時暫停開放參觀）

托瑪斯教堂少年合唱團演唱的經文歌、清唱劇：週五18：00與週六15：00～（學校假期、巡迴演出時停演，詳細資訊請至上述網站查詢）
費票價為€3，45分鐘前開場。隔壁的托瑪斯商店則有販售CD與相關商品。

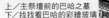 托瑪斯教堂塔樓的導覽行程於4～11月的週六13：00、14：00、16：30及週日11：00、14：00、15：00舉行，免費但須捐獻€3左右。集合地點在巴哈銅像附近的塔樓下。

345

巴哈博物館

● 巴哈博物館
住 Thomaskirchhof 15/16
➡ Map P.344-B1
URL www.bachmuseumleipzig.
de
開 週二〜日　10：00〜18：00
休 週一、12/24・25・31
費 €10、學生€8
　每月第1個週二免費入場

體驗巴哈的音樂世界

● 巴哈音樂節
Bachfest Leipzig
1904年以來歷史久遠的音樂節，伴隨著古樂（使用巴洛克時期前後的樂器並以當時方式詮釋演奏）的普及推廣下，成為歐洲最重要的音樂節之一。每年6月中旬左右舉辦。

● 尼古拉教堂
住 Nikolaikirchhof 3
➡ Map P.344-B2
URL www.nikolaikirche.de
開 11：00〜18：00、週六11：00〜
16：00、週日10：00〜16：00
　（禮拜時暫停開放）

● 造形藝術博物館
住 Katharinenstr. 10
➡ Map P.344-A1
URL www.mdbk.de
開 週二・四〜日10：00〜18：00
　週三　　　12：00〜20：00
休 週一、12/24・31
費 €10、學生€5
　每月第2個週三免費
　特展另行收費

足球・球場情報

● 紅牛競技場
Red Bull Arena
➡ Map P.344-A1外
URL rbleipzig.com
德國甲級足球聯賽隊伍萊比錫
RB RasenBallsport Leipzig e.
V. 的主場球場。
交通 中央車站搭乘3、7、15號
路面電車約7分，在Leipzig,
Sportforum Süd下車，徒步約
8分。

認識巴哈偉大功績 巴哈博物館
Bach-Museum　　　　　　　　★★★

　位於托瑪斯教堂對面的博瑟故居Bose-Haus建築，是巴哈生前的家族密友富商博瑟的宅邸。

　面對大街的建築入口左側為紀念品店兼門票販售處，博物館入口位於穿過中庭處。2樓為巴哈時代的樂器與聆聽音色的廳房，和巴哈作品試聽間、1743年巴哈試彈最後的管風琴演奏台，以及巴哈家曾使用過的家具用品當中唯一保留下來的大箱子等。此外珍貴的資料展示間內，有巴哈親筆書寫的樂譜等展示品，由於容易損壞，定期會作更換。

位於入口處前的巴哈胸像

開啟東西德統一之路 尼古拉教堂
Nikolaikirche　　　　　　　★★

　尼古拉教堂是萊比錫最大教堂，1165年建設時為羅馬式建築，16世紀後期又加上後哥德及新古典樣式建築。內部的棕櫚木形柱與天花板令人印象深刻，散發出明亮華麗的氣氛。

　在教堂每週一舉辦的禱告集會，發展為後來要求民主化的示威抗議，成為1989年柏林圍牆倒塌的一大步。

尼古拉教堂內部

收藏繪畫作品 造型藝術博物館
Museum der bildenden Künste　　★★

　現代建築內，展示了德國繪畫與17世紀的法蘭德斯畫派、尼德蘭畫派等歐洲名畫收藏品。並收藏杜勒、克拉納赫、波克林Arnold Böcklin、柯克西卡Oskar Kokoschka等畫家作品。

玻璃建築的造型藝術博物館

柏林與歌德大道、哈茨地區 ▼ 萊比錫Leipzig

也有樂器閱讀館 格拉西博物館
Grassimuseum ★★

大型複合式博物館格拉西博物館

包含民族學博物館Museum für Völkerkunde與工藝博物館Museum für Angewandte Kunst Leipzig、樂器博物館Museum für Musikinstrumenten的大型複合式博物館。

樂器博物館特別推薦音樂迷前往參觀，博物館內有世界最大規模的古樂器收藏，由萊比錫大學經營並進行研究等活動。此外還可以3D環場音效設施聆聽世界最古老的古鋼琴Clavichord、巴哈時代的樂器音色，樓上並設有世界各地的樂器體驗區。

知名作曲家活躍 萊比錫音樂廳
Gewandhaus ★

這裡是萊比錫布商大廈管絃樂團Gewandhausorchester的主演奏廳，是世界最古老的民間管絃樂團，孟德爾頌、柴可夫斯基、華格納、史特勞斯、威廉・福特萬格勒Wilhelm Furtwängler等知名大師都曾在此指揮，曾因戰爭破壞而於1981年重建。

Gewandhaus是布商倉庫，19世紀後作為音樂廳使用而沿用其名

可以體驗指揮 孟德爾頌故居
Mendelssohn-Haus Leipzig ★

這裡重現了以作曲家和指揮家身分活躍的孟德爾頌Felix Mendelssohn Bartholdy（1809～1847年），從事音樂活動並於38歲年輕時去世的宅邸，展示後期畢德麥雅時期Biedermeier樣式家具、樂譜與遺物等。音樂沙龍也經復原，並舉辦音樂會（每週日11:00～）等活動。

有巨大溫室圓頂 萊比錫動物園
Zoo Leipzig ★★

以回頭客多聞名的動物園，最大的看點在於重現叢林氛圍的歐洲最大溫室圓頂岡瓦納大陸Gondwanaland。可以和放養的猴子近距離接觸，跨過數座吊橋，樂趣滿點。

人氣高常常大排長龍，一開園就要到

● 格拉西博物館
Johannispl. 5-11
Map P.344-B2
www.grassimuseum.de
週二～日　10:00～18:00
休週一、12/24・31
格拉西博物館全館共通券　€15、學生€12
民族學博物館
€8、學生€4.50（特展另計）
工藝博物館
€8、學生€5.50（特展另計）
樂器博物館
€6、學生€3

世界最古老的Hammerflugel鋼琴（1726年製）

● 萊比錫音樂廳
Augustusplatz 8
Map P.344-B2
預約☎ (0341) 1270280
www.gewandhausorchester.de
售票中心
週一～五　10:00～18:00
週六　10:00～14:00
週一～五期間若有演出，則營業至演出前，週六在開演前1小時也開放。
夏季則休演（商店也暫停營業）。

● 孟德爾頌故居
Goldschmidtstr. 12
Map P.344-B2
www.mendelssohn-stiftung.de
每日10:00～18:00
€8、學生€6、音樂會€15

● 萊比錫動物園
Pfaffendorfer Str. 29
Map P.344-A1
交通 中央車站徒步15分，或搭12號路面電車在Zoo下站即達。
www.zoo-leipzig.de
9:00～18:00（5～9月～19:00）11/1～3/20～17:00）
€22（11/1～3/20為€18）

溫室圓頂內有可以和猴子近距離接觸的區域

ℛ Auerbachs Keller

MAP ◆ P.344-B1

🏠Mädlerpassage Grimmaische Str. 2-4 ☎(0341)216100
🌐www.auerbachs-keller-leipzig.de
🕐12:00〜21:00(L.O.) 休12/24 card M V

位於梅德勒購物拱廊地下樓層，創業於1525年的知名葡萄酒館兼餐廳，歌德與森鷗外等都曾到訪，天花板及牆壁上等畫有《浮士德》內的各種場景壁畫。菜色包含萊比錫風馬鈴薯湯Leipziger Kartoffelsuppe€6.50，鮭魚焗烤寬扁麵Lachs-Nudel- Auflauf €27（圖片）等價格實惠。

ℛ Zill's Tunnel

MAP ◆ P.344-B1

🏠Barfußgäßchen 9 ☎(0341)9602078
🌐www.zillstunnel.de 🕐每日11:30〜24:00（點餐〜22:00） card M V

可品嘗到當地薩克森鄉土料理，約有400個座位。薩克森風醋燜牛肉Sächsischer Sauerbraten為€19.50，燒烤拼盤Zills Grillpfane包含小牛排、培根、香腸、馬鈴薯、香菇等燒烤料理€21.30。

萊比錫百靈鳥 Specialty

Leipziger Lerche是款有著「萊比錫的雲雀」意思的點心。1876年禁止捕獲雲雀，從此吃不到知名的萊比錫雲雀料理，據說當時的城鎮麵包師傅想出這款以紅色的果醬代表雲雀的心臟等的新名產，目前可在Café Kandler等咖啡館品嘗到。

一口尺寸的簡樸點心

C Café Kandler

MAP ◆ P.344-B1

🏠Thomaskirchhof 11 ☎(0341)2132181
🌐www.cafekandler.de 🕐10:00〜19:00（週六9:00〜20:00、週日9:00〜18:00） card M V（€10以上）

位於托瑪斯教堂旁氣氛閑靜的咖啡館，店內空間雖小，人多時還會開放2樓座位，舊東德時代則為茶屋。圖中是名為Bachtorte巧克力蛋糕（€4），印有巴哈肖像的巧克力紀念幣Bachtaler（1個€2.60）可當作紀念品，也相當受歡迎。

C Spizz

MAP ◆ P.344-B1

🏠Markt 9 ☎(0341)9608043
🌐www.spizz-leipzig.de
🕐9:00〜翌日1:00（週日10:00〜） card M V

面對市集廣場的時髦咖啡酒吧，料理種類繁多，便宜美味。有薩克森風馬鈴薯湯Sächsische Kartoffelsuppe、荷蘭醬花椰菜Blumenkohl等料理。

C Kaffeehaus Riquet

MAP ◆ P.344-B1

🏠Schumachergäßchen 11 ☎(0341)9610000
🌐www.riquethaus.de 🕐9:00〜19:00 card 不可

擁有美麗新藝術建築的維也納風咖啡館，入口附近長長的陳列櫃擺放了各式各樣的蛋糕，令人選擇困難，人潮多時會開放2樓座位。

推薦的住宿 ✢ HOTEL

飯店多集中於中央車站周邊，以接待會展期間前來住宿的商務客及團體客的飯店為主流，單人房價格€70～。須額外支付萊比錫住宿稅每人每晚€3（第2晚後以每晚€1計算）。

Steigenberger Grandhotel Handelshof

MAP ◆ P.344-B1

🏠 Salzgäßchen 6　D-04109
☎ (0341) 3505810
🌐 www.steigenberger.com
💰 S T €209～　早餐另計€32　card A D J M V

鄰近舊市政廳，位置便於觀光，全室有免費的咖啡機，備有無線網路（免費）。

The Westin Leipzig

MAP ◆ P.344-A1

🏠 Gerberstr. 15　D-04105
☎ (0341) 9880　📠 (0341) 9881229
🌐 www.westin-leipzig.de
💰 S €99～　T €119～　早餐另計€21
card A D J M V

高級大型飯店，擁有萊比錫飯店中最大的泳池及健身中心，備有免費無限網路。最高樓層27樓裡有米其林二星餐廳「Falco」。

Radisson Blu

MAP ◆ P.344-B2

🏠 Augustusplatz 5/6　D-04109
☎ (0341) 21460
📠 (0341) 2146815
🌐 www.radisson-leipzig.com
💰 S €109～　T €119～
　早餐另計€15
card A J M V

位於萊比錫音樂廳附近，以欣賞音樂會觀眾為主要客群，提供無線網路（免費）。

Seaside Park

MAP ◆ P.344-A2

🏠 Richard-Wagner-Str. 7　D-04109
☎ (0341) 98520
🌐 www.parkhotelleipzig.de
💰 S €95～　T €105～　早餐另計€18
card A D M V

正對中央車站前廣場擁有288間房的大型飯店，1913年開幕時的新藝術派建築外觀現被指定為文化保護財產，內裝則為優雅的裝飾風藝術，提供無線網路（免費）。

Royal International

MAP ◆ P.344-A1

🏠 Richard-Wagner-Str. 10　D-04109
☎ (0341) 2310060
🌐 www.royal-leipzig.com　card A M V
💰 S €72～　T €83～

距離中央車站約200m便於觀光，幾乎所有雙人房都附設小廚房，可自行烹煮，無線網路可免費使用。

Motel One Leipzig Nikolaikirche

MAP ◆ P.344-B2

🏠 Nikolaistr. 23　D-04109
☎ (0341) 3374370
🌐 www.motel-one.com
💰 S €79～　T €94～　早餐另計€13.50　card A M V

在德國各地設有分店的中級連鎖飯店，建於尼古拉教堂對面，所以所在位置便於觀光。房間附雙人床、空調，所有客房皆禁菸，無線網路免費。

Best Western Hotel Leipzig City Center

MAP ◆ P.344-A2

🏠 Kurt-Schumacher-Str. 3　D-04105
☎ (0341) 12510　📠 (0341) 1251100
🌐 www.bestwestern-leipzig.de
💰 S €103～　T €113～　早餐另計€11　card A D J M V

從中央車站西口Westhalle側出站後不久即達，設備新穎但房間狹小，無線網路免費。

Jugendherberge Leipzig

MAP ◆ P.344-A2 外

🏠 Volksgartenstr. 24　D-04347 Leipzig-Schönefeld
☎ (0341) 245700　📠 (0341) 2457012
🌐 www.leipzig.jugendherberge.de
💰 附早餐€27.50、27歲以上€32.5～，含床單費
card M V

入住時間為15:00～，從中央車站搭市區電車1號往Mockau方向在第7站Löbauer Str.下車，徒步約5分鐘可至。2～5人房各樓層有廁所及浴室，共有170個床位，部分區域有無線網路（免費），冬季部分時期公休。

維騰堡

Lutherstadt Wittenberg

城堡教堂門扉上的繪畫由路德和梅蘭希通所繪

市中心的市集廣場被市政廳和色彩多變的建築所包圍

MAP ◆ P.291-A4

人　口	4萬5400人
區域號碼	03491

ACCESS

火車：從柏林中央車站搭ICE特快列車約40分，從萊比錫則約30分。

維騰堡的正式名稱為路德城維騰堡Lutherstadt Wittenberg，本書以維騰堡簡稱。此外，維騰堡市集場南邊也有車站，但只有地方列車停靠。

❶維騰堡的遊客中心
🏠Schlossplatz 2
　D-06886 Wittenberg
☎(03491) 498610
📠(03491) 498611
🌐www.lutherstadt-wittenberg.de
🕐4～10月　　　9:00～17:00
　11～3月　　　10:00～16:00
🚫12/25・26

世界遺產
維騰堡與艾斯萊本的路德記念地
（1996年登錄）
※世界遺產卡
→P.352MEMO

●馬丁・路德故居
🏠Collegienstr. 54
🌐www.MartinLuther.de
🕐4～10月
　每日　　　　9:00～18:00
　11～3月
　週二～日　　10:00～17:00
🚫11～3月的週一
💰€8、學生€6

●聖瑪利恩市教堂
🕐4～10月
　週二～六　　11:00～17:00
　週日　　　　12:30～17:00
　11～3月皆只開放到16:00
🚫週一、1・2月的週一～四
💰€2

宗教改革家馬丁・路德Martin Luther過去活動的維騰堡，與路德出生、去世宅邸所在地的艾斯萊本Eiseleben合稱為「路德紀念地Luther Memorials」，並被登錄為世界遺產。2座城市都被冠上Lutherstadt（路德城市），是為了表示與偉大宗教改革家路德的深切關係。

 漫遊 ∿∿∿∿∿∿∿∿

車站距離市區稍遠，觀光景點區域集中，可輕鬆徒步參觀。從車站出口出了Am Bahnhof側後，沿著鐵路路線前進，接著經過栽種著路德橡樹Luthereiche的小公園後即為舊城區。

到了學院街Collegienstr.左側便是馬丁・路德故居Lutherhaus，原本過去是大學兼修道院的大型建築，路德於1508年初次到訪維騰堡便是住在館內的僧侶房。宗教改革後整棟建築都轉給馬丁・路德，之後變成為馬丁・路德與妻子及6個小孩一起居住的地方。館內除了樸實的書房外，並展示與路德相關的各樣收藏品。

接著往學院街繼續前進，則可看到矗立著路德與菲利普・梅蘭希通Philipp Melanchthon銅像的市集廣場Markt，這裡是市區的中心，還有文藝復興樣式的市政廳Rathaus。而路德曾經在此傳教的聖瑪利恩市教堂Stadtkirche St. Marien，是維騰堡最古老的建築，而盧卡斯・克拉納赫Lucas Cranach的祭壇畫更是不可錯過的觀賞重點。而在市集廣場南側的城堡街Schlossstr.，則有路德的密友同時也擔任過市長及擁有藥局的畫家克拉納赫故居Cranachhaus。往城堡街繼續前進，左側則有城堡教堂Schlosskirche，前方右

MEMO 巨大的圓柱狀建築建築 Panorama Luther 1517 （🏠Lutherstr.42　◆Map P.351　🌐www.wittenberg360.de）為城市的新景點，可以透過360度全景圖體驗1517年當時的城市樣貌，預計開放至2024年。

側便是❶。1517年路德張貼「95條論綱95 Thesen」的教堂大門原為木門，於七年戰爭期間（1760年）遭燒毀，現在的門則是1858年以銅重製，表面上刻上論綱內容，城堡教堂內則安置著路德的棺木。

而隔壁的城堡Schloss也曾遭受戰爭的破壞，留存的部分現則改為博物館與青年旅館。

路德張貼「95條論綱」的教堂大門

郊區景點

艾斯萊本
Lutherstadt Eisleben

（世界遺産）
MAP◆P.291-B3

艾斯萊本市中心距車站往下坡走約20分鐘，舊城區入口處設有❶，對面則是路德誕生的宅邸Geburtshaus，附設有現代化的博物館，從這裡徒步約5分鐘便可抵達市中心市集廣場。

路德最後去世的宅邸Sterbehaus則位於市集廣場上坡徒步約1分鐘處，雖然這座建築長期以來一直被認為是路德最後的家，但據說他實際上死在了56 Markt 的房子裡。現在對公眾開放的最後一座房子，是19世紀下半葉普魯士時代的紀念館。

●城堡教堂
URL www.schlosskirche-witten berg.de
開10：00～16：00
（週日11：30～。塔樓～15：00，有臨時變更的可能）
費€4、塔樓€3

●宗教改革日
「95條論綱」發表於10月31日，德國將這天訂為「宗教改革日」，在居民半數以上為新教徒的薩克森邦、薩克森・安哈特邦Sachsen-Anhalt、圖林根邦設為節日。

交通 從維騰堡搭Ⓢ8約1小時5分至Halle（Saale）Hbf下車，接著轉乘Ⓢ7約40分鐘。

❶艾斯萊本的遊客中心
住Markt 22 D-06295
☎（03475）602124
URL www.lutherstaedte-eisleben-mansfeld.de
開週一～五 10：00～15：00

●馬丁・路德誕生宅邸
住Lutherstr. 15
開4～10月
　每日 　　　　10：00～18：00
　11～3月
　週一～日 　　10：00～17：00
費€5、學生€2.50、與最後的宅邸等套票為€10

●路德最後去世的宅邸
住Andreaskirchpl. 7
開、費同馬丁・路德誕生宅邸

推薦的住宿 ✳ HOTEL

H Soibelmanns Luterstadt Wittenberg
MAP ◆ P.351

住Collegienstr. 56-57 D-06886
☎（03491）4250
URL www.soibelmanns.de
費Ⓢ€123～　Ⓣ€133～
card A D M V

便於觀光的中級飯店，有泳池和三溫暖，無線網路免費。

JH Jugendherberge
MAP ◆ P.351

住Schlossstr. 14/15 D-06886
☎（03491）505205 　FAX（03491）505206
URL www.jugendherberge.de/jh/wittenberg
費含早餐€29.50～、27歲以上€34～
card 不可

緊鄰城堡旁的青年旅館，入住時間為15：00～18：00，退房時間～10：00，門禁22：00。無線網路限公共區域使用（收費）。

維騰堡 WITTENBERG

Mauerstr.
市立公園 Stadtpark
Heubnerstr.
Sternstr.
Friedrichstr.
維騰堡車站 Hauptbahnhof Lutherstadt Wittenberg
Bahnhofstr.
Burgemeisterstr.
Jüristraße
Töpferstr.
Mauerstr.
Jüdenstr.
Lutherstr.
市政廳 Rathaus
Coswiger Str.
❶
Schlossplatz
城堡教堂 Schlosskirche
城堡 Schloss
Jugendherberge
Schwarzer Bär
Schlossstr.
聖瑪利恩市教堂 Stadtkirche St. Marien
市集廣場 Markt
Fleischerstr.
Collegienstr.
Mittelstr.
郵局
Panorama Luther 1517 Acron
Am Hauptbahnhof
Friedrichstr.
Elbstr.
克拉納赫故居 Cranachhaus
Wallstr.
梅蘭希通故居 Melanchthonhaus
Am Stadtgraben
Soibelmanns H Luterstadt Wittenberg
Hallesche Str.
維騰堡舊城區車站
路德橡樹 Luthereiche
馬丁・路德故居 Lutherhaus
N
0　100　200m

本校校舍的入口

建築史上留下光輝燦爛一頁的包浩斯建築群城市

德紹

Dessau-Roßlau

1925～1926年興建的包浩斯的校舍前

柏林

德紹 ★

法蘭克福

慕尼黑

MAP ◆ P.291-A3	
人　口	7萬9400人
區域號碼	0340

ACCESS

火車：從柏林搭RE快速列車約1小時40分，從萊比錫搭RE快速列車則約45分。

❶德紹的遊客中心
Ratsgasse11　D-06844
☎（0340) 2041442
✉（0340) 2042691142
🌐 www.visitdessau.com
週一～五　10：00～17：00
　（4～10月～18：00)
週六　　　10：00～14：00
週日

🌐世界遺產

德紹與威瑪的包浩斯建築群
（1996年登錄）

●包浩斯校舍常設展示室
Gropius-Allee 38
🌐 www.bauhaus-dessau.de
10：00～17：00
　（入場至閉館前1小時為止）
12/24・25・26・31・1/1
€9、學生€6
　本校校舍的導遊行程€7
　德紹·包浩斯博物館、包浩斯相關建築套票（3日有效）
　€25

●德紹·包浩斯博物館
Mies-van-der-Rohe-Platz 1
🌐 www.bauhaus-dessau.de
10：00～18：00　週一
€9、學生€6

興建在市中心的博物館

　沃爾特·格羅佩斯Walter Gropius於1919年在威瑪Weimar設立藝術造型學校包浩斯Bauhaus，於1924年因政治理由遷移至德紹。當時以容克斯飛機Junkers等機械工業為主的德紹，比起保守的威瑪更容易活動發展，也因此包浩斯在德紹發展達到尖峰期。以德紹為據點的包浩斯本校校舍與教授宿舍的Meisterhäuser、實驗住宅群Siedlung Dessau-Törten等相連的包浩斯建築群，都被聯合國教科文登錄為世界文化遺產。

 漫遊

　德紹中央車站主要出入口東口前方為巴士與市區電車搭車處，從這裡搭1、3號市區電車在第2站Hauptpost下車便是市中心區域。10號巴士也被稱為Bauhauslinie，往返於包浩斯校舍和博物館等包浩斯主要景點。

　過了名為市政廳中心Rathaus Center的大型購物商場，則可看到氣派的市政廳建築。

　德紹·包浩斯博物館Bauhaus Museum Dessau裡收藏了德紹·包浩斯集團的4萬9000件作品，以各式各樣的主題輪替展示。

　包浩斯校舍（本校校舍）可從中央車站西側出口徒步前往，從車站徒步約5分鐘便會進到大學等建築腹地，本校校舍則在過腹地內面Gropius-Allee處。包浩斯校舍內有咖啡館、學生餐廳、商店等，舊校長室等校舍內的主要房間只能藉由參加導覽行程（所需時間為1小時）參觀。

　從包浩斯校舍走Gropius-Allee往北前進，在Ebertallee往西轉，則可看到道路左側豎立著過去為在包浩斯授課的教

MEMO 世界遺產卡WelterbeCard可以免費參觀德紹的包浩斯校舍、教授宿舍、包浩斯博物館、沃爾利茨園林王國和庭園的小船遊覽、德紹沃爾利茨鐵道、維騰堡的路德故居等景點。有24小時券€19.90和3日券€39.90，卡片可 ↗

授們所蓋的教授宿舍Meisterhäuser等房舍群，內部則對外開放參觀。

位於市區南部的實驗住宅群，現也作為一般住宅使用，其中鋼鐵組合屋Das Stahlhaus等有對外開放參觀。

在樹林中建造的教授校舍康丁斯基和克利也曾居住過

 郊區景點

德紹郊外的世界遺產 沃爾利茨園林王國
Wörlitzer Gartenreich　　　　🌐 世界遺產
MAP◆P.291-A3

位於德紹東方18km處沃爾利茨的城堡與英式花園，與易北河畔風景融為一體的優美景致，被聯合國教科文組織登錄為世界遺產。18世紀後半安哈特·德紹Anhalt-Dessau親王所建的112公頃的廣闊庭園內，有著城堡及林木道、小橋流水等優美景致。觀光季節期間還可參加導遊導覽行程，搭乘小船遊覽庭園風光。

夏季可享受搭船遊覽樂趣

● **入住包浩斯**

包浩斯的Gästehaus以學生及包浩斯相關學會、參加研討會人員為優先，若有空房，一般遊客也可事先訂房入住。Gästehaus "Ateliergebäude" 位於包浩斯本校舍腹地內，是典型的德國學生宿舍房間，全館禁菸。衛浴、廚房等樓層共用為€55～、€75～，入住時付款。沒有像一般飯店的接待櫃台。須於訂房時事先約好拿鑰匙的時間及地點。詢問及訂房請參考以下資訊。
Email service@bauhaus-dessau.de
URL www.bauhaus-dessau.de/de/service/uebernachten-im-bauhaus.html
網站內有預約頁面

● **實驗住宅群**
交通 從德紹中央車站前搭1號市區電車約15分在Damaschkestr.下車，徒步約5分鐘可至。
開 10：00～15：00　休 12～2月
費 €9

● **教授宿舍**
住 Ebertallee 69-71
開 10：00～17：00（入場至閉館前30分為止）
費 €9

推薦的住宿

H Radisson Blu Fürst Leopold
住 Friedenplatz D-06844
URL www.hotel-dessau-city.com
H DORMEO Hotel Dessau
住 Zerbster Str. 29 D-06844
URL www.dormero.de/en/dessau-rosslau

🌐 **世界遺產**

德紹近郊 沃爾利茨園林王國（2000年登錄）

● **如何前往沃爾利茨**
交通 從德紹中央車站前的巴士總站搭乘304號巴士，約30分鐘在Neue Reihe, Wörlitz下車。
4～10月德紹·沃爾利茨鐵道Dessau-Wörlitzer Eisenbahn亦有運行，時刻表等詳細資訊請見
URL www.dvv-dessau.de

● **沃爾利茨園林王國**
URL www.gartenreich.de

✎ 於各個遊客中心購買。詳細資訊→URL www.welterbecard.de

巴洛克音樂巨匠韓德爾的故鄉

哈雷

Halle(Saale)

名產巧克力點心哈雷

柏林●
法蘭克福●　★哈雷
●慕尼黑

MAP ◆ P.291-B3

人　口	23萬7900人
區域號碼	0345

ACCESS

火車：從柏林中央車站搭ICE特快列車約1小時10分，從萊比錫搭IC特快列車約20～25分。

❶哈雷的遊客中心
📍Marktplatz 13
　　Marktschlösschen
D-06108
☎(0345)1229984
📠(0345)1227922
🌐www.halle-tourismus.de
🕙5～10月
　週一～五　　9：30～18：00
　週六　　　10：00～16：00
　週日　　　11：00～15：00

●韓德爾故居
📍Große Nikolaistr. 5
🌐www.haendelhaus.de
🕙週二～日　10：00～18：00
　（11～3月～17：00）
🚫週一、12/24・25・31
💰€6、學生€4.50

●莫里茲堡美術館
📍Friedemann-Bach-Platz 5
🌐www.kunstmuseum-moritzburg.de
🕙週四～二　10：00～18：00
🚫週三、12/24・31
💰€13、學生€9（特展另行收費）

●名產巧克力點心哈雷
哈雷Halloren（🌐www.halloren.de）是一種裹入扁桃仁膏的巧克力點心，誕生於德國最古老的巧克力工廠，同時附設博物館和商店。從哈雷中央車站前搭乘7號路面電車於Fiete-Schulze-Str.下車即達。

韓德爾雕像與市集教堂相對而望的市集廣場

路德的死亡面具

　　哈雷是一座於14～15世紀因鹽交易而繁榮的城市，出了哈雷中央車站的中央月台出口，從路面電車月台搭乘開往Kröllwitz的7號電車或往Soltauer Str.的2號電車，即可抵達市中心的市集廣場Marktplatz，市集廣場可看到韓德爾的雕像，❶也面對著廣場。有著4座醒目尖塔的市集教堂Marktkirche，是韓德爾曾經在此彈奏管風琴與路德傳教的地方，此外並有馬丁‧路德的石膏像（參觀€2）。

　　從市集廣場順著四處可見的韓德爾故居Händelhaus指標，穿過小巷徒步約5分鐘，即可抵達韓德爾故居。故居外觀雖不起眼，內部卻有韓德爾Georg Friedrich Händel（1685～1759年）生涯期間的詳細相關事蹟與作品介紹。韓德爾人

韓德爾故居入口

生後半階段的47年間雖長期住宿倫敦，但由於是哈雷最引以為傲的大作曲家，每年6月都會盛大舉辦韓德爾音樂節。

　　接著從韓德爾故居往北約5分鐘處，則是可追溯至15世紀後半的莫里茲堡Moritzburg，內部現改建為莫里茲堡美術館Moritzburg Kunstmuseum des Landes Sachsen-Anhalt，收藏了基什內爾Ernst Ludwig Kirchner、埃米爾‧諾爾德Emil Nolde、馬爾克Franz Marc等德國表現主義畫家作品。

瑙姆堡

有著4座塔樓的壯麗大教堂之都

Naumburg

St. Wenzel教堂的管風琴

大教堂為中世紀宗教藝術寶庫

市中心離車站稍遠，若徒步前往可從車站往斜前方延伸的車站大街Bahnhofstr.往前走，約20分鐘可抵達大教堂Dom，也可搭巴士（101號）或路面電車（4號）。

大教堂現存最古老的部分為1170～1180年左右東內殿下的地下祭壇，西內殿12尊與真人一般大小的樂捐者雕像為13世紀瑙姆堡工匠所製（作者不詳），特別是《烏塔與埃克哈德Ekkehard II. und Uta》夫婦與《Hermann von Meißen und Reglindis》夫婦雕像最為出色。

市集廣場Markt上則有16～17世紀所建的市政廳Rathaus與王宮Residenz、古建築Schlößchen等環繞。

市集廣場南側的St. Wenzel教堂內部有巴哈曾經演奏的管風琴Hildebrandt-Orgel（5～10月週三·六·日·節日的12:00舉辦約30分鐘的管風琴演奏音樂會，費€4、附音樂會後的管風琴導覽€6）及盧卡斯·克拉納赫Lucas Cranach的繪畫作品。

瑙姆堡
NAUMBURG

往中央車站（約900m）

大教堂 Dom
Domplatz
瑪利恩塔 Marientor
市政廳 Rathaus
市集廣場 Markt
St. Wenzel教堂 St. Wenzel
尼采故居 Nietzsche-Haus
往青年旅館（約1.5km）

0　150　300m

柏林與歌德大道、哈茨地區 ▼ 哈雷Halle／瑙姆堡Naumburg

MAP ◆ P.291-B3

人　　口	3萬2500人
區域號碼	03445

ACCESS

火車：從萊比錫搭乘ICE特快列車或RE快速列車約40分。

❶瑙姆堡的遊客中心
🏠Markt 6　D-06618
☎(03445) 273125
🌐www.naumburg.de
🕐4～10月
週一～五　　9:00～18:00
週六　　　　9:00～15:00
週週日·節日　9:00～12:00
11～3月
週一～五　　9:00～17:00
週六　　　　10:00～13:00

🌐世界遺產
瑙姆堡大教堂
（2018年登錄）

●大教堂
🏠Domplatz 16/17
🕐3～10月
週一～六　　9:00～18:00
週週日·節日　11:00～18:00
11～2月
週一～六　　10:00～16:00
週週日·節日　12:00～16:00
（可能因教會活動有所變更）
入場至閉館前30分為止
💰€7.50、學生€5.50
內部攝影€2

《烏塔與埃克哈德》雕像

●St. Wenzel教堂
🕐5～10月　　10:00～17:00
11·4月　　13:00～15:00
🚫週日·節日

MEMO 尼采度過童年時光的住家對外開放參觀，展示哲學家生涯與著作相關展品。🏠Weingarten 18
🌐nietzschehaus.de　🕐4～10月　週二～五14:00～17:00、週六日10:00～17:00　💰€4

355

馬德堡

Magdeburg

以直排建築聞名的漢德瓦薩的最後作品──綠色要塞

大教堂的中庭

大教堂微笑的
少女像（13世紀）

MAP ◆ P.291-A3

人　口	23萬5800人
區域號碼	0391

ACCESS

火　車：從柏林中央車站搭
ICE特快列車約1小時25分。

❶馬德堡的遊客中心
田 Breiter Weg 22
☎ (0391) 63601402
🖷 (0391) 63601430
URL www.visitmagdeburg.de
🕗 週一～六　　　9:30～18:00
　週日・節日　　9:30～15:00

●大教堂
田 Am Dom 1
URL www.magdeburgerdom.de
🕗 5～9月　　10:00～18:00
　11～3月　　10:00～16:00
　4・10月　　10:00～17:00
　（週日・節日各11:30～）

●綠色要塞
田 Breiter Weg 9
URL www.gruene-zitadelle.de

推薦的住宿

Ⓗ HartHOTEL Magdeburg
田 Breiterweg 9　D-39104
☎ (0391) 620780
URL arthotel-magdeburg.de
💰 Ⓢ €94～　Ⓣ €111～ 早餐另計
card Ⓐ Ⓜ Ⓥ
綠色要塞內有充滿藝術氣息的
設計飯店。

**●馬德堡水橋的交通方式與
　注意事項**
從 ❶ 附近的停靠站 Alter
Markt搭乘前往Barleber See
的10號市區電車，約30分鐘
在終點站下車，從這裡走到水
橋前的易北河・威悉河運河
Elbe-Weser-Schifffahrtsweg
約需走2.5km，市區電車站附
近什麼都沒有，如果要搭乘
計程車的話，可在車站前搭
車或請 ❶ 幫忙叫車。至於水
橋周邊，只有東側附近有間
Landhotel Trogbrücke飯店。

馬德堡為易北河Elbe西岸的繁華
古都，是薩克森・安哈特邦Sachsen-
Anhalt的邦首府。出中央車站後對面
就是購物中心City Carre，經過這裡
走到東西向延伸的大道Ernst-Reuter-
Allee，往東走約5分鐘來到與Breiter
Weg大道的交叉口，❶就在交叉口旁，
從這裡往南北延伸的區域即為馬德堡
的中心街道。

在Breiter Weg大道往北走，會來到舉辦早市舊市集Alter
Markt的廣場，反方向往南走約5分鐘，即可來到德國最早以
哥德樣式建造的馬德堡大教堂Magdeburger Dom所在的廣
場，大教堂內有深愛這座城市的神聖羅馬帝國皇帝奧托一
世Otto I的墓地，也有許多珍貴的雕像與雕刻。

大教堂附近的Breiter Weg大道上有棟色彩繽紛的新穎
建築，這是名為綠色要塞Grüne Zitadelle的複合設施，此為
奧地利出生的藝術家兼建築師──漢德瓦薩Friedensreich
Hundertwasser（百水先生）的作品，裡頭作為劇院、飯店、
咖啡館、餐廳、出租住宅及辦公室之用。

在馬德堡北部，可看見
運河在易北河上立體交叉
的奇特景象，這裡便是馬德
堡水橋Wasserstraßenkreuz
Magdeburg，全長918m，是歐
洲規模最大的水橋。

右側為中德運河Mittellandkanal，左下
角可見易北河

耶拿

Jena

席勒的站立式書桌
（席勒紀念館）

　　耶拿主要車站有2處，ICE與EC等特快列車停靠站為耶拿天堂車站Jena Paradies，快速列車等地方列車為耶拿西站Jena West，從2座車站搭乘市區電車到市中心Holzmarkt都只要一站的距離，徒步則約10～15分左右。

　　席勒、歌德、菲希特Johann Gottlieb Fichte、黑格爾等德國代表性文人、哲學家，都曾在1558年創校的耶拿大學擔任教授，過去為大學校舍的圓柱形高層大樓耶恩塔JenTower，現在則是購物&辦公大樓，最上層為景觀餐廳，還設有觀景樓層Aussichtsplattform。北邊的植物園Botanischer Garten旁有小型的歌德紀念館Goethe Gedenkstätte。而過去席勒曾居住的房舍，現則改為席勒紀念館Schillers Gartenhaus對外開放參觀。

席勒紀念館的美麗庭園

MAP ◆ P.291-B3

人　口	11萬700人
區域號碼	03641

ACCESS

火車：從威瑪搭RE快速列車到耶拿西站Jena West約15分，從埃爾福特約30分。從萊比錫搭RE快速列車到耶拿天堂車站Jena Paradies約1小時5分。

❶耶拿的遊客中心
地Markt 16
D-07703 Jena
☎(03641) 498050
URLwww.visit-jena.de
開週一～五　11：00～17：00
　週六　　　10：00～14：00

●耶拿卡
JenaCard
48小時期間有效€11.90，有效期間可無限次搭乘市區交通工具，並可以優惠價參觀歌德紀念館、植物園、席勒紀念館，可在遊客中心購買。

●耶恩塔（觀景樓層）
地Leutragraben 1
開10：00～22：00
費€8
在1樓購票後搭電梯到27樓，再換搭小型電梯到28樓即達觀景樓層。

●歌德紀念館
地Fürstengraben 26
2023年現在正進行改裝工程。

●席勒紀念館
地Schillergäßchen 2
開週二～日　11：00～17：00
休週一・節日、11～3月的週日
費€3.50、學生€2

世界知名的相機和眼鏡等光學機器製造商蔡司公司，則設立了展示光學器具歷史的光學博物館Optisches Museum。博物館前的廣場則有蔡司的共同經營者──天才物理學家恩斯特・阿貝廟Ernst-

蔡司公司的光學博物館（閉館中）

Abbe-Tempel。恩斯特當時徹底改革了研究作業方法、員工的社會保障制度等，創造了前所未見的所謂「財團」制度，並一生致力於蔡司財團的發展。

●天文館
㊟am Planetarium 5
URL www.planetarium-jena.de
除了天文表演外也有搖滾表
演、大自然或與兒童為觀眾的
內容，請至上列網站查詢節目
內容。

市集廣場的早市，左後方可看到耶恩塔

植物園一角則有蔡司的天文館Planetarium，以最新機器提供浪漫的星空漫步樂趣。

而市集廣場Markt的周邊區域則還留有舊城區街景。

推薦的住宿 ✧ HOTEL

Steigenberger Hotel Esplanade
MAP ◆ P.357

㊟Carl-Zeiss-Platz 4　D-07743
☎(03641)8000
URL www.steigenberger.com
費⑤①€105～　早餐另計每人€20
card A D J M V

　位於歌德精品購物街Goethe Galerie的卡爾蔡司街上的高級飯店，無線網路（免費）。

Hotel Ibis Jena City
MAP ◆ P.357

㊟Teichgraben 1　D-07743
☎(03641)8130　FAX(03641)813333
URL ibis.accorhotels.com
費⑤€79～　①€89～　早餐另計每人€12
card A D J M V

　位於歌德精品購物街附近，位置方便，無線網路（免費）。

Schwarzer Bär
MAP ◆ P.357

㊟Lutherplatz 2　D-07743
☎(03641)4060　FAX(03641)406113
URL www.schwarzer-baer-jena.de
費⑤€89～　①€130～　card A M V

　1498年開始營業的老牌旅館&餐廳，馬丁・路德及歌德、俾斯麥等都曾造訪的歷史飯店，無線網路免費。

Zur Noll
MAP ◆ P.357

㊟Oberlauengasse 19　D-07743
☎(03641)597710
URL zurnoll.de
費⑤€75～　①€80～　早餐另計每人€10
card A M V

　2017年新館開幕，鄰近徒步區中心的商店街因而十分方便，房間設備也相當新穎。1樓附設創業於1864年的餐廳頗受好評，無線網路限部分房間使用，提供週末折扣。

IB Internationales Gästehaus Jena
MAP ◆ 地圖外

㊟Am Herrenberge 3　D-07745
☎(03641)6870　FAX(03641)687202
URL www.gaestehaus-jena.de
費多人房€26　⑤€37～　①€62～　card不可

　從耶拿西站前或市中心搭乘往Beutenberg方向的10、11、12號巴士，在Zeiss-Werk下車，徒步約10分鐘，無線網路免費，年底年初公休。週六・日使用自動辦理入住的機器。

德國古典文化發展極致的代表城市

威瑪
Weimar

和歌德有淵源的銀杏樹

國民劇院前的歌德與席勒像

1775年威瑪公國的卡爾·奧古斯特大公Karl August邀請歌德前來威瑪時,當年歌德年僅26歲,之後一直到他82歲去世前,幾乎大半生涯都在威瑪度過,這裡到處都留下歌德的足跡,而威瑪也因此成為歌德生涯巡禮的歌德大道主要城市。除此之外還有席勒、李斯特、克拉納赫等眾多藝術家的故居,都改裝為紀念館對外開放參觀。

1919年制定了「威瑪憲法」的民主憲法制度,因而誕生了德國最初的共和國。

威瑪也是近代設計的包浩斯學校發源地,而李斯特音樂院也有許多前來深造的外國留學生,經常走在時代尖端的文化之都威瑪,至今仍然充滿年輕生命力,並不斷持續發展中。

漫遊

威瑪中央車站到市中心徒步約15～20分鐘,若搭巴士可於車站前搭乘1號巴士在第5站下車,也可搭7號巴士在第3站的歌德廣場Goetheplatz下車,從徒步區維蘭德街Wielandstr.往前走,便會看到國民劇院Nationaltheater所在地的劇院廣場Theaterplatz,劇院前還可看到1857年所作、併肩而立的歌德與席勒像Goethe-Schiller Denkmal。

過了席勒街Schillerstr.上的席

市政廳與市集廣場

MAP ◆ P.290-B2

人　　口	6萬5100人
區域號碼	03643

ACCESS

火車:從埃爾福特搭RE快速列車約15分,從萊比錫搭RB(普通列車)則約1小時20分,或者也可搭乘ICE特快列車至埃爾福特轉乘RE快速列車約1小時。

❶威瑪的遊客中心
●市集廣場的❶
📮Markt 10　D-99423 Weimar
🗺Map P.360-B2
☎(03643) 7450
🌐www.weimar.de
🕐4～10月
週一～六　9:30～18:00
週日·節日　9:30～14:00
11～3月
週一～六　9:30～16:00
週日·節日　9:30～14:00

🌐 **世界遺產**
威瑪 古典主義之都
(1998年登錄)
德紹與威瑪的包浩斯建築群
(1996年登錄)

●市區交通
巴士乘車券 市中心單次券€2.20,1日券Tageskarte €5.60。

●威瑪卡
Weimarcard
48小時有效時間內,可自由搭乘市內公車,憑卡也可免費參觀歌德故居和席勒故居等主要景點,可於❶遊客中心購買,48小時券€32.50、96小時券€59.50。

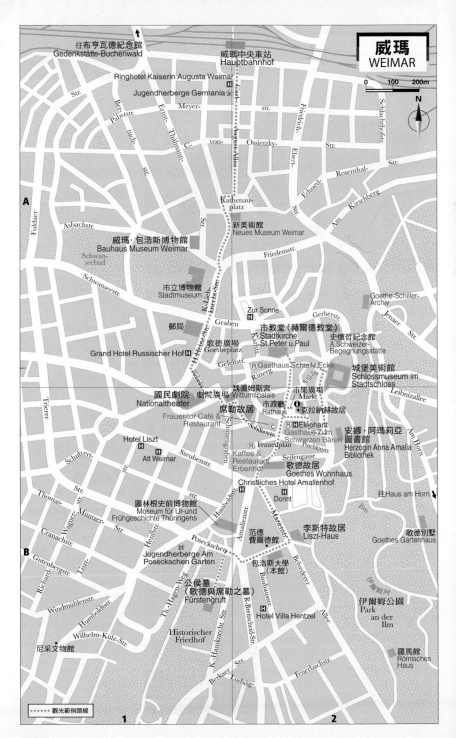

威瑪
WEIMAR

0 100 200m

N

往布亨瓦德紀念館
Gedenkstätte-Buchenwald

威瑪中央車站
Hauptbahnhof

Ringhotel Kaiserin Augusta Weimar
Jugendherberge Germania

Meyer-

von-

Rathenau-
platz

A

Fuldaer

Asbachstr.

威瑪・包浩斯博物館
Bauhaus Museum Weimar

Schwan-
seebad

Schwanseestr.

市立博物館
Stadtmuseum

郵局

歌德廣場
Goetheplatz

Grand Hotel Russischer Hof

Trierer

國民劇院
Nationaltheater

劇院廣場

Frauentor Café &
Restaurant

Hotel Liszt
Alt Weimar

Schubert-

Steubenstr.

圖林根史前博物館
Museum für Ur-und
Frühgeschichte Thüringens

Jugendherberge Am
Poseckschen Garten

B

Thomas-

Wagner-

Müntzer-

Cranachstr.

Richard-

Gutenbergstr.

Liszt-

Windmühlenstr.

Humboldtstr.

尼采文物館

Wilhelm-Külz-Str.

Historischer
Friedhof

公侯墓
（歌德與席勒之墓）
Fürstengruft

新美術館
Neues Museum Weimar

Friedensstr.

Zur Sonne

Graben

市教堂（赫爾德教堂）
Stadtkirche
St.Peter u.Paul

Gerberstr.

史懷哲紀念館
A.Schweizer-
Begegnungsstätte

Geleitstr.

Ritterg.

Gasthaus Scharfe Ecke

魏圖姆斯宮
Wittumspalais

席勒故居

Schützengraben

Schillerstr.

Kaffee &
Restaurant
Erbenhof

Humboldtstr.

Frauenplan

Seifengasse

市集廣場
Markt

市政廳
Rathaus

克拉納赫故居

Eléphant
Gasthaus zum
Schwarzen Bären

歌德故居
Goethes Wohnhaus

Christliches Hotel Amalienhof

Dorint

Marienstr.

范德
費爾德館

包浩斯大學
（本館）

李斯特故居
Liszt-Haus

Hotel Villa Hentzel

R.-Breitscheid-Str.

Bauhausstr.

Belvederer

Feuerbachstr.

城堡美術館
Schlossmuseum im
Stadtschloss

Leibnizallee

安娜・阿瑪莉亞
圖書館
Herzogin Anna Amalia
Bibliothek

Am Horn

往Haus am Horn

Goethe-Schiller-
Archiv

Jenaer Str.

Schloßg.

Poseckschen

Amalienstr.

Th.-Hagen-Weg

K.-Hauskrecht-Str.

Beckerstr.

Ludwig-

往Haus am Horn

Ilm

歌德別墅
Goethes Gartenhaus

伊爾姆公園
Park
an der
Ilm

伊爾姆河

羅馬館
Römisches
Haus

觀光範例路線

1　　2

360

勒故居Schillers Wohnhaus，便來到市集廣場Markt附近。市集廣場周邊有許多氣派建築，其中最引人注目的便是擁有金色字時鐘的市政廳Rathaus，與對面的克拉納赫故居Kranachhaus，畫家克拉納赫一直到1553年去世為止都住在這。同時也是宗教改革家的克拉納赫Lucas Cranach，其繪畫作品則放置在距此5分鐘路程的市教堂Stsdtkirche（赫爾德教堂Herderkirche）與城堡美術館Schlossmuseum im Stadtschloss內。

並列於市集廣場東側的建築，左為遊客中心，中央為克拉納赫故居

而另外一棟見證了威瑪歷史的建築，便是位於市集廣場上的Hotel Elephant飯店，過去包含孟德爾頌、巴哈、李斯特、華格納、托爾斯泰、湯瑪斯曼Paul Thomas Mann等名人都曾下榻此處。

威瑪郊區還有李斯特故居Liszt-Haus、位於大公墓地Fürstengruft內的歌德與席勒之墓、歌德別墅Goethes Gartenhaus等景點，城市規模雖小卻有相當多觀光景點。

市集廣場上有許多名產圖林根香腸的攤販

●威瑪歷史景點情報網站
🔲www.klassik-stiftung.de
歌德與席勒等相關設施、城堡、包浩斯、新美術館等詳細情報網站。

※眾多景點12/24～26‧31、1/1為休館日或縮短營業時間。

📷 主要景點 ••••••••••••••••

在此度過人生大半生涯歌德故居
Goethes Wohnhaus ★★★

大文豪歌德於1782年起，一直到1832年留下「更多的光」遺言後去世期間都居住於此，2樓黃色廳Gelber Saal入口處地板寫著SALVE的字是拉丁文的「歡迎」之意。故居內除歌德去世的房間外，還有歌德撰寫《詩與真實》及《浮士德》等眾多名著的書房等，可了解歌德的生活起居，饒富趣味。附設的歌德國立博物館Goethe Nationalmuseum內，展示繪畫與歌德的偉大功績。

除了歌德的故居外，他也喜歡到伊爾姆河Ilm對岸公園深處的歌德別墅Goethes Gartenhaus停留住宿。

歌德故居往南一條街的Ackerwand街上25/27號地址，則是歌德年過80歲晚年依然不變的戀人Charlotte Albertine Ernestine von Stein夫人的故居。

●歌德故居
🏠Frauenplan 1
🔵Map P.360-B2
搭乘市區巴士於Wielandplatz下車。
🕐9：30～18：00 （10月下旬～3月下旬～16：00）
人潮擁擠，建議透過上述網站事先預約指定時間。
🔴月 💰€13、學生€9

歌德去世的寢室

●歌德別墅
🏠Im Park an der Ilm
🔵Map P.360-B2
🕐10：00～18：00 （10月下旬～3月下旬～16：00）
🔴週一 💰€7、學生€5

歌德故居

歌德別墅

德國大劇作家 席勒故居
Schillers Wohnhaus ★★★

　　弗里德里希‧席勒Friedrich Schiller（1759〜1805年）是德國古典主義的代表詩人‧劇作家，與歌德交情甚篤。這裡是因歌德邀請前來威瑪的席勒，於1802年至1805年去世為止所居住的宅邸，內部可參觀，這裡也是鉅作《威廉‧泰爾》（1804年）的誕生地，席勒死後到妻子夏洛特去世前的1826年，一家人都居住在此。故居北側附設現代化的席勒博物館Schillermuseum，可以一同參觀。

十分明亮舒適的生活空間

歌德與席勒像矗立 國民劇院
Nationaltheater ★★

　　席勒的《威廉‧泰爾Wilhelm Tell》與歌德的《浮士德Faust》曾在此舉行首次公演，此外李斯特及舒曼、華格納、理查‧史特勞斯Richard Georg Strauss等都曾活躍於此。劇院曾經歷數次祝融肆虐，如今的劇院建築為1907年所建。之後1919年威瑪憲法也在此通過，在威瑪的藝術與政治舞台上扮演了重要歷史角色。

通過威瑪憲法的重要舞台

歌德也曾在威瑪公爵城堡工作的 城堡美術館
Schlossmuseum im Stadtschloss ★★★

　　威瑪公爵城堡於1774年經歷火災肆虐而只剩下塔樓，於1803年重建，當時建設委員之一的歌德，其意見對於城堡重建具有相當大的影響力。

　　城堡內部則設有收藏克拉納赫、蒂施拜因Johann Heinrich Wilhelm Tischbein、布克曼Wilhelm Böckmann、羅丹等藝術作品的美術館。

收藏克拉納赫祭壇畫 市教堂（赫爾德教堂）
Stadtkirche St.Peter und Paul ★★

　　正式名稱為St. Peter und Paul教堂，取思想家兼牧師赫爾德的名字因而又通稱赫爾德教堂Herderkirche。教堂建於1498年〜1500年，內部的祭壇畫是出自克拉納赫父子之手，十字架畫像右側畫有施洗約翰、克拉納赫、路德，面對祭壇畫左側牆上還有克拉納赫的墓碑。

克拉納赫的祭壇畫必看

柏林與歌德大道、哈茨地區 ▼ 威瑪Weimar

孕育近代設計運動的知名博物館 包浩斯博物館 🌐 世界遺産
Bauhaus Museum Weimar ★★

建築師沃爾特·格羅佩斯Walter Adolph Georg Gropius於1919年在威瑪創立藝術造型學校包浩斯，在近代設計史上的地位重要性不可言喻。聘請的教授群包含奧斯卡·史萊莫Oskar

包浩斯創始地的博物館

Schlemmer、保羅·克利、康丁斯基等藝術家，不侷限停留在繪畫、雕刻、工藝教育，以「所有造型設計最終目標為建築」為理念並同時發展家具、印刷、舞台裝置等裝潢設計領域。

博物館內共收藏了1919～1925年期間，包浩斯威瑪時期歷史的知名展示品及作品共約500件。

而鄰近李斯特故居的包浩斯大學Bauhaus Universität，則是近代設計迷必訪景點之一，校舍本館Hauptgebäude內曲線優美的新藝術風格樓梯絕不可錯過，此外格羅佩斯設計的實驗住宅Haus am Horn（囲Haus am Horn 61 ◐Map P.360-B2外），據說是今日組合住宅的原型。

活躍於威瑪的音樂家 李斯特故居
Liszt-Haus ★

李斯特於1842年擔任威瑪的宮廷樂總監，1848～1861年期間居住於Altenburg城堡之內，之後到1869年期間移居羅馬，之後又回到威瑪，一直居住到1886年去世前（在拜羅伊特Bayreuth去世）。

裡面除展示樂譜及信件以外，還公開展示作曲時使用的鋼琴等物品。

「鋼琴魔術師」李斯特故居

安娜·阿瑪莉亞圖書館
Herzogin Anna Amalia Bibliothek ★★

這裡是德國最早的公共圖書館之一，傾全力創辦此圖書館的安娜·阿瑪莉亞王妃十分熱愛文化。她的兒子卡爾·奧古斯特Karl August當時邀請歌德來到威瑪後，也曾請歌德擔任圖書館的總監一職。來到這裡必看的便是世界遺產洛可可大廳Rokokosaal，橢圓形的優美大廳內周圍擺放了許多書架。

● 包浩斯博物館
囲Stéphane-Hessel-Platz 1
◐Map P.360-A1
搭市區巴士在Goetheplatz下車。
囲週三～一 9：30～18：00
困週二 賣€10、學生€7

● 包浩斯大學
囲Geschwister-Scholl-Str. 8
◐Map P.360-B2
搭市區巴士在Bauhaus-Universität下車。
大學開門期間可自由在校區內參觀。

學習藝術、設計、建築與媒體的學生上課的包浩斯大學校舍本館（范德費爾德設計）

實驗住宅Haus am Horn

● 李斯特故居
囲Marienstr. 17
◐Map P.360-B2
搭市區巴士在Bauhaus-Universität下車。
囲週三～一 10：00～18：00
（10月下旬～3月下旬～16：00）
困週二
賣€5、學生€4

● 安娜·阿瑪莉亞圖書館
囲Platz der Demokratie 1
◐Map P.360-B2
🌐www.klassik-stiftung.de
囲洛可可大廳
週二～日 9：30～18：00
文藝復興大廳（展出企劃展）
週三～一 9：00～18：00
賣洛可可大廳€8、學生€6，文藝復興大廳€6、學生€4
※洛可可大廳有入場人數限制，建議事先透過網站預約，現場不容易買到門票。

●公侯墓
◗Map P.360-B1
搭市區巴士5、8號在Am
Poseckschen Garten下車。
圃週三～一　10：00～18：00
（10月下旬～3月下旬～16：00）
困週二
費€5、學生€4

●布亨瓦德紀念館
◗Map P.360-A1外
℻www.Buchenwald.de
圃4～10月　10：00～18：00
　11～3月　　10：00～16：00
　（最後入場時間為閉館前1
小時）
困週一、耶誕節、年底年初
費免費

歌德與席勒長眠之地 公侯墓
Fürstengruft ★★

進入1825～1827年所建的地下墓園，最靠近入口處有歌德的棺木，旁邊則是席勒的棺木，但據說尚未確認裡面是否真的是席勒的遺骨。還有以卡爾·奧古斯特Karl August為首的公侯棺木。

集中營遺跡 布亨瓦德紀念館
Gedenkstätte Buchenwald ★★

紀念館位於威瑪市中心西北方約10km處，這裡是過去的納粹集中營遺址。1937～1945為止共收容了來自32國約25萬人，有6萬5000人以上因強制勞動及挨餓、處決而喪命。現在則設有布亨瓦德紀念館，與巨大的慰靈塔。

從歌德廣場（經過中央車站）的巴士站搭往Buchenwald的6號巴士（部分4號巴士也有停靠）約20分在Buchenwald,Gedenkstätte下車，慰靈塔則在前一站的Glockenturm下車。

推薦的餐廳 ✷ RESTAURANT

R Gasthaus Zum Schwarzen Bären
MAP ◆ P.360-B2

住Markt 20　☎ (03643) 8776748
℻www.schwarzer-baer.de
營每日11：00～23：00

威瑪最古老的餐廳，以家庭式鄉土料理為主，黑啤酒燉牛肉Schwarzbiergulasch €19.50。

R Kaffee & Restaurant Erbenhof
MAP ◆ P.360-B2

住Brauhausgasse 10　☎ (03643) 4576715
℻www.erbenhof.de
營7：00～17：00（早餐、午餐、下午茶）、18：00～23：00（晚餐）　困年底年初

時髦的小酒館風格咖啡館‧餐廳，以時令食材製作的料理和自家製蛋糕自豪，晚間菜單有牛肉蔬菜捲Rinderroulade€22.80、炸鮭魚Filet von der Lachsforelle€28.40等，依季節變換，並提供杯裝到瓶裝葡萄酒的多元選擇。

C Frauentor Café & Restaurant
MAP ◆ P.360-B2

住Schillerstr. 2　☎ (03643) 511322
℻www.cafe-frauentor.de
營週一‧三～五11：00～21：00、週六9：00～21：00、週日9：00～18：00

面對席勒故居所在街道的時髦咖啡餐廳，招牌為種類豐富的自製蛋糕，並提供多種料理。

R Gasthaus Scharfe Ecke
MAP ◆ P.360-A2

住Eisfeld 2　☎ (03643) 202430
營週三～六11：00～14：30（供餐時間～14：00）、17：00～22：00（供餐時間～20：00）　困週一‧二、部分冬夏季公休

提供圖林根料理的餐廳，招牌為主餐肉類料理（醋燜牛肉Sauerbraten、烤豬肉Schweinebraten等）的配菜圖林根馬鈴薯丸子Thüringer Klöße，口感綿密，肉類料理€20，也可點小份（Kleine Portion）。

推薦的住宿 ✦ HOTEL

※威瑪住宿每晚須加收€1～2的文化保護稅。

H Elephant

MAP ◆ P.360-B2

住Markt 19　D-99423
☎(03643) 8020　FAX(03643) 802610
URLwww.hotelelephantweimar.com
費Ⓢ€179～　Ⓣ€189～　早餐另計€25
cardⒶ Ⓓ Ⓙ Ⓜ Ⓥ

原為1696年宮廷廚師所開設的餐廳，之後變成威瑪最好的飯店。包浩斯樣式的建築內，現代化客房設備完善，備有無線網路（免費），附設的高級餐廳「AnnA」營業時間為12:00～22:00。

H Grand Hotel Russischer Hof

MAP ◆ P.360-A1

住Goetheplatz 2　D-99423
☎(03643) 7740　FAX(03643) 774840
URLwww.russischerhof.com
費Ⓢ€117～165　Ⓣ€158～195
cardⒶ Ⓓ Ⓙ Ⓜ Ⓥ

面對巴士站聚集的歌德廣場，飯店的古典外觀建築被列為重要保護的歷史建築。充滿歐洲古典風味氣氛的高級飯店，無線網路免費。

H Ringhotel Kaiserin Augusta Weimar

MAP ◆ P.360-A1

住Carl-August-Allee 17　D-99423
☎(03643) 2340　FAX(03643) 234444
URLwww.hotel-kaiserin-augusta.de
費Ⓢ€89～　Ⓣ€100～　早餐另計€12　cardⒶ Ⓓ Ⓙ Ⓜ Ⓥ

位於中央車站對面，過去湯瑪斯曼也曾入住此處，為創業於1867年的3星級老牌飯店，備有無線網路（免費）。飯店名來自威瑪公爵女兒，後來嫁給普魯士威廉國王的奧古斯塔王妃（Marie Luise Auguste Katharine）。

H Christliches Hotel Amalienhof

MAP ◆ P.360-B2

住Amalienstr. 2　D-99423
☎(03643) 5490　FAX(03643) 549110
URLwww.amalienhof-weimar.de
費Ⓢ€80～　Ⓣ€110～　cardⒶ Ⓓ Ⓜ Ⓥ

位於歌德故居附近，充滿古典氣氛的旅館，備有無線網路（免費），3星級飯店全館共32間房。

H Hotel Liszt

MAP ◆ P.360-B1

住Lisztstr. 1　D-99423
☎(03643) 54080　FAX(03643) 540830
URLwww.Hotel-Liszt.de
費Ⓢ€65～　Ⓣ€75～　card�Ⓜ Ⓥ

位於幽靜環境內的23房中級飯店，飯店的地下停車場須事先預約，收費€10，備有無線網路（免費）。

H Hotel Villa Hentzel

MAP ◆ P.360-B2

住Bauhausstr. 12　D-99423
☎(03643) 86580　FAX(03643) 865819
URLwww.hotel-villa-hentzel.de
費Ⓢ€70～　Ⓣ€80～
cardⓂ Ⓥ

位於包浩斯大學南側的19世紀白色古典建築，過去曾是華德福教育Waldorf Education創辦人魯道夫・史代納Rudolf Steiner故居。擁有2間單人房，3間雙人房，8間小套房Junior Suite的小巧3星級飯店，無線網路免費。

JH Jugendherberge Germania

MAP ◆ P.360-A1

住Carl-August-Allee 13　D-99423
☎(03643) 850490　FAX(03643) 850491
URLwww.djh-thueringen.de
費含早餐€27.90～、27歲以上€30.70～
cardⓂ Ⓥ

鄰近中央車站位置方便，登記入住時間為15:00～，備有無線網路（免費）。

JH Jugendherberge Am Poseckschen Garten

MAP ◆ P.360-B1

住Humboldtstr. 17　D-99423
☎(03643) 850792　FAX(03643) 850793
URLwww.thueringen.jugendherberge.de
費含早餐€27.90～、27歲以上€30.70～
cardⓂ Ⓥ

從中央車站搭5號或8號巴士在Am Poseckschen Garten下車，徒步約5分鐘，備有無線網路（免費），12/24～27公休。

獨角獸畫（大教堂內）

圖林根森林環繞的花都

埃爾福特

Erfurt

柏林
★埃爾福特
法蘭克福
慕尼黑

MAP ◆ P.290-B2

人　口	21萬3700人
區域號碼	0361

ACCESS
火車：從法蘭克福搭乘ICE
特快列車約2個小時5分，從
艾森納赫約25分，從萊比錫
約40分。

❶**埃爾福特的遊客中心**
⊞Benediktsplatz 1
　D-99084 Erfurt
◑Map P.367-A2
☎(0361) 66400
📠(0361) 6640290
🆄www.erfurt-tourismus.de
🕘週一～六　10：00～18：00
　週日　　　10：00～15：00

●**市區交通（市區電車）**
市區單次票€2.20、1日券
Tageskarte€5.50。

（註1）
3號和6號的市區電車停靠站名
稱為Domplatz-Nord，4號的停
靠站名稱為Domplatz-Süd。

●**埃爾福特卡**
Erfurt Card
48小時用€13.90，可享免費導
覽行程以及市立博物館免費入
場，可向❶購買。埃爾福特旅遊
卡Erfurt Travel Card€19.90，
除了上述的優惠外，有效期限
內可無限次搭乘市內運輸系
統。可向❶購買。

●**舊城旅遊**
小型觀光列車在5月～10月中
旬由大教堂廣場出發，繞行舊
城區一圈，歷時約45分鐘，每
人€8。

大教堂（左）和塞維利教堂（右）

　　埃爾福特是堪稱有1200年歷史的城鎮，也是圖林根地區
最大的城市。由於位在森林環繞的盆地中，因此成為交通的
樞紐，一直以來都是繁榮的商業都市。只要到矗立於城市當
中的大教堂廣場，就能輕易感受到中世紀的繁華。
　　歌德和拿破崙就是於1808年在這個城市相遇。

 漫遊

　　邦首府埃爾福特面積廣闊，但主要旅遊景點徒步即可遊
覽，也可以到中央車站旁邊的乘車處，搭乘2、3、6號市區電
車到第3站的大教堂廣場Domplatz（註1），再邊遊覽各觀光
景點邊往回走，這樣可以節省時間和體力，還有可以搭乘舊
城旅遊Altstadt Tour的小型觀光列車參觀老街景點。
　　埃爾福特的大教堂Dom座落在小山丘的頂端，沿著
樓梯走上去就能看到兩旁高聳的大教堂和塞維利教堂
Severikirche。從大教堂廣場回到市區電車行經的市集街
Marktstr.，徒步5分鐘左右就可抵達魚市廣場Fischmarkt。廣
場周圍的建築物外觀顏色鮮豔，極盡奢華的裝飾使人印象
深刻，其中尤以市政廳Rathaus最為精采，可入內參觀節慶
大廳Festsaal。
　　市政廳後側有❶，在
那裡可以前往克萊默橋
Krämerbrücke。雖然聲稱是
橋，但由於兩側商店一字排
開，因此看不太到河面。走到
橋的內側向外看，可與漆成
五顏六色的美麗大橋邂逅。

從河川北側望向克萊默橋與美麗木造房屋

MEMO 座落在安格爾廣場Angerplatz一角的安格爾博物館Angermuseum，可以欣賞豐富的圖林根地區藝術與工藝品
（🆄kunstmuseen.erfurt.de 🕘週二～日10：00～18：00 💰€6）。

主要景點

聳立在山丘上的雄偉 大教堂
Dom ★★★

創建於742年並於1154年建成羅馬式大教堂，1349～1370年增建哥德式祭壇，而現今所見則是為1465年所建。教堂內有許多景點，如門口裝飾的12使徒雕像、雙手握著燭台的Wolfram雕像（1160年左右的作品）、1150年左右埃爾福特的聖母瑪利亞雕像，以及高14m的彩繪玻璃窗（14～15世紀左右）等。

在大教堂旁有3座尖頂式屋頂的塞維利教堂充滿著律動感，是13世紀興建的早期哥德式建築教堂。

商人往來頻繁的 克萊默橋
Krämerbrücke ★★★

橋的兩旁都是美麗的古老木造房屋，克萊默的意思是零售商，中世紀時就充斥著遠道而來的商人。目前則是林立著賣工藝品或紀念品的商店。從河岸望向橋內也是相當美麗，還可以爬上位於橋頭的教堂塔頂（每日11:00～17:00，週一除外）。

●大教堂
◆Map P.367-B1
ⅢWww.dom-erfurt.de
開週一～六　　9:30～17:30
　週日　　　　13:00～17:00
賈免費

●塞維利教堂
◆Map P.367-B1
開週一～六　　9:30～18:00
週週日・節日　13:00～18:00
賈免費

●克萊默橋
◆Map P.367-A2
從中央車站搭乘2、3、6號市區電車在Fischmarkt下車後徒步約3分鐘。

橋上咖啡廳與商店林立

●**市政廳（節慶大廳）**
住Fischmarkt 1
◉Map P.367-A2
開週六・日　　9：00〜12：00
　　　　　　13：00〜16：00
※當城市有特別活動的時候暫
停對外開放。
費免費

優美的魚市廣場

位於魚市廣場的**市政廳**
Rathaus　　　　　　　　　　　　　　　　★

輝煌的建築爭豔般地盡立在魚市廣場的廣場上，而位於廣場中央的是羅蘭Roland雕像（1591年的作品）。市政廳於

繁華的魚市廣場

1870〜1874年興建的新哥德式風格建築，還可以參觀以《浮士德Faust》與《唐懷瑟Tannhäuser》為主題的壁畫和奢華的節慶大廳Festsaal。

推薦餐廳&住宿 ❖ **S**HOP & **H**OTEL

---

⑤ Goldhelm SchokoladenManufaktur
MAP ◆ P.367-A2

住Kreuzgasse 5
🌐goldhelm-schokolade.de　營週日〜四12：00〜18：00
週五・六 10：00〜18：00※每月變更請於上述網站確認
card MV

從克萊默橋沿著河畔道路往北走，很快便可看到一間巧克力工坊兼商店，販售自家製的高品質巧克力（以前附設咖啡館，目前已歇業）。克萊默橋上（住Krämerbrücke 12-14）也有一間分店。

⑪ Radisson Blu Hotel
MAP ◆ P.367-A2

住Juri-Gagarin-Ring 127　D-99084
☎(0361) 55100　📠(0361) 5510210
🌐www.radisson-erfurt.de
費Ⓢ€115〜　Ⓣ€125〜　早餐另計€19　card ADJMV
擁有282間客房的17層樓大飯店，在中央車站搭乘3、4、5號市區電車在第一站的Anger下車，約5分鐘路程，備有無線網路（免費）。

⑪ Hotel Krämerbrücke Erfurt
MAP ◆ P.367-A2

住Gotthardtstr. 27　D-99084
☎(0361) 67400　📠(0361) 6740444
🌐www.ibbhotelerfurt.com
費Ⓢ€134〜　Ⓣ€164〜　card AJMV
緊鄰克萊默大橋，擁有絢麗現代化的裝飾客房，備有無線網路（免費）。面對格拉河的餐廳設有觀景露台，是稍作休息的好去處。

⑪ Excelsior
MAP ◆ P.367-B2

住Bahnhofstr. 35　D-99084
☎(0361) 56700　📠(0361) 5670100
🌐www.excelsior.bestwestern.de
費Ⓢ€117〜　Ⓣ€146〜
card ADJMV
從車站徒步約5分鐘，無線網路（免費）。

⑪ InterCityHotel
MAP ◆ P.367-B2

住Willy-Brandt-Platz 11　D-99084
☎(0361) 56000　📠(0361) 5600999
🌐www.intercityhotel.de
費Ⓢ€110〜　Ⓣ€120〜　早餐另計€17
card AJMV
緊鄰中央車站，可以索取市內交通無限次搭乘車票，無線網路免費。

⑪ Pension Domblick
MAP ◆ P.367-B1

住Domplatz 20　D-99084
☎(0361) 5545977　📠(0361) 5545978
🌐pension-domblick-erfurt.de
費Ⓢ€79〜　Ⓣ€85〜、廁所・衛浴共用Ⓢ€69〜　Ⓣ€75〜
card 不可
從中央車站搭乘2號市區電車在Dorplatz Süd下車，如其名房間可眺望大教堂，十分有人氣，只接受2〜3晚以上的入住需求。無電梯和無線網路。

⑪ Jugendherberge
MAP ◆ P.367-B1 地圖外

住Hochheimerstr. 12　D-99094
☎(0361) 5626705　📠(0361) 5626706
🌐www.thueringen.jugendherberge.de
費含早餐€27.90〜、30歲以上€30.60〜
card V
從中央車站搭乘6號市區電車在終點站Steigerstraße下車徒步約10分，耶誕節前後公休，無線網路限公共區域使用（免費）。

艾森納赫

Eisenach

巴哈雕像

德國史上最重要的城堡之一，瓦特堡

位於圖林根森林西北方的艾森納赫，不僅可以眺望山上的中世紀瓦特堡，也是路德和巴哈年輕時居住的城市，現在仍吸引許多人來此尋求德國中世紀的浪漫情懷。

艾森納赫也是眾所周知的汽車工業城市，東西德統一後，一直都是歐洲最先進的歐寶汽車Opel生產工廠所在地。

 漫遊

沿著特快列車停靠的艾森納赫中央車站前的車站大街Bahnhofstr.，經過尼古拉塔，就能抵達矗立著路德雕像的卡爾廣場Karlsplatz，廣場右前方的行人徒步區卡爾街Karlstr.就是

市中心的市集廣場

艾森納赫的主要街道，邊走邊逛街道上的商店就能抵達市集廣場Marktpl.。廣場的中間是和62m高塔同時興建的聖喬治教堂Pfarrkirche St. Georg，馬丁・路德於1521年在這個教堂裡講道，而巴哈則是1685年在此受洗。

教堂南邊美麗的木造房屋是馬丁・路德故居Lutherhaus，從這裡徒步5分鐘可到巴哈故居Bachhaus。

巴哈故居與巴哈雕像

車站前的3號市區巴士有行駛到瓦特堡Wartburg的停車場，還要徒步大約10～20分鐘才到城堡的入口，要是從山腳下走就要40分鐘左右。

柏林與歌德大道、哈茨地區 ▼ 艾森納赫Eisenach

MAP ◆ P.290-B2

人 口	4萬2000人
區域號碼	03691

ACCESS

火車：從法蘭克福搭乘ICE特快列車約1小時45分，從萊比錫約1小時10分。

❶艾森納赫的遊客中心
🏠Markt 24　D-99817 Eisenach
➡Map P.370-A2
☎(03691) 79230
📠(03691) 792320
🌐www.eisenach.info
🕐週一～五　10：00～17：00
　週六・日　10：00～17：00

世界遺產
艾森納赫　瓦特堡
（1999年登錄）

●到瓦特堡的市區巴士
3號市區巴士每小時1班，單程€1.80。

●瓦特堡
◎Map P.370-B1
🌐www.wartburg.de
🕐4~10月　　9：00~17：00
　11~3月　　9：30~15：30
上述為最後入城時間，城內
的團體導覽行程則至15：00，
15：00過後可使用瓦特堡APP
自行參觀。
💰€12、學生€8　攝影費€2
　（禁止使用閃光燈）
※推薦夏季人潮眾多時，透過
網站事先預約指定時間。

伊莉莎白大廳閃閃發亮的金色
鑲嵌藝術

德意志風情的中世紀古堡 瓦特堡　　　⊕ 世界遺產

Wartburg　　　★★★

　　據說這座城堡是圖林根伯爵
Ludwig der Springer於1067年在
瓦特堡山頂興建的，目前殘留的
主要部分則是於1170年建造的後
期羅馬式風格建築。

瓦特堡的入口

　　內部的導覽是由德語或英語的
導遊帶領，騎士廳Rittersaal、餐廳Speisesaal較屬儉樸，而
伊莉莎白廳Elisabeth-Kemenate燦爛奪目的金色鑲嵌藝術，
更是使人目光應接不暇的美景。

　　在13世紀初有許多宮廷愛情歌手Minnesang和詩人應邀
至瓦特堡，德國最著名的愛情歌手瓦爾特·馮·德·福格爾
魏德Walther von der Vogelweide和沃爾夫拉姆·馮·埃申

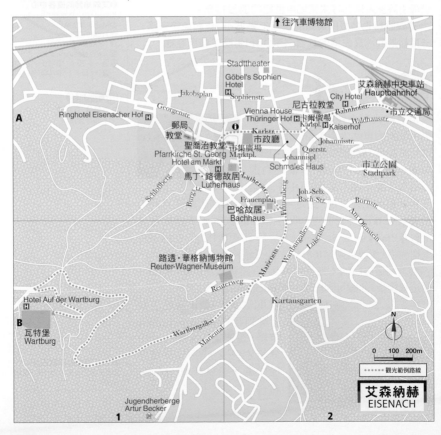

路德翻譯新約聖經的房間

巴赫Wolfram von Eschenbach等人在《唐懷瑟Tannhauser》吟唱比賽的場景,被描繪在歌詠大廳Sängersaal的牆壁上。

穿過儉樸的木製走廊,到達馬丁·路德將新約聖經翻譯成德文的小房間馬丁·路德小屋Lutherstube。房間內非常儉樸,從1521年5月起直到次年的3月為止的10個月內,路德在嚴苛的情況下所完成的壯舉,令人不禁佩服他的偉大。而歌德也曾在1777年來此拜訪。

舉辦音樂會的宴會廳

描繪《唐懷瑟》吟唱實況的濕壁畫

一窺音樂世家的生活 巴哈故居
Bachhaus ★★★

沉浸在巴哈的音樂世界吧

1685年3月21日,巴哈Johann Sebastian Bach出生於艾森納赫,是這個音樂家族最小的孩子,並在此生活至10歲。在這棟巴哈家族曾入住的600多年房子裡,除了重現當時的起居室之外,也展示了巴哈和他家人的歷史,還有和巴哈同時代的貴重古董樂器等。2007年4月增建了具有現代感的新館,展覽空間也增加了一倍。還可以坐在從天花板垂吊下來的透明膠囊椅子上,享受《哥德堡變奏曲Goldberg Variations》等巴哈作品。內部經常舉行特別展覽和音樂會,可從新館側入場。

古樸的 馬丁·路德故居
Lutherhaus ★★

這棟古老的木造房屋,是路德於1498~1501年學生時代居住的家,除了展示馬丁·路德住的房間外,還可一探馬丁·路德的生活和功績。

路透·華格納博物館
Reuter-Wagner-Museum ★★

由於曾是艾森納赫的詩人路透Fritz Reuter(1810~1874年)的住處,因此也稱為路透別墅Reuter-Villa。2樓保留了詩人的房間,1樓作為作曲家華格納Wilhelm Richard Wagner的資料室對外開放,收藏了以瓦特堡為故事背景的《唐懷瑟》樂譜等物品。

●巴哈故居
住Frauenplan 21
➡Map P.370-A2
URL bachhaus.de
開10:00~18:00
費€10、學生€6

巴哈故居內部

馬丁·路德故居為美麗的木造建築

●馬丁·路德故居
住Lutherplatz 8
➡Map P.370-A2
URL lutherhaus-eisenach.com
開10:00~17:00
休週一、12/24~1/31
費€10、學生€8、常設展€8、學生€6

●路透·華格納博物館
住Reuterweg 2
➡Map P.370-B1~B2
開週五~日11:00~17:00
休週一~四
費€4、學生€2

MEMO 在市中心附近的 Johannisplatz 9有間名為Schmales Haus(➡Map P.370-A2)的狹小房子,外觀寬僅有2.05m,雖然無法進入建築內部,但是個拍照打卡的熱門景點。

Göbel's Sophien Hotel

MAP ◆ P.370-A2

🏠 Sophienstr. 41 D-99817
☎ (03691) 2510
🌐 www.sophienhotel.de
費 ⑤ €85～ ⑦ €105～ card A D M V

　建於市中心附近的四星級飯店，備有地下車庫適合租車旅行，提供免費無線網路。

Vienna House Thüringer Hof

MAP ◆ P.370-A2

🏠 Karlsplatz 11 D-99817
☎ (03691) 280
🌐 www.viennahouse.com
費 ⑤ €126～ ⑦ €135～ 早餐另計€13 card A M V

　距車站約300m，位於卡爾廣場路德像後方的高級飯店，備有無線網路（免費）。

Hotel Auf der Wartburg

MAP ◆ P.370-B1

🏠 Auf der Wartburg D-99817
☎ (03691) 7970 🖷 (03691) 797100
🌐 www.wartburghotel.de
費 ⑤ €229～ ⑦ €229～ 早餐另計€19.50 card A D M V

　緊鄰瓦特堡旁的古堡飯店，每間房間都有不同風格的浪漫裝潢，備有無線網路（免費）。附設擁有絕佳視野的氣氛沉穩餐廳，住宿房客可開車進入城堡腹地。

Hotel am Markt

MAP ◆ P.370-A1

🏠 Markt 10 D-99817
☎ (03691) 702000
🌐 www.hotel-eisenach.de
費 ⑤ €81～ ⑦ €125～ card A D M V

　位於路德故居旁，於1994年大舉改裝原方濟會修道院建築而成，充滿歷史氣氛並使用現代設備，無線網路免費。

Kaiserhof

MAP ◆ P.370-A2

🏠 Wartburgallee 2 D-99817
☎ (03691) 88890 🖷 (03691) 8889599
🌐 www.kaiserhof-eisenach.de
費 ⑤ €88～ ⑦ €114～
card A D J M V

　為1897年所建文藝復興樣式的厚重建築，房間卻十分新穎。距車站徒步約5分鐘，部分季節適用週末折扣，無線網路免費。

Ringhotel Eisenacher Hof

MAP ◆ P.370-A1

🏠 Katharinenstr. 11-13 D-99817
☎ (03691) 29390 🖷 (03691) 293926
🌐 www.eisenacherhof.de
費 ⑤ €108～ ⑦ €153～
card A D J M V

　擁有300年以上歷史的飯店，備有無線網路（免費）。附設名為Lutherstuben的鄉土料理餐廳，供應路德皮爾森啤酒、路德葡萄酒等，此外還有路德相關料理。

City Hotel

MAP ◆ P.370-A2

🏠 Bahnhofstr. 25 D-99817
☎ (03691) 20980 🖷 (03691) 2098120
🌐 www.cityhotel-eisenach.de
費 ⑤ €66～ ⑦ €90～ card A J M V

　距車站約100m、位於車站大街上的經濟型旅館，房間設備稍嫌儉樸，適合想以便宜價格住宿車站附近的旅客。鄰近前往瓦特堡的巴士站，無線網路免費。

Jugendherberge Artur Becker

MAP ◆ P.370-B1

🏠 Mariental 24 D-99817
☎ (03691) 743259 🖷 (03691) 7349972
🌐 www.jugendherberge.de
費 含早餐€24.50～ 27歲以上€27～ card 不可

　位於瓦特堡山麓郊區，從車站前搭乘190號巴士在Liliengrund下車。登記住房時間為15:00～18:00，無線網路僅可於公共區域使用（免費）。12/23～28公休。

富爾達

Fulda

想聆聽大教堂的
管風琴音色

大教堂聳立的城市

MAP ◆ P.290-B1	
人　　口	6萬8000人
區域號碼	0661

ACCESS

火車：從法蘭克福搭乘ICE
特快列車約55分。

富爾達位於法蘭克福東北方約100km處，過去歌德在前往威瑪等地途中不時會停留此地，歌德必住的飯店Hotel Goldener Karpfen至今仍然營業中。

曾是主教領主城堡的市宮殿

從車站前順著和緩下坡、有著商店林立的車站大街Bahnhofstr.走，穿過盡頭處的百貨公司便是行人徒步區的購物街。

從雙塔主教區教堂前往右走一小段，正面盡頭處可見巴洛克樣式的市宮殿Stadtschloss。進入正門往建築物中央前進，便可看到歷史大廳Historischen Räumen的參觀入口。❶則位在市宮殿的斜對面。

市宮殿背後則是寬闊美麗的城堡花園Schlossgarten，斜對面廣場內側則有大教堂Dom聳立。大教堂為1704～1712年所建的巴洛克樣式建築，中央祭壇下的地下墓室內，還有8世紀中在德國傳揚基督教的聖人聖波尼法爵Saint Boniface之墓，旁邊則有珍寶室Schatzkammer des Dom。

❶富爾達的遊客中心

住Bonifatiusplatz 1
Palais Buttlar　D-36037
☎(0661)1021813
URLwww.tourismus-fulda.de
開週一～五　10：00～18：00
　週六・日　 9：30～16：00

●市宮殿（歷史大廳）

住Schlossstr. 1
開週二～日　10：00～17：00
　（同時作為婚禮會場，故週五和週六中午前可能無法參觀）
休週一
費€3.5

●大教堂

住Domplatz 1
開週一～五　10：00～19：00
　（11～3月～17：00）
　週六　　　10：00～15：00
　週日　　　13：00～19：00
管風琴音樂會
URLwww.bistum-fulda.de
5～7・9・10月與耶誕節前4週的每週日12：05～12：35。
費€5
※11：30～12：35限音樂會觀眾進場。

推薦的住宿 ✤ HOTEL

H Romantik Hotel Goldener Karpfen

住Simpliziusbrunnen 1　D-36037
☎(0661)86800　FAX(0661)8680100
URLwww.hotel-goldener-karpfen.de
費⑤€135～　①€175～　card ADJMV
古典內裝的小型飯店，附設裝潢美麗高雅的餐廳，無線網路免費。

H Hotel Peterchens Mondfahrt

住Rabanusstr. 7　D-36037
☎(0661)902350　FAX(0661)90235799
URLwww.peterchens-mondfahrt-fulda.de
費⑤€85～　①€129～　card AJMV
位於市宮殿旁，將大樓內數層樓規劃為客房的飯店，距車站徒步約5分鐘，無線網路免費。

373

獨自漫步在木造建築林立的小巷

戈斯拉爾

Goslar

金色鷲鷹是
戈斯拉爾的標誌

柏林
★戈斯拉爾
法蘭克福
慕尼黑

MAP ◆ P.290-A2	
人　　口	5萬200人
區域號碼	05321

ACCESS
火車：從漢諾威搭乘ERX
（私鐵，可使用火車通行證）
約1小時5分，從布朗斯威克
Braunschweig約50分。

⊕戈斯拉爾的遊客中心
⊞Markt 7　D-38640
　Goslar
☎（05321）78060
📠（05321）780644
🔗www.goslar.de
🕐4～10月
　週一～日　10：00～17：00
　（冬季週六～14：00）

🌐 **世界遺產**
戈斯拉爾舊城區與
拉默爾斯貝格舊礦山
（1992年登錄）

●哈茨卡
Harzcard
若是要在哈茨地區星羅棋布
的戈斯拉爾、韋爾尼格羅達、
奎德林堡、塔勒等美麗的城
鎮旅遊的話，就要善加利用
哈茨卡，有48小時券（€32）
和4日券（€61）2種，主要的
博物館和美術館、城堡的門
票，以及纜車、小型觀光列車
BimmelBahn都是免費的，但
只有4日券可以單程搭乘哈茨
的窄軌火車（→P.380）1次（來
回車票有折扣，可於窗口申
請）。
由於有些交通工具在淡季會
暫停服務，還有為避免遇到
景點的休館日，務必要上網
🔗www.harzcard.info查詢詳
載的設施內容。卡片可在哈茨
地區的各個城市的⊕或上網
站購買。

市集廣場林立著歷史悠久的建築

　　保留了哈茨地區Harz古老歷史的戈斯拉爾小鎮，是從
968年開始開採哈茨山麓的銀礦而發展起來。皇帝亨利三世
Heinrich III在1050年建城以後，於11～13世紀以來召開了
許多帝國國會，戈斯拉爾因而成為德國和歐洲的歷史中心。
13世紀由於加入了漢薩聯盟，金屬商人開始將業務擴展至英
國和法國，1500年代是礦山最繁榮的時候，因此木造的房
子也開始有華麗的裝飾，只要欣賞中世紀貴族和商人的房
子，就能感受到戈斯拉爾在當時是個相當富裕的城市。
　　戈斯拉爾的舊城區與拉默爾斯貝格Rammelsberg的舊
礦場均已列入聯合國教科文組織的世界遺產。

 漫遊 ～～～～～～～

　　由車站前朝東南走，馬上可到舊城區，而在Rosentorstr.
街上一邊觀賞城牆上的飯店
和教堂，一邊徒步6～7分鐘，
就能抵達小鎮中心的市集廣場
Marktplatz，廣場上有⊕。
　　從市集教堂Marktkirche往
Hoher Weg街走就能抵達皇宮
Kaiserpfalz所在的廣場，因為城
鎮很小，所以只要2個小時就能
全部走完，而且老街的建築物2/3
都是1850年以前的古物，因此大
多為木造房屋。其中168棟建築
幾乎都是1550年以前的中世紀
興建的，而且有許多獨特的博物

可以走樓梯上市集教堂的北塔（€2）。
11：00～17：00（冬季僅週五～日開
放）

MEMO 戈斯拉爾的耶誕市集，雖然規模小，但可以沈浸於古老城鎮融合之美，也有其他地方看不到的個性攤販出攤。

館，如使用興建於1528年房屋的現代美術館僧侶之家、能夠看到古董玩偶和泰迪熊的樂館和人偶博物館、可以了解哈茨山的自然景觀與戈斯拉爾城鎮歷史的戈斯拉爾博物館，還有展示中世紀武器和刑具等的茨溫格宮博物館等。

由於拉默爾斯貝格礦業博物館Rammelsberger Bergbaumuseum在城鎮的西南郊區，所以必須乘坐巴士前往。

主要景點

柏林與歌德大道、哈茨地區 ▼ 戈斯拉爾Goslar

堅固高聳的**皇宮**
Kaiserpfalz ★★★

這座城堡是德國現有宮殿式建築中規模最大的，皇帝亨利三世於11世紀興建，目前的宮殿是在19世紀重建的，2樓的帝國大廳和代表德國歷史的巨型壁畫都是必看景點，而地下室還有設有皇帝亨利三世墓碑的烏爾里希教堂St. Ulrich Kapelle。

與皇宮隔著綠地相望的圓頂入口大廳Domvorhalle，是亨利三世在11世紀所興建的教堂當中唯一現存的一部分。

可以享受小巷尋寶樂趣的城市

●**美麗的房屋景觀街道**
在戈斯拉爾中特別保存著古老房子的街道，是由西門子之家向西南的Bergstr.街與繼續向西延伸Peterstr.街，而Bergstr.街南側的An der Gose街依然保留了美麗的木造房屋，還有很多其他美麗的街道值得去發掘。

●**皇宮**
📍Kaiserbleek 6
🕐10:00〜17:00
特別活動期間可能暫停對外開放。
💰€7.50

座落在小山丘上

●**女巫城鎮戈斯拉爾**
在戈斯拉爾的紀念品商店中隨處可見騎著掃帚的巫婆玩偶，因為傳說在哈茨山脈的主峰布羅肯山上(→P.380)，自4月30日至5月1日的晚上，女巫為了慶祝冬天的結束並和魔鬼一起設宴，歌德的《浮士德Faust》也描寫了這個著名的傳說。這一天據說是「沃普爾吉斯之夜Walpurgisnacht」，從戈斯拉爾搭乘巴士約20分鐘路程的Hahnenklee、塔勒(→P.384)還有布洛肯山村莊等地，女性都會打扮成女巫參加慶典，而女巫主角將在午夜現身。

女巫玩偶成了一種帶來好運的幸運紀念品

鐘琴演奏懷舊的樂曲

●市政廳的信念廳
⾷Kaiserbleek 6
※整修中預計於2023年秋季開放。

●拉默爾斯貝格礦業博物館
⾷Bergtal 19
位於城鎮的西南方，從戈斯拉爾車站前搭乘803號巴士，約15分鐘在Bergbaumuseum下車。
⾴www.rammelsberg.de
⏰9：00～18：00
　（冬季～17：00）
　最後導覽16:30出發（冬季則為15:30）
⾷12/24・31
⾴博物館與導覽行程每次€16

市集廣場
Marktplatz ★★★

　　市集廣場周圍環繞著灰色的石板房屋、公會會館的凱撒避難所（現為飯店）、哥德式市政廳等等。

帝國之鷹閃耀的噴泉

　　在廣場的中央有一個噴泉，水缽上有隻戴著冠冕並展開翅膀的帝國之鷹Reichsadler。金碧輝煌的鷲鷹是戈斯拉爾鎮的象徵，廣場上的石板路也以此噴泉為中心呈放射狀鋪設。

　　市政廳Rathaus獨特的白牆拱廊建於15世紀，而從室外拾級而上進入2樓大廳，這間信念廳Huldigungssaal是為市議員使用而建造的，周圍不僅環繞著令人驚嘆的壁畫，還有著金光閃閃的裝飾。

　　市政廳對面建築的屋頂有鐘琴Glockenspiel，9:00、12:00、15:00、18:00會奏樂，是為慶祝戈斯拉爾附近的拉默爾斯貝格礦區開採1000年而製作，還會出現重現採礦現場的礦工娃娃。

🌲 郊區景點

拉默爾斯貝格礦業博物館
Rammelsberger Bergbaumuseum
🌐 世界遺產
MAP◆ 地圖外

　　從10世紀開始開採的銀、銅、鉛等的拉默爾斯貝格礦區，直到1988年都支持著戈斯拉爾的繁榮，有些隧道仍舊保存著，可參加導覽行程（僅德語）參觀。

拉默爾斯貝格舊礦場

　　這裡提供多種導覽行程，有走進約200年前舊礦區參觀的雷達礦坑行程Der Roeder-Stollen、搭乘採礦車參觀現代化開採的20世紀開採行程Bergbau im 20. Jahrhundert，以及參觀礦石加工廠

舊礦區內有導覽介紹

Aufbereitungsanlage等，所需時間約1小時30分左右，如果時間尚能配合的話，也可以合併每種行程。礦場即使在夏季，氣溫大約也只有10度上下，所以需要長袖外套，而且也會攀登陡峭的台階，因此須穿著登山用的服裝和堅固的鞋子。

拉默爾斯貝格礦區內部

MEMO 德國最大企業西門子公司的創辦人維爾納・馮・西門子Ernst Werner von Siemens的祖先來自戈斯拉爾，於1693年興建的西門子之家是極為氣派的木造建築，至今仍然保存著。

推薦的餐廳&住宿 ✦ RESTAURANT & HOTEL

※在漢諾威展覽會期間飯店價格會提高。

柏林與歌德大道、哈茨地區 ▼ 戈斯拉爾 Goslar

C Barock-Café Anders

MAP ◆ P.375

住 Hoher Weg 4 ☎ (05321) 23814
URL www.barockcafe-anders.de
營 8：30～17：00

可享用美味的自製
蛋糕和咖啡以稍作休
息，且2樓有寬廣的咖
啡廳，可以認明入口處
的女巫。

R Restaurant Trüffel

MAP ◆ P.375

住 Bäckerstr. 106 ☎ (05321) 29677
URL www.restaurant-trueffel.de
營 11：30～22：00 休 週日・一

提供以沙拉、義大利麵、牛排、魚料理等地中
海料理為主的豐富菜色，維也納風炸肉排Wiener
Schnitzel為€25，炸白梭吻鱸Zanderfilet（白肉魚
的一種）€24等，菜色依季節變動。

H Der Achtermann

MAP ◆ P.375

住 Rosentorstr. 20　D-38640
☎ (05321) 70000　FAX (05321) 7000999
URL www.der-achtermann.de
費 ⑤€99～　①€131～
card A D J M V

飯店使用舊城區出
入口的城牆，獨樹一
格，設有室內溫水游泳
池，可用無線網路（免
費）。

H Novum Kaiserworth

MAP ◆ P.375

住 Markt 3　D-38640　☎ (05321) 7090
URL www.kaiserworth.de
費 ⑤€125～　①€145～　早餐另計€16.90
card A D M V

繽紛絢麗的飯店座
落在市集廣場上，沉浸
在500年歷史的建築，
提供免費無線網路。

H Niedersächsischer Hof

MAP ◆ P.375

住 Klubgartenstr. 1　D-38640
☎ (05321) 3160　FAX (05321) 316444
URL www.Niedersaechsischerhof-goslar.de
費 ⑤€90～　①€105～　早餐另計€15
card A D J M V

車站附近價格實惠的中型飯店，可以此為起點開
始哈茨地區的旅行，提供免費無線網路。

H Altstadt-Hotel Gosequell

MAP ◆ P.375

住 An der Gose 23　D-38640
☎ (05321) 34050　FAX (05321) 340549
URL www.hotel-gosequell.de
費 ⑤€75～　①€90～
card M V

從皇宮徒步約3分鐘，是3星級的木造建築飯店，
所有客房均有免費無線網路，也設有餐廳。

H Gästehaus Schmitz

MAP ◆ P.375

住 Kornstr. 1　D-38640
☎ (05321) 23445　FAX (05321) 306039
URL www.schmitz-gaestehaus.de
費 ⑤①€80～
card 不可

從 ❶ 徒步一會兒
即可抵達的民宿，由
於設有包括餐具和
廚房的客房，若是想
自己下廚的話，可在
訂房時事先告知，備
有免費無線網路。

JH Jugendherberge

MAP ◆ 地圖外

住 Rammelsberger Str. 25　D-38644
☎ (05321) 22240　FAX (05321) 41376
URL www.jugendherberge.de/jh/goslar
費 含早餐€28.80～，27歲以上€32.80～
card J M V

位於稍遠離小鎮中心，是地處於山丘上的木造建
築，早餐後須自己清洗餐具。從車站搭乘803號巴
士在Theresienhof下車徒步約3分鐘，只有部分區
域可使用無線網路（免費）。全館禁菸，12/23～26
公休。

尖形屋頂市政廳與蒸汽火車之都

韋爾尼格羅達
Wernigerode

登上布洛肯山的蒸汽火車

MAP ◆ P.290-A2

人　　口	3萬3500人
區域號碼	03943

ACCESS

火車：從奎德林堡搭乘RE快速列車前往約15分鐘處的哈爾貝爾斯塔特Halberstadt，接著轉車約15分可到。從戈斯拉爾搭RE快速列車約35分。

❶**韋爾尼格羅達的遊客中心**
俚Marktplatz 10　D-38855
　Wernigerode
◯Map P.379-B1
☎(03943) 5537835
網www.wernigerode-touris
　mus.de
開週一〜五　　9：00〜18：00
　（11〜4月為〜17：00）
　週六　　　10：00〜16：00
　週日　　　10：00〜15：00

●**蒸汽觀光列車**
由2家公司營運，來也須搭乘同一公司班次。夏季約20〜30分1班，11〜4月則為40〜60分1班。單程€5，來回€7。

市集廣場的早市

　哈茨地區中保存古老建築數量數一數二的韋爾尼格羅達，有著色彩鮮豔的木造建築與俯瞰市區的韋爾尼格羅達城堡，此外從韋爾尼格羅達出發、行駛於哈茨地區的蒸汽火車之旅也十分受觀光客歡迎。

📍 漫遊

　韋爾尼格羅達車站分為往戈斯拉爾及哈爾貝爾斯塔特Halberstadt方向的DB（德國鐵路），與開往布洛肯峰Brocken的哈茨窄軌火車2種路線。

　沿著車站前道路徒步約10分鐘，在與市區主要街道布萊特街Breite Str.的交會處右轉，布萊特街途中會變成行人徒步區，兩旁開始可看到許多木造建築林立。

　這個城市的人最引以為傲的市政廳Rathaus，其所在地的市集廣場Markt是一個有如畫中描繪、色彩鮮豔的廣場，並有販賣蔬菜等的市集，一到夏季還會擺放露天咖啡座位及洋傘等，變得更加熱鬧。

店門口有巫婆人偶迎接客人

　從市政廳後方與布萊特街，有前往韋爾尼格羅達城堡的蒸汽觀光列車Bimmelbahn與Schlossbahn行駛（冬季可能改為巴士）。若步行前往城堡，則從市區外的山路徒步約30〜40分可至。

主要景點

擁有可愛尖頂塔樓 市政廳

Rathaus ★★★

現今所見的木造建築樣式原為1492～1497年所建，於1543年因火災而重建。擁有2座尖塔屋頂的Erkerturm塔與建築融為一體，外牆上的聖人和街頭藝人、魔術師等木雕像也十分特別。

韋爾尼格羅達城堡 最美的街景視野

Schloss Wernigerode ★★★

聳立標高350m山上的城堡，過去是韋爾尼格羅達伯爵建於1110～1120年之間，之後屋主經易手，三十年戰爭之間一度荒廢，幾經演變後成為現今所見的巴洛克與文藝復興樣

●市政廳
Marktplatz 1
Map P.379-B1
內部僅可藉由❶舉辦的導覽行程參觀，一週4天左右的頻率，行程請至❶的官網確認。5人以上成行，每人€6.30。

●韋爾尼格羅達城堡（博物館）
Map P.379-B2
www.schloss-wernigerode.de
4月中旬～10月下旬
每日　　　10：00～18：00
其他季節可能有所變更
（最後入場時間為閉館前30分，冬季的週二～五為閉館前60分）
冬季的週一
€7、學生€6、有各種導覽行程方案（費用另計）

柏林與歌德大道、哈茨地區　▼　韋爾尼格羅達Wernigerode

推薦的住宿

H Weisser Hirsch
住 Marktplatz 5
URL www.hotel-weisser-hirsch.de

H Gothisches Haus
住 Marktplatz 2
URL www.travelcharme.com/hotels/gothisches-haus-wernigerode

H Zur Post
住 Marktstr. 17
URL www.hotelzurpost-wr.de

● 哈茨博物館
住 Klint 10
Map P.379-B1
開 週二～六 10：00～17：00
　 週日 11：00～16：00
　（最後入場時間為16：30）
休 週一
費 €4、學生€3

● Kleinste Haus
住 Kochstr. 43
Map P.379-B1
開 每日 10：00～16：00
休 11～4月的週一
費 €1

● Ältestes Haus
住 Hinterstr. 48
Map P.379-B1
（內部無法參觀）

木造房屋林立的街道Kochstr.街

● 哈茨窄軌火車
韋爾尼格羅達～布洛肯山之間的蒸汽火車車程1小時40分～2小時，來回費用€51、預約費（單程€2）。
時刻表請至以下網站查詢。

Harzer Schmalspur-bahnen GmbH
住 Friedrichstr. 151
D-38855　Wernigerode
☎ (03943) 5580
URL www.hsb-wr.de

搭乘復古蒸汽火車

式建築。

城堡內設有博物館對外開放，可以認識伯爵家的歷史與19世紀當時的生活情況。

於19世紀大規模改建的氣派城堡

哈茨博物館
Harzmuseum　　★

位於市政廳後方歷史木造房屋內的小型博物館，展覽室位於2樓，主要展出哈茨地區的植物、岩石、動物等自然科學相關展示。

木造建築群巡禮
Fachwerkhäuser　　★★

前往韋爾尼格羅達城堡的Bimmelbahn蒸汽觀光列車發車站花鐘旁的傾斜屋Schiefes Haus，1680年原為水車小屋，由於旋轉水車的水流造成房子地基毀損使得房子傾斜，Schiefe就是傾斜的意思。

建於18世紀、韋爾尼格羅達最小的房子則是迷你屋Kleinste Haus，是一間只有3m寬的迷你房子。其他還有建於1400年左右的老屋Ältestes Haus等，可以一邊散步一邊欣賞歷史建築風光。

中央的房子為迷你屋Kleinste Haus

 # 郊區景點

有著巫婆聚集傳說的山峰 布洛肯山
Brocken　　MAP◆P.290-A2

布洛肯山位於舊東德與舊西德之間，是哈茨地區最高的山，最高海拔只有1142m。這裡有一種特殊的「布洛肯現象」，據說被霧籠罩的山頂有水光水平照射時，背光的人影投射在煙霧繚繞的山壁上，並出現光輪的現象。布洛肯山經常可以看到此類的現象，也因此被命名為布洛肯山，也被叫作布洛肯妖怪。這裡一年平均有260天會起霧，當中的100天更是整天被霧籠罩，因而自古以來就被視為神祕山峰。這裡也曾出現在歌德的《浮士德Faust》內，描寫每到沃普爾吉斯之夜Walpurgisnacht，女巫們便聚集此處，山頂車站附近還有歌德的石碑。

MEMO 布洛肯山頂即便夏日也十分寒冷，建議攜帶羊毛衫或登山用的連帽衫，冬天需要完整的禦寒服裝和裝備。

東西德統一前這裡設有國家祕密警察的雷達設施，一般人無法進入參觀。

東西德統一後，哈茨窄軌火車Harzer Schmalspurbahnen恢復行駛，布洛肯山蒸汽火車Brockenbahn十分受到觀光客歡迎。從韋爾尼格羅達到布洛肯山約2小時車程，去程行駛方向的左側窗口視野絕佳，而終點站布洛肯山上並設有布洛肯山博物館Brockenmuseum。

布洛肯山上有許多特殊植物，可以一邊欣賞綠意盎然的哈茨群山風景，一邊享受山頂健行行程也另有一番樂趣。

布洛肯山頂的布洛肯山博物館

布洛肯山博物館
Brockenhaus
電視塔
雲霧之家
Wolkenhäuschen
Brocken Hotel
布洛肯山頂站
Brockenbahnhof
周邊散步行程
Rundwanderweg
氣象觀測站
Wetterwarte
往
Schierke
Drei Annen Hohne
Wernigerode
N
布洛肯山原野
Brockenheide
布洛肯山庭園
Brockengarten
惡魔講壇與女巫祭壇
Teufelskanzel und Hexenaltar
布洛肯山
BROCKEN

●布洛肯山博物館
URL www.nationalpark-brocken haus.de
開9：30～17：00
（入場至閉館前30分為止）
費€7、學生€4

抵達布洛肯山頂站

德國最長的行人專用橋泰坦RT
Hängebrücke Titan-RT

MAP◆P.290-A2

德國最高水壩前架設的橋樑

從韋爾尼格羅達搭乘往南的巴士約35分，來到拉普博德水庫Rappbodetalsperre，水庫上架了一座長達483m的吊橋，2017年竣工的當時為世界最長的行人專用橋，現在則退讓寶座，仍為德國最長。

巴士站旁的停車場內有遊客中心，可購買橋的入場券，從這裡走森林中道路約5分鐘即可抵達吊橋，橋的前方亦有售票機。

由於橋樑長度長、彎度也大，過橋時搖晃劇烈，而下面就是水庫，十分刺激。這座橋以鋼纜穿越湖面，盡頭有座名為Megasipline的遊樂設施，受到熱愛冒險的遊客歡迎。

●泰坦RT
交通 布洛肯山站旁的巴士站搭260號巴士約40分在Rübeland Talsperre下車，平日1小時一班，週六‧日‧節日2小時一班，下車後徒步至遊客中心約1分。
URL www.titan-rt.de
開8：00～21：30
費€6（門票可於遊客中心或吊橋前的售票機購買）

●Megasipline
URL www.harzdrenalin.de/megazipline
開4～10月
　週二～日　　9：30～18：00
　11～12‧2～3月
　週三～日　10：30～16：00
休1月、上述時間若天候不佳也會公休
費須網路預約€39（限10歲以上、身高120cm以上、體重40～120kg）

MEMO 山頂上的舊通訊設施改建為飯店Brocken Hotel（URL www.brockenhotel.de　⑤€70～、①€110～），全室禁煙，房間樸實但景觀良好，可以享受大自然。

381

柏林與歌德大道、哈茨地區 ▼ 韋爾尼格羅達Wernigerode

奎德林堡

Quedlinburg

羅蘭像

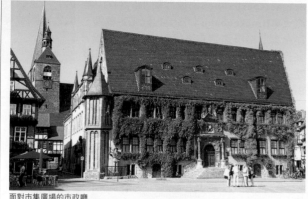

面對市集廣場的市政廳

柏林
奎德林堡 ★
法蘭克福
慕尼黑

MAP ◆ P.290-A2

人 口	2萬3600人
區域號碼	03946

ACCESS
火車：從柏林搭RE快速列車約1小時40分到馬德堡Magdeburg，接著轉乘約1小時15分。

❶**奎德林堡的遊客中心**
Markt 4　D-06484
☎ (03946) 905624
🖳 www.quedlinburg.de
🕐4～10月
　週一～六　　9：30～18：00
　週日　　　10：00～15：00
　11～3月
　週一～四　　9：30～17：00
　週五・六　　9：30～18：00

🌐 世界遺產
奎德林堡舊城區／城堡／
聖塞爾瓦提烏斯修道院教堂
（1994年登錄）

●**木造建築博物館**
Wordgasse 2-3
🕐4～10月的週五～三
　　　　　　10：00～17：00
休 週四、11～3月、12/24・25・31、1/1
費 €3、學生€2

　　奎德林堡位於從哈茨山流下的波德河Bode河畔，是一座木造建築林立的千年古都，幾乎未受戰爭損壞的舊城區，保留了因商業交易繁榮的奎德林堡自中世紀以來完整風貌，並被登錄為世界文化遺產。

 漫遊

　　一出車站沿著正面的車站大街Bahnhofstr.徒步約5分鐘，過了Turnstr.街後在Heiligegeiststr.街左轉，接著再走5分鐘便可在右側看到美麗遼闊的市集廣場Markt。正面最內側則有市政廳Rathaus，左側有著騎士像羅蘭Roland，象徵著城市的自由與公正。❶也位於市集廣場上，就在市政廳對面右側的建築內。

　　市集廣場周邊每條小巷內都有許多古老的木造房屋，附近還有木造建築博物館Fachwerkmuseum "Ständerbau"，展示了從後期哥德樣式到青春藝術風格樣式Jugendstil的房子模型，可以了解保存及修建歷史。

　　奎德林堡有許多木造建築林立，不可錯過的景點為位於

優美的木造建築魅力十足

外觀漂亮的房子

市區西南方的城堡山Schlossberg。城堡為德意志第一位國王亨利一世的城堡之一，建於919年，在國王去世後城堡便改成女子修道院。順著坡道往上走，可以一覽市區的美麗紅磚街景。城堡山的最重要景點，便是建於12世紀的女子修道院附設聖塞爾瓦提烏斯修道院教堂Stiftskirche St. Servatius，優美拉丁十字型羅馬樣式的廳堂Basilika令人驚嘆，祭壇左右的聖物室內並展示了許多珍貴寶物。

教堂旁邊還有城堡博物館Schlossmuseum，建議可安排順道前往遊覽。

位於城堡山西北方的明岑貝格Münzenberg山丘，是拍攝城堡與聖塞爾瓦提烏斯修道院教堂的絕佳地點，山丘上還有建於10世紀的聖瑪利亞修道院Klosterkirche St. Marien遺跡，林立著小型木造房屋。

●聖塞爾瓦提烏斯修道院教堂
圖 4～10月　10：00～18：00
　　11～3月　10：00～16：00
入場至閉館前30分為止，6～9月的週六舉辦音樂會，時間亦有變更。
困週一、12/24・25・31、1/1
費教堂與珍寶館€6、學生€4

●城堡博物館
住Schlossberg 1
※至2023年因整修工程而關閉。

從明岑貝格眺望的聖塞爾瓦提烏斯修道院教堂

教堂內部有許多羅馬式建築獨有的半圓形拱門

MAP ◆ P.383

推薦的住宿 ✦ HOTEL

※住宿奎德林堡每人須加收療養稅€3。

H Romantik Hotel Theophano
MAP ◆ P.383

住Markt 13/14（入口位於Hohe Str.街側）
☎ (03946) 96300
URL www.hotel-theophano.de
費 S€99～　　T€129～　card A M V

　每間房間都有不同的浪漫設計風格，沒有電梯，在酒窖餐廳用餐也十分推薦。備有無線網路（免費）。

H Zum Bär
MAP ◆ P.383

住Markt 8-9　D-06484
☎ (03946) 7770　FAX (03946) 700268
URL hotelzumbaer.de
費 S€80～　　T€135～
card D J M V

　旅館改建自1748年建造的歷史木造建築，沒有電梯，無線網路免費。

女巫與白馬蹄傳說的山地小鎮

塔勒

Thale

女巫玩偶是幸運物

MAP ◆ P.290-A2

人　口	1萬7100人
區域號碼	03947

ACCESS

火車：從奎德林堡搭乘RE快速列車約10分，從馬德堡Magdeburg約1小時30分，從韋爾尼格羅達在哈爾貝爾斯塔特Halberstadt換車約1小時。

❶塔勒的遊客中心
🏠Bahnhofstr. 1　D-06502
☎(03947) 7768000
🌐www.bodetal.de
🕐週一～五　8：00～16：00
　週六・日・節日9：00～14：00

●野生動物園
🏠Hexentanzplatz 4
🕐週一～日　10：00～16：00
　（最後入場時間15:00）
💶€7、學生€5、孩童和家庭另有折扣

●循環纜車與空中纜車
🌐www.seilbahnen-thale.de
💶纜椅來回€5
　空中纜車來回€8
　2種纜車套票€12

前往女巫傳說山峰的纜車

　　塔勒是一座位於哈茨Harz山地間的小鎮，波德河Bode對岸的山上則是傳說的背景舞台，散發出詭異的奇特氣氛。

　　出了車站對面便可看到❶，往西前進過河走約10分鐘即可到纜椅站。

　　塔勒的傳說舞台馬蹄崖Rosstrappe，位於山上纜椅站健行約15～20分的地方，前往此處務必穿上好走的鞋。馬蹄崖原意為馬的足跡，在那裡可以在山崖岩石上清楚看到馬蹄痕跡，並設有景觀瞭望台。

　　之後搭乘纜椅下山，前往對面的山峰。空中纜車站就位於纜椅站旁，到了山頂首先往左側前進，可以看到演出戶外劇的哈茨山中劇場Harz Bergtheater，與女巫博物館

女巫博物館

Walpurgishalle。之後可前往野生動物園Tierpark與女巫跳舞的Hexentanzplatz廣場，據說這裡是過去女巫們舉辦宴會的地方，之所以會有這類的傳說，是因為這附近過去是舉行祭祀的地方。據說過去這裡經常舉辦獻祭，此外還會舉辦燒死女巫的儀式等。現在女巫的玩偶則在紀念品店，搖身一變成為傳遞幸福的幸運物販售。

塔勒車站
Goetheweg
Perkstr.
Hubertusstr.
纜椅
Rosstrappe Ⓗ
Jugendherberge ⌂
空中纜車
女巫博物館
Walpurgishalle
哈茨山中劇場
Harz Bergtheater
馬蹄崖景觀台
波德河 Bode
Hexentanzplatz廣場
野生動物園
N
0　150　300m
塔勒
THALE

接連聳立的岩山形成薩克森小瑞士

德勒斯登與周邊
Dresden / Sachsen

以燭火熱量旋轉的耶誕金字塔

德勒斯登不只有男版的紅綠燈小人,還有女版的Ampelfrau

誕生於艾爾茲山脈地區的耶誕人偶

德勒斯登的耶誕市集

包岑有許多塔樓,保存著少數民族索布人的文化,在德國也是特別的城市

一嘗當地盛名的史多倫麵包

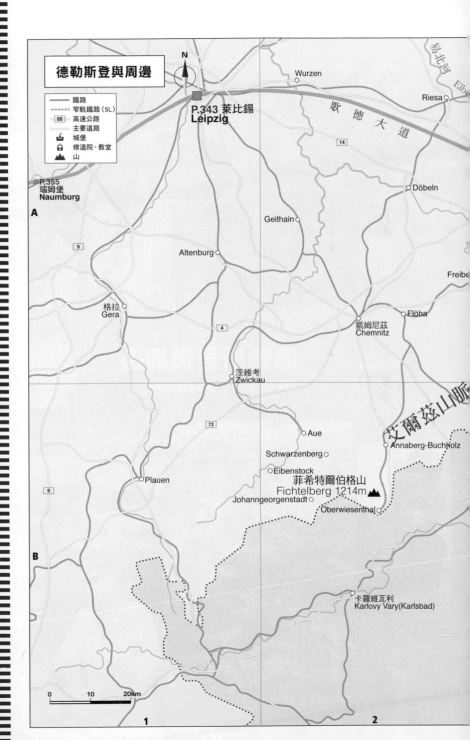

德勒斯登與周邊

鐵路
窄軌鐵路（SL）
88 高速公路
主要道路
城堡
修道院、教堂
山

N

Wurzen

易北河 Elbe

Riesa

歌德大道

P.343 萊比錫
Leipzig

14

P.355
瑙姆堡
Naumburg

Döbeln

A

9

Geithain

Altenburg

Freibe

格拉
Gera

4

Flöha

凱姆尼茲
Chemnitz

茨維考
Zwickau

72

Aue

艾爾茲山脈

Schwarzenberg

Annaberg-Buchholz

Eibenstock

Plauen

菲希特爾伯格山
Fichtelberg 1214m

9

Johanngeorgenstadt

Oberwiesenthal

B

卡羅維瓦利
Karlovy Vary(Karlsbad)

0   10   20km

1

2

P.400
巴德穆斯考
Bad Muskau

13

○ Kamenz

○ Königsbrück

Radeburg

P.412
格爾利茨
Görlitz

4

P.400 莫里茲堡

P.405 麥森
Meißen

德勒斯登機場

P.411
包岑
Bautzen

拉德博伊爾
Radebeul

4

P.400 皮爾尼茲宮

P.390 德勒斯登
Dresden

皮爾納
Pirna

P.398
薩克森小瑞士
Sächsische Schweiz

拉森
Kurort Rathen

巴德尚道
Bad Schandau

P.412
齊陶
Zittau

P.399
國王岩堡壘

柯尼希施泰因
Königstein

Erzgebirge

柏林

P.409
賽芬
Seiffen

法蘭克福

慕尼黑

捷克

拉貝河 Labe

布拉格
Praha

3

4

387

德勒斯登與周邊

薩克森邦Sachsen是過去薩克森人所居住的地方,位於舊東德東南部,鄰接波蘭、捷克國境。邦首府德勒斯登Dresden擁有許多巴洛克樣式的宮殿,因而有「易北河上的佛羅倫斯」美稱。歌德曾多次造訪這座城鎮,在此吟味藝術與文化,並欣賞易北河Elbe沿岸景致。因易北河

於東西德統一後的2005年重建的聖母教堂(德勒斯登)

通商與採銀礦而富裕的薩克森王國的文化遺產中,最有名的便是麥森瓷器。

鄰近捷克國境的易北河沿岸砂岩溪谷所創造出的絕景「薩克森小瑞士」地區,垂直的懸崖峭壁十分壯觀,也因此成為歐洲攀岩的勝地。

此外捷克國境邊的艾爾茲山脈Erzgebirge,過去曾盛產銀和錫等礦產,也成為薩克森王國的財政重要來源。過去的礦山城市賽芬Seiffen,現在則成為木偶工坊之都。

而鄰近波蘭與捷克國境的上勞西茨地區Oberlausitz,居住著德國少數民族索布人,包岑Bautzen則是少數將車站名與街道名同時以德語和索布語標記的珍貴城市。

交通方式

德勒斯登是德國東部鐵路網絡的中心城市之一,前往柏林與萊比錫交通十分方便,前往布拉格搭乘EC特快列車也只要約2小時20分。德勒斯登~布拉格之間是知名的景觀路線之一,從車窗望出去的易北河沿岸風光美不勝收。

住宿導覽

德勒斯登有許多大型飯店但價格昂貴,中級飯店數量不多,建議最好事先預訂,耶誕市集期間與夏季都是旺季。德勒斯登之外的城市飯店數量很少。

德勒斯登舊城區中心有許多高級飯店,面向德勒斯登王宮的Kempinski Hotel Taschenbergpalais

從車窗還可仰望薩克森小瑞士的Basteibrücke橋

德勒斯登與周邊 ▼ Introduction

名產與美食

薩克森邦的特產為麥森瓷器以及艾爾茲山脈地區製作的木偶、玩具，而德勒斯登知名美食為口感綿軟的起司蛋糕Eierschecke，此外耶誕甜點史多倫麵包Stollen也相當有名，而為人熟知的年輪蛋糕Baumkuchen，據說發源地就在德國東部。

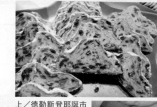

上／德勒斯登耶誕市集烘焙的史多倫麵包
右／滿滿的果乾與堅果

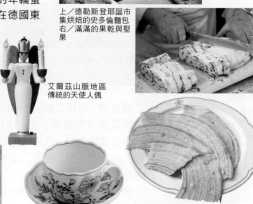

艾爾茲山脈地區
傳統的天使人偶

放置於窗邊的拱形燭台Schwibbogen

口感溫潤的起司蛋糕

堅固耐用的麥森瓷器

道地的年輪蛋糕會切成薄片品嘗

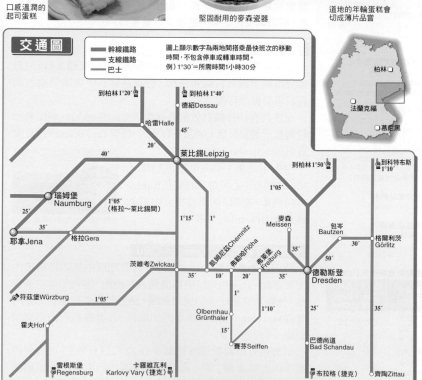

交通圖

- ▬▬ 幹線鐵路
- ▬▬ 支線鐵路
- ── 巴士

圖上顯示數字為兩地搭乘最快班次的移動時間，不包含停車或轉車時間。
例）1°30′＝所需時間1小時30分

柏林
法蘭克福
慕尼黑

到柏林 1°20′
到柏林 1°40′

德紹Dessau

哈雷Halle
45′

20′

40′   萊比錫Leipzig

到柏林 1°50′

到科特布斯 1°10′

1°05′

瑙姆堡Naumburg
25′

1°05′
（格拉～萊比錫間）

1°15′   1°

麥森Meissen

包岑Bautzen

格爾利茨Görlitz

35′   耶拿Jena
格拉Gera

開姆尼茨Chemnitz
弗勒哈Flöha
弗萊堡Freiburg

35′

30′

茨維考Zwickau

35′   10′   20′   35′

50′

德勒斯登Dresden

符茲堡Würzburg   1°05′

1°

25′   35′

霍夫Hof

Olbernhau Grünthaler

1°10′

15′

巴德尚道Bad Schandau

賽芬Seiffen

雷根斯堡Regensburg

卡羅維瓦利Karlovy Vary（捷克）

布拉格（捷克）

齊陶Zittau

德勒斯登風的起司蛋糕
Eierschecke

柏林●
法蘭克福●　★德勒斯登
慕尼黑●

探訪易北河的佛羅倫斯
德勒斯登

Dresden

從易北河畔欣賞舊城區

MAP ◆ P.387-A3	
人　口	55萬6200人
區域號碼	0351

ACCESS
火車：從柏林中央車站搭乘EC特快列車約1小時50分，從捷克的布拉格搭乘EC特快列車則約2小時20分。從萊比錫搭乘ICE特快列車約1小時5分。
機場與市區交通：連結德勒斯登機場航廈地下車站與中央車站（經過新城車站）的S2，每隔約20～40分行駛，到中央車站約20分，單程€2.50。

❶德勒斯登的遊客中心
☎ (0351) 501501
📠 (0351) 50150555
🌐 www.dresden.de/tourismus

●舊城區的 ❶
住Neumarkt 2（位在Quartier F購物大樓內）
◐ Map P.391-A1
開 週一～五　10：00～19：00
　週六　　　10：00～18：00
　週日　　　10：00～15：00
（冬季縮短營業時間）

●中央車站的 ❶
開 10：00～19：00

●市區交通費用

普通車票		€2.70
1日券	成人	€6.90
	家庭券	€10.60

●德勒斯登城市卡 ('23)

單人卡 Einzel	城市卡 City Card	區域卡 Regio Card
1日卡 1 Tag	€13	€21
2日卡 2 Tage	€19	€37
3日卡 3 Tage	€27	€48

也有家庭卡。

　過去有「百塔之都」之稱的德勒斯登，中世紀利用易北河水路發展成為商業都市，16世紀以後更成為薩克森王國的首都而繁榮興盛。巴洛克樣式的壯麗宮殿及教堂、貴族宅邸林立的城市街景，在第二次世界大戰的空襲之下一夕之間破壞殆盡。

　音樂殿堂杉普歌劇院於1985年重建，化成瓦礫堆的聖母教堂也在東西德統一後，開始了重建工程，並於2005年完成，藝術與文化之都的風貌又再度重現。

德勒斯登市區交通

　市區電車（路面電車）是德勒斯登的主要交通工具，只有部分車輛上設有自動售票機，建議最好在中央車站前的商店或售票機先行購票。

　車票共有60分鐘有效的普通車票Stundenfahrt，與從刻印時刻起至翌日早晨4：00為止有效的1日券Tageskarte，以及家庭票Familientageskarte等。

行駛市區的黃色市區電車

　中央車站前（中央車站北口Hbf. Nord）到市中心可搭乘11號往Bühlau方向列車，在第3站茨溫格宮附近的郵政廣場Postplatz下車。

德勒斯登城市卡　Dresden-Card

　持有德勒斯登城市卡者，可在有效期間內無限次搭市內大眾運輸，此外也可以優惠價進入美術館、博物館等主要景點。德勒斯登區域卡的適用範圍，涵蓋前往德勒斯登郊外的麥森Meissen、柯尼希施泰因的鐵路，入場優惠折扣範圍也更廣。

　另外也有德勒斯登博物館卡（€22，2日有效），可無限搭乘市內大眾運輸工具，還可免費參觀市內主要美術館和德勒斯登王宮（綠穹珍寶館除外）。可在❶或網站購買。

德勒斯登新城車站
Dresden Neustadt Bf.

Antonstr.

往薩克森小瑞士

Bautzner Str.

Dresdner Molkerei
Gebrüder Pfund P.402

耶里希凱斯特納博物館
Erich-Kästner-Museum

阿爾伯特廣場
Albertplatz

Georgenstr.

Glacisstr.

6·13

阿爾伯特橋
Albertbrücke

H Bayerischer Hof

Theresienstr.

Königsbrücke

Hospitalstr.

Obere Kreuzweg

Untere Kreuzweg

6·11

Hainstr.

4·9

P.404
H Martha Hospiz

三皇教堂
Dreikönigskirche

P.402
Neustädter
Markthalle
(室內市場)

新城區

Rähnitzg.

Ritterstr.

S

Archivstr.

Wigardstr.

3·7·8

薩克森邦總理官邸

Bülow Palais
P.404

Hauptstr.

Obergraben

薩克森民俗博物館
Museum für
Sächsische Volkskunst

薩克森邦財政部

易北河
ELBE

A

Große Meißner Str.

新城廣場
Neustädter Markt

Köpckestr.

Carolabrücke

3·7

Terrassenufer

Ziegelstr.

日本宮殿
Japanisches Palais

往麥森

P.403 Westin Bellevue

4·8·9

Augustusbrücke

風景畫框 •

Hotel am
Terassenufer

新猶太教會堂

Rathenauplatz

Pillnitzer Str.

H Maritim

船上餐廳
兼劇院
Theater Kahn

易北河觀光船
乘船處

P.
395
往福斯汽
車工廠

杉普歌劇院
Semperoper

放大圖見 P.392

布呂爾平台
Brühlsche. Terrasse.

德勒斯登 阿爾貝廷宮 P.397
P.402 • 堡壘 Albertinum

3·7

三位一體
大教堂

Schloss-
platz

麥森瓷器賣店

R Coselpalais P.401

劇院廣場
Theaterplatz

Hilton
P.403

聖母教堂
Frauenkirche

R Augustiner P.401

歷代大師畫廊
Gemäldegalerie
Alte Meister

德勒斯登王宮
Residenzschloss

王侯馬列圖 •
交通博物館

i

S Quartier F

新市集廣場
Neumarkt

Landhausstr.

Schießgasse

Pirnaischerplatz

1·2·4·12

Dorint H

茨溫格宮
Zwinger

Am Zwinger

Sophienstr.

P.403
Steigenberger
Hotel de Saxe

市立博物館

Grunaerstr.

Schauspielhaus

Schloßstr.

文化宮殿
Kulturpalast

Wilsdruffer Str.

Radisson SAS
Gewandhaus

3·7·12

City-Herberge

H P.404

郵政廣場
Postplatz

1·2·12

Café C
Kreuzkamm
P.401

Gänsedieb

P.401

舊市集廣場
Altmarkt

Seestr.

H P.404

Lingnerallee

Freiberger Str.

P.402 Altmarkt
Galerie

8·9·11·12

n H

聖十字教堂
Kreuzkirche

P.396

市政廳
Rathaus

12

8·9·11

德意志衛生博物館
Deutsches
Hygienemuseum

B

Herta-Lindner-Str.

Marienstr.

Dr-Külz-Ring

舊城區

Waisenhausstr.

Zinzendorfstr.

S Karstadt
(百貨公司)

Centrum Galerie

Lilienstein

R-Hampelstr.

Königstein

Bastei

Prager Str.

3·7·8·9·11

St.Petersburger Str.

Bürgerwiese Parkstr.

10·13

H Pullman P.404
Dresden Newa

InterCityHotel

維也納廣場
Wienerplatz

7·10

德勒斯登中央車站
Dresden Hbf.

i

Wienerstr.

9·10·11

市區電車

N

0 100 200m

德勒斯登
DRESDEN

1   2

漫遊

舊城區Altstadt

●德勒斯登市區觀光巴士
Stadtrundfahrt Dresden公司
（藍色雙層巴士）
URL www.stadtrundfahrt.de
可自由上下車的Hop on-Hop
off路線，行經22個主要景點，
1日券€20。
Dresdner Stadtrundfahrt公司
（紅色雙層巴士）
URL www.stadtrundfahrt-dresden.de
繞行市區主要景點的大周遊路線Grosse Stadtrundfahrt，全程約1小時30分，€17.80。

❶位於中央車站內，出了車站北口在市區電車停靠站的維也納廣場Wienerplatz，有人行步道布拉格街Prager Str.往北延伸，沿路有許多飯店及百貨公司、購物中心林立，順著這條路徒步約10分鐘，則可看到德勒斯登的發源地舊市集廣場Altmarkt，廣場東南側則有聖十字教堂Kreuzkirche。

接著過Wilsdruffer Str.大道往前走，右側為德勒斯登管弦樂團據點的玻璃建築文化宮殿Kulturpalast。

過了文化宮殿後，則進入到德勒斯登景點最集中的區域，東側

展示薩克森王族珍寶的德勒斯登王宮

白色圓頂教堂聖母教堂Frauenkirche，西側則可看到德勒斯登王宮Residenzschloss與茨溫格宮Zwinger等壯麗建築群羅立。

易北河河岸還有美麗的布呂爾平台Brühlsche Terrasse，下了河岸則是易北河觀光船Weisse Flotte（→P.398MEMO）的乘船處。

從布呂爾平台眺望的景致，歌德也曾讚嘆不已

茨溫格宮與德勒斯登王宮周邊

⇦ 表示入口

杉普歌劇院 P.397
Semperoper

奧古斯都橋

劇院廣場
Theaterplatz

市區觀光巴士站
4·8·9

公共廁所

® Alte Meister

P.395
數學物理博物館
Mathematisch-Physikalischer Salon

歷代大師畫廊 P.394
Gemäldegalerie Alte Meister

P.396
三位一體大教堂
Kathedrale St. Trinitatis

Schloss-platz

P.401
ⓒ Café Schinkelwache

Chiaverigasse

P.394 王侯馬列圖（壁畫）
Der Fürstenzug

茨溫格宮 P.394
Zwinger

Schinkelwache
（杉普歌劇院售票窗口）

Augustusstr.

●皇冠門
Kronentor

歷史綠穹珍寶館（1樓）
Historisches Grünes Gewölbe

P.393
德勒斯登王宮
Residenzschloss

Kanzlei-gäßchen

Kanzlei str.

堀

N

麥森瓷器的音樂鐘

Sophienstr.

Hyperion Hotel P.403
Dresden Am Schloss

陶瓷器收藏品 P.395
Porzellansammlung

Taschenberg

P.403
Ⓗ Kempinski Hotel
Taschenbergpalais

Schloßstr.

Schlossergasse

0 25 50m

Sporer- Gasse

MEMO 週六若有時間，不妨到易北河上的靠近舊城區的阿爾伯特橋市集逛逛吧，市集約於10:00～18:00左右舉辦，聚集多達500家攤販。

新城區Neustadt

　　易北河對岸為新城區，過了奧古斯都橋Augustusbrücke後便可看到新城廣場Neustädter Markt，廣場上有著金光閃閃的奧古斯都強力王騎馬像，在第二次世界大戰戰爭的一堆殘骸中，卻意外地沒有受到損害。

金光閃閃的強力王騎馬像

　　接著可看到美麗的梧桐街道豪浦特街Hauptstr.向阿爾伯特廣場Albertplatz延伸，以《小偵探愛彌兒Emil und die Detektive》、《雙胞胎麗莎與羅蒂Das Doppelte Lottchen》等作品聞名的作家耶里希·凱斯特納Erich Kästner，便是誕生在這個廣場附近，附近並設有凱斯特納博物館Erich-Kästner-Museum，在其對面的Simmel Center購物中心2樓還進駐了東德博物館（→P.402）。

　　之後回到新城廣場，沿著易北河岸的Große-Meißner-Str.街前進，過了Westin Bellevue Dresden Hotel飯店便可看到日本宮殿Japanisches Palais，有著東洋風屋頂、懸山頂牆壁的裝飾等，因其外觀而被稱為日本宮殿，據說奧古斯都強力王將所有收藏瓷器都埋在這，現在則成為民族學博物館Staatliches Museum für Völkerkunde。

📷 主要景點

薩克森王的城堡 德勒斯登王宮
Residenzschloss ★★

　　王宮內設有收藏薩克森王族財寶的綠穹珍寶館Grünes Gewölbe及博物館，特別是1樓的歷史綠穹珍寶館Historisches Grünes Gewölbe內，展示了大量的金銀、寶石、琥珀等珍貴珠寶，從中世紀到初期文藝復興時代期間的絢爛珍寶是Riesensaal絕不可錯過的參觀重點（1樓有參觀人數限制，須持有指定時間的入場券）。

　　2樓則為新綠穹珍寶館Neues Grünes Gewölbe，展示16世紀後的象牙與水晶、琺瑯瓷等工藝作品。

　　武器展示館Rüstkammer內展示著騎士使用的盔甲、槍、劍等，奢華的巨廳Riesensaal則宛如中世紀的歷史卷軸。也有奧古斯都強力王的房間Paraderäume Augusts des Starken。而土耳其藝術收藏館Türckische Cammer內，則有16～19世紀的土耳其華麗珠寶飾品及家具展示，另外還有貨幣展示館Münzkabinett。

●凱斯特納博物館
🏠 Antonstr. 1
Ⓞ Map P.391-A1
🌐 www.kaestnerhaus-literatur.de
🕐 週一・四・五・日 10：00～17：00
　　週三 12：30～17：00
🚫 週六・二 💰€6、學生€4

以有趣的方式展示凱斯特納的世界

●日本宮殿內博物館
Ⓞ Map P.391-A1
民族學博物館
🕐 週二～日 10：00～18：00
🚫 週一 💰免費

●德勒斯登王宮
🏠 Kleiner Schlosshof
Ⓞ Map P.392
🌐 www.skd.museum
🕐 週三～一 10：00～18：00
🚫 週二、1～2月部分日期休館

德勒斯登王宮的入口位在Kempinski Hotel Taschenbergpalais飯店對面，以及小巷弄Schlossstr.街2處，挑高部分為售票窗口所在地

💡歷史綠穹珍寶館須持指定時間入場券進場參觀，可至上述網站預約。
・歷史綠穹珍寶館指定時間入場券€14
・歷史綠穹珍寶館外的德勒斯登王宮票券€14（含新綠穹珍寶館、土耳其藝術收藏館、奧古斯都強力王的房間等）
・包含歷史綠穹珍寶館的德勒斯登王宮所有景點票券€24.50（須網站預約）

● 《王侯馬列圖》
○ Map P.392

● 奧古斯都強力王

薩克森選帝侯腓特烈‧奧古斯都一世（1670～1733）又被稱為奧古斯都強力王，據說因為喝獅子奶長大而力量其大無比，就連馬蹄鐵也可以徒手折彎。此外又因受女性歡迎，據說兒女數量多達360人。包含德勒斯登的美術館內收藏的世界珍寶展品及麥森的陶瓷器、近郊的中世紀城堡等，奧古斯都王在薩克森留下了許多歷史遺產。

畫在《王侯馬列圖》中央位置的奧古斯都強力王

● 茨溫格宮
○ Map P.392

● 德勒斯登國立博物館群（SKD）1日券
Tageskarte SKD

可參觀茨溫格宮內所有的博物館、德勒斯登王宮（歷史綠穹珍寶館除外）、阿爾貝廷宮等景點，€24。

● 歷代大師畫廊
○ Map P.392
🌐 www.skd.museum
開 週二～日　10:00～18:00
休 週一、冬季（1～2月左右）
費 €14、學生€10.50
　（茨溫格宮聯票Zwingerticket也可以進入陶瓷博物館、數學物理沙龍）

繪製於麥森瓷器的瓷磚上 **王侯馬列圖**
Der Fürstenzug　　　★★★

在德勒斯登王宮東北側的中庭，忠實重現了中世紀歐洲最古老的武藝競技場宮廷馬廄場Stallhof，在競技場外牆上則有麥森瓷器的瓷磚所拼畫出長達101m的《王侯馬列圖Der Fürstenzug》巨大壁畫，裡面畫有從1123年至1904年薩克森國王的騎馬像，及歷代藝術家共93位，行列最後的鬍鬚男子，則是壁畫製作者威廉‧渥特Wilhelm Walther本人。壁畫共使用約2萬5000片約20cm四方型瓷磚，並奇蹟似地倖免於戰爭的破壞，是不可錯過的景點之一。

描繪德勒斯登歷史人物的《王侯馬列圖》

薩克森王國的榮華光景 **茨溫格宮**
Zwinger　　　★★★

德勒斯登的巴洛克建築，建於17世紀末繼位的薩克森國王腓特烈‧奧古斯都一世（奧古斯都強力王）時代，其中茨溫格宮為建築師普波曼Matthäus Daniel Pöppelmann生涯代表作，完成於1732年。19世紀時，設計了隔壁杉普歌劇院的建築師杉普Gottfried Semper則增建了北側的義大利文藝復興樣式建築（現在的歷代大師畫廊）。

內部共分為3個博物館，每間入口不同須特別注意（參照→P.392的地圖）。

茨溫格宮內的歷代大師畫廊Gemäldegalerie Alte Meister，是德勒斯登最重要的美術館。館藏包含1513年拉斐

茨溫格宮的中庭

爾的《西斯汀聖母》在內，還有維梅爾、林布蘭、杜勒、布勒哲爾Pieter Bruegel、波提且利等眾多歐洲古典繪畫名作。

在陶瓷博物館Porzellansammlung內，除了奧古斯都王收藏的18～19世紀中國和日本陶瓷器等，還有麥森歷史名品的原作工藝品展示。其中有田燒的彩繪（紅、藍、金）和乳白

色的瓷肌與巴洛克建築相互輝映，當時被視為財力象徵因而王宮貴族競相購買。陶瓷博物館入口所在的鐘琴亭Glockenspiel Pavilion，則設有麥森瓷器的音樂鐘Carillon。

在茨溫格宮內還有數學物理博物館Mathematisch-Physikalischer Salon等設施。

茨溫格宮南口鐘板兩側設有麥森瓷器的音樂鐘

德意志聯邦軍事史博物館
Militärhistorische Museum der Bundeswehr ★★

以明星建築師丹尼爾・利伯斯基Daniel Libeskind，造型相當新穎，與原19世紀兵器庫的本館融合而成的獨創設計建築相當值得一看。

這裡是德國最大的軍事史博物館，展出V2火箭及潛水艇等德國中世紀至現代的軍事史、文化史展示，並於戶外展示軍用車輛。

彷彿切割了厚重本館的灰色「金屬片」，象徵東西德因戰亂而分隔

福斯汽車工廠參觀
VW Gläsernen Manufaktur ★★

以被稱為「玻璃工廠Gläserne Manufaktur」的嶄新建築而聞名，工廠內部參觀為熱門遊覽行程之一，導覽行程（德語）每整點開始，全程約75分。

讓人耳目一新的現代化工廠建築

● 陶瓷博物館
◐ Map P.392
開 週二～日　10：00～18：00
休 週一、冬季（2～3月左右）部分日期公休
費 €6、學生€4.50

● 數學物理博物館
◐ Map P.392
開 週二～日　10：00～18：00
休 週一
費 €6、學生€4.50

● 德意志聯邦軍事史博物館
交通 位於新城區北部，從中央車站搭乘7、8號市區電車約20分鐘，在Stauffen-bergallee下車徒步約5分。
住 Olbrichtplatz 2
網 www.mhmbw.de
開 週四～日、二 10：00～18：00
　週一　　 10：00～21：00
　（入場至閉館前1小時為止）
休 週三
費 €5、學生3，特展另計

● 福斯汽車工廠
◐ Map P.391-B2地圖外
交通 位於市區東部，從中央車站搭乘10號市區電車在Straßburger Platz下車即達。
住 Lennéstr. 1
網 www.glaesernemanufaktur.de
開 週一～六　　9：00～17：00
休 週日
　若遇特別活動會變更時間或休館（冬季部分日期公休）。
費 €9、學生€6

聖母教堂

●聖母教堂
- Map P.391-A2
- www.frauenkirche-dresden.de
- 可登上Kuppelaufstieg塔樓瞭望台參觀。

教堂內部參觀
- 週一～六　10：00～12：00
　13：00～18：00
　（音樂會彩排或教堂活動時可能暫停對外開放）
　週日‧節日禮拜後時間可參觀（時間不定）
- 捐獻金
- 租借語音導覽€2.50

塔樓瞭望台Kuppelaufstieg
- 3～10月
　週一～六　10：00～18：00
　週日　　　13：00～18：00
　11～2月
　週一～六　10：00～16：00
　週日　　　13：00～16：00
　（入場至休館前1小時為止）
　天候不佳和冬季可能暫停開放
- €10、學生€5

●三位一體大教堂
- Map P.392
- www.bistum-dresden-meissen.de
- 週一～四　10：00～17：00
　週五　　　13：00～17：00
　週六　　　10：00～17：00
　週日　　　12：00～16：00

●聖十字教堂
- Map P.391-B2
- www.kreuzkirche-dresden.de
- 週一～五　10：00～18：00
　週六　　　11：00～15：00
　週日　　　12：00～18：00
　冬季縮短開放時間，音樂會彩排或教堂活動時可能暫停對外開放
- 塔樓門票€5（德勒斯登城市卡可享折扣）
- 聖十字少年合唱團網站
- kreuzchor.de

256層樓梯的聖十字教堂塔樓

美麗光華再現聖母教堂
Frauenkirche ★★★

教堂前的馬丁‧路德

　　聳立在第二次大戰前巴洛克街景如畫的新市集廣場上，於1743年完工。擁有直徑25m大圓頂的聖母教堂，曾是德國最大的新教教堂，卻於大戰即將結束時1945年2月的空襲而毀損殆盡。為了傳遞戰爭的悲慘，之前一直保留廢墟遺跡，而後於1994年開始重建工程，並於2005年10月30日重現昔日的光采風貌。

壯觀的聖人像教堂三位一體大教堂
Kathedrale St. Trinitatis ★★

　　薩克森邦最大的教堂建築，是建於18世紀的宮廷教堂Hofkirche，屋頂上的78具聖人石像在夜晚打燈後看來十分夢幻。巨匠Andreas Silbermann所製作的管風琴也於戰後完整修復，而麥森陶瓷做成的聖母憐子像也令人驚嘆。

屋頂上矗立著聖人石像的莊嚴教堂

　　歷代薩克森王輩出的韋廷王朝Wettiner貴族長眠的教會地下安置室（參加導覽行程才可參觀）內，放置著一只銀色小盒，裡面放有被送往波蘭的奧古斯都強力王遺體的心臟部分，傳說當他喜愛的美女經過小盒旁時，心臟就彷彿靜靜的鼓動著。

以歷史悠久的合唱團而聞名聖十字教堂
Kreuzkirche ★★

　　前身為13世紀的尼古拉教堂，建築過程中在後巴洛克樣式上增建了初期古典主義樣式，現今所見為1764～1814年所完成。從高54m的教會塔樓瞭望台上，可以一覽易北河峽谷的雄偉風光。完成德國首部歌劇作品的德國音樂之父舒茲Heinrich Schütz，率領擁有500年以上歷史的聖十字少年合唱團，合唱團員們過著嚴格的寄宿生活，以音樂為中心並學習集體住宿生活中的基礎。在週末的彌撒演唱出清澈美妙樂音的少年合唱團，培養出眾多如Theo Adam及彼得‧許萊爾Peter Schreier等大牌歌手。

MEMO　仔細觀察聖母教堂的外牆，可發現白色石材混合著黑色石頭，黑石是戰爭前的教堂部分，後來用新的白石碎片宛如拼圖般仔細修補，黑石約佔整體的40%。

藝術殿堂 阿爾貝廷宮
Albertinum ★★★

正對著易北河岸布呂爾平台的阿爾貝廷宮，這座新文藝復興樣式建築原為16世紀建造的兵器庫，現在內部規劃為美術館。

1樓為雕刻展示室Skulpturensammlung，2、3樓則為新歷代大師藝廊Galerie Neue Meister，收藏豐富的梵谷、莫內、愛德華・馬奈Édouard Manet、竇加Edgar Degas、高更等從浪漫派到印象派的畫作，尤其不可錯過在德勒斯登逝世的德國浪漫派大師——腓特烈Caspar David Friedrich的作品。

杉普歌劇院
Semperoper(Sächsische Staatsoper) ★★

冠上設計者杉普名字的劇院建於1838～1841年，建築正面劇院廣場上的騎馬像，是要求建設此劇場的薩克森王約翰一世Johann I。同樣在廣場旁還有第一代的音樂總監韋

歐洲首屈一指的歌劇院

伯Carl Maria von Weber的雕像，之後接任的華格納，他的作品《漂泊的荷蘭人Der Fliegender Holländer》、《唐懷瑟Tannhäuser》等都在此首演。

過去遭受多次火災及戰爭破壞，在戰後40年的1985年終於重建完成，並以創設初期功臣韋伯的《魔彈射手Der Freischütz》作品再次揭開歌劇院幕。除夏季外，幾乎每天都有歌劇及音樂會、芭蕾舞等公演。

●阿爾貝廷宮
⊞Georg-Treu-Platz
入口處位於易北河的布呂爾平台側。
◆Map P.391-A2
⊞albertinum.skd.museum
開週二～日　10：00～18：00
休週一，冬季部分日期公休（1～2月左右）
費€12、學生€9

●杉普歌劇院
⊞Theaterplatz
◆Map P.392
⊞www.semperoper.de
售票處
購買預售票、報名導覽行程請至Schinkelwache（→MAP P.392）建築內。
⊞Theaterplatz 2
開週一～五　10：00～18：00
週六　10：00～17：00
（1～3月的週六～13：00）
當日演出門票於杉普歌劇院內的當日券售票處Abendkasse販售，演出前1小時開始售票。劇院內的導覽行程則於音樂季期間的下午舉行（德語、英語），每人€13，彩排期間可能暫停，可上網www.semperoper-erleben.de查詢導覽行程。

FESTIVAL
德國最古老的耶誕市集

1434年開始舉辦、德國歷史最悠久的德勒斯登耶誕市集Striezelmarkt，由於過去禁止在神聖的耶誕節進行商業販賣，於是演變為耶誕節前食物和日用品等的販賣活動，發展至今而成為耶誕市集。德國的耶誕節可以品嚐到加入果乾和堅果的樸素耶誕甜點，據說德勒斯登

夜晚更加浪漫

的史多倫麵包Stollen是德國最美味的。

市集的主要會場位於舊市集廣場Altmarkt，會場中央有著巨大的耶誕樹，可看到世界最大的耶誕金字塔。德勒斯登王宮的宮廷馬廄場Stallhof則有中世紀風味的耶誕市集，新城區的豪浦特街Hauptstr.沿路也有許多攤販，整個德勒斯登呈現出濃濃的耶誕風貌。

耶誕金字塔

MEMO 聖母教會前舉辦的新市場降臨節Advent auf dem Neumarkt，是重現1920年代左右的獨特耶誕市集。詳細資訊請見網www.weihnachtsmarkt-dresden-neumarkt.de

1

探訪

薩克森小瑞士
Sächsische Schweiz

魄力十足的奇岩地區

從德勒斯登順著易北河往上游走，可在捷克國境前看到兩岸有著懸崖峭壁的地區，此區的易北河砂岩山地，由於長年遭受侵蝕作用，形成了100m高的斷崖峭壁地形，被稱為薩克森小瑞士。

拉森的Basteibrücke橋

薩克森小瑞士最具代表性的景觀莫過於拉森Kurort Rathen的易北河右岸山地。這一地帶經過長年累月的侵蝕，造就了一系列險峻的懸崖和奇形怪狀的岩石。嶙峋的岩石近在眼前，其中最著名是名為Basteibrücke的石橋，它橫跨形狀奇特的岩石，吸引了許多遊客參觀。在前往Basteibrücke的路上，還有將陡峭的岩石與幾座橋樑連接起來的Felsenburg Neurathen岩壁城收費區域（€2）。

山上有餐廳可以享用午餐，帶上三明治在山上野餐更有一番風味。

MAP ◆ P.387-A3

從高度約200m的地方俯瞰眼下流淌的易北河

交通 從德勒斯登中央車站搭乘S-Bahn（Ⓢ1）約35分在Kurort Rathen下車，前往從車站航向對岸的易北河遊船（渡船，來回€2.50）乘船處約3分。到對岸後，遵循指標走山路前進約1km，所須時間30～45分即達Basteibrücke石橋。

斷崖絕壁的岩山

航行於易北河的觀光船

MEMO 易北河的遊覽船「Weisse Flotte（白色艦隊）」也有運行至麥森或薩克森的小瑞士等路線（冬季停駛）。詳細資訊請見 URL www.saechsische-dampfschiffahrt.de

2

1驚心動魄的Basteibrücke橋，於1851年從木橋改建為石橋　2陡峻岩山上建造的堅固堡壘國王岩堡壘　3城牆之外是一座巨大的堡壘

前往堡壘的接駁巴士

的房子中，務必要參觀至今仍使用的152.5m深井。

🚌**交通** 從德勒斯登中央車站搭乘S-Bahn（Ⓢ1）約40分在Königstein（Sächsische Schweiz）下車，從車站沿著鐵道徒步約5分處的圓環Reißiger Platz附近有巴士站，開往城堡下的紅色雙層巴士Festungs Express在此發車，僅於4月上旬～10月下旬行駛，有時須在途中換承蒸汽型觀光車Bimmelbahn，來回€6。

●國王岩堡壘
🌐 www.festung-koenigstein.de

🕘9：00～18：00（11～3月～17：00）
入場至閉館前1小時　休12/24

💶夏季€13、冬季€11，語音導覽€3.50
可使用SchlösserlandKarte旅遊卡（參閱下方MEMO）

薩克森小瑞士的旅行建議

●由於山上有很多小路和樓梯，請穿著與登山類似的衣服和方便行走的鞋子。

●可以在德勒斯登中央車站內的商店購買食物和飲料。

●如果一早從德勒斯登出發，有可能可以一天遊覽Basteibrücke橋和國王岩堡壘，但列車和接駁巴士的班次較少，須事先確認時刻表。

堅不可摧的國王岩堡壘

距離拉森約S-Bahn5分鐘車程的城鎮背後矗立著歐洲最大的山上要塞——國王岩堡壘Festung Königstein。

從Koenigstein站出站後步行約5分，搭乘接駁巴士抵達堡壘下，會被其龐大規模給震懾住。繼續前進售票處右邊的隧道，有電梯可以前往堡壘的露台，該堡壘就矗立在距離易北河約240m的岩石山上，沿著建築聚集的西半部分城牆光步行就需要30分鐘，而周圍的薩克森小瑞士的奇岩地帶和埃爾茨山脈全景更是令人忍不住駐足欣賞。

歷史可追溯到1233年的堡壘，於19世紀陸續進行建築內部的整修和增建，現在成了博物館，內部也有監獄，曾經幽禁了麥森瓷器的發明者波特格。

貴為堡壘生命線的井，建在名為Brunnenhaus

左／Brunnenhaus井之家內有遊客中心和深達152.5m的深井
右／歐洲第二深的井目前仍在使用中，因此禁止投入硬幣！

MEMO 持SchlösserlandKarte旅遊卡能夠免費參觀許多薩克森州的城堡和庭園（部分城堡有折扣），10日券€24、年票€48，可於觀光局、加盟的城堡和官網（🌐 www.schloesserland-sachsen.de）購買。

399

皮爾尼茲宮

交通 搭易北河觀光船在皮爾尼茲下船,也可以從郵政廣場Postplatz或舊市集廣場Altmarkt搭2號市區電車在終點站Freystraße下車,轉搭63號巴士在Pillnitzer Platz下車。

住 August-Böckstiegel-Str. 2
URL www.schlosspillnitz.de
開 公園6:00～日落為止
博物館
週二~日 10:00～18:00
(門票販售處營業至閉館前1小時)
休 週一、11～3月
費 博物館€8、學生€6、僅公園€3,可使用SchlösserlandKarte旅遊卡(參考P.399MEMO)

莫里茲堡

交通 從德勒斯登新城車站搭477號巴士約30分在Moritzburg, Schloss下車。或搭乘S-Bahn到Radebeul-Ost,接著轉搭窄軌蒸汽火車(Lößnitzgrundbahn,**URL** www.loessnitzgrundbahn.de)1日6～7個班次往返 **費** Radebeul-Ost～Moritzburg單程€7.70、來回€14.30),從車站徒步至城堡約20分。
URL www.schloss-moritzburg.de
開 4～10月 10:00～18:00
12～2月 10:00～17:00
(入場至閉館前1小時為止)
休 12～2月的週一、冬季部分日期公休
費 €10、學生€8,可使用SchlösserlandKarte旅遊卡(參考P.399MEMO)

世界遺產
巴德穆斯考的穆斯考公園
(2004年登錄)

穆斯考公園

交通 從德勒斯登搭乘私鐵TLX約1小時15分到Görlitz,接著轉搭私鐵RB(普通)約35分到最近的Weißwasser站,接著轉搭250號巴士(部分巴士須預呼叫)約15分在Bad Muskau, Kirchplatz下車。5～9月週末蒸汽火車(**URL** www.waldeisenbahn.de)亦有運行。
URL www.muskauer-park.de
開 4～10月 10:00～18:00
休 11～3月(週末不定期開放)
費 公園免費,新城€8、塔樓€4、兩者套票€10

 ## 郊區景點

易北河岸的宮殿 皮爾尼茲宮
Schloss & Park Pillnitz
MAP◆P.387-A3

位於易北河向上約7km處,由奧古斯都強力王最喜歡的茨溫格宮設計師普烏曼主導,加入巴洛克風格及中國風。奧古斯都強力王將此座宮殿送給情人Cosel伯爵夫人,自己

面對易北河的水宮殿

也會搭乘專用船隻來此避暑,並經常在廣大的庭園內漫步。

宮殿分為面對易北河岸的水宮殿Wasserpalais與對面的山宮殿Bergpalais,設有美術工藝博物館Kunstgewerbemuseum,而建造於2座宮殿之間的新宮殿,其禮拜堂及大廳、宮廷廚房等則改為城堡博物館Schlossmuseum。

優雅姿態映照水面 莫里茲堡
Schloss Moritzburg
MAP◆P.387-A3

莫里茲堡位於德勒斯登西北方約14km處,建於野生鹿及野豬棲息的自然保護區中。這裡是過去狩獵用的城堡,現在則改為巴洛克博物館Barockmuseum,展出巴洛克家具、奧古斯都強力王的專用馬車、古伊萬里等收藏品。此外展出幾十萬根孔雀和綠雉、鴨等天然羽毛作成的絢爛豪華

織毯,以及裝飾床等的羽毛廳Federzimmer更是令人驚嘆,城堡周圍則為大小30多個池塘及庭院所環繞。

薩克森地區的特色巴洛克建築,映照出土黃色和白色的雄偉城堡

巴德穆斯考的穆斯考公園
Muskauer Park in Bad Muskau
世界遺產
MAP◆P.387-A4外

穆斯考爾公園又因造園者姓名而被稱為皮克勒侯爵公園,位於流過德國與波蘭國境的尼薩河Lausitzer Neiße兩岸,在超過800公頃的土地上,是由皮克勒侯爵Pückler所建造的19世紀前半的英國式庭園。公園內的新堡Neues Schloss內,有著皮克勒侯爵的相關展示。

穆斯考公園內的優雅新堡

RESTAURANT �֍ 德勒斯登的餐廳

舊市集廣場周邊及聖母教堂周邊有許多餐廳和咖啡館聚集，德勒斯登等薩克森地區的鄉土料理，以肉類及馬鈴薯為主，分量十足。不愛吃肉的人，也有許多咖啡輕食可供選擇，價格也較為便宜。若想簡單解決一餐，購物中心或Neustädter Markthalle室內市場(→P.402)內的便宜餐廳也是不錯的選擇。

R Augustiner

在聖母教堂附近的用餐首選

以慕尼黑為據點的啤酒餐廳，提供與啤酒絕搭的巴伐利亞料理及薩克森料理，生啤酒(Helles，0.5ℓ)€4.40、白香腸2根€6.20、維也納炸肉排Wiener Schnitzel €26.50。

德國料理	MAP ◆ P.391-A2

住An der Frauenkirche 17
☎ (0351) 49776650
URL www.augustiner-dresden.com
營10：00～24：00
　(供餐時間11：30～23：00)
card 不可
交市區電車Altmarkt徒步約5分。

R Gänsedieb

輕鬆享受美食

招牌為烤鵝胸肉、培根、馬鈴薯等拼盤Gänsediebpfanne €23.60，以及德勒斯登風烤牛肉Dresdner Sauerbraten €18.90等道地鄉土料理。

德國料理	MAP ◆ P.391-B2

住Weisse Gasse 1
☎ (0351) 4850905
URL www.gaensedieb.de
營11：00～24：00
card A M V
交市區電車Altmarkt徒步約5分。

R Coselpalais

充滿薩克森宮廷風氣氛

位於聖母教堂旁，由過去的Cosel伯爵宅邸改建而成，奶油黃建築的優雅館內，有著裝潢豪華的咖啡餐廳。蛋糕種類繁多，也可吃到道地料理。種類豐富的巧克力適合作為伴手禮。

德國料理	MAP ◆ P.391-A2

住An der Frauenkirche 12
☎ (0351) 4962444
URL www.coselpalais-dresden.de
營11：00～23：00
card A J M V
交市區電車Altmarkt徒步約5分。

C Café Kreuzkamm

以年輪蛋糕聞名的老牌咖啡館

位在Altmarkt Galerie 1樓的咖啡館兼蛋糕店，推薦附有鮮奶油與覆盆子醬的德勒斯登起司蛋糕Eierschecke mit Himbeeren und Schlagsahne€5.20，以及綜合年輪蛋糕Baumkuchen gemischt €5.20 (照片)。

咖啡館	MAP ◆ P.391-B1

住Altmarkt 25
☎ (0351) 4954172
URL www.kreuzkamm.de
營週一～六　10：00～18：00
card J M V
交市區電車Altmarkt徒步約1分。

INFORMATION

人氣景點Kunsthofpassage

在新城區側的藝術街Kunsthofpassage上，建築物的中庭部分坐落著可愛的商店和咖啡館，在年輕族群中是人氣很高的景點。如藝術之庭的名字，這裡多彩的建築充滿視覺刺激。13號市區電車在Alaunplatz下車徒步約5分，入口在Alaunstr. 70或Görlitzer Str. 23-25。
URL www.kunsthof-dresden.de

$\mathbb{S}$HOPPING ✦ 德勒斯登的購物

從德勒斯登中央車站往北延伸的布拉格街Prager Str.上,有許多購物中心及百貨公司。當地人最愛去的購物街,則在新城區的阿爾伯特廣場Albertplatz周邊,與向東延伸的Bautzner Str.街一帶,周邊有許多小店聚集,可找到許多令人驚喜的商品。德勒斯登北部還有大型購物中心Elbepark(🔗www.elbepark.info)。

Simmel Center

豐富蔬食食材的超市

1樓是名為Simmelmarkt的巨大超市,專賣蔬菜和水果,2樓有藥妝店和另一間平價超市。

進入東德博物館,宛如回到過去的東德時代。(參考下方MEMO)

購物中心　　**MAP ◆ P.391-A1**
🏠 Antonstr. 2a
☎ (0800) 0033352
🔗 www.simmel.de/markt/dresden
🕐 週一~六 8:00~22:00(1樓超市)
❌ 週日・節日
🚋 市區電車Albertplatz徒步約1分。

Altmarkt Galerie

時尚流行商品齊全

位於市中心的大型購物中心,有許多如H&M、ZARA等時尚流行品牌商店進駐,此外還有大型家電量販店SATURN等,從簡便的美食街到餐廳都有,相當方便。

購物中心　　**MAP ◆ P.391-B1**
🏠 Webergasse 1
☎ (0351) 482040
🔗 www.altmarkt-galerie-dresden.de
🕐 週一~六10:00~20:00
❌ 週日・節日
💳 依店家而異
🚋 市區電車Prager Str.或Postplatz徒步約5分。

MEISSEN Store

麥森瓷器名品齊全

位於Hilton飯店1樓,週日及節日都有營業十分方便。除了麥森招牌的咖啡杯和美麗花紋的咖啡盤外,還有許多洛可可風的人偶商品,❶所在的QuartierF大樓地下樓層亦有Outlet。

陶器　　**MAP ◆ P.391-A1**
🏠 An der Frauenkirche 5
　(Hotel Hilton內)
☎ (0351) 8642964
🕐 週一~五　9:30~19:00
　週六・日・節日　9:30~18:00
💳 A D J M V
🚋 市區電車Theaterplatz徒步約5分。

Neustädter Markthalle

古典建築中眾多魅力商品聚集

位於新城區約百年前的古典建築內,構造類似市場,有超市及生鮮食材商店、雜貨店等各類商店進駐,可以在其中享受搜尋探訪的樂趣,地下街還有亞洲風味小吃店。

室內市場　　**MAP ◆ P.391-A1**
🏠 Metzer Str. 1
☎ (0351) 8105445
🔗 www.markthalle-dresden.de
🕐 週一~六8:00~20:00
　(部分店家營業時間不同)
❌ 週日・節日
💳 依店家而異
🚋 市區電車Albertplatz徒步約5分。

INFORMATION

世界最美的牛奶店

880年開幕的Dresdner Molkerei Gebrüder Pfund,因貼滿店內的美麗裝飾瓷磚而出名,是金氏世界紀錄認定的「世界最美牛奶店」,現在已成為知名觀光景點,吸引團體搭乘觀光巴士前來參觀。附設咖啡廳可品嘗乳製品。

🏠 Bautzner Str. 79
➡ Map P.391-A1外
🕐 週一~六10:00~18:00
❌ 週日・節日
🚃 市區電車11號
　Pulsnitzer Str.徒步約3分。
🔗 www.pfunds.de

小小的店內滿溢著濃郁起司味

MEMO Simmel Center二樓有東德博物館Die Welt der DDR(🔗www.weltderddr.de 🕐10:30~16:00 💰€7)陳述東德時代下的學校、職場、住所和娛樂的生活樣貌。

HOTEL ✦ 德勒斯登的住宿

德勒斯登的飯店在德國價格也算相當昂貴，特別是觀光區舊城區的許多大型高級飯店價格昂貴。中央車站附近有幾家中級飯店及青年旅館，耶誕市集期間相當熱門，建議最好早訂房。此外，住宿德勒斯登時，每人每晚須加收觀光稅。

H Kempinski Hotel Taschenbergpalais

5星級超豪華飯店

重建自奧古斯都強力王為了愛妃所興建的塔森伯格宮Taschenbergpalais，位於茨溫格宮前，觀光及欣賞歌劇都十分方便。附設室內泳池和健身房，無線網路免費。

最高級飯店　　　**MAP ◆ P.392**
住Taschenberg 3　D-01067
☎ (0351) 49120
FAX (0351) 4912812
URL www.kempinski.com/dresden
費⑤€165～　①€185～　早餐另計€35
card A D J M V
交市區電車Theaterplatz徒步約2分。

H Bilderberg Bellevue

位於新城區的高級飯店

建於易北河畔，可欣賞到對岸杉普歌劇院及茨溫格宮景致，易北河沿岸的房間擁有絕佳的舊城區視野。SPA內設有芬蘭式三溫暖與蒸氣三溫暖，無線網路免費。

高級飯店　　　**MAP ◆ P.391-A1**
住Große Meißner Str. 15　D-01097
☎ (0351) 8050
URL www.bilderberg.nl
費⑤①€99～　早餐另計€21
card A D J M V
交市區電車Neustädter Markt徒步約5分。

H Hilton

便於觀光的大型飯店

位於聖母教堂對面，並靠近《王侯馬列圖》壁畫等景點，相當方便。附設麥森瓷器賣店及高級和食餐廳「小倉」（週一與週日白天公休），無線網路在公共區域免費，在客房連線須收費。

高級飯店　　　**MAP ◆ P.391-A1**
住An der Frauenkirche 5　D-01067
☎ (0351) 86420
FAX (0351) 8642725
URL www.hilton.com
費⑤①€111～　早餐另計€23.50
card A D J M V
交市區電車Theaterplatz徒步約5分。

H Hyperion Hotel Dresden Am Schloss

充分享受氣氛優雅的飯店生活

面向德勒斯登王宮售票處所在的道路，可徒步前往舊城景點。客房氣氛優雅且舒適，備有免費無線網路。飯店離市區電車站有點遠，建議可搭乘計程車。

高級飯店　　　**MAP ◆ P.392**
住Schlossstr. 16　D-01067
☎ (0351) 501200
FAX (0351) 50120555
URL www.h-hotels.com/hyperion
費⑤①€115～　早餐另計€15
card A M V
交市區電車Altmarkt徒步約8分。

H Steigenberger Hotel de Saxe

舊城區景點位於徒步圈內

位於聖母教堂對面，擁有178間房的大型高級飯店，備有三溫暖和水療館，全館設有無線網路（免費）等，設備完善新穎，餐廳及酒吧氣氛絕佳。

高級飯店　　　**MAP ◆ P.391-B2**
住Neumarkt 9 D-01067
☎ (0351) 43860
URL www.desaxe-dresden.steigenberger.de
費⑤①€145～　早餐另計€25
card A D J M V
交市區電車Pirnaischer Platz徒步約5分。

MEMO 深受年輕背包客喜愛的青年旅館Hostel kangaroo-stop（住Erna-Berger-Str. 8-10 URL www.kangaroo-stop.de），從新城站徒步約3分，設備稍微老舊但乾淨。

Bülow Palais

優雅安靜的迷你飯店

改建自貴族宅邸的5星級迷你飯店，有飛梭SPA。附設的高級餐廳Carousel主餐€24～，營業時間為12:00～14:00、18:00～22:00，須預約。可使用無線網路（免費）。

高級飯店　　　MAP ◆ P.391-A1
住Königstr. 14　D-01097
☎ (0351) 80030
網www.buelow-hotels.de
費⑤①€165～　早餐另計€30
card A D M V
交市區電車Neustädter Markt徒步約5分。

Pullman Dresden Newa

中央車站前的方便飯店

緊鄰中央車站的現代高樓大型飯店，從北側的高樓層房間可一覽德勒斯登市區街景。現代化時髦客房內，設有落地窗及玻璃隔間淋浴間，無線網路免費。

高級飯店　　　MAP ◆ P.391-B2
住Prager Str. 2c　D-01069
☎ (0351) 4814109
FAX (0351) 4955137
網www.pullman-hotel-dresden.de
費⑤€95～　①€100～　早餐另計€19
card A D M V
交中央車站徒步約1分。

Kipping

車站附近的合理價位飯店

位於中央車站內側（市中心相反方向），徒步距離約3分鐘的中級飯店，並附設夜間營業餐廳。房間數量不多建議及早訂房，房間設備良好，櫃台開放時間6:30～22:00，無線網路免費。

中級飯店　　　MAP ◆ 地圖外
住Winckelmannstr. 6　D-01069
☎ (0351) 478500
FAX (0351) 4785099
網www.Hotel-Kipping.de
費⑤€75　①€85～　早餐另計€11
card A J M V
交中央車站徒步約3分。

Martha

安靜沉穩的客房頗受好評

位於新城區側，擁有50間房的3星飯店，客房裝潢沉穩舒適，全室禁煙，沒有空調（冷氣）無線網路免費。

中級飯店　　　MAP ◆ P.391-A1
住Nieritzstr. 11　D-01097　☎ (0351) 81760
FAX (0351) 8176222
網www.hotel-martha.de
費⑤€99～　①€115～　早餐另計€10
card A M V　交新城站徒步約8分

City-Herberge

便宜住宿飯店

全館共97間房的飯店&青年旅館，從中央車站搭往Wilder Mann方向的3號市區電車在Pirnaischer Platz下車，若從中央車站徒步前往約15分。青年旅館房型為樓層共用淋浴與廁所，無線網路免費。附設週一～五中午營業的餐廳，午餐價格約€5。

青年旅館　　　MAP ◆ P.391-B2
住Lingnerallee 3　D-01069
☎ (0351) 4859900　FAX (0351) 4859901
網www.cityherberge.de
費⑤①€86～、青年旅館房型⑤€42～　①€54～、另外還有3～4人房　早餐另計€7.50　card A M V
交市區電車Pirnaischer Platz徒步5分。

Jugendgästehaus Dresden

全館204間房，為薩克森邦最大的青年旅館

從中央車站搭7、10號市區電車在第2站Freiberger Str.下車，從車站徒步則約15～20分左右。入住時間為16:00～，退房～10:00，只住一晚須加收€3，無線網路僅提供公共區域使用（免費）。

青年旅館　　　MAP ◆ 地圖外
住Maternistr. 22　D-01067　☎ (0351) 492620
FAX (0351) 4926299　網www.dresden.jugendherberge.de
費附早餐€29～、27歲以上各加收€5
card M V

Jugendherberge Rudi Arndt

住宿青春藝術風格建築的青年旅館

從中央車站搭市區電車8號往Südvorstadt，或3號往Coschütz方向在第2站Nürnberger Platz下車，若從中央車站徒步也只需約10分鐘。耶誕節前後公休，提供無線網路（免費）。

青年旅館　　　MAP ◆ 地圖外
住Hübnerstr. 11　D-01069　☎ (0351) 4710667
FAX (0351) 4728959　網www.jh-rudiarndt.de
費多人房含早餐€23.50～、27歲以上€28.50～
card 不可

MEMO 沿著中央車站往東延伸的Strehlener Str.徒步約5分，a&o Dresden Hauptbahnhof飯店（網www.aohostels.com/de/dresden）提供飯店和青年旅館房型，實惠的價格深受背包客喜愛。

麥森

Meißen

也有Outlet

阿爾布雷希特斯堡與易北河風光

MAP ◆ P.387-A3	
人 口	2萬8200人
區域號碼	03521

ACCESS

從德勒斯登中央車站幾乎每30分鐘有1班前往麥森的S-Bahn1，車程約35分。

位於德勒斯登郊區的古都麥森，以歐洲最具代表性的高級瓷器而聞名世界。第二次世界大戰期間所幸未遭受太多損害，完整保留了古老建築街景，來到這裡可以一邊漫步在石板路上，一邊欣賞中世紀的浪漫古城風貌。

 漫遊

麥森有三個車站，從德勒斯登搭乘S-Bahn在第一個停靠站Meißn下車。

出了麥森車站後，沿著易北河沿岸的車站大街Bahnhofstr.往北徒步約5分鐘，便可看到易北河上有一座橋，從橋上遠眺山丘上的城堡與大教堂景致絕佳。過了橋往Elbstr.街走，即可抵達市中心市集廣場Markt，廣場上有著醒目人字形屋頂的市政廳Rathaus，與擁有麥森瓷器鐘琴的聖母教堂Frauenkirche，❶也正對廣場。

從城堡街Burgstr.的石板路往前走，接著順著Schlossstufen窄梯往上爬，可以一覽紅磚色建築林立的麥森

● **麥森有3個車站**

從德勒斯登出發的S-Bahn，依序停靠Meißen（麥森的主要車站）、Meißen-Altstadt（與購物中心直通，鄰近市中心，無人售票車站）、Meißen-Triebischtal（Ⓢ1的終點，無人售票車站）。

❶ **麥森的遊客中心**

🏠Markt 3 　D-01662 Meißen
☎(03521) 41940
🌐www.stadt-meissen.de
🕐4〜10月
週一〜五 　10：00〜18：00
週六・日 　10：00〜15：00
11〜3月
週一〜五 　10：00〜17：00
週六 　　　10：00〜15：00
（1月的週六公休）

● **麥森市中心的市區巴士 City-Bus**

🎫1日券€6
4〜10月10：00〜17：00有每30分鐘1班的小巴士行駛，從麥森瓷器製造所發車，可中途下車。
行駛路線為麥森瓷器製造所〜市集廣場〜阿爾布雷希特斯堡／大教堂〜市集廣場〜麥森瓷器製造所

● **聖母教堂塔樓**

🕐4〜10月的
週一〜六 　10：00〜16：00
週日 　　　12：00〜16：00
🎫€2.50

市中心市集廣場，左側建築物為市政廳

面向市集廣場的聖母教堂

● 大教堂
URL www.dom-zu-meissen.de
開 5～10月　　9：00～18：00
11～3月　10：00～16：00
4月　　10：00～18：00
禮拜中暫停開放參觀
（入場至閉館前30分為止）
費 €5、學生€3.50，與阿爾布
雷希特斯堡套票€13.50、學
生€10
5～10月期間週一～六12：00
起會有約20分鐘的管風琴演
奏會音樂會，聆聽音樂會須收€7
（學生€5）。

大教堂的綠意中庭

● 阿爾布雷特斯堡
URL www.albrechtsburg-meissen.
de
開 3～10月　10：00～18：00
11～2月　10：00～17：00
（入場至閉館前30分為止）
休 12/24、25，冬季部分日期休
館（不定期）
費 €10、學生€8，可使用
SchlösserlandKarte旅遊卡
（→P.399）

歐洲瓷器歷史開始於這個城堡內

雜貨店和餐飲店林立的城堡街

街景，穿過城門後便可看到剛剛從橋上看到的哥德式建築大教堂Dom，大教堂內則有知名的克拉納赫祭壇畫，內部至最裡面的迴廊對外開放參觀。

阿爾布雷希特斯堡Albrechtsburg的入口位於面向大教堂的左側最裡面，由於城堡近年剛修復完成，外觀看起來雖新，事實上擁有相當古老的歷史，這座城堡是建於15世紀的後期哥德樣式建築。1710～1864年城堡

初期哥德樣式建築的大教堂

中還曾經設置瓷器工廠，1865年後搬遷到市區郊外，至今仍然持續生產麥森瓷器。

而從橋通往順著Gerbergasse、Neugasse大道徒步約20～25分鐘，便可抵達國立麥森瓷器製造所Porzellan-Manufaktur Meissen，工廠與阿爾布雷希特斯堡間也有30分鐘1班的市區巴士（→P.404）往來。

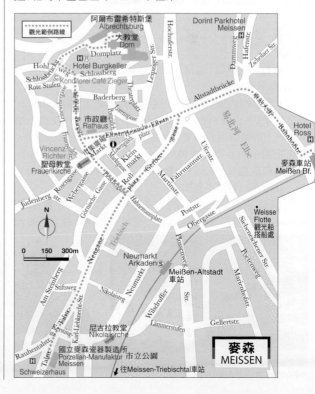

麥森
MEISSEN

主要景點

認識麥森瓷器 國立麥森瓷器製造所
Porzellan-Manufaktur Meissen ★★★

　　裡面分為參觀用工坊Schauwerkstatt與瓷器博物館 Meseum of MEISSEN Art（Porzellan Museum）兩處，門票為兩處共通。

　　1樓的參觀用工坊內有麥森瓷器實地製作流程展示，須參加導覽行程。行程每10分鐘1場，另外門票販售處也有販售工坊介紹手冊，參觀行程全程約30～40分鐘。

麥森瓷器世界的參觀用工坊與博物館，亦有Outlet

　　2、3樓的瓷器博物館則展出18世紀到現代共約3000件作品，瓷器的優美與工匠製作技術令人嘆為觀止。

　　1樓的直營精品店擺設了有如瓷器博物館般的豐富精美商品，並附

展示歷史名品的博物館

●國立麥森瓷器製造所 參觀用工坊
●瓷器博物館
(住)Talstr. 9
(URL)www.erlebniswelt-meissen. com
(開)9：00～17：00
　※團客多，觀光季（特別是夏季）人潮眾多，建議透過上述網站預約指定日期的導覽行程。
(休)12/24～26
(費)工坊與博物館共通券€12、學生€10

熟練的工匠技術

麥森瓷器的歷史

　　宮廷煉金術師波特格Johann Friedrich Böttger等人在1709年成功做出歐洲第一隻白色瓷器，是麥森瓷器歷史上的第一步。在此之前只有東方有能力製造的白色瓷器，在歐洲也成功燒製，領主們因而競相購賣。波特格的成功被稱為「白色黃金」，因而帶來莫大的財富。

　　當時招攬波特格的薩克森選帝侯奧古斯都一世（強力王），為了保守瓷器製造的祕密，要求波特格住在阿爾布雷希特斯堡內。1710年並在城堡內創設歐洲第一座皇家瓷器工廠，自此之後麥森便成為歐洲第一的瓷器生產地而舉世聞名。

　　麥森的貿易商標為交叉的藍劍，最受歡迎的設計則為鈷藍色的藍色洋蔥，德文稱為「Zwiebelmuster」，看起來像洋蔥的花紋其實是石榴與桃子圖案化後的花紋，最原始可追溯到中國。德勒斯登的茨溫格宮內的陶瓷器收藏中，便有麥森器原型的中國瓷器。而除了

色彩鮮豔的花紋瓷器外，不只是餐具，就連裝飾的擺飾人偶也都做工精緻。

　　造形及花紋繪製為傳統手工作業，從古到今支撐麥森名聲的都是這群技術純熟的工匠，每件作品都是以精細的手工作業製作，創造出纖細優雅的麥森瓷器，來到這裡不妨在瓷器的故鄉購買最值得紀念保存的精美紀念品。

藍色洋蔥花紋是麥森瓷器最有名的圖案

在1樓的咖啡館內可品嘗麥森塔，是以奶油製作的樸實風味

設暢貨中心販售二級品（價格後會標示II.），接受各家信用卡刷卡付款，並可辦理退稅手續。基本上可受理寄送到海外的郵寄服務，不過手續繁雜且運費和保險費昂貴，建議最好自行攜帶回國。

在博物館內的暢貨中心享受挖寶樂趣

推薦的餐廳&住宿 ✦ RESTAURANT & HOTEL

R Vincenz Richter

MAP ◆ P.406

住An der Frauenkirche 12
☎（03521）453285　FAX（03521）453763
URL www.vincenz-richter.de
營週三・四17：00～22：00、週五・六12：00～22：00
休週日・一・二、冬季部分日期公休（不定期）　card ADMV

由1523年原織品工匠的聚會場所改建而成的葡萄酒餐廳歷史悠久，餐廳相當熱門，建議最好事先訂位。店內有創始人收集的中世紀武器和拷問刑具等，此外還裝飾著波特格呈給奧古斯都強力王報告「成功燒製歐洲第一只白瓷器」的親筆書信等，收藏品有如博物館般豐富。加入果實的葡萄酒奶酪Weincreme甜點（€8）超級美味！

C Konditorei Café Zieger

MAP ◆ P.406

住Rote Stufen 5　☎（03521）453147
營週二～日12：00～17：00
休週一、12/24・25・26・31、1/1　card 不可

以自製超大圓形空心麵包Meißner Fummel聞名，創業於1844年、擁有悠久歷史的咖啡館。過去為了防止載運麥森葡萄酒和瓷器到德勒斯登的馬車夫們，在運送途中因打瞌睡而弄壞了珍貴的物品，因而在奧古斯都強力王的提案下，製作了只有外皮的麵包一同運送，若是脆弱的麵包完整抵達，則其他物品也不會有問題，據說就是這種麵包的由來。咖啡店就位於往城堡的入口處。

H Dorint Parkhotel Meissen

MAP ◆ P.406

住Hafenstr. 27-31　D-01662
☎（03521）72250　FAX（03521）722904
URL hotel-meissen.dorint.com/de
費S €83～　T €106～　早餐另計€18　card AJMV

位於易北河岸的阿爾布雷希特斯堡對岸，有如住宅區突然出現的夢幻城堡飯店，大廳位於本館並設有餐廳、三溫暖等，無線網路免費。

H Hotel Ross

MAP ◆ P.406

住Großenhainer Str. 9　D-01662
☎（03521）7510　FAX（03521）751999
URL www.hotelrossmeissen.de
費S €105～　T €122～　card MV

位於車站斜對面，創業於1898年的4星級飯店，有各類房型，無線網路免費。

H Romantik Hotel Burgkeller

MAP ◆ P.406

住Domplatz 11　D-01662
☎（03521）41400　FAX（03521）41404
URL www.burgkeller-meissen.de
費S €100～　T €150～　card AMV

鄰近大教堂，創業於1881年的歷史老牌飯店，客房只有10間，附設視野絕佳的餐廳與啤酒花園相當熱門，無線網路免費。

整個村莊有如玩具箱一般優美

賽芬

Seiffen

耶誕季的住家窗邊

玩具博物館內展示賽芬誕生的歷史作品

　　賽芬鄰近捷克國境，位於薩克森邦艾爾茲山脈中部的尾端。有著700年以上歷史的這個山區小鎮，從錫礦山的開採揭開了城鎮發展序幕。錫的開採開始於1480年左右，之後便順利發展，但由於之後挖掘量減少與便宜的進口錫加入市場，直接衝擊到賽芬的產業，1849年錫礦山終告熄燈。

　　而錫礦盛產當時城鎮依然可見繁榮光景時，礦工們以製作玩具作為副業，廢礦後便一躍成為主要產業。

　　有如童話繪本場景的賽芬，一年中最熱鬧的時節便是耶誕節。在黃昏時刻漫步街頭，便可看到民宅的窗戶上裝飾著色彩獨特的弓形燈飾、胡桃鉗玩偶，以及因蠟燭的熱度而迴轉的耶誕金字塔所散發的光芒從黑暗中浮現。這些窗戶裝飾的燈光，據說是過去為了一整天待在黑暗地下礦山的礦工們，以溫暖的燈光迎接他們回家的貼心行動，而現在這些燈飾則成為迎接旅人的溫暖光芒。

MAP ◆ P.387-B3

人　口	2100人
區域號碼	037362

ACCESS

火車與巴士：從凱姆尼茲搭普通列車約1小時10分，在Olbernhau-Grünthal下車，接著轉搭453號巴士到約15分鐘路程的Kurort Seiffen Mitte, Seiffen（Erzgebirge）下車便是❶前方的交叉路口。

從德勒斯登搭乘RE快速列車約30分在Freberg（Sachs）下車，轉搭737號巴士約1小時10分。此外可以在有前往賽芬巴士的車站換車，不過班次都很少，交通不算方便。

世界遺產
厄爾士山脈（Krušné hory）礦區

❶賽芬的遊客中心
⊞Hauptstr. 73（玩具博物館內） D-09548 Seiffen
☎(037362)8438
📠(037362)76715
🌐www.seiffen.de
🕐週一～五　10：00～17：00
　週六　　　10：00～14：00

聳立市中心的可愛標誌

賽芬
SEIFFEN

往車站（沒有列車行駛）

Bahnhofstr.

Jahnstr.

玩具博物館
Spielzeugmuseum

Elbgericht
Buntes Haus

Ⓢ Wendt & Kühn

Hauptstr.

Seiffener Hof

豪浦特街 Hauptstr.

Ⓡ Gaststätte
Holzwurm

教堂

Deutschneudorfer S

Hauptstr.

往戶外博物館

Nußknackerstr.

0　100　200m

📝MEMO Wendt & Kühn是艾爾茲山脈地區的代表性木製人偶工坊，以可愛天使的管弦樂團聞名，在市中心設有商店。
⊞Hauptstr. 97 🌐www.wendt-kuehn.de 🕐10：00～17：00

409

漫遊

賽芬的主要大街豪浦特街Hauptstr.上，設有玩具博物館Spielzeugmuseum，展示了古老懷舊的玩具、現代玩具工匠代表作品，以及華麗的耶誕金字塔等收藏品。博物館位於市中心往東約2.5km、徒步約30分鐘處，另外還有玩具博物館的分館戶外博物館Freilichtmuseum。腹地內有許多製造木頭玩具使用的木材作業場及水車小屋、玩具工匠的工坊等。此外還有在遊客面前示範以轉輪製作

玩具博物館展示室中央的耶誕金字塔

賽芬獨特玩具的小屋。

村內共有數家玩具工坊，除可參觀玩具製造過程外並附設商店，可以在❶索取介紹參觀。可以在賽芬遊客中心的網站上查詢相關資訊。

耶誕節期間時宛如童話國度

●玩具博物館
住Hauptstr. 73
URLwww.spielzeugmuseum-seiffen.de
開10：00～17：00
休12/24
費€7、學生€5、與戶外博物館的套票€10

●戶外博物館
住Hauptstr. 203
開10：00～17：00
（窗口12：30～13：00關閉，11～3月只在天氣良好時營業～16：00）
休12/24・25・31、1/1
費€6、學生€4.50

推薦的餐廳
R Gaststätte Holzwurm
住Hauptstr. 71A
☎(037362)7277
URLwww.holzwurm-seiffen.de
營11：00～22：00（點餐～20：00）
位於玩具博物館停車場正面處，店內有許多木頭玩具裝飾，相當可愛，鄉土料理菜單豐富，價格合理。

推薦的住宿
H Elbgericht Buntes Haus
住Hauptstr. 94
URLwww.buntes-haus.com

H Seiffener Hof
住Hauptstr. 31
URLwww.seiffener-hof.com

HISTORY

世界遺產　厄爾士山脈礦區

2019年登錄為世界遺產的厄爾士山脈礦區（捷克語為Krušné hory），位於德國與捷克的邊境，作為貴重的礦石產地而繁榮

厄爾士山脈南部中心的安娜貝格・布赫霍爾茨

興盛。12世紀時，厄爾士山脈北部的弗萊堡Freiberg近郊陸續發現銀礦、錫礦和鉛，以及鈾等，發展成珍貴礦物資源的寶庫。

礦業持續至20世紀前，之後漸漸地衰退，轉型成也在賽芬介紹過的、以製造礦山相關主題的木製玩具和工藝品。此外，於弗萊堡、安娜貝格・布赫霍爾茨Annaberg-Buchholz等地舉行的礦工大遊行Bergparade也相當有名，可以得知當地在文化上與礦山的連結也十分深厚。

包岑

Bautzen

盧薩蒂亞地區的
復活節彩蛋

從Friedensbrücke橋上眺望塔之城鎮──包岑

德國東部、捷克與波蘭國境附近的盧薩蒂亞Lausitz，為德國少數民族居住的地方，包岑為其中心都市，約有4萬名索布人居住。

德語的道路標誌下標示有索布語

主要景點位在車站徒步約15分鐘處的舊城區，出車站後在與鐵道平行的Tzschirnerstr向左（西）前進，接著在Neusalzaer Str.寬廣大路右轉（北）步行約5分，左側便是名為Friedensbrücke的橋樑，從這座橋上眺望城堡與城鎮的景色十分宜人。回到上來時的道路，繼續往北前進來到城市中心的廣場Hauptmarkt。市政廳Rathaus和聖彼得大教堂 Dom St. Petri矗立在廣場上，順著大教堂後面向北延伸的斜坡Schloßstr.，就來到了舊城區的最高點奧爾騰堡Ortenburg，城堡深處有座索布博物館Sorbisches Museum，展示了該地區的各種民族服飾和裝飾過的復活節彩蛋，可以了解索布文化和歷史。

MAP ◆ P.387-A4

人　　口	3萬8000人
區域號碼	03591

ACCESS

火車：從德勒斯登搭私鐵TLX（可使用火車通行證）約50分。

❶包岑的遊客中心
🏠Hauptmarkt 1　D-02625
☎ (03591) 42016
📠 (03591) 327629
🔗www.bautzen.de
🕐4～10月
　週一～五　　9：00～17：00
　週六・日　　9：00～15：00
　11～3月
　週一～五　　9：00～17：00
　週六　　　10：00～15：00

●索布博物館
🏠Ortenburg 3　D-02625
🔗sorbisches-museum.de/
🕐週二～日　　10：00～18：00
🚫週一、12/24・25・31
💰€5

推薦的餐廳

🅁Sorbisches Restaurant Wjelbik
🏠Kornstr. 7
☎ (03591) 42060
🔗www.wjelbik.de/sorbisches-restaurant-lausitz
🕐週二～六11：00～15：00、17：30～22：00
🚫週日・一
提供索布料理，肉料理也以索布風調理，亦有品質佳的魚料理，主餐約€16.40～

加入類似雞豆豆腐的食材，所調製的索布風婚宴湯品Sorbische Hochzeitssuppe €6.70

左／索布博物館的入口　右／可愛的居民女孩

 奇幻小説作品《鬼磨坊》（作者奧飛・普思樂Otfried Preußler）便是以流傳於盧薩蒂亞地區的巫師和鬼磨坊的民間故事為基礎所著，閱讀此作可以增加該地的印象，據說《神隱少女》也受其影響。

用罌粟籽製成的名產
罌粟籽蛋糕

格爾利茨

華麗的建築街景傳遞昔日繁華榮光的國境之都

Görlitz

格爾利茨

柏林
★
法蘭克福 ● 格爾利茨
慕尼黑 ●

MAP ◆ P.387-A4

人 口	5萬5800人
區域號碼	03581

ACCESS

火 車：從德勒斯登搭私鐵
TLX約1小時20分，從包岑約
30分。

❶格爾利茨的遊客中心
⊞Obermarkt 33　　D-02826
☎(03581) 421362
URL www.goerlitz-tourismus.
　　de
開週一～五　　9：30～17：00
　週六　　　　9：30～16：00
　依季節變更

●西利西亞博物館
⊞Schönhof, Brüderstr. 8
URL www.schlesisches-
　　museum.de
開週二～四　10：00～17：00
　週五～日　10：00～18：00
　（冬季縮短營業時間）
休週一　費€7

推薦的住宿

Ⓗ Parkhotel Görlitz
⊞Uferstr. 17 f D-02826
☎(03581) 6620
URL parkhotel-goerlitz.de
費⑤€96～　①€97～
　早餐另計
card ⒶⒹ ⒿⓂⓋ
眺望市立公園和尼薩河景致4
星級飯店，無線網路免費。

從尼薩和對岸的波蘭欣賞彼得教堂

　　從車站前的柏林街Berliner Str.直走，沿著市區電車路線
走便可抵達市中心。

　　聖母教堂Frauenkirche前的建築物格爾利茨百貨商店
Kaufhaus Görlitz，於1913年竣工，2009年關門後，因作為電
影《布達佩斯大飯店》（2013）的拍攝地而聞名。

　　格爾利茨基本上沒有受到戰爭的破
壞，因此保留了許多輝煌的古老建築，
並且經常被用作電影的拍攝地點，也被
稱為「格爾嗚Görliwood」。

　　主要景點聚集在上市集Obermarkt和
下市集Untermarkt兩個美麗廣場及其周
邊。 面向下市集廣場上的西利西亞博
物館 Schlesisches Museum，為格爾利茨
最華麗的建築之一，展出了波蘭、捷克
和德國等西利西亞地區的美術工藝品。

文藝復興時期建築物內的
西利西亞博物館

　　城市東側的彼得教堂Peterskirche下的尼薩河Neiße流過
波蘭和其邊境，可自由往對岸的波蘭城市（須持護照）。

Excursion → 鄰接德國、捷克、波蘭3國的國境之都
齊陶 Zittau

　　從格爾利茨搭私鐵OE約35分的小城市齊陶
Zittau（●Map P.387-A4），於13世紀時因織品
業與貿易而繁榮。市中心的市集廣場Marktplatz
往東約2km為波蘭，往南約5km則為捷克國
境。從車站正面的車站大街Bahnhofstr.徒步約
500m，便可看到順著環繞舊城區城牆遺跡所建

的環狀道路，
市區的主要景
點都集中在內
側。

市中心市集廣場上的市政廳

以不來梅樂隊聞名的城市不來梅，是童話之路北方的終點

Bremer Stadtmusikanten

童話之路
Deutsche Märchenstraße

哥廷根的牧鵝少女雕像

格林兄弟度過少年
時期的史坦瑙之家

不來梅著名的料理Bremer
Pinkel，冬天時會以香腸搭
配燉煮過的蔬菜Grünkohl

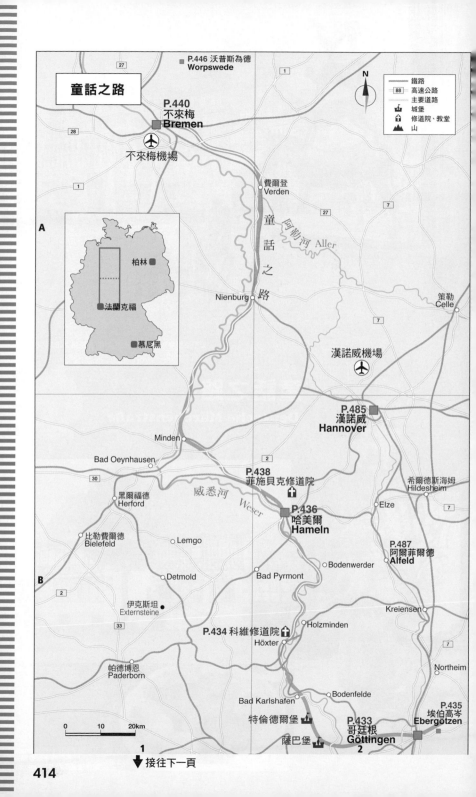

童話之路

P.446 沃普斯為德
Worpswede

P.440
不來梅
Bremen

不來梅機場

費爾登
Verden

童話之路

阿勒河 Aller

A

柏林

法蘭克福

慕尼黑

Nienburg

策勒
Celle

漢諾威機場

P.485
漢諾威
Hannover

Minden

希爾德斯海姆
Hildesheim

Bad Oeynhausen

P.438
菲施貝克修道院

Elze

黑爾福德
Herford

威悉河 Weser

P.436
哈美爾
Hameln

比勒費爾德
Bielefeld

Lemgo

P.487
阿爾菲爾德
Alfeld

B

Detmold

Bad Pyrmont

Bodenwerder

伊克斯坦
Externsteine

Kreiensen

P.434 科維修道院

Holzminden

Northeim

帕德博恩
Paderborn

Höxter

Bad Karlshafen

Bodenfelde

P.435
埃伯高岑
Ebergötzen

特倫德爾堡

P.433
哥廷根
Göttingen

薩巴堡

圖例

鐵路
88 高速公路
主要道路
城堡
修道院、教堂
山

N

0 10 20km

1
接往下一頁

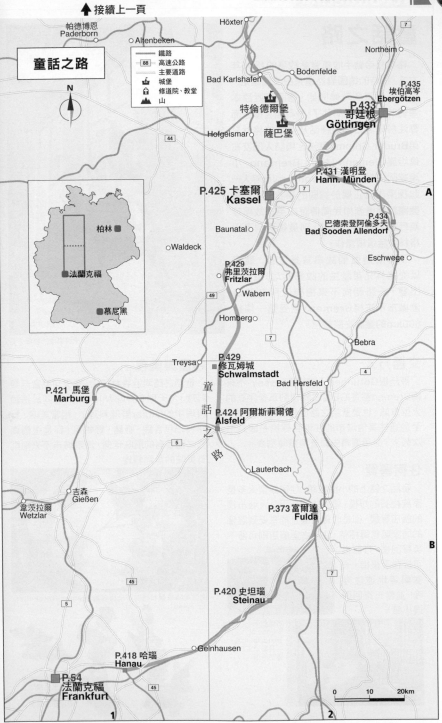

▲接續上一頁

童話之路

N

鐵路
88 高速公路
主要道路
城堡
修道院、教堂
山

帕德博恩
Paderborn

Altenbeken

Höxter

Northeim

7

Bodenfelde

Bad Karlshafen

特倫德爾堡

P.435
埃伯高岑
Ebergötzen

P.433
哥廷根
Göttingen

Hofgeismar

薩巴堡

P.431 漢明登
Hann. Münden

A

柏林

P.425 卡塞爾
Kassel

Baunatal

P.434
巴德索登阿倫多夫
Bad Sooden Allendorf

法蘭克福

Waldeck

P.429
弗里茨拉爾
Fritzlar

Eschwege

慕尼黑

Wabern

49

Homberg

7

Bebra

4

Treysa

P.429
修瓦姆城
Schwalmstadt

Bad Hersfeld

P.421 馬堡
Marburg

童
話
之
路

P.424 阿爾斯菲爾德
Alsfeld

5

吉森
Gießen

Lauterbach

韋茨拉爾
Wetzlar

P.373 富爾達
Fulda

B

45

P.420 史坦瑙
Steinau

5

P.418 哈瑙
Hanau

Gelnhausen

P.54
法蘭克福
Frankfurt

45

0   10   20km

1   2

童話之路

　　格林兄弟動手收集童話故事的1806年左右，這時的德國雖然還是由法國統治，但也是從這個時候開始，德國百姓原本薄弱的國家意識萌芽了，身為語言學家而專注於研究日耳曼神話及傳說的格林兄弟Brüder Grimm，就決定與詩人朋友布倫坦諾Clemens Maria Brentano、小說家阿爾尼姆Achim von Arnim等人一起探索出真正屬於德國的事物。以蒐羅德國精神遺產如民間傳說或英雄故事等為目的而發起的活動，到最後更孕育出格林童話這項傑作。

　　了解清楚整個故事背景之後，就可以從格林兄弟誕生的故鄉哈瑙Hanau出發，一路朝向不來梅樂隊所在的海港城市不來梅Bremen，感受這一條約600km的童話之路旅程。

不來梅樂隊的雕像必看

交通方式

　　哥廷根Göttingen、卡塞爾Kassel、不來梅Bremen都是ICE或IC特快列車會停靠的大型車站，也是童話之路旅程的重要據點，至於通往其他城市的在地路線則是因為班次較少，必須要事先詳查清楚時刻表。

住宿導覽

　　童話之路上的小型城鎮，住宿類型大多是家族經營的規模，儘管設備比不上大城市裡的飯店等級，卻是收費低廉且能享受到溫馨的居家氣息與招待，住宿古堡飯店則可留下美好回憶。推薦也可以在不來梅、卡塞爾等地連住幾晚，並當天來回周邊小鎮。

古堡飯店
Burghotel
Trendelburg為
《長髮公主》插
畫的原型

名產與美食

　　童話之路附近森林茂密，夏天可品嘗菇類料理，冬天則有野味Wild料理（等同於法國料理中的Gibier野味料理），相當美味，野味料理包含鹿、野豬、野鴨等，都是這個森林之國特有的風味佳餚，海港城市不來梅則有美味的魚類料理。

提供美味魚類料理的不來梅餐廳Bremer Ratskeller
（→P.445）

不來梅的紀念品
以不來梅樂隊為
主，哈美爾則是
老鼠商品最多

MEMO 童話之路上最推薦的古堡飯店就屬Burghotel Trendelburg（囲Steinweg 1 D-34388 Trendelburg ◆Map P.415-A2 ☎(05675) 9090 ∰www.burg-hotel-trendelburg.com），格林童話《長髮公主》的插畫便是以該 ↗

格林童話世界

廣受全球讀者喜愛的格林童話，其實是在1812年的耶誕節時，以《兒童與家庭童話集》的名稱出版，但僅印製出900本，然而初版卻因為故事內容太過驚悚與色情，而被嚴厲批評並不適合兒童閱讀。這些蒐集而來的童話故事，大多數都是邊聽村人口述邊抄寫下來的，為了照顧到小讀者，格林兄弟重新一一予以潤飾或改寫，等到1857年的第7版問世時，已經變成了與初版完全截然不同的童話集了。

在格林童話故事當中，許多都是由在法國遭到迫害而遷徙至德國的胡格諾Huguenot（德文為Hugenotten）這些新教徒們的口耳相傳，因此造成有不少內容如「小紅帽」等，與法國作家夏爾‧佩羅Charles Perrault的童話集重複，但是能以德國人心靈故鄉所在的森林為背景舞台，包含了一個又一個精采故事的格林童話集，依舊被讚揚為是德國文學的雛形。

格林兄弟的一生（簡歷）	
1785～86	擔任地方官吏的父親，一共生下6名子女，而長子雅各Jacob、次子威廉Wilhelm誕生於哈瑙。
1791	舉家搬到史坦瑙。
1798	兄弟兩人為了就讀文理中學而搬遷至卡塞爾。
1802～03	在馬堡的大學攻讀法律。
1806	卡塞爾遭法國軍隊占領。
1809	與詩人歌德結為好友。
1812	出版《兒童與家庭童話集》。
1814～15	威廉成為皇家圖書館管理員，身為外交官的雅各則是出席了維也納會議；開始向居住於卡塞爾的婦女收集各種傳說與童話故事。
1825	威廉結婚。
1830	成為哥廷根的大學教授。
1838	返回卡塞爾（雅各）。
1852	兄弟兩人專注在學術研究上。
1854	《德語辭典》完成至「F」（100年之後，再由哥廷根文學院接下來完成至「Z」）。
1859	73歲的威廉逝世於柏林。
1863	雅各過世，葬於柏林的威廉墳墓旁。

城堡為原型。同樣為古堡飯店的薩巴堡Sababurg，5～10月的週五～日及節日可自由參觀城堡外和庭園。詳細資訊www.erlebnis-sababurg.de

格林兄弟雕像

格林兄弟誕生的城市

哈瑙

Hanau

柏林

法蘭克福 ★哈瑙

慕尼黑

MAP ◆ P.415-B1

人　口	9萬7100人
區域號碼	06181

ACCESS

火車：法蘭克福中央車站
（地下月台）搭乘S-Bahn
Ⓢ8或9到哈瑙中央車站約30
分；法蘭克福中央車站的地
面月台（停靠中、長程列車）
搭乘RE快速列車則約20分，
ICE特快列車則約15分（也
有不停站的ICE列車）；經過
哈瑙西站的RB、RE快速列車
（法蘭克福中央車站出發，
所需時間約25分）班次很
少，要多加注意。

ℹ **哈瑙的遊客中心**
🏠 Am Freiheitsplatz 3
☎ (06181) 5086817
🌐 www.hanau.de
🕐 週一～六　10:00～14:00
　 週四　　　14:00～18:00

● **市集廣場的露天市集**
週三・六的6:00～14:00間會
推出露天市集，林立著蔬菜、
鮮花等攤販，在耶誕節來臨時
則會成為耶誕市集的會場。

● **金工之家**
🏠 Altstädter Markt 6
🕐 週二～日　11:00～17:00
🚫 週一
💰 €3、學生€2

醒目又氣派的木造工藝館

聳立於市政廳之前的格林兄弟雕像

　　格林兄弟Brüder Grimm誕生的故鄉哈瑙，就座落於法蘭克福Frankfurt am Main以東大約20km處，作為法蘭克福的衛星城市，哈瑙可說是座現代化的大城市而令人相當意外，但是只要來到城市中心所在的市集廣場，紅磚色市政廳與相對而建的教堂就能令人感受到古色古香的德國氛圍，而且彷彿要高聲向世人宣告此地正是童話之路的出發點所在，誕生於這座城市的雅各與威廉這一對格林兄弟的雕像，就聳立於市集廣場之上。

 漫遊

　　距離哈瑙城市中心地帶最近的火車站，就是哈瑙西站Hanau Westbahnhof，只是停靠的車班很少，除了車票的自動售票機之外什麼都沒有。走下月台的階梯後，順著鐵軌橋下的Vor dem Kanaltor道路往東北方向行進，再朝商店林立的Römerstr.街走就能來到城市重心的市集廣場Marktplatz。

　　ICE或IC特快列車會停靠且設備完善的是哈瑙中央車站Hauptbahnhof，攜帶大型行李時，最好是能夠利用這一座火車站，而在中央車站前搭乘1、2、5號巴士（5號巴士於週日・節日停駛），則是可以直抵市中心的市集廣場。聳立於廣場北面的建築物是市政廳Rathaus，在背後是ℹ。

　　作為巴士總站的自由廣場Freiheitsplatz上，原本有著格林兄弟的老家，卻因為第二次世界大戰而破壞殆盡，幸好在附近不遠的長街Langstr. 41號，還留有一塊門牌告訴大家，兄弟兩人擔任畫家的弟弟路德維希·格林Ludwig Grimm的故居就在這裡。自由廣場以北處，則是有著一棟氣派的木造工藝館——金工之家Goldschmiedehaus，展示著這一帶所製造出產的金銀飾品。

主要景點

市集廣場與格林兄弟雕像
Brüder Grimm-Nationaldenkmal auf dem Marktplatz　★★★

攤開書本坐下來的是弟弟威廉Wilhelm，站立在一旁的則是哥哥雅各Jacob，這一尊雕像是向全德國民眾募款集資後，於1896年完成的。在雕像的基座下則刻有身為語言學家

並編撰童話故事的格林兄弟姓名，另外還有著標示此地為童話之路出發起點的告示牌。

童話之路出發點的標示牌

雕像表現出彷彿要照顧坐在椅子上體弱的弟弟威廉般，哥哥雅各就站在一旁守護著

菲利浦宮殿
Schloss Philippsruhe　★★

菲利浦宮殿是座落於城市西南地區的巴洛克風格城堡，內部規劃成哈瑙博物館並開放參觀，有著格林兄弟相關遺物的展示廳千萬不能錯過，這裡還有著一座氣氛極為優雅的咖啡館。

●菲利浦宮殿
住Philippsruher Allee 45
開週二〜日　11：00〜18：00
休週一、耶誕節、年底年初
費€4、學生€3
市集廣場搭乘5或10號巴士至Schloss Philippsruhe下車。

上／菲利浦宮殿的庭園
右／展示著格林兄弟愛用的手提包、大衣外套

金工之家
Goldschmiedehaus
Marien-K.
Nordstr.
自由廣場
Freiheitsplatz
Mühlstr.
Hotel-Café Menges
市政廳
Rathaus str.
格林兄弟雕像
市集廣場
Marktplatz
Nürnberger Str.
Röderstr.
Grimer Weg
Kurt
Blaum-Pl.
Leipziger Str.
哈瑙西站
Westbahnhof
Gärtnerstr.
Am Steinheimer Tor
PLAZAHOTEL
Hanau
Friedrich-
Ebert-Anlage
Friedrichstr.
Akademiestr.
Willy-Brandt-Str.
往法蘭克福
往菲利浦宮殿約2km
Nußallee
Langstr.
Krämer-
Römerstr.
Zum Riesen
Westbahnhofstr.
Konrad-
Adenauer-Str.
Mainstr.
Westerburgstr.
Hanau-
Steinheim
Main
哈瑙中央車站
Hauptbahnhof

哈瑙
HANAU
N

0　200　400m

推薦的住宿 ✦ HOTEL

※法蘭克福有會展時會漲價。

H Zum Riesen
MAP ◆ P.419

住Heumarkt 8　D-63450
☎(06181) 250250　FAX(06181) 250259
URL www.Hanauhotel.de
費S€90〜　T€110〜　card J M V

這是間拿破崙在1812年曾經下榻過的旅館，由留學過日本的老闆所經營，約半數房間備有冷氣，提供無線網路（免費）。

H PLAZAHOTEL Hanau
MAP ◆ P.419

住Kurt-Blaum-Platz 6　D-63450
☎(06181) 30550　FAX(06181) 3055444
URL www.plazahotels.de
費S€75〜　T€94〜　早餐另計€12　card A D M V

擁有145間客房的大型飯店，從中央車站搭乘10或20號巴士至Kurt-Blaum-Platz下車。提供無線網路（免費）。

来探訪格林兄弟幸福的少年時光

史坦瑙

Steinau an der Straße

木偶劇場的人偶們

現為博物館的格林兄弟故居

柏林

★史坦瑙

法蘭克福

慕尼黑

MAP ◆ P.415-B2

人　口	1萬900人
區域號碼	06663

ACCESS

火車：搭乘RE快速列車從法蘭克福中央車站出發，需時約55分；從哈瑙出發大約30分。Steinau an der Straße是城市的正式名稱，在DB的時刻表等上面則會標記為Steinau（Straße）。

❶史坦瑙的遊客中心
🏠Brüder-Grimm-Str. 70
D-36396
Steinau an der Straße
☎(06663) 97388
📠(06663) 97389
🌐www.steinau.eu
🕐週一〜四　8：30〜12：00
　　　　　　13：30〜16：00
　週五　　　8：30〜13：00
4〜10月週六・日13：00〜
15：00間也會開放。

●格林兄弟故居
🏠Brüder-Grimm-Str. 80
🌐www.brueder-grimm-
haus.de
🕐10：00〜17：00
休12/24・25・31・1/1
費€6（也可參觀隔壁的史坦瑙博物館）

　　四周圍群山環繞，城市裡還有金齊希河Kinzig流淌而過的史坦瑙，是一座非常悠閒的城市，在格林兄弟哥哥雅各6歲、威廉5歲的時候，一家人就從哈瑙搬遷到這裡來，由於史坦瑙還是格林兄弟父親的故鄉，兩人也在這裡度過了無比愉快的5年少年時光。

　　由火車站至市中心大約20分鐘步程，只要不是攜帶大件行李的話，不妨嘗試一下漫步於寧靜街道間的輕鬆體驗。

　　只要沿著格林兄弟街道Brüder-Grimm-Str.往前走，就能來到格林兄弟故居Brüder Grimm-Haus，兄弟倆的父親因為擔任地方法官一職，因此這一棟房屋不僅是法院也是法官的宅邸，全家從1791〜1796年都住在這裡，如今則展示著格林一家人的相關事物，在隔壁還有著介紹史坦瑙歷史與文化的史坦瑙博物館Museum Steinau。

　　繼續沿著格林兄弟街道走下去，右手邊的廣場就是城市中心所在，隔著噴水池相對而建的則為市政廳Rathaus。

　　廣場的南端則聳立著文藝復興樣式的城堡Schloss，內部規劃成博物館，還有著一間格林紀念廳。

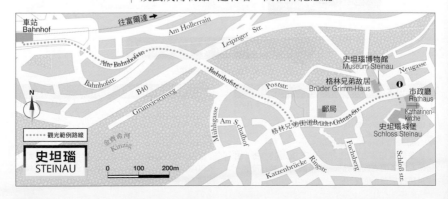

車站
Bahnhof

往富爾達➡

Am Hollerrain

Leipziger Str.

Alte Bahnhofstr.

Bahnhofstr.

B40

Grünwiesenweg

金齊希河
Kinzig

Mühlgasse

Am Schalhof

Bahnhofstr.

Poststr.

格林兄弟街道Brüder-Grimm-Str.

史坦瑙博物館
Museum Steinau

Neugasse

格林兄弟故居
Brüder Grimm-Haus

郵局

市政廳
Rathaus

Katharinen-
kirche

史坦瑙城堡
Schloss Steinau

Fuchsberg

Ringstr.

Schloß str.

Katzenbrücke

N

•••• 觀光範例路線

史坦瑙
STEINAU

0　　100　　200m

420

馬堡

Marburg

紀念板紀錄格林兄弟曾居住於此

坡道相當多的舊城區

創立於1527年的馬堡大學，是一所格林兄弟、哲學大師馬丁·海德格爾等名人就讀過的名校，因此馬堡也成了學生交織如雲的大學城，舊城區裡書店、咖啡館林立，甚至讓學生小酌一杯的酒館也不少，不妨沿著斜坡漫步而遊。

 漫遊

從火車站到舊城區中心所在的市集廣場Markt大約1km，一路皆屬爬坡路段，建議搭乘巴士代步，市區巴士1、4、7號都會經過舊城區旁的Rudolphsplatz停靠站，在站牌前則設置有登上市集廣場的免費電梯。

若選擇以徒步的方式出發，能夠先參觀這座城市最重要的伊莉莎白教堂Elisabethkirche，再沿著和緩的坡道Steinweg往上走，道路的名稱一路上會變更成Neustadt、Wettergasse，就來到市集廣場Markt，看到「城堡Schloss」的標誌再隨著階梯上去，經過聖瑪利亞教堂St. Marien後，最後就能夠抵達伯爵城堡Landgrafenschloss，站在這裡可以欣賞到無與倫比的城市景致。

由伯爵城堡朝向市區下山時，只要沿著Ludwig-Bickell-Treppe、Ritterstr.街走就可以回到市集廣場，在這座廣場上有著文藝復興建築風格的市政廳Rathaus，架設於屋頂的機關大鐘，每個小時都會響起悠揚的審判喇叭聲。馬堡市區裡優美迷人的街道包括舊城區的Barfüßerstr.街，市集廣場往東行的Marktgasse、Reitgasse等，而格林兄弟當年曾經下榻過的宿舍就在Barfüßerstr.街上，房屋外牆上還有著一塊紀念板。

格林兄弟於1802～1805年居住的故居

柏林

★馬堡

•法蘭克福

慕尼黑

MAP ◆ P.415-B1

人　口	7萬6400人
區域號碼	06421

ACCESS

火　車：法蘭克福搭乘ICE特快列車到馬堡（蘭河）Marburg（Lahn），約1小時；卡塞爾·威廉車站出發搭乘IC特快列車，約1小時。

❶馬堡的遊客中心

🏠Biegenstr.15
　D-35037　Marburg
☎(06421) 99120
📠(06421) 991212
🌐www.marburg-tourismus.de
🕐週一～五　　9:00～18:00
　週六　　　10:00～14:00
🚫週日·節日

市政廳是一棟彷彿從格林童話中走出來的建築物

●市區交通
關於巴士車資，從火車站至❶附近的Rudolphsplatz，單次乘車券Einzelfahrkarte€2.30，1日乘車券Tageskarte€4.50。

●伯爵城堡
（大學文化史博物館）
住Schloss 1
URL www.uni-marburg.de/de/
museum
開週二～日 10：00～18：00
（11～3月～16：00）
入場至閉館前30分為止
休週一
費€4、學生€3（僅限常設展，
特展期間票價可能調高）

馬丁·路德進行宗教大辯論的舞台 **伯爵城堡**
Landgrafenschloss　　　　　　　　　★★

　　伯爵城堡建造在山丘之上，視野非常開闊，伊莉莎白的女兒在原本圖林根伯爵的城堡舊址上開始了興建工程。而1529年時，馬丁路德與茲文利、梅蘭希通等人就是在這裡進行宗教大辯論。城堡內部則是當作大學文化史博物館Universitätsmuseum für，開放給遊客參觀。

聳立於山丘上的伯爵城堡

站在拉恩河對岸眺望伯爵城堡

Wettergasse街上有著精采木造裝飾的茶館

Barfüßerstr.街上可愛商店林立

馬堡
MARBURG

0　50　100m

N

- 觀光範例路線

馬堡中央車站
Hauptbahnhof

拉恩河 Lahn

Village
Stadthotel
Bahnhofstr.
Robert-Koch-Str.

A

Hotel Marburger Hof
Elisabethstr.

伊莉莎白教堂
Elisabethkirche

Bunsenstr.
Uferstr.

Alter Ritter
Ketzerbach
Zwischenhausen
Deutschhausstr.

Sauergäßchen
Steinweg
Roter Graben
Pilgrimstein

Alter Botanischer

Renthof
Neustadt
Wettergasse
Garten

聖彼得與保羅教堂
St. Peter und Paul

Biegenstr.

Hainweg

市立大禮堂
Stadthalle

B

伯爵城堡（大學文化史博物館）
Landgrafenschloss
(Universitätsmuseum
für Kulturgeschichte)

Mainzer Str.
Schloss
Steig

大學造型博物館
Universitätmuseum
für Bildende
Kunst

Wollfstr.

Ludwig-
Bickell-
Treppe
Ritterstr.

電梯
Welcome Hotel Marburg

薩維尼
教授之家
St. Marien

市集廣場
Markt
市政廳
Rathaus

Marktstr.
Reitgasse

Pilgrimstr.

格林兄弟的宿舍

Barfüßerstr.

大學教堂
Universitätskirche
Rudolphs-
platz

Untergasse
Erlenring

MEMO 從伯爵城堡前的Lidwig-Bickell-Treppe街道階梯往上，來到Ritterstr.街的15號就是薩維尼教授Friedrich Carl von Savigny之家，當年格林兄弟來此拜訪。

為了紀念伊莉莎白公主 伊莉莎白教堂
Elisabethkirche ★★★

13世紀時，匈牙利公主伊莉莎白遠嫁到圖林根地區的伯爵家，但在丈夫死後她被趕出家門，只好搬遷到馬堡來。儘管如此，這位公主卻是位非常體貼善良的人，經常救濟窮困百姓或病人，可惜她年僅24歲就香消玉殞。因其充滿美德的行徑，伊莉莎白在死後被教廷封為聖人，這座伊莉莎白教堂就是為了安置她神聖的棺木，而於1235～1283年建造。

●伊莉莎白教堂
値Elisabethstr. 3
瞓www.elisabethkirche.de
開11～3月　10：00～16：00
　4～9月　　9：00～18：00
　10月　　　9：00～17：00
※週日在禮拜結束後也開放參觀
費參觀十字耳廊與內殿須付費
　€2.70、學生€1.70
※至2024年因內部整修工程部分區域暫停開放，上述價格調整為€1。

伊莉莎白教堂內部

中央祭壇後方的彩繪玻璃完成於13～14世紀，可以清楚看出如何從文藝復興風格轉變成哥德樣式，其中描繪聖伊莉莎白善行與一生的彩繪玻璃更是必看焦點。

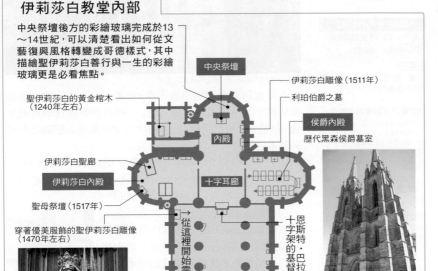

中央祭壇

伊莉莎白雕像（1511年）

利珀伯爵之墓

聖伊莉莎白的黃金棺木（1240年左右）

內殿

侯爵內殿

歷代黑森侯爵墓室

伊莉莎白聖廊

伊莉莎白內殿

十字耳廊

聖母祭壇（1517年）

穿著優美服飾的聖伊莉莎白雕像（1470年左右）

從這裡開始需要購買門票

中殿

十恩斯特‧巴拉赫製作的基督像字架的（1918年）

正面入口

正面入口

內殿的入場券售票處

正面入口（1270～1280年左右）

MAP ◆ P.422-B

MAP ◆ P.422-A

推薦的住宿 HOTEL

Welcome Hotel Marburg

値Pilgrimstein 29　D-35037
☎(06421) 9180
瞓www.welcome-hotels.com
費⑤ €129～　① €159～
card A D J M V

就座落在通向舊城區的電梯旁，購物上相當便利，可使用無線網路（免費）。

Hotel Marburger Hof

値Elisabethstr. 12　D-35037
☎(06421) 590750
瞓www.marburgerhof.de
費⑤ €104～　① €128～
card A D J M V

距離火車站徒步約5分，地點靠近伊莉莎白教堂，是間擁有102間客房的中級飯店，提供免費無線網路。

阿爾斯菲爾德

Alsfeld

有美味熱紅茶的
Marktcafé

柏林
★阿爾斯菲爾德
法蘭克福
慕尼黑

MAP ◆ P.415-B2

人　　口	1萬8500人
區域號碼	06631

ACCESS

火車：富爾達（→P.373）搭乘RE普通列車約40分。

❶阿爾斯菲爾德的遊客中心
Rittergasse 3　D-36304 Alsfeld
☎ (06631) 182165
www.alsfeld.de
週一～五　10:00～17:00
週六・日　10:00～16:00
（冬季為週一～五10:00～16:00、週六・日10:00～14:00）
週日

市立博物館
Rittergasse 3-5
5/5～10/3
週一～五　10:00～17:00
週六・日　10:00～16:00
11/1～12/30
週一～五　10:00～16:00
週六・日　10:00～14:00
免費（2022年）

木造結構的市政廳（右）與紅磚建築的酒屋

在阿爾斯菲爾德這座城市裡，處處可見的古典樸實木造房屋並不是什麼名勝古蹟，而是一般老百姓居住的普通房舍，但是人人可都是投注了無數的感情，來悉心照顧這些脆弱的木造房屋。

由火車站徒步至市區中心的市集廣場Marktplatz只要5、6分鐘，舊城區裡每一條街道全都能通向市集廣場，而環繞在廣場周圍的建築物，更是顯得無比和諧。

在正面處有著2座尖塔的木造房舍是市政廳Rathaus，在左側則是過去販售葡萄酒的酒屋Weinhaus，而在廣場南側則看得到屬於文藝復興樣式的婚禮之家Hochzeitshaus，內部設有Marktcafé，因美味蛋糕而聞名。

最後也別忘了造訪Rittergasse街上的市立博物館Stadtmuseum。

矗立著紅色頭巾少女的施瓦爾姆噴泉

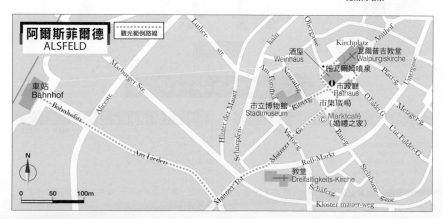

MEMO 咖啡館Marktcafé（Mainzer Gasse 2）營業時間為週二～五9:00～18:00（週一11:00～、週六8:30～、週日10:00～、冬季的週日14:00～）。提供炸肉排等餐點。

卡塞爾

Kassel

格林世界的內部

流動在水幕公園裡的水之藝術

卡塞爾是童話之路當中，僅次於不來梅的第2大城市，就座落在法蘭克福與漢諾威的中間位置，同時也是德國每5年一次的國際藝術盛事——卡塞爾文獻展Documenta（→P.426）舉辦場地而享譽盛名。

格林兄弟曾長期定居在卡塞爾，格林童話的大綱架構可說是就在這裡完成，成為熱愛童話故事的粉絲們最豐富的資料庫。

漫遊

卡塞爾的城市規模很大，但因為市區電車、市區巴士車班相當頻繁，只要瀏覽車站前的路線圖Liniennetz就能輕鬆利用。

首先從火車站出來之後，走到大馬路Wilhelmshöher Allee就能夠看到左手邊的山丘，這一帶被稱為威廉高地Wilhelmshöhe，除了有威廉高地皇宮Schloss Wilhelmshöhe（內部是古典繪畫館），在山頂豎立著海克力斯雕像的水幕公園Kaskaden、充滿中世紀氛圍的獅子堡Löwenburg，在山麓附近還有著庫爾黑森溫泉Kurhessen-Therme。

至於整座城市的中心地帶，就是以中央車站Hauptbahnhof附近向四周拓展，不過ICE或IC特快列車會停靠的卻是卡塞爾·威廉車站，並不會經過中央車站。

儘管如此，遊客想要到市區觀光不一定得到中央車站，只要搭乘1或3號市區電車，在卡塞爾主要大街Obere Königsstr.上的市政廳Rathaus前或是國

威風凜凜的市政廳

MAP ◆ P.415-A2

人 口	20萬1000人
區域號碼	0561

ACCESS

火車：從法蘭克福搭乘ICE特快列車至卡塞爾·威廉車站Kassel-Wilhelmshöhe，約需1小時20分；從哥廷根出發，約20分。

---

❶卡塞爾的遊客中心
●市政廳的❶
住Wilhelmsstr. 23
☎(0561) 707707
開週一～五　10：00～17：00
　　週六　　10：00～14：00

世界遺產
威廉高地公園
（2013年登錄）

●市區交通
巴士與市區電車的單次乘車券Einzelfahrkarte€3，24小時乘車券（週末可從14:00使用至週日）個人券MultiTicket Single€6.30，MultiTicket一張可讓2名大人與3名兒童（不滿18歲）共同使用，€8.10。

●卡塞爾卡KasselCard
可免費自由搭乘卡塞爾市區的大眾運輸工具，並享有主要景點門票折扣。24小時券€9、72小時券€12，皆可1～2人使用，可於遊客中心或網路購買。

格林兄弟雕像 Herkules
海克力斯雕像 Herkules
威廉高地公園 Berkpark Wilhelmshöhe
獅子堡 Löwenburg
中央車站
國王廣場 Königsplatz
Stadthotel
格林兄弟雕像
市政廳 Rathaus
黑森邦立博物館
新繪畫館
菲德烈西阿諾美術館
邦立劇場
橘園 Orangerie

Schlosshotel Kassel
威廉高地皇宮（古典繪畫館）Schloss Wilhelmshöhe
庫爾黑森溫泉 Kurhessen-Therme Kurfürst Wilhelm I.
InterCityHotel
Wilhelmshöher Allee
卡塞爾·威廉車站 Bhf. Kassel-Wilhelmshöhe

Jugendherberge
中央車站 Hauptbahnhof
中央郵局 Hauptpost
Breitscheidstr.
Kölnische Str.
City Hotel
菲德烈西阿諾美術館 Museum Fridericianum
壁紙博物館 Tapetenmuseum
格林世界 GRIMMWELT
左下為放大圖

卡爾斯奧公園 Karlsaue
花島 Siebenbergen
富爾達河公園

卡塞爾 KASSEL

0 500m 1km

●文獻展
5年一次的卡塞爾文獻展是全球規模最大的現代美術展，下次預計於2027年舉辦。活動開始於1955年，因實驗性的展示手法而造成轟動話題。會場以菲德烈西阿諾美術館Museum Fridericianum為主，並分布在卡爾斯奧公園等多個地點。
URL www.documenta.de

文獻展主要會場的菲德烈西阿諾美術館

王廣場Königsplatz下車，這一帶就是城市中心。從卡塞爾·威廉車站方向搭乘市區電車在市政廳前下車，稍微往回走可以來到格林兄弟廣場Brüder-Grimm-Platz，在廣場上豎立有格林兄弟的雕像，一旁的建築物是兄弟兩人於1805～1822年的故居。

廣場的南側則是黑森邦立博物館Hessisches Landesmuseum、新繪畫館Neue Galerie等博物館聚集的區域。從邦立博物館往南前進，在充滿綠意的Weinberg公園一隅，為格林世界GRIMMWELT。

從Weinberg公園可看到面積廣大的卡爾斯奧公園Karlsaue，裡頭有建於18世紀初的優美城堡——橘園Orangerie（現在為餐廳）。

擁有柑橘栽培溫室的橘園

HISTORY

卡塞爾的格林兄弟

格林兄弟兩人雖然是親兄弟，但個性卻是截然不同的，如果說哥哥雅各屬於相當嚴謹的學者類型，那麼弟弟威廉就是精通音樂且浪漫愛幻想的詩人派，這是因為兩人的父親早逝，身為長子的雅各責任心強，為了養活兄弟眾多的一家人而拚命工作，威廉則是個體弱多病的病秧子。拿破崙的侵略行動也來到卡塞爾，儘管遭到法國軍隊占領，格林兄弟還是與家人一起在這座城市度過了大約30年的幸福時光，就在這樣的日子裡的某一天，兩人遇到了一位專門和左鄰右舍大人小孩講各種古老傳說與童話故事的老太太Dorothea Viehmann，雖然她看起來就是再尋常不過的老婦人，可是誕生於客棧的Dorothea，卻因此有機會接觸到工匠、軍人、車夫等等形形色色的人物並與這些人攀談，擁有超強記憶力的Dorothea將這些故事通通記在腦海裡，然後她也很熱愛再將這些故事與別人分享。格林兄弟花了大約1年5個月的時間，傾聽Dorothea的這些民間故事並一一記述下來。Dorothea所居住的房屋「Märchenhaus」就在格林兄弟街道Brüder-Grimm-Str.上的46號，樸素的木造房舍完整地保留至今。

格林兄弟廣場上的格林兄弟雕像

426

主要景點

威廉高地公園
Berkpark Wilhelmshöhe

世界遺產　★★★

水流從羅馬式水道橋奔洩而下

占地總面積約有560公頃的威廉高地公園，從聳立於山頂高達9.2m的海克力斯雕像腳底，如瀑布一般奔騰而出的流水，會順著水幕公園的瀑布階梯一階一階地落下，環繞過整座威廉高地公園之後，最後再以威廉高地皇宮為背景，噴發成高度有50m的人工噴泉。這一場名為「水之藝術」的華麗大秀，在每年5/1到10/3的週三以及週日、節日的14:30～15:30登場。

水之藝術的起點就從海克力斯雕像開始，沿著規劃好的路線，在差不多的時間點移動至流水會出現的景點，就可以輕鬆享受這一場美麗的藝術饗宴。從水幕公園階梯流洩落下的水花，緊接著就是成為人工瀑布而出現在地面上，然後穿越過意味著惡魔橋的Teufelsbrücke下變成湍急激流，再流經模擬羅馬式水道橋古蹟的Aquädukt，並從28m的高處傾洩而下，最後的壓軸大戲就是靠著水流本身的壓力由大噴水池噴發成52m高的驚人噴泉，結束了整場精采的演出。

水流從水幕公園上向市區方向流洩

●水之藝術

交通要來到海克力斯雕像的附近，可以從威廉車站前搭乘前往Druseltal方向的4號市區電車至終點站下車，接著轉乘22號巴士（一部分巴士不會經過海克力斯雕像前，乘車時要再確認清楚）至Herkules下車。另外水之藝術舉行期間可搭乘23號巴士。
圖 3/15~11/15
　每日　　10：00～17：00

【水之藝術威廉公園簡圖】

海克力斯雕像 Herkules ❶14:30　餐廳
水幕公園 Kaskaden
━━ 水之藝術路線
━━ 水渠
❶~❺ 水之藝術參觀景點與流水抵達的大致時刻
餐廳
人工瀑布 Steinhöfer Wasserfall ❷15:05
Plutogrotte
❸15:20 惡魔橋 Teufelsbrücke ❹15:30 水道橋 Aquädukt
獅子堡 Löwenburg
大噴水池 Fontänenteich
音樂堂 Musikpavillon ❺15:45
溫室 Gewächshaus
Schloßhotel Ⓗ
威廉高地皇宮 Schloss Wilhelmshöhe ©Schloßcafé
Bergparkbus 巴士乘車處
Bergparkbus 巴士乘車處 Wilhelmshöhe (1號市區電車終點)
Brabanter Str. (3號市區電車)
庫爾黑森溫泉 Kurhessen-Therme
往卡塞爾市中心

威廉高地皇宮前的水池極具震撼力的噴泉

427

獅子堡

● 獅子堡
- 📶 www.museum-kassel.de
- 🕐 週二〜日10：00〜17：00
  （11〜3月週五〜日至16：00）
- 🚫 週一、11〜3月的週一〜四、
  12/24・25・31
- 💶 €6、學生免費

浪漫的 獅子堡
Löwenburg ★★

禮拜堂內精采的彩繪玻璃、16〜18世紀的武器、葛布林綴織織品等，在獅子堡這座以蘇格蘭城堡為雛形的城堡內開放參觀，雖然看起來像是中世紀的古堡，其實是1793〜1798年完成的建築物，建造當時就刻意將一部分做成廢墟狀，好營造出更羅曼蒂克的古典氛圍。

彷彿童話故事裡的美麗城堡

● 威廉高地皇宮
- 🏠 Schlosspark 1
  搭乘往Wilhelmshöhe方向的1號市區電車至終點站下車，徒步約15分。
- 📶 www.museum-kassel.de
- 🕐 10：00〜17：00
  （週三〜20：00）
- 🚫 週一、12/24・25・31、部分節日
- 💶 €6、學生€4（可參觀獅子堡、海克力斯雕像）

威廉高地皇宮
Schloss Wilhelmshöhe 🌐 世界遺產 ★★★

威廉一世Wilhelm I於18世紀後半葉打造的城堡，現在1樓與地下樓層規劃成古代雕刻館Antikensammlung，2〜4樓則是古典繪畫館Gemäldegalerie Alte Meister以及特別展會場。作為焦點重心的古典繪畫館，以15〜18世紀的作品為主軸，收藏有林布蘭、魯本斯、克拉納赫等人的作品。

恢弘壯觀的威廉高地皇宮

● 格林世界
- 🏠 Weinbergstr. 21
  搭乘市區電車在Rathaus下車，徒步約400m。
- 📶 www.grimmwelt.de
- 🕐 週二〜日　10：00〜18：00
  （週五〜20：00）
- 🚫 週一、1/1
- 💶 €10、學生€7

展示了世界各國的翻譯本

童話之路的焦點 格林世界
GRIMMWELT ★★★

這座新博物館內展示著格林兄弟的豐功偉業，以及全球民眾最熟悉的童話世界，是使用最新型互動式機器的體驗型博物館，館內的地下空間為格林世界的常設展，上層則是企劃藝術展會場，須另外收取入場費。

爬上入口旁的階梯，可以從屋頂上眺望城鎮的景色

428

認識德國的現代藝術新繪畫館
Neue Galerie ★★

展示著自1750年至現代的德國美術，可看到1960年代舉辦的卡塞爾文獻展（國際美術展）的部分作品，其中又以約瑟夫‧博伊斯Joseph Beuys、梅爾茲Mario Merz等藝術家的作品最具人氣。

郊區景點

小紅帽的故鄉修瓦姆城
Schwalmstadt　　　　　MAP◆P.415-B2

修瓦姆城是德萊莎Treysa與齊根海音Ziegenhain等多個村落的總稱，而鄉土博物館等值得一訪的景點，則座落在有著壕溝圍繞的齊根海音（正式名稱為Schwalmstadt-Ziegenhain）。

鄉土博物館Museum der Schwalm重現了這個地方的過往生活景象，鞋屋的工作場所、民宅客廳、廚房、寢室、紡織屋、樓梯、結婚儀式等等，還擺放了真人大小的人偶讓場景看起來更加逼真。

在這個地區還有一年一度的熱鬧大型慶典，就是在聖靈降臨節過後2星期（大約是5月或6月）登場的沙拉商展Salatkirmes，穿著傳統民族服飾的人們會組成盛大的遊行隊伍，經過兩側是木造房屋的街道後，最終會抵達廣場並表演傳統舞蹈，接受眾人的歡呼。

童話之路上的小城鎮弗里茨拉爾
Fritzlar　　　　　MAP◆P.415-A2

超過60座城市串起的童話之路當中，還有許多台灣人並不熟悉卻充滿魅力的城鎮，像是從卡塞爾搭乘巴士往西南方向，車程大約1小時就能抵達的弗里茨拉爾Fritzlar就是最佳例子。這裡有著眾多古老而可愛的木造房屋、宏偉的聖彼得大教堂St. Petri-Dom、曾是中世紀監獄的監獄灰塔Grauer Turm、15世紀的市政廳Rathaus等都是觀光景點。

擁有著迷人木造房舍的城鎮

●新繪畫館
⬜Schöne Aussicht 1
🖥www.museum-kassel.de
🕙週二～日　10：00～17：00
　（週五～20：00）
🚫週一
💰€6、學生€4

🚃卡塞爾‧威廉車站搭乘RE快速列車，大約35分鐘可至德萊莎Treysa，從火車站出來之後徒步3分鐘抵達巴士乘車處轉乘巴士（490號），大約10分鐘後至Schwalmstadt-Ziegenhain Museum（博物館前）下車。

🛈修瓦姆城的遊客中心
⬜Paradeplatz 7（Neue Wache）D-34613 Schwalmstadt-Ziegenhain
☎(06691) 207400
🖥www.schwalm-touristik.de
🕙週一　　　13：00～17：00
　週二～五　10：00～13：00
　　　　　　14：00～17：00
　入口處有導覽手冊可以索取，每日8：00～20：00開放
　（冬季部分日期會縮短營業時間、公休）

●鄉土博物館
⬜Paradeplatz 1
🖥www.museumderschwalm.de
🕙週二～日　14：00～17：00
🚫週一、12月中旬～4月上旬左右
💰€5、學生€3

🚃卡塞爾‧威廉車站前搭乘500號巴士，大約55分至Fritzlar, Allee下車，就離市中心不遠了。從卡塞爾車站中央車站（行經威廉車站）搭乘RB普通列車約50分。

🛈弗里茨拉爾的遊客中心
⬜Zwischen den Krämen 5 D-34560 Fritzlar（市政廳內）
☎(05622) 988643
🖥www.fritzlar.de
🕙週一　　　10：00～18：00
　週二～四　10：00～17：00
　週五　　　10：00～16：00
　週六　　　10：00～14：00

429

InterCityHotel

MAP ◆ P.426

住 Wilhelmshöher Allee 241　D-34121
☎ (0561) 93880　📠 (0561) 9388888
URL www.intercityhotel.com/kassel
費 ⑤ €109～　① €119～　早餐另計 €17
card A D J M V

　緊鄰著威廉車站旁而建,前往市中心區域的市區電車乘車處也在眼前,沒有空調(冷氣)。只要提出需求,還能幫房客申請下榻期間市區公共交通工具不限次數搭乘的優惠卡,也提供無線網路(免費)。

Gude

MAP ◆ 地圖外

住 Frankfurter Str. 299　D-34134
☎ (0561) 48050
URL www.hotel-gude.de
費 ⑤ €149～　① €189～　card A D J M V

　從威廉車站搭乘計程車約15分鐘,或者是搭乘1、3號市區電車至Rathaus,接著轉乘5號市區電車在Dennhäuser Str.下車,徒步大約100m。

　這是一間人氣極高的飯店兼高級餐廳,這裡的Restaurant Pfeffermühle曾經獲得無數大獎加持,單點菜餚€24～,餐廳會在週二～六的18:00～23:00(L.O.22:00)、週六・日12:00～15:00(L.O.13:30)營業。客房裝潢設計則採時尚風格,也供應無線網路(免費)。

Kurfürst Wilhelm I.

MAP ◆ P.426

住 Wilhelmshöher Allee 257　D-34131
☎ (0561) 31870　📠 (0561) 318777
URL www.kurfuerst.bestwestern.de
費 ⑤ €110～　① €120～　早餐另計 €18
card A D J M V

　從威廉車站出來之後,左手邊建築物的屋頂尖端擺放著一張床就是最佳指標,接待大廳、餐廳以及客房都採用摩登時尚的設計,並提供無線網路(免費)。

Stadthotel

MAP ◆ P.426

住 Wolfsschlucht 21　D-34117
☎ (0561) 788880
URL www.stadthotel-kassel.de
費 ⑤ €87～　① €97～　早餐另計 €11　card A M V

　從中央車站徒步約5分鐘,內部裝潢非常摩登,雖然沒有附設餐廳,不過在周邊有幾間相當時尚的餐廳可以用餐,提供免費無線網路。

Jugendherberge

MAP ◆ P.426

住 Schenkendorfstr. 18　D-34119
☎ (0561) 776455　📠 (0561) 776832
URL www.kassel.jugendherberge.de
費 含早餐 €27～　card M V

　從中央車站徒步過來約15分鐘,或從威廉車站搭乘4號市區電車至Querallee下車,徒步約15分鐘。提供4～6人客房,共計209個床鋪,櫃台僅於週一～六8:00～22:00開放,若週日辦理入住／退房則須聯絡,提供免費無線網路。

INFORMATION

洋溢著東方風韻的庫爾黑森溫泉

　庫爾黑森溫泉Kurhessen-Therme融合了日本與中國特色的裝潢,雖然會讓亞洲人有點違和感,不過這裡提供的設備可是非常充實,室內與戶外加起來一共有廣達約1200m²的溫泉游泳池,此外還有長85m的滑水道、羅馬式蒸汽浴、芬蘭式三溫暖、日光浴沙龍,甚至是健身房、按摩室、電影放映廳、餐廳等應有盡有。不過除了三溫暖(女性專用三溫暖以外,都是男女共用)之外,都必須穿著泳衣入場。

●庫爾黑森溫泉　Kurhessen-Therme
住 Wilhelmshöher Allee 361　◐ Map P.426
☎ (0561) 318080
URL www.kurhessen-therme.de
營 每日9:00～22:00
費 2小時 €18、4小時 €20.50、三溫暖另計

鐵鬍子醫生活躍的木屋城市

漢明登

Hann. Münden

市政廳的裝飾門

美麗木屋房舍林立的長街

574棟木屋櫛比鱗次排列的如畫般美麗的城市——漢明登。過去這裡曾住有一位名為Eisenbart（鐵鬍子）的醫生，他不僅熱衷於研究醫術還很喜歡吸引眾人的目光，據說經常在群眾面前動手術，或是發明出全新的治療方式等等，而遭到同行的其他醫生嫉妒，故意說「那傢伙是蒙古大夫」。儘管鐵鬍子醫生的江湖郎中形象就這樣被童話故事定型，但實際上這位醫生可是非常誠實且熱情，市區裡就保留著他曾經住過並結束一生的鐵鬍子醫生之家Sterbehaus Dr. Eisenbart（現為藥局），屋外拿著大型針筒的醫生雕塑，也很有意思。

醫生雕塑就在鐵鬍子醫生逝世所在地的長街79號處

 漫遊

走出車站後，沿著右手邊的車站大街Bahnhofstr.往前走就能看到Innenstadt（市區中心）字樣的標示，行走大約5分鐘後，可以抵達木屋房舍密集群聚的舊城區。從盡頭處轉角而行的即為漢明登最熱鬧的街道長街Lange Str.，在這條馬路上還有著鐵鬍子醫生作客時下榻的房舍。

有著人字形屋頂與裝飾精緻的中央玄關大門的就是市政廳

沿著長街繼續往北走，不用多遠就可以看到聖布拉修斯教堂St. Blasius-Kirche，緊接著下一棟建築物就是有❶的市政廳Rathaus，而架設在市政廳北面的鐵鬍子機關鐘，在

MAP ◆ P.415-A2

人　　口	2萬3500人
區域號碼	05541

ACCESS

火車：卡塞爾‧威廉車站搭乘RE快速列車約15分；哥廷根搭乘私鐵CAN（可使用火車通行證）則大約要35分。

❶漢明登的遊客中心
囧Rathaus/Lotzestr. 2
　D-34346
　Hann. Münden
☎(05541) 75313
📠(05541) 75404
🌐hann.muenden-marketing.de
閏5～9月
週一～五　　10：00～16：00
週六‧日　　10：00～15：00
10～4月
週一～四　　10：00～16：00
週五　　　　10：00～13：00

●狩獵塔Tillyschanze
在城市以西位置，跨越橋樑後順著山路爬坡大約20～25分鐘，就可以看到這座建於1885年且25m高的塔樓——狩獵塔Tillyschanze，只要爬完129階階梯來到塔頂，眼前即是開闊的舊城區以及森林景致，不過狩獵塔有時會上鎖，不妨可以尋求對面的咖啡館幫忙開門。
閏5～10月
週二～日　　11：00～18：00
11～4月
週五～日　　11：00～18：00
💰€2.50

從狩獵塔眺望的景致

431

●威悉河的觀光船
🌐www.wasserstein-touristik.
de
維爾芬城堡的後方即為維拉河
Werra，沿著下游漫步而行就
能抵達與富爾達河會流的河中
沙洲Unterer Tanzwerder，最
前端不僅豎立著Weserstein
紀念碑，還有著威悉河的觀光
船乘船處（僅限夏季行駛）。

可盡享威悉河畔秀麗風光的觀
光船

●市立博物館
🏠Schlossplatz 5
🕐5～10月
　週三～日　11：00～16：00
　4・11・12月
　週三～日　13：00～16：00
🚫週一・二・節日、1～3月
💰€3.50、學生€1.50

12：00、15：00、17：00會啟動。座落在
市政廳後方的就是市集廣場Markt，
(在5月上旬～9月下旬（預計）期間每
週六13:30開始，市政廳內的untere
Rathaushalle大廳會推出約15分鐘的
鐵鬍子醫生講座活動（免費）。

　沿著市政廳北側的市集街
Marktstr.往東走，則能看到維爾芬城
堡Welfenschloss，在這座建於1501年
的城堡內部，現在被規劃成圖書館以
及市立博物館Städtisches Museum。

觀光旺季時可看到鐵鬍子醫生
看診

推薦的住宿 ✦ HOTEL

Alter Packhof
MAP ◆ P.432

🏠Bremer Schlag 10　D-34346
☎(05541) 98890　📠(05541) 988999
🌐www.packhof.com
💰⑤€99～　①€129～　card A M V

　面對富爾達河Fulda而建的飯店，擁有25間客
房，將19世紀前半的老舊倉庫經過巧手改裝，內部
裝潢充滿了獨特韻味，附設有咖啡餐館，也提供無
線網路（免費）。

Schmucker Jäger
MAP ◆ P.432

🏠Wilhelmshäuser Str. 45　D-34346
☎(05541) 98100　📠(05541) 981033
🌐www.schmucker-jaeger.de
💰⑤€60～　①€90～　card M V

　附設有餐廳（週日晚間與週一午間休息）的2星
級飯店，擁有30間客房，雖然遠離舊城區，不過停

車場就在飯店正前方，對於租車出遊的旅客來說相
當方便，也吸引不少想到威悉河畔步道騎乘腳踏車
的旅人來此住宿，提供免費無線網路。

Schlossschänke
MAP ◆ P.432

🏠Vor der Burg 3-5　D-34346
☎(05541) 70940　📠(05541) 709440
🌐www.hotel-schlosschaenke.de
💰⑤€72～　①€110～
card A J M V

　這間飯店兼餐廳就座落在維爾芬城堡的前方，
面對著大馬路的建築物牆面一片雪白而令人印象
深刻，每一間客房都附有淋浴、廁所、有線電視設
備，不過14：00～17：00想登記住房時，因為飯店
入口處的餐廳暫時不營業，可以電話先行通知或者
是按下大門右側門鈴。無線網路免費。

格林兄弟曾在此執掌教鞭

哥廷根

Göttingen

舊市政廳入口的獅子像

作為市中心的舊市政廳與市集廣場

格林兄弟曾經執掌教鞭的這座大學，是誕生了超過30位諾貝爾獎得主的知名學府。城鎮中可見學生來回穿梭，充滿了朝氣活力，還留存著美麗的木造建築。

 漫遊

市區就位在中央車站的東南側，橫越車站前的廣場來到Goethe-Allee，繼續往東走到Prinzenstr.街，再繼續走即可來到與行人徒步區Weender Str.街的十字路口，在此右（南）轉後便會來到市中心所在的市集廣場Markt。❶就在面市集廣場而建的舊市政廳Altes Rathaus內，舊市政廳1樓的大廳內有著漢薩同盟城市徽章的牆面壁畫。

擁有鮮豔壁畫的舊市政廳大廳

16世紀木屋宅邸Schrödersches Haus

MAP ◆ P.415-A2

人 口	11萬6900人
區域號碼	0551

ACCESS

火車：搭乘ICE列車從法蘭克福出發，大約1小時40分；漢諾威出發約35分；卡塞爾‧威廉車站出發約為20分，班次很多，非常方便。

❶哥廷根的遊客中心

⚑Altes Rathaus, Markt 8
D-37073 Göttingen
☎(0551) 499800
🖥www.tourist-info-goettingen.de
🕐週一～六　10：00～18：00
4～10月的週日‧節日10：30～12：30也有開放。

哥廷根 GÖTTINGEN

MEMO 市集廣場4～10月每週四10:00～19:00會舉辦露天市集——牧鵝少女市集Gänseliesel-Markt，設有蔬菜、水果、花卉等攤位。

433

●舊市政廳
住 Markt 9
圖 大廳常作為演奏會、活動場地之用，因此開放時間不固定。舊市政廳的地下樓層設有餐廳，夏季還會在廣場上擺設餐桌。
費 免費

●市立博物館
住 Ritterplan 7/8
URL museum.goettingen.de
圖 週二～五　10:00～17:00
　週六‧日　11:00～17:00
休 週一
※目前因為進行重新裝修的工程，僅有一部分免費開放參觀（有特別展登場時，門票另計）。

世界遺產
科維的卡洛林王朝西面塔堂與城市聚落
（2014年登錄）

交通 最近的城市為赫克斯特爾Höxter，從哥廷根搭乘普通列車前往約1小時20分（途中有時須在Kreiensen或Höxter-Ottbergen換車），在Höxter-Rathaus下車。從車站沿著威悉河Weser河畔道路前往修道院約2km，徒步約30分。夏季有威悉河遊覽船（URL www.flotte-weser.de）行駛（週五公休），每日1班，修道院前有乘船處。

●科維修道院
　（博物館、西面塔堂）
URL www.schloss-corvey.de
圖 4～10月　10:00～18:00
　（最後入場時間為17:00）
休 11～3月（可事先報名導覽行程參觀）
費 €12、學生€8

交通 從哥廷根搭乘普通列車，所需時間約25分鐘。

❶巴德索登阿倫多夫的遊客中心
住 （Kurpark）Landgraf-Philipp-Platz 1-2　D-37242 Bad Sooden-Allendorf
☎ (05652) 95870
URL www.bad-sooden-allendorf.de
圖 週一～五　9:00～17:00
　（4～10月週六‧日10:00～15:00亦有開放）

　　舊市政廳前的噴泉有因格林童話而為人所知的牧鵝少女Gänseliesel雕像，哥廷根的學生只要取得了博士頭銜就會親吻牧鵝少女當作慶祝，這已經變成當地傳統。

　　市立博物館Städtisches Museum內收藏當地歷史挖掘品與工藝藝術品等。

牧鵝少女雕像是城市象徵

 郊區景點

基督教建築中佔有一席之地**科維修道院**
Kloster Corvey　　　　　　MAP◆P.414-B2

　　創建於打法蘭克王國的卡爾大帝統治下的卡洛林王朝時代（8～10世紀），是帝國直屬的修道院，地位崇高。鄰接聖堂西側的西面塔堂Westwork建於873～885年，Westwork意為「西側建築」，是在入口兩側設有高塔的多層構造建築，這種建築首見於科維，之後對教堂建築造成深遠影響。世界遺產名稱中的cīvitās為城市聚落之意，與修道院周邊的住宅遺跡等一起登錄。

　　修道院本身因17世紀的三十年戰爭而幾乎破壞殆盡，但西面塔堂卻是世界唯一一座幾乎完整保存原貌的。現在在修道院遺跡上建有巴洛克風格宅邸，並設有博物館與餐廳。

改裝為博物館的宅邸與鄰接的西面塔堂　　西面塔堂正面

菩提樹聳立的溫泉療養地**巴德索登阿倫多夫**
Bad Sooden-Allendorf　　　MAP◆P.415-A2

　　位於卡塞爾東邊約20km處，過去因為曾是生產鹽巴的城市而繁榮一時，等到19世紀後半發現了對身體有益的鹽水，才轉型成為了溫泉療養地，原本是隔著維拉河Werra的2座城鎮，左為巴德索登Bad Sooden，右為阿倫多夫Allendorf，最後在1929年時兩者合併成為一個城市。

　　車站座落在巴德索登這一頭，鹽博物館Salzmuseum、水療公園Kurpark等主要的

菩提樹與溫泉

434

MEMO 哥廷根最受歡迎的香腸攤為Bratwurst Glöckle（住 Kornmarkt 1　◆Map P.433　休 週日‧節日），不妨來份香氣四溢的哥廷根香腸Göttinger Bratwurst。

溫泉設施都集中於此（❶就在水療公園內）。

　阿倫多夫這一側最為知名的景點是菩提樹溫泉Brunnen vor dem Tore，舒伯特以18世紀詩人穆勒Wilhelm Müller的詩作所譜成的《菩提樹》一曲，作為靈感由來的菩提樹，就聳立在城鎮東南位置的石門Steintor外。

《馬克斯和莫里茨》的家鄉 埃伯高岑
Ebergötzen

MAP◆P.415-A2

　在德國不論是大人還是小孩，《馬克斯和莫里茨》可說是本人不看無人不讀的童話繪本。本書作者威廉・布施Wilhelm Busch的少年時代就是在這座村中度過，經常與麵粉屋老闆的兒子一起到處惡作劇嬉戲，當年麵粉屋的水車房則改成了威廉・布施紀念館Wilhelm-Busch-Mühle對外開放。

　另外在附近不遠處，還有著歐洲麵包博物館Europäisches Brotmuseum可以一遊。

德國的頑皮鬼馬克斯和莫里茨

●鹽博物館
🏠im Södertor 1
🕐週三・六・日・節日
　　　　14：00～17：00
　（4～10月週三亦有開放）
🚫週一・二・四・五、11～3月的
　週三　💰€1

🚃哥廷根以東17km遠，搭乘170號巴士約需30分鐘，至Ebergötzen Schule下車。

●威廉・布施紀念館
🏠Mühlengasse 8
　D-37136 Ebergötzen
🌐www.wilhelm-busch-
　muehle.de
🕐週二～日　10：30～13：00
　　　　　14：00～16：30
🚫週一、12～2月　💰€5

●歐洲麵包博物館
🏠Göttinger Str. 7
🌐www.brotmuseum.de

推薦的餐廳&住宿 ✦ **R**ESTAURANT & **H**OTEL

ℝ Kartoffelhaus
MAP ◆ P.433

🏠Goethe-Allee 8　☎(0551) 5315577
🌐www.Kartoffelhaus-goettingen.de
🕐11：30～21：00、自助式早餐週四～六9：30～12：00

　因划算的價格與大分量而受到家庭喜愛，餐點以馬鈴薯料理為主，也提供牛排、義大利麵、焗烤、魚類料理等豐富菜色。

ℂ Konditorei-Café Cron & Lanz
MAP ◆ P.433

🏠Weender Str. 25　☎(0551) 50088710
🌐www.cronundlanz.de
🕐週一～六8：30～18：30

　座落於舊城區內，在櫥窗中擺滿了各式各樣的手工蛋糕，是創立於1876年的老店，2樓為寬敞的咖啡廳。下圖的Aida可品嘗到美味的年輪蛋糕與鮮奶油。

ℍ Gebhards
MAP ◆ P.433

🏠Goethe-Allee 22/23　D-37075
☎(0551) 49680　📠(0551) 4968110
🌐www.gebhardshotel.de
💰⑤€110～　①€165～　card Ａ Ｄ Ｊ Ｍ Ｖ

　距離車站最近的高級飯店，儘管房價較高，但無論是客房還是吃到飽的自助式早餐，都令人無從挑剔起，還有提供無線網路（免費）。

ℍ Stadt Hannover
MAP ◆ P.433

🏠Goethe-Allee 21　D-37073
☎(0551) 547960　📠(0551) 45470
🌐www.HotelStadtHannover.de
💰⑤€89～　①€129～　card Ａ Ｄ Ｊ Ｍ Ｖ

　創立於1919年，由家族經營至今到第四代老闆的中級飯店，距離車站大約250m遠，在徒步前往舊城區的途中路上可以看到，飯店還提供免費的無線網路，並且有停車場。

ℍ Central
MAP ◆ P.433

🏠Jüdenstr. 12　D-37073
☎(0551) 57157　📠(0551) 57105
🌐www.hotel-central.com
💰⑤€89～　①€129～　card Ａ Ｊ Ｍ Ｖ

　不論是飯店外觀還是內部接待大廳都非常時尚，所在地段便於觀光與購物，無線網路免費。

哈美爾

Hameln

機關時鐘上的捕鼠人

柏林 ●

哈美爾

● 法蘭克福

● 慕尼黑

MAP ◆ P.414-B2

人　口	5萬7300人
區域號碼	05151

ACCESS

火車：從漢諾威出發是最為方便的，搭乘直達的S-Bahn約50分，即使是從不來梅出發也是要經由漢諾威才能到。

❶哈美爾的遊客中心
🏠Deisterallee 1　D-31785
　Hameln
☎(05151) 957823
🌐www.hameln.de
🕐週一～五　10：00～16：00
　週六　　　9：30～13：00

●市區交通
從中央車站要前往市區時，若想搭乘巴士代步，只要是前往方向的標示中含有City的巴士，一律都可以前往市內舊城區，巴士會經過鄰近的❶的Bürgergarten站牌，再經過威悉河附近的巴士總站City。

●威悉河觀光船
每年4月底～10月上旬會推出威悉河觀光船Flotte Weser，分成1小時暢遊路線(€13)與定期航線，詳細請洽下列資訊。
🏠Am Stockhof 2
☎(05151) 939990
🌐www.flotte-weser.de

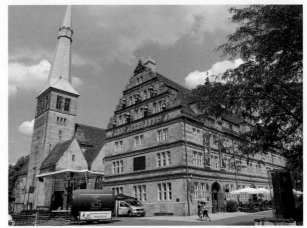
市集教堂(左)與裝有音樂鐘的婚禮之家(右)

　　很久以前，一位厲害的捕鼠人只利用笛音，就輕鬆將城市裡大量的老鼠消滅光，但是哈美爾市民卻沒有依照原本承諾，付給他任何酬勞，於是捕鼠人再度吹起他的笛子，將整座城市裡的孩子通通帶走，這就是童話故事《哈美爾的吹笛手》的內容。這段故事是根據1284年6月26日時，突然有130名兒童(也有一說是大人)消失不見的事件而來，對此有不同版本的說法，有說他們是全部搬遷到東歐，或說兒童們是從軍參加了東征的十字軍軍隊，甚至還有罹患了亨丁頓氏舞蹈症等病而集體死亡的說法。在台灣雖然將故事譯成了「吹笛手」，不過在德國最原始的版本卻是「捕鼠人Rattenfänger」，這是因為中世紀時的城市不注重衛生，在以麵粉業為主的哈美爾鼠患滋生，捕捉老鼠在中世紀的德國也成為一種職業，而這些捕鼠人同時還兼街頭藝人，或許因為這個緣故，才會與兒童失蹤事件重疊在一起並演變成這樣有意思的故事。

　　在孩子們被帶走的大馬路上，現在依舊不得有任何音樂或舞蹈於街頭上演出，不過每當夏季來臨時，市民們會在市集廣場上表演《哈美爾的捕鼠人》這齣露天舞台劇(→P.438)。

老鼠是以乾麵包製成的超人氣紀念品(不可食用)

漫遊

從中央車站到市中心所在的舊城區，徒步大約15分鐘左右，先穿過巴士總站的車站前廣場，再於右手邊的車站大街Bahnhofstr.盡頭左轉就能抵達東街Deisterstr.繼續往前越過公園後，矗立在右側的時尚建築就是 ❶。

華麗建築林立的東街

沿著 ❶ 前的地下道往西行能到舊城區，規劃成行人徒步區的東街Osterstr.是最熱鬧的主要大街，第一個轉角處的左側即為捕鼠人之家Rattenfängerhaus，現在已經變成餐廳，這裡的

沿著白老鼠足跡走下去，就可以依照順序繞完舊城區內的景點

「老鼠尾巴料理」（將豬肉切成細條）堪稱是一大名菜。在餐廳旁邊的道路，即是傳說兒童們被帶走的舞樂禁止大街Bungelosenstr.。

東街Osterstr.的右邊為哈美爾博物館Museum Hameln，這棟橘色的華麗建築讓人驚嘆，再往下走會看到婚禮之家Hochzeitshaus，牆壁上設有音樂鐘，29座小鐘會演奏長達5分鐘的童話樂曲，還有捕鼠人與兒童們的人偶一起登場。

現在變成了餐廳的捕鼠人之家

哈美爾擁有眾多的凸窗式羅曼蒂克建築，這些是受到荷蘭建築影響而誕生的設計，稱之為「Utlucht」，市集廣場上的登普特宅邸Dempterhaus、捕鼠人之家以及哈美爾博物館是凸窗建築代表作。

裝飾得美輪美奐的凸窗

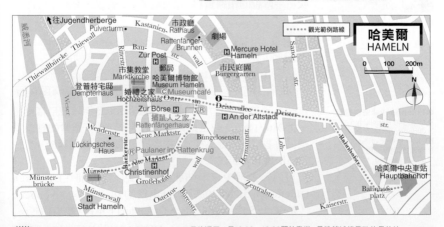

哈美爾
HAMELN

.... 觀光範例路線

0   100   200m

往Jugendherberge
Pulverturm
Kastanien str.
市政廳 Rathaus
劇場
Mercure Hotel Hameln
Thiewall
Bau-
Zur Post
Rattenfänger-Brunnen
市民庭園 Bürgergarten
Thiewallbrücke
Ritterstr.
市集教堂 Marktkirche
郵局
哈美爾博物館 Museum Hameln
Museumcafé
登普特宅邸 Dempterhaus
婚禮之家 Hochzeitshaus
Oster str.
Deisterallee
Zur Börse
捕鼠人之家 Rattenfängerhaus
An der Altstadt
Wendenstr.
Neue Marktstr.
Bungelosenstr.
Lückingsches Haus
Bäckerstr.
Paulaner im Rattenkrug
wall
Hermannstr.
Löh
Münster-brücke
Münster
Alte Marktstr.
Christinenhof
Großehofstr.
Münsterwall
Ostertor-
Zentralstr.
哈美爾中央車站 Hauptbahnhof
Stadt Hameln
Barenstr.
Kaiserstr.
Bahnhofs-platz

MEMO 舊城區中心的市集教堂塔樓上有眺望台，4～10月的週三～日12:00～16:00開放登塔，是眺望城鎮景致的最佳地點！由於樓梯狹窄行李須寄放在入口處，入場費€1。

437

📷 主要景點

吹笛手的露天劇 上演季節一定要來
Rattenfänger-Festspiele ★★★

　　每年5月中旬到9月中旬為止，每個週日只要來到婚禮之家前的看台就能欣賞到這齣戲，從12:00起上演大約30分鐘，因為是免

孩子們變成老鼠模樣的可愛露天劇

費演出，為了搶到視野良好的位子，記得最好早一點來。在結束演出之後，所有的演員就會在全城之內大遊行，跟著一起走正好可以順便將哈美爾整座城市的焦點逛完，非常方便。

婚禮之家 的音樂鐘
Glockenspiel am Hochzeitshaus ★★

　　音樂鐘每天僅在9:35與11:35才會敲響，而13:05、15:35、17:35這3個時段，則會陸續出現吹笛手以及老鼠等各式各樣的可愛人偶。

當吹笛手吹響了笛子時……➡　孩子們就自動自發地跟在後頭

了解吹笛手歷史的 哈美爾博物館
Museum Hameln ★★

　　作為博物館入口處的宅邸稱為萊斯特之屋Leisthaus，是一棟擁有威悉文藝復興式外觀的美麗宅邸，並與緊鄰在隔壁的許提夫斯黑忍之屋Stiftsherrenhaus互通，展示著關於吹笛手傳說的相關資料，以及哈美爾的歷史、繪畫等文物。

🌲 郊區景點

Fischbeck修道院教堂
Stift Fischbeck　　　　　　　　MAP◆P.414-B2

　　位在哈美爾以北7km，修道院於西元955年時被皇帝奧托一世Otto I認可，教堂則創建於12世紀，地下聖堂的柱子頂端保留著當年的羅馬樣式，內殿與迴廊是不能錯過的焦點，目前依舊有人居住。

　　可由哈美爾中央車站前的巴士站，搭乘前往Hessisch Oldendorf方向的20號巴士，車程約20分鐘，至Fischbeck（Weser）, Stiftstr., Hessisch Oldendorf下車後，徒步約5分。

推薦的餐廳&住宿 ✱ **RESTAURANT & HOTEL**

※漢諾威有會展時，多數飯店都會漲價。

R Paulaner im Rattenkrug

MAP ◆ P.437

住Bäckerstr. 16　☎(05151) 22731
URLwww.rattenkrug.de
營週三～五12：00～14：30、17：00～、週六・日11：00～
休週一・二，冬季部分日期公休

座落於Rattenkrug這間古老宅邸的1樓，也是
哈美爾歷史最古老的
餐廳，能夠品嘗到南
德風味的啤酒與香
腸。相當推薦白香腸
Weißwürst€7.90與炸小
牛排Wienerschnitzel
€22.90。

C Museumscafé

MAP ◆ P.437

住Osterstr. 8　☎(05151) 21553
URLwww.museumscafe.de
營9：00～19：00

位於哈美爾博物館許提夫斯黑忍之屋
Stiftsherrenhaus的1樓，天氣好時會搭起一排的
陽傘，成為可稍做休息的咖啡館。提供自家製蛋糕
與各種餐點。

H Mercure Hotel Hameln

MAP ◆ P.437

住164er Ring 3　D-31785
☎(05151) 7920
URLwww.all.accor.com
費S€104～　T€109～　card ADJMV

哈美爾規模最大的高級飯店，擁有非常摩登的外
觀，客房設計也相當現代新穎，房客以團體遊客、
商務客人為主，無線網路免費。

H Stadt Hameln

MAP ◆ P.437

住Münsterwall 2　D-31787
☎(05151) 9010　FAX(05151) 901333
URLwww.hotel-stadthameln.de
費S€110～　T€120～　card ADJMV

以團體遊客、商務客為主的大型飯店，就沿著威
悉河而建，夏季時河岸旁設有啤酒花園，備有免費
無線網路。

H Christinenhof

MAP ◆ P.437

住Alte Marktstr. 18　D-31785
☎(05151) 95080　FAX(05151) 43611
URLchristinenhof.de
費S€99～　T€140～　card MV

位於舊城區裡有著30間客房的中級飯店，也有
著室內游泳池、三溫暖以及健身房等設備，歡迎闔
家出遊的旅客投宿，還提供無線網路（免費），但
在耶誕節～1月上旬公休。

H Zur Post

MAP ◆ P.437

住Am Posthof 6　D-31785
☎(05151) 7630　FAX(05151) 7641
URLwww.hotel-zur-post-hameln.de
費S€65～　T€83～　card AMV

客房設置得非常舒適，早餐更是獲得好評，至於
無線網路須收費，飯店地點就座落在哈美爾博物
館的後方。

H Zur Börse

MAP ◆ P.437

住Osterstr. 41a　D-31785　☎(05151) 94940
FAX(05151) 25485　URLwww.Hotel-zur-Boerse.de
費S€89～　T€114～
card ADJMV

就在市中心的東街Osterstr.上，非常方便，
不過飯店入口是在
Kopmanshof這一頭。
客房相當寬敞乾淨，備
有免費無線網路。

H An der Altstadt

MAP ◆ P.437

住Deisterallee 16　D-31785
☎(05151) 40240　URLwww.hotel-hameln.de
費S€89～　T€109～　card AMV

地點在舊城區的入口、❶的斜前方，是一棟於
1901年依照青春藝術風格Jugendstil建造的房舍。
飯店接待櫃台人員在淡季（冬季）時，僅會在早上提
供服務，要多加注意，至於無線網路則是免費供應。

JH Jugendherberge

MAP ◆ P.437 外

住Fischbecker Str. 33　D-31785
☎(05151) 3425　FAX(05151) 42316
URLwww.hameln.jugendherberge.de
費含早餐€25.80～、27歲以上€29.80～　card MV

從車站徒步前往約30分鐘，還好搭乘93、96號
巴士就能到（Wehler Weg下車，約200m），登記
住房時間17:00～。面對著威悉河的客房景觀絕
佳，冬季休息，提供無線網路（免費）。

摸摸樂隊雕像吧

不來梅 ★ 柏林

法蘭克福

慕尼黑

MAP ◆ P.414-A1	
人　口	56萬6600人
區域號碼	0421

ACCESS

火車：漢堡中央車站搭乘ICE特快列車大約55分；科隆出發約3小時5分；漢諾威出發約1小時。因為就座落在交通幹線上，車班相當便捷。

❶不來梅的遊客中心
●中央車站內的❶
住Im Hauptbahnhof
　D-28195 Bremen
❍Map P.441-A2
☎ (0421) 3080010
URLwww.bremen-tourism.de
開週一〜五　9：00〜15：30
　週六　　　9：30〜15：30

●市集廣場的❶
住Böttcherstr. 4
　D-28195 Bremen
❍Map P.441-B1
開週一〜五　9：30〜18：30
　週六　　　9：30〜17：00
　週日　　　9：30〜16：00

🌐**世界遺產**
不來梅市政廳與羅蘭雕像
（2004年登錄）

守護著不來梅的羅蘭雕像高約10m

建於市中心的市政廳（左）與聖彼得大教堂

不來梅
樂隊成員夢想的都城也是童話之路的終點站
Bremen

　　不來梅在德國北部的威悉河畔，與沿著此河往北65km遠的北海海港不來梅港Bremerhaven，兩地城市組合成一個德國聯邦州。不來梅雖然是僅次於漢堡的第2大港都，實際上卻是距離大海有50km遠的內陸，與印象中熱鬧喧囂的海港城市不同，主要是因為不來梅一地的居民都較害羞且溫和，城市景觀也顯得格外整潔而穩重。

　　提到了不來梅，在腦海裡就會浮現《不來梅樂隊》這個童話故事，主人翁是想前往不來梅成為音樂家的驢子、狗、貓以及公雞，儘管最後結局還是沒去成不來梅，但不來梅還是如同牠們的想像，是一座洋溢著無限活力的迷人城市。

漫遊

　　不來梅與近郊地帶的自行車專用車道，可說是全德國境內最為完善的，即使是市區內的步道也有自行車專用道，騎乘起來非常舒適，不過行人可要注意千萬別走錯了。

　　面對火車站的左手邊就是海外博物館Übersee-Museum，規模相當大，得花上不少時間，因此不妨先從市中心開始觀光起。沿著車站大街Bahnhofstr.往西南走，途中經過的橋樑右手邊，可以發現在綠蔭扶疏的林間矗立著一座風車。過了橋就是城市中心所在，行人專屬的時尚購物大街——澤格大街Sögestr.，這裡的養豬人銅像是最明顯的指標，在這條街道的尾端處垂直而行的是奧伯恩大街Obernstr.，這裡同樣是不來梅的一大熱鬧街道。

澤格大街入口處的豬隻雕像

順著奧伯恩大街走下去，就可以欣賞到聖彼得大教堂的高聳尖塔，下方則為市集廣場Marktplatz，同時還有著和平與權力的象徵——羅蘭雕像Roland，傳說只要有這座雕像佇立於城市裡的一日，不來梅就是自由的漢薩城市，而最有意思的一件事，就是即使雕像遭到任何破壞也沒關係，因為還有一座備用雕像可以隨時登場，所以完全不必擔心。

　　面對羅蘭雕像正面右側的綠色屋頂，

傳說只要摸過驢腳就能獲得幸福的不來梅樂隊雕像

●不來梅旅遊卡
BremenCARD ❶

市區電車、市區巴士可不限次數乘坐，市政廳、博物館、教堂等入場門票還可獲得折扣優惠。1日券（可供1名大人與2名未滿14歲兒童使用）€10.50，2日券€15.50；供2名大人+2名兒童使用的1日券€12.90，2日券€19.50，亦有3日券。市區電車、市區巴士可從有效日期的前一日18:00起乘車，可於遊客中心購買。

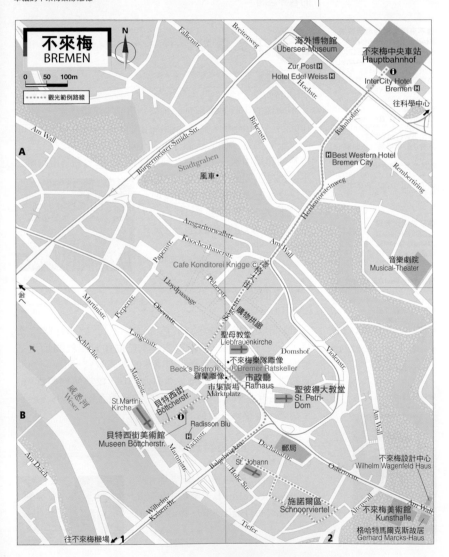

不來梅 BREMEN

0　50　100m

┈┈┈ 觀光範例路線

海外博物館 Übersee-Museum
不來梅中央車站 Hauptbahnhof
Zur Post 🏨
Hotel Edel Weiss 🏨
InterCity Hotel Bremen 🏨
往科學中心→
Best Western Hotel Bremen City 🏨
Stadtgraben
風車
Falkenstr.
Breitenweg
Hochstr.
Birkenstr.
Bahnhofstr.
Rembertiring
Am Wall
Burgermeister-Smidt-Str.
Ansgaritorwallstr.
Knochenhauerstr.
Papenstr.
Cafe Konditorei Knigge ©
Pelzerstr.
Lloydpassage
Herdestorsteinweg
Am Wall
音樂劇院 Musical-Theater
聖母教堂 Liebfrauenkirche
Martinistr.
Pregerstr.
Obernstr.
Langenstr.
Schlachte
Martinistr.
威悉河 Weser
St. Martini-Kirche
貝特西街 Böttcherstr.
Beck's Bistro ℝ
羅蘭雕像
市集廣場 Marktplatz
不來梅樂隊雕像
ℝ Bremer Ratskeller
市政廳 Rathaus
Domshof
Violenstr.
聖彼得大教堂 St. Petri-Dom
Am Wall
Radisson Blu 🏨
貝特西街美術館 Museen Böttcherstr.
Wachtstr.
Am Deich
Wilhelm-Kaisen-Br.
St. Johann
Balgebrückstr.
Hohe Str.
Dechanstr.
郵局
Osterdstr.
Alt Wall
不來梅設計中心 Wilhelm Wagenfeld Haus
Neuwall
施諾爾區 Schnoorviertel
Tiefer
不來梅美術館 Kunsthalle
格哈特馬爾克斯故居 Gerhard Marcks-Haus
往不來梅機場 1
2

A　B

●購物拱廊

在澤格大街中段靠近東側這一頭有購物拱廊，天候不佳時，只要從這裡穿過就可以來到市政廳附近。

在拱廊內可沿街欣賞小店，相當有趣

●不來梅樂隊的現場表演
Stadtmusikantenspiel

6～10月左右的每週日12:00，在市政廳附近的Domshof可以欣賞到露天舞台劇，雖然是免費演出，但不時會有突發更改／取消的情況發生。

●市政廳
◎Map P.441-B2

想參觀內部必須參加為時約1小時的導覽行程（德語），不過一旦有活動要舉辦就會取消，因此最好先到 ❶ 確認清楚，另外也是必須在 ❶ 這裡購買門票。
週一～六11:00、12:00、15:00、16:00、週日11:00、12:00出發。
圜€7

●聖彼得大教堂
匪Sandstr. 10-12
◎Map P.441-B2
圐週一～五　10:00～17:00
　週六　　　10:00～13:30
　週日　　　14:00～17:30
塔頂僅在4～10月間開放，週三～六10:00～17:00、週日11:00～17:00（有時會有變動）。地底教堂僅於4～10月的週三～日11:00～17:00開放。
困基督教的慣例活動或有音樂會時
圜免費，塔樓€3。東側的地底教堂（地下墓室，入口處在教堂外，靠近公園這一側）€3。

●貝特西街
◎Map P.441-B1

時尚小路貝特西街的入口

壯觀文藝復興風格外觀的建築物即為市政廳Rathaus，面對市政廳大門入口的左手邊，為大名鼎鼎的不來梅樂隊雕像。

聳立在廣場東側的2座極高塔樓就是聖彼得大教堂，爬上高塔能夠站在不來梅唯一的制高點俯瞰整個城市的風景。隔著廣場與市政廳相對而建的，是如今被當成商會會所來使用的Schütting，是棟極為優雅迷人的建築物。

接著不妨轉入左手邊的狹長道路貝特西街Böttcherstr.，裡面林立著玻璃工藝品、陶瓷等店面，一邊漫遊一邊欣賞櫥窗，非常有意思。再稍微往東南方處的施諾爾區Schnoorviertel，各式各樣手工藝品店就分布在木屋建築組成的巷弄之間。

📷 主要景點

市政廳
Rathaus　🌐 世界遺產　★★★

不來梅的市政廳堪稱是北德最為重要的建築物之一，建於1405年至1410年間，整體全部採用哥德式建築風格，但是面向市集廣場這一側的正面卻因為是竣工於200年之後，因此是整棟建築中唯一不同的文藝復興樣式。雖然名為市政廳，不過也是主要的季節典禮、展覽會場以及官方儀式等等的使用場地。

位於地下室的餐廳Bremer Ratskeller，更是葡萄酒迷一定要來的地點（→P.445）。

市政廳正面的雕刻相當精彩

聖彼得大教堂
St. Petri-Dom　★★

2座高塔彷彿就像是浮於藍天白雲之上，抬頭仰望起來格外令人心情愉快，聖彼得大教堂是從1042年就開始建造工程，最古老的部分當屬東西兩側的地底教堂，而東側的地底教堂（地下墓室）裡還安置有木乃伊，教堂博物館Dom-Museum也在教堂之內。高塔會開放給遊客攀登，不妨走到頂端來一覽整座不來梅的街道景觀吧！

最受歡迎的街道 貝特西街
Böttcherstr.　★★★

貝特西街是咖啡商羅塞理烏思Ludwig Roselius為了重現中世紀的街道景致而打造出來的，雖然是一條

讓人不由自主想坐下來休息的咖啡座

全長僅有100m的小路，但是在這裡卻擠進了電影院、劇場、美術館、賭場、精品店、玻璃工藝品或首飾工作坊（部分還有現場製作展示）以及咖啡館、餐廳等等應有盡有，雖然每一處都是給人細窄狹長、小巧可愛的感受，但是這裡有一處最為特別的景致，就是用麥森Meissen瓷器燒製而成的鐘琴Glockenspiel。地點就在羅塞理烏思之家南側，屋頂與屋頂

之間的空隙架設了鐘琴，時間一到就會演奏出美妙的樂曲，4～12月每日12:00～18:00間的每個整點，至於1～3月是12:00、15:00以及18:00會啟動，不過萬一氣溫低到0℃以下時，組鐘就無法運作了。

聆聽鐘琴的悠揚音色

紅磚屋的貝特西街博物館
Museen Böttcherstr.　　　★★

16世紀建造的紅磚屋，現在為羅塞理烏思博物館Ludwig Roselius Museum、寶拉貝克博物館 Paula Modersohn-Becker Museum、貝恩哈德・霍特格典藏館Sammlung Bernhard Hoetger。

以富商羅塞理烏思之家改建成的博物館，內部可以欣賞到昂貴的家具、日用品、地毯，此外還有克拉納赫的畫作、里門施奈德的雕刻品等美術品，而擔任建築設計的則是來自沃普斯為德Worpswede（→P.446）的建築師Hötger。寶拉貝克Paula Modersohn-Becker（1876～1907年）則是活躍於沃普斯為德的女性畫家，也是德國表現主義的代表之一，在博物館內收藏著許多她充滿力量又溫暖的作品。

工匠競相比試手藝施諾爾區
Schnoorviertel　　　★★

施諾爾區是不來梅的舊城區，現在看到的建築物都完成於15～16世紀，最早期是屬於富人居住的區域，之後才由手工藝工匠們取而代之，陸續進駐一直到今日。複雜而狹窄的巷弄常讓人分不清楚東西南北，但是當觀光遊客較稀少的時候，

想一尋鐘意的咖啡館和雜貨店

足球・球場情報

●韋沙球場
Weser-Stadion
URL www.weserstadion.de
文 達不來梅體育俱樂部 Sportverein Werder Bremen 的主場球場。
交通 從中央車站搭乘前往Sebaldbrück方向的10號市區電車，大約10分鐘至St.-Jürgen-Str.下車，徒步約10分鐘。從市中心聖彼得大教堂前的Domsheide出發，搭乘往Sebaldbrück方向的2號市區電車，至St.-Jürgen-Str.下車，或者是搭乘前往Weserwehr方向的3號市區電車，至Weser-Stadion下車。

●貝特西街博物館
（入口與門票是2館共用）
住 Böttcherstr. 6
Map P.441-B1
URL www.museen-boettcherstrasse.de
開 週二～日　11:00～18:00
節日會有變更
休 週一、部分節日
費 €10、學生€6
（特展另外收費）

因美麗外觀而非常出名的羅塞理烏思之家

●施諾爾區
Map P.441-B2

施諾爾區的餐廳、咖啡館，在黃昏後就會開始忙碌起來

卻是一處恰好能感受過往古人氣息的懷舊地帶，有著白色牆面的古老木屋，成了一間間商店、工作坊，販售著飾品、手工編織品、陶瓷等，另外這裡也有畫廊、咖啡館以及餐廳。

●海外博物館
住Bahnhofsplatz 13
🔴Map P.441-A2
🔳uebersee-museum.de
開週二～五　　9：00～17：00
　週六・日　10：00～17：00
休週一
費€9、學生€3
　（特展另外收費）

海外博物館
Übersee-Museum ★★

面對火車站的左手邊，就是以玻璃作為大門的海外博物館這棟大型建築物，裡面展示著關於自然、生活、風俗、環境、文化、美術等各種不同範疇文物，並且還重現了日式庭園、南太平洋島國的生活模樣，尤其是著重於第三世界的文化展覽上。

位在中央車站前的廣場

●不來梅美術館
住Am Wall 207
🔴Map P.441-B2
🔳www.kunsthalle-Bremen.
de
開週二～日　10：00～17：00
　（週二～21：00）
休週一　費€10、學生€5
※企劃展等情況有所調整。

●格哈特馬爾克斯故居
住Am Wall 208
🔴Map P.441-B2
🔳www.marcks.de
開週二～日　10：00～18：00
　（週四～21：00）
休週一
費€10

●不來梅設計中心
住Am Wall 209
🔴Map P.441-B2
🔳www.wilhelm-wagenfeld-
stiftung.de
開僅於特展期間開放
　週三～日　10：00～18：00
　週二　　　15：00～21：00
休週一

不來梅美術館與周邊的美術館
Kunsthalle ★

不來梅美術館的館藏以19～20世紀德國繪畫以及法國印象派畫作居多，是以歐洲繪畫為主的美術館，例如寶拉貝克與她丈夫奧托・莫德索恩Otto Modersohn等沃普斯為德畫家的作品就有所典藏。

與不來梅美術館緊鄰的是格哈特馬爾克斯故居Gerhard-Marcks-Haus，是間專門展出德國20世紀代表性雕刻家作品的美術館，並且不時舉辦各式各樣主題的企劃展。

在不來梅美術館的對面，以白色列柱為代表的建築為華根菲爾德故居Wilhelm Wagenfeld Haus，來自威瑪的包浩斯Bauhaus，並且靠著燈具、玻璃茶壺等而在設計史上留名的工業設計師華根菲爾德Wilhelm Wagenfeld就是誕生於不來梅，也因此在這裡所舉辦的企劃展亦是以追隨包浩斯潮流的藝術家作品居多。

●宇宙科學中心
　（科學中心內）
住Wiener Str. 1a
🔴Map P.441-A2外
中央車站搭乘6號市區電車，約
15分鐘至Universität Süd下車。
🔳www.universum-bremen.
de
開週一～五　　9：00～18：00
週六・日・節日10：00～18：00
　（入館至閉館前1小時30分
　為止）
※體驗公園在冬季或天候不佳
時，可能會休館或者是縮短營
業時間。
休年底年初
費€16、學生€11
售票處在Schaubox內。

宇宙科學中心（科學中心內）
Das Universum ★

不來梅大學附近的一座體驗型科學博物館，由開闊的體驗公園Entdeckungspark、特別展覽會場的Schaubox以及主要展館的科學中心Science Center所組成。而科學中心的造型宛如張嘴露出牙齒的巨大鯨魚或者是來自外太空的UFO，獨特的外觀非常吸睛，內部則依照人類、地球、宇宙的主題，分成可以感受北極氣候或地震搖晃等的體驗區。

閃爍著銀色光芒的科學中心

 以綠色罐子為人所知的貝克啤酒，其釀酒廠提供導覽行程Brauereitour Beck，3小時左右導覽參觀工廠（德語、英語），行程最後還可以品嘗啤酒，€16。可透過不來梅觀光局網站（→P.440）預約。

推薦的餐廳&住宿 ✦ RESTAURANT & HOTEL

R Bremer Ratskeller

MAP ◆ P.441-B2

住Am Markt ☎(0421) 321676
URLwww.ratskeller-bremen.de
營12:00～21:00 休1/1 card ADJMV

創業於1405年，是座落在市政廳地下室的歷史悠久餐廳。魚類餐點是餐廳最出名的料理，奶油煎北海比目魚Nordsee-Scholle€24，2種魚肉配上馬鈴薯與蔬菜煎成不來梅風味的Bremer Pannfisch €21（右下圖），以及牛排、肉料理等豐富菜單。餐廳內部還有多間包廂可使用。

R Beck's Bistro

MAP ◆ P.441-B1

住Am Markt 9 ☎(0421) 326553
URLwww.becks-bistro-bremen.de
營9:00～22:00

位於市集廣場上氣氛明快的一間小酒館，餐點的售價不僅低廉，用餐氛圍也很舒適愉快，這裡供應的啤酒當然是在地出產的貝克啤酒。

C Cafe Konditorei Knigge

MAP ◆ P.441-A2

住Sögestr. 42/44 ☎(0421) 13060
URLwww.knigge-shop.de
營週一～六9:00～18:00、週日11:00～18:00

創立於1889年的咖啡館，在街上逛累時不妨到這裡喝茶休息一下，2樓也有座位。填入滿滿葡萄乾的知名蛋糕Bremen Klaben，也很適合買來作為送人的伴手禮。平日也有提供每日菜色輪替的午餐。

H Best Western Hotel Zur Post

MAP ◆ P.441-A2

住Bahnhofsplatz 11 D-28195
☎(0421) 30590 FAX(0421) 3059860
URLwww.hotel-zurpost-bremen.de
費⑤€102～ ⒯€126～ card AMV

從中央車站出來之後，飯店就建造在右邊的斜前方向處，部分客房的設備雖然稍顯老舊，但是寬敞的空間很能讓人放鬆心情，可以一覽車站前廣場的早餐餐廳就設置在2樓，無線網路也是免費供應。

H InterCity Hotel Bremen

MAP ◆ P.441-A2

住Bahnhofsplatz 17-18 D-28195
☎(0421) 16030
URLwww.intercityhotel.com
費⑤€129～ ⒯€142～ card ADJMV

中央車站對面的時髦連鎖飯店，提供房客入住期間的交通卡，可免費搭乘市內的大眾交通工具，並提供免費無線網路。

H Best Western Hotel Bremen City

MAP ◆ P.441-A2

住Bahnhofstr. 8 D-28195
☎(0421) 30870 FAX(0421) 308788
URLwww.bestwestern.de
費⑤€78～ ⒯€98～ 早餐另計 card ADJMV

從中央車站徒步約3分就能抵達的中級飯店，客房雖然有點狹窄卻是樣樣齊備，無線網路也是免費供應。

H Hotel Edel Weiss

MAP ◆ P.441-A2

住Bahnhofsplatz 8 D-28195
☎(0421) 14688 FAX(0421) 17833591
URLwww.edelweiss-bremen.de
費⑤€108～ ⒯€145～ 早餐另計 card ADMV

就在中央車站對面十分便利，附設以提洛的山中小屋為概念設計的居酒屋風餐廳，提供免費無線網路。

JH Jugendherberge Bremen

MAP ◆ P.441-A1 外

住Kalkstr. 6 D-28195
☎(0421) 163820 FAX(0421) 1638255
URLwww.jugendherberge.de/jh/bremen
費含早餐€31～、27歲以上€35.50～ card MV

從火車站搭乘市區電車1號或巴士26號、27號，至第2站的Am Brill下車，沿著威悉河方向前行約300m，從河川前右手邊的小階梯往下走，不用多遠就能看到。如果在18:00之後才能抵達的遊客，務必要事先通知，登記住房時間15:00～、12/24公休。

沃普斯為德

Worpswede

Große Kunstschau

沃普斯為德

柏林

法蘭克福

慕尼黑

MAP ◆ P.414-A1	
人　口	9600人
區域號碼	04792

ACCESS

不來梅火車站前的巴士總站，搭乘670號巴士約50分，在Worpswede Hemberg或Worpswede Insel下車，不遠處就是 ❶。平日每隔1小時1班車，週六‧日、節日則是每隔2～3小時才會行駛1班。

❶沃普斯為德的遊客中心

住Bergstr. 13　D-27726 Worpswede
☎(04792) 935820
URLwww.worpswede-touristik. de
開4月中旬～10月下旬
　週一～六　10：00～17：00
　週日‧節日　10：00～15：00
　其他季節有所變更
休12/24‧25

●Große Kunstschau 美術館

住Lindenallee 5
開10：00～18：00
　（11～3月的週二～日11：00～17：00）
費€8

咖啡館Kaffee Worpswede

在附近一帶都是濕地且一望無際的平坦環境中，出現了一座和緩的小山丘，這就是藝術家之村沃普斯為德，從19世紀尾聲左右開始，不來梅的藝術家們陸續搬遷到距離不來梅不遠的這一帶居住，而形成聚落。

❶在村莊中心所在的貝格街Bergstr.與Lindenallee的轉角處。Kaffee Worpswede咖啡館是由設計出不來梅貝特西街的設計師Hötger所完成，在建築界當中相當有名氣，而緊鄰在旁的美術館Große Kunstschau也收藏有寶拉貝克Paula Modersohn-Becker、海因里希‧沃格勒Heinrich Vogeler等人作品，都很值得一看。

至於也擁有沃格勒作品的Haus im Schluh，還有他曾經居住過的美麗故居Barkenhoff一樣很推薦前往探訪。

沃普斯為德 WORPSWEDE（地圖）

Worpsweder Bahnhof 舊火車站（現在是餐廳）、Im Rusch、Bahnhofstr.、Auf der Hurth、Eichenweg、Walter-Bertelsmann-Weg、Bauernreihe、Findorffstr.、Hembergstr.、Haus im Schluh（美術館）、Udo-Peters-Weg、Im Schluh、寶拉貝克故居、巴士站（Worpswede-Hemberg）、Jugendherberge、Findorffstr.、Strauterweg、市政廳 Rathaus、Gasthof zum Hemberg、美術館 Kunsthalle、貝格街 Bergstr.、Kaffee Worpswede、教堂 Zionskirche、Lindenallee、Große Kunstschau、Findorff-Denkmal、Fritz-Overbeck-Weg、觀景台 Fernblick、Fritz-Mackensen-Weg、Am Thurgarten、Niedersachsenstein、Barkenhoff、Am Schambberg、Auf der Heidwende、Ostendorfer Str.、往不來梅、0 150 300m

MEMO Gasthof zum Hemberg（住Hembergstr. 28　URLwww.zum-hemberg-worpswede.com）是一間可以自在品嚐維也納風炸豬排等德國料理的餐廳（休週三、週四、冬季部分日期公休）

沿著河岸建立的漢堡市政廳，周邊為高級購物大街

漢堡與
歐石楠之路·北德
Hamburg /Erikastraße /Norddeutschland

miau

呂貝克舊城區裡有許多條方便連通道路的「Gang」狹小巷弄，其中以Bäcker Gang的氛圍最為獨特

春天到初夏為草莓季，城鎮隨處都可見販售處（漢諾威）

美麗身影映照在湖面上的格呂克斯堡

街道上有著美麗木造建築的城市策勒

P.492
敘爾特
Sylt

威斯特蘭
Westerland

Niebüll

P.494 弗蘭斯堡
Flensburg

P.494 格呂克斯堡

丹麥

Schleswig

赫利根群島
Halligen

胡蘇姆
Husum

P.491

拉博
Laboe

A

北弗里西亞群島
Nordfriesische Inseln

St. Peter Ording

黑爾戈蘭島
Helgoland

Rendsburg

P.493
基爾
Kiel

Oldenburg

北海
Nordsee

P.490
瓦登海

Heide

Büsum

7

Neumünster

普倫
Plön

P.490
庫克斯港
Cuxhaven

北海・波羅的海運河（基爾運河）
Nord-Ostsee Kanal

Itzehoe

P.474 特拉沃明德
Travemünde

P.471 呂貝克
Lübeck

威廉港
Wilhelmshaven

P.489
不來梅港
Bremerhaven

斯塔德
P.464
Stade

Elmshorn

Ahrensburg

漢堡機場

P.477 拉策堡
Ratzeburg

P.477 莫爾

7

1

Mölln

P.452 漢堡
Hamburg

24

27

Buxtehude

歐

石

楠

之

路

29

沃普斯為德
Worpswede

1

P.478
呂內堡
Lüneburg

P.440
不來梅
Bremen

28

P.479
呂內堡石楠草原
Lüneburger Heide

7

1

B

柏林

27

費爾登
Verden

威悉河
Weser

P.482
勃根貝爾森
Bergen-Belsen

P.464 薩爾茨韋德
Salzwed

法蘭克福

P.480 策勒
Celle

P.488
沃爾夫斯堡
Wolfsburg

慕尼黑

2

P.485 漢諾威
Hannover

P.484
希爾德斯海姆
Hildesheim

布朗斯威克
Braunschweig

P.483

1

2

漢堡與歐石楠之路·北德 ▼ 大區域地圖

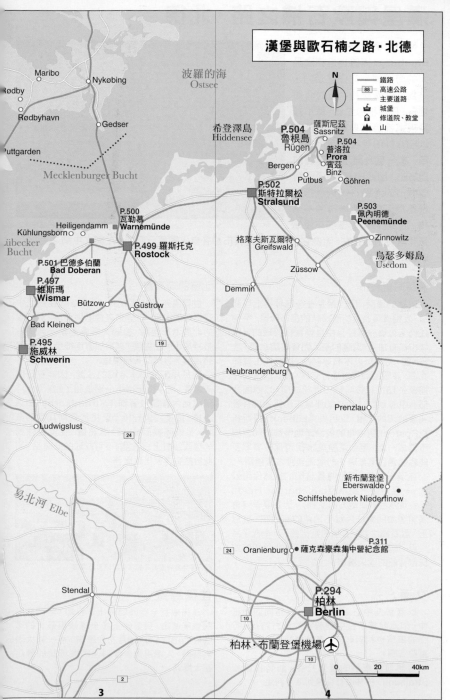

漢堡與歐石楠之路·北德

━━━	鐵路
88	高速公路
━━━	主要道路
♜	城堡
♙	修道院、教堂
▲	山

Maribo

Rødby

Nykøbing

Rødbyhavn

Gedser

Puttgarden

波羅的海
Ostsee

Mecklenburger Bucht

希登澤島
Hiddensee

薩斯尼茲
Sassnitz

P.504
呂根島
Rügen

P.504
普洛拉
Prora

Bergen

賓茲
Binz

Putbus

Göhren

P.502
斯特拉爾松
Stralsund

P.503
佩內明德
Peenemünde

Heiligendamm

Kühlungsborn

P.500
瓦勒慕
Warnemünde

格萊夫斯瓦爾特
Greifswald

Zinnowitz

Lübecker Bucht

P.499 羅斯托克
Rostock

烏瑟多姆島
Usedom

P.501 巴德多伯蘭
Bad Doberan

P.497
維斯瑪
Wismar

Bützow

Güstrow

Züssow

Demmin

Bad Kleinen

P.495
施威林
Schwerin

19

Neubrandenburg

Ludwigslust

24

Prenzlau

易北河 Elbe

新布蘭登堡
Eberswalde

Schiffshebewerk Niederfinow

P.311
薩克森豪森集中營紀念館

24

Oranienburg

Stendal

P.294
柏林
Berlin

10

柏林·布蘭登堡機場

10

0   20   40km

2

3

4

449

漢堡與歐石楠之路・北德

德國第2大城漢堡Hamburg，同時也是德國最大的海港城市充滿了活力。來到了以漢堡為中心的北德地帶，只要稍加注意，就不難發現這裡的汽車車牌上都會以HH或HB等英文字母為開頭，第一個H顯示為漢薩同盟城市，因此HH即為漢薩同盟城市的漢堡，HB則是指同樣屬於漢薩同盟城市的不來梅。這2座城市對德國來說都

讓人想搭船眺望的城市漢堡

是非常特別的存在，因為它們雖然只是城市卻各自代表著一個邦（在德文中稱之為城邦Stadtstaat）。

漢薩同盟城市

所謂的漢薩同盟，就是在通商貿易上以利益、互相保護為目的而締結的都市聯盟，不受任何王公貴族掌控且由皇帝直轄管理的自由城市都有加入，漢薩的商人們會收購鐵礦、琥珀、鹽、毛皮以及木材等商品，再前往主要如北海、波羅的海等地進行交易，最為興盛的時期就是13世紀後半至15世紀之間，以德國北部為中心，共有超過100座城市加盟並擁有著波羅的海的主權，從呂貝克Lübeck、羅斯托克Rostock到波羅的海沿岸地帶都與同盟城市連成一氣，至今這些城市裡還保留著眾多能緬懷過往繁華時光的氣派典雅古蹟建築。

在漢堡以南，則是幅員廣闊的自然保護公園——呂內堡石楠草原Lüneburger Heide（原意為呂內堡地方的原野），因為夏季時會滿開著如同紫紅色絨毛地毯的石楠花，被冠上「歐石楠之路」名稱的觀光路線，串起了呂貝克、策勒Celle、莫爾恩Mölln等北德10座如珠似寶的迷人城市。

交通方式

以漢堡為中心主軸的鐵道網絡向四周延伸，因此就算不是主要幹線的地方路線，行駛的車班也相對較多，漢堡也是通向北歐的重要玄關。

若想前往東部的羅斯托克、斯特拉爾松Stralsund，柏林也有直達列車可利用。

北德的海岸線

世界遺產瓦登海Wattenmeer，在德語中是指潮間濕地，就分布在德國與荷蘭2個國家的北海沿岸地區，德國人常會全家一起或者是組成小型旅遊團，來參加濕地徒步之旅，體驗接觸大自然的各種樂趣。

至於規劃成海水浴場的沙灘，因為會收取入場費，所以要記得小心別走錯了。在海水浴場場地內會擺放著稱作Strandkorb的有頂座椅，這是19世紀後半誕生於羅斯托克的產物，是以籐編而成的沙灘座椅，在風速強勁的德國沙灘上，是絕對不可或缺的必需品，因此自然有提供出租服務。

擺放著無數海灘籃子的庫克斯港濕地海灘

住宿導覽

漢諾威是全德國舉國上下皆知，鼎鼎有名的會展城市，只要碰上如全球規模最大的電腦展CeBIT（每年3月左右舉辦）這一類大型展覽時，人潮可是會多到連周邊城鎮的飯店都大爆滿。

名產與美食

　　漢堡、呂貝克等北德城市，都能找得到許多提供美味鮮魚菜餚的餐廳，而這些海鮮餐點的烹調方式，主要以熱油來煎或下鍋炸居多，至於港都城市裡最有名氣的水手雜燴Labskaus（馬鈴薯與醃牛肉攪拌之後，將荷包蛋放在最上面的一道菜），則是相當淳樸的北國風味料理。

　　而北德的代表性甜點，自然就是以草莓或覆盆子、藍莓等莓果類熬煮而成的香甜莓果羹Rote Grütze了，還能夠搭配上鮮奶油或香草冰淇淋，吃進嘴裡會有另一番不同的滋味。

左／加上香草冰淇淋的莓果羹，滋味非常甜　右／推薦新鮮草莓的甜點

左／海港城市的名菜──水手雜燴　左下／香煎一種名為Zander的白肉魚

左上／殘株造型的薩爾茨韋德爾的年輪蛋糕　上／年輪蛋糕相當出名的咖啡館──HOLLANDISCHE KAKAO-STUBE的年輪蛋糕塔

在漢堡港可品嘗到的輕食──燻製鯖魚三明治，跟誕生於漢堡的Fritz-Kola可樂一起享用

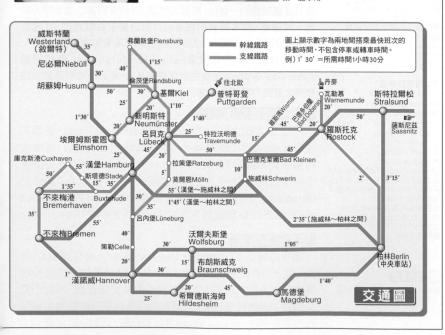

交通圖

紅磚色的倉庫街

活力洋溢的德國最大海港

漢堡

Hamburg

漢堡 ★
柏林
法蘭克福
慕尼黑

MAP ◆ P.448-B2	
人　口	185萬2500人
區域號碼	040

ACCESS

火車：法蘭克福搭乘特快列車ICE，大約3小時40分，柏林出發則需約1小時45分，而前往北歐的國際列車也都會停靠此地。

❶漢堡的遊客中心
●中央車站大樓內的❶
（Kirchenallee出口附近）
❍Map P.457-B4
Ⓤwww.hamburg-tourism.de
🕐週一～日　9：00～17：00
（12/24～1/1會縮短時間）

●漢堡機場
❍Map P.456-A1（小圖）
Ⓤwww.ham-airport.de

●機場～市區間的交通費
機場～中央車站間的近郊電車S-Bahn為€3.50。
計程車從機場出發，到中央車站則大約為€20～25。

●駐漢堡辦事處
Taipeh Vertretung in der Bundesrepublik Deutschland, Büro Hamburg
🏠Mittelweg 144 / 2.O.G. 20148 Hamburg
❍Map P.457-A4
☎(040) 447788
📠(040) 447187
Ⓤwww.roc-taiwan.org/deham/
急難救助電話：行動電話(49)171-5217081；德國境內直撥0171-5217081
※急難救助電話專供如車禍、搶劫、有關生命安危緊急情況等緊急求助之用，非急難重大事件請勿撥打

🌐世界遺產
倉庫街與智利大樓等商館地區
（2015年登錄）

如宮殿般壯麗的漢堡市政廳

漢堡雖然是全德國最大的海港城市，其實是座落於易北河河口大約100km遠的河川港口，與我們認為的港都印象大不相同，這座濱水城市有著碼頭常見的雜亂骯髒景象，卻又具有阿爾斯特湖Alster的輕快度假氣氛，同時還洋溢著運河河畔專屬的羅曼蒂克氛圍。

9世紀卡爾大帝時代在此建都為漢馬堡Hammaburg，自12世紀左右開始，漢堡因為是貿易重心所在而急速發展，14世紀成為漢薩同盟的一員後，愈發地繁榮，然而受到第二次世界大戰戰火的破壞，原本美麗的古老城市街道幾乎毀壞殆盡，才因此有了今日這番充滿現代活力又前衛的國際港灣城市面貌。

不僅音樂大師孟德爾頌Felix Mendelssohn、布拉姆斯Johannes Brahms是誕生於漢堡的名人，更因為曾經是披頭四發跡之前努力奮鬥過的城市。

機場與市區交通

座落在城市以北處的漢堡機場Hamburg Airport，要想前往市區，可由巴士總站隔壁的近郊電車S-Bahn車站，搭乘大約每隔10分鐘會有1班車的Ⓢ1，約25分鐘的車程就可抵達中央車站。若由中央車站前往機場方向，當抵達了中途車站Ohlsdorf時，列車會拆開變成往機場方向以及往Poppenbüttel方向的2節列車，因此搭車之際請確認清楚車行方向。

搭乘火車抵達

漢堡這裡除了有中央車站Hauptbahnhof（＝縮寫成Hbf.）之外，還分別有Dammtor車站、Altona車站以及位在郊區的哈堡車站Harburg，可利用近郊電車S-Bahn交通往來。因此不要以為到了漢堡就是終點站，通常有許多列車的終點站並非設置在中央車站，而是以Altona車站為終點，下車時請留意。

MEMO 從Altona車站出發的11號巴士，會行經魚市場～繩索街～聖保利碼頭～易北愛樂廳等漢堡主要景點，十分方便，可以享受約30分鐘的路線巴士之旅。

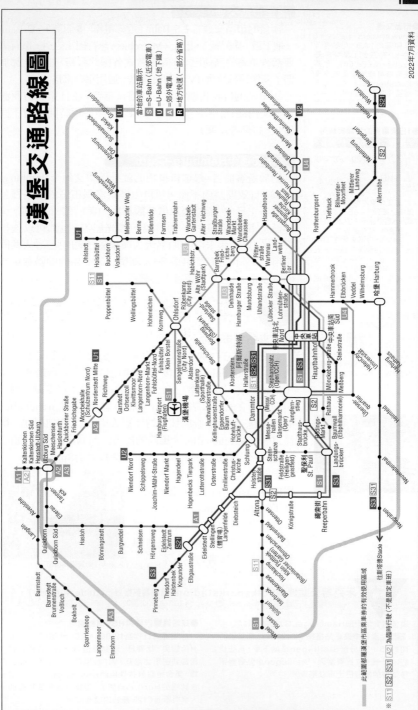

漢堡交通路線圖

漢堡與歐石楠之路・北德 ▶ 漢堡Hamburg

2022年7月資料

453

●市區交通

URL www.hvv.com
市區範圍內（AB，可參考下列註1）有效的1次乘車券Einzelkarte（€3.50），依乘車區間還可分為短距離乘車券Kurzstrecke（€1.80）和近距離區間乘車券Nahbereich（€2.40），購買時會顯示對應價格。

●1日乘車券的種類與費用

種類	AB	全域
1日乘車券 （2等）	€8.20	€24.30
9點起的1日乘車券（2等）	€6.90	€20.20

註1：漢堡乘車券的費用是以A～H區間範圍設定，AB涵蓋漢堡市區，本書介紹的主要景點（近郊景點除外）都在範圍內。

9點起的1日乘車券9-Uhr Tageskarte則是在週一～五的0:00～6:00和早上9:00至隔天6:00使用，週六、日則不限時間皆可使用，另外也有提供5人以下團體共用的團體卡Gruppenkarte。

●漢堡交通卡

（　）內為團體卡

1日有效	€10.90 (18.90)
2日內有效	€19.90 (33.90)
3日內有效	€28.90 (48.90)
4日內有效	€37.90 (63.90)
5日內有效	€44.90 (78.90)

漢堡中央車站的蒙克貝格街側出口，以這裡為起點前往市中心

漢堡市區交通

漢堡的市區交通有著S-Bahn（近郊電車，Ⓢ記號）、U-Bahn（地下鐵，Ⓤ記號）、巴士（Metrobus、急行巴士之外，還有需要額外車資的高速巴士）等等各式各樣的服務，並且全都加盟了漢堡運輸協會HVV，可使用單一通用車票來搭乘。

火車站的自動售票機就可以購買車票，並且還有方便觀光客使用的1日乘車券Tageskarte（依照使用時間而有不同種類，請參考左欄）。

漢堡交通卡Hamburg-Card

對於遊客而言，最值得推薦的就是漢堡交通卡Hamburg-Card，有效期限內不僅可以自由搭乘漢堡市區內的各種公共交通工具，也能以優惠價參觀市內的美術館、博物館，另外像是市區觀光巴士、海港暢遊觀光船等，也都可以獲得折扣優惠。一張卡片可供1名大人與未滿15歲的兒童3人共同使用，另外也還有提供最多5人團體一起使用的團體乘車券Gruppenkarte。可到遊客中心購買。

 漫遊

中央車站往市中心

❶就設置在中央車站大樓內，從法蘭克福方向抵達中央車站Hauptbahnhof之後，沿著前進方向的月台最前端處（北）的階梯（電扶梯）往上走，再繼續往右手邊走就是❶。

在❶所在的火車站東側出口前方，就是名為Kirchenallee的大馬路，周邊是飯店林立的住宿大街。想前往市中心，得從這一條Kirchenallee大馬路的反方向西側出口出來，順著蒙克貝格街Mönckebergstr.或斯皮塔爾大街Spitalerstr.，徒步走向市區中心所在的市政廳廣場Rathausmarkt。斯皮塔爾大街到了Gerhart Hauptmann Platz廣場就會與蒙克貝格街會合成一條馬路，在這2條街道上林立著無數的百貨公司、購物中心等。

人來人往的蒙克貝格街

足球場 情報	禾克斯公園球場Volksparkstadion（舊稱為英泰競技場Imtech Arena）

URL www.hsv.de　◑ Map P.456-A1（小圖）

漢堡體育俱樂部Hamburger SV的主場球場。
交通 從漢堡中央車站搭乘Ⓢ3或21，所需交通時間約15～20分至Stellingen車站下車，再徒步約20分鐘。在比賽當天，Stellingen車站會有前往球場的接駁巴士可以搭乘。

●球場導覽行程與HSV博物館
球場導覽行程為12:00、14:00出發，年末年初有所變更，比賽日、活動舉辦時除外。行程內容包含到選手休息室、VIP包廂等，全程大約90分鐘，集合地點就在球場的HSV博物館前（入口處在球場的Nord/Ost側）。導覽行程與博物館的入場門票為€12，裡頭附設有商店。

MEMO 想前往聖保利足球俱樂部FC St. Pauli的主場球場米勒門足球場Millerntor-Stadion（◑Map P.456-B2），要由中央車站搭乘Ⓤ3前往Schlump-Barmbek方向，大約10分鐘後至St. Pauli下車，再徒步大約3分鐘即可抵達球場。

市政廳廣場周邊與倉庫街

　　來到市政廳廣場就可以欣賞到聳立於此處，擁有高達112m尖塔的宏偉市政廳Rathaus。從市政廳廣場過橋後就是高級精品名店櫛比鱗次的諾伊瓦爾街Neuer Wall，穿過這條街即是漢堡的購物拱廊大街所在。

　　漢堡在13世紀時攔阻起易北河的支流阿爾斯特河，並形成了內阿爾斯特湖Binnenalster與外阿爾斯特湖Außenalster這2座人工湖泊，銜接2座湖泊的水道、運河多不勝數，而橫亙其上

少女堤碼頭的觀光船乘船處

的橋樑總數甚至還超過了威尼斯，是全歐洲橋樑最多的一座城市。暢遊湖泊與運河之間的觀光路線也相當繁多，而觀光船就從鬧區大街的中心點少

位於戴西大街後方的尼古拉運河

女堤Jungfernstieg的碼頭出發。

　　若是想要逃離喧囂繁華的漢堡市中心，不妨可以來到街道氣息寧靜祥和的尼古拉運河周邊，或者是紅磚倉庫並陳的倉庫街Speicherstadt散步。

時尚流行區，珊澤區與卡洛區

　　ⓈⓊSternschanze車站周邊的珊澤區Schanzenviertel，自古以來就有許多租金便宜的住所，因此成為學生、年輕人與各國年輕藝術家聚集的多元文化地區，氣氛迥異於市政廳附近的高級購物街，洋溢著趣味盎然的風情。尤其是車站南側的Schulterblatt與珊澤街Schanzenstr.一帶，林立著個性十

足的精品店與雜貨店、定價便宜的咖啡館、蛋糕咖啡館、餐廳等，邊走邊吃也充滿無限樂趣。

　　往東南方延伸的卡洛區Karolinenviertel上的市場街Marktstr.周邊，座落著數間二手服飾店與二手雜貨店，是充滿濃厚情調的區域。

上／珊澤區聚集著以悠閒步調生活的民眾
下／Schulterblatt街上的葡萄牙風咖啡館Transmontana

●●市區觀光巴士
Hamburgerstadtrundfahrt
・黃色雙層巴士
Die Gelben Doppeldecker
🔗www.stadtrundfahrthamburg.de
出發地點在漢堡港聖保利4號碼頭前Landungsbrücken vor Brücke 4，導覽行程1於10:30、13:00出發，所需時間約2小時，€18.50；導覽行程2於11:30、13:30出發，週六・日、夏季還會加開班次，所需時間約1小時30分，€18.50。

雙層的市區觀光巴士

・紅色雙層巴士
Die Roten Doppeldecker
🔗die-roten-doppeldecker.de
出發地點在中央車站（Kirchenallee這一頭）或者是漢堡港（1、2號碼頭）前，會停靠市區內的主要觀光景點，乘客可以自由上下車或者轉乘其他交通工具。車票1日內有效，€18.50。

●阿爾斯特湖觀光船
Alsterrundfahrt
要前往觀光船乘船處的少女堤Jungfernstieg，由中央車站徒步大約10分鐘可到，或者是於ⓊⓈJungfernstieg下車。
◎Map P.457-B4
🔗www.alstertouristik.de
・阿爾斯特湖觀光
（所需時間約1小時）
💰€18
・運河巡禮
（所需時間2小時）
💰€23.50

阿爾斯特湖的觀光船

市場街上有許多異國情調的商店

漢堡周邊圖

P.461
哈根貝克動物園
Tierpark Hagenbeck

P.454 禾克斯公園球場
漢堡機場
Hamburg
Airport

Ohlsdorf

Poppenbüttel

市立公園
Stadtpark

Wedel
Blankenese

漢堡中央車站
Hauptbahnhof

易北河
ELBE

P.461 恩斯特・巴拉赫故居
Ernst-Barlach-Haus

Altona車站

阿特斯地區
Altes Land

新易北河隧道
（汽車專用）
Elbtunnel

Bergedort

Buxtehude

哈堡車站
Harburg

P.464

往諾因加默集中營↓

地下鐵 U-Bahn —Ⓤ—
近郊電車 S-Bahn —Ⓢ—
主要購物拱廊

N

0   200   400m

Im Gehhölz

Schul weg

Eppendorfer Weg

Bundesstr.

Liebekkanal

猶太教堂

Ⓤ U3

Ⓤ U2

Christuskirche

Schlump Ⓤ

Alsenplatz

Alsenstr.

Kieler Str.

Sternschanzenpark公

Sternschanze Ⓤ

P.466 Bullerei Ⓡ

P.463
Neue Flora（劇院）

Holstenstr.

Schulterblatt

Susannenstr.

珊澤區
Schanzenviertel

Sursemannstr.

P.466 ©
Herr Max

Schanzenstr.

卡洛
Karolinenvic
Oma's Apoth
Ma

Harkortstr.

Max-Brauer-Allee

Thaderstr.

Holstenstr.

Budapester Str.

Feldstr. Ⓤ

P.468
Elternhaus-Maege
u. Knech

米勒門足球場
Millerntor
StadionHerr
Max

P.463
往Fabrik

Barner str.

Julius-Leber-Str.

Ⓗ MEININGER P.470

Altona車站
Bf.Altona

Ⓢ S1 S2 S3

Max-Brauer-Allee

Ehrenbergstr.

Mörkenstr.

Louise-Schröder-Str.

Große Freiheit

P.463
Kaiserkeller

Reeperbahn

Beatles-Platz

Ⓢ S1 S2 S3

繩索街（夜生活）
P.463

St.Pauli Ⓤ

Millernto

Reeperbahn

P.469
Heiligengeistfeld
（Hamburger Dom
會場）

聖保利劇院
St. Pauli Theater

P.463 Herbertstr.（紅燈區）

漢堡歌劇院 P.463
Operettenhaus

P.470 Jugendherber
Auf dem Stintfa

P.460
阿爾托納博物館
Altonaer Museum

Königstr.

Königstr.

Palmaille

Ehrenbergstr.

Klopstockstr.

Große Elbstr.

易北河

P.467
魚市場
Fischmarkt

Breite Str.

Fischerhaus
Ⓡ

St.Pauli Fischmarkt

P.459
前蘇聯
U434潛水艇

P.470 Hotel Hafen Hamburg Ⓗ

Landungsbrücken Ⓤ
St. Pauli Hafenstr.

P.458
聖保利碼頭
（海港觀光乘船處）

Brücke 10 P.458
Ⓡ

P.4
瑞克莫

P.458 聖保利隧道
St. Pauli Elbtunnel

P.463
漢堡港音樂劇院

Elbe

P.468
Isemarkt

Hoheluftbr.

Innoncentia-
park

Rothenbaumchaussee

阿爾斯特公園

Alster-
Park

聖約翰教堂
St. Jahannis

P.450
•台灣駐漢堡辦事處

外阿爾斯特湖
Außenalster

民俗博物館
Hamburgisches Museum
für Völkerkunde

電視塔
emsehturm

花卉植物園
Planten un Blomen

P.470
Radisson-Blu
Hotel Hamburg

Bf.Dammtor

Theodor-Heuß-
Platz

會展中心
Messegelände

Stephansplatz

小城牆公園
Kleine Wallanlagen

Alster Hof

Baseler Hof

Kennedybrücke

P.469
Kempinski Hotel
Atlantic

P.466
Café Gretchens Villa
Messehallen

Gorch-Fock-Wall

Dammtorwall

Matsumi

P.469
Fairmond Hotel
Vier Jahreszeiten

Lombardsbrücke

P.470
InterCity
Hotel

Maritim
Reichshof

P.462
漢堡國家歌劇院
Hamburgische Staatsoper

Binnenalster
ALEX P.465

P.460
漢堡市立美術館
Hamburger Kunsthalle

德國
劇院

OT DOGS
P.468

P.462
漢堡音樂廳小廳。
Laeiszhalle

Gänsemarkt

P.468 NIVEA HAUS

P.455
阿爾斯特湖
•觀光船乘船處

漢堡中央車站
Hauptbahnhof

巴士總站

Karl-Muck-
Platz

P.470 Hamburg
Marriott Hotel

ABC-Str.

Jungfernstieg

P.461
布拉姆斯博物館
Johannes Brahms Museum

Renaissance
Hamburg Hotel

P.467 漢堡 Viertel
(購物拱廊)

P.467
GUCCI

P.467
Europa Passage

P.460
美術工藝博物館
Museum für Kunst
und Gewerbe

roßewallanlagen

P.467 MONTBLANC

P.467
HERMES

TIFFANY&Co.

P.467
LOUIS VUITTON

Karstadt

Mönckebergstr.

P.463
考道俱樂部

P.463
Stadthausbrücke

P.465 Old
Commercial
Room

Steigenberger
Hamburg

市政廳廣場
Rathausmarkt

Rathaus

聖彼得教堂
St. Petri

聖雅各教堂
St.Jacobi

Markthalle

Deichtorplatz

P.458
聖米歇爾教堂
St.Michaeliskirche

P.458
市政廳
Rathaus

Café Paris

P.459
智利大樓
Chilehaus

Salvatore
Ferragamo
P.467

證券交易所

P.458
舊工商工會福利院
Krameramtswohnungen

聖尼古拉教堂廢墟
Turmruine St. Nikolai

Meßberg

Fischmarkt

Gröninger P.465

Wasserschloss
P.466

P.459
聖地牙哥船長號
Cap San Diego

Diechgraf P.465

聖凱薩琳教堂
St.Katharinen

P.466 Speicherstadt
Kaffeerösterei

P.466
國際航海博物館
Internationales Maritimes Museum

漢堡港

P.459
燈塔船
Das Feuerschiff

P.459
倉庫街
Speicherstadt

P.459
迷你模型樂園
Miniatur Wunderland
漢堡監獄
Hamburg Dungeon

St.Annenplatz

P.460

易北愛樂廳
Elbphilharmonie **P.462**

P.459
Theater an der Elbe **P.463**

The Westin Hamburg P.469

3

4

457

●市政廳
⌂Rathausmarkt 1
Ⓤ3 Rathaus和Ⓤ Ⓢ Jungfernstieg下車。
◆Map P.457-B3～B4
開僅可透過導覽行程參觀，導覽不定期推出，可於下列網站
URL www.hamburg.de/rathausfuehrung確認。遇上官方活動或儀式時會暫停導覽行程。
費€5

●聖米歇爾教堂
⌂Krayenkamp 4c
Ⓢ1或2至Stadthausbrücke下車。
◆Map P.457-B3
URL www.st-michaelis.de
開教堂開放時間每日變動，請於上述網站確認。
高塔電梯
5～9月	9：00～20：00
11～3月	10：00～18：00
4・10月	9：00～19：00
（週日為12：30～）	
費€6

搭電梯登上聖米歇爾教堂塔頂

●舊工商工會福利院內博物館
⌂Krayenkamp 10
◆Map P.457-B3
開週三～一 10：00～17：00
（冬季僅限週六・日開放）
休週二、冬季（不定期公休）
費€2.50

●周遊漢堡港的觀光船
Ⓤ3的St. Pauli或Ⓢ1、2、Ⓤ3的Landungsbrücken下車。
◆Map P.456-B2
由數間公司營運，提供各式各樣的行程。
所需時間約1～2小時
費€20～

除了觀光船，也可利用公共交通網絡的通用車票搭乘定期船眺望港灣景致，尤其72號還可欣賞到易北愛樂廳，相當推薦

📷 主要景點

⚅ 市政廳
Rathaus ★★★

　　市政廳是建於1886～1897年的新文藝復興樣式建築，同時也身兼漢堡邦邦議會的議事殿堂，厚重篤實的內部裝潢非常精采，可以透過內部導覽行程一一欣賞。市政廳內擁有647個房間，比起英國白金漢宮還要多出6個房間而相當自傲。

運河旁可眺望市政廳的咖啡廳很受歡迎

⚅ 聖米歇爾教堂與周邊
St. Michaeliskirche und Alt Hamburg ★★

　　擁有巴洛克風格外觀的聖米歇爾教堂，是整個漢堡最有名氣的新教教堂，而被民眾暱稱為「米歇爾」的教堂高塔有132m高，要想登上設置於82m處的觀景台，只要搭乘電梯就能輕鬆上去，而且站在觀景台這裡更可以眺望到整座城市與海港的精采大全景。

　　聖米歇爾教堂東側則是舊工商工會福利院Krameramtswohnungen，就在餐廳旁狹窄的巷弄尾端，這是專門為工商商會成員的遺孀們所建造的住宅，其中一棟還規劃成為小型的博物館Museumswohnung。
舊工商工會福利院

⚅ 周遊漢堡港
Hamburg Hafen ★★

　　由聖保利碼頭St. Pauli-Landungsbrücken出發，有沿著易北河畔繞行且同時暢遊全德國最大的漢堡港的觀光船Hafenrundfahrt，而在6號、7號碼頭的一旁，則是聖保利隧道St. Pauli Elbtunnel，不論是汽車還是人都得要搭乘電梯才能抵達地底的一座特殊隧道，被指定為文化遺產，從對岸遠

上／在聖保利碼頭的西端，於販售美味鮮魚三明治的Brücke 10（→頁底MEMO）稍اي微休息
右／先經由樓梯或專用電梯到水面下後，才可穿過隧道

MEMO 簡餐店Brücke 10（◆Map P.456-B2 URL bruecke10.com 營10：00～22：00、11～3月公休）位在聖保利10號碼頭旁，可以品嘗炸魚三明治等料理。

眺港口的景致相當漂亮。

　　沿著碼頭旁的漫遊步道一路往東而行，可以看到船博物館兼餐廳的大型帆船瑞克莫號Rickmer Rickmers、聖地牙哥船長號Cap San Diego、燈塔船Das Feuerschiff等景致。

　　聖保利碼頭往西徒步大約10分鐘，則是前蘇聯U434潛水艇所在，這是全世界最大的非核能動力潛水艇，也開放內部給遊客參觀。

帆船博物館瑞克莫號

完成間諜任務的前蘇聯海軍潛水艇

倉庫街
Speicherstadt
世界遺產 ★★

　　市中心南部的運河畔，擁有一處超過100年以上歷史的美麗紅磚倉庫區，因為可以體驗到19世紀的氣氛而成為一大羅曼蒂克觀光勝地，另外還有迷你模型樂園、漢堡監牢等景點。倉庫街北側的戴西大街Diechstr.上，也有好幾間能充分品嘗到鮮魚美食的時尚餐廳。

智利大樓
Chilehaus
世界遺產 ★★

　　從倉庫街往東南而行，緊鄰地下鐵Meßberg站旁的就是漢堡具代表性的商館智利大樓Chilehaus。黑褐色磚頭層層疊疊的厚實建築，是從智利進口硝石致富的富商委託建築師弗里茨‧霍格Fritz Höger設計而成，並於1924年興建完工，是德國表現主義的代表作，與鄰近的商館一起登錄為世界遺產。現在作為商業大樓之用，有許多企業進駐。

迷你模型樂園
Miniatur Wunderland
★★★

　　在倉庫街的老舊紅磚建築物當中，有著全世界規模最大的鐵道模型世界——迷你模型樂園，依照1/87的比例製作而成的鐵道模型，搭配上數位技術控制的照明，遊客來到這裡可以體驗到浪漫的模擬夜景，至於精細考究的風景模型，即使不是鐵道迷也值得一探究竟。因人氣很高，因此常常要排隊等待入場。

迷你模型持續擴大中

●前蘇聯U434潛水艇
St. Pauli Fischmarkt
Landungsbrücken下車，往西沿著易北河畔徒步大約10分鐘。或者是從中央車站的Spitalerstr./City方向出口出來，搭乘112號巴士至Hafentreppe或Fischmarkt下車，徒步大約5分。
Map P.456-B2
www.u-434.de
週一～六　9：00～20：00
週日　11：00～20：00
€9、學生€6

●倉庫街
3 Baumwall徒步約5分。
Map P.457-B3

紅磚瓦倒映於水面上的倉庫街

●智利大樓
Fischertwiete 2
Meßberg徒步約1分。
Map P.457-B4
www.chilehaus.de/

建築東側宛如船的船首

●迷你模型樂園
Kehrwieder 2, Block D
Map P.457-B3
www.miniatur-wunderland.de
每日可能會有所變動，請事先上網確認。
€20、學生€17
※由於深受歡迎，週六‧日‧節日容易擁擠，預估等待時間會顯示在上述的網站上，也可上網預約。

圓頂造型外觀也成為漢堡市立
美術館的最佳指標

大師名畫、巨作非常吸睛

漢堡市立美術館
Hamburger Kunsthalle　★★★

　漢堡市立美術館就緊鄰在漢堡中央車站的北側，是全德國規模最大的美術館之一，因漢堡當地富裕的美術愛好者們捐贈眾多作品，而成為這座美術館的基礎。

　擺放在中世紀部門，也是現存中世紀繪畫中最大的一幅畫作《格拉波的祭壇Grabower Altar》（Meister Bertrams作，1379年）是來到這裡一定得看的名畫。館內對於19世紀〜20世紀前半的繪畫收藏特別齊全，像是浪漫派畫家腓特烈Caspar David Friedrich的《冰海Eismeer》之外，還有波克林Arnold Böcklin、李伯曼Max Liebermann、高更、塞根迪尼Giovanni Segantini、孟克Edvard Munch、保羅・克利Paul Klee等等，展覽內容可說是多采多姿非常豐富。

　在本館北側還有一座新館，現代美術畫廊Galerie der Gegenwart裡專門展出現代藝術、裝置藝術。要前往新館可由本館內的咖啡館Cafe Liebermann，一旁有連結通道可以交通往來。

美術工藝博物館
Museum für Kunst und Gewerbe　★★

　從中央車站的Kirchenallee側出口往南走，就能夠看到建於巴士總站前的古典建築。從1877年開幕以來，收集了來自世界各地的工藝品、設計作品、古樂器、時尚作品等收藏，其中關於新藝術的典藏更堪稱全世界最大規模。在博物館內還設有日本茶室，每個月會有數次的茶道表演，並且經常會有多個特展在館內同時登場。

阿爾托納博物館
Altonaer Museum　★★

　阿爾托納博物館有著充滿港都氣氛的收藏，像是船舶模型、船首雕像以及漢堡與周邊造船業、漁業等相關展覽品為主，同時也能領略到大航海時代繁華瑰麗的北德文化史與大自然。

國際海事博物館
Internationales Maritimes Museum　★★

　這座9層樓的建築內陳列了Peter Tamm從世界各地收集來的航海歷史相關文物，包含各國的海軍制服、軍艦模型、客船模型等，規模龐大令人無法相信是私人收藏。也展示了與日本相關的物件。

紅磚色的巨大建築

漢堡博物館
Museum für Hamburgische Geschichte ★

　漢堡博物館座落於磚瓦建造建築之中，屬於漢堡的歷史博物館，看得到精緻的老漢堡城市復原模型，也有忠實重現的巴洛克時代商館房間、衣裳服飾的時代變革、音樂與樂器、船隻模型、漢堡的猶太人歷史等等，擁有為數龐大的收藏。

布拉姆斯博物館
Johannes Brahms Museum ★

　誕生於漢堡的偉大作曲家布拉姆斯，這裡是有著他親筆樂譜的摹寫、音樂會流程、照片等收藏的小小博物館。

入口處迎接遊客的布拉姆斯胸像

沒有柵欄的哈根貝克動物園
Tierpark Hagenbeck ★★

　不用任何的柵欄或鐵籠關住動物，只以壕溝來阻隔的嶄新方式，讓哈根貝克動物園成為舉世聞名的動物園，這裡面住著大約210種、1850隻動物，而最讓遊客欣喜的莫過於可親自餵食猴子或大象（僅能餵食蔬菜水果，動物園內也有販賣），附設水族館。

可以餵食蔬果的動物前方設有告示牌，記得要先確認

耶尼施之屋與恩斯特・巴拉赫故居
Jenisch Haus und Ernst-Barlach-Haus ★

　可眺望易北河的斜坡Elbchausee也是漢堡郊外的豪宅區，在這片地帶的耶尼施公園Jenischpark（自然保護區）之中，座落著新古典主義樣式的精緻宅邸耶尼施之屋。在公園內，還有收藏著誕生於漢堡郊區雕刻家恩斯特・巴拉赫作品的恩斯特・巴拉赫故居，他充滿著力量與溫馨美感的木頭雕刻作品，總能深深吸引遊客目光。

恩斯特・巴拉赫的作品

●漢堡博物館
🏠Holstenwall 24
Ⓤ3 St. Pauli下車。
◯Map P.457-B3
📠www.shmh.de
🕐週一・三〜五 10：00〜17：00
　週六・日 　　10：00〜18：00
　（週四〜21：00）
🚫週二、12/24・25・31、1/1
💰€9.50、學生€6

●布拉姆斯博物館
🏠Peterstr. 39
Ⓤ St. Pauli或Messehallen下車
◯Map P.457-B3
📠www.brahms-hamburg.de
🕐週二〜五 　　10：00〜17：00
　週六・日 　　13：00〜17：00
🚫週一、復活節的週五、
　12/24・25・31、1/1
💰KQ票券（下列→MEMO中介紹的地方皆可使用）€9、學生€7

●哈根貝克動物園
🏠Lokstedter Grenzstr. 2
Ⓤ2 Hagenbecks Tierpark下車。
◯Map P.456-A1（小圖）
📠www.hagenbeck.de
🕐3/5〜10/29 9：00〜18：00
　（7・8月〜19：00）
　10/30〜3/4 9：00〜16：30
　（12/24・31〜13：00）
※入場至閉館前1小時為止
💰€26、水族館€20、聯票€40，家族票可享折扣

綠意盎然的公園內部

●耶尼施之屋
🏠Baron-Voght-Str. 50
　（im Jenischpark）
Ⓢ1至Klein Flottbek下車。
📠Jenisch-Haus.de
🕐週三〜日 11：00〜18：00
💰€7、學生€5

●恩斯特・巴拉赫故居
🏠Baron-Voght-Str. 50a
　（im Jenischpark）
◯Map P.456-A1（小圖）
📠www.Barlach-Haus.de
🕐週二〜日 11：00〜18：00
💰€7、學生€5，與耶尼施之屋聯票€10

MEMO 布拉姆斯博物館所在的彼得街Peterstr.上，有著孟德爾頌和馬勒博物館、泰勒曼博物館、E・巴哈（巴哈的二兒子）和哈塞博物館，該區又被稱為作曲家地區KQ（KomponistenQuartier）。

娛樂&夜生活

最新必訪景點 易北愛樂廳
Elbphilharmonie ★★★

作為漢堡最新地標的易北愛樂廳在2017年盛大開幕。建於倉庫街的最前端處，在原有的紅磚海港倉庫上，出現了這麼一艘以海浪為靈感而全施以玻璃帷幕的獨特建築，設計師是Herzog & de Meuron。

NDR易北交響樂團和漢堡國家交響樂團的所在地，除了古典音樂以外，也有爵士樂、世界音樂等多樣化的節目。

眺望台PLAZA位在地面37m處，就算沒有音樂會門票也可入場，在建築上的陽台散步，欣賞美景。

從PLAZA欣賞漢堡港

古典樂的殿堂 漢堡音樂廳小廳
Laeiszhalle

建於1908年，為新巴洛克風格的古典音樂廳，漢堡交響樂團和德國室內愛樂樂團以此為據點，經常舉辦國際性音樂家的音樂會。

門面極為優美的漢堡音樂廳小廳

歌劇與芭蕾舞就得來 漢堡國家歌劇院
Hamburgische Staatsoper

漢堡國家歌劇院在每年8月底至隔年6月底都會有歌劇與芭蕾舞劇，其中又特別以編舞家John Neumeier所率領的芭蕾舞團人氣絕頂。預售票和當日票銷售櫃台Tageskasse，就設置在面向歌劇院正門口左側的Große Theaterstr.街道25號。

音樂總監為Kent Nagano

●易北愛樂廳
住Platz der Deutschen Einheit 4
U3Baumwall（Elbphilharmonie）徒步約10分，亦可從聖保利碼頭搭72號往Elbphilharmonie方向的渡輪（可使用交通卡）。
●Map P.457-B3
☎(040) 35766666
（門票預約）
URL www.elbphilharmonie.de
開眺望台入場時間
　　　10：00～24：00
費眺望台因安全問題，僅開放固定人數入場，可透過上述網站預約確保入場資格，預約費用為每人€2，若沒有預約則可以透過入口處發放的免費券進場。

●漢堡音樂廳小廳
住Johannes-Brahms-Platz
U2 Gänsemarkt或Messe-hallen下車。
●Map P.457-B3
URL www.elbphilharmonie.de

●漢堡國家歌劇院
住Große Theaterstr. 25
U1 Stephansplatz或U2 Gänsemarkt下車。
●Map P.457-B3
預售票、當日票銷售櫃台
住Große Theaterstr. 25
開週一～六　10：00～18：30
當日公演的門票會在表演開始的90分鐘前進行販售。
電話預約訂票為週一～六10：00～18：30受理。
☎(040) 356868
FAX(040) 3568610
URL www.staatsoper-hamburg.de

MEMO 北德音樂節Schleswig Holstein Musik Festival（URL www.shmf.de）地點就在漢堡以及周邊的城鎮，聯合於每年夏季舉辦，音樂曲目包含了古典樂至現代樂，而表演團體也是從一流的交響樂團到獨奏演出者都有。

選擇極豐富的 **音樂劇與劇院**
Musical & Theater

漢堡上演的音樂劇人氣之高，甚至吸引了遠從北歐而來的遊客，2023年7月時，易北河劇院Theater an der Elbe上演《冰雪奇緣Frozen》，Mehr! Theater 劇院為《哈利波特Harry Potter》，漢堡港音樂劇院Theater im Hafen Hamburg則正表演著《獅子王Der König der Löwen》。

音樂展演空間
Musikclubs

到考通俱樂部聽爵士樂

可以現場聽到Live演出爵士樂的是考通俱樂部Cotton Club，就座落在Großnemarkt附近一帶，也是全漢堡歷史最久的一間爵士樂俱樂部，來自德國以及全球的爵士樂團就在狹窄卻氣氛十足的空間裡演奏，讓聽眾痴如痴如醉。在中央車站附近的Markthalle，以及位於Altona一帶的Fabrik也都是人氣很高的音樂展演空間。

令人好奇的 **繩索街**
Reeperbahn

作為海港城市，漢堡從過去以來自然也免不了發展出以船員們為對象的性工作產業，還有入夜後愈加喧囂的聲色場所，而這個舉世聞名的中心地帶就是東西長達900m以上，大名鼎鼎的繩索街了。在這裡看得到酒吧、夜店、夜總會、脫衣舞俱樂部、紅燈區等張揚華麗的霓虹招牌，但因為其中也有不少狀況不明的店，夜晚在這一帶溜達的時候，千萬要注意個人安全。如果真的很想對這裡的文化一探究竟的話，其實參加定期觀光巴士推出的夜間之旅，也是消除好奇心一種不錯的選擇。

至於以「紅燈區」著稱的Herbertstr.街，為了避免不必要的糾紛，在街道入口處會架設大門，禁止女性以及未成年進入。

●各音樂劇門票資訊與預約
URL www.hamburg-tourism. de
●**Neue Flora劇院**
田Stresemannstr. 159A
Ⓢ Holstenstraße下車。
○ Map P.456-A1
●**漢堡歌劇院**
田Spielbudenplatz 1
Ⓢ Reeperbahn下車。
○ Map P.456-B2
●**漢堡港音樂劇院**
田Norderelbstr. 6
可從聖保利碼頭搭乘免費接駁船。
○ Map P.456-B2
●**易北河劇院**
田Rohrweg 13
○ Map P.457-B3
聖保利碼頭有行駛免費接駁船（標示HADAG Musical Shuttle Service的船）
●**Mehr! Theater劇院**
田Banksstr. 28
○ 地圖外

●**考通俱樂部**
田Alter Steinweg 10
○ Map P.457-B3
URL www.cotton-club.de
●**Markthalle**
田Klostewall 11
○ Map P.457-B4
URL www.markthalle-hamburg.de
●**Fabrik**
田Barnerstr. 36
○ Map P.456-B1外
URL www.fabrik.de

●**繩索街**
○ Map P.456-B2
Ⓢ Reeperbahn下車。

INFORMATION　　探訪披頭四在漢堡的足跡

每當在敘述到披頭四是如何誕生之際，絕對不能忘了漢堡這一座城市，因為他們在1960年起，大約有2年的時間就是在這座城市裡的俱樂部表演，也是大概從這個時期開始使用「The Beatles」這個團名。

從S-Bahn的Reeperbahn站，沿著繩索街徒步約1分鐘，就能來到披頭四廣場Beatles-Platz，這裡豎立著幾位成員的

披頭四廣場上豎立著正在演奏音樂的團員雕塑

雕塑品。而從這座廣場往北延伸的Große Freiheit，則是座落著披頭四當年登台演奏過的俱樂部Kaiserkeller（田Große Freiheit 36　○ Map P.456-B2 URL www.grossefreiheit36.de），如今依舊是提供Live演出的場地。雖然屬於娛樂大街，這一帶在白

提供Live演唱的Kaiserkeller（地下室）

天還算明亮的時間裡，女性單身在這裡行走還不成問題，但入夜後就要多加注意。

郊區景點 ∗∗∗∗∗∗∗∗∗∗∗∗

斯塔德
Stade
MAP◆P.448-B1

漢薩同盟城市斯塔德,從大約700年前起就因為是貿易港口而繁華無比,熱鬧的景象甚至超過了漢堡,而躲過無情戰火的舊城區、舊海港周邊,更保留了不少古色古香的磚瓦房舍,遊逛起來格外有意思。

從火車站出來之後,沿著與鐵軌平行而建的街道往左前進,到第一個十字路口後右轉,等到渡過橋樑並由車站大街Bahnhofstr.進入Holzstr.,就能夠來到名為Pferdemarkt的廣場,從這裡開始就屬於舊城區範圍,只要花上大約1～2小時就能夠逛得完。擁有文藝復興建築特色外觀而令人印象深刻的市政廳Rathaus,有著屬於瑞典的徽章,這敘述著斯塔德在1648年至1712年曾經是瑞典管轄領土的一段過往歷史。而❶就座落在舊海港附近的瑞典倉庫博物館Schwedenspeicher Museum隔壁。

諾因加默集中營
KZ-Gedenkstätte Neuengamme
MAP◆P.456-A1小圖外

在諾因加默集中營,曾經關進超過10萬名猶太人以及各占領地的俘虜,在這裡殘酷的強制勞動、瓦斯室的處決、人體實驗等等,奪走了集中營裡超過半數以上的性命。地點就在從中央車站搭乘Ⓢ21至Bergdorf下車,再轉乘227或127號巴士(班次極少)至Neuengammer Gedenkstätte/Ausstellung下車。

Left sidebar:

●如何前往斯塔德
漢堡中央車站搭乘前往庫克斯港Cuxhaven的RE快速列車,所需時間約50分鐘。

❶斯塔德的遊客中心
個Hansestr. 16
D-21682 Stade
☎(04141) 776980
URLwww.stade-tourismus.de
開週一～五 10：00～18：00
週六 10：00～15：00
4～9月的週日10：00～
15：00也會開放。

●瑞典倉庫博物館
個Wasser West 39
URLwww.museen-stade.de
開週二～五 10：00～17：00
週六・日 10：00～18：00
休週一
費€8

●諾因加默集中營
個Jean-Dolidier-Weg 75
URLwww.kz-gedenkstaette-neuengamme.de
開週一～五 9：30～16：00
週六・日 12：00～19：00
(10～3月的週六・日～
17：00)
休12/24・25・31、1/1
費免費

●如何前往斯塔德
漢堡中央車站搭乘前往庫克斯港Cuxhaven的RE快速列車,所需時間約50分鐘。

❶斯塔德的遊客中心
個Hansestr. 16
D-21682 Stade
☎(04141) 776980
URLwww.stade-tourismus.de
開週一～五 10：00～18：00
週六 10：00～15：00
4～9月的週日10：00～
15：00也會開放。

●瑞典倉庫博物館
個Wasser West 39
URLwww.museen-stade.de
開週二～五 10：00～17：00
週六・日 10：00～18：00
休週一
費€8

●諾因加默集中營
個Jean-Dolidier-Weg 75
URLwww.kz-gedenkstaette-neuengamme.de
開週一～五 9：30～16：00
週六・日 12：00～19：00
(10～3月的週六・日～17：00)
休12/24・25・31、1/1
費免費

INFORMATION
年輪蛋糕之城——薩爾茨韋德爾

位在漢堡東南方約90km處,也屬於漢薩同盟城市的薩爾茨韋德爾Salzwedel(●Map P.448-B2),據說正是德國年輪蛋糕的發祥地,因此在市區裡到處都能發現販售年輪蛋糕的店鋪,對於甜點迷來說絕對是個不能錯過的城市。在這麼多店鋪當中,又以創立於1806年並靠著獨家年輪蛋糕而深受皇帝威廉一世喜愛,進而成為宮廷御用甜點店的Erste Salzwedeler Baumkuchen最有名氣,週一・週三・週五9：00～12：00烘焙年輪蛋糕時,也開放給遊客參觀,剛出爐的熱呼呼年輪蛋糕風味絕佳,因為沒有添加任何的防腐劑,因此保存期限大約只有一星期左右(購買時需要再問清楚)。

交通從漢堡中央車站搭乘IC・ICE特快列車或私鐵ME至Uelzen,再轉乘RE快速列車,所須時間約1小時35分。從火車站徒步至市中心區域,大約15分鐘。

●Erste Salzwedeler Baumkuchen
個St.-Georg-Str. 87
D-29410 Salzwedel
☎(03901) 32306
URLwww.baumkuchen-salzwedel.de
營週一～五 9：00～17：00
週六 9：00～13：00
休週日・節日

如擁有著獨角獸祭壇的聖卡塔利娜教堂等觀光景點眾多

能品嘗到3種不同口味年輪蛋糕的Cafe Kruse (URLbaumkuchen-kaufen.de)

就在從市中心區域徒步約15分鐘的地點

MEMO 日本料理店「Matsumi」(個Colonnaden 96 ●Map P.457-B3 URLwww.matsumi.de 營週二～五18：30～13：30、週六17：30～23：30 (L.O.22：30) 休週六中午・週日・週一)為正統的壽司、天婦羅專賣店。

RESTAURANT ✤ 漢堡的餐廳

正因為是海港城市而擁有眾多美味鮮魚料理的餐廳，這也讓熱愛海鮮的台灣遊客格外開心。像是醋醃鯡魚Marinierter Hering就是北德很受歡迎的一道前菜料理，簡單樸素的船員料理水手雜燴Labskaus（馬鈴薯與醃牛肉混合而成）也是名氣非常響亮的一道菜，還有許多諸如咖啡烘焙所附設的咖啡廳等特色獨具的咖啡館。

R Old Commercial Room

披頭四也來過的老店

創立於1795年，以平實價格提供德國風魚類料理的絕妙好店，而港都最出名的水手雜燴Labskaus€16.90（混合了醃牛肉、馬鈴薯、洋蔥的料理），好滋味更曾經獲得無數獎項加持。觀光旺季建議預約。

德國料理　　　MAP ◆ P.457-B3
🏠 Englische Planke 10
☎ (040) 366319
🌐 www.oldcommercialroom.de
🕐 16：00～23：00
📅 12/24
card A D J M V
🚇 S Stadthausbrücke徒步約7分。

R Deichgraf

洋溢著港都氛圍的名店

餐廳後方就面對著運河，內部妝點著老舊照片與古董級船上用具，主要是供應鮮魚料理，水手雜燴€16（小份€8.50）、漢堡風煎魚Hamburger Pannfisch（炙燒魚）€19.50。

德國料理　　　MAP ◆ P.457-B3
🏠 Deichstr. 23　☎ (040) 364208
🌐 www.deichgraf-hamburg.de
🕐 週二～五12：00～15：00
　　　　　　17：30～21：00
　　週六　12：00～22：00
📅 週日・一
card A J M V
🚇 U 3 Rödingsmarkt徒步約5分。

R ALEX

面對內阿爾斯特湖的開放感店家

鄰近觀光船乘船處的玻璃帷幕咖啡餐廳，供應菜色從沙拉與漢堡類輕食，到炸豬排Schnitzel、肋排、鬆餅與聖代等選擇眾多，在觀光之餘可來此放鬆小憩一番。

各國料理　　　MAP ◆ P.457-B4
🏠 Junfernstieg 54
☎ (040) 3501870
🌐 www.dein-alex.de
🕐 8：00～翌日1：00（週五・六～翌日2：00、週日・節日9：00～）
card A D M V
🚇 S U Jungfernstieg徒步約1分。

R Gröninger

來品嘗釀製於倉庫街的啤酒！

在這間大型啤酒屋餐廳內部，還擺放著釀造啤酒專用的酒桶，皮爾森啤酒的Gröninger Pils（0.2ℓ）售價€2.60・1ℓ啤酒杯的生啤酒Gröninger Maß則是€10.50，下酒菜方面則採取秤重式自助方式，還可在桌邊點燒烤料理。

德國料理　　　MAP ◆ P.457-B4
🏠 Willy-Brandt-Str. 47
☎ (040) 570105100
🌐 www.groeninger-hamburg.de
🕐 週二～六16：00～
📅 週日・一・7・8月
card A D M V（超過€50才能刷卡）
🚇 U 1 Meßberg或U 3 Rathaus徒步約10分。

什麼是Franzbrötchen？

形狀像扁平牛角麵包的Franzbrötchen，裡頭加入了大量奶油和肉桂，是漢堡的特產，中央車站內有專賣店。由於吃的時候會弄的手黏黏的，建議直接在袋子裡拿著吃。

中央車站的專賣店

一個約€2左右

R Bullerei

可輕鬆享用的人氣主廚料理

德國首屈一指的明星主廚Tim Mälzer 經營的店，店內分為只限晚上營業的餐廳 與從中午開始營業的熟食店，熟食店內擺 設木桌，充滿著悠閒氣氛，可輕鬆進入。圖 內使用BIO牛肉的起司漢堡售價€17.50。

國際料理　　**MAP ◆ P.456-A2**

住Lagerstr 34b
☎(040)33442110
URLwww.bullerei.com
營餐廳117:00〜、熟食店11:00〜（供餐時間12:00〜）
card AMV
交⑤Sternschanze站徒步約2分。

C Wasserschloss

以「水鄉」為名的紅茶專賣店

座落在磚造建築林立的倉庫街尾端，店 內販售250種以上的茶品，1樓為紅茶與雜 貨店，2樓為茶館兼餐廳，可以一邊眺望 運河，一邊優雅品茗。平日午餐售價€10〜 20左右。

茶館餐廳　　**MAP ◆ P.457-B4**

住Dienerreihe 4
☎(040)558982640
URLwww.wasserschloss.de
營賣店週二〜日10:00〜18:30、
　餐廳週二〜五12:00〜20:00、
　週六・日10:00〜21:00
card MV
交⑪Meßberg徒步約5分。

C Caf'e Gretchens Villa

當地女性最愛的咖啡館

以薄荷綠為基本色調的小咖啡館，隔 壁的隔壁是同老闆經營的Gretchens Lädchen。以可愛擺盤的早餐套餐最受歡 迎，週一〜五13:00〜還有提供現烤鬆餅 等女性喜愛的餐點。

咖啡館　　**MAP ◆ P.457-B3**

住Marktstr. 142
☎(040)76972434
URLwww.gretchens-villa.de
營週一〜日10:00〜18:00
card 不可
交⑪Messehallen徒步約4分。

C Herr Max

要吃美味蛋糕就來這裡！

這間自家手工蛋糕店兼咖啡館，改建於 1905年開幕的乳製品店，牆上還留有 當時的白色磁磚，店長Max在店內工坊製 作的蛋糕，是許多人心中最美味的漢堡蛋 糕，也提供外帶。

咖啡館　　**MAP ◆ P.456-A2**

住Schulterblatt 12
☎(040)69219951
URLwww.herrmax.de
營10:00〜18:00（週五〜日〜19:00）
card 不可
交⑪⑤Sternschanze徒步約10分。

C Speicherstadt Kaffeerösterei

附設烘焙所的正式咖啡店

隱身在倉庫街上的紅磚建築內，入口 不起眼。一進入改裝自倉庫的寬敞店 內，濃郁的咖啡香氣撲鼻而來，香味來 自一旁的烘焙所。採用在櫃台結帳後 再點餐的自助式方式。午後排隊人潮 眾多，建議可以先找好位子後再進行點 餐。

使用咖啡壺（stempelkanne）的咖 啡€5.80。可選擇不同的咖啡豆產地、 濃度與杯子大小。濃縮咖啡€2.20〜， 卡布奇諾（小）€3.20〜。也有販售蛋 糕等甜點，可與咖啡搭配享用。

咖啡館　　**MAP ◆ P.457-B3**

住Kehrwieder 5
☎(040)537998510
URLwww.speicherstadt-kaffee.de
營10:00〜17:00（週日〜18:00）
card MV（€15以上接受刷卡）
交⑪Baumwall徒步約8分。

MEMO 漢堡最有名氣的飲料就是Alsterwasser，直接翻譯是「阿爾斯特湖之水」，但實際上是將啤酒混合檸檬汽水而成，在炎熱的夏季時最能消除喉嚨的乾渴，而成為非常受歡迎的飲料。

SHOPPING ❖ 漢堡的購物

中央車站前往市政廳必經的蒙克貝格街Mönckebergstr.或者是斯皮塔爾大街Spitalerstr.兩旁林立著百貨公司，著名國際精品名店則是集中在市政廳西北側的諾伊瓦爾街Neuer Wall；而從諾伊瓦爾街至鵝市場Gänsemarkt一帶，更分布著7座大型購物拱廊，萬一遇上了壞天氣或是嚴寒的冬季裡，像這樣讓人眼花撩亂、選擇豐富多樣的購物拱廊大街，可是來到漢堡才能獨享的福利。

Europa Passage

市區最大的購物中心

在約3萬m²的占地面積裡，擁有著超過120間的店鋪，是非常具有人氣的一大購物中心，位於地下1樓的Markthalle則是美食街。由於這裡有著不少針對年輕人取向的平價精品店，逛上一圈一定能有所斬獲。

購物拱廊	MAP ◆ P.457-B4
Balindamm 40
☎ (040) 30092640
www.europa-passage.de
營週一～六10：00～20：00
休週日‧節日
card 依店鋪而異
交ⓊⓈJungfernstieg徒步約1分。

Hanse Viertel

高級購物拱廊

從圓拱型的玻璃天井流洩而下的閃耀陽光，讓人走在其間逛街購物也格外有意思，這裡有著時尚的精品店、各式各樣專賣店、咖啡館、餐廳、站立式酒吧、進口食品店、巧克力店家等等。

購物拱廊	MAP ◆ P.457-B3
Große Bleichen 30/36
www.hanseviertel.de
營週一～六10：00～20：00
休週日‧節日
card 依店鋪而異
交Ⓤ1‧Ⓢ1 Jungfernstieg、
Ⓤ2 Gänsemarkt徒步約5分。

漢堡買得到的主要精品品牌			
品牌	地圖／地址	品牌	地圖／地址
GUCCI	MAP ◆ P.457-B3 Neuer Wall 34	Montblanc	MAP ◆ P.457-B3 Neuer Wall 52
Salvatore Ferragamo	MAP ◆ P.457-B3 Neuer Wall 41	LOUIS VUITTON	MAP ◆ P.457-B3 Neuer Wall 37
TIFFANY & Co.	MAP ◆ P.457-B3 Neuer Wall 19	HERMES	MAP ◆ P.457-B3 Neuer Wall 40

INFORMATION 週日早上就得來充滿活力的魚市場

雖然名為魚市場Fischmarkt，但是這裡可是新鮮水果、植物、衣服等等什麼都有賣，有從荷蘭駕船送鮮花來擺攤的商人，也有一開口就滔滔不絕的水果老伯們，光是看看這樣熱鬧的景象，即使言語不通也非常有意思。市場端底的大型建築Markthalle內，則有啤酒廳與海鮮餐廳，在逛完魚市場後可來此小憩。

每週日在5:30左右（10～3月為7:00左右）～9:30期間擺攤，地點在ⓈⓊLandungsbrücken下車後徒步約10分鐘處。也可以從中央車站搭乘112號巴士至Fischmarkt下車。●Map P.456-B1～B2

300年歷史以上的傳統魚市場

也有水果甩賣

NIVEA HAUS

知名妮維雅商品齊聚一堂

在台灣也有許多愛用者的護膚乳液品牌——妮維雅源自漢堡，除了有台灣未販售的身體護膚產品、化妝品外，還有印有妮維雅標誌的毛巾、環保袋、鑰匙圈等，可在此選購絕佳伴手禮。

化妝品   MAP ◆ P.457-B3

🏠 Jungfernstieg 51
☎ (040) 82224740
🌐 www.nivea.de
🕐 週一～六10：00～20：00
休 週日・節日
card MV
🚇 Ⓢ Ⓤ Jungfernstieg徒步約2分。

HOT DOGS

滿滿都是經典球鞋&二手衣

1960～80年代的二手衣、生活雜貨，或者是Adidas、PUMA的球鞋以及運動衣等等，各式各樣的復古商品這裡都有，沒有穿過的新品可從標籤顏色來判斷，店長也會幫忙解說，即使不是二手貨達人也會愛上這裡。

二手衣、其他   MAP ◆ P.457-B3

🏠 Marktstr. 38
☎ (040) 4396309
🕐 週一～五10：30～19：30
　　週六　10：00～19：00
休 週日・節日
card MV
🚇 Ⓤ 3 Feldstr.徒步約5分。

Elternhaus-Maegde u. Knechte

位於市集街的好玩店鋪

最受歡迎的就是印有各種德文標語的獨家服飾，不僅色彩以自然原色為主，對於商品材質更是相當堅持，店內除了有男士、女士、兒童服之外，更販售飾品、包包、小東西等。

精品   MAP ◆ P.456-B2

🏠 Marktstr. 29
☎ (040) 4308830
🌐 www.elternhaus.com
🕐 週一～五12：00～19：00
　　週六　11：00～18：00
休 週日・節日
card 不可
🚇 Ⓤ 3 Feldstr.徒步約5分。

INFORMATION

全歐洲最長的露天市集

設置在Ⓤ 3的Hoheluftbrücke與Eppendorfer Baum間高架鐵軌下，Isemarkt（○ Map P.457-A3）這座市集堪稱是全世界最長的一座露天市集。

全長不僅有970m，販售的商品從蔬菜、水果、鮮花、肉品、麵包、起司、有機BIO食品、手工糖果、日常雜貨、飾品等等，有著超過200個各式各樣的攤位櫛比鱗次排列，而在海港城市裡最多的魚販更乾脆直接將大型拖車當作攤位，非常有意思。

市集時間是週二與週五9:00～14:00左右。

提供新鮮漁獲的超長拖車是市集的最大賣點

上／走累了還可以在提供點心、咖啡的路邊攤休息一下，在高架橋的兩側是綠意盎然的美麗林蔭道
左／攜帶環保袋來採買日常用品可是基本常識

HOTEL ❖ 漢堡的住宿

飯店街就座落在中央車站的Kirchenallee出口附近一帶,從Kirchenallee街到阿爾斯特湖畔是高級飯店林立的區域,往小巷則能發現廉價住宿或民宿,不過廉價住宿當中還是藏有不少名實不符的陷阱,因此最好是透過❶介紹為佳。

由於漢堡也是一大國際會展城市,一旦有大型會展登場時,多數飯店的房價都會漲價。

H Fairmond Hotel Vier Jahreszeiten

視野與氣氛都屬頂級

這是間創立於1897年歷史悠久的高級飯店,還設有賭場,充滿著19世紀末優雅古典的歐洲氣息,面對內阿爾斯特湖的景致更是非常迷人,提供免費無線網路,而露台座位最受喜愛的米其林2星餐廳Haerlin,則僅在週二～六的晚餐時段營業。

最高級飯店　　**MAP ◆ P.457-B3**
🏠 Neuer Jungfernstieg 9-14　D-20354
☎ (040) 34943100
🌐 www.hvj.de
費Ⓢ€305～　Ⓣ€489～　早餐另計€39
card Ⓐ Ⓓ Ⓙ Ⓜ Ⓥ
交Ⓤ Ⓢ Jungfernstieg徒步約5分。

H Hotel Atlantic Hamburg

漢堡最具代表性的知名飯店

矗立於外阿爾斯特湖畔的純白高級飯店,全使用典雅的高級家具,讓人可以擁有非常舒適的住宿時光,週末提供折扣,也有無線網路(免費)。提供美味德國料理的「Atlantic」餐廳同樣是備受好評。

高級飯店　　**MAP ◆ P.457-B4**
🏠 An der Alster 72-79　D-20099
☎ (040) 28880
📠 (040) 2888852
🌐 www.brhhh.com/atlantic-hamburg/
費Ⓢ Ⓣ€249～　早餐另計€36
card Ⓐ Ⓓ Ⓙ Ⓜ Ⓥ
交中央車站徒步約5分。

H The Westin Hamburg

住在音樂廳的建築內

位在倉庫街最前端的易北愛樂廳的建築內,有可以遠眺港口景致的房間和音樂廳側的房間,設有室內泳池、SPA、北德料理餐廳,提供免費無線網路。

最高級飯店　　**MAP ◆ P.457-B3**
🏠 Platz der Deutschen Einheit 2
☎ (040) 8000100
📠 (040) 8000101149
🌐 www.marriott.com
費Ⓢ Ⓣ€275～　早餐另計€30
card Ⓐ Ⓓ Ⓙ Ⓜ Ⓥ
交Ⓤ Baumwall (Elbphilharmonie)徒步約10分。

H Renaissance Hamburg Hotel

購物區的高級飯店

鄰近購物拱廊Hanse Viertel的現代化高級飯店,離高級精品店林立的諾伊瓦爾街也很近,是購物的絕佳地點。飯店服務獲得極高評價,無線網路須收費(公共區域免費)。

高級飯店　　**MAP ◆ P.457-B3**
🏠 Große Bleichen　D-20354
☎ (040) 349180
🌐 www.marriott.com
費Ⓢ Ⓣ€239～　早餐另計€28
card Ⓐ Ⓓ Ⓙ Ⓜ Ⓥ
交Ⓤ Ⓢ Jungfernstieg徒步約5分。

FESTIVAL

什麼是Hamburger Dom?

原本是歲末年終的熱鬧市集,最後演變成為今日熱鬧無比的漢堡遊樂園Hamburger Dom,活動遊樂場、餐飲攤位等吃喝玩樂將Ⓤ3的St. Pauli與Feldstr.之間的會場Heiligengeistfeld(◆Map P.456-B2)擠得水洩不通,並且會在每年春、夏、冬間一共舉辦3次。

2024年於3/22～4/21、7/26～8/25、11/8～12/8登場。

一年登場3次的漢堡遊樂園

 喜歡血拼的話建議可以前往位於郊區的大型購物中心Einkaufszentrum Alstertal,進駐超過200間以上的商店和百貨。Ⓢ1、11終點站Poppenbüttel徒步約1分,週日、節日公休。

469

Radisson-Blu Hotel Hamburg

Dammtor車站旁的高樓層飯店

面對著花卉植物園Planten un Blomen
而建，滿目的綠意視野絕佳，加上緊鄰著
會議中心，因此吸引許多商務人士，設有
三溫暖、健身房和有全景露台的SPA等設
施，無線網路也是免費提供。

高級飯店　　　MAP ◆ P.457-A3
⊞ Marseiller Str. 2　D-20355
☎ (040) 35020
🌐 www.radissonblu.com
💰 ⑤€208〜　①€218〜　早餐另計€26
card A D J M V
🚉 Dammtor站徒步約5分。

Hotel Hafen Hamburg

港灣景致十分浪漫

這間大型飯店建於俯瞰港灣的山丘上，
分為過去為船員住處的舊館與明亮時尚的
新館，雖然位在Landungsbrücken站附
近，但需要攀爬長長的樓梯才能抵達。視
野絕佳的餐廳很受歡迎，提供免費無線網
路。

高級飯店　　　MAP ◆ P.456-B2
⊞ Seewartenstr. 9　D-20459
☎ (040) 311130
🌐 www.hotel-hafen-hamburg.de
💰 ⑤€107〜　①€117〜
　 早餐另計€24
card A M V
🚉 U3 St. Pauli徒步約8分。

Hamburg Marriott Hotel

購物地點絕佳

不僅座落於市中心，還有著健身中心、
游泳池等完善設備的飯店，同時也是購
物最方便的地點。餐廳「Speicher 52」提
供北歐料理。全館禁煙，備有免費無線網
路。

高級飯店　　　MAP ◆ P.457-B3
⊞ ABC-Str. 52　D-20354
☎ (040) 35050
🌐 www.mariotthotels.com
💰 ⑤€229〜　①€249〜
　 早餐另計€28
card A D J M V
🚉 U2 Gänsemarkt徒步約3分。

InterCityHotel Hauptbahnhof

鐵道之旅極為便利

因為就在中央車站附近，這是最便捷的
一點，而且在同樣連鎖集團中屬於等級更
上一層的4星規模，因此設備也很整潔，只
要提出需求還可以在登記住房時，代為申
請滯留期間有效的市內交通車票，也提供
無線網路（免費）。

中級飯店　　　MAP ◆ P.457-B4
⊞ Glockengießerwall 14/15
D-20095
☎ (040) 248700
🌐 www.intercityhotel.de
💰 ⑤€139〜　①€149〜
card A D J M V
🚉 中央車站徒步約3分。

MEININGER Hamburg City Center

Altona站旁的青年旅館

3星飯店與多人房的青年旅館就位在同
一棟建築內，也有家庭房，設備新穎且舒
適，全客房禁菸。備有置物櫃、投幣式洗
衣機、出租自行車，無線網路免費。

中級飯店　　　MAP ◆ P.456-B1
⊞ Goetheallee 11　D-22765
☎ (040) 28464388
🌐 www.meininger-hotels.com
💰 ⑤€103〜　①€114〜
　 多人房每人€32〜
　 早餐另計€7.90
card M V
🚉 Bf.Altona站徒步約3分。

Jugendherberge Auf dem Stintfang

24小時營業，交通便捷

景觀絕佳的青年旅館，食堂裡更能一覽
整個漢堡港的美景，交通更是非常便捷，
也提供投幣式洗衣、廚房等設備，並有個
人使用的上鎖寄物櫃。房間通常為男女混
住，辦理入住時間為14:00〜，無線網路僅
限公共空間使用（免費）。

青年旅館　　　MAP ◆ P.456-B2
⊞ Alfred-Wegener-Weg 5　D-20459
☎ (040) 5701590
📠 (040) 313732
🌐 www.djh.de
💰 26歲以上€29〜、①€87〜
card M V
🚉 ⑤1、⑤3的Landungsbrücken下車，就
　 在車站正上方

被譽為「波羅的海女王」的古都

呂貝克

Lübeck

名產杏仁糖技藝

站在聖彼得教堂塔樓眺望荷爾斯登城門

13～14世紀漢薩同盟勢力最輝煌鼎盛之際，作為整個同盟的首府城市，且繁華無可比擬的正是呂貝克，當時從波羅的海、北海一帶捕撈上岸的鯡魚等新鮮海產，全都會運送往呂貝克這個貿易中心，自然也吸引了來自各地的商人匯聚。而距離此地往南約80km的呂內堡Lüneburg正好是鹽的產地，為了運送漁獲並確保鮮度，不可或缺的鹽會這樣一路經呂貝克出口至俄羅斯、北歐，這條鹽運的通商道路就被稱為鹽運古道Alte Salzstraße。

呂貝克也誕生了3位諾貝爾得獎人，湯瑪斯・曼Paul Thomas Mann、鈞特・葛拉斯Günter Grass（兩者為文學獎得主），以及威利・布蘭德Willy Brandt（和平獎）。

 漫遊

呂貝克的舊城區就座落在特拉沃河與呂貝克運河環繞下的小島上，景點全集中在這塊區域裡，因此想觀光遊歷全靠徒步就足夠。

中央車站在市區的西側，從市中心方向出口的Ausgang Stadtmitte出來後，走向稍微往左手邊延伸的Konrad-Adenauer-Str.，就可以在正前方看到這座城市的地標象徵──荷爾斯登城門Holstentor，目前內部已經規劃成為城市歷史博物館Stadtgeschichtliches Museum。繞過城門的右手邊，則是建於16～18世紀間放置鹽巴的紅磚倉庫建築群。

沿著和緩斜坡的荷爾斯登街Holstenstr.而走，接著不妨到市區中心所在的市集廣場Markt來看看，途中將可以先

充滿歷史色彩且篤實的磚造市政廳

漢堡與歐石楠之路・北德 ▼ 呂貝克Lübeck

★呂貝克
柏林・
・法蘭克福
慕尼黑・

MAP ◆ P.448-A2	
人　　口	24萬6600人
區域號碼	0451

ACCESS

火車：漢堡中央車站搭乘RE快速列車，約45分。

❶呂貝克的遊客中心
🏠Holstentorplatz 1　D-23552
📍Map P.472-B1
☎(0451) 8899700
📠(0451) 4091992
🌐www.luebeck-tourismus.de
🕐復活節～10月
　週一～五　　9:30～18:00
　週六・日・節日
　　　　　　10:00～15:00
　其他季節有時會縮短時間
休11月～復活節的週日、
　12/24・25、1/1

🌐 世界遺產
呂貝克舊城區
（1987年登錄）

可以搭電梯登上聖彼得教堂的塔樓

●聖彼得教堂的塔樓
📍Map P.472-B1～B2
🌐www.st-petri-luebeck.de
🕐1・2月　　11:00～17:00
　3～12月　10:00～19:00
　入場至閉館前30分為止
💰電梯€5

MEMO 在呂貝克出示博物館的票根，就可以享有下一間博物館門票半價的折扣，有效期間為博物館購票後的3日內，但不適用於聖凱薩琳教堂和聖安尼博物館等博物館。

●市集廣場上的露天市集
在市政廳前的市集廣場上，每
週一與週四的10:30～19:00
間，會推出鮮花、蔬菜等攤位
的露天市集。

●鈞特・葛拉斯博物館
❿Glockengießerstr. 21
➡Map P.472-A2
🔗grass-haus.de
🕑4～12月
　　週一～日　　10:00～17:00
　　1～3月
　　週二～日　　11:00～17:00
🚫1～3月的週一・12/24・
　　25・31・1/1
💶€8、學生€4

欣賞到聖彼得教堂St. Petrikirche，只要登上教堂的塔樓頂端，更能夠將荷爾斯登城門以及市區街景一覽無遺。

　　繼續往市集廣場方向走，這一回將能見識到矗立於前的氣派堂皇市政廳Rathaus建築。

　　建於市集廣場北邊的磚造大型教堂是聖瑪利教堂Marienkirche，而緊鄰在旁的北側街道孟街Mengstr.，過去是漢薩商人們的房舍宅邸群聚之地，是一條很有特色風韻的街道，4號門牌處正是湯瑪斯・曼小說《布頓柏魯克世家Buddenbrooks, verfall einer familie》的舞台——布登勃洛克之家Buddenbrookhaus，至於以《鐵皮鼓Die Blechtrommel》一書聞名的現代小說家格拉斯的紀念館鈞特・葛拉斯博物館Günter Grass Haus，也在徒步大約5分鐘就能到的距離。

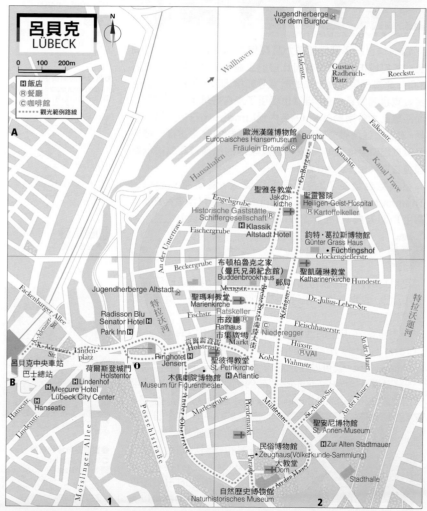

MEMO 在舊城區的Fischergrube這條街道上，有許多被稱為「Gang」的狹小巷弄好通往南北不同的街道，由於入口處看起來像隧道，可以懷抱著冒險的心情來穿越這些小巷子。

沿著商店街往伯海特大街Breite Str.一路向北走，右手邊就是為船員而設的聖雅各教堂Jakobikirche，在教堂的正對面處，則是呂貝克因貿易而繁榮時建的船員工會之家Haus der Schiffergesellschaft（現在成為對外營業的餐廳→P.475）。聖雅各教堂再往前就是聖靈醫院Heiligen-Geist-Hospital，這是建於13世紀的社會福利機構（救濟院兼醫院），內部有一部分開放給遊客參觀。

在舊城區的南端則以大教堂Dom為首，有著聖安尼博物館St. Annen-Museum等景點。

壯觀的紅磚建築為船員工會之家

●大教堂
◉Map P.472-B2
🌐www.domzuluebeck.de
🕙10：00～16：00

 主要景點

呂貝克的象徵 荷爾斯登城門
Holstentor ★★★

矗立於舊城區的入口

荷爾斯登城門是由2座巍然聳立高塔組成的城門，建造於1464～1478年間，城牆最厚的部分達到3.5m，也因為重量實在太驚人，在建造之際就已經壓陷了部分較不堅固的地基，只要仔細觀察，就能夠發現高塔其實是傾斜著的。書寫於城門入口處上方的金色文字「CONCORDIA DOMI FORIS PAX」是拉丁語，意思是「對內（＝呂貝克）要團結，（城門）對外要和平」。

內部成為城市歷史博物館，除了展示過去的城市模型、帆船模型，還看得到中世紀的武器和拷問犯人的刑具等。

●荷爾斯登城門
（城市歷史博物館）
🏠Holstentorplatz
◉Map P.472-B1
🌐museum-holstentor.de
🕙4～12月
　週一～日　10：00～18：00
　1～3月
　週二～日　11：00～17：00
🚫1～3月的週一、12/24・25・31、1/1
💰€8、學生€4

充滿著漢薩城市的特色 市政廳
Rathaus ★★★

市政廳是呂貝克特有的黑磚建築，而且因為還塗上了釉藥而使得建築物顯得更加莊嚴肅穆，當年身為漢薩同盟最重要首府時的大門門扉，至今依舊完整地保留下來，歷史最古老、完成於13世紀的南側裝飾板，以及為了通風效果而在牆壁上挖出的大型圓孔都很有特色。市政廳內部以導覽行程的方式，開放給遊客參觀。

正對著市集廣場的市政廳

●市政廳（導覽行程）
🏠Breite Str. 62
◉Map P.472-B2
🕙週一～五　11：00・12：00、15：00、週六・日　12：00出發，僅限德語。遇到城市活動舉辦時暫停行程。
💰€4

連巴哈也沉醉的管風琴音色 聖瑪利教堂
Marienkirche ★★★

聖瑪利教堂建於1250年至1350年，為哥德式建築，作為波羅的海沿岸眾多教堂的建築典範。聖瑪利教堂因擁有8512支音管的全球最大管風琴而聞名，其音色之美讓巴哈深受感

●聖瑪利教堂
🏠Marienkirchhof
◉Map P.472-B2
🕙4～9月　10：00～18：00
　10～3月　10：00～16：00
週日10:00～11:30舉行彌撒期間不開放，進行其他儀式時亦不開放。
💰€2、學生€1.50（作為教堂維修之用的捐獻款）

MEMO Füchtingshof（◉Map P.472-A2）是17世紀時為了商人或船員遺孀而建的住宅，僅開放有四季不同美麗花卉的中庭給民眾參觀（有「Kein Durchgang」標誌的後方禁止進入）。

473

聖瑪利教堂內部

● **布頓柏魯克之家**
囲 Mengstr. 4
◯ Map P.472-B2
www.Buddenbrookhaus.de
※因整修工程暫停開放至2025年左右

● **聖凱薩琳教堂**
囲 Königstr. 27
◯ Map P.472-B2
6月中旬～10月中旬
週三～六　12:00～16:00
週日　　　12:00～14:00
€2

ⓘ**特拉沃明德的遊客中心**
囲 Am Leuchtenfeld 10a
D-23570 Travemünde
☎ (0451) 8899700
www.travemuende-tourismus.de
6～8月
週一～五　9:30～19:00
週六・日　10:00～17:00
依季節變更。冬季的週六・日公休。
12/24・25、1/1

建造於1911年的四桅帆船信風號（右邊）與從呂貝克來的觀光船

動，為聆聽管風琴手布克斯特胡德Dietrich Buxtehude演奏的管風琴，還擅自延長假期，天天跑教堂聽音樂。

教堂在1941年的英軍空襲中遭到破壞，戰後雖然經過修復，但

聖瑪利教堂（左）與市集廣場

在2座塔樓的正下方依舊留有當年被砲火擊壞而陷進地面的教堂大鐘，希望能留下這樣的歷史教訓，祈願世界和平。

布頓柏魯克之家（曼氏兄弟紀念館）
Buddenbrookhaus Heinrich und Thomas Mann-Zentrum　★★

這裡是諾貝爾文學獎得主湯瑪斯・曼Paul Thomas Mann，與大他4歲的作家哥哥亨利希・曼Heinrich Mann的祖父母之家，在1841～1914年之間都屬於曼氏家族所有，之後卻因為戰火而導致整棟建築物被破壞到只剩下前牆與地下室，1993年起作為曼氏兄弟的紀念館，展出眾多與他們相關的各種文物。湯瑪斯・曼的故居就在不遠處的Breite Str. 38號。

美麗的白色宅邸

巴拉赫的雕刻是焦點 **聖凱薩琳教堂**
Katharinenkirche　★

教堂入口處上方的外牆，可以欣賞到出自巴拉赫Ernst Barlach之手的美麗雕刻，內部如今成為了宗教美術博物館，可以見識到丁托列多Tintoretto畫作等。緊鄰在教堂一旁的，是湯瑪斯・曼與亨利希・曼兄弟曾經就讀過，創校歷史超過400年的名校文理中學Gymnasium。

郊區景點

波羅的海的度假勝地 **特拉沃明德**
Travemünde　MAP◆P.448-A2

特拉沃明德就座落在呂貝克東北方約20km處，因為擁有著能夠眺望波羅的海的海水浴場，每到夏天吸引無數遊客造訪，而停泊了眾多華麗遊艇的碼頭、純白外觀的賭場，都讓這裡洋溢著優雅奢華的氛圍。從呂貝克搭乘普通列車大約25分鐘就能抵達特拉沃明德，或者是搭乘巴士（40號）約40分鐘，會行駛至Travemünde Strand車站，只要沿著車站前的Berltingstr.街走，就能夠抵達海灘。

沿著海岸邊的濱海大道Strandpromnade往35層樓高的Maritim Strandhotel飯店前進，就能夠來到下特拉沃河Untertrave河畔的步道，徒步大約5分鐘，前面就是古老街道Vorderreihe以及渡輪港口。

推薦的餐廳 ❖ RESTAURANT

漢堡與歐石楠之路・北德 ▼ 呂貝克Lübeck

R Historische Gaststätte Schiffergesellschaft

MAP ◆ P.472-A2

住Breite Str. 2 ☎ (0451) 76776
URL www.schiffergesellschaft.com
營12：00～22：00 (供餐時間～21：00)
card M V

　餐廳就座落在1535年建造的歷史悠久「船員工會之家」內，內部以各種船具、帆船模型作裝飾，可以品嘗到以美味鮮魚料理為主的北德美食，可說是呂貝克的一大知名餐廳。用餐價格稍微偏高，週末或夜晚用餐前最好事先預約以免客滿。晚餐時段的水手雜燴(小份)Kleines Labskaus€14、煎魚3種Pannfisch€25。

R VAI

MAP ◆ P.472-B2

住Hüxstr. 42 ☎ (0451) 4008083
URL www.restaurant-vai.de
營12：00～16：00・17：30～21：00・週日僅晚上營業　休週三・四
card M V

　位在購物區域內的餐廳，有非常多當地人來此用餐，菜餚融合了義大利與德國料理，3道菜套餐€53、4道菜套餐€63，以鮮魚料理為主的4道菜套餐€72～。餐廳內準備的葡萄酒則多數是產自於義大利、法國。

R Ratskeller zu Lübeck

MAP ◆ P.472-B2

住Markt 13 ☎ (0451) 72044
URL www.ratskeller-zu-luebeck.de
營12：00～15：00・18：00～21：30 (L.O.為閉店前30分鐘)
休週日、12/24、冬季的週二　card M V

　Ratskeller位於市政廳地下室，是擁有古董裝潢的餐廳，內部劃分成多個4人席位的包廂，有的甚至還以湯瑪斯・曼的照片、史料作為裝飾。這裡不僅價格實惠，菜餚種類也很多，圖為呂貝克風煎魚Lübecker Pannfisch (€24.50)。

R Kartoffelkeller

MAP ◆ P.472-A2

住Koberg 8 ☎ (0451) 76234
URL www.kartoffel-keller.de
營12：00～22：00(L.O.21：00)　休週日・一、冬季部分日期公休
card M V

　聖靈醫院Heiligen-Geist-Hospital旁的街道走到底，就可以發現這間餐廳，所謂的Kartoffel就是指馬鈴薯，也就是說這裡專門提供變化豐富的馬鈴薯料理，但也提供牛排、魚料理，在天氣晴朗的時候還會在前庭設置露天席位。焗烤魚Gratin Hochseefischer €18.90。

Specialty

呂貝克的名產就是杏仁糖與紅酒

　呂貝克的杏仁糖Marzipan是以杏仁粉製作而成的小甜點，有的會放進巧克力內，有的是捏製成人偶或動物模樣，造型可說是五花八門什麼都有，也是呂貝克最有人氣的伴手禮，靠近市政廳的Niederegger(住Breite Str. 89 ◎Map P.472-B2 URL www.niederegger.de)正是呂貝克販賣杏仁糖最出名的一家店，店內充盈著滿滿的香甜氣息，2樓則是咖啡座，可以在這裡享受蛋糕(最有名的是Marzipan Torte)與咖啡，稍作休息。

　那麼既然不是葡萄酒的產地，為什麼紅酒會變成了呂貝克的名產呢？過去在漢薩同盟的年代，呂貝克的帆船會運送保存鯡魚鮮度的鹽至法國的波爾多，回程的時候就會順便將清空的木桶裝滿波爾多紅酒返鄉，回到呂貝克之後再將這些紅酒注入葡萄酒桶中熟成，一喝之下才驚覺竟然比法國原產的葡萄酒還要香醇美味，這樣誕生出來

的呂貝克紅酒就被稱之為Rotspon，Rot意指紅色，而Spon則是木桶之意。即使到了今天，呂貝克的Rotspon依舊是會先將法國的紅酒熟成之後再裝瓶販售，來到在地的餐廳也能輕鬆品嘗到這樣的美味，用餐食可千萬別忘記喝上一杯看看。

造型各有不同的杏仁糖

MEMO 美麗紅磚建築歐洲漢薩博物館裡的咖啡館Fräulein Brömse (◎Map P.472-A2 URL www.cafe-fraeuleinbroemse.de) 是個明亮又放鬆的空間，十分推薦。

475

推薦的住宿 ✦ HOTEL

H Radisson Blu Senator Hotel

MAP ◆ P.472-B1

住Willy-Brandt-Allee 6　D-23554
☎(0451) 1420　FAX(0451) 1422222
URLwww.senatorhotel.de
費⑤①€152～　早餐另計€22　card ADJMV

鄰近荷爾斯登城門的大型高級飯店，以商務、團體客人為主，無線網路免費。

H Atlantic

MAP ◆ P.472-B2

住Schmiedestr. 9-15　D-23552
☎(0451) 384790　FAX(0451) 38479500
URLwww.atlantic-hotels.de/luebeck
費⑤€169～　①€199～　card ADMV

座落於舊城區內，
觀光極為便利，是擁
有135間客房的高級
飯店，無線網路免費。

H Klassik Altstadt Hotel

MAP ◆ P.472-A2

住Fischergrube 52
☎(0451) 702980　FAX(0451) 73778
URLwww.klassik-altstadt-hotel.de
費⑤€135～　①€159～　早餐另計€13.50　card ADMV

位於舊城區內的安
靜角落，是間非常舒適
的飯店，單人房雖然
狹小卻是設備齊全，
供應的早餐也很美
味，無線網路免費。

H Mercure Hotel Lübeck City Center

MAP ◆ P.472-B1

住Hansestr. 3　D-23558
☎(0451) 88090　FAX(0451) 880999
URLall.accor.com
費⑤€94～　①€104～　card ADJMV

鄰近火車站的廉價飯店，雖然只是3星等級，多數客房內卻都設有空調，無線網路免費。

H Ringhotel Jensen

MAP ◆ P.472-B1

住An der Obertrave 4-5　D-23552
☎(0451) 702490　FAX(0451) 73386
URLwww.hotel-jensen.de
費⑤€89～　①€130～　card AJMV

就在荷爾斯登城門附近，有著42間客房的中級飯店，全部客房都禁菸，也提供無線網路（免費），同時還設有以鮮魚料理自豪的餐廳。

JH Jugendherberge Vor dem Burgtor

MAP ◆ P.472-A2

住Am Gertrudenkirchhof 4　D-23568
☎(0451) 33433　FAX(0451) 34540
URLwww.jugendherberge.de/jh/luebeck-jh
費含早餐€28～、27歲以上€33.50～　包含床單費。
card MV

從車站前搭乘1、3、11、12號巴士（雖然會繞遠路，不過還有別的巴士也能搭乘）至Gustav-Radbruch-Platz下車，往Scandic Hotel的停車場方向走到下一個轉角左轉即可，無線網路僅能在公共區域使用，12/20～12/27公休。

JH Jugendherberge Altstadt

MAP ◆ P.472-B1

住Mengstr. 33　D-23552
☎(0451) 7020399　FAX(0451) 77012
URLwww.jugendherberge.de/jh/luebeck-jgh
費包含床單、早餐€28～、27歲以上€33.50～　card MV

從中央車站徒步約15分，就位在舊城區裡，因此不論要到哪裡都很方便。單人房有5間，雙人房16間，3人房3間，4人房8間，6人房1間，雖然屬於小規模的青年旅館，但是一到夏季卻經常客滿，冬季也會不定期休息，記得一定要事先確認清楚。無線網路僅能在公共區域使用，全館禁菸、禁酒，12/20～1/10公休。

特拉沃明德的住宿

※每人每晚須加收€1.40～2.80的療養稅。

H Maritim Strandhotel

MAP ◆ 地圖外

住Trelleborgallee 2　D-23570 Travemünde
☎(04502) 890　FAX(04502) 892020
URLwww.maritim.de
費⑤€120～　①€175～（依季節變動）　早餐另計
card ADJMV

特拉沃明德的最高級飯店，這裡能眺望到的美麗海景無可匹敵，無線網路免費。

H Hotel Soldwisch

MAP ◆ 地圖外

住Kurgartenstr. 61　D-23570 Travemünde
☎(04502) 2651　FAX(04502) 2382
URLwww.hotel-soldwisch.de
費⑤€89～　①€110～　card DJMV

距離Travemünde Hafen車站約200m的小型家族經營飯店，鄰近特拉沃河Trave岸邊與港口，設有玻璃帷幕露台客房與庭院，提供無線網路（免費）。

漂浮於湖上的中世紀城鎮
拉策堡
Ratzeburg

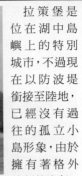

拉策堡是位在湖中島嶼上的特別城市，不過現在以防波堤銜接至陸地，已經沒有過往的孤立小島形象，由於擁有著格外清新的空氣，

羅馬式的大教堂

沐浴在夕陽下的大教堂

MAP ◆ P.448-A2
人　口	1萬4500人
區域號碼	04541

ACCESS
火車：呂貝克搭乘往呂內堡方向的RE快速列車，約20分。

❶拉策堡的遊客中心
囲Unter den Linden 1
D-23909 Ratzeburg
☎(04541) 8000886
URL www.herzogtum-lauenburg.de/ratzeburg-inselstadt
圃週一～五　9:30～12:30
13:30～17:00
4～10月的週六・日有服務。冬季有所變更。

●大教堂
囲Domhof
圃5～9月　10:00～18:00
10～4月　10:00～16:00
囷10～4月的週一　圊€3

也讓拉策堡成為德國知名的療養勝地，寧靜祥和間洋溢著一股舒適的氛圍。若想從火車站前往城市中心，可從火車站北側平交道旁的寬闊街道Bahnhofsallee往東直走約25分鐘就能到，也有巴士車班可以代步。

市區景點有落成於13世紀的大教堂Dom，屬於羅馬式的磚造建築，也是北德歷史最悠久的大教堂；以獨特作風出名的雕刻家巴拉赫Ernst Barlach，展出他作品的巴拉赫美術館Barlach-Museum，和以動物作畫諷刺社會時政而名氣響亮的保羅韋伯美術館A. Paul-Weber-Museum，都是不容錯過的景點。

屬於搗蛋鬼狄爾的城市
莫爾恩
Mölln

Eulen-spiegel博物館

MAP ◆ P.448-A2
人　口	1萬9300人
區域號碼	04542

ACCESS
火車：呂貝克搭乘往呂內堡方向的RE快速列車約30分，至Mölln (Lauenb)下車。

●莫爾恩博物館與內部的❶
囲Am Markt 12
URL www.moelln-tourismus.de
圃週一～五　10:00～18:00
週六・日　10:00～16:00
（9～10月縮短時間）
圊€3、與Eulen-spiegel博物館聯票€5

●Eulen-spiegel博物館
囲Am Markt 2
圃5～10月
週一～五　10:00～13:00
14:00～17:00
週六・日　11:00～17:00
11～4月
週一～五　14:00～16:00
週六・日　11:00～13:00
14:00～16:00
圊與莫爾恩博物館相同

療養勝地的莫爾恩，同時也是德國無人不知無人不曉的頑皮鬼狄爾的惡作劇Till Eulenspiegel的城市，市區就看得到狄爾扮著鬼臉的雕像、專門紀念他的博物館，讓造訪此地的遊客也不禁跟著會心一笑。

莫爾恩的景點，就集中在延伸於火車站前的主要大街豪浦特街Hauptstr.以及往左轉入即到的市集廣場Marktplatz周邊，如頑皮鬼狄爾的雕像、聖尼古拉教堂St. Nicolai-Kirche（有著狄爾的墓碑）、莫爾恩博物館Möller Museum（位於舊市政廳內，❶也同樣設置在這棟建築物裡）、Eulen-spiegel博物館Eulen-spiegel-Museum等。

宛如置身童話書中的歷史古城

呂內堡
Lüneburg

市集廣場與市政廳

呂內堡 ★
柏林
法蘭克福
慕尼黑

MAP ◆ P.448-B2

| 人 口 | 7萬5300人 |
| 區域號碼 | 04131 |

ACCESS

火車：搭乘IC特快列車由漢堡出發，約需30分；漢諾威出發約55分；呂貝克搭乘RE快速列車，約需1小時5分。

❶呂內堡的遊客中心
住Rathaus, Am Markt 1
D-21335 Lüneburg
☎(0800) 2076620
URL www.lueneburg.info
開5～10、12月
週一～五　　9：30～18：00
週六　　　　9：30～16：00
週日　　　10：00～16：00
1～4、11月
週一～五　　9：30～18：00
週六　　　　9：30～14：00

●市政廳
住Am Markt
個人可以參加4～12月舉行的導覽之旅參觀內部，可於觀光局報名。集合地點為市政廳入口Eingang L（Am Ochsenmarkt側）。
費€5、學生€4

●德國鹽博物館
住Sülfmeisterstr. 1
URL www.salzmuseum.de
開10：00～17：00
休週一、12/24～26、31、1/1
費€8、學生€4

●供水塔
住Am Wasserturm 1
URL www.wasserturm.net
開10：00～18：00（週五～日～19：00）冬季可能縮短時間或關閉
休12/24、31、1/1、6～31
費€5、學生€4

沿著伊爾默瑤河河畔的浪漫地帶

從千年之前開始就能因鹽產地而繁華，並且還是通往呂貝克「鹽運古道」的出發起點，名聲響亮的呂內堡如今褪盡一身風華，成了一座在寧靜中任由光陰流逝的城市，市區中磚造房舍以及多座博物館等，可供賞玩的景點也不少。

 漫遊

沿著車站大街Bahnhofstr.前進，走到盡頭後折向西Lünertorstr街，就能夠看到教堂的高聳尖塔，橫渡過第一條河流之後，前方即為老舊起重機與古老磚造房舍並陳的浪漫區域，也是絕佳的拍照地點。

繼續往西行可以來到市集廣場Marktplatz，正前方的建築物正是擁有著❶的市政廳Rathaus，塔樓頂端還架設著麥森瓷器Meissen燒製而成的鐘琴Glockenspiel。

往市集廣場南邊的行人專用道格羅斯貝克街Große Bäckerstr.走下去，就是安山德廣場Am Sande所在，據說中世紀鹽的相關交易就在這座廣場上進行，因此四周環繞著外觀氣派派皇的宅邸建築。

也不妨到德國鹽博物館Deutsches Salzmuseum參觀，符合這座城市靠鹽發達的歷史背景，也可以藉此認識關於鹽的知識。

登上建於1907年的供水塔吧

畫立於聖約翰教堂南側的紅磚供水塔Wasserturm，提供電梯讓遊客登上56m高的頂樓觀景台，飽覽磚瓦色澤的街道景致，以及無限綠意。

郊區景點

自然保護公園 呂內堡石楠草原
Naturschutzpark Lüneburger Heide

MAP◆P.448-B2

　　每到夏季降臨之時，呂內堡石楠草原的廣大原野就開滿了紫紅色的石楠花（英文為Heath，學名是Erica），為了保護這片原始自然不受人為胡亂開發，早在1921年時就被政府規劃為自然保護區域，因此無法搭乘一般汽車來到公園裡。

呂內堡
LÜNEBURG

●Heide觀光巴士
URL naturpark-lueneburger-heide.de
能夠直抵呂內堡石楠草原的免費巡迴巴士Heide-Radbus，會在7月中旬～10月中旬行駛5條路線行駛，從呂內堡搭乘Shuttle-Ring 5至Döhle，Parkplatz轉乘Shuttle-Ring2。

在呂內堡石楠草原內，如同地毯般的紫紅石楠花花田

漢堡與歐石楠之路・北德 ▼ 呂內堡Lüneburg

推薦的餐廳&住宿 RESTAURANT & HOTEL

R Krone Bier-&Event-Haus
MAP ◆ P.479

住Heiligengeiststr. 39-41 D-21335 ☎(04131) 2445050
URL krone-lueneburg.de
營11：00～（打烊時間不固定）
　　位在前身為啤酒釀造廠的磚造建築內，附設提供高評價早餐的咖啡廳與氣氛絕佳的啤酒花園，11:30開始供餐，週一～五提供商業午餐。

H Bergström
MAP ◆ P.479

住Bei der Lüner Mühle D-21335
☎(04131) 3080 FAX(04131) 308499
URL www.dormero.de/bergstroem-hotel-lueneburg
費S€130～、T€160～ 早餐另計€19.90 card ADJMV
　　面對著伊爾默瑙河而建，是一棟非常浪漫的飯店，設有高人氣的露台餐廳，無線網路免費。

H Bremer Hof
MAP ◆ P.479

住Lüner Str. 12-13 D-21335
☎(04131) 2240 FAX(04131) 224224
URL www.bremer-hof.de
費S€102～ T€126～ 早餐另計€13 card ADMV
　　全館禁菸，提供免費無線網路。

JH Jugendherberge
MAP ◆ P.479 外

住Soltauer Str. 133 D-21335
☎(04131) 41864 FAX(04131) 45747
URL www.jugendherberge.de/jh/lueneburg
費含早餐€35.30、27歲以上€39.30 card ADMV
　　從車站南邊的ZOB（巴士總站）搭乘5011巴士，至Scharnhorststraße/DJH下車，耶誕節期間會暫停營業，無線網路則僅限在公共區域使用（免費）。

MEMO 生長在呂內堡石楠草原的Heideschnucken，是種頭和腳長呈黑色的珍貴羊，蒸烤過後便是當地的傳統料理，在稍微高級一點的餐廳才能品嘗到。

木造民宅組成繽紛的「北德珍珠」

策勒

Celle

舊城區最古老的建築

MAP ◆ P.448-B2

人 口	6萬9400人
區域號碼	05141

ACCESS

火車：搭乘ICE特快列車從漢堡中央車站出發，約需1小時10分；呂內堡出發則約需40分。

❶策勒的遊客中心
⌂Markt 14-16　D-29221 Celle
☎(05141) 909080
📠(05141) 90908710
🖥www.celle-tourismus.de
🕐週一～五　10：00～17：00
　週六　　　9：00～13：00
🈵週日・節日、12/25・26、1/1

美麗木造房舍林立的舊城區

　　策勒彷彿是從童話故事中穿越而來的一座城市，雖然舉目所見盡是德國常見的木造房舍，策勒舊城區的街道景致卻多了點不同。首先是建築顏色之美，再來是數量之豐，塗上了黃、粉紅、藍或綠色色彩的家家戶戶，將每一條街道點綴得繽紛無比，也讓人發現這一幢連接著一幢的木造建築，其實是經過悉心保養而得以留存下來，深深感受到居民們對老建築的愛護，策勒因而能夠獲得「北德閃亮的珍珠」封號。

 ## 漫遊

市教堂的高塔（左）與市政廳

　　城市中心地離火車站距離約15分鐘徒步路程，只要是沿著車站大街Bahnhofstr.往東而行的巴士，都可以到市中心，如果有力氣靠自己雙腳行進的話，不妨跟著巴士行駛的車站大街一路向東前進，中途會出現一座綠意盎然的廣大公園，在公園內沿著車站大街走，可說是非常舒適愉快。經過了2座小橋後，碰上城堡廣場Schlossplatz後往左走大約200m，就能抵達城堡的正門入口，這裡設有巴士總站。

　　從城堡正前方的Stechbahn街走下去，左手邊為市教堂Stadtkirche，再往前就是市政廳所在（附設❶），接著繼續往行人徒步區的Zöllnerstr.而行，這一條充滿了觀光客的街道也是舊城區的中央大街，過去為公爵馬車的必經通道，在街道兩旁則林立著色彩各異的木造房舍，而且在這些歷史悠久的木造建築橫樑或木柱上，還刻劃著以德文或拉丁文寫成的家徽、地址、建造年月日等文字圖樣，都可以一一仔細

●市教堂
⌂An der Stadtkirche 8
🕐4～12月
　週二～六　10：00～18：00
　1～3月
　週二～六六　11：00～17：00
只要登上教堂高塔（開4～10月的週二～六11：00～16：005），就可以一覽舊城區景致。
💰€2

🈴搭乘Müllers City Express以緩慢悠閒的節奏遊覽市內景點十分有樂趣，在觀光景點也有快閃時間，5～10月的週二～日10：00～17：00間行駛，每人€3.50。

漂亮美麗的霍彭宅邸

探訪研究。

　　建造在Poststr.與Rundestr.轉角處的，是整座城市最美麗的木造房舍——霍彭宅邸Hoppener Haus，此處與位在Am Heiligen Kreuz 26號的舊城區最古老民宅都是不容錯過的景點。至於在市教堂前的狹窄巷弄Kalandgasse裡，也同樣是精緻的古老房舍群聚之地。

　　鄰近城堡的伯曼博物館Bomann Museum，是重現生活於此地農民、市民生活景象的民俗博物館，而緊鄰在伯曼博物館隔壁的摩登現代建築，正是「世界首創24小時開放美術館」

的策勒美術館Kunstmuseum Celle，雖然號稱是24小時開放，但是夜間卻無法進入館內，只能從外面欣賞由大片窗戶流洩而出的光影藝術。

夜晚點上五彩繽紛燈光的策勒美術館

漢堡與歐石楠之路・北德 ▼ 策勒Celle

● 伯曼博物館
囧 Schlossplatz 7
塒 www.bomann-museum.de
開 週二～日　11：00～17：00
休 週一
費 €8，與策勒美術館、皇宮美術館Residenzmuseum的聯票€12，週六13：00後免費

● 策勒美術館
囧 Schlossplatz 7
塒 www.kunst.celle.de
開 週二～日　11：00～17：00
　光影秀　　17：00～22：00
休 週一
費 €8、週六13：00後免費

● 策勒城堡
囧 Schlossplatz 1
開 5～10月
　週二～日　10：00～17：00
　11～4月
　週二～日　11：00～16：00
休 週一、12/24・26
費 €8、學生€5，包含導覽之旅€9、學生€7

主要景點

可同時欣賞文藝復興與巴洛克樣式的 策勒城堡
Schloss　　　　　　　★★

　　策勒城堡是在17世紀時，為了既是呂內堡領主也是策勒大公而興建的城堡，原本是計畫修改成文藝復興的建築風格，但是修築工程卻半途而廢，也使得城堡兩端的高塔出現了2種完全不同的樣貌，面對城堡右手邊是文藝復興樣式，左手邊卻是巴洛克建築。城堡內推出有導遊帶領的參觀行程，可以見識到日常起居間與陶瓷收藏廳等等。

擁有白牆紅磚屋頂的漂亮配色城堡

MEMO 市政廳一旁的市集廣場Markt到西側的Stechbahn附近，每逢週三與週六的8：00～13：30（夏季7：00～），都會推出早市Wochenmarkt，販賣著蔬菜水果、鮮花等各式各樣最新鮮的商品。

●勃根貝爾森納粹紀念館

交通 從策勒車站前的巴士站搭乘900號巴士至Küsterdamm，Winsen (Aller)，再轉乘100號巴士在Gedenkstätte，Bergen-Bersen下車，所需時間約50分。100號巴士週六每日4班、週日每日2班，最晚需於出發前1小時致電（☎05141-2788200）。

📠 www.bergen-belsen.stiftung-ng.de
🕐 4～9月　　10：00～18：00
　　10～3月　　10：00～17：00
🚫 12/24～26・31、1/1
💰 免費

🌲 郊區景點

少女安妮死亡之地 勃根貝爾森納粹紀念館
Gedenkstätte Bergen-Belsen　　　　MAP◆P.448-B2

位於策勒西北方約20km處，有著勃根貝爾森納粹紀念館，因為《安妮日記Tagebuch der Anne Frank》而名動全世界的少女安妮‧法蘭克Anne Frank，她

安妮與姊姊瑪歌的墓碑

在阿姆斯特丹的躲藏處被抓之後，就送到座落於此地的集中營，也是在這裡結束了她短短15歲的人生。

占地相當廣大的集中營舊址裡，有二次大戰後興建的猶太人紀念碑、史料館等等，但已經不復見當年的任何集中營建築，相關說明是德語、英語並陳，也有語音導覽服務。

推薦的餐廳&住宿 ✦ RESTAURANT & HOTEL

※漢諾威舉辦會展時會提高房價，要多注意。

🍴 R Ratskeller
MAP ◆ P.481（市政廳內）

🏠 Markt 14　☎ (05141) 29099
📠 www.rk.celle.de
🕐 週二～六　11：30～15：00、17：30～21：00
🚫 週日（中午不定期營業）、節日、冬季部分日期公休
card AJMV

座落於市政廳當中，讓人能深刻感到歷史的餐廳，菜餚主要是運用當季食材推出的德國料理，烤鴨Entenbraten€24、海德烤羊肉Heidschnuckenbraten "Nemitzer Heide" €25。也有鮮魚料理的套餐，菜單內容隨季節變動。

🏨 Althoff Hotel Fürstenhof
MAP ◆ P.481

🏠 Hannoversche Str. 55/56　D-29221
☎ (05141) 2010
📠 www.althoffcollection.com
💰 Ⓢ€141～　　Ⓣ€150～　早餐另計€28
card ADMV

將深具歷史的宮殿重新裝潢，是策勒首屈一指的老字號飯店，提供無線網路（免費）。設有高級義式餐廳Taverna & Trattoria Palio，單點主菜每道€25～。

🏨 Celler Hof
MAP ◆ P.481

🏠 Stechbahn 11　D-29221
☎ (05141) 911960　📠 (05141) 9119644
📠 www.cellerhof.de
💰 Ⓢ€95～　　Ⓣ€129～
card AJMV

從火車站搭乘巴士，經過城堡廣場Schlossplatz就能到，飯店就座落於 ❶ 所在的市政廳斜對面，是一個觀光絕佳的地點，總共46間客房，在策勒屬於房間數較多的3星飯店，因此也提供團體旅客入住，提供無線網路（免費）。

🏨 InterCityHotel Celle
MAP ◆ P.481

🏠 Nordwall 22　D-29221
☎ (05141) 2000
📠 www.intercityhotel.com/celle
💰 Ⓢ€79～　　Ⓣ€95～　早餐另計€17
card ADJMV

位於舊城區東邊的連鎖飯店，從車站搭乘9號等巴士至Schlossplatz轉乘14號巴士於Nordwall下車。若有需求，飯店亦提供住宿期間免費搭乘市內大眾交通工具的票券。客房機能性加，可免費使用無線網路。

布朗斯威克

Braunschweig

羅馬樣式的大教堂，繪製於1230～1250年天井畫絕不可錯過

丹克瓦爾德羅德城堡

布朗斯威克是在12世紀時，作為北德一帶統治者獅王亨利的居住城市而繁榮起來的，因為行事武勇果敢如獅子一般而被稱為獅王的亨利三世Heinrich III der Löwe，也在大教堂Dom一旁的城堡廣場Burgplatz上，豎立著個人象徵的獅子雕像。擁有羅馬建築風格的大教堂也是由獅子亨利下令建造，以高聳的2座八角型高塔而令人印象深刻，內殿則並列著獅子亨利與他來自英國的妻子Matilda的棺木。朝向獅子雕像而建的則是丹克瓦爾德羅德城堡Burg Dankwarderode，擁有著經過重建的美麗騎士大廳Rittersaal、中世紀展示廳Mittelaltersammlung等。

來到布朗斯威克最不能錯過的景點，就在丹克瓦爾德羅德城堡往東約500m處的公園，座落其間一隅的安東烏里希公爵博物館Herzog Anton Ulrich-Museum，珍藏著林布蘭、克拉納赫、吉奧喬尼Giorgione、維梅爾等大師的畫作，而博物館中的工藝類別更是充滿了趣味，好比來自日本江戶時代的泥金畫漆盒就與歐洲豔麗的陶瓷擺放在一起，東西藝術在相同空間裡競相比美。

作為中世紀頑皮鬼故事主人翁而出名的狄爾的惡作劇Till Eulenspiegel（→P.477），他誕生的故鄉就在布朗斯威克近郊，而在市區外圍還有一座狄爾之泉。

中央車站位置遠離市中心，但只要搭乘M1、M2市區電車，來到大教堂附近的市政廳Rathuas停靠站下車，市政廳的西側即為城堡廣場，至於❶就設置在大教堂前方，從上述停靠站徒步過來大約3分鐘。

MAP ◆ P.448-B2

人 口	24萬8600人
區域號碼	0531

ACCESS
火車：漢諾威搭乘IC特快列車約30分。

---

❶布朗斯威克的遊客中心
住Kleine Burg 14
　D-38100 Braunschweig
☎(0531) 4702040
FAX (0531) 4702044
URL www.braunschweig.de
開週一～五　10:00～18:30
　週六　　　10:00～16:00

●丹克瓦爾德羅德城堡
住Burgplatz 4
URL www.3landesmuseen-
　braunschweig.de
開週二～日　10:00～17:00
休週一、部分節日
費€5、學生€2.50

●安東烏里希公爵博物館
住Museumstr. 1
URL www.3landesmuseen-
　braunschweig.de
開週二～日　11:00～18:00
休週一、部分節日
費€9、學生€7

推薦的住宿

H Michel Hotel
住Berliner Platz 3　D-38102
☎(0531) 70080
FAX (0531) 7008125
URL www.michelhotel.de
費⑤€89～　①€104～
card ADMV
座落於中央車站前廣場上的3星飯店，提供免費無線網路。

希爾德斯海姆
Hildesheim

色彩鮮豔的天井畫

希爾德斯海姆 ★ 柏林

法蘭克福

慕尼黑

MAP ◆ P.448-B2

人　口	10萬1000人
區域號碼	05121

ACCESS

火車：漢諾威搭乘私鐵ERX（可用火車通行證），約25分。

❶希爾德斯海姆的遊客中心
🏠Rathausstr. 20　D-31134
☎(05121) 17980
📠(05121) 179888
🌐www.hildesheim.de
🕐週一～五　10：00～18：00
　週六　　　10：00～15：00

🌐世界遺產
希爾德斯海姆的大教堂與
聖米歇爾教堂
（1985年登錄）

●大教堂
🕐週一～五　10：00～17：30
　週六　　　10：00～16：00
　週日　　　12：00～17：30

●聖米歇爾教堂
🏠Michaelisplatz 1
🕐9：00～16：00
　（週日‧節日12：00～）
在上述時段若遇到彌撒或儀式則無法參觀。

聖米歇爾教堂的天花板板畫

推出早市的市集廣場，周圍環繞著精美木造房舍

作為中世紀一大熱鬧城市的希爾德斯海姆，如今依舊是充滿活力的城市，街頭隨處可見標示現在所在地與主要景點區域的地圖，遊逛起來相當輕鬆方便，而且在市中心的街道上還都繪有白色玫瑰，指向各個主要觀光景點。

市中心的市集廣場Marktplatz，不僅有讓人目不轉睛的多彩木造房舍，還有篤實牢固的市政廳。由市集廣場往南行進約600m，就是列入世界遺產名單中的大教堂Dom，這裡以後院中傳說擁有約1000年樹齡的玫瑰樹而聞名，雖然在第二次世界大戰中一度燒毀，沒想到之後竟然又從樹根冒出枝芽來。

攀附著大教堂後院牆壁而生，樹齡約1000年的玫瑰樹，屬於野生品種，每年5～6月間會開出美麗花朵

希爾德斯海姆的另一處世界遺產則是聖米歇爾教堂St. Michaelis-Kirche，西元1010年時奠定了建築基石，因此列入了德國歷史最悠久的羅馬式建築之一，目前所看到的教堂是第二次世界大戰之後重新建造而成，不過內部屬於13世紀的版畫、11世紀初期的地下墓室則都幸運地躲過戰火摧殘。

被譽為德國最美的早期羅馬建築教堂的聖米歇爾教堂

漢諾威

優美巴洛克庭園與會展之都

Hannover

室內市場Markthalle內部

漢諾威 ★ 柏林

・法蘭克福

慕尼黑

MAP ◆ P.448-B2	
人　　口	53萬4000人
區域號碼	0511

ACCESS

火車：ICE特快列車從漢堡中央車站出發約1小時15分；柏林中央車站出發約1小時40分。

機場與市區間交通：機場與中央車站之間有地下鐵S-Bahn Ⓢ5號線交通往來，所需時間約20分。

❶漢諾威的遊客中心
🏠 Ernst-August-Platz 8
　D-30159 Hannover
🕐 Map P.486-A2
☎ (0511) 12345111
🖷 (0511) 12345112
🌐 www.visit-hannover.com/
🕐 週一～五　　9:00～17:30
　週六　　　10:00～15:00
🚫 11～3月的週日・節日

●漢諾威卡
HannoverCard
1日券€10、2日券€16、3日券€19。可在⚫購買，最多5人可使用的團體1日券€21、2日券€28、3日券€36。這張超值卡在有效期限當中，不論巴士、地下鐵等市區交通工具都可自由乘坐（可由開卡前一天的19:00開始使用），而美術館、博物館、漢諾威大花園門票也能享有折扣。

像宮殿一般擁有美麗文藝復興樣式的市政廳

　18世紀時繼承英國王位的漢諾威家族，與漢諾威這座城市有著千絲萬縷的關係，優雅的皇宮庭園不由得讓人聯想起過往的風華，而身為下薩克森邦的首府，漢諾威也是舉世聞名的會展之都，是世界各地人們聚集的國際大城市。

　雖然是這麼名聲響亮的大城，卻擁有著如漢諾威大花園、馬斯湖公園等豐沛綠意，因此漢諾威也被稱為「綠色大都會Die Großstadt im Grünen」。

 漫遊

　從中央車站來到城市南端位置的市政廳，只要靠著徒步方式就能觀光遊覽，若想前往漢諾威大花園等較為偏遠景點，就可以利用市區電車Stadtbahn來代步。市區電車到了中央

延伸於車站街下的地下道

車站周邊就會變成地下鐵（U-Bahn），車站入口會以U來做標示，稍微離開市中心後，市區電車就會行駛至地面，停靠站會改以H字樣作為指標。市區電車的車票可從自動售票機購得，市區內單次乘車券Einzel Ticket為€2.80，市區內1日乘車券Tages Einzel Ticket為€5.60。

市集教堂與舊城區

　城市的中心在中央車站前的車站大街Bahnhofstr.至克勒普克廣場Kröpcke一帶，離克勒普克廣場2個街區的東側，座落著美麗的歌劇院Opernhaus，距離這裡大約10分鐘遠的市集教堂Marktkirche，是座建於14世紀並擁有著97m高塔的磚瓦教堂，而往教堂前方右側走會先看到萊納河城堡Leineschloss，然後接著的是歷史博物館Historisches Museum，內部陳列著漢諾威

足球・球場情報

●HDI競技場
HDIarena
🏠 Robert-Enke-Str. 3
🕐 Map P.486-B2
🌐 www.hdi-arena.de (德)
漢諾威96 Hannover 96的主球場。
交通 地點在城市南端位置，從漢諾威中央車站搭乘3或7號往Wettbergen方向市區電車（地下月台乘車），交通時間3分鐘至Waterloo下車，而9號往Empelde方向的市區電車也是一樣的地點下車，兩者都只需要再徒步約5分鐘到。

MEMO　在歷史博物館西北側萊納河岸邊的Am Hohen Ufer，於每週六8:00～16:00（冬季9:00～15:00）舉辦跳蚤市場，這個跳蚤市場擁有約50年的歷史，或許可以在此挖到寶喔！

485

●歷史博物館
住Prerdestr. 6（入口在
　Burgstr.）
◎Map P.486-B2
開週二~日　　11：00~18：00
休週六・日・一
※因整修閉館中。

●史普林格博物館
住Kurt-Schwitters-Platz
◎Map P.486-B2
URL www.Sprengel-Museum.
　de
開週二　　　10：00~20：00
　週三~日　10：00~18：00
休週一
費€7、學生€4，週五免費，特
　別展須另外收費
交通Kröpcke巴士站搭乘
100號巴士，至Maschsee/
Sprengel Museum下車。

家族的家具、馬車等收藏。在市區以南矗立著氣派的市政廳Rathaus，馬斯湖Maschsee湖畔有著史普林格博物館Sprengel Museum，遊客可以欣賞到保羅・克利、畢卡索、馬克斯・貝克曼等19~20世紀巨匠們的繪畫作品。

　　至於漢諾威最重要的景點漢諾威大花園Herrenhäuser Gärten，則是座落在離市區中心有點遠的西北邊陲上。

 主要景點 ~~~~~~~~~~~~~~~

擁有300年歷史 漢諾威大花園

Herrenhäuser Gärten ★★★

　　這是建造於17世紀的巴洛克式庭園，一共由大花園Großer Garten、喬治花園Georgengarten、威爾芬花園Welfengarten以及山頂花園Berggarten這4座花園所組成，其中又以大花園最引人入勝、美不勝收，小森林、花壇、噴水池到雕刻位置等等，全都呈現出精采的幾何圖案，不僅精準無比又井然有序，讓人驚訝讚嘆不已。

城堡Schloss的一部分為博物館Museum，至於隔著馬路相對而建的山頂花園Berggarten，則有著植物園以及屬於漢諾威家族的墓園。

漢諾威大花園的優雅大門　　巴洛克樣式的美麗庭園

外觀與內部都精采的市政廳
Rathaus ★★

市政廳是建於1901～1913年的雄偉建築物，位於1樓的大會廳還展示著漢諾威的發展歷史。

高約100m的圓形屋頂可搭乘電梯直達，而且這座電梯還是沿著屋頂的角度而建，是全世界非常罕見的傾斜式電梯。

跨領域的下薩克森邦立博物館
Landesmuseum ★★

下薩克森邦立博物館除了有邦立畫廊之外，更以有著考古學、自然學、民族學等各式各樣不同類別，數量龐大的收藏而自豪。邦立畫廊中欣賞得到歐洲各個年代的傑出藝術作品，尤其是德國印象派與早期表現主義、法國印象派畫作最多。

19世紀漫畫家威廉·布施博物館
Wilhelm-Busch-Museum ★

座落於漢諾威大花園的喬治花園裡，也是很受小朋友歡迎的紀念館。威廉·布施Wilhelm Busch是德國聞名遐邇的《馬克斯和莫里茨》童話繪本作者（→P.435）。

 郊區景點 ❈❈❈❈❈❈❈❈❈❈❈❈❈❈❈❈❈❈❈

阿爾菲爾德的法古斯鞋楦工廠 ⊕世界遺產
Fagus-Werk, Alfeld
MAP◆P.414-B2

包浩斯建築師Walter Adolph Georg Gropius與Baron Adolf de Meyer，聯手在1911年設計出這棟概念嶄新的製鞋工廠，現在生產線依舊在運作中，不過工廠內有規劃出法古斯·格羅佩斯展覽廳Fagus-Gropius-Ausstellung，開放給遊客參觀。

世界首座全玻璃帷幕的工廠

●漢諾威大花園
◐Map P.486-A1
🌐www.hannover.de/herrenhausen
🕐5～8月　　　9:00～20:00
　4·9月　　　9:00～19:00
　3·10月　　　9:00～18:00
　11～1月　　　9:00～16:30
　2月　　　　　9:00～17:30
　入園至閉園前1小時為止
　噴水池僅限夏季10:00～
　12:00、15:00～17:00
💰€8（可進入大花園、山頂花園和博物館）
　冬季€6
🚊從中央車站前進入地下道，前往U-Bahn的Kröpcke站，再由這裡搭乘U4或5號至Herrenhäuser Gärten下車。

●市政廳
🏠Trammplatz 2
◐Map P.486-B2
🕐電梯
　3月上旬～11月上旬
　週一～五　　9:30～17:30
　週六·日　　10:00～17:30
　（電梯運行至閉館前約30分鐘為止）
🚫冬季
💰€4（電梯）

●下薩克森邦立博物館
🏠Willy-Brandt-Allee 5
◐Map P.486-B2
🌐nlmh.de
🕐週二～日　　10:00～18:00
🚫週一、部分節日
💰€5、學生€4，週五14:00～18:00免費
🚊U Aegidientorplatz下車。

●威廉·布施博物館
🏠Georgengarten 1
◐Map P.486-A1
🌐www.karikatur-museum.de
🕐週二～日　　11:00～17:00
🚫週一、12/24·31
💰€7、學生€4
🚊U4或5號至Schneiderberg/Wilhelm-Busch-Museum下車。

⊕世界遺產
阿爾菲爾德的法古斯鞋楦工廠（2011年登錄）

🚊漢諾威搭乘ME（私鐵，可使用火車通行證），約35分鐘至Alfeld(Leine)下車，從火車站再到工廠要沿著Hannoversche Str.往西北方向前進約500m。

●法古斯·格羅佩斯展覽廳
🏠Hannoversche Str. 58
🌐www.fagus-werk.com
🕐10:00～17:00（11～3月～16:00）
🚫12/24·25·31、1/1
💰€7、學生€6

487

交通前往沃爾夫斯堡可由漢諾威搭乘ICE特快列車，約需30分鐘。

●福斯汽車城
從火車站徒步約5分。
住Stadt Brücke, Wolfsburg
URL www.autostadt.de
開10：00～18：00
休12/24・31
費€18、學生€14

●Phaeno科技中心
住Willy-Brandt-Platz 1
URL www.phaeno.de
開週二～五　9：00～17：00
週六・日・節日
10：00～18：00
（入場至閉館前1小時為止）
休週一、12/24・31
費€14、學生€10

足球・球場情報

●大眾汽車球場
Volkswagen Arena
URL www.vfl-wolfsburg.de/en/stadium/volkswagen-arena
沃爾夫斯堡足球俱樂部VfL Wolfsburg的主場球場。
交通從沃爾夫斯堡車站沿著鐵軌往東徒步大約20分鐘可到，比賽當天也會有接駁巴士。

沃爾夫斯堡
Wolfsburg
MAP◆P.448-B2

與總公司工廠（左）緊鄰的VW主題公園——福斯汽車城

以VW標誌聞名的福斯汽車Volkswagen總公司就座落在沃爾夫斯堡，而這座城市最重要的景點自然也就是位於總公司工廠內的福斯汽車城Autostadt，這是占地非常廣闊的主題公園，而時間博物館ZeitHaus內就收藏著福斯歷代經典名車，另外也還有福斯集團的體驗中心、飯店、餐廳，可以在這裡花上一整天時間。

另外在沃爾夫斯堡車站的正南方，還有著一座由建築家札哈‧哈蒂Zaha Hadid設計，非常新穎的科學博物館——Phaeno科技中心，以各種體驗、實驗為展覽重心，經常可以看到許多德國的學生團體到這裡進行校外教學，非常推薦給科學迷。

展示於時間博物館中的豪華金龜車

推薦的餐廳&住宿 ✤ RESTAURANT & HOTEL

※會展期間（可至URL www.messe.de查詢）時會提高房價，要多加注意。

Ⓒ Holländische Kakao-Stube
MAP◆P.486-B2
住Ständehausstr. 2　☎(0511) 304100
URL www.hollaendische-kakao-stube.de
營週一～六9：00～18：30
休週日・節日　card不可

雖然這是間年輪蛋糕名店，但其實如店名「荷蘭風可可的房間」所示，這裡最知名的產品便是熱巧克力，尤其壺裝的Wiener Schokoladen更是無比美味。此外也有供應餐點，可在此悠閒度過。

Ⓗ Central Hotel Kaiserhof
MAP◆P.486-A2
住Ernst-August-Platz 4　D-30159
☎(0511) 36830　FAX(0511) 3683114
URL www.centralhotel.de
費Ⓢ€109～　Ⓣ€129～　早餐另計€22
card ADJMV
建造在中央車站前方的四星級飯店，無線網路免費。

Ⓗ Concorde Hotel Am Leineschloß
MAP◆P.486-B2
住Am Markte 12　D-30159
☎(0511) 357910
URL www.ConcordeHotel-am-Leineschloss.de
費Ⓢ€160～　Ⓣ€171～
card ADJMV

飯店鄰近萊納河城堡，位在市集教堂對面的市區中心處，觀光上非常便捷，總共有81間客房。從中央車站搭乘U-Bahn至第2站的Markthalle下車即達，從中央車站徒步過來也只需要大約15分鐘，提供免費無線網路。

Ⓗ Grand Hotel Mussmann
MAP◆P.486-A2
住Ernst-August-Platz 7　D-30159
☎(0511) 36560　FAX(0511) 3656145
URL www.grandhotel.de
費Ⓢ€99～　Ⓣ€129～　早餐另計€16　card AMV

位於中央車站正對面的高級飯店，客房為木質地板，並配置大桌子與沙發等家具，浴室也很寬敞。

MEMO 室內市集Markthalle（➡Map P.486-B2）不但有販售蔬菜、肉品等生鮮食品的商店，還有許多可以當場品嚐香腸、啤酒等美食的攤販，中午更是充滿活力朝氣。

不來梅港

Bremerhaven

注入北海的威悉河

停泊在舊海港內的潛水艇，以及嶄新的建築「氣候館」(右邊後方)

作為前進北海重要門戶的不來梅港以及不來梅Bremen，這2座城市結合起來自成一邦。而不來梅港除了擁有海港城市的迷人風情，更是世界遺產瓦登海Wattenmeer的一大重要觀光據點城市，而備受矚目。

 漫遊

前往景點集中的海港周邊，可以從中央車站搭乘巴士（502、504、505、506號），約5分鐘車程在巴士站Hochschule Bremerhaven/Stadttheater下車後，一旁就是購物中心哥倫布中心Columbus-Center。穿越購物中心之後，就能夠順利來到德國航海博物館Deutsches Schiffahrtsmuseum的別館，同時也是Wilhelm Bauer潛水艇（U2540）所停泊的舊海港Alter Hafen。

從這裡繼續往南走，就能看到德國航海博物館本館，朝北則是可親身感受世界氣候的玻璃帷幕建築──氣候館Klimahaus、海上動物園Zoo am Meer等建築群，至於❶則設置於氣候館隔壁。

在哥倫布中心的對面，晶立著施密特市長紀念教堂

★不來梅港
柏林
法蘭克福
慕尼黑

MAP ◆ P.448-B1	
人　口	11萬3600人
區域號碼	0471

ACCESS

火車：不來梅搭乘RE快速列車，大約35分；私鐵NWB（NordWestBahn的縮寫，可使用火車通行證）約45分。

❶不來梅港的遊客中心
🏠H.-H.-Meier-Str. 6
　D-27568 Bremerhaven
☎(0471) 414141
🌐www.bremerhaven.de
🕐週一～日　8：00～18：00
　（10～4月9：30～17：00）
🚫部分節日

●市區交通
巴士單次乘車券EinzelTicket
為€2.50。

不來梅港
BREMERHAVEN

海上動物園❶
Zoo am Meer
氣候館
Klimahaus
潛水艇
德國航海博物館
Deutsches
Schiffahrtsmuseum
哥倫布中心
Columbus-Center
Theodor-Heuss-Platz
市立劇場
Stadttheater
歷史博物館
Morgenstern-Museum
中央車站
Hauptbahnhof
郵局

0　　200　　400m

●氣候館
住Am Längengrad 8
URLwww.klimahaus-bremerhaven.
de
開7・8月
　週一～五　　9：00～19：00
　週六・日・節日
　　　　　　　10：00～19：00
　9～2月
　週一～日　10：00～18：00
　3～6月
　週一～五　　9：00～18：00
　週六・日・節日
　　　　　　　10：00～18：00
休12/24・25・31、1/1
費€20、15：00後€18

●德國航海博物館
住Hans-Scharoun-Platz 1
URLwww.dsm.museum
開週一～日　10：00～18：00
休冬季的週一、12/24・25・31
費€6

●海上動物園
住H.-H.-Meier-Str. 7
URLwww.zoo-am-meer-bremerhaven.
de
開4～9月　　9：00～19：00
　3・10月　　9：00～18：00
　11～2月　　9：00～16：30
　（入場至閉館前30分為止）
費€9.50、學生€7

（地球儀）世界遺產
瓦登海
（2009年登錄）

交通 從不來梅港出發要前
往瓦登海海岸的庫克斯港
Cuxhaven，有私鐵EVB
（Elbe-Weser-Bahn）可使用
火車通行證可以搭乘，需時
約50分；漢堡出發可搭乘RE列
車，所需時間約1小時45分。

●庫克斯港的遊客中心
住Cuxhavener Str. 92
　D-27476
URLtourismus.cuxhaven.de
好幾間公司皆有濕地徒步導
覽之旅，舉辦日與時間都不一
定，請參考上述網站，而導覽
之旅是德語。

●馬車濕地行
馬車業者有Wattenpost
（URLwww.wattenpost.de）、
Wattwagen-boldt（URLwww.
wattwagen-boldt.de），須事
先預約。諾伊威爾克島來回約
4小時的路線，€45。

📷 主要景點

氣候館
Klimahaus ★★

以不來梅港所在的地球東經8
度為中心，讓人暢遊在各式各樣
地球氣候的體驗式博物館，像是
濕熱的叢林、沙漠或者是嚴寒的
冰河等，都可以一次體驗。

來體驗地球的各種氣候

德國航海博物館
Deutsches Schiffahrtsmuseum ★★★

德國航海博物館是座能認識到船隻歷史、結構的博物
館，除了室內空間之外，在舊海港處還停靠著深具歷史的潛
水艇，開放給民眾入內參觀（冬季暫停開放）。

海上動物園
Zoo am Meer ★★

海上動物園內集合著北極熊、企鵝、海豹等海洋生物，
2019年誕生的北極熊雙胞胎姊妹Anna和Elsa人氣極高。

🌲 郊區景點

瓦登海
Wattenmeer　　（地球儀）世界遺產
　　　　　　　　　　MAP◆P.448-A1

瓦登海在德語中意指濕地，就分布在德國與荷蘭的北海
沿岸，占地面積非常遼闊。

在退潮時露出來的這片濕地堪
稱是大自然的寶庫，不僅看得到海
豹，還有著礁石之間的貝殼、藏於
泥地裡的螃蟹、濕原上的海藻等
等，也吸引了眾多珍貴候鳥與海鷗
在瓦登海的天空中穿梭來回。

綿延無邊際的遼闊濕地

最讓觀光客興奮的活動就是在瓦登海退潮時的濕地散步
之旅，還有名為Wattwagen的馬車濕地行。

從庫克斯港Cuxhaven車站前搭乘1007號巴士，大約25分
鐘就能抵達很受歡迎的Duhnen, Strand海灘（海灘入場費
€3），這裡就有著濕地之旅行程可以參加。在退潮的時候，
徒步至海中的諾伊威爾克島Insel Neuwerk約13km路程（請
參考下方的MEMO），至於馬車行因為實在很受歡迎，一
定要記得事先預約，行程是從Duhnen以及一旁的Döse或
Sahlenburg出發。

MEMO 在漲潮或者是壞天氣下想嘗試濕地徒步之旅，可是非常危險的事情，一定要上網或至海灘入口處的
「Wattlaufzeit」、「Wattwanderzeiten（可至濕地步行的時間）」查詢天候狀況，並有充分裝備再出發。

詩人施篤姆故鄉是臨著北海的港都

胡蘇姆

Husum

充滿樂趣的小港口

胡蘇姆 ★
柏林
・法蘭克福
慕尼黑 ●

面對著港口的海港街上，林立著無數供應鮮魚美食的餐廳

MAP ◆ P.448-A1

人　口	2萬3200人
區域號碼	04841

ACCESS

火車：從漢堡Altona車站搭乘RE快速列車，約1小時50分。從漢堡中央車站搭乘IC特快列車則約2小時。

❶胡蘇姆的遊客中心
位在市集廣場前。
🏠 Großstr.27　D-25813 Husum
☎ (04841) 89870
📠 (04841) 898790
URL www.husum-tourismus.de
開 4～10月
　週一～五　　9：00～18：00
　週六　　　10：00～16：00
　11～3月
　週一～五　　9：00～17：00
　週六　　　10：00～16：00

●北海博物館
🏠 Herzog-Adolf-Str. 25
URL www.museumsverbund-
nordfriesland.de
開 6/16～9/15
　週一～日　10：00～17：00
　9/16～6/15
　週二～日　11：00～17：00
休 9/16～6/15的週一・12/24～
26・31・1/1　費€5、學生€3.50

●胡蘇姆城堡
🏠 König-Friedrich-V.-Allee
URL www.museumsverbund-
nordfriesland.de
開 3～10月
　週二～日　11：00～17：00
　11～2月
　週六・日　11：00～17：00
休 週一、11～2月的週一～五、
12/24～26・31、1/1
費 €5

●施篤姆紀念館
🏠 Wasserreihe 31
URL www.storm-gesellschaft.de
開 4～10月
　週二～五・週日
　　　　　　14：00～17：00
　週六　　　11：00～17：00
　11～3月
　週二・四・六14：00～17：00
費 €5、學生€3

要前往胡蘇姆市中心的市集廣場Marktplatz，從火車站出來徒步只要約5分鐘，沿著車站前的赫爾佐克阿道夫大街Herzog-Adolf-Str.直走，到了Süderstr.街再左轉，不用多久就能抵達市中心，而即使是到前面一點的Norderstr.街再左轉也能夠進入市集廣場。赫爾佐克阿道夫大街有北海博物館Nordsee Museum，可以在這裡認識到關於北海濕地、堤防以及船舶貿易的種種相關歷史。

市集廣場的正中央，矗立著深受居民喜愛也是城市象徵的女漁夫Tine青銅雕像，廣場東邊是瑪利安教堂Marienkirche，座落於北側的則為建於1601年的舊市政廳Altes Rathaus，另外在市集廣場的9號門牌處為施篤姆故居Theodor-Storm-Geburtshaus，施篤姆為撰寫《海岸》、《白馬騎士》等作品而為人所知的詩人兼作家。

穿越過舊市政廳旁的拱廊就是名為Schlossgang的街道，繼續走下去就能看到文藝復興樣式的胡蘇姆城堡Schloss vor Husum，以及由庭園組成的城堡區Schlossviertel。

城堡裡併設博物館與咖啡館

港口就在市集廣場的西側位置，面對著港邊而建的海港街Hafenstr.，有著將老舊倉庫改建的咖啡館、餐廳，能夠品嘗到最新鮮的魚、蝦、蟹等海產。

與海港街並行的Wasserreihe街，31號處則是施篤姆曾經長期居住過的宅邸，現在成為了施篤姆紀念館Theodor-Storm-Haus並對外開放參觀。

敘爾特

Sylt

從上空眺望島嶼

★敘爾特

柏林

法蘭克福

慕尼黑

MAP ◆ P.448-A1	
人　口	1萬3800人
區域號碼	04651

ACCESS

火車：從漢堡Altona車站搭乘RB快速列車至威斯特蘭，約2小時55分；從漢堡中央車站搭乘IC特快列車，約3小時15分。

❶敘爾特的遊客中心
☎ (04651) 9980
🌐www.westerland.de
●威斯特蘭車站的❶
住Kirchenweg 1
開週一～六　10：00～16：00
●腓特烈街的❶
住Friedrichstr. 44
開週一～五　10：00～16：00
　週六　　　10：00～14：00

●租腳踏車
敘爾特最適合騎腳踏車來暢遊，威斯特蘭車站附近有好幾間腳踏車出租店，1天€10左右。冬季公休。

●敘爾特自然體驗中心
住Hafenstr. 37 List
🌐naturgewalten-sylt.de
開10：00～18：00
費€16.50（亦有路線巴士和郵輪等聯票）

●鄉土博物館／
Altfriesisches Haus
住Am Kliff 19/13
開4～10月
　週一～五　10：00～17：00
　週六、日　11：00～17：00
　11～3月
　週四～日　11：00～15：00
費各€8（持賓客卡€6）/€7（同€5），兩館套票€10

威斯特蘭的海灘

　　位居於德國最北境的敘爾特，是一座面積僅僅只有99km²的小島，透過行駛在興登堡堤道Hindenburgdamm上的鐵路來與陸地銜接，更是德國人心目中人氣極旺的高級度假勝地。

　　中心城鎮就在島嶼中央位置的威斯特蘭Westerland，火車也是以此作為終點站。沿著威斯特蘭車站往西前進，可以來到行人徒步區的腓特烈街Friedrichstr.，作為購物的中心所在，自然是時尚名店林立，而在這附近的海鮮餐廳裡更可以品嘗到美味的魚湯或炸魚。腓特烈街的尾端就是海灘入口，夏季時會徵收海灘入場費（只要有住宿房卡就不需要），而在海灘旁的室內游泳池中心Freizeitbad Sylter Welle內還有著綜合美容SPA服務Syltness Center。

　　威斯特蘭火車站後方的巴士總站，有通往全島各地的巴士班次，另外從島嶼南端的Hörnum或者是北面的List海港，每到夏季就有著前往鄰近島嶼、眺望海豹棲息保護區的半日～1日遊觀光船。威斯特蘭港附近則有敘爾特自然體驗中心Erlebniszentrum Naturgewalten Sylt，展示敘爾特的動植物。

　　威斯特蘭往東大約5km遠，鐵路、巴士會折返的凱圖姆Keitum，是座非常優美的鄉村，至今依舊保留著許多美麗茅草砌成的房舍，而且家家戶戶的庭園或大門口也都設計得令人目不轉睛，遇到壞天之際，建議不妨可以將行程改到這座村落來漫遊。鄉土博物館Sylter Heimatmuseum內展示

鄉土博物館

著島嶼的歷史過往並且還有著一間畫廊，在Altfriesisches Haus則是重現了古老的家具、日常用品。

基爾

Kiel

活力充沛的基爾中央車站

海港城市基爾，座落位置就扼守在波羅的海與北海間的運河起點處，亦是前往北歐的一大重要交通門戶，第二次世界大戰時，基爾就是德

基爾海港

國納粹海軍的U型潛艇的基地所在，時至今日依舊是什列斯威・霍爾斯坦因邦Schleswig-Holstein的首府，靠著海運以及造船業而發展出蓬勃經濟。每年6月下旬登場的基爾帆船週則擁有約100年的悠久歷史，吸引來自全世界的風帆好手參與帆船賽事，也讓整座城市籠罩在熱鬧歡欣的氣氛中。

　　從終點站式的火車站出來之後，往左手邊（西方）前進就會發現有一條橫亙街道的通道，可以通往購物中心，沿著這條通道往右轉（北方）繼續走，就能夠來到行人徒步區的豪斯頓街Holstenstr.，附近還有新市政廳Neues Rathaus，街道一隅則是❶。

　　走回到豪斯頓街並一路走下去，就能夠來到市區中心的舊市集廣場Alter Markt，廣場上的聖尼古拉教堂St. Nikolai-Kirche，以及港口旁展示船隻的航海博物館Stadt und Schifffahrtsmuseum，都屬於基爾非常重要的景點。

　　既然已經來到了基爾，也不妨將腳步再延伸向北至約20km遠的拉博Laboe，在這座城市裡除了有著德國海軍紀念館Marine-Ehrenmal，在紀念館前的港邊更停放著已經退役的U型潛艇U995。要想前往紀念館的話，可由基爾車站前的巴士站搭乘前往Laboe方向的100號（所需時間約45分）或102號（所需時間約25分）巴士，至Laboe Hafen下車後，由站牌沿著海岸邊徒步約10～15分，眼前就會出現高達85m並且以船頭為造型的咖啡色海軍紀念塔，登上塔頂更有機會一覽基爾峽灣Kieler Förde的開闊美景。

海軍紀念塔

拉博海邊的U型潛艇

MAP ◆ P.448-A2

人　口	24萬1500人
區域號碼	0431

ACCESS

火　車：漢堡中央車站搭乘ICE快速列車，約1小時10分；呂貝克搭乘RE快速列車約1小時10分。

❶基爾的遊客中心
⓲ Stresemannplatz 1-3
　D-24103
☎ (0431) 679100
🖷 (0431) 6791099
URL www.kiel-sailing-city.de
開 週一～五　　9：30～18：00
　　週六　　　10：00～16：00

●聖尼古拉教堂
URL st-nikolai-kiel.de
開 10：00～16：00
　（禮拜時間不能參觀）

●航海博物館
⓲ Wall 65
開 週二～日　　10：00～18：00
休 週一
費 免費

●德國海軍紀念館
⓲ Strandstr. 92
開 4～10月　　　9：00～18：00
　 11～3月　　　10：00～16：00
　（入館至閉館前1小時為止）
費 €7，U型潛艇U995€6，聯合套票€11

格呂克斯堡

★ 弗蘭斯堡
柏林
法蘭克福
慕尼黑

MAP ◆ P.448-A1

| 人口 | 8萬9900人 |
| 區域號碼 | 0461 |

ACCESS

火車：漢堡中央車站搭乘RE（快速列車），大約2小時；基爾搭乘RB（普通列車），則約1小時25分。

❶弗蘭斯堡的遊客中心
⌂ Nikolaistr. 8
　D-24937 Flensburg
☎ (0461) 9090920
URL www.flensburger-foerde.de
⌚ 週一〜五　10：00〜17：00
　週六　　　10：00〜14：00

● 航海博物館
⌂ Schiffbrücke 39
URL www.schifffahrtsmuseum-flensburg.de
⌚ 週二〜日　10：00〜17：00
費 €8

● 格呂克斯堡
交通 從弗蘭斯堡的巴士總站ZOB搭乘往Glücksburg (Ostsee) ZOB方向的Fördebus 21號巴士，所需時間大約30分鐘，至Schloss Glücksburg下車後再徒步大約10分鐘可到。
⌂ Schloss D-24960 Glücksburg
URL www.schloss-gluecksburg.de
⌚ 5〜10月
　每日　　　　11：00〜17：00
　11〜4月
　週六・日　　11：00〜16：00
　（入場至閉館前1小時為止）
費 €9、學生€6

弗蘭斯堡

Flensburg

有許多紅磚建築的沈穩港都

弗蘭斯堡曾由丹麥皇室統治達400年以上，現在每5人中仍有1人以丹麥語為母語，歷史建築也有著濃濃的丹麥色彩。

從火車站往北到市區中心的巴士總站ZOB，距離大約1.5km，搭乘1或5號巴士大約5分鐘可到，不過沿著和緩斜坡徒步而行，也僅只需要花費15分鐘左右就能到，❶就在車站ZOB附近的尼古拉街Nikolaistr.上。

莊嚴的瑪利安教堂

沿著尼古拉街Nikolaistr.往西走，來到與Holm街的交叉口，從這裡繼續往北走，就是行人徒步區格羅斯街Große Str.，這裡正是弗蘭斯堡最熱鬧的購物大街。繼續往北前進，右手邊是擁有著高塔的瑪利安教堂Marienkirche，街道名稱在這裡也會改變成Norderstr.街，往前走下去即是海港，若稍微往北前行則是座落著航海博物館Schifffahrtsmuseum。

 郊區景點 ❋❋❋❋❋❋❋❋❋❋❋❋❋❋❋❋❋❋❋❋❋❋

映照於水面的白色城堡**格呂克斯堡**
Schloss Glücksburg
MAP ◆ P.448-A2

映照在水面上的白色城堡格呂克斯堡，就位在弗蘭斯堡東北方約9km處，興建於1583〜1587年。格呂克斯堡現在為格呂克斯堡王室所有，其與丹麥、挪威王室有血緣關係，是歐洲首屈一指的名門家族。這處平緩對稱的文藝復興樣式城堡，是北德擁有高度人氣的景點，從巴士車道走過來，越過石橋後就是城門，城堡內部則規劃為博物館，展出民俗史料等收藏。

MEMO 「moin moin」是在弗蘭斯堡等北地地帶海港城市或者是島嶼會使用的招呼語，可愛的發音很容易琅琅上口，而且一整天不論何時都能夠使用。如果能學會這句話，肯定能贏得在地人的好感！

施威林

Schwerin

街角的咖啡館

充滿法式風情的優雅城堡

　　施威林又稱為七湖之城Stadt der sieben Seen，是一座湖區地帶的古老城市，二次大戰結束之後，發展成為梅克倫堡Mecklenburg地帶產業、文化首屈一指的重心城市。

漫遊

　　從中央車站的廣場往右轉，往市區電車或巴士會行經的Wismarsche Str.，或是沿著湖畔的Karl-Marx-Str.走就能夠抵達市中心區域，這時不妨可以朝向寬敞的行人徒步區梅克倫堡街Mecklenburgstr.來看看，指示景點方向的指標都會設置在街頭轉角處，不必擔心會迷路。有著❶、市政廳Rathaus、大教堂Dom的市集廣場Markt就在城市中央，登上大教堂的高塔就能將這座被森林與湖泊環繞的城市模樣看得清清楚楚。

　　在市政廳內規劃有穿越過建築物下方的通道。在氣氛輕鬆舒適的街道上，順著「Schloss」的指標信步而走，站在大型廣場Alter Garten就可以發現對面聳立著華美宏偉的施威林城堡Schloss，廣場上有著邦立劇院Staatstheater與邦立博物館Staatliches Museum這2座建築，邦立博物館內的17世紀法蘭德斯畫派作品一定要來欣賞。

　　造訪彷彿建造在湖水上的城堡，只要走過渡橋即可，城堡外觀完成於1843～1857年之間，由於是以法國羅亞爾地區的香波堡Château de Chambord為範本而建，因此擁有著多座高塔的施威林城堡，外觀看起來和香波堡極為相似，特別是從城堡庭園Schlossgarten這個角度所欣賞到的城堡特別美。城堡內部開放城堡主人梅克倫堡大公腓

MAP ◆ P.449-A3

人　口	9萬6000人
區域號碼	0385

ACCESS

火車：漢堡中央車站搭乘IC和ICE特快列車約55分，RE（快速列車）約需1小時25分；柏林搭乘RE快速列車約2小時35分。

❶施威林的遊客中心
住Am Markt 14
　D-19055 Schwerin
☎(0385) 5925212
URL www.schwerin.de
開週一～五　10:00～18:00
　週六・日　10:00～16:00

●大教堂
開週一～六　11:00～16:00
　週日・節日　12:00～16:00
　（冬季～15:00）
費塔樓門票€1.50

●施威林城堡
住Lennéstr. 1
URL www.mv-schloesser.
　de/de/location/schloss-
　schwerin/
開週二～日　10:00～18:00
　（10～4月～17:00，入場至閉館前30分為止）
休週一
費€8.50・學生€6.50

建有大教堂的市集廣場

●邦立博物館

住Alter Garten 3
URLwww.museum-schwerin.de
開4～10月
　週二～日　　11：00～18：00
　11～3月
　週二～日　　11：00～17：00
　（入場至閉館前30分為止）
休週一、12/24
費€6.50、學生€5
　（特別展費用另計）

●梅克倫堡民俗博物館
Freilichtmuseum für
Volkskunde Schwerin-
Muess

住Alte Crivitzer Landstr. 13
URLwww.schwerin.de/kultur-
tourismus/kunst-kultur/
bildende-kunst-museen/
freilichtmuseum-schwerin-
muess
開4月中旬～10月下旬
　週二～日　　10：00～18：00
　（10月～17：00）
休週一、11月～4月上旬
費€5、學生€3.50

推薦的餐廳

RWeinhaus Wähler
住Puschkinstr. 26
☎(0385) 555830
URLwww.weinhaus-woehler.de
營週二・三　　17：30～22：00
　週四～六　　11：30～22：00
休週日・週一、12/24、冬季客
　分日期（2月左右）
這是間創立於1819年歷史悠
久的紅酒餐廳，座落在18世紀
中葉的木造房舍，非常迷人。

兼營飯店

特烈‧弗朗茨二世Friedrich Franz II的寶座廳，大公皇妃寢室、畫廊等供人參觀。

時間充裕，可以到城堡庭園南端的動物園或梅克倫堡民俗博物館Mecklenburgisceh Volkskundemuseum遊逛。

施威林中央車站
Grunthalplatz
HInterCityHotel
Niederländischer
Hof
渡輪
August-Bebel-Str.
Apothekerstr.
Karl-Marx-Str.
Am Packhof
Wismarsche Str.
Pfaffen-
teich
Schelfkirche
Paulskirche
Franz-Mehring-Str.
Pfaffenstr.
Puschkinstr.
Fischerstr.
RWeinhaus Wähler
Arsenalstr.
Friedrichstr.
Bischofstr.
中央郵局
大教堂
Dom
Martinstr.
瑪利安廣場
Marienpl.
市政廳
Rathaus
Burgstr.
Wittenburger Str.
Schmiedestr.
市集廣場
Markt
歷史博物館
Hist.Museum
Schlosspark Center
（購物中心）
Helenenstr.
Grosser Moor
邦立劇院
Staatstheater
Mecklenburgstr.
Buschstr.
Schusterstr.
Salzstr.
Weinhaus Uhle
Puschstr.
邦立博物館
Staatliches Museum
Goethestr.
Klosterstr.
梅克倫堡路
Alter Garten
Werderstr.
巴士總站
Busbahnhof
戰爭勝利紀念碑
觀光船乘船處
（前往湖上島嶼）
N
H.-Mannstr.
HElefant
Graf-Schack-Allee
Lennestr.
施威林城堡
Schloss
Schwerin
0　100　200m
Burgsee
施威林
SCHWERIN
城堡庭園
Schlossgarten
施威林湖
Schweriner See

推薦的住宿 ✦ HOTEL

HInterCityHotel

MAP ◆ P.496

住Grunthalplatz 5-7　D-19053
☎(0385) 59500
URLwww.intercityhotel.com
費S€78　T€88～　早餐另計€15
cardADJMV

座落於中央車站前的連鎖飯店，基本客房內都是雙人床且提供淋浴設備，須付費才能使用無線網路，也能夠幫房客申購滯留期間所需的市區交通車票。

HWeinhaus Uhle

MAP ◆ P.496

住Schusterstr. 13　D-19055
☎(0385) 48939430　FAX(0385) 48939459
URLwww.weinhaus-uhle.de
費S€124～　T€204～　早餐另計€16　cardMV

座落於城市中心，步行5分鐘即可達城堡，是間觀光便利的飯店。顧名思義，也是間販售紅酒的餐廳和小酒館。全室禁煙，房間備有Nespresso咖啡機，提供免費無線網路。

遺留著漢薩城市遺韻的小港都

維斯瑪

Wismar

舊海港上的船家販售著
燻魚或炸魚三明治

市集廣場與水塔（左方）

維斯瑪 ★ 柏林

法蘭克福

慕尼黑

MAP ◆ P.449-A3

人　　口	4萬2800人
區域號碼	03841

ACCESS

火車：施威林搭乘RE快速列車，約30分；羅斯托克則約1小時10分。

ℹ**維斯瑪的遊客中心**

🏠Lübsche Str. 23a
　D-23966 Wismar
☎(03841) 19433
📠(03841) 22529128
🌐www.wismar.de
🕐4～10月　　9：00～17：00
　11～3月　　10：00～16：00

🌐**世界遺產**

維斯瑪與斯特拉爾松的舊城區
（2002年登錄）

●**尼古拉教堂**
🕐4月上旬～10月下旬
　　　　　　10：00～18：00
　（6/15～9/15為10：00～19：00）
　11月上旬～3月下旬
　　　　　　11：00～16：00
　（週日禮拜後～）
💰€1～（捐款之用）

來自呂貝克等地的移民，從1229年開始打造出城市規模，當時為了對抗屢屢來犯的海盜，1295年時維斯瑪與呂貝克Lübeck、羅斯托克Rostock簽署了共同合作協議，而這也就成為了之後的漢薩同盟的基礎。維斯瑪在1648～1803年期間落入瑞典國王之手，重新回歸德國領地是一直到1903年的事情。市區中心保留著眾多歷史房舍，是座洋溢著濃厚鄉土氣息的港都城市。

漫遊

從火車站出來之後沿著水渠旁的Frische Grube往前走，在建有歷史博物館Schabbellhaus的ABCstr.左轉的話，就能夠來到市政廳斜後方的行人徒步區。

市政廳前的市集廣場Markt，是工整的100m×100m正方造型，廣場周圍的建築充滿了歷史，如今改建成為餐廳的Alter Schwede這棟建築物，是維斯瑪歷史最古老的（1380年）。

以瑪利安教堂Marienkirche的塔樓為指標繼續遊逛，就會

磚瓦建築林立的舊海港

發現自中世紀以來留存至今的80m高塔樓，這可是當時船隻要進入維斯瑪海港時的重要方向指引。從一旁領主宅邸（內部不開放參觀）與喬治教堂Georgskirche前朝北走，就能抵達舊海港。

每到夏季的觀光旅遊季節，舊海港這裡所推出的觀光船Weissen Flotte總因為搭船人潮而熱鬧不已，接著沿著舊海港這裡的水渠可以返回尼古拉教堂Nikolaikirche，這座以法國大教堂為藍本的教堂建於1380～1508年間，是中殿高達37m的雄偉教堂建築。

尼古拉教堂與運河畔的街道

維斯瑪歷史最老建築物Alter Schwede

在尼古拉教堂對面的橋墩之下，還有名為Schabbellhaus的16世紀宅邸建築，現在則規劃成為歷史博物館Stadtgeschtliches Museum。

Alter Hafen
海上交通局 Seefahrtsamt
Wasserstr.
觀光船乘船處
舊海港
水門 Wassertor
Spiegelberg
Bahnhofstr.
尼古拉教堂 Nikolaikirche
Hundestr.
維斯瑪車站
Alter Hafen
Am Lohberg
Grützmacherstr.
Kleine Hohestr.
Scheunenstr.
Lindengarten
Brauhaus am Lohberg
Frische Grube
Schabbellhaus（歷史博物館）
Mühlenstr.
Alter Speicher
Breitestr.
Bohrstr.
Schulstr.
Löwen-Apotheke
Weberstr.
W.-Weberstr.
Neustadt
Speicherstr.
Böttcherstr.
Bademutterstr.
Gerberstr.
Claus-Jesupstr.
Heide
Begijnenstr.
Büttelstr.
Kramerstr.
ABCstr.
Altwismarstr.
聖靈教堂 Heilig-Geist-Kirche
市政廳 Rathaus
Town Hotel Stadt Hamburg
An der Wasserkunst
Gröschmedstr.
Lübsche Str.
Große Hohe Str.
Stadthotel Stern
市集廣場 Markt
Alter Schwede Seestern
N
格奧爾格教堂 Georgenkirche
Kellerstr.
瑪利安教堂 Marienkirche
Sargtnacherstr.
水塔 Wasserkunst
領主宅邸 Fürstenhof
舊瑞典指揮中心 Archidiakonatshaus
0 50 100m
Bauitr.
Papesttr.
Blödemstr.
Mecklenburgerstr.
維斯瑪 WISMAR

●歷史博物館
住Schweinsbrücke 6/8
開10：00～18：00
（11～3月～16：00）
休週一（7～8月閉館）、12/24・31
費€6、學生€4.50

推薦的餐廳&住宿 RESTAURANT & HOTEL

R Alter Schwede

MAP ◆ P.498

住Am Markt 22　☎(03841) 283552
URL www.alter-schwede-wismar.de
開12：00～22：00　card AMV

　面對市集廣場而建，露台擁有絕佳視野，在這間供應美味鮮魚菜餚的餐廳，圖上的烤魚Zanderfilet就是將歐洲人非常喜愛的白梭吻鱸Zander魚片燒烤之後，再淋上奶油醬與菜葉，分量非常大。位於隔壁的餐廳An der Wasserkunst也屬於同一個老闆經營，是一間氣氛更加輕鬆的咖啡館式餐廳。

H Town House Stadt Hamburg

MAP ◆ P.498

住Am Markt 24　D-23966　☎(03841) 2390
URL www.viennahouse.com
費S€155～　T€165～　早餐另計€15
card ADJMV

　面對著市集廣場而建，是間相當新穎的高級飯店，內部設備也都是最新的，一共有103間客房，還有著咖啡館、餐廳、芬蘭式三溫暖設備，提供免費無線網路。

H Stadthotel Stern

MAP ◆ P.498

住Lübsche Str. 9　D-23968
☎(03841) 257740　FAX(03841) 25774505
URL www.stadthotel-stern.de
費S€93～　T€106～　早餐另計€12.90　card MV

　窗戶大又明亮的客房相當多，無線網路也是免費供應，一共有31間客房，房客可免費使用三溫暖、按摩浴池等設施的健康中心大獲好評，也附設有餐廳。

MEMO 靠近港口的Brauhaus am Lohberg餐廳（住Kleine Hohe Str. 15 ○Map P.498 URL www.brauhaus-wismar.de），十分推薦自家製的啤酒和魚料理。

羅斯托克

Rostock

羅斯托克大學前的廣場

充滿購物遊客的科略佩林街，磚瓦打造的建築是15世紀的牧師住宅

　　羅斯托克是前東德時代的最大港灣城市，不過舊城區的位置是在瓦爾諾河Warnow河口處往內陸回溯約15km遠，因此完全感受不出任何港都城市的氣息，僅僅偶爾有機會欣賞到海鷗飛掠而過的身影。真正的港灣設備、造船廠等則是分布於面對著波羅的海的城市瓦勒慕Warnemünde這裡。

　　舊城區屬於東西約1.5km長，南北約1km寬的橢圓形模樣，過去將城市包圍起來的市區城牆和城門，至今依舊還保留下大約1/3，如果只計畫欣賞舊城區內的景點，花上半天時間就很足夠。夏季來到羅斯托克的話，剩下的半天時間不妨將腳步延伸到瓦勒慕這個擁有海水浴場而熱鬧非凡的地點來。

 ## 漫遊

　　從中央車站到舊城區之間，徒步大約15分鐘，由火車站地下乘車處搭乘市區電車，第2站即為古城門Steintor，這裡是中世紀城牆中的城門之一，同時也是舊城區的入口所在。

　　面對新市集廣場Neuer Markt而建的市政廳Rathaus，有著7座小小尖塔的造型非常有趣，而由新市集廣場延伸而出的徒步區科略佩林街Kröpeliner Str.，街道兩旁林立的穩重房舍都擁有著美麗人字形屋頂，是戰後重建的建築物，其中最為引人矚目的就是建於15世紀末期，現在作為市立圖書館Stadtbibliothek的牧師住宅Pfarrhaus，為北德特有的磚瓦建築造型，哥德式風格十分漂亮。

7座尖塔令人印象深刻的市政廳與市區電車

MAP ◆ P.449-A3

人　　口	20萬9100人
區域號碼	0381

ACCESS

火車：搭乘ICE特快列車，從斯特拉爾松出發約55分；從施威林出發搭乘IC、ICE特快列車約55分；漢堡出發約1小時50分；從柏林出發搭乘IC特快列車約2小時40分。搭乘RE普通列車，從維斯瑪出發約1小時10分。

ℹ️ 羅斯托克的遊客中心
🏠 Universitätsplatz 6
　 D-18055 Rostock
☎ (0381) 3812222
📠 (0381) 3812601
🌐 www.rostock.de
📅 5～10月
　週一～五　10：00～18：00
　週六・日　10：00～15：00
　11～4月
　週一～五　10：00～17：00
　週六　　　10：00～15：00

● 羅斯托克卡
Rostock Card
分為24小時卡（€13）與48小時卡（€17），購買博物館等景點的門票可享折扣或免費優惠。可在ℹ️、市區交通車票售處、主要飯店等地購買。

● 市區交通
市區電車5號行駛於中央車站～古城門～新市集廣場～科略佩林塔之間，是一條觀光非常方便的路線。
單次乘車券Einzelfahrausweis €2.40；1日乘車券Tages-karte的有效期間是刻印時間～翌日3：00為止，市區中心區域範圍為€6.30，最多可5人使用的團體1日乘車券則為€17。

● 歷史文化博物館

🌐 www.kulturhistorisches-
muse um-rostock.de
🕐 週二～日　10：00～18：00
（入場至閉館前30分為止）
🚫 週一
💰 常設展免費，特展時須收費

● 聖瑪利亞教堂

🌐 www.marienkirche-rostock.
de
🕐 5～9月
週一～六　10：00～17：45
週日　　　12：00～15：00
冬季縮短開放時間
💰 €3

❶ 羅斯托克的遊客中心

🏠 Am Strom 59
D-18119 Rostock-Warne-
münde
☎ (0381) 3812222
🌐 www.rostock.de
🕐 5～10月
週一～五　10：00～18：00
週六・日　10：00～15：00
11～4月
週一～五　10：00～17：00
週六　　　10：00～15：00

歷史文化博物館的入口

創建於1419年，以其悠久歷史而自豪的羅斯托克大學，周邊利用老舊修道院建築改成的歷史文化博物館Kulturhistorisches Museum是必看景點，由科略佩林街前往博物館的途中也有❶。

教堂建築當中最不容錯過的，就是聖瑪利亞教堂St.-Marien-Kirche，最古老的建築部分可以追溯至13世紀，而在其後長達400年的興建時間裡，又添加了各式各樣不同的建築特色，教堂內部製於1290年的青銅洗禮盤以及1472年製造的天文鐘也都是值得一看的部分。

🌲 郊區景點 ✺✺✺✺✺✺✺✺✺✺✺✺✺✺✺✺✺✺✺✺

瓦勒慕
Warnemünde

MAP◆P.449-A3

從羅斯托克搭乘S-Bahn，大約20分鐘就能抵達瓦勒慕，這是一座位於瓦爾諾河匯入波羅的海的海港城市，過去原本只是座單純的小漁村，現在則發展成一大度假勝地，到處看得到富含地方特色的餐廳、商店。

從瓦勒慕車站出來之後，越過左手邊架設於運河之上的橋樑，眼前就是❶了，若沿著運河旁的街道往下走，就是豎立有燈塔的廣場，從這裡也有著濱海大道Seepromenade一路延伸至海岸邊。

火車站一旁的運河

羅斯托克 ROSTOCK
0　100　200m

Am Strande
Mönchentor
彼得教堂
新市集 Alter Markt
Schnickmannstr.
Wokrenterstr.
Lagerstr.
Burgwall
Koßfelderstr.
Gr. Mönchenstr.
Grubenstr.
Harte Str.
Badstüberstr.
Wallenweberstr.
Altschmiedestr.
Loßherstr.
聖瑪利亞教堂 St.-Marien-Kirche
Lange
Str.
Breitestr.
Kleine Wasserstr.
Fischbank
牧師住宅 Pfarrhaus
新市集廣場 Neuer Markt
科略佩林塔 Kröpeliner Tor
Kröpeliner Str.
市政廳 Rathaus
Kerkhofhaus
Vienna House Sonne Rostock
尼古拉教堂
Universitäts platz
羅斯托克大學 Universität Rostock
Rostocker-Heide
郵局
Hotel die Kleine Sonne
❶ H Courtyard by Marriott
大學教堂
Schwaansche Str.
歷史文化博物館 Kulturhistorisches Museum
米歇爾教堂
舊城牆遺址
古城門 Steintor
Steinstr.
Kuhtor
Wallanlage
Wallstr.
Rosengarten
往中央車站↓
往中央車站↓
Ernst-Barlach-Str.

巴德多伯蘭
Bad Doberan

MAP◆P.449-A3

　　從羅斯托克搭乘前往維斯瑪方向的普通列車，大約20分鐘就能抵達巴德多伯蘭。巴德多伯蘭這裡還有窄軌蒸汽火車可以搭，會經過面對波羅的海而設的海利根達姆Heiligendamm海水浴場後，再前往屈隆斯伯恩Kühlungsborn，總長約15km，從1886年通車以來就不曾間斷過，這列小型蒸汽火車又被暱稱為Molli，贏得無數人氣。

❶就設置在市區中心的市政廳之內。

蒸汽火車就行駛於
市區主要大街上

❶巴德多伯蘭的遊客中心
💺Möllistr.10
　D-18209 Bad Doberan
☎(038203) 420311
🔗www.bad-doberan-
　heiligendamm.de
📅5/15～9/15
　週一～五　9：00～18：00
　週六　　　10：00～15：00
　9/16～5/14
　週一～五　9：00～16：00

●蒸汽火車Molli
Mecklenburgische
Bäderbahn Molli
💺Am Bahnhof
　D-18209 Bad Doberan
☎(038293) 431331
🔗www.molli-bahn.de
🚃4～10月1小時1班，11～3月2小時有1班車，單程所需時間約40分。
🎫至終點站的Kühlungsborn West單程€10.50、來回€16.50

推薦的住宿 ❖ HOTEL

※每人每晚須加收€1.50～2.25的療養稅。

Ⓗ Vienna House Sonne Rostock
MAP ◆ P.500
💺Neuer Markt 2　D-18055
☎(0381) 49730　📠(0381) 4973351
🔗www.rostock.steigenberger.de
💰Ⓢ€144～　早餐另計€19　[card] A D J M V
　鄰近市政廳的高級飯店，提供免費無線網路。

Ⓗ InterCityHotel
MAP ◆ 地圖外
💺Herweghstr. 51　D-18055
☎(0381) 49500　📠(0381) 4950999
🔗www.intercityhotel.de
💰Ⓢ€109～　早餐另計€17　[card] A D J M V

從中央車站出來之後，飯店就座落在右手邊處，無線網路免費。只要提出需求，可以提供房客下榻期間的市區交通車票。

Ⓗ Hotel die Kleine Sonne
MAP ◆ P.500
💺Steinstr. 7　D-18055 Rostock
☎(0381) 46120　📠(0381) 46121234
🔗die-kleine-sonne.de
💰Ⓢ€108～　早餐另計€14　[card] A D M V
　位在舊城區的中級飯店，擁有48間客房，可使用斜對面Steigenberger Hotel Sonne飯店的健康活動區與三溫暖（收費）。無線網路免費。

ⒿⒽJugendherberge Warnemünde
MAP ◆ 地圖外
💺Parkstr. 47　D-18119　Rostock-Warnemünde
☎(0381) 548170　📠(0381) 5481723
🔗www.djh-mv.de
💰含床單、早餐€30～，27歲以上€36.50～
[card]不可

　從羅斯托克中央車站搭乘前往瓦勒慕方向的S-Bahn，至Warnemünde Werft下車後再轉搭36號巴士，到Warnemünde-Strand下車後即達。提供免費無線網路，12/24～26休息。

海利根達姆

Ⓗ Grand Hotel Heiligendamm
MAP ◆ 地圖外
💺D-18209　Bad Doberan-Heiligendamm
☎(038203) 7400　📠(038203) 7407474
🔗grandhotel-heiligendamm.de
💰Ⓢ€303～　Ⓣ€363～　[card] A D J M V
　面對波羅的海而建的純白高級度假飯店，曾是G8高峰會議的會場所在地，可以充分享受到海灘度假勝地特有的奢華體驗，SPA、芳療服務也應有盡有。提供免費無線網路。

石板路綿延不絕的波羅的海古都

斯特拉爾松

Stralsund

能登上塔樓的瑪利安教堂

★斯特拉爾松
柏林
法蘭克福
慕尼黑

MAP ◆ P.449-A4

人　口	5萬9200人
區域號碼	03831

ACCESS

火車：搭乘ICE特快列車，從漢堡出發約2小時45分，施威林出發約1小時50分，羅斯托克出發約50分。從柏林中央車站搭乘RE快速列車約3小時15分。

❶斯特拉爾松的遊客中心
🏠Alter Markt 9
D-18439 Stralsund
☎(03831) 252340
📠(03831) 252358
🌐www.stralsundtourismus.de
🕐5～10月
　週一～五　　10:00～18:00
　週六・日・節日
　　　　　　10:00～16:00
　11～4月
　週一～五　　10:00～17:00
　週六　　　　10:00～14:00

🌐 世界遺產

維斯瑪與斯特拉爾松的舊城區
（2002年登錄）

建築物諧和美感極為吸引人的舊市集廣場

夏季的觀光季節裡，會出現賣魚給遊客的漁船

紅磚色建築群與白色的水族館Ozeaneum

　　斯特拉爾松是德國人最愛的海濱度假勝地，也是前往魯根島Rügen、希登澤島Hiddensee等地的據點城市，夏季最是熱鬧，作為漢薩城市一分子而曾經繁華無比。

 漫遊

　　從火車站出來往東邊沿著Tribseer Damm走，徒步300m左右，越過大型十字路口之後，面前鋪滿石板的Tribseer Str.

斯特拉爾松
STRALSUND
0　100　200m

海
觀光船乘船處
舊市集廣場 Alter Markt
尼古拉教堂 Nikolaikirche
市政廳 Rathaus
水族館 Ozeaneum
往Hotel Hiddensee
雅各教堂 Jakobikirche
池 Frankenteich
海洋博物館 Deutsches Meeresmuseum
文化歷史博物館 Stralsund Museum
郵局
新市集廣場 Neuer Markt
瑪利安教堂 Marienkirche
往中央車站約300m
池 Frankenteich

MEMO 舊城區南邊的瑪利安教堂創建於13世紀末，攀爬366街階梯，即可登上高度104m的塔樓，可以看見城市另一端的波羅的海及魯根島(→P.504)。入場費€4。

就是前往舊城區的入口。

從新市集廣場Neuer Markt轉進往北延伸的Mönchstr.街，即可看到緊鄰而建的文化歷史博物館Kulturhistorisches Museum以及海洋博物館Deutsches Meeresmuseum，這兩處都是利用古老教堂或修道院直接改建而成，也因此充滿了獨特的氛圍。

朝向擠滿購物人潮而熱鬧非凡的奧森賴爾街Ossenreyerstr.往北走，就能夠來到舊市集廣場Alter Markt，而擁有美麗紅磚外觀的市政廳Rathaus也座落在廣場上，市政廳東側則聳立著氣派宏偉的尼古拉教堂Nikolaikirche。

面港口而建的複合式水族館Ozeaneum，建築本身也相當受到矚目。

兩座塔樓屋頂造型各異的尼古拉教堂

📷 主要景點

水族館
Ozeaneum ★★★

在2010年時獲得了歐洲年度博物館大獎，是一座由博物館與水族館組合而成的複合式設施，玻璃帷幕的大門入口處，高懸著巨大的鯨魚骨頭模型，非常迷人。

挑高4層樓的空間裡，漂浮著彷彿在游泳一般的大型烏賊、鯨魚以及殺人鯨原尺寸模型，躺在下面的感覺就像是身處於深海海底，而這裡的活魚水槽展覽自然也是非常豐富。

可體驗到躺在海底的感受

●文化歷史博物館
🏠 Mönchstr. 25-28
🕐 週二～日　10:00～17:00
🚫 週一、12/24・31
💰 €6、學生€3

●海洋博物館
🏠 Ecke Mönchstr./
Bielkenhagen（入口）
🌐 www.meeresmuseum.de
※至2024年左右整修期間暫停開放

展示於內殿裡的巨大骨骼模型

●水族館
🚃 中央車站搭乘開往Hafen方向的6號巴士，至Ozeaneum下車即達。
🏠 Hafenstr. 11
🌐 www.ozeaneum.de
🕐 7・8月　　　9:30～20:00
　　9～6月　　　9:30～18:00
（入場至閉館前1小時為止）
🚫 12/24　💰 €17、學生€12

搭上長長的手扶梯，從最頂樓開始參觀起

INFORMATION

火箭的開發源頭——佩內明德Peenemünde

德國第2大島烏瑟多姆島Insel Usedom，東部地區卻是屬於波蘭的領土，而座落在島嶼最北邊位置的城市佩內明德Peenemünde（●Map P.449-A4），則因為是德國納粹在第二次世界大戰中的火箭實驗場而名聲響亮。在這裡研發出V2火箭的科學家馮布朗Wernher Magnus Maximilian Von Braun，於戰爭結束前向美國投降，之後到了NASA時更參與過阿波羅月球計畫。如今的佩內明德設有一座歷史技術博物館Historisch-Technisches Museum Peenemünde（🌐 museum-peenemuende.de），在舊發電廠的舊址上展示著全長12m的V2火箭等發明。

🕐 10:00～16:00（4～9月→18:00）
🚫 11～3月的週一、12/23～26、1/1
💰 €10

佩內明德並沒有飯店，因此建議可以選擇因戲水遊客而非常熱鬧的島嶼中心城市Heringsdorf。

想前往佩內明德，可從斯特拉爾松出發，所需時間約2小時10分（途中需要在Züssow和Zinnowitz轉車）。

與V2火箭相同尺寸的模型

交通 從斯特拉爾松搭乘RE至賓茲約50～55分。賓茲擁有DB（德國國鐵）的火車站Binz（Rügen）以及蒸汽火車站的Binz LB，2座車站之間距離約有2km遠（有巴士行駛）。魯根輕便鐵路（URLrasender-roland.de）則不可使用火車通行證。

🌲 郊區景點

魯根島
Insel Rügen

MAP◆P.449-A4

德國的最大島嶼魯根島，交錯著險峻的斷崖與沙灘景致，同時也是德國人氣最旺的度假勝地，與斯特拉爾松之間以一條長達2.5km的橋樑銜接兩地交通，並有鐵路通行。島上最值得推薦的觀光據點，是面對海岸而建的賓茲Binz，飯店都集中在這裡，春～秋季時還會有名為魯根輕便鐵路Rügensche Kleinbahn的蒸汽火車行駛。

刀削般的白色斷崖是魯根島的經典風景，欣賞高達118m的國王寶座Königsstuhl白堊石的觀光船人氣超旺

從北面的海港城市薩斯尼茲Sassnitz，還有出海欣賞魯根島優美海岸線的觀光船可搭。

賓茲的豪浦特街，是通往海岸而熱鬧無比的中央大街

在賓茲海灘上陳列著藤編的沙灘籃子椅

由薩斯尼茲車站方向前往海岸的橋樑

推薦的住宿 ✦ HOTEL

Hotel Hiddenseer

MAP◆P.502 外

住Hafenstr. 12　D-18439
☎(03831) 2892390
URLwww.hotel-hiddenseer.de
費⑤①€83～　早餐另計€14.50　cardAMV

就在水族館的隔壁，充滿了港都氣息的飯店，提供無線網路（免費）。

InterCityHotel

MAP◆地圖外

住Tribseer Damm 76　D-18437
☎(03831) 2020
URLwww.intercityhotel.com
費⑤①€130～　早餐另計€17　cardADJMV

從中央車站出來之後，飯店就座落在正對面處，也提供有三溫暖、健身房服務，提供無線網路（免費）。

INFORMATION

納粹的巨大休閒設施普洛拉變身為青年旅館

魯根島上從賓茲延伸到薩斯尼茲之間的海水浴場普洛拉Prora，留存著德國納粹規劃的巨大療養設施。長達500m的大樓原本是擁有8棟樓、全長4km且能容納2萬人的壯舉計畫，但因爆發第二次世界大戰，而在完工前中止興建工程，戰後因建築過於堅固巨大而沒有拆除，並任其成為廢墟。不過後來終於重新開發，部分區塊建為青年旅館，約設有400張床，是德國規模最大的青年旅館。在青年旅館的同一區塊上還建有Prorazentrum（URLwww.prora-zentrum.de 費€4），經常舉辦納粹或東德時代的攝影展等展示。

普洛拉的青年旅館Jugendherberge Prora從Binz（Rügen）站搭乘22號巴士約15分鐘，在Prora, jugendherbergen下車。或從斯特拉爾松搭乘RE快速列車約45分在Prora下車，轉27號巴士約2分。

ICE特急列車停靠中的法蘭克福機場長途列車站

德國旅行的準備與技術
Travel Information

笑容迎人的飯店櫃台人員

人潮不多，
能悠閒參觀的德國美術館

旅行必需品

出國旅遊除最重要的護照外，還有許多如海外旅遊保險等其他必要手續，由於各類事項都須耗費時間，建議最好及早準備。

護照

首次申辦護照，必須本人親自至領事事務局或外交部中、南、東部或雲嘉南辦事處辦理，並繳交相關文件。若無法親自辦理，則須親自至全國任一戶政事務所進行「人別確認」後，再委任代理人續辦護照。護照的有效期限為10年。護照一般件為4個工作天（自繳費之次半日起算），為了不要在出發前才趕忙著送急件，記得要提早申請。

申請的必要文件	1. **普通護照申請書1份** ※在護照申請書填上個人資料，申請書可至外交部網站下載（🔗 www.boca.gov.tw）填寫，也可直接至外交部領事事務局拿單子，現場填寫，或者網路預約填寫。 2. **身分證明文件1份** ※身分證正本及正、反面影本分別黏貼於申請書正面。未滿14歲且沒有身分證的人，需準備戶口名簿正本及影本1份。 3. **相片2張（直4.5cm×橫3.5cm）** 4. **護照規費1300元**
領取護照必要文件	1. **本人親自領取** ※必須攜帶身分證正本及繳費收據正本領取護照。 2. **由他人代為領取** ※必須攜帶代理人身分證正本與繳費收據正本才能代領。

海外旅遊保險

旅行期間一旦不幸意外受傷或生病時，若沒有保險而直接前往當地醫院就醫，金錢上往往是一筆相當大的負擔，出發前一定要記得事先購買海外旅遊保險。

海外旅遊險分為必要保險與賠償組合的「套裝式」，及依個人需要和預算選擇各種保險的「量身訂作式」。

許多保險公司均有販賣海外旅遊險，購買前須事先確認保險商品種類及費用差異、當地是否設有聯絡處、緊急救難服務是否完善等再行決定。

■簽證
以觀光目的入境德國時，若在包含德國的申根公約國（→P.516）停留日數為180天內總計不超過90天者，則不需要簽證。

■2023年導入ETIAS
台灣國民未持有簽證前往申根國家（→P.516）時，須事先申請ETIAS電子簽證，最新資訊請參照下列頁面。
🔗etias-web.com/news/

■護照有效期間
在離開申根國家（→P.516）的當日，護照須仍具有3個月以上的效期。護照有效期間不足1年即可更換，若已屆1年有效期可及早更換新護照，更換時須提供舊護照。

■外交部領事事務局
🏠台北市濟南路一段2-2號3~5F
☎ (02) 23432807、
　 (02) 23432808
🔗www.boca.gov.tw
申辦護照詢問電話：
本局02-23432807或
　　02-23432808
中部辦事處 04-22510799
雲嘉南辦事處 05-2251567
南部辦事處 07-7156600
東部辦事處 03-8331041

■申請國際學生證（ISIC Card）
德國的觀光景點和美術館等大多數皆提供學生優惠，使用學生優惠須出示國際學生證以茲證明。
🔗www.yh.org.tw（中文）
🔗www.isic.org

服裝與攜帶物品

德國緯度比起台灣高出許多，氣候較為寒冷，即使是德國南部的慕尼黑，緯度也很高（北緯48度），因此冬天服裝須攜帶更保暖的衣物，但夏季卻也有十分炎熱的天氣，氣候變化劇烈。即使是同一時期，每年天氣也會有所不同，出發前可上德國天氣網站（→P.509）查詢。

最好穿著方便活動的衣服

白天觀光時，服裝以步行輕鬆的簡單服裝為第一考量，若打扮過度高級，很容易成為扒手的目標。而預計欣賞歌劇或前往高級餐廳用餐的人，男生可穿外套搭配領帶，女生則可穿簡單的一件式洋裝搭配飾品等變化，也不會對行李造成太重負擔。

在外旅行以輕便移動為優先，大部分物品都可在德國當地買到，不過胃藥和感冒藥等常備藥品，則可自行攜帶吃習慣的種類。

行李確認清單

貴重物品	護照			泳衣	
	信用卡			傘、雨衣	
	現金（歐元）		藥品・雜項用品	藥品	
	現金（台幣）			洗潔劑	
	機票（電子機票）			生理用品	
	交通周遊券（火車通行證等）			文具用品、筆記本	
	海外旅遊保險合約書			針線包	
	ID卡類（國際學生證等）			指甲刀&耳掏	
	護照影本			塑膠餐具、湯匙、叉子	
盥洗用品	洗髮精、潤髮乳			塑膠袋	
	牙刷			拖鞋、海灘鞋	
	毛巾			太陽眼鏡	
	刮鬍刀			防寒用品（暖暖包等）	
	化妝品			鑰匙（鎖頭）	
	面紙			手錶、鬧鐘	
	隨身包濕紙巾			電池	
衣服	襯衫			相機、充電器	
	貼身衣物、襪子			手機、充電器	
	毛衣（運動衫）			計算機	
	手套、帽子		書籍	會話集、電子辭典	
	睡衣			旅遊導覽書類	

德國旅行　準備與技術　旅行必需品

■ 電壓與頻率

德國電壓為230V，頻率為50Hz，台灣使用的電器製品除顯示AC100-240V外，須使用變壓器。

C型插頭

插頭插座

■ 肌膚的乾燥保護

德國比台灣還要乾燥許多，必須做好乾燥應對準備，特別是冬天時，身體的保濕乳液或乳霜、護手霜等不可或缺。另外，由於水質不同，若洗髮後沒有使用潤髮乳，可能會造成頭髮毛躁。

■ 城市漫步的鞋子挑選

德國有許多的石子路，高跟鞋或高跟的靴子可能會行走困難，此外薄底扁平的涼鞋也無法抵擋石子的摧殘，容易腳部疲累，建議穿著有扎實鞋底的健行鞋或運動鞋。

■ 便利的夾鏈袋

Ziploc等品牌推出的夾鏈袋，用來收納行李箱或包包內的小東西相當方便，此外，隨身攜帶數個中型尺寸的夾鏈袋，可以拿來裝當地超市、市場購買的水果、麵包、三明治等，就不用擔心會沾到其他東西，在旅行途中食用時也很方便。（在保存期限內保存無損傷的食品）

產季時，販售草莓和櫻桃的可愛攤販出現在街頭

旅遊季節

❄ 冬 Winter

早上到了8點天色還很暗，下午4點後便開始天黑，而如南部的巴伐利亞阿爾卑斯山及東部的艾爾茲山脈Erzgebirge等地更是經常積雪，最好攜帶厚大衣及手套、帽子等完善的防寒用品，此外路面經常結凍，需要穿有防滑鞋底的鞋子。

紐倫堡的耶誕市集

❋ 春 Frühling

4月天氣雖然彷彿轉晴，但其實經常下雨，一整天的天氣變化亦相當劇烈，可能短短幾天內一下子像夏天，一下子像冬天。真正開花轉暖有春天感覺的時期為5月中旬後，而德國特有的啤酒花園季節也在此時開始。

班堡新宮殿的玫瑰園

日出	❶ 8：24	❷ 8：00	❸ 7：09	❹ 7：03	❺ 6：02	❻ 5：22
日落	16：32	17：18	18：06	19：56	20：42	21：24
月	1月	2月	3月	4月	5月	6月

氣溫

（柏林過去30年資料）

40
30
20
10
0
-10
-20
-30

時差	台灣時間−7小時	夏令時間（3月最後一個週日

德國足球甲級聯賽舉辦期間：寒假　下半季　和當地球迷一同應援！　球季結束　暑假

古典音樂季（歌劇、音樂會）：　　音樂季結束

折扣季、耶誕市集：冬季折扣（1月上旬左右～）

■查詢德國天氣預報
可在網路查詢德國天氣預報，作為服裝和攜帶物品參考。
● URL www.dwd.de（德語、英語）

夏 **Sommer**

　　由於沒有梅雨季，因此比台灣乾燥，近年來受地球暖化影響，超過30度的酷熱天氣逐年遞增，而一般中級飯店以下等級通常很少備有冷氣，不過即使是在盛夏季節只要下雨氣溫便驟降，最好預備針織外套或夾克。

面波羅的海的魯根島海灘

秋 **Herbst**

　　秋季十分早到，一到9月氣溫便急速下降，早晚可說相當寒冷，而一到10月，日照時間更是瞬間縮短，使得白天時間變少。收穫之秋的葡萄豐收季在各葡萄酒產地舉辦，此外還可欣賞到美麗楓紅。

樹木染上顏色的10月的波茨坦

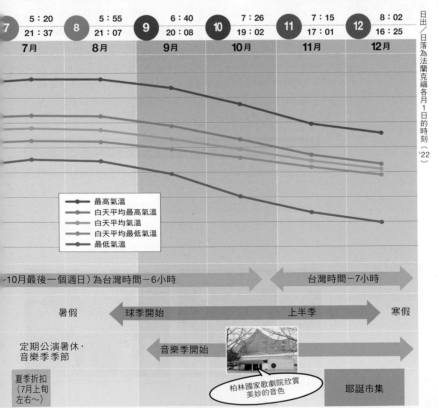

	5：20		5：55		6：40		7：26		7：15		8：02
7	21：37	8	21：07	9	20：08	10	19：02	11	17：01	12	16：25
	7月		8月		9月		10月		11月		12月

日出／日落為法蘭克福各月1日的時刻（'22）

- ●—— 最高氣溫
- ●—— 白天平均最高氣溫
- ●—— 白天平均氣溫
- ●—— 白天平均最低氣溫
- ●—— 最低氣溫

~10月最後一個週日）為台灣時間−6小時　　　　台灣時間−7小時

暑假　　　球季開始　　　　　上半季　　　　寒假

定期公演暑休，音樂季季節　　　音樂季開始

夏季折扣
（7月上旬
左右～）

柏林國家歌劇院欣賞美妙的音色

耶誕市集

MEMO 德國的折扣季：依城市和店家有所不同，夏季折扣SSV（Sommer Schluss Verkauf）約為7月上旬至8月上旬。
冬季折扣WSV（Winter Schluss Verkauf）則在1月上旬至2月上旬左右。

金錢與預算

■主要信用卡公司的
　緊急聯絡處
・美國運通
　American Express
☎+852- 8206-8301（英文，
全球支援，請要求接聽一方付
款）
・**JCB**
☎+81-3-6625-8378（須付國
際電話通話費）
・**Master Card**
☎0800-819-1040
・**VISA**
☎0800-182-2891

■信用卡預借現金
Geldautomat（又名為
Bankomat）為信用卡公司和
相關金融機構設置可提領現
金的自動提款機，因使用時須
輸入密碼，記得出發前事先確
認。由於銀行營業時間以外也
可使用，可說相當方便。通常
大型車站內和銀行入口附近設
有機器，機器的操作順序在畫
面上同時以英文顯示，個人擁
有的信用卡是否能在國外使用
最好事先確認。另使用時除手
續費外，還須加計利息。

貨幣單位

德國貨幣單位為歐元€，較小單位為分￠，讀法分別為「Euro」、「Cent」，歐元貨幣種類請參考→P.8

€1=100￠=約台幣34.68元（2023年8月1日匯率）

如何攜帶金錢前往

現金

在台灣或德國都可將美金換成歐元，不過一到德國就需要支付交通費用，建議最好在離開台灣前，先在市區銀行或機場匯兌處先換好歐元，此外在台灣匯率通常比在德國好。另外最好避免在身上攜帶大筆現金，可善加利用信用卡。

信用卡

若使用信用卡不須事先兌換現金，也不需要攜帶大筆現金在身上等，就安全性考量十分占有優勢。此外有許多場所皆可使用，從中級以上飯店及餐廳、精品店到購買德國火車票等皆可刷卡，甚至租車時也須以信用卡作為租車身分證明。

使用信用卡時，有時須輸入密碼而非簽名，若遺忘密碼的人記得出發前向信用卡公司再次確認，另外最好攜帶2張以上以防遺失或信用卡失效。

聰明匯兌法

銀行Bank及匯兌所Geldwechsel、大型飯店等，都可將美金換成歐元。

一般而言匯率最好的是銀行，其營業時間各家略有不同，通常為週一～五9:00～12:00與14:30～16:00（週四部分銀行到17:30），週六・日・節日休假。

匯兌後記得在當場確認金額

ReiseBank銀行在機場與車站內有許多分店

MEMO 在國外刷卡時，有時結帳貨幣不是當地貨幣而是台幣計算，通常設定匯率相當高須特別注意。在飯店或商店刷卡時有時對方會先詢問：「要以台幣計算嗎？」但有時卻不詢問顧客而自行以台幣結帳，簽名前務必確認貨幣單位。

機場和大型車站的中央車站內設置的匯兌所，營業時間較長且較為方便，但匯率通常比較差。

匯兌時須支付手續費，最好儘量減少匯兌次數較為划算，不過攜帶大筆現金風險過高，因此除以信用卡支付飯店費用等以外，可參考以下「旅遊預算」，算出幾天內花費的必要金額，此外也須確認銀行週末及假日休假等日期。

旅遊預算

旅遊支出通常包含住宿費、餐費、交通費、博物館入場費等雜費，城市間移動的交通費依路線和時間有所不同。市區交通方面，有許多城市都有推出以遊客為對象的1日乘車券與博物館等主要景點的套裝周遊券，可善加利用。

可以占支出比例最高的住宿費和餐費作為參考，計算出預算金額。

一般計算時可以設想2種行程，一種是在基本預算內盡情享樂的標準行程，另一種則是較為節省，以節約為優先的節約行程。

總計以上行程的住宿費與餐費、雜費（入場費和城市內交通費等），1天預算金額標準行程1天為€150左右，節約行程則約€100。

	標準行程	節約行程
住宿費	都市區的中級飯店附淋浴、廁所單人房一般為€75～、雙床房€90～，鄉下的單人房則為€65～、雙床房€75～。此外，德國飯店有含早餐費用以及早餐另計的形式。	淋浴、廁所樓層共用的旅館、民宿和賓館Gasthof等，住宿費用單人房€60～、雙床房為€70～，青年旅館及私人青年旅館住宿一晚含早餐則為€30左右。
餐費	白天經濟型餐廳午餐價格為€20左右，晚上若在鄉土料理餐廳或啤酒屋用餐則約€30，咖啡館享受蛋糕及喝茶合小費約€15，若吃小吃攤Imbiß的香腸或烤肉Kebab等輕食則較為節省，一天平均餐費為€65左右。	白天吃三明治或香腸等，含飲料約€8～10，晚上則可吃速食或到外帶店購買小菜、沙拉等回飯店吃，或是在青年旅館自行烹煮為€15左右，加上3天至少一次到餐廳用餐，平均一天€25左右。

主要車站設有現金提領機

■歐元國家
冰島、法國、比利時、盧森堡、荷蘭、德國、奧地利、西班牙、葡萄牙、義大利、希臘、芬蘭、斯洛伐克、斯洛維尼亞、馬爾他、賽普勒斯、愛沙尼亞等，此外摩納哥與梵諦岡、聖馬利諾、安道爾等國也有流通。

■小面額紙鈔比大面額紙鈔方便
兌換時通常多半提供€100的大面額紙鈔，建議當場要求€10或€20面額的紙鈔較為方便，因一般自動售票機不接受大面額紙鈔，此外若購物金額較低，店家可能會說沒錢找（或是懷疑大鈔是假鈔），雖然這樣錢包會稍微塞滿一點，但最好還是多準備一些小鈔。

■事先準備好零錢
在車站或美術館的寄物櫃、廁所須用到€0.50、€1、€2零錢，手邊沒有的話很不方便，記得在錢包內各準備1～2枚。

旅遊情報收集

■德國國家旅遊局官網
URL www.germany.travel

■德國在台協會
住 台北市信義路五段7號33樓
☎ (02) 8722-2800
URL www.taipei.diplo.de
圖 週一～五9:00～17:00

■德國經濟辦事處
提供商務、法律及商展等資訊
及諮詢服務。
住 台北市基隆路1段333號19
樓之9
☎ (02) 7735-7500
Email info@taiwan.ahk.de
URL www.taiwan.ahk.de

■台北歌德學院
　（德國文化中心）
提供德語學習、不定期舉行德
國相關藝文活動、德文圖書等
服務。
住 台北市和平西路一段20號
12樓
☎ (02) 2365-7294
URL www.goethe.de/ins/tw/
cn/n/nindex.htm

■台北德國學術交流
　資訊中心
為德國學術交流總署駐台單
位，提供留學諮詢及獎學金等
資訊。
住 台北市和平西路一段20號11
樓
☎ (02) 2367-7871
Email info@daad.org.tw
URL www.daad.org.tw

■打工度假
打工度假以18歲以上、未滿
31歲的台灣人為對象，符合規
定條件時可發給1年期間有效
簽證，持有此種簽證的台灣人
可在德國打工度假賺取旅費
補助。申請請洽德國在台協會
（參考上記）。

德國旅遊情報網路搜尋

在台灣可以透過德國觀光局網站取得當地資訊，至於旅遊資訊，則是有許多網路、電子訂閱雜誌等網路媒體提供，只是獲得的資訊多半為一般的德國資訊，若想要更深入、即時的當地資訊，建議參閱目的地城市的旅遊中心網站。

本書記載了各個城市觀光局網站，其中多數城市也提供英文頁面。

德國各地的網路資訊相當豐富，例如主要的景點和活動、交通機構的介紹、飯店的線上預約系統等，都可線上查閱，若沒有找到所需的資訊，也可透過E-mail詢問（英語OK）。此外，也可至外交部領事事務局確認最新的海外兒全資訊、治安資訊等。

●德國旅遊的實用推薦網站

德國國家旅遊局	URL www.germany.travel
柏林觀光局	URL www.visitberlin.de
外交部領事事務局	URL www.boca.gov.tw
德國國鐵	URL www.lufthansa.com
漢莎航空	URL www.lufthansa.com
德國青年旅館協會	URL www.jugendherberge.de

在德國收集情報

德國各城市皆有遊客中心，提供遊客所需的資訊。本書在各城市簡介的頁面，刊載了遊客中心的資訊（地址、營業時間等）。遊客中心內通常有景點介紹、地圖、飯店資料等，分為免費索取及收費（簡單的資料約€0.50左右）。索取放置於櫃台的資料前，最好先問清楚是否可以拿，遊客中心有不少會說英語的工作人員，也有許多城市提供中文資料。

有不清楚的狀況可以前往遊客中心詢問

MEMO 德國各地的遊客中心有愈來愈多付費地圖的趨勢，若碰到這樣的情況，也可以索取飯店常備的免費地圖等資料，有些飯店也會協助列印地圖。

前往德國

從台灣前往德國航班

直飛班機

從台灣直飛德國的航空公司，有中華航空和長榮航空，中華航空每日1班往返桃園機場和法蘭克福機場，長榮航空則是一週4班往返桃園機場和慕尼黑機場。台灣深夜出發的航班，於當地時間清晨抵達法蘭克福，飛行時間約13～14小時（註1）。

轉機班機

也可選擇其他家航空公司，經由第三地轉機前往德國。例如搭乘德國漢莎航空從香港轉機前往法蘭克福；若要前往柏林，由於從台灣無直飛航班，可搭配芬蘭航空或英國航空等航空公司轉機航班，轉乘前往柏林或德國各大城市機場。

機票種類

台灣和歐洲等主要航空公司的機票，除一年有效期限的一般機票外，還有普通折扣機票和廉價機票等。

普通折扣機票為由航空公司自行設定機票折扣，可直接向航空公司或旅行社購買。部分航空公司還有早鳥或網路折扣票，部分季節還會有更多折扣，此外買票時還可同時劃位等，十分方便。

便宜機票則主要為團體票的單賣票券，須向旅行社購買，每家旅行社價格有所差異，可自行比較後再行購買。

折扣機票或便宜機票通常都會有機票購買期限，或中途轉機限制等，開票後不得變更，購買前最好先確認清楚再行購入。

■德國漢莎航空
☎0570-089000（客服中心）
URL www.lufthansa.com

■中華航空
☎02-412-9000
URL www.china-airlines.com

■長榮航空
☎080-009-8666
URL www.evaair.com.tw
※運航路線、運航班次等可能有所變更，請至上述網站確認。

（※註1）因烏克蘭情勢的緣故，飛行所需時間可能較以往來得久。另外，受到新冠疫情的影響，部分航班路線停駛，最新資訊請至各航空公司網站確認。

■燃油附加費是什麼？
航空公司在運費中額外附加了燃油附加費，該費用會參考當時的原油價格決定，因此即便是同一條路線，不同時期或不同航空公司，金額有所差異。在購買機票時，務必確認金額是否已包含燃油附加費。

漢莎航空的班次很多

抵達法蘭克福機場

■機場詢問處
桃園機場語音查詢電話
☎ (03) 273-3728
桃園機場第一航廈
☎ (03) 273-5081
桃園機場第二航廈
☎ (03) 273-5086

■機內攜帶物品限制
攜帶上機的手提行李尺寸限制，如漢莎航空經濟艙限制尺寸為55cm×40cm×23cm以下且重量不得超過8kg，此外每家航空公司各有不同規定，請事先確認。容量100mℓ以下的液體物品（包含凝膠、乳霜類、膏狀類、噴霧等）則須裝入透明夾鏈袋（合計不超過1ℓ）內，並接受通關安檢。

■機內禁止攜帶物品
包含刀子和剪刀等尖端尖銳物品、危險物品，以及100mℓ以上的各類液態物品等都禁止攜帶上機，以上物品須放入託運行李內。

■台灣入境免稅範圍
香菸▶捲菸200支或雪茄25支或菸絲1磅，限滿20歲成年旅客攜帶。
酒類▶1ℓ，限滿20歲成年旅客攜帶。
非管制進口物品，並且是攜帶者已使用過的行李物件，每件完稅價格在台幣1萬元以下。
免稅菸酒及上列以外之行李物品（管制品及菸酒除外），完稅價格總值低於台幣2萬元。

■禁止攜帶入境台灣物品
不能攜帶動物及其產品（包含火腿、香腸等肉類製品）、植物（包含水果、蔬菜、種子）等物品入境。

■財政部關稅總局
🌐 www.customs.gov.tw

■行政院農委會動植物防疫檢疫局
🌐 www.baphiq.gov.tw

■衛生福利部疾病管制署
🌐 www.cdc.gov.tw

台灣出境（出國）

出國時須於出發2小時前抵達機場，並按以下程序辦理相關手續。

1 搭機手續（報到）

首先前往航空公司櫃台，出示護照及電子機票以領取登機證（Boarding Pass），若有託運行李則領取行李條（Package Claim Tag）。

2 安全檢查

接受登機手提行李X光檢查與隨身檢查。

3 海關申報

如果攜有超額台幣（10萬元）、外幣現鈔（超過等值1萬美元現金）、有價證券（總面額超過等值1萬美元），或是攜帶貨樣和其他隨身自用物品（如個人電腦、專業用攝影、照相器材等），其價值超過免稅限額（2萬美元）且日後預備再由國外帶回者，應向海關申報。若沒有攜帶者可直接通關。

4 出境審查

接著於出境審查櫃台出示護照與登機證，審查完後便完成出境手續，接著便可前往登機門等待登機。

台灣入境（回國）

1 入境審查

入境時排在台灣人專用審查櫃台，並出示護照蓋入境章。

2 提領行李

接著前往搭乘航班的行李轉台提領託運行李，若有行李遺失或破損的情況，須向工作人員出示行李單辦理相關事宜。

3 動植物檢疫

若有購買攜帶水果及肉類、植物時，須前往檢疫櫃台辦理手續。

4 海關申報

持有物品都在免稅範圍內，選擇「免申報檯」（即綠線檯）通關；若是超出免稅範圍或者不清楚有無超出免稅範圍，必須由「應申報檯」（紅線檯）通關。

德國入境（抵達）

飛機降落目的地後，則按以下順序辦理手續。

1 入境審查　Passkontrolle

入境審查窗口分為EU加盟國護照及其他護照，台人需排列在Non-EU窗口並出示護照。通常審查時不會有太多詢問，若被問到到訪目的及停留期間時，只要以英語簡單回答「觀光Sightseeing」、「1個禮拜One Week」即可，不須入境卡。

2 領取行李　Gepäckausgabe

接著前往搭乘航班的行李轉台領取行李，萬一沒看到行李出現（行李遺失），可憑行李條向服務人員反應處理。

3 海關申報　Zollkontrolle

海關申報位於出口處前，若攜帶物品在免稅範圍內走綠色櫃台，若須申報（參考右欄說明）則走紅色櫃台接受檢查。

德國出境（出發）

搭機最晚須於出發前3小時抵達機場，若須辦理退稅，因退稅櫃台通常人潮擁擠，建議最好提前抵達機場。

1 退稅手續　USt.-Rückerstattung

限購買金額達退稅範圍並攜帶相關文件，詳細手續請參考→P.541。

2 登機手續　Check-in

搭機時須前往航空公司櫃台，出示電子機票及護照後，領取登機證（Boarding Pass），若有大型行李，則在此託運並領取行李條。

儘早辦理登機

3 出境審查　Kontrollen

在出境審查櫃台出示護照和登機證，安檢則為出境審查前或後進行。

結束後即完成出境手續，接著便是一邊逛免稅店，一邊往登機門前進等待登機。

■德國以外的入境審查
經德國以外的EU申根加盟國進入德國時，由於在當地機場已接受入境審查，抵達德國機場時不須再接受入境審查，申根簽證國請參考→P.516。

■德國入境免稅範圍
以下為年滿17歲以上遊客的免稅範圍，僅限自己攜帶且自用的物品。
香菸▶紙捲200根或葉捲50根，或是細葉捲100根，或菸管用250g，以上總計重量不得超過250g。
酒類▶紅酒4ℓ、啤酒16ℓ，以及超過22度的酒精飲料為1ℓ（22度以下則為2ℓ）。
其他▶EU以外地區購買物品合計為€430以下。
※持有物品超過以上規定範圍（超過免稅金額的高價筆電、相機、手錶、名牌商品等）時，或持有€1萬以上現金入境或出境時，須向海關申報。其他相關規定請見德國在台協會網站（🖥www.taipei.diplo.de）內的「海關規定」頁面。

■自助登機
持有德國漢莎航空的電子機票時，可使用德國主要機場設置的自助登機機器，減少排隊的時間。只要備有姓名、訂位代號、護照並依照指示畫面便可完成手續，行李則依畫面指示前往指定櫃台辦理託運即可。

※德國出境時機場稅已包含在機票票價內，不須於現場另行支付。

鄰近各國交通

德國鄰接荷蘭、比利時、盧森堡、法國、瑞士、奧地利、捷克、波蘭、丹麥等國國境，因而其交通網特徵並非集中在單一城市，而是分散在各主要入口城市。任何一個主要城市都有完整的航空、高速公路及高速鐵路網連接，是歐洲交通網最完善的國家之一，可輕鬆前往鄰近國家。

■EU申根協定國
德國、瑞士、冰島、義大利、愛沙尼亞、奧地利、荷蘭、希臘、瑞典、西班牙、斯洛伐克、斯洛維尼亞、捷克、丹麥、挪威、匈牙利、芬蘭、法國、比利時、波蘭、葡萄牙、馬爾他、拉脫維亞、立陶宛、盧森堡、列支敦斯登（2022年7月資料）
在上述申根協定國之間，往來不須入境審查，航班視同國內航線，若從台灣經由以上國家前往德國時，則在入境地機場進行入境審查，前往德國時不須再次審查。
※有時會隨政局變化和治安狀況而需要進行入境審查，申根國也可以在國境進行護照審查，跨越國境時務必隨身攜帶護照。

航空

右側地圖註記的飛機標誌為從台灣有直飛航班的機場，除法蘭克福以外的主要城市，包含漢堡、柏林、科隆、杜塞道夫、慕尼黑、德勒斯登等各地機場，也都有來往歐洲各主要城市的機場航班。另外從德國飛往EU加盟國的航班則視為國內線，原則上不須辦理入出境手續，但仍須攜帶護照。

鐵路

穿越歐洲各國國境的國際特快列車EuroCity（EC）為鐵路交通網的代表，此外也有從德國前往鄰近各國的歐洲之星行駛。

高速特快列車中最值得體驗的，便是從科隆開往布魯塞爾及巴黎的大力士高速列車Thalys，以及從斯圖加特與法蘭克福開往巴黎的TGV，雖然搭乘時須預約，以及持有火車通行證須另外加錢，卻是前往巴黎最方便輕鬆的選擇之一。

奧地利聯邦鐵路ÖBB的高速列車Railjet則從慕尼黑經維也納，一直開到匈牙利的布達佩斯，也是舒適火車之旅的最佳選擇之一。

臥鋪火車之旅也是很特別的旅遊體驗，時髦的夜臥火車ÖBB Nightjet（→P.525）行駛來往蘇黎世、維也納、羅馬之間。

奧地利聯邦鐵路自豪的特快列車Railjet

行駛於柏林～德勒斯登～布拉格之間的EC特快列車Johannes Brahms 1號車（捷克的車輛）

TGV停靠的斯圖加特中央車站

搭乘長途巴士

國際長途巴士近年來出現低價競爭、新公司加入和吸收合併等狀況，運行於德國的主要公司有FlixBus、RegioJet、Eurolines等，除來往鄰近各國外，並有許多延伸至希臘、西班牙、北歐、東歐的長途路線。車票一般透過網站購買。另外，各巴士公司的起始站有些離市中心有一段距離，可以事先夠過網站確認。

FlixBus正逐漸擴張國內外的長途巴士路線

■主要的國際長途巴士公司
●FlixBus
🌐www.flixbus.de
●RegioJet
🌐www.regiojet.com
●Eurolines
🌐www.eurolines.de

■FlixBus巴士的國際路線範例
●慕尼黑～布拉格
　車程約4小時35分～
●慕尼黑～蘇黎世
　車程約3小時50分
🌐www.bahn.com/en/view/offers/bus

德國旅行 準備與技術 鄰近各國交通

德國與鄰近各國火車路線所需時間

地圖上的數字為●城市間最短路線當中，最快速列車移動所需時間（2023年8月資訊）。

✈⋯⋯台灣直航班機起降機場（2023年8月資訊）

哥本哈根
丹麥 4:35
漢堡 1:45
波蘭 往華沙→ 5:50
柏林
英國
倫敦
阿姆斯特丹 3:20 3:45
荷蘭 3:00
杜塞道夫 德國 4:15 3:55 4:20
布魯塞爾 0:20
2:20 1:50 科隆 布拉格
比利時 1:05
盧森堡 法蘭克福 4:00
2:15 1:20 捷克 4:30
3:55 3:10
巴黎 3:55
慕尼黑 1:30 2:25 維也納
3:30 1:45 薩爾斯堡 1:50
法國 蘇黎世 因斯布魯克 奧地利
3:35
列支敦斯登
瑞士 3:15 5:00
義大利
斯洛維尼亞
米蘭 2:25 威尼斯
克羅埃西亞

鐵道之旅

德國國鐵DB之旅

在德國風景中奔馳的超特快列車ICE

涵括全國路線的德國最大鐵路公司為德國國鐵Deutsche Bahn AG（簡稱DB），舊西德與舊東德國鐵於1994年合併改為民營後，已成為德國旅遊不可或缺的交通工具。

主要路線的列車多數為每1～2小時1班車，且在相同分鐘數發車，十分方便搭車。

■DB官方網站
URL www.bahn.de
URL www.bahn.com（英語）
除可查詢列車時刻及價格外，還可線上購票，並提供早鳥票優惠。

寬敞的ICE 1等車廂

■DB以外的鐵路公司
DB以外的路線和地方支線，近年來從DB改由第三部門鐵路公司經營，其中部分為其他新加入的企業，但大部分為DB關係企業或地方交通聯盟，可使用火車通行證（→P.526），若為DB競爭對手的鐵路公司或觀光登山火車則不在使用範圍內。

■FlixTrain鐵路
URL www.flixtrain.de
長途巴士公司FlixBus旗下子公司營運的鐵路服務，鐵路和車站與DB共用。行駛於漢堡～慕尼黑～萊比錫～柏林～科隆～亞琛等主要城市，班次不多。車資比DB來得便宜，所需時間約與DB的IC、ICE列車差不多，但車輛較為老舊。可於可與網站（上記）和官方App購買，無法使用火車通行證。

DB主要列車種類　※（）內為時刻表上的表示符號

● 城際特快列車InterCityExpress（ICE）

來往主要城市，最高速度達300km的城際特快列車，還可前往法國、荷蘭、比利時、奧地利、瑞士、丹麥等，分為1等與2等車廂，1等車廂有報紙服務（德文報紙），大部分還有餐車或小吃部。

ICE特快列車是快速舒適移動的最佳選擇

● 歐洲城際列車EuroCity（EC）

停靠德勒斯登的歐洲城際列車

行駛瑞士、義大利、匈牙利、奧地利、捷克、波蘭等歐洲各國主要城市的國際城市高速列車，分為1等與2等車廂。

● 城際列車InterCity（IC）

連結德國境內各大城市及中型城市的城際列車，分為1等與2等車廂，並大多附有小吃部。

● 區際快車Inter Regio Express（IRE）

來往地區間的快速列車，部分列車並行駛長途區間。

● 區域快車Regional Express（RE）

區域快速列車。

● 普通列車Regional Bahn（RB）

普通車。

連接中型都市的區域快車RE

MEMO 德國國鐵的所有列車均禁菸，吸菸車廂已全面廢除須特別注意，此外車站內除月台指定吸菸區外也全面禁菸。

德國國鐵特快列車行駛圖

ICE（城際特快列車）／IC（城際快車）／EC（歐洲城際快車）

＊行駛路線及停靠站每年有所變動。
＊詳細IC／ICE行駛路線圖 請參考DB的官方網站URL www.bahn.de刊載資訊。
＊2022年7月資訊（部分路線省略）

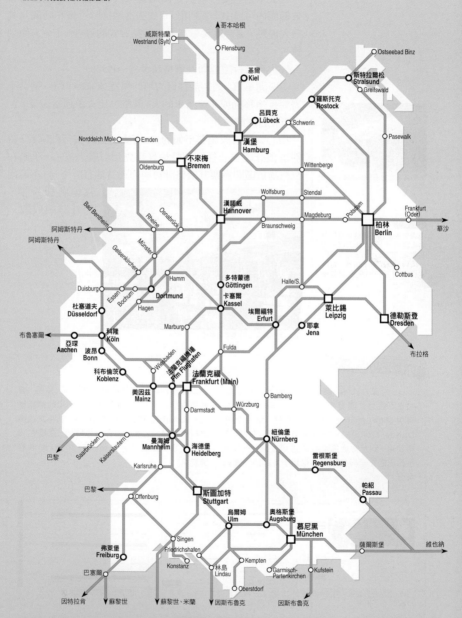

如何選擇車票

　　火車車票有許多種類,首先須規劃行程後再決定購買何種車票及何時訂購,台灣遊客可使用的乘車券共分為「火車通行證」與「區間車票」2種。

　　「火車通行證」為限定使用區域及時間的周遊券,在有效範圍內可自由上下列車,可省去當地排隊手續和時間為其最大優點,適合以火車為主要移動方式的遊客,十分方便划算。

　　（火車通行證種類及價格請參考→P.526）

　　「區間車票」則為前往目的地的單程或來回車票,適合不需要長途移動或多次搭車的人,價格也比火車通行證便宜,也可在台灣購買。

　　擔心當地購票語言不通的人,可委託台灣旅行社購買,特別是預計旺季前往德國時最好事先預訂較為安心。不過在台灣購買區間車票其價格計算與德國當地有所不同,不適用當地各種折扣,此外必須收取一定手續費。

車票售票處會有Reisezentrum標示

注意!

搭乘火車前務必購買到目的地的車票再行上車,若因月台沒有收票閘門直接搭車後在車內買票時,須加收手續費,有時還會被視為無票搭車加收罰金。

紐倫堡中央車站的車票售票處

INFORMATION

網路購票

　　DB的官方網站（URL www.bahn.de）上開放約3個月前購買車票,網頁上有英文介面可供選擇,付款則以信用卡支付,購買後將Online-Ticket的PDF檔案印出來即可作為車票使用。到了當地搭車時若遇到查票,則須出示印出的車票與付款用的信用卡及護照以確認身分。

　　網路預約時須選擇搭車日期時間、車輛、普通票或折扣票、是否使用德國人常用的德國鐵路卡BahnCard50（→P.523）等,若英文或德文程度不佳,之後可能會發生問題,建議在網路上要事先確認清楚最新時刻表及行駛狀態等資訊。

官方網站首頁畫面,利用中間部分的時刻表檢索

輸入出發與抵達的站名、乘車日、時段

出現可搭乘列車及票價

■ 如何預約座位

DB國內列車（夜車除外）座位不須預約可直接搭乘。德國的火車沒有分指定席車廂或自由座車廂，而是所有車廂座位若有預約為指定席，剩下的則為自由座。指定席座位上的行李架附近會有區間卡或閃燈顯示（新型ICE列車在座位的旁邊顯示），若沒有區間卡的座位則表示可自由入座。

ICE這幾年座位經常客滿，特別是1等車廂平日早晚有許多商務人士乘坐，2等車廂暑假、耶誕節、復活節等假日也經常坐滿遊客或返鄉人士。為確保有座位，建議最好事先預約。

新型ICE列車的座椅旁顯示預約與否

新型以外的列車在行李架附近會有預約顯示

■ 預約座位費用
2等€4；若是購買1等普通車票或長途列車特價票Sparpreis，在訂購車票時同時預約則是免費；若是用火車通行證則須支付€5.30；窗口預約皆需加收€2。

GGF. RESERVIERT表示「可能已被預約」，這些座位可能會有發車前不久才預約的人入座。若表示bahn.comfort則是DB高級會員的專用優先座位。

■ 可預約座位的列車
僅限於全國性的IC、ICE等特快列車，但巴伐利亞邦和萊茵·普法爾茨邦等部分的RE快速列車和普通列車，以及S-Bahn也可以€1預約。這些路線多半擠滿了遊客，上下班通勤時間也十分擁擠。

搭乘德國國鐵享受便利舒適的旅程©MOOK

MEMO DB有提供車內無線網路服務，但僅限ICE特快列車和部分的IC特快列車使用。另外，也有超過100個主要車站提供WIFI@DB無線網路。

附有售票處的旅遊中心

■可使用的信用卡種類
美國運通、大來卡、JCB、
MasterCard、VISA

■歐洲的日期寫法
歐洲的年月日是按「日、月、
年」順序書寫，例如「2016
年12月11日」書寫方式為
「11/12/2016」，書寫時須
特別注意順序。寫下小抄時
為了避免搞混，建議月份名
稱（→P.546）不要寫數字，
而是以字母名代替（例／11.
Dezember）較為保險。

■購票使用的德文
出發車站
　Abfahrtsbahnhof
目的地車站
　Zielbahnhof
大人
　Erwachsene
小孩
　Kinder
等級
　Klasse
人數
　Personen
去程
　Hinfahrt
回程
　Rückfahrt
馬上
　ab sofort
今天
　heute
明天
　morgen
時間
　Uhrzeit
轉車
　Verbindungen
靠走道座位
　Gangplatz

長途車票為長條型

窗口購票

　　大城市中央車站的售票處稱之為旅遊中心Reisezentrum，設有數個售票窗口。大型車站設有抽號機，購票時先到入口抽取號碼牌，等到螢幕上顯示號碼牌上的號碼時，前往該數字後列出的號碼窗口。

旅遊中心的抽號機

　　通常德國人購票時會詢問火車時刻及路線等相關問題，一個人購票就須花上很長時間，等待叫號十分耗時，建議最好事前買好車票，避免坐車前購買。

　　部分大型車站設有1等車廂專用櫃台，購買時不需要抽取號碼牌。

　　另外，即使對自己的語言程度有相當自信，建議最好也將購票資訊寫在紙上遞給售票服務人員（參考下圖）。買票付款可使用信用卡，拿到票後一定要當場確認票是否正確。

螢幕（圖右上）顯示
自己的號碼時，即可
前往指定窗口購票

車票購買MEMO範例　　Fahrkarte

10. September（9月10日）　依日、月順序寫上日期

1 Erwachsene（大人1張）

2.Klasse（2等）　1等為1.Klasse

von Frankfurt Hbf.　7：54（從法蘭克福中央車站）

nach München Hbf.　11：06（到慕尼黑中央車站）

mit Platzreservierung（預約座位）　若想預約座位時

Fensterplatz 靠窗座位　若想指定座位時

（左欄附有依照個人需求的「購買車票德文單字」可供使用）

522

德國旅行 ▶ 準備與技術 ▶ 鐵道之旅

使用自動售票機

買票時若窗口大排長龍，可改用自動售票機Fahrkartenautomat，使用時可選擇英文畫面，操作方式類似銀行ATM，以觸碰螢幕方式依序選擇希望購買內容（出發車站、目的地車站、等級、購買張數等），最後會出現總額與可使用的紙鈔種類或信用卡，付款完成後即可當場取票。

自動售票機上也可查詢時刻表，還可印出查詢的列車時刻，不妨多加利用。

可使用現金或信用卡購票的自動售票機

自動售票機查詢印出的時刻表

購買車票時選擇Fahrkarten，時刻表查詢則選Fahrplanauskunft

選擇搭車車站Start、目的地站Ziel，接著依序為選擇出發日、等級、購買張數畫面

付款畫面上顯示可使用硬幣、紙鈔、信用卡種類

INFORMATION

DB主要折扣系統&車票

可在德國各車站的售票窗口購買（有些可在自動售票機、DB的官網購買）。

●德國鐵路卡 BahnCard50

1年效期的會員折扣卡，事先購買可享有普通車票50%折扣，長途列車特價票25%折扣（參閱下方）。

大多數經常搭乘火車的德國人都持有這張卡，在售票窗口及自動售票機付款時會確認卡片持有者。購卡本身費用2等為€244，1等為€492，若車區間票價沒有超過2倍就不划算，通常適用於長期停留德國的人士使用。

另外也有普通車票、長途列車特價票25%折扣的德國鐵路卡，1等€121，2等€59.90，60歲以上、26歲以下的學生（須出示證件）可以優惠購票。此外，無論哪張票，如果沒有在有效期限到期的6個月前申請解約，下一年會自動更新並收取費用，須多加留意。

●長途列車特價票 Sparpreis

ICE、IC/EC的長途列車限定特價票可於出發前的6個月透過網路購買，依班次車票數量有限，在網路上搜尋列車時刻時會顯示是否適用折扣

價格。購票後變更或退票可能有手續費產生。此外，2等就算指定列車也不等於預約座位，劃位須支付額外的手續費。

●國內1日優惠票 Quer-durchs-Land-Ticket

德國國內可無限次搭乘，搭乘列車限IRE、RE、RB、S-Bahn、關聯機構的私鐵的2等車廂，特快列車（ICE、IC、EC）則不可使用。窗口購買1日票價格€44，網路和自動售票機為單張€42。最多可4人同行，第2人開始每人加收€7，票券上須寫上使用者姓名與最長搭乘路線，使用時須攜帶護照。

●邦票 Länder-Ticket

使用巴伐利亞邦票Bayern-Ticket（2等€27，1等€39.50，第2人開始每人加收€9（1等為€21），最多可4人同行）、黑森邦票Hessenticket（€38，最多可5人同行，只有2等）等車票可於各邦內無限次搭乘火車，各邦使用規定大同小異，通常1日票只可搭乘IRE、RE、RB，依邦別還可搭乘市區大眾運輸。平日的啟用時間為9:00～，週六・日・節日的啟用時間沒有限制，有效時間皆到翌日3:00。上述費用為網路和自動售票機購買的價格，窗口購買須加算€2。

■預留轉車時間

由於列車有時會誤點5～10分，加上德國車站月台距離很長，走到隔壁月台也需要花上很長的時間，若須轉車建議安排行程時最好預留20～30分鐘以防萬一。列車誤點時，車站的時刻表看板上會顯示「etwa 10 Minuten später（約誤點10分鐘）」。

在海報大小的黃色時刻表上確認搭車月台

有預約座位時可查詢車輛編列表

搭乘ICE時按下門旁的綠色按鈕即可開門

行李架下有預約區間資訊

車輛的門開關為手動或按鈕式，圖中為手動式，轉動門把後即可開啟，若不知道如何操作，也可以請其他乘客或列車長幫忙

如何搭乘列車

大城市中央車站內十分寬廣，若持大型行李移動相當耗時，建議最好在發車前15分鐘抵達車站。通常車站內沒有設收票閘口，可直接持車票或火車通行證前往月台搭車即可。

列車長驗票時，須出示車票或火車通行證

1 確認發車月台

車站內的黃色大看版發車時刻表上寫有火車的發車停靠月台Gleis，若在大型車站搭車，一定要事先確認出發時刻表資訊，查詢是否有月台臨時變更或誤點情況，發車月台上也設有發車資訊看板，可再行確認（有可能發生前一班列車誤點）。

2 確認列車車輛編列

搭乘區域線時不需要確認車輛，若為列車車輛編列較長的ICE或IC時，月台上設有列車編列表Wagenstandanzeiger，可確認自己的搭乘車廂。若有預訂座位或搭乘車輛較少的1等車廂時，可走到各區（月台上寫有A、B、C……）車輛停靠位置附近等車。

3 搭車

列車停靠月台後，門不會自動打開，乘客須自行開門，ICE及新型車輛為按門旁的綠色按鈕，舊型車輛則為拉把手手動開門，上車後門會自動關閉。

4 尋找座位

若有預訂座位可按照車輛號碼和座位號碼尋找座位，沒有預約的人則找沒有預約區間資訊的座位即可。若列車長前來驗票時，則出示車票或火車通行證接受檢查，之後便可開始悠閒享受火車旅遊的樂趣。

5 準備下車

接近下一個停靠站時，ICE和EC車上會有德語和英語廣播，此時記得拿取隨身攜帶的行李前往車門口準備下車。列車完全停止後，若為ICE則按下TÜRAUF的綠色鈕即可開門。

ICE車內開門時按壓門旁的綠色按鈕

餐車

　　一邊用餐一邊欣賞萊茵河古城和葡萄園等童話般的美景，可說是人生最奢侈的享受了。通常長途的ICE、EC、IC等車輛，多設有餐車Bord Restaurant或自助式的小吃部Bistro。

　　餐車上早上會有早餐菜單，中午和晚上則備有午餐和晚餐供乘客享用。

　　用餐時間以外還備有輕食（三明治等），還可點杯咖啡或啤酒來喝，買單時通常須加上扣掉尾數的1成作為小費（€0.30～1）。

內部裝潢宛如咖啡館的ICE餐車

一邊眺望窗外景色一邊在ICE餐車享用午餐

IC的小吃部為自助式

夜車

　　奔馳於德國的夜行列車中，擁有完善設備的寢台列車名為Nightjet，德國長途路線行駛於慕尼黑～漢堡等，也有開往瑞士、義大利、奧地利等方向的國際路線。搭夜車不但可以體驗獨特的氣氛，還可節省移動時間。

　　夜車的車輛編列分為臥鋪Schlafwagen與簡易臥鋪Liegewagen、座位車等，都需要事先預約。列車內還能夠點餐，點心、飲料、早餐會送到個別臥鋪。

　　即便Nightjet僅運行於奧地利鐵路，預約等手續依舊可透過德國的鐵路網站或德國境內的車站窗口進行。

透過車窗的享受夜色是獨有的旅行樂趣

■Nightjet網站
www.nightjet.com
可查詢列車時刻表和價格，提早購票有時可享優惠價。

■主要車站的廁所使用方式
柏林、慕尼黑、漢堡、美因茲、斯圖加特等中央車站內的廁所（標記為rail & fresh WC）須付費，進去前支付€1後即可得到€0.50的優惠券（德語為Wert-Bon），可以在下次使用廁所時用掉，若用在這個廁所系統的合作店家（車站內的商店與餐飲店，有最低消費金額規定）時，則可當作€0.50的折價券。

點綴在鐵道旁的社區農圃

　　在德國搭乘火車旅行時，不妨注意看看都市近郊鐵道旁的土地上，有著一小塊一小塊的花園與菜園，花園旁建有木造小屋，讓人不禁想著「原來也有人住在這麼小的房子呀」，其實這是名為社區農圃Kleingarten的出租農園，附設小屋是在下田前後時供休息之用。

　　社區農圃源自19世紀中期，Moritz Schreber醫生提倡讓居住在都市狹窄集合住宅的人們，藉由擁有庭園而恢復健康，由於之後廣傳於德國全國，因此在各地發展出社區農圃協會（亦稱作Schrebergarten），農地由這些非營利組織經營，租借費相當便宜。德國人相當喜愛園藝，所以社區農圃也大受歡迎。

從車窗欣賞社區農圃

火車通行證的種類和費用

●歐鐵德國火車通行證
Eurail German Railway Pass

歐鐵德國火車通行證適用於國內的DB列車，以及普通列車行駛的當地私營鐵路公司，亦適用於特快或急行的城際列車和歐洲城市列車，以及高速列車ICE。大都市圈的S-Bahn也可使用，U-Bahn（地下鐵）則無法使用。

通行證有2種類，一個是有效期限1個月內任選搭乘日期的「彈性車票」，另一個則是類似定期車票，須連續天數使用的「連續車票」。

價格分為大人和青年（12～27歲）2種，另外持有大人火車通行證，同行的4～11歲小孩可取得免費通行證，上限為2名

另外，歐鐵德國火車通行證也可搭乘DB營運的國際列車。

奧地利方向
・慕尼黑～薩爾斯堡Salzburg間的普通列車、Railjet、歐洲城際列車
・慕尼黑～因斯布魯克Innsbruck間（經由庫夫斯坦Kufstein）的歐洲城際列車（DB ÖBB Eurocity）

義大利方向
・慕尼黑～維羅納Verona～威尼斯/波隆納的歐洲城際列車（DB ÖBB Eurocity）

比利時方向
・科隆～列日Lüttich～布魯塞爾間的ICE列車，不可使用大力士高速列車Thalys

停靠在法蘭克福機場的ICE列車

瑞士方向
・至巴塞爾德德國一側的巴塞爾德巴德車站Basel Bad Bf的列車。

在德國還可使用歐洲火車通行證Eurail Global Pass，範圍涵蓋歐洲33國。此外也有僅限德國當地列車的德國火車通行證German Railway Pass（紙本票券），可於德國鐵路（DB）的網站等地購買。

●數位火車通行證

歐鐵德國火車通行證和歐洲火車通行證等歐鐵系的鐵路通行證，以及針對歐洲居住者的多國火車通行證Interrail Pass，皆從紙本票券變更為手機、平板等數位裝置能夠使用的數位通行證。

安裝歐鐵專用App「Eurail/Interrail Rail Planner」，便可在App中購買和啟用票券（※註1）。

在購買鐵路通行證時，將獲取的票券號碼和購買者姓名輸入App的鐵路通行證中，由於啟用手續由本人執行，不須像紙本票券那樣要再透過車站窗口。不過，歐鐵專用App沒有中文，要以英文操作須多加留意。

（註1）
「Eurail/Interrail Rail Planner」2023年8月的現在，需要iOS 14.0以上版本、Andriod 6.0以上版本，購買通行證前請事先確認裝置系統。

數位通行證的範例

■歐鐵德國火車通行證 Eurail German Railway Pass
彈性車票費用

車等 鐵路使用天數	1等		2等	
	大人	青年	大人	青年
3日/1個月	€ 256	€ 205	€ 192	€ 154
4日/1個月	€ 291	€ 233	€ 218	€ 174
5日/1個月	€ 321	€ 257	€ 241	€ 193
7日/1個月	€ 375	€ 300	€ 280	€ 224
10日/1個月	€ 479	€ 383	€ 349	€ 279
15日/1個月	€ 659	€ 527	€ 479	€ 393

連續車票費用

車等 有效天數	1等		2等	
	大人	青年	大人	青年
3日	€ 243	€ 146	€ 182	€ 146
4日	€ 276	€ 166	€ 207	€ 166
5日	€ 305	€ 183	€ 229	€ 183
7日	€ 356	€ 213	€ 266	€ 213
10日	€ 431	€ 251	€ 314	€ 251
15日	€ 593	€ 345	€ 431	€ 345

※2023年8月的費用

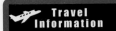 **Travel Information**

飛機之旅

德國國內搭飛機移動

在德國境內搭飛機移動可節省相當多時間，例如柏林～杜塞道夫之間搭火車需4小時以上時，可考慮搭飛機縮短時間，若搭乘飛機只需1小時10分，就算加上提早到機場辦理登機手續的時間都還綽綽有餘。

搭乘國內航空路線

Eurowings飛機

國內線以漢莎航空Lufthansa為主，近年來則有廉價航空Eurowings、TUIfly等都在積極擴充國內外航線。

機票可在台灣從各航空公司網站購買並以信用卡付款，自行印出購買畫面或PDF檔案的預約確認郵件「機票及收據」後，在當地機場的登機櫃台連同護照與付款信用卡一同出示，即可領取登機證。

其中廉價航空多半不能指定座位，指定座位可能需要另行收取費用，此外也不能取消，變更時須收取相當金額的手續費等諸多限制，購買前必須特別注意。

避開辦理登機和安檢的人潮建議提早到機場

■**德國主要航空公司**
●漢莎航空
　URL www.lufthansa.com
●Eurowings
　URL www.eurowings.com
●TUIfly
　URL www.tui.com
●神鷹航空
　URL www.condor.com

■**搭乘廉價航空注意事項**
・部分廉價航空會使用起降費用較為便宜的當地機場，預約時須確認清楚機場名稱與如何前往該機場。
・此外廉價航空在機場內的設備位置多半相當不便，櫃台經常位於不同航廈，或櫃台數量很少，辦理登機時相當耗時，前往登機口時甚至需要搭巴士或步行等，所以搭乘時最好儘早到機場。
・若遇到延誤或航班取消時，通常旅客需要自行處理問題，所以也需要一定的語文能力較為保險。

■**德國國內主要機場**
（　）內為從法蘭克福飛航所需時間，柏林（65分）、漢堡（60分）、不來梅（55分）、漢諾威（50分）、杜塞道夫（50分）、科隆／波昂（40分）、斯圖加特（40分）、慕尼黑（55分）、紐倫堡（40分）、德勒斯登（55分）、萊比錫（50分）。除以上外，法蘭克福・哈恩、威斯特蘭Westerland、明斯特／奧斯納布呂克Osnabrück、多特蒙德、埃爾福特、薩爾布呂肯Saarbrücken等城市都設有當地機場。

德國主要機場

漢堡
不來梅
柏林
漢諾威
萊比錫
德勒斯登
杜塞道夫
科隆
法蘭克福
紐倫堡
斯圖加特
慕尼黑

巴士、計程車之旅

H（＝Haltestelle的縮寫）是巴士站的標誌

■巴士總站的符號標示
德文的巴士總站是ZOB（Zentraler Omnibus Bahnhof代表中央巴士總站）以及ROB（Regionaler Omnibus Bahnhof代表地方巴士總站）。

■長途路線巴士公司
在德國國內外各大城市擁有路線網的主要巴士公司，還有很多不同的車資折扣。在 www.fernbusse.de輸入出發地、乘車日期後，便可查詢各公司的時刻及費用。
●FlixBus
 www.flixbus.de
●Eurolines
 www.eurolines.de

■如何搭乘計程車
在德國不能沿街招攬計程車，必須在火車站等計程車招呼站搭乘或電話叫車。
車門非自動門，車資須加10%左右的小費（小費尾數約按€0.5～1加上）。

■叫車App
「Uber」普及於全世界，不過因為德國不允許未取得司機執照的車子提供服務，僅有柏林和慕尼黑在滿足計程車準則的條件下部分許可，並不十分普遍。替代的是「mytaxi」、「CleverShuttle」這類叫車App，不過也僅在大城市提供服務。如果遇到麻煩，需要自行協商，所以習慣在海外使用手機並用德語或英語書寫的人可以考慮使用該服務。

路線巴士之旅

遺憾的是，本書中介紹的城市並非所有都有火車站，但幾乎所有的城鎮都有路線巴士行駛，只是在德國路線巴士基本上是當地中、小學生和沒有汽車的人作為通勤、通學之用，因此大多數的巴士只在早晨、晚上行駛，此外週末以及學校停課的暑假等情況也會停駛，所以必須特別注意。

搭乘巴士時先告知司機目的地後再購買車票，接著可順便拜託司機到站時提醒下車。

長途巴士之旅

在德國，為保護鐵道事業而發展受限的長途巴士事業，於2013年解禁後，經營長途巴士Fernbus的公司一口氣大幅增加。長途巴士路線連結起德國主要城市，便宜的車資更是鐵道所比不上的，車內還有無線網路與廁所，毯子等設備也很棒，但缺點就是常因遇到塞車而誤點。可以在台灣上網預約結帳（信用卡）。

靠近法蘭克福中央車站的Fernbus巴士總站

善用計程車

小鎮、遠離城市的城堡和修道院等，這些一天只有2～3班車出現的地點，與其勉強配合發車時間，搭乘計程車才是明智之舉。

一般計程車雖然是跳表付費，但也可以包租Pauschalpeis的方式支付租賃費用。如果是包租方式時，搭車前可先跟司機交涉目的地和途中想停留的地方，

部分計程車的計價器安裝在後照鏡上

由於司機會依照距離和大約的時間計算價格，如果在預算內就可多加利用。

當地有許多賓士計程車，搭起車來十分舒適

租車之旅

德國生產賓士、BMW和保時捷等這些令人憧憬的汽車，而且當地免費高速公路網十分完善，來到汽車王國的德國，一定會想試著自己握著方向盤駕駛。德國人的民族特性就是恪守規定，所以一定

橫渡萊茵河（科隆）

會嚴格遵守交通規則，連駕駛態度也貫徹到底，因此即使是初次駕駛也很容易。不論是火車或巴士，總是會受限於時刻表，但如果有車的話，就能依照自己的心情去旅行。把車停在路邊的葡萄園或油菜田呼吸新鮮空氣，或者外宿在像童話故事裡出來的可愛鄉村木屋，自己握著方向盤縱橫德國之旅，必然留下美好的回憶。

租車方法

在德國租車需要護照作為身分證明及國際駕照、台灣駕照和信用卡。

德國的租車公司除了有Hertz、Avis、Europcar、Sixt等的大型公司外，還有很多中小型規模的租車公司。但是如果考慮到服務品質和車種的廣泛性，最好還是向大型租車公司租車比較安心，此外各公司會提供週末折扣等各種優惠方案，有時在台灣預約也會有特別優惠方案。

直接去德國的租車公司租車時，大型租車公司一定會有說英語的人員。臨時租車時可能會有車種限制，最好先確認是否有可即時借用的車，接下來是租借時間和

慕尼黑機場的租車櫃台

還車城市（是否可以在不同地還車）、保險（是否是全面性的全額保險Vollkasko）、是否有簽約者以外的人駕駛等，填妥於合約上再確認後簽署。離開櫃台前，或走出機場和市中心前，請務必先確定前往的目的地應該朝哪個方向，還有不要忘記先了解發生意外或遇到故障時的緊急聯繫事宜。

■取得國際駕照
國際駕駛執照是在台灣的各監理所提出申請，當天之內就可以取得，有效期限與國內駕照相同。辦理需要目前有效的駕照、護照、2張2吋照片、身分證、手續費（證件費250元）。國際駕照有效期限最長3年，若在台灣的駕照有效期限低於3年，則依駕照的有效期限為準。
URL www.thb.gov.tw

■德國的駕駛執照
（短期停留）
當台灣遊客在德國開車時，擁有台灣的國際駕照，還有台灣的駕照和德語翻譯證明（可向台北駐德國代表處或德國在台協會、德國各地的ADAC申請）、護照，就能駕駛6個月。

■在台灣即可預約的
租車公司
●Hertz
☎ (02) 2731-0377
URL www.hertz.com
● AVIS
☎0800-600-601
URL www.avis-taiwan.com

■租車的年齡限制條件與駕照的持有期限
Hertz是25歲以上且持有駕照1年以上，部分車種為30歲以上且持有駕照3年以上。
Avis是21歲以上，未滿25歲須加付年輕駕駛Young Driver費用。且須持有駕照3年以上，年輕駕駛則為2年以上。
Europcar是21歲以上，未滿25歲須加付年輕駕駛Young Driver費用且租車會限定車種。
Sixt是18歲以上，未滿23歲須加付費用且租車會限定車種。

■緊急情況時
租車時各家租車公司的意外事故或故障的因應措施可能會有所不同，須連絡最近的租車公司緊急救援服務來諮詢。
●警察、事故救援　☎110

■德國境外使用
於德國租車時，若希望在德國境外使用的話，請務必事先聲明，尤其是捷克和波蘭等有限制車型，須特別注意。

標示清楚易懂

■包含司機的租車

在德國,也有租車公司提供名為專職司機Chauffeurservice的服務,是專門針對駕駛沒信心的人,推出租車包含司機的服務系統。

■路線圖

詳盡的路線圖以由德國汽車協會ADAC發行的德國路線圖比較容易使用,加油站或書店都有出售。

入手最新版吧!

■環保區規定

在德國主要的大城市都有制定環保園區Umweltzonen制度,來規範不符合城市環保標準的汽車進入。在環保區中只有貼有廢氣排放標準的紅色、黃色、綠色貼紙的車輛能行駛,標誌桿會註明貼有哪種顏色貼紙的汽車可在哪個環保區中行駛,若不照區域行駛就會處以罰款,適用的城市和區域的詳細資料可在下面網站查詢。

🔗www.umwelt-plakette.de

開車注意事項

在租車公司的停車場裡看到租賃的車後,首先要先檢查內部與外部是否有刮痕,還要確認油表或哩程錶是否和合約相同。雨刷

開車欣賞城堡風光

和方向燈的位置、打檔的方式和燈光的開關、油箱的位置和開啟方式也要先確認好。前後座椅都必須繫安全帶,12歲以下的兒童禁止坐在副駕駛座上。

德國為和台灣一樣為右駕,首次抵達十字路口時要注意「靠右、靠右」,還要注意自行車會以極快的速度筆直衝過來。德國交通標誌很容易理解,都是國際性一般常見號誌。

而市區即便沒有限速標誌,一般時速為50公里,此外市區也有限速30km的住宅區。出了市中心的一般道路時速則變成100km,如果從高速公路或主要道路進入市中心時,必須按照市中心的德語標誌Zentrum(都市)、Stadtmitte(鄉鎮)、市中心(Mitte)進入。

為了易於了解,停車場在地圖和標誌上都一律使用P來標示。

行駛高速公路

德國堪稱是歐洲快速道路網最發達的國家,高速公路除了在交流道或出口附近有限速標誌外,其他並無車速限制,但是規定安全時速為130km。

試試在高速公路上駕駛

在沒有限速的地方，受其他車子的影響，往往不知不覺便會超過在台灣的開車經驗而加快速度，因此駕駛時需要認真地考慮到自己的技巧與車子的性能。高速公路的服務區雖然沒有台灣那麼完善，但也有販售飲料和食品的店家和簡易餐廳等必要的設施，而廁所須收費。

■服務區的廁所
廁所須付費，須投入約€0.70～1的硬幣。至於門口索票的廁所類型，門票同時為€0.50的代金券，可於附屬的商店消費折抵。

從空中鳥瞰高速公路服務區

加油站

加油站Tankstelle的加油機有95汽油（無鉛）Super bleifrei、環保型95汽油Super E10、98汽油Super Plus（有時也會以Premium表示）、柴油Diesel

等類型可供選擇（名稱顯示可能會因石油公司不同而有所差異），高辛烷值汽油則因石油公司不同而各自以不同名稱販售。由於車種不同所加的燃料也有差異，因此務必於租車時先確認好（保險公司並不負擔加錯油的損失），另外，加油口比想像中難打開和關閉，要特別注意。

德國加油站幾乎都是自助式，只要習慣了就很簡單，先取出適合車子汽油的加油管，再放入油箱口。只要把加油管連接的鉤子直接掛上，油箱加滿後就會自動停止。加油後可到商店收銀台，告知自己使用的加油台登記的編號，完成付款即可。商店收銀台有出售食物、飲料、香菸及地圖等，還可以順便去上廁所。

要加哪一種油務必在租車時確認清楚

■停車場
德國有很多室內停車場和地下停車場，使用方式雖因設備而異，但一般是先在門口取票再停車。在停車場取車離開時，很多都是先在自動繳費機完成繳費後上車，然後在出口處機器投入停車卡。

加完油後到商店付款

停車場的入口處會顯示剩餘的車位，德語的額滿標示是besetzt

531

德國住宿設施

德國住宿種類

德國飯店並沒有政府機關針對全國的旅館評等星級，而是由德國飯店餐廳協會自行依設備完善程度評等1～5星級，而除飯店以外，還有各類住宿可供參考。

飯店

德國飯店的費用一般都包含早餐，最近早餐另計的飯店有增加的趨勢，除供應咖啡及紅茶等飲料與各類麵包外，還附切片火腿與起司。中級以上飯店則以自助餐（吃到飽）為主流，可

南德鄉土風的房間

自行選擇自己喜好的食物享用。

大部分的浴室設備不如台灣同等級的飯店，即便是高級飯店也可能不提供牙刷。

另外，飯店列表中若有出現「Hotel garni」的字樣，表示該飯店沒有附設餐廳（但設有早餐用餐區）。

同樣房型的住宿費用，鄉下會比城市價格便宜許多，飯店的服務人員也都相當親切，也因此使得鄉村之旅更充滿樂趣。

古堡飯店

德國擁有許多古堡，部分中世紀的歷史城堡更改建為飯店供遊客住宿，可以在古堡內體驗過去王宮貴族和公主生活，進入童話一般的世界。古堡外觀維持中世紀風貌，內部

鹿角城古堡飯店房間

則改建為現代化樣式，住起來相當舒適。雖然大多古堡都位於森林或山中因而交通不便，卻也能因此能撇開世俗，沉浸在夢幻世界當中。古堡飯店也相當受到德國本地人喜愛，建議最好及早預訂。

■飯店小費

再便宜的旅館都有房間清潔與床務整理，跟團時建議可在床頭枕上放€1左右當小費，但若沒有特別拜託旅館的事情可以不用給小費。不過若門房幫忙將行李放到房間時，一般會給€1～2左右當小費。

5星級飯店的萬事通管家

■毛巾替換政策

若連續住宿時，用完的毛巾可放在浴缸或浴室內，若掛回毛巾架飯店會視為「不需要更換毛巾」，因此不會替客人換上新毛巾，這已成為環境保護措施的慣例，須特別注意。

■保管貴重物品

出門時請勿將現金、護照等貴重物品直接留在飯店房內，記得利用房間內設置的保險箱保管貴重物品，如果沒有保險箱，也可將物品裝入袋內隨身攜帶，或是放進上鎖的行李箱內深處，記得一定要自己保管好。

若覺得房間內的暖氣不夠強，可以調調看暖氣的旋鈕（有些地方深夜會關掉）

MEMO 飯店自助式早餐價格高昂。若早上無法吃太多東西的人，建議可以前往城市或車站裡的麵包店，有自助用餐區。喜歡的麵包搭配咖啡只要€5～6左右，十分省錢。

Gasthof

1樓是餐廳，2樓以上則為客房的小型旅館。多為家族經營，餐廳內兼設住房櫃台，住宿氣氛較為輕鬆。部分房間內沒有浴室、廁所，須共用樓層衛浴。住宿價格便宜，也是體驗德國在地生活的最佳選擇。

體驗設備、素質都充滿濃濃德國風的旅館

Pension

房間數較少的小型住宿，價格也相對便宜。部分度假勝地民宿會提供早、晚餐，都會區多在大樓中的其中一層，房間較為狹小，設有早餐區但沒有餐廳。

私人公寓 Privatzimmer

由普通家庭將空的房間租給遊客入住，多半位於度假勝地或鄉下地區。一般由家庭內的太太接待遊客，所以最好學一點德語單字以備不時之需。

農家住宿 Urlaub auf dem Bauernhof

為住宿農家的形式，可體驗自然且與動物近距離接觸，十分受到家族遊客歡迎，推薦可選擇葡萄農家或酪農家，唯一的限制是農家多半要求住宿至少一週以上。住宿農家建議最好會德語較能充分體驗農家之樂，另外也以開車的人最為理想。

體驗德國農家生活的住宿

度假公寓 Ferienwohnung

Ferienwohnung原意為「休閒用公寓」，多半為暑假或冬季滑雪等長期住宿時所使用的設施，包含度假型公寓及出租別墅等，主要以山上或海邊、湖旁的度假勝地居多，而像柏林等大都市內也可找到。通常臥房有2間，並附設廚房衛浴等家庭式公寓為主，租借則原則上以週為單位，可上當地觀光局網站上查詢。

■**開啟飯店房門的小祕訣**
德國飯店房間的房門十分堅固，不過有時門很難打開，遇到這種情況時可將門往前拉，再試著轉動鑰匙，通常這樣應該就可以打得開，部分時候門鎖須轉2次。

■**鑰匙保管**
外出時，一般除房卡外須將鑰匙交由櫃台保管，民宿型的小型旅館櫃台經常沒人，或是23:00左右大門便會鎖起來。有時房間鑰匙也可作為大門鑰匙，或是會拿到大門鑰匙，到退房前都須自行保管。

■**插卡式房卡注意事項**
部分使用房卡的飯店，搭電梯時也須用卡片感應，才能按下前往樓層，此外進入房間後須將卡片插入房門附近的卡片匣內，才能開啟房間的電源。另外房間門鎖為自動式，離開房間前務必確認是否已攜帶房卡。

■**飯店無線網路**
德國飯店多半備有無線網路（W-LAN）（→P.538），有時會限部分房間使用，或僅大廳可用，須使用網路的人最好於訂房時事先確認。另外部分飯店會在大廳設置供房客使用的公用電腦。

■**農家住宿情報**
www.bauernhofurlaub.de

■**實用的訂房相關單字與簡稱**
EZ = Einzelzimmer
單人房
DZ = Doppelzimmer
雙人房
FW = mit fließendem Wasser
只有洗臉檯，不含廁所、淋浴的房間
Frühstück =早餐

■住宿青年旅館注意事項
德國多數青年旅館位於郊區，
在初次到訪的地方一個人走在
路上較不安全，建議一定要在
日落前抵達，特別是冬天16:00
左右天色即變暗，要特別注
意，此外住宿青年旅館時要特
別注意小心保管貴重物品。

結交新朋友的機會

來自世界各地的背包客齊聚一堂

■確認櫃台關閉時間
家族經營的飯店或經濟型飯
店，夜間通常沒有櫃檯人員。
最晚也要在18:00以前抵達辦
理入住，入住後會取得大門的
鑰匙，就能自由進出。

青年旅館 Jugendherberge

德國是青年旅館的發源地，設備可說是歐洲中最完善的。青年旅館德文為Jugendherberge，備有單人房或雙人房、較為高級的青年旅館又稱為Jugendgästehaus或Jugendhotel。

一般青年旅館多為6～8人房，須共用淋浴設施，費用一般約為每晚€30～40。其中有改建自古堡及歷史建築的青年旅館，也有現代化建築的青年旅館。若遇到夏季旺季或受歡迎的青年旅館，建議及早預約，大部分的青年旅館都可線上預約。此外，許多青年旅館在10:00～17:00之間沒有開放，並且在晚上22:00後關閉，預約時一定要確認登記住房時間與閉館時間。

青年旅館的魅力之一，便是可與來自世界各國的年輕遊客接觸，可彼此交換旅遊情報，或一起運動玩樂，有機會結交到朋友。不過住宿多人房時也可能遇到同房房客吵鬧到深夜或習慣不同等問題，而無法好好睡覺。

入住青年旅館必須成為青年旅館協會會員，只要到康文文教基金會或是中華民國青年之家，便可辦理加入。入會時須出示雙證件正本（身分證、健保卡或中華民國駕照）及護照影本，繳交入會費600元。另外也可透過郵寄或線上申請，不限學生，同時也沒有年齡限制。

取得會員證相關資訊請洽中華民國青年之家，有效期間為取得會員證當天起算1年內（次年同月同日為止）。

杜塞道夫的青年旅館

INFORMATION
德國的Airbnb

全世界使用者陸續增加的民宿仲介網站Airbnb，這項網路服務將想出租自家房子的屋主和想要租房間的旅客聯繫起來，在德國年輕使用者也持續增長。

最大的吸引力在於費用低廉，不過有時也會出現問題，常見的例子有房客有急用卻聯繫不到屋主無法取得鑰匙，或是難以找到房屋的地點等等。使用該服務時，透過電子郵件與屋主多次溝通也很重要，能避免焦慮不安的情況發生。另外，挑選房間時，仔細閱讀過往房客的評價和口碑也很重要。

私人青年旅館 Hostel

青年旅館須事先加入會員，此外還有地點偏僻、經常有門禁等缺點。私人青年旅館則較無此類問題，而且數量在柏林及慕尼黑、法蘭克福等大城市市中心都有增加的趨勢。

備有家庭房（Meininger Hotel Berlin Hauptbahnhof）

私人青年旅館除背包客與省錢旅遊者入住外，還有季節性派遣工也會住宿此處。除部分青年旅館備有單人房及雙人房外，大部分多為4～10人的多人房（大房）。有些多人房為男女混住（德國多半為家族或情侶入住），若不習慣混住的人要事先確認清楚，而浴室及廁所為樓層共用。青年旅館及私人青年旅館基本上都只是當作睡覺的地方，所以房間設備與服務等與一般飯店有所不同，這點須事先理解。

左／排列著雙層床的多人房（a&o Dresden Hauptbahnhof）
右／櫃台與休息區（a&o Dresden Hauptbahnhof）

可以在大廳悠閒度過
（Meininger Hotel Berlin Hauptbahnhof）

■主要的私人青年旅館
下列是飯店及青年旅館房型並存的大型連鎖青年旅館，有許多年輕團體與家族遊客入住。
・Meininger
URL www.meininger-hotels.com
・a&o
URL www.aohostels.com

寬敞的休息區（a&o Nürnberg Hauptbahnhof）

德國旅行 準備與技術 德國住宿設施

INFORMATION

進入自動門鎖的民宿內時

德國有許多自動鎖公寓建築，公寓內單層的民宿、入口沒有守衛的私人博物館等建築入口等，都有自動鎖以防範罪犯入侵。

請人開門時，要先在入口處的住宿者名字內找要住的民宿名字，然後按下通話鈕，再告訴應聲的人自己是預約的○○之類的即可。之後裡面的人會幫忙按鍵開門，聽到門鎖開的聲音

即可開門進入，要特別注意門鎖開了要立刻進入，免得又被鎖起來，進入之後若還有其他門也是一樣的程序。

雖然開門有點麻煩，但習慣了就很簡單，登記住房後便會拿到鑰匙，若是前往個人公寓也是一樣的程序。

樓層數法

德國的樓層表示方式，1樓是Erdgeschoß，也就是地面樓層，2樓是1.Etage，3樓則是2.Etage。若是住飯店時，一般像在台灣的接待大廳入口都是在1樓，按了電梯的1後常會發現走錯了，如果要到1樓記得要按E或EG的按鈕。（德國2樓以上也會以Stock、

Obergeschoss表示，使用方法和意思與Etage相同。）

1樓請按E按鈕

■**住宿費用時常浮動**
住宿費用會因住宿日、早餐有無、預約的方式(雖然住宿前一天可以取消,但訂房時會需要同時提供信用卡資料等條件)等因素有所變動,詳細資訊建議至飯店網站或預約網站確認。

■**確認取消訂房規定**
取消訂房手續費依各飯店不同,訂房前須事先確認,特別是已輸入信用卡號後想取消訂房時,一般取消前會從帳戶取一定的取消費用。

■**攜帶預約確認函前往**
網路或Email訂房時,一定要從預約處(飯店或預約網站)印出預約確認函前往飯店,預約過程有差錯時可作為證據,入住時出示也可加快住房登記速度。

■**透過預約中心、旅行社訂房**
若覺得自行訂房很麻煩,可以向全球連鎖飯店的當地辦事處電話預約訂房,也可透過旅行社訂房,不過一般都以中級以上飯店居多。

■**訂房網站**
・Expedia
URL www.expedia.com
・BOOKING.COM
URL www.booking.com
・HRS
URL www.hrs.com
・Hostel World
URL www.hostelworld.com

■**住宿費附加的稅金**
部分城市會以療養稅Kurtaz或住宿稅City Tax的名義,在住宿費上額外徵收€2~5的稅金。列出的住宿費用依住宿設施不同,部分為含稅,部分則為未稅價格。

在台灣預約訂房

決定旅遊行程後便可直接先在台灣訂房,尤其是大城市大型會展或節慶期間,最好提前訂房。

若自行訂房時,最簡單的方式便是從飯店官方網站或飯店預約網站上直接訂房,訂房時須輸入信用卡號,而網路訂房有時會提供早鳥等優惠,但預約後不得變更,訂房後也會直接從信用卡扣款,記得確認好訂房規定後再預約。

當地尋找飯店

沒有事先訂房,想隨性自由旅行的人,可以參考以下方式到當地尋找飯店。

到目的地城市找飯店時,前往遊客中心❶(Tourist Information)請對方尋找有空房的飯店是最方便的方式,只要說明預算及希望住宿地點,服務人員便會代為尋找,預約時有時須支付數十元台幣的介紹手續費。在❶決定飯店時,有時須當場先付訂金,之後會併入住宿金額內計算。

此外,小城市的飯店數量不多,遇到團客入住時還可能會沒有空房,建議最好早點到預定住宿地。

訂房時須事先確認的飯店設備

德國飯店一般都有完善的暖氣設備,但有許多沒有冷氣,如4星級飯店以舊建築改建的歐式飯店,經常沒有附設冷氣。而近年來由於地球暖化的影響,從6月下旬起天氣便十分悶熱,怕熱的人一定要事先確認房間內是否有冷氣。

此外,有些中級飯店沒有電梯,有時服務人員會幫忙,但小型飯店若人手不足時則難以協助,若無法自行提行李箱上下樓梯的話,記得要確認是否有電梯。

有些飯店甚至穿著巴伐利亞傳統服飾來歡迎遊客

慕尼黑的Hotel Mandarin Oriental為世界貴婦愛用的豪華飯店，
瑪丹娜和王子、艾爾頓強等都曾下榻©MOOK

電話・通訊

電話

德國旅行途中若需要撥打電話，可使用手機、公共電話或者飯店裡的電話。

然而公共電話的數量驟減，要在路上找到已經不太容易了。如果要使用飯店裡的電話，撥打外線需要輸入指定的外線號碼（通常為0），但通常需要收取手續費，通話費用十分高昂。

從台灣撥往德國所需程序可參閱P.8。

如果為直撥的方式，首先撥打國際電話識別碼00，接著依序為台灣國碼886，長途區域號碼（不須撥打最前面的0），最後是對方電話號碼。

| 國際電話
識別碼
00 | + | 台灣
國碼
886 | + | 去除
區域號碼、
手機號碼
開頭的0 | + | 對方的
電話號碼 |

預付卡通話

預付卡由台灣的電話公司發行，可在台灣購買，撥打通話號碼後依中文語音指示操作即可，可在電信業者門市或超商購買，而機場（電信服務處）也都有販售。預付卡種類有中華電信的「國際電話預付卡」、台灣大哥大的「Super Card」、遠傳電信的「遠遊卡」等選擇，使用方式請洽詢各家公司。

行動電話

在國外使用行動電話時，可直接攜帶台灣使用的手機，或租電話使用。也可以出發前在機場租用Wi-Fi路由器，也有網路定額服務等方案，方便在海外自由使用網路，詳細資訊請自行詢問各服務業者。

網路

德國網路以無線網路（德語為W-LAN、Wi-Fi）為主流。最近許多飯店皆提供免費的無線網路。只要攜帶可對應無線網路的筆電、智慧型手機、平板電腦等，入住時可先告知櫃台需要在房間內使用網路，便可拿到密碼（部分飯店只要輸

■**如何撥打國內電話**
　（德國國內）
撥打市內電話時不需要撥區域號碼，若打往外地則需要從區域號碼開始撥打。

■**在海外使用行動電話時，**
　費用、通話地區的詳細內容
●**中華電信**
☎0800-080-123
URL www.cht.com.tw
●**台灣大哥大**
☎0809-000-852
URL www.taiwanmobile.com
●**遠傳電信**
☎0800-058-885
URL www.fetnet.net
●**台灣之星**
☎0800-661-234
URL www.tstartel.com

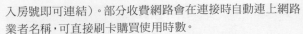

入房號即可連結）。部分收費網路會在連接時自動連上網路業者名稱，可直接刷卡購買使用時數。

　　而除飯店外，機場、大型車站、ICE特快列車、長途巴士、部分的咖啡館及餐廳，都有提供免費無線網路。

郵政

　　從德國寄明信片或信件回台灣時，收件地址可寫中文，但國名地方須寫上TAIWAN與註明航空郵件LUFTPOST（或Priority）。之後在郵局購買郵票Briefmarke貼上，投入黃色郵筒即可，一般約需4～7天可送達。

　　德國郵局已全面民營化，通常在車站或購物中心設有小攤或櫃台，除郵件業務外也兼營文具等販賣業務。並有販賣包裹用與葡萄酒用的箱子，可以直接將行李或禮物寄回台灣。包裹業務由子公司DHL負責（可在郵局寄件並由台灣郵局投遞），小包（小型包裹）Päckchen則約8～12天可抵達，航空包裹Paket約10天，選擇加值型Premium則約6天。

黃色標誌為從前沿用至今的郵局標誌

■遺失手機時聯絡電話
- 中華電信
　（國際識別碼00）
　+886+928000086（須付費）
- 台灣大哥大
　（國際識別碼00）
　+886+2+66062995（須付費）
- 遠傳電信
　（國際識別碼00）
　+886+936010888（須付費）
- 台灣之星
　（國際識別碼00）
　+886+2+77311365（須付費）

■寄往台灣郵資
明信片	€0.95
信件	50g以下€1.70
小包	（上限2kg）€11.99
包裹	5kg以下€75.99
	10kg以下91.99

無線網路普及，多數車站、飯店，甚至火車內皆有提供©MOOK

MEMO 若在德國使用台灣國內手機（支援國外系統機種），不適用台灣國內套裝通話費，若以智慧型手機使用無線網路建議要關閉「數據漫遊Data Roaming」較為安心。

購物

■商店的營業時間

週日、節日公休。通常大城市裡的精品店等很多地方都是週一～五10:00～19:00、週六10:00～18:00營業，但是各個商店仍然不盡相同。百貨公司一般為週一～六9:30～20:00。

■包裝和購物袋

展現身為環保先進國家的德國，其中之一就是購物時使用簡約的包裝。在超市等地排在架子上的貨物，本身就用再生材料簡單包裝，收銀台就和台灣一樣不提供塑膠袋，如果想要的話就要向櫃台買，通常德國人都會自行攜帶環保袋。

■寶特瓶回收

德國寶特瓶飲料會加收€0.25的容器回收費，空的寶特瓶可以放入超市裡的自動回收機Pfandflaschenautomat，將會列印寫有數量和金額的明細，之後拿到結帳櫃台計算（可折抵購物的費用）。至於沒有回收機的麵包店或藥妝店等，則可以至櫃台歸還瓶子。

▌購物的禮儀

德國商店的櫥窗都是展示出最自豪商品的精心裝飾，如果在商店的櫥窗看到喜歡的東西，可以進入店內仔細看看。

想要看陳列商品要先告知店員

想在德國盡情購物的話，不管會不會講德語，最重要的是「問候」和「清楚地表達自己的意願」。

當你走進精品店和專賣店時，一定要先說「Guten Tag.（南德是Grüß Gott.）」，等店員過來時再說出自己的需要。只要指著櫥窗的商品，說「請給我看這個Zeigen Sie mir das, bitte.」即可，即便想看看其他物品，千萬不要自己隨意拿取貨架上的商品，要先告知並由店員取出。當然若不喜歡時可拒絕，但由於對方已經提供服務，所以一定要回覆「謝謝（展示）再見Danke schön. Auf Wiedersehen」等話。

如果只是想在商店裡自己逛逛的話，可回答「只想在店內看一下（隨便看看）Ich möchte mich nur umsehen.」，或用英語回覆「只是看看Just Looking.」即可。

INFORMATION

超市購物的注意事項

雖然超市購物很有趣，但是由於有一些使用方式和台灣不同，最好事先了解。

●出入口固定

除了部分設在百貨公司地下樓層的超市外，所有超市的入口Eingang、出口Ausgang都是固定的，入口的旋轉門只有從入口處才轉得動。即便在沒找到任何想買的東西而想直接出去時，也一定要從有人的結帳櫃台出口離開。要是隨身攜帶的袋子較大時，也可能被收銀員要求出示內容物。

●忙碌的收銀台

到收銀台結帳時，先從購物車中自己取出的貨物來，放在帶式輸送機上（與前面的人的貨物間可放分條隔開），輸送帶前方通常會有放置購物車的固定位置，所以要自己放回去。塑膠袋是要收費的，所以在完成結帳時如果有需要的話，要說「請給我一個袋子Eine Tüte, bitte」。付款後要馬上把通過收銀台的產品放進袋子裡，否則下一個客戶所購買的產品會混進來。

結帳前為了不和其他顧客的東西混淆，會使用分隔條隔開

MEMO 德國沒有便利商店，造成假日無法買東西的困擾。大城市中央車站裡的店家會營業，中型城市就沒有。遇到這樣的情況時，可以到加油站購買食物和簡單的日用品。

德國出境時的退稅手續

　　德國的商品價格上已包含附加增值稅Mehrwertsteuer（簡稱Mwst.，有時也稱為Umsatzsteuer＝USt.），稅率是19％（食品、書籍等類是7％），住宿EU加盟國外的外國旅客如果符合下列條件（下列①～③），根據規定的程序將予以退還附加增值稅，不過這些手續因經由退稅代理公司（參考右欄）處理，實際退回金額為10％（食品、書籍等是2～3％）左右。此外，並非所有店家都可以退稅，可退稅店家主要為百貨公司、精品店、禮品店等，在商店入口等處會張貼退稅代理公司的加盟店貼紙，記得事先確認。

①在免稅商店單次購買的商品總額大於€50.01。

②向採購商店索取免稅文件和收據（不能是信用卡對帳單或副本），只要和店員說「請發免稅購物證明Tax free shopping check, please.」就能拿到文件，索取免稅文件需要出示護照。

③購買的產品須在未使用的狀態下才能帶出EU加盟國外。

機場的免稅手續（以法蘭克福機場的第1航廈為例）

(1) 隨身攜帶免稅商品登機

①在航空公司的櫃台辦理登機手續後，與隨身攜帶的行李一樣直接到出境檢查（B41登機門附近）的海關Export Certification（鷹標誌）出示免稅商品、護照、登機證，即可在免稅商店開立的免稅文件上蓋上戳印。

②必須到退稅代理業者的退稅窗口（標示Cash Refund或Tax Free），提交文件才可退款（選擇以現金或信用卡賬戶（→參考右欄）。

(2) 託運免稅商品

①在航空公司的登機櫃台辦理登機手續時，告知航空公司的工作人員裝有免稅商品的行李箱現在不託運，並表明要進行退稅手續，貼上行李標籤Baggage Claim Tag就能領回。

②接著在海關（B區的643號櫃台旁邊的窗口）在免稅文件上蓋章，在海關這裡託運裝有免稅商品的行李箱。

③在退稅代理業者的櫃台（643-651）退款。（與上述(1)-②相同）

退稅代理業者櫃台

■退稅代理業者
包含規模最大的Global Blue以及近來加盟店越來越多的Premier Tax Free等，機場退稅櫃台的設置地點也依代理公司而異，請見下列網站內的介紹。

・**Global Blue**
URL www.global-blue.com
・**Premier Tax Free**
URL www.planetpayment.com

■退稅到信用卡帳戶
印上海關戳印後，在附上收據正本的免稅單上寫上信用卡卡號，將免稅單放入在消費商店拿到的信封後，投入海關附近的專用郵筒。

注意！
如果想從德國以外的其他EU加盟國返回台灣時，原則上是在最後離境的EU會員國機場辦理免稅手續。

■前往機場的時間須充裕
法蘭克福國際機場由於人潮眾多，因此在海關或退稅時往往需要花費很長的時間，所以要充分預留充分時間前往機場。

■經陸路離境到非EU加盟國時
搭乘國際特快列車前往EU會員國以外的國家時，原則上在穿越邊界前，海關官員會到火車上辦理，屆時再申報即可。但是若海關人員沒有出現時，此時就一定要到邊境車站海關辦理。若為確保完成免稅手續，應盡量避免用火車離境。

旅行安全對策

■緊急聯絡
●警察　☎110
●消防‧救急　☎112
每個公共電話都設有警察、消防緊急連絡設備，一拿起聽筒，按下把手就能免費通話。

■外交部領務局出國登錄
決定旅行日期後，即可至外交部領務局網站進行出國登錄，可以取得該駐外機構的聯繫方式以及最新安全資訊等內容。一旦發生重大案件或緊急事態時，可以即時收到來自駐外機構的電子郵件。

■外交部海外安全相關情報
只要登入進下列的網站，點選右側國外旅遊警示。就可以查詢相關的旅遊安全資訊。
URL www.boca.gov.tw

■記錄在筆記本上以備不時之需的內容
護照號碼、核發日期、核發地點（也可先保留一份副本）、機票號碼、信用卡號碼和截止日期、緊急聯絡人的電話號碼、旅行社的當地聯絡辦公室、海外旅行保險當地的緊急聯絡處和台灣的緊急聯絡處

德國的治安

德國的治安在全歐洲中還算不錯，不過在慕尼黑或法蘭克福、柏林等的機場或大城市的中央車站周圍等處，還是有許多人行李遭竊或遭遇扒手，因此要特別小心。

放了貴重物品的行李也一樣要特別注意，即使是極短暫的時間，也千萬不要因為購物分散了對行李的注意力，而讓人有機可趁。

失竊‧遺失物品

若遭竊、貴重物品遺失時，須到最近的警察局（可向旅館等處詢問）申請證明書。回國後向保險公司索賠時，也需要失竊證明書。

遺失護照

如果護照失竊時，須到最近的警察局申請報案證明。

之後可前往台北駐德代表處或辦事處（→P.543）領取新護照，或回國用的入國證明書（僅適用直接返回台灣）。

辦理手續時需要普通護照申請書、報案證明（若當地警察機關不受理、不發給報案證明，可以自己書寫一份「遺失護照說明書」代替）、2張照片（直4.5cm×橫3.5cm）、當地身分證件（外國護照或當地居留證件），以及手續費（內植晶片護照US$45、專供返國使用無晶片護照US$31、1年效期無晶片護照US$10）。

INFORMATION

扒手和竊盜受害的最新招式

●錢被假警察偷走
偽裝成正在搜查毒品的便服警察（2人一組），要求出示護照與錢包，遞出錢包後便會巧妙地將錢包內的財物取出離去。
→對策：真正的警察雖然可能會要求出示護照，但絕不會要求要看錢包，絕對不要交出去！

●看似親切的人其實是小偷！
在火車乘車口要搬運沉重的行李箱時，若遇到有人說：「我來幫你吧」並親切地提供協助，這種人其實是小偷，大多為2人一組，當注意力轉移到行李箱時，另一個人便會藉機靠近，從包包內偷取財物。
→對策：在上下火車時遭竊的案例逐漸增加，若有人在車站內搭訕時要提高警覺，貴重物品則放

入袋內隨身攜帶。

●用餐時袋子或皮夾被偷走
在飯店的自助早餐拿食物時，放在椅子上的袋子被偷走，還有掛在餐廳椅子的外套口袋裡的皮夾被偷走。
→對策：隨身物品即使片刻也不能離身。

●募款連署的問券詐欺
2～4人面帶微笑的小孩前來，會拿出類似問券調查或募款連署的紙張。事實上，是趁著我們瀏覽紙張內容分心的當下，另一人伸手偷走錢包。這樣的行竊方式經常發生在柏林的布蘭登堡門等觀光景點附近。
→對策：被搭話時無視離開

德
國
旅
行

準
備
與
技
術

旅
行
安
全
對
策

遺失信用卡

由於信用卡失竊後有很多立即被盜刷的情況，因此需要迅速辦理。首先須致電信用卡發卡銀行辦理掛失，一定要先記錄失竊損失時的聯繫方式，信用卡補發則可以等回國後再辦理，為了繼續行程而需要信用卡的人，也可以申請馬上補發。

有許多在車站搭乘火車時遭竊的案例

▌生病・受傷

病倒在德國時

除了時差或氣候差異等的在環境變化，行程緊湊的奔波時，也會出現身體狀況的突然變化。覺得疲勞時，不要勉強好好地休息非常重要。頭痛藥之類的藥品雖然可以到藥房Apoteke購買，

德國的藥局有醒目的紅色A標誌

但是日常需要的藥物最好還是隨身攜帶。如果吃了藥仍沒有好轉的話，就要請住宿的飯店介紹醫院。由於德國醫院的診療原則是採預約制，最好還是先確認是否可看病。動彈不得時要叫救護車，不過德國的救護車是要收費的。

如果有保國外旅遊險（→P.506）的話，可聯繫保險公司的協助服務或服務中心介紹附屬醫院，保險時領取的小手冊上應該列有合作醫院。除了可以不用支付現金看病的合作醫院以外，其他醫院雖然要自己全額支付，但是只要領取診療書跟收據等必要文件，回國後即可向保險公司申請治療費用。國外的治療費用是相當昂貴的，所以一定要投保旅遊保險。

※緊急的醫療對話→P.547

■駐德國代表處
柏林
☎(030) 203610
急難救助電話：德國境內直撥
0171-3898257
🖳www.roc-taiwan.org/de/
🏠Markgrafenstrasse 35,
　10117 Berlin
◯Map P.302-C2

■駐德國辦事處
●法蘭克福
☎(069) 745734
急難救助電話：德國境內直撥0171-3147552、0172-6369723
🏠Friedrichstrasse 2-6,
　60323 Frankfurt am Main
◯MAP：Map P.60-A2外
●慕尼黑
☎(089) 5126790
急難救助電話：德國境內直撥0175-5708059
🏠Leopoldstrasse 28A,
　80802 München
◯Map P.251-A4
●漢堡
☎(040) 442038
急難救助電話：德國境內直撥0171-5217081
🏠Mittelweg 144 / 2.O.G.
　20148 Hamburg
◯Map P.457-A4

※急難救助電話專供如車禍、搶劫、有關生命安危緊急情況等緊急求助之用，非急難重大事件請勿撥打

旅外國人急難救助全球免付費專線
桃園國際機場的外交部辦事處設有「旅外國人急難救助全球免付費專線」800-0885-0885，有專人24小時輪值接聽。在德國如果無法與台灣駐外館取得聯繫，可在當地撥打這支電話尋求協助。

INFORMATION

隨身攜帶護照義務

遊客在有關當局（警察等）的要求下有責任出示護照，若不合作而遭拘捕時，將處以€1000以下的罰款。在城市遊覽時，護照是存放在酒店的保險箱，如果拿著副本被盤查時，有些警察可能會接受，若不行就要到保管處拿來出示。如果對警務人員的要求不誠實以對的話，會被處以罰款，但通常不會當場繳納，若被要求當場繳納，很可能就是假冒的警察，所以盡可能在眾目睽睽之下要求警察出示證件確認，並索取繳納收據。

當火車行經邊界時，會抽查護照，搭乘一日遊列車時，不要忘了隨身攜帶護照。

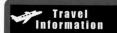
旅行會話

　　在德國大都會及觀光客較多的城市多半可通英語，部分舊東德地區及高年齡層之間則不通英語，不過既然到了德國不妨嘗試用德語，就算只是開頭的問候語也好，就算再彆腳的德語，德國人依然會熱心地想辦法聽懂，這可說是德國人的天性吧！

優先學的字彙！

Ja.	是	Danke schön.	十分感謝
Nein.	不是	Bitte.	拜託
Guten Morgen.	早安	Nein Danke.	不用了
Guten Tag.	午安	Bitte.	不客氣
Grüß Gott.	午安（南德區域）	Entschuldigung.	對不起
Guten Abend.	晚安（晚上的問候語）	Entschuldigung.	不好意思（叫人的時候）
Gute Nacht.	晚安（睡前）	Verzeihung.	不好意思（撞到人的時候）
Auf Wiedersehen.	再見	Ich verstehe.	知道了
Tschüß.	再見（較為輕鬆的說法）	Mein Name ist ○○.	我的名字是○○
Danke.	謝謝	○○, bitte.	請給我○○

危急時

救命！
Hilfe!

危險！
Vorsicht!

我的錢包被偷了。
Mir wurde meine Geldbörse gestohlen.

請給我失竊／遺失證明書。
Können Sie mir eine Bescheinigung über den Diebstahl / Verlust schreiben?

我的行李遺忘在火車上了。
Ich habe meine Tasche im Zug vergessen.

我的護照不見了。
Ich habe meinen Pass verloren.

這裡是哪裡？
Wo bin ich?

廁所在哪裡？
Wo ist eine Toilette?

德國旅行　準備與技術　旅行會話

移動

我今天要開始使用德國火車通行證。
Ich möchte ab heute den German Rail Pass benutzen.

請幫忙在（通行證）上面蓋章。
Können Sie bitte meinen Pass gültig stempeln?

請問可以使用歐洲火車通行證搭車嗎？
Kann ich mit dem "Eurail Global Pass" fahren?

請問這輛車有停靠多特蒙德嗎？
Hält dieser Zug in Dortmund?

這個位子有人坐嗎？
Ist dieser Platz frei?

請幫我叫計程車。
Können Sie bitte ein Taxi rufen.

單字集		
Abfahrt	出發
Ankunft	抵達
Eingang	入口
Ausgang	出口
Schliessfach	投幣式置物櫃
Fahrplan	時刻表
Einfach	單程
Hin- und Zurück	來回
Umsteigen	轉車
Verspätung	（火車的）誤點

購物

只是隨便看看。
Ich möchte mich nur umsehen.

我想看看那個。
Können Sie mir dies zeigen?

請問可以試穿嗎？
Kann ich das anprobieren?

我要買這個。
Ich nehme das.

請問可以刷卡嗎？
Akzeptieren Sie Kreditkarten?

單字集	
Kaufhaus	百貨公司
Supermarkt	超市
Markt	市場
Buchhandlung	書店
Apotheke	藥局
Drogerie	藥妝店
Kasse	收銀機
Schaufenster	櫥窗

餐廳

請問有英文菜單嗎？
Haben Sie die Speisekarte auf Englisch?

我要點餐。
Ich möchte bestellen.

請問有什麼特別推薦的？
Was empfehlen Sie?

我想點跟那道菜一樣的。
Bringen Sie mir bitte das gleiche.

很好吃。
Es hat gut geschmeckt.

買單。
Zahlen, bitte.

菜單快速上手單字集→P.31

單字集	
Messer	刀子
Gabel	叉子
Löffel	湯匙
Serviette	餐巾紙
Glas	杯子
Salz	鹽
Senf	芥末醬
Zucker	砂糖

MEMO　Google翻譯App在旅行時十分好用，直接把相機對準菜單就會在螢幕上顯示翻譯結果，還提供語音朗讀的功能，能夠即時轉換中文和德語，進行溝通。

飯店

請問今天還有空房嗎？
Haben Sie ein Zimmer für heute Nacht frei ?

早餐用餐時間是幾點到幾點？
Von wann bis wann kann man frühstücken?

鑰匙打不開
Ich kann die Tür nicht öffnen.

我要辦理退房
Ich möchte auschecken.

我要用信用卡／現金付款
Ich bezahle mit Kreditkarte/ Bar.

請問可以寄放行李嗎？
Können Sie mein Gepäck aufbewahren?

單字集		
	Einzelzimmer	單人房
	Doppelzimmer	雙人房
	Bestätigung	訂房確認單
	Anmeldeformular	住宿卡
	mit Badewanne	附浴缸
	mit Dusche	附淋浴
	Schlüssel	鑰匙
	Föhn	吹風機
	Klimaanlage	空調
	Rechnung	收據

數字

Null	0	zehn	10	zwanzig	20
eins	1	elf	11	dreißig	30
zwei	2	zwölf	12	vierzig	40
drei	3	dreizehn	13	fünfzig	50
vier	4	vierzehn	14	hundert	100
fünf	5	fünfzehn	15	tausend	1,000
sechs	6	sechzehn	16	zehntauzend	10,000
sieben	7	siebzehn	17	hunderttauzend	100,000
acht	8	achtzehn	18	eine Million	1,000,000
neun	9	neunzehn	19		

星期／月

Montag	週一	Feiertag	節日	Juli	7月
Dienstag	週二	Januar	1月	August	8月
Mittwoch	週三	Februar	2月	September	9月
Donnerstag	週四	März	3月	Oktober	10月
Freitag	週五	April	4月	November	11月
Samstag	週六	Mai	5月	Dezember	12月
Sonntag	週日	Juni	6月		

緊急時的醫療會話

在飯店索取藥物

我不太舒服
Ich fühle mich krank.

請問有止瀉藥嗎？
Haben Sie ein Medikament gegen Durchfall?

前往醫院

請問附近有醫院嗎？
Gibt es hier in der Nähe ein Krankenhaus?

請帶我去醫院
Würden Sie mich ins Krankenhaus bringen?

醫院會話

我想預約看診
Ich möchte einen Untersuchungstermin vereinbaren.

○○飯店介紹我來看病的
○○ Hotel hat mir Sie empfohlen.

叫到我名字時請告訴我
Bitte teilen Sie mir mit, wenn mein Name gerufen wird.

在診療室內

需要住院嗎？
Muss ich im Krankenhaus aufgenommen werden?

下次什麼時候回診？
Wann soll ich wieder kommen?

需要定期接受治療嗎？
Muss ich regelmäßig ins Krankenhaus kommen?

我預計在這裡待2週
Ich bleibe hier noch zwei Wochen.

結束診療

請問診療費多少錢？
Was kostet die Untersuchung?

現在付錢嗎？
Soll ich das jetzt bezahlen?

可以使用保險嗎？
Wird das von meiner Versicherung abgedeckt?

可以刷卡付款嗎？
Akzeptieren Sie Kreditkarte?

請在保險文件上簽名
Unterschreiben Sie bitte die Versichrungspapiere.

新冠肺炎、一般感冒等身體狀況

※有以下症狀時請打勾拿給醫師看

□ 發燒 ················· Fieber	□ 頭痛 ············· Kopfschmerzen	有時 ················· manchmal
□ 腋溫測量	□ 呼吸困難 ···Atembeschwerden	非常頻繁 ················· häufig
··Sublinguale Temperaturmessung	□ 胸口疼痛	不間斷 ················· dauernd
□ 口溫	······ Schmerzen im Brustbereich	□ 感冒 ················· Erkältung
······ Axillare Temperaturmessung	□ 關節痛 ·······Gelenkschmerzen	□ 鼻塞 ······verstopfte Nase
_____℃	□ 想吐 ················· Übelkeit	□ 流鼻水 ······ Nasenschleim
□ 打噴嚏 ················· Niesen	□ 發冷 ··········Schüttelfrost	□ 血痰 ··········Blutauswurf
□ 咳嗽 ················· Husten	□ 食欲不振 ······ Appetitlosigkeit	□ 耳鳴 ················· Tinnitus
□ 有痰 ················· Sputum	□ 暈眩 ··········· Schwindel	□ 聽力障礙 ····Schwerhörigkeit
□ 無精打采、疲勞 ···Müdigkeit	□ 心悸 ·········Herzklopfen	□ 耳炎 ······Ohrenausfluss
□ 沒有味覺	□ 腹瀉 ··········· Durchfall	□ 眼屎 ······Augenschleim
······Verlust des Geschmackssinns	□ 便秘 ··········· Verstopfung	□ 眼睛充血 ·blutlaufende Augen
□ 沒有嗅覺	□ 拉稀 ···dünnflüssiger Stuhlgang	□ 視力模糊 ······schwer zu sehen
·········Verlust des Geruchssinns	□ 軟便 ······ weicher Stuhlgang	
□ 喉嚨痛 ·······Halsschmerzen	1天__次 ············__mal täglich	

※手指下列的單字，告知醫生必要的資訊

▶受傷

被刺、被咬
··········gestochen/gebissen
割到 ················geschnitten
跌倒 ················fallen
打到 ················schlagen
扭到 ················verdrehen
掉落 ················abstürzen

燙傷 ················sich verbrennen

▶疼痛

麻麻的 ················brennend
刺痛 ················stechend
烈痛 ················scharf
劇痛 ················akut

▶原因

蚊子 ················· Mücke
蜜蜂 ················· Biene
馬蠅 ················· Bremse
松鼠 ················· Eichhörnchen

德國歷史

日耳曼民族登場

世界史中最先出現德國相關內容為「375年日耳曼民族大遷徙」，經過大遷徙後西羅馬帝國滅亡，由日耳曼民族建立了法蘭克王國。

「Deutsch」最早開始使用於8世紀左右，指的是法蘭克王國東部「民眾」間使用的語言。取得西歐全區領土的查理曼大帝（在位期間800～814年）死後，法蘭克王國便分裂為西法蘭克王國與東法蘭克王國。由於其國境與德語、法語語言界線幾乎一致，因而東法蘭克王國的人民開始產生共同民族意識，「Deutsch（民眾的語言之意）」便開始泛指使用該語文的人民與區域。

神聖羅馬帝國

東法蘭克王國成為德意志王國，962年薩克森公國的奧圖一世成為神聖羅馬帝國皇帝，這是德國人第一帝國「神聖羅馬帝國」的開始，一直延續到1806年拿破崙瓦解帝國。神聖羅馬帝國並沒有首都，而是由國王在紐倫堡及戈斯拉爾等城堡間移動統治，國王一位並非世襲，而是由7位選帝候所選出，之後開始流於形式化，1438年之後自哈布斯堡王朝Haus Habsburg開始正式成為世襲。

宗教改革與三十年戰爭

因馬丁・路德宗教改革（1517年）為起端所產生的新教與天主教之間的領土與民眾抗爭，終於導致國際間的三十年戰爭（1618～1648年）紛爭。德國國土因三十年戰爭而荒廢，人口更驟減一半，戰爭結束後，德國境內共有300多個諸侯與帝國都市擁有獨立國權，之後便成為諸侯國家中小國鼎立的混亂狀態，最後德國逐漸朝統一邁進，成為英、法等國相同的大國。

帝國都市奧格斯堡市政廳

不過也因著過去諸侯鼎立，孕育了充滿個性化的地方文化，也成為遊客們能體驗到德國各地多采多姿的魅力來源。而這個傳統延續至今，成為現今德國的聯邦制。

德意志帝國誕生與威瑪共和國

拿破崙統治德國時代首次喚醒了德國人民的民族意識，過去巴伐利亞與黑森地方都被稱為「國」，由於同為德語圈而使得民族意識高漲。拿破崙落敗後，德國35個君主國與4個自治城市開始形成德國聯邦，而當時爭奪盟主的有哈布斯堡家族，與新興勢力的霍亨索倫家族Hohenzollerns。以戰爭勝利的普魯士王國為基礎，於1871年誕生了德意志帝國，而躋身現代化國家的短短期間，遭受第一次世界大戰敗戰，皇帝退位，歷經半世紀的帝國終於崩毀。

廢除君主制後，之後誕生的議會制民主主義威瑪共和國，雖苦於第一次世界大戰後的巨額賠償金與傳染病，進入1920年

哥德與席勒像（威瑪）

德
國
旅
行　準
備
與
技
術　德
國
歷
史

代後，首都柏林開始出現「黃金20年代」的文化繁榮時期。

納粹抬頭與戰敗

在世界恐慌中，政治經濟極度不安定下，希特勒率領的納粹開始抬頭。1933年取得政權後，希特勒與奧地利合併，開始侵略波蘭與捷克，因而引發第二次世界大戰（1939～1945年），期間更於集中營殘殺了600萬名猶太人。

戰後由美國、英國、法國、蘇聯等4個戰勝國處置戰敗國德國，1948年蘇聯封鎖了柏林，社會主義體制與自由主義體制開始產生激烈對立。
1949年美、法、英領地下成立了德國聯邦共和國（西德），而蘇聯占領地則成立了德國民主共和國（東德）。

戰後冷戰與柏林圍牆

東西冷戰最前線的柏林市區內，東德於一夜之間築起了柏林圍牆（1961年），柏林圍牆的目的乃是阻止人口往西德移入。

東德雖然在奧運會上獲得眾多獎牌引起世界矚目，但政治與經濟卻十分封閉。1989年國內民眾開始展開民主化要求與廢除國外旅遊限制等抗議行動，而11月9日夜晚，柏林突然出現大量越境人潮，柏林圍牆也終告倒塌。1990年東西德正式統一，統一後的德國雖然面臨經濟東西化差異與失業、新納粹襲擊外國人等問題，德國卻擔負起歐盟加盟國的中心國家角色。

薩克森豪森集中營

1989年柏林圍牆倒塌

由語源追溯德國地名由來
德國有許多地名內隱含著共通語源和地形等，可以了解到該城市的成立背景，不妨多加了解。

●**Bad**＝浴室、水池之意，被使用為溫泉和空氣清新的休養勝地地名的字首，如巴德溫普芬Bad Wimpfen、巴德梅根特海姆Bad Mergentheim、巴德索登阿倫多夫Bad Sooden Allendorf等。
●**Burg**＝城、城堡，包含如漢堡Hamburg、羅騰堡Rothenburg、符茲堡Würzburg、弗萊堡Freiburg等許多相關都市。
●**Berg**＝原意為山，由於城堡多建於山上，因此也有城堡的含意在內，如海德堡Heidelberg、班貝格Bamberg等。
●**Furt**＝可走過的淺灘之意，如法蘭克福Frankfurt、埃爾福特Erfurt等河岸城市。例如埃爾福特的克萊默橋Krämerbrücke下的格拉河Gera，到現在幾乎河的大部分都可以步行渡過。
●**heim**＝現在為（設施的）Home的意思，即「～的家、故鄉」，如呂德斯海姆Rüdesheim、曼海姆Mannheim等。
●**Hall**＝凱爾特語為鹽巴的意思，也就是生產岩鹽或製鹽興盛的地方，到中世紀為止鹽都被稱為「白色黃金」，價值昂貴，如施韋比施哈爾Schwäbisch Hall、哈雷Halle、巴德賴興哈爾Bad Reichenhall等。

德國歷史簡略年表

年代	事件
1～3世紀	日耳曼人逐漸入侵高盧羅馬領土
375	日耳曼民族往羅馬領土大遷移 《梅洛溫王朝　481～751》
486	克洛維，法蘭克王國建國
714	查理・馬特成為宮相
732	圖爾戰役（查理・馬特擊退伊斯蘭軍隊） 《卡洛林王朝　751～987》
751	查理・馬特兒子矮子丕平繼任法蘭克國王
774	丕平兒子查理曼大帝征服倫巴底王國
800	查理曼大帝成為西羅馬皇帝
843	依凡爾登條約將法蘭克王國一分為三，包含東法蘭克（日後的德國）、西法蘭克（日後的法國）、洛林（日後的義大利與洛林地區） 《薩克森王朝　919～1024》
962	奧圖一世加冕（神聖羅馬帝國成立） 《法蘭克尼亞王朝　1024～1125》
1077	卡諾莎之行（聖職敘任權力鬥爭下，皇帝亨利四世向教宗額我略七世謝罪，1122年簽立沃爾姆斯宗教協定解決）
1096	第一次十字軍東征（～1099）
1118	美因茲大教堂開始建築 《霍亨斯陶芬王朝　1138～1254》 羅馬式建築全盛時期，哥德式藝術開始 宮廷、騎士文化全盛期
1143	呂貝克市開始建設
1190	德國騎士團成立
1200左右	Walther von der Vogelweide、Wolfram von Eschenbach等愛情歌手輩出，《龍根之歌 Nibelungenlied》
1241	漢薩同盟成立（～17世紀為止）
1248	科隆大教堂地基儀式
1256	大空位時代（～1273）
1291	瑞士3州結為同盟抵抗哈布斯堡王朝（瑞士獨立起源） 《盧森堡王朝　1347～1437》
1346～1351	全歐洲鼠疫大流行，此時開始哥德式後期樣式（至1500年左右）
1356	查理四世金璽詔書（金色詔書＝選出皇帝的7選帝侯確認）
1386	海德堡大學創立
1415	揚胡斯Jan Hus被處以火刑
1419	胡斯戰爭（～1436） 《哈布斯堡王朝　1438～1918、1745～洛林王朝》
1450	古騰堡發明活版印刷術
1495	沃爾姆斯國會（德國永久和平宣言）
1517	馬丁・路德95條論綱，宗教改革
1521	沃爾姆斯國會（召問路德，之後路德在瓦特堡Wartburg翻譯德文聖經）
1524	德國農民戰爭（～1525）
1555	奧格斯堡宗教會議（承認路德派和信仰選擇權）
1618～1648	三十年戰爭（1632古斯塔夫二世・阿道夫戰死，1634華倫斯坦遭暗殺）
1648	西發里亞條約（三十年戰爭） 《布蘭登堡・普魯士》
1701	腓特烈一世成為首任普魯士王
1720～1730左右	洛可可樣式開始，啟蒙時代
1740	普魯士腓特烈二世Friedrich II（腓特烈大帝），奧地利繼承戰爭
1745	無憂宮Schloss Sanssouci開始建設（～1747，洛可可樣式）
1806	以拿破崙為盟主的萊茵同盟成立，神聖羅馬帝國解體，拿破崙進入柏林，普魯士投降
1814	維也納會議
1815	4國同盟成立，德意志聯邦成立
1835	紐倫堡～菲爾特Fürth之間德國首條鐵道開通
1848	柏林3月革命
1862	普魯士威廉一世及俾斯麥首相就任
1866	普奧戰爭
1870	普法戰爭（～1871）
1871	德意志帝國成立，威廉一世成為德國皇帝，俾斯麥成為帝國宰相
1914	第一次世界大戰
1918	德意志革命，皇帝退位，德意志投降
1919	威瑪憲法制定
1933	希特勒就任總理，退出國聯
1939	第二次世界大戰
1945	德國無條件投降，英、美、法、蘇聯分割占領
1961	東西柏林圍牆築起
1989	柏林圍牆倒塌
1990	東西德統一
1999	德國聯邦議會移往柏林，導入歐元
2020	德國統一30週年

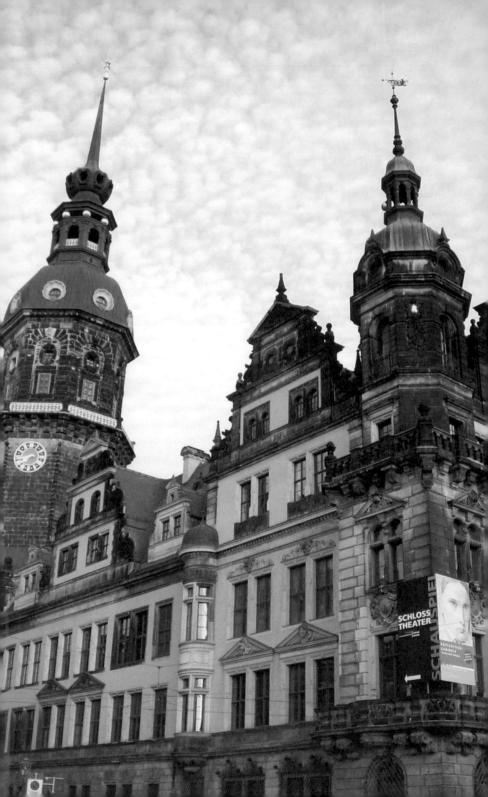

地名索引目錄

地名索引目錄

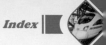

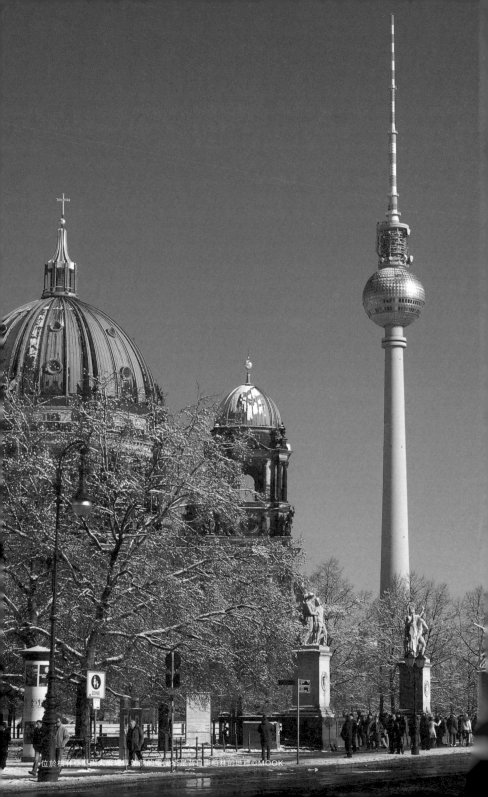
位於柏林亞歷山大廣場旁邊的電視塔望是今日東柏林的地標 ©MOOK

環遊世界的夢想
你實現了多少？

1998年，我們開始為你的世界之旅作準備

紀錄了每一個你想去的國家跟城市　蒐集了一切你所需要的資訊

我們已經幫你規劃了大部分的行程

從現在開始，換你走出屬於你的世界之旅！

MOOK
墨刻出版

NEWAction

Step by Step

wagamama

地圖隨身

TRAVEER

地球の歩き方

City Target

THEME

SASUGAS

WALKER

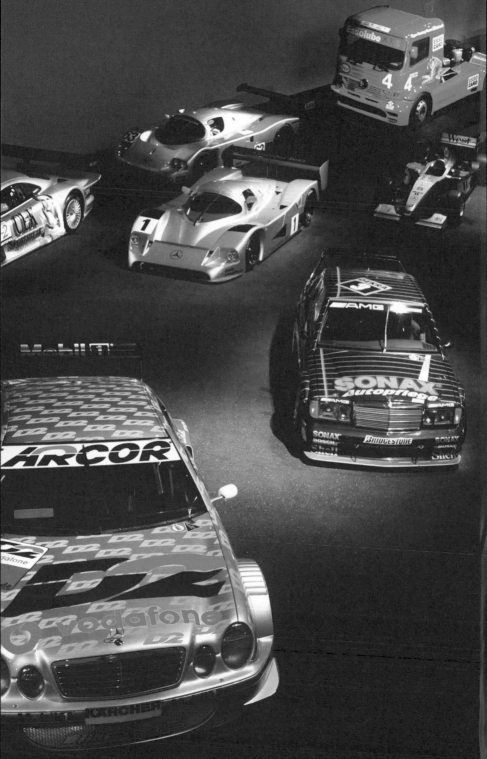

賓士、BMW、保時捷這些著名的德國汽車廠牌，在愛車人心目中擁有崇高的地位©MOOK

Mobil 1
Paffett
3
vodafone
DaimlerChrysler Bank
DEKRA
ADAC
DEKRA
3
ADAC
DaimlerChrysler

地球の歩き方

德國 NO.63

主編 Senior Editor
王藝霏

執行編輯 Editor
吳佳臻

作者 Writer & Editor
地球の歩き方編集室

譯者 Translator
吳佳臻

美術編輯 Designer
林意玲

封面設計 Cover Designer
羅婕云

總經理 PCH Group President
李淑霞

社長 Managing Director
李淑霞

總編輯 Editor in Chief
汪雨菁

行銷經理 Marketing Manager
呂妙君

出版公司 Publication
墨刻出版股份有限公司
地址：台北市104民生東路二段141號9樓
電話：886-2-2500-7008
傳真：886-2-2500-7796
E-mail：mook_service@cph.com.tw
讀者服務：readerservice@cph.com.tw
網址：travel.mook.com.tw

發行公司 Publication(TW)
英屬蓋曼群島商家庭傳媒股份有限公司城邦分公司
地址：台北市104民生東路二段141號2樓B1
電話：886-2-2500-7718　886-2-2500-7719
傳真：886-2-2500-1990　886-2-2500-1991
城邦讀書花園：www.cite.com.tw
劃撥：19863813
戶名：書虫股份有限公司

香港發行所 Publication(HK)
城邦(香港)出版集團有限公司
地址：香港灣仔駱克道193號東超商業中心1樓
電話：852-2508-6231
傳真：852-2578-9337

馬新發行所 Publication(M)
城邦(馬新)出版集團 Cite (M) Sdn Bhd
地址：41, Jalan Radin Anum, Bandar Baru Sri Petaling,
57000 Kuala Lumpur, Malaysia.
電話：(603)90563833
傳真：(603)90576622
E-mail：services@cite.my

製版 Production
藝樺彩色印刷製版股份有限公司

印刷 Printing
漾格科技股份有限公司

經銷商 Agency
聯合發行股份有限公司（電話：886-2-29178022）
金世盟實業股份有限公司

城邦書號
KJ0063

定價
NT＄699元　HK＄233

ISBN
978-986-289-918-2、978-986-289-925-0（EPUB）

2023年11月初版

日版工作人員與圖片來源
Producers : Yuri Horie, Yukari Fukui
Editor : Arnica (Mayumi Suzuki)
Writers : Shinichi Wakatsuki, Mariko Hayashi,
Takashi Noda, Keiko Takashima, Kouichi Fujishiro,
Kaori Müller-Shibayama, Mayumi Suzuki
Maps : Geo, Yoshiaki Tsujino
Proofreading : Sojunsha
Designer : EME RYUMU
Cover Designer : Akio Hidejima
Researcher : Takafumi Kashiwagi (Dongri House Inc.).
Photographers : Koji Iwama, Kosaku Uehara, Marina
Miyazaki, Masanao Toyoshima, Takafumi Kashiwagi,
Takako Miyamoto, Mayumi Suzuki, Deutsche Zentrale
für Tourismus e.V.(DZT), Tourismus Marketing GmbH
Baden-Württemberg, ©iStock

國家圖書館出版品預行編目資料

德國 = Deutschland / 地球の歩き方編集室作；吳
佳臻譯. -- 初版. -- 臺北市：墨刻出版股份有限公
司出版：英屬蓋曼群島商家庭傳媒股份有限公司
城邦分公司發行, 2023.11
560面：13.5×21公分. -- (地球の歩き方：63)
譯自：地球の歩き方 ドイツ 2023～2024
ISBN 978-986-289-918-2（平裝）
1.CST: 旅遊 2.CST: 德國

743.9　　　　　112013984